Lernprogramm

Strafrecht Allgemeiner Teil

Mit Fällen und Lösungen

von

Dr. Diethelm Kienapfel
em. Universitätsprofessor in Linz

Dr. Frank Höpfel
Universitätsprofessor in Wien

Dr. Robert Kert
Universitätsprofessor in Wien

16. Auflage

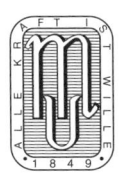

Wien 2020
MANZ'sche Verlags- und Universitätsbuchhandlung

Zitiervorschlag: *Kienapfel/Höpfel/Kert,* Lernprogramm AT[16] (2020) ...

Alle Rechte, insbesondere das Recht der Vervielfältigung und Verbreitung sowie der Übersetzung, vorbehalten. Kein Teil des Werkes darf in irgendeiner Form (durch Fotokopie, Mikrofilm oder ein anderes Verfahren) ohne schriftliche Genehmigung des Verlages reproduziert oder unter Verwendung elektronischer Systeme gespeichert, verarbeitet, vervielfältigt oder verbreitet werden.

Sämtliche Angaben in diesem Werk erfolgen trotz sorgfältiger Bearbeitung ohne Gewähr; eine Haftung der Autoren sowie des Verlages ist ausgeschlossen.

Kopierverbot/Vervielfältigungsverbot
Die für Schulen und Hochschulen vorgesehene freie Werknutzung „Vervielfältigung zum eigenen Schulgebrauch" gilt für dieses Werk nicht, weil es seiner Beschaffenheit und Bezeichnung nach zum Unterrichtsgebrauch bestimmt ist (§ 42 Abs 6 UrhG).

ISBN 978-3-214-02058-3

© 2020 MANZ'sche Verlags- und Universitätsbuchhandlung GmbH, Wien
Telefon: (01) 531 61-0
E-Mail: verlag@manz.at
www.manz.at
Datenkonvertierung und Satzherstellung: Ferdinand Berger & Söhne GmbH, 3580 Horn
Druck: FINIDR, s.r.o., Český Těšín

Vorwort zur 16. Auflage

I.

Dieses Lernprogramm wendet sich speziell an Studierende, die sich ohne Vorkenntnisse mit dem Strafrecht vertraut machen wollen. Es vermittelt das zum Verständnis des Allgemeinen Teils („AT") erforderliche **dogmatische Basiswissen** in **dialogischer Form.** Dem Begründer dieses Werkes, Herrn Professor *Diethelm Kienapfel*, danken wir aufs Neue dafür, dass er es, ebenso wie den dazugehörigen „Grundriss", seit der 14. Auflage in unsere Hände gelegt hat. Lernprogramm und Grundriss folgen seither dem allgemein anerkannten System der personalen Unrechtslehre. Die Entwicklungen im Bereich des Strafrechts, aber auch didaktische Überlegungen haben die Überarbeitung des Lernprogramms notwendig gemacht.

Die vorliegende 16. Auflage bringt vor allem eine Neuerung bei der Nummerierung der Kapitel: Im Grundriss wurde das System von Zusammenfassungseinheiten (Z) und Ergänzungseinheiten (E) aufgegeben. Die Kapitel sind nun durchnummeriert. In gleicher Weise ist auch das Lernprogramm nun in 28 Kapitel – parallel zum Grundriss – unterteilt.

Diese **28** Kapitel bestehen jeweils aus einer Lern- und einer Testeinheit. Hinzu kommen 10 Fälle und Lösungen unterschiedlicher Schwierigkeitsgrade. Den **Lerneinheiten (LE)** obliegt die eigentliche Stoffvermittlung in Form eines didaktisch sorgfältig gelenkten, evaluierten Lerndialogs. Zu jeder Lerneinheit gehört eine **Testeinheit (TE)**, die der persönlichen Erfolgskontrolle dient. Lern- und Testeinheiten sind schriftlich zu bearbeiten. Hinzu kommen die **10 Übungseinheiten** mit **Fällen und Lösungen (F)**. Sie ermöglichen ein intensives Training der strafrechtlichen Falllösungstechnik und führen nach und nach an jenes Niveau heran, das in den strafrechtlichen Übungen und anderen prüfungsimmanenten Lehrveranstaltungen sowie bei schriftlichen Diplomprüfungen bezüglich der Probleme des Allgemeinen Teils vorausgesetzt wird.

Wie der langjährige Einsatz dieses Lernprogramms an den Universitäten Linz (schon seit 1971) und Graz (seit 1973) sowie der deutschen Fassung[1] (seit 1975) an verschiedenen Universitäten in Deutschland gezeigt hat, gewährleistet das Durcharbeiten des Lernprogramms ein **rationelles und effizientes Selbststudium des strafrechtlichen Basiswissens.**[2]

Die hohe Lernwirksamkeit beruht auf einem Bündel von **didaktischen Komponenten.** Im Einzelnen:
1. Die Darstellung orientiert sich gezielt am Vorwissen des Strafrechtsanfängers.

---

[1]) *Kienapfel* Strafrecht Allgemeiner Teil. Mit Einführungen in programmierter Form⁴ (1984, de Gruyter Berlin – New York).
[2]) Vgl dazu die Erfahrungsberichte von *Behrendt* JR 1975 190; *Moos/Probst* ÖJZ 1976 63; außerdem die Rezension von *Burgstaller* ÖJZ 1976 167. Zur lebhaften Diskussion zwischen Fachvertretern *(Moos/Zipf/Schima),* Assistenten und zahlreichen Studenten über die Effizienz dieses Lernprogramms vgl ÖHZ 1975 Heft 4 11; Heft 5 14 und Heft 6 19.

2. Das strafrechtliche Basiswissen wird in didaktisch sorgfältig strukturierten und in ihrer Lernwirksamkeit vielfach evaluierten Lernschritten vermittelt.

3. Der Lernstoff wird möglichst abwechslungsreich, anschaulich, facettenreich, assoziierbar und einprägsam organisiert. Dies geschieht durch Beispiele aus allen Lebensbereichen, Anekdoten, Merkformeln, Multiple-Choice-Fragen, Strukturskizzen, Ablaufdiagramme, Verständnis-, Vertiefungs- und Kontrollfragen, Fallprüfungsschemata, Falllösungen, OLG- und OGH-Entscheidungen sowie zahlreiche weitere Motivationselemente.

4. Der Lerndialog ist gleichsam als Stufenleiter von jeweils bereits erklärten Begriffen konzipiert. Seine Dynamik und Wirksamkeit erschließen sich daher nur dem, der das Lernprogramm von Anfang an und genau in der Reihenfolge seiner didaktischen Elemente durcharbeitet.

5. Die bei der Bearbeitung geforderten schriftlichen Antworten sichern ein Höchstmaß an Konzentration, Aktivität und Engagement.

6. Jede/r Studierende bearbeitet das Lernprogramm in dem Tempo, das der individuellen Lerngeschwindigkeit entspricht. Dies gehört zu den wichtigsten Voraussetzungen für einen optimalen Lernerfolg.

7. Durch die dialogische Form, die Optimierung des eigenen Lerntempos, den Wechselrhythmus von Stoffvermittlung, Anwendung und Wiederholung, verbunden mit ständiger Selbstkontrolle und sofortigem Erfolgserlebnis, wird der in hohem Maße motivationsfördernde Effekt des programmierten Lernens voll genutzt.[3]

In **sachlich-theoretischer** Hinsicht folgt das Lernprogramm zum **AT** der herrschenden Ansicht in Lehre und Rechtsprechung. Der anfangs zwangsläufig verwirrende, schwer verständliche Schulen- und Meinungsstreit ist gezielt aus dem Lernprogramm ausgeklammert und wird im Grundriss AT behandelt.

Zugleich geht es in diesem Lernprogramm auch um das Kennenlernen möglichst vieler in der Praxis und bei Prüfungen wichtiger Delikte des Besonderen Teils („**BT**") und ihrer Vernetzung mit den Problemen des AT. Der Allgemeine Teil konzentriert sich auf jene Grundsätze und Regeln, die für alle oder für größere Gruppen von Delikten gelten.

II.

Zur **Vertiefung des Basiswissens** ist das Lernprogramm durch entsprechende Verweise eng mit dem ebenfalls im Manz-Verlag erschienenen **Grundriss AT** verknüpft und bildet zusammen mit diesem ein in sich geschlossenes **didaktisch-innovatives Lernsystem**. Die Lernprogrammbearbeiter werden durch Verweise zu den jeweiligen Kapiteln im Grundriss AT geleitet. Dort finden sich auch Ausführungen zu jenen Themen, die im vorliegenden Programm noch nicht behandelt werden (zB Unterlassungsdelikte – Kap 29 bis 31, Beteiligungslehre – Kap 32 bis 37, Verbandsverantwortlichkeit – Kap 41, internationales Strafrecht – Kap 42).

---

[3] Zur Methode des programmierten Lernens im Rechtsunterricht vgl schon *Dilcher* JZ 1970 214; *Kienapfel* JR 1972 89.

Vorwort zur 16. Auflage

III.

Weder das Lernprogramm noch der Grundriss AT verstehen sich als Vorlesungsersatz.[4]) Im Gegenteil! Die vielfältigen historischen, kriminologischen, kriminalpolitischen, philosophischen und rechtsvergleichenden Aspekte des Allgemeinen Teils werden bewusst nicht dargestellt, weil diese Akzentuierungen die traditionelle Domäne der Vorlesung bezeichnen.

Lernprogramm und Grundriss AT sind nicht nur für das häusliche Selbststudium, sondern auch für den **vorlesungsvorbereitenden** Einsatz konzipiert. Besonders geeignet ist es für **Anfängertutorien** oder **Anfängerübungen.** In **Linz** hat sich sowohl im **Präsenz-** als auch im **Multimedia-Diplomstudium** ein vernetztes Modell bewährt, das einen Grundkurs Strafrecht Allgemeiner Teil mit dem **Selbststudium des Lernprogramms** sowie des **Grundriss AT** und mit teils vertiefenden, teils ergänzenden Lehrveranstaltungen kombiniert.[5])

IV.

In der 16. Auflage sind der Text und die Beispiele – das Herzstück des Lernprogramms – erneut unter fachlichen und didaktischen Aspekten überarbeitet, zum Teil ergänzt und neu konzipiert worden. Völlig neu ist im vorliegenden Lernprogramm das Kapitel 15 zu den weiteren Rechtfertigungsgründen hinzugekommen, das Ihnen nach dem bewährten Konzept die Rechtfertigungsgründe des Anhalterechts Privater, des allgemeinen Selbsthilferechts, der Einwilligung und der mutmaßlichen Einwilligung näher bringen soll.

Gesetzgebung, Judikatur und Schrifttum wurden bis zum 1. 6. 2020 berücksichtigt.

Herzlich danken wir unseren Teams an der Universität Wien und der Wirtschaftsuniversität Wien für deren wertvolle Unterstützung, vor allem *Daniel Gilhofer, Lucia Holländer, Christopher Kahl, Maria Kattavenos, Laura Marte, Thomas Pillichshammer* (WU Wien) sowie *Rainer Borns, Linda Fellmann* und *Julia Innerhofer* (Universität Wien) für ihre Mithilfe und ihr Engagement. Ebenso wollen wir dem Verlag Manz, und hier besonders Frau Mag. *Sarah Krems,* für die angenehme Betreuung und Zusammenarbeit danken.

Wir widmen das Buch wieder unseren Familien.

Wien, 1. 7. 2020 *Frank Höpfel* *Robert Kert*

Autoren und Verlag sind ständig um **Verbesserung** und **Weiterentwicklung** dieses Lernprogramms bemüht und würden sich daher freuen, wenn die Programmbenutzung zu (auch kritischen) Rückmeldungen führt. Jedes Feedback wird unter frank.hoepfel@univie.ac.at bzw robert.kert@wu.ac.at dankbar entgegengenommen!

---

[4]) Zum Verhältnis von Lernprogramm und Vorlesung vgl *Kienapfel* JZ 1971 419.
[5]) Siehe dazu DVD *Kienapfel* Grundkurs Strafrecht Allgemeiner Teil² (2004).

Inhaltsverzeichnis

Seite

Vorwort zur 16. Auflage	III
Literatur- und Abkürzungsverzeichnis (Auswahl)	IX
1. Kapitel: Einleitung	1
2. Kapitel: Strafen und vorbeugende Maßnahmen	8
3. Kapitel: Grundbegriffe 1	22
4. Kapitel: Grundbegriffe 2	36
5. Kapitel: Grundbegriffe 3	49
6. Kapitel: Fallprüfungsschema	63
7. Kapitel: Handlungsbegriff	77
8. Kapitel: Tatbestandsmerkmale	90
9. Kapitel: Deliktsgruppen	107
10. Kapitel: Objektiver Tatbestand und Kausalität	123
11. Kapitel: Subjektiver Tatbestand der Vorsatzdelikte	134
12. Kapitel: Tatbildirrtum	151
Fälle und Lösungen	165
1. Fall: Der zweite Squashschläger	165
13. Kapitel: Rechtswidrigkeit und Notwehr	169
14. Kapitel: Rechtfertigender Notstand	184
2. Fall: „Volltreffer"	199
15. Kapitel: Weitere Rechtfertigungsgründe	203
16. Kapitel: Der Schuldbegriff der Vorsatzdelikte	228
17. Kapitel: Schuldfähigkeit	241
18. Kapitel: Unrechtsbewusstsein	258
19. Kapitel: Verbotsirrtum	272
20. Kapitel: Irrtümliche Annahme eines rechtfertigenden Sachverhalts	287
21. Kapitel: Entschuldigender Notstand	301
3. Fall: „Hände hoch!"	317
4. Fall: Bartel und die Dogge	319
22. Kapitel: Vorbereitung, Versuch und Vollendung	322
23. Kapitel: Aufbau der Versuchsprüfung	337
24. Kapitel: Rücktritt und tätige Reue	352

25. Kapitel: Untauglicher Versuch	366
5. Fall: Gustl und die Weihnachtsgans	383
6. Fall: „Alles in Ordnung, Doktor?"	387
26. Kapitel: Fahrlässigkeitsbegriff	390
27. Kapitel: Aufbau des Fahrlässigkeitsdelikts	407
28. Kapitel: Zentrale Probleme des Fahrlässigkeitsdelikts	421
7. Fall: Kleine Ursache, große Wirkung	441
8. Fall: Der Tod eines Handlungsreisenden	444
9. Fall: Der Moser und die alte Schrammel	448
10. Fall: Ein VIP-Ticket für den nächsten Bauauftrag	451
12 Tipps für die Falllösung	461
Register der Beispielsfälle	463
Sachregister	467

Literatur- und Abkürzungsverzeichnis (Auswahl)

aE	am Ende
Alt	Alternative
Anm	Anmerkung
AT	Allgemeiner Teil
BT	Besonderer Teil
EvBl	Evidenzblatt der Rechtsmittelentscheidungen in: Österreichische Juristen-Zeitung (Jahr/Nummer)
Fuchs/Reindl-Krauskopf Strafrecht BT I[6]	*Fuchs/Reindl-Krauskopf*, Strafrecht BT I[6] (2018)
hM	herrschende Meinung
iSd	im Sinne des, der
iVm	in Verbindung mit
JAP	Juristische Ausbildung und Praxisvorbereitung (Jahr/Seite)
JBl	Juristische Blätter (Jahr/Seite)
JR	Juristische Rundschau (Jahr/Seite)
JUS	Jus-Extra. Beilage zur Wiener Zeitung (Jahr/Heft/Nummer)
JZ	(deutsche) Juristenzeitung (Jahr/Seite)
Kap	Kapitel
Kienapfel/Schroll	*Kienapfel/Schroll* Studienbuch Strafrecht Besonderer Teil Bd I Delikte gegen Personenwerte[4] (2016)
Kienapfel/Schroll BT I[5]	*Kienapfel/Schroll* Grundriss des Strafrechts Besonderer Teil Bd I Delikte gegen Personenwerte[5] (2003)
Kienapfel/Schmoller StudB BT II	*Kienapfel/Schmoller* Studienbuch Strafrecht Besonderer Teil Bd II Delikte gegen Vermögenswerte[2] (2017)
Kienapfel/Schmoller StudB BT III	*Kienapfel/Schmoller* Studienbuch Strafrecht Besonderer Teil Bd III Delikte gegen sonstige Individual- und Gemeinschaftswerte[2] (2009)
mN	mit Nachweisen
oä	oder ähnlich
OGH	Oberster Gerichtshof
ÖHZ	Österr Hochschulzeitung
ÖJZ	Österreichische Juristen-Zeitung (Jahr/Seite)
RN	Randnummer
SbgK	*Triffterer/Hinterhofer/Rosbaud* (Hrsg) Salzburger Kommentar zum StGB (Loseblattsammlung)
SSt	Entscheidungen des österreichischen Obersten Gerichtshofes in Strafsachen und Disziplinarangelegenheiten (Band/Nummer; seit 2002 Jahr/Nummer)
str	strittig
StudB	Studienbuch

	Literatur- und Abkürzungsverzeichnis (Auswahl)
WK²	*Höpfel/Ratz* (Hrsg) Wiener Kommentar zum Strafgesetzbuch, 2. Aufl (Loseblattsammlung)
ZVR	Zeitschrift für Verkehrsrecht (Jahr/Nummer)

Elektronisches Studienmaterial

Kienapfel	DVD Grundkurs Strafrecht Allgemeiner Teil² (2004)

1. Kapitel

Einleitung

Lerneinheit 1

Lernziel: In dieser Lerneinheit sollen Sie sich zunächst mit der Arbeitsmethode dieses Lernprogramms vertraut machen. Anschließend werden die Begriffe **„Sachverhalt"**, **„Subsumtion"** und **„Auslegung"** erörtert.

Das **Lernprogramm AT** bildet zusammen mit dem **Grundriss AT** ein in sich geschlossenes und didaktisch außerordentlich effizientes Lernsystem. Es verlangt von Ihnen allerdings eine vom herkömmlichen Lernen abweichende Arbeitstechnik. Beachten Sie daher folgende

Richtlinien

1. Der Lernstoff ist in der Weise strukturiert, dass das **Basiswissen** durch **LE** (= Lerneinheiten), das darauf aufbauende **Vertiefungswissen** durch die dazugehörigen **Kapitel** im **Grundriss** vermittelt und jeweils anschließend durch **TE** (= Testeinheiten), die Ihrer **persönlichen Lernerfolgskontrolle** dienen, abgecheckt wird. Weitere didaktische Elemente, die als **F** (= Fälle und Lösungen) bezeichnet werden, sind nur gelegentlich eingestreut und tragen sowohl zur Ergänzung des Stoffes als auch zur weiteren Verdichtung Ihres Lernprozesses bei.

2. Die **LE, TE** und **F** sind in diesem **Lernprogramm AT** abgedruckt, die theoretische Vertiefung erfolgt im **Grundriss AT.** Die Abfolge der Lernschritte wird durch entsprechende Verweise in beiden Büchern gesteuert. Nur die Einhaltung der empfohlenen Reihenfolge gewährleistet optimalen Lernerfolg.

3. Beantworten Sie die Fragen der **LE** und **TE** immer **schriftlich,** denn dadurch prägt sich der Inhalt besser ein. Bei mehreren Lösungsmöglichkeiten ist das Zutreffende anzukreuzen bzw zu unterstreichen; manchmal wird darüber hinaus eine Begründung verlangt. Bei mit Punkten gekennzeichneten leeren Textstellen ist das Fehlende einzusetzen.

4. Die **Musterantworten** finden Sie jeweils am Ende der Seite der **LE** bzw anschließend an die jeweilige **TE.** Ihre Antworten müssen damit zumindest **sinngemäß,** mitunter aber auch **wörtlich** übereinstimmen. Wenn Sie eine Frage nicht beantworten können, blättern Sie bitte nicht weiter, sondern lesen Sie die zur Beantwortung nötige Information noch einmal.

5. Das **Beiblatt** mit den Gesetzesbestimmungen kann auch zum **Abdecken** der Musterantworten verwendet werden. Paragraphen ohne Gesetzesangabe beziehen sich immer auf das StGB.

1. Kapitel: Lerneinheit 1

6. Lesen Sie bitte stets die zitierten Gesetzesbestimmungen nach!

Abschließend sei angemerkt: Sie bearbeiten ein **evaluiertes (= in seiner Lernwirksamkeit erprobtes und empirisch bestätigtes) Lernprogramm,** nach dem schon viele Jusstudenten erfolgreich gelernt haben. **Diesen Lernerfolg wünschen wir auch Ihnen!**

Beginnen wir mit einem Beispiel:

Zisch hat aus dem linken Vorderreifen des dem Hieslmair gehörenden Wagens die Luft abgelassen, um jenen zu ärgern.

Dieser Satz schildert ein **tatsächliches Geschehen,** der Jurist spricht von **Sachverhalt.**

Für den Strafjuristen stellt sich nun die Frage, ob dieser Sachverhalt die abstrakten gesetzlichen Merkmale der Sachbeschädigung (§ 125 bitte lesen!) und somit die Voraussetzung für eine mögliche Strafe erfüllt.

Eine solche Untersuchung bezeichnet man als **Subsumtion.** Subsumieren heißt **untersuchen, ob ein bestimmter Sachverhalt unter eine bestimmte abstrakte Regelung fällt oder nicht.** Dieses formallogische Verfahren lässt sich für jedes einzelne Element des Sachverhalts wie folgt darstellen:

Entspricht das jeweilige Sachverhaltselement einem bestimmten abstrakten gesetzlichen Begriff?

Obersatz: **Abstraktes gesetzliches Merkmal**
Untersatz: **Sachverhaltselement**

Schlusssatz: **Das Sachverhaltselement erfüllt das abstrakte gesetzliche Merkmal (oder nicht).**

(1) Es ist also zu untersuchen, ob das .... „linker Vorderreifen" unter das abstrakte gesetzliche Merkmal „Sache" im § 125 zu .... ist.

Sache ist ein denkbar weiter Begriff. **Jeder körperliche Gegenstand** ist damit gemeint.

(2) Ein Autoreifen ist ein / kein solcher körperlicher Gegenstand.

(3) Er fällt daher / daher nicht unter den Begriff Sache.

Wenden wir uns nunmehr den übrigen Merkmalen des § 125 zu.

Die Frage, ob der linke Vorderreifen eine fremde Sache ist, können Sie erst beantworten, wenn Sie die **Vorfrage** gelöst haben: Was heißt „fremd" iSd § 125?

---

(1) Sachverhaltselement; subsumieren
(2) ein
(3) daher

1. Kapitel: Einleitung

(4) Dazu muss man zunächst versuchen, den Inhalt des Merkmals f...... durch andere Begriffe zu erklären, zu konkretisieren, genauer festzulegen. Die nähere Erklärung des Inhalts eines gesetzlichen Merkmals durch andere Begriffe wird in der Rechtswissenschaft **Auslegung** genannt.

Für die Auslegung der Fremdheit kommt es auf das **Eigentum** an der Sache an. Erst durch die Orientierung am Eigentum gewinnt der Begriff „fremd" festere Konturen.

In diesem Sinne legt der Jurist „fremd" wie folgt aus: **Eine Sache ist fremd, wenn sie nicht im Alleineigentum des Täters steht.** Dieser Satz enthält die **Definition** des Begriffs fremd iSd § 125 (auch relevant zB in § 127).

Subsumieren Sie selbst! Ist der Autoreifen „fremd" iS dieser Definition?

(5) Ja / Nein – Begründung:

Dieses Beispiel soll zugleich die für **jeden Juristen typische Arbeitsweise** demonstrieren:

Zunächst wird der vom Gesetz verwendete Begriff **ausgelegt**. Das Ergebnis der Auslegung wird in einer **Definition** dieses Begriffs zusammengefasst. Dann erfolgt der Vergleich zwischen Sachverhalt und Definition im Wege der **Subsumtion.** Wenn das fragliche Sachverhaltselement die Definition des gesetzlichen Begriffs erfüllt, erfüllt es auch diesen Begriff selbst. (Merkformel: **Definiere, subsumiere!**)

(6) Zisch kann nur wegen Sachbeschädigung bestraft werden, wenn einige / sämtliche abstrakten Merkmale des § 125 erfüllt sind. Deshalb ist in unserem Fall noch zu prüfen, ob das Ablassen der Luft aus dem Autoreifen unter den Begriff „Unbrauchbarmachen" subsumiert werden kann.

Zisch könnte etwa einwenden, dass man den Reifen nur aufpumpen müsste, um den Wagen wieder fahrbereit zu machen.

Dieser Einwand zeigt, dass auch das Merkmal „Unbrauchbarmachen" zunächst
(7) .... werden muss, bevor man das Ablassen der Luft unter dieses Merkmal .... kann.

Die Auslegung des „Unbrauchbarmachens" hängt vom **Zweck** ab, den § 125 verfolgt.

Durch § 125 sollen Eingriffe in die **bestimmungsgemäße Benutzbarkeit** der Sache verhindert werden. Unbrauchbarmachen ist also eine Beeinträchtigung der be-

---

(4) fremd
(5) Ja! Eigentümer des Wagens und damit des Vorderreifens ist Hieslmair, also ein anderer als der Täter oä.
(6) sämtliche
(7) ausgelegt; subsumieren

1. Kapitel: Lerneinheit 1

stimmungsgemäßen Benutzbarkeit einer Sache, wovon insb auch die Beeinträchtigung der **sofortigen** bestimmungsgemäßen Benutzbarkeit umfasst wird.

(8) Die **Definition** von Unbrauchbarmachen lautet daher:

Nunmehr ist es ein Leichtes, die **Subsumtion**, dh den formallogischen Schluss, zu vollziehen:

(9) Zisch hat durch das Ablassen von Luft aus dem Vorderreifen die bestimmungsgemäße (sofortige) Benutzbarkeit des Wagens beeinträchtigt / nicht beeinträchtigt und somit eine Sache iSd § 125 unbrauchbar gemacht / nicht unbrauchbar gemacht.

(10) Damit sind sämtliche der im § 125 genannten abstrakten gesetzlichen Merkmale der Sachbeschädigung erfüllt / nicht erfüllt.

Aus der „Presse" vom 10. 10. 2007: *In einer Ausstellung in Avignon hatte eine 30-jährige Künstlerin ein makellos weißes Bild des berühmten amerikanischen Künstlers Cy Twombly mit dem Abdruck ihrer roten Lippen „verziert", weil sie das Bild so als „noch viel schöner" empfand.*

Bei diesem **Sachverhalt** kommt statt des „Unbrauchbarmachens" ein „Verunstalten" in Betracht.

(11) Bitte lesen Sie § 125! Versuchen Sie, den Begriff „verunstalten" zu **definieren** und anschließend die Handlung der Künstlerin darunter zu subsumieren!

(12) Wir beschäftigen uns im österreichischen Strafrecht vor allem mit welchem Gesetz? (Nehmen Sie es zur Hand!)

(13) Aus welchem Jahr ist es in seiner Stammfassung?

■ ■ ■ **Bevor Sie die Testfragen zur LE 1 durcharbeiten,** ■ ■ ■
lesen Sie bitte zunächst im Grundriss AT Kap 1!

---

(8) Unbrauchbarmachen = Beeinträchtigung der (sofortigen) bestimmungsgemäßen Benutzbarkeit einer Sache oä
(9) beeinträchtigt; unbrauchbar gemacht
(10) erfüllt
(11) Verunstalten umfasst alle wertmindernden Veränderungen des *äußeren Erscheinungsbildes* einer Sache oä = **Definition.** Das Beschmieren von Gemälden und anderen Kunstwerken, aber auch von Hauswänden, Eisenbahnwaggons etc gehört zu den Paradebeispielen des Verunstaltens einer Sache = **Subsumtion**; vgl dazu *Kienapfel/Schmoller* StudB BT II § 125 RN 46.
(12) Mit dem Strafgesetzbuch (StGB).
(13) Aus dem Jahr 1974; vgl Grundriss AT RN 1.15 f.

1. Kapitel: Einleitung

Testeinheit 1
Testfragen zur LE 1

1. Welche der folgenden Aussagen ist (oder sind) richtig?
   - ☐ Auslegung und Subsumtion sind dasselbe.
   - ☐ Die Auslegung dient dazu, Inhalt und Grenzen eines Begriffes festzulegen.
   - ☐ Definition und Subsumtion sind dasselbe.
   - ☐ Die Definition ermöglicht bzw erleichtert die Subsumtion.

2. Erklären Sie **subsumieren!**

3. Definition, Subsumtion und Auslegung sind stets in einer bestimmten Reihenfolge hintereinander geschaltet. Wie lautet diese?

   [..................] ➡ [..................] ➡ [..................]

4. Definieren Sie das Merkmal „Unbrauchbarmachen" in § 125!

5. Subsumieren Sie das Ablassen von Luft aus einem montierten Autoreifen unter **Ihre** Definition des Merkmals Unbrauchbarmachen!

6. *Radkappen-Fall: Ein anderes Mal demontiert Zisch die Radkappe des linken Vorderreifens und legt sie unmittelbar neben das Rad.*

   Liegt ein „Unbrauchbarmachen" des Wagens iSd § 125 vor?
   Ja / Nein – Begründung:

7. Der Landwirt *Josef Odlinger leitet in der Nacht Jauche in das Schwimmbecken seines Nachbarn, um diesen zu ärgern.*
   a) Ist das Wasser im Schwimmbecken eine „Sache" iSd § 125?
      Ja / Nein – Begründung:

   b) Lässt sich diese Verunreinigung des Wassers unter das Merkmal „Unbrauchbarmachen" einer Sache iSd § 125 subsumieren?
      Ja / Nein – Begründung:

8. **Schoßhund-Fall:** *Für die Dauer seines LL.M.-Studiums an der Columbia Law School in New York gibt Michael seinen mannscharf dressierten Schäferhund Hasso seiner Freundin Turrit in Obhut. In dieser Zeit verwöhnt (= verfremdet) Turrit das Tier absichtlich dermaßen, dass Hasso nur noch als Schoßhund taugt.*
   a) Hasso ist eine fremde Sache / keine fremde Sache iSd § 125.
   b) Wo liegt das Problem des Falles, und wie lösen Sie es?

Zum Abschluss dieser TE eine umstrittene Fallkonstellation aus dem Bereich des § 125.

9. **Zündschlüssel-Fall** (ähnlich EvBl 1980/114): *Als B das an A verliehene Moped nach einigen groben Fahrfehlern des A zurückverlangt, wirft A zornig den Zündschlüssel in hohem Bogen die steile Straßenböschung hinunter und trollt sich. B findet den Schlüssel erst nach einer halben Stunde wieder.*
   a) Halten Sie die Tat des A für strafwürdig?
      Ja / Nein
   b) Wie müsste man argumentieren, um A Sachbeschädigung gem § 125 anzulasten?

1. Kapitel: Einleitung

Antworten

1. Die Auslegung dient dazu, Inhalt und Grenzen des Begriffs festzulegen. Die Definition ermöglicht bzw erleichtert die Subsumtion.

2. Subsumieren heißt untersuchen, ob ein bestimmter Sachverhalt einen bestimmten abstrakten gesetzlichen Begriff bzw seine Definition erfüllt oä.

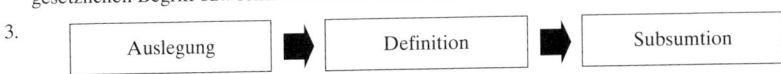

3. Auslegung ➤ Definition ➤ Subsumtion

4. Jede Beeinträchtigung der bestimmungsgemäßen (insb auch sofortigen) Benutzbarkeit einer Sache oä.

5. Durch das Ablassen von Luft aus einem Autoreifen wird die bestimmungsgemäße, insb sofortige Benutzbarkeit des Wagens beeinträchtigt oä. Früher str; heute hM; vgl OGH EvBl 1979/90.

6. Nein! Der Wagen ist auch ohne Radkappe sofort benutzbar und voll funktionstüchtig oä. Bloße Gebrauchsbehinderungen sowie Beeinträchtigungen, die **leicht** zu beseitigen sind, begründen (noch) kein Unbrauchbarmachen; hM; vgl *Kienapfel/Schmoller* StudB BT II § 125 RN 53.

7. a) Ja! Auch Wasser ist ein körperlicher Gegenstand. Für den strafrechtlichen Sachbegriff kommt es auf den **Aggregatzustand** nicht an oä.

   b) Ja! Durch das Zusetzen von Jauche ist das Wasser (und damit auch das Schwimmbad) in seiner bestimmungsgemäßen (insb auch sofortigen) Benutzbarkeit beeinträchtigt worden oä.

8. a) eine fremde Sache.

   b) Verfremden eines scharf abgerichteten Wachhundes ist ein Unbrauchbarmachen iSd § 125, weil dadurch dessen bestimmungsgemäße Verwendbarkeit beeinträchtigt wird.

9. a) Ja!

   b) A hat das Moped des B, also eine fremde Sache, dadurch unbrauchbar gemacht, dass er mit dem Wegwerfen des Zündschlüssels die bestimmungsgemäße, insb sofortige **Benutzbarkeit des Mopeds** unmöglich gemacht hat; vgl idS insb *Löschnig-Gspandl* JAP 1992/93 16.

   Aber: Andere verneinen ein Unbrauchbarmachen des Mopeds, weil dies eine **unmittelbare Einwirkung auf das Fahrzeug** selbst voraussetze; vgl näher *Graczol* JBl 1982 297; mit anderer Begründung auch OGH EvBl 1980/114. Näher zum Ganzen *Kienapfel/Schmoller* StudB BT II § 125 RN 55.

   Beachte! Das Verhalten des A erfüllt hinsichtlich des weggeworfenen Zündschlüssels uU den Tatbestand der Dauernden Sachentziehung (§ 135); vgl EvBl 1980/114.

■ ■ ■ **Ende dieser Programmeinheit** ■ ■ ■

2. Kapitel
Strafen und vorbeugende Maßnahmen
Lerneinheit 2

Lernziel: Im Mittelpunkt stehen die beiden wichtigsten Sanktionen des Strafrechts, die „**Strafen**" und die „**vorbeugenden Maßnahmen**". Diese LE beschreibt deren Wesen und zeigt Unterschiede und Gemeinsamkeiten auf.

Die **Strafen** und **vorbeugenden Maßnahmen** stehen seit jeher im Zentrum kriminalpolitischer Überlegungen.

Die **Kriminalpolitik** beschäftigt sich mit der Verhütung und Bekämpfung strafbarer Handlungen.

Beginnen wir zunächst mit der **Strafe** und den damit verbundenen kriminalpolitischen Vorstellungen.

Aus den Schlagzeilen der Presse:

> **Schlagzeile 1:** „Selbst lebenslang ist für diesen bestialischen Mord zu wenig!"
> **Schlagzeile 2:** „Ein Jahr Freiheitsstrafe wird dem Täter eine Lehre sein!"
> **Schlagzeile 3:** „Nur 100 € Geldstrafe für den diebischen Handwerker! Solche Strafen schrecken niemanden!"

Auf die Verletzung von Normen reagiert der Staat in den schwerwiegendsten Fällen mit Strafen, und zwar mit **Geldstrafen** und **Freiheitsstrafen.**

Fragt man danach, **warum** Strafen verhängt werden, fragt man also nach dem **kriminalpolitischen Zweck** der Strafe, erhält man die scheinbar widersprüchlichsten Antworten.

(1) Die beiden gegensätzlichen, tief im Weltanschaulichen und Philosophischen verwurzelten Grundpositionen zum kriminalpolitischen .... der staatlichen Strafe offenbaren sich einprägsam in zwei berühmten Zitaten:

Immanuel Kant (1724–1804): „Selbst wenn sich die bürgerliche Gesellschaft mit aller Glieder Einstimmung auflösete (zB das eine Insel bewohnende Volk beschlösse, auseinanderzugehen und sich in alle Welt zu zerstreuen), müßte der letzte im Gefängnis befindliche Mörder vorher hingerichtet werden, damit jedermann das widerfahre, was seine Taten wert sind ..."

---

(1) Zweck

2. Kapitel: Strafen und vorbeugende Maßnahmen

Seneca (um 1–65 n Chr) beschreibt dagegen kurz und prägnant die Gegenposition: „Nemo prudens punit, quia peccatum est, sed ne peccetur." (Kein Vernünftiger bestraft, weil eine Straftat begangen worden ist, sondern damit keine Straftaten begangen werden.)

Welche der drei Schlagzeilen liegt am ehesten auf der Linie des *Kant*-Zitats?

(2)

(3) Welche der drei Schlagzeilen liegt am ehesten auf der Linie der Sentenz von *Seneca*?

(4) Die beiden Grundpositionen über den k........................ Zweck der staatlichen Strafe lassen sich mit zwei Begriffen charakterisieren. Die einen meinen, die Strafe erfülle den Zweck der **Vergeltung.** Der Sinn der Strafe läge darin, dass „jedermann das widerfahre, was seine Taten wert sind". Diese Begründung ist von einer gesellschaftlichen Aufgabe der Strafe losgelöst (= „absolut") und gehört damit zu den „absoluten Straftheorien".

(5) Die Vertreter dieser Ansicht berufen sich auf *Kant* / Seneca. Sie ist heute überholt.

Der kriminalpolitische Zweck der Strafe wird im StGB in der Verhütung künftiger strafbarer Handlungen gesehen. Diesen Strafzweck bezeichnet man als **Vorbeugung (= Prävention).**

(6) *Seneca* plädiert für das „ne peccetur". Er ist somit ein Anhänger des .... gedankens.

Der Begriff Prävention (bzw Vorbeugung) bedarf noch weiterer Differenzierung.

Prävention kann bedeuten: Strafen werden angedroht und verhängt, **um den Täter von künftigen strafbaren Handlungen abzuhalten und zu rechtstreuem Verhalten zu erziehen.**

Eine solche kriminalpolitische Zielsetzung nennt man **Individual-** oder **Spezialprävention.** Dieser Gedanke orientiert sich an der künftigen Gefährlichkeit des

(7) Täters / am Vergeltungsbedürfnis.

---

(2) Schlagzeile 1
(3) Sowohl Schlagzeile 2 als auch Schlagzeile 3. Beide Antworten sind richtig. Warum, erfahren Sie auf dieser Seite.
(4) kriminalpolitischen
(5) *Kant*
(6) Präventions- bzw Vorbeugungsgedankens
(7) an der künftigen Gefährlichkeit des Täters

2. Kapitel: Lerneinheit 2

Der Begriff Prävention hat aber noch einen anderen kriminalpolitischen Akzent. Er kann auch bedeuten: Strafen werden angedroht und verhängt, **um der Begehung strafbarer Handlungen durch andere entgegenzuwirken, dh um die Allgemeinheit zu rechtstreuem Verhalten zu erziehen,** also **die verletzte Norm zu verdeutlichen.**

(8) Diese kriminalpolitische Zielsetzung bezeichnet man als **Generalprävention.** Für die Anhänger der Generalprävention ist die erzieherische Wirkung von Strafdrohung und Strafverhängung auf .... das Wesentliche.

Ordnen Sie die drei Schlagzeilen der Tagespresse jeweils einer der skizzierten kriminalpolitischen Zielsetzungen der Strafe zu:

(9) Schlagzeile 1 = ...
Schlagzeile 2 = ...
Schlagzeile 3 = ...

(10) Grenzen Sie „Spezialprävention" von „Generalprävention" ab!

Eine dritte Aufgabe kommt hinzu: Die Verdeutlichung der verletzten Norm durch die Strafe ist nicht nur gegenüber dem Täter und der Allgemeinheit sinnvoll, sondern auch für das **Opfer** der Tat eine wesentliche Hilfe **(Opfergerechtigkeit).** Diese Solidarisierung mit dem Opfer wird gleichzeitig von der Allgemeinheit erwartet. So greifen die Strafzwecke ineinander.

Die Gewichtung der einzelnen Strafzwecke kann von Fall zu Fall unterschiedlich sein.

KZ-Aufseher-Fall: 1980 wurde der ehemalige KZ-Aufseher S wegen vielfachen Mordes (§ 75) zu einer langjährigen Freiheitsstrafe verurteilt. S war nach dem Krieg viele Jahre lang leitender Angestellter in einem Industrieunternehmen. Er hatte sich innerlich vom Nationalsozialismus längst abgewendet. Nie wieder würde er sich zu solchen Taten hergeben. Einen großen Teil seines Vermögens hatte er überdies freiwillig in eine Stiftung zur Wiedergutmachung von NS-Verbrechen eingebracht.

---

(8) die Allgemeinheit
(9) Schlagzeile 1 = Vergeltung; Schlagzeile 2 = Spezialprävention; Schlagzeile 3 = Generalprävention.
(10) Spezialprävention: Der **einzelne Straftäter** soll durch die Strafe von künftigen strafbaren Handlungen abgehalten werden. Generalprävention: Die erzieherische Wirkung der Sanktion auf die **Allgemeinheit** steht im Mittelpunkt oä.

2. Kapitel: Strafen und vorbeugende Maßnahmen

(11) Offensichtlich spielt einer der Strafzwecke für die Person des S eine untergeordnete Rolle. Welcher?

Hätte sich das österreichische Strafrecht **ausschließlich** der **Spezialprävention** verschrieben, müsste in diesem Beispiel

(12) ☐ eine besonders hohe Strafe verhängt werden
☐ eine geringe Strafe verhängt werden.

(13) Kriminalpolitisch sinnvoll erscheint die Bestrafung des S daher vor allem unter dem Aspekt der .... und jenem der ....

(14) Begründen Sie den generalpräventiven Aspekt der über S verhängten Strafe!

Gewohnheitstäter-Fall: Der bereits elfmal wegen Diebstahls vorbestrafte A wird beim Stehlen einer Schachtel Zigaretten (§ 127) ertappt. Der Ankläger charakterisiert A als Gewohnheitstäter, der seinem Hang zu stehlen auch künftig nachgeben wird.

(15) Die Bedürfnisse der Allgemeinheit und des Opfers treten in diesem Beispiel in den Vordergrund / in den Hintergrund.

(16) Der entscheidende Aspekt, dem die Strafe hier Rechnung tragen muss, ist der Gedanke der **Prävention**. Welcher der beiden präventiven Zielsetzungen würden Sie hier den Vorrang geben? Bitte begründen Sie Ihre Antwort!

---

(11) die Spezialprävention
(12) eine geringe Strafe verhängt werden
(13) Generalprävention; Opfergerechtigkeit
(14) Durch die Verhängung der Strafe über S soll der Begehung solcher strafbaren Handlungen durch andere entgegengewirkt werden oä.
(15) in den Hintergrund
(16) Der Spezialprävention, denn der maßgebende Aspekt ist vor allem die **besondere Gefährlichkeit gerade dieses Täters**. Sie offenbart sich darin, dass A schon mehrfach gestohlen hat und wahrscheinlich auch in Zukunft weitere Diebstähle begehen wird oä.

2. Kapitel: Lerneinheit 2

(17) Warum tritt im *Gewohnheitstäter-Fall* die Generalprävention in den Hintergrund?

Wenden wir uns nunmehr einer **wesentlichen Voraussetzung der Strafe** zu.

Eine strafbare Handlung kann **verschiedene Arten von Sanktionen** nach sich ziehen. Neben der Freiheitsstrafe und der Geldstrafe nennt das StGB etwa die Unterbringung in einer Anstalt für geistig abnorme Rechtsbrecher oder die Unterbringung in einer Anstalt für entwöhnungsbedürftige Rechtsbrecher.

Nur Freiheitsstrafe und Geldstrafe setzen die **Schuld** des Täters voraus. Die beiden anderen Sanktionen dagegen setzen etwas ganz anderes voraus: Eine **besondere Gefährlichkeit** des Täters.

(18) Eine Sanktion, die ausschließlich an die besondere Gefährlichkeit des Täters anknüpft, nicht aber an seine Schuld, ist schon begrifflich keine ....

(19) Sanktionen, welche nicht die Schuld, sondern eine .... des Täters voraussetzen, bezeichnet man als **vorbeugende Maßnahmen.**

Die Unterbringung in einer Anstalt für geistig abnorme Rechtsbrecher oder für entwöhnungsbedürftige Rechtsbrecher orientiert sich nicht an der Schuld, sondern ausschließlich an der besonderen Gefährlichkeit des Täters. Diese beiden
(20) Sanktionen sind daher keine ...., sondern ....

Der Begriff **Strafe** ist dagegen untrennbar mit dem Erfordernis der **Schuld** des Täters verknüpft. Als Strafen bezeichnet man nur solche Sanktionen, welche die
(21) .... des Täters **voraussetzen.**

(22) Die Schuld ist nicht nur die V................., sie ist zugleich auch die
(23) **Grenze** der Strafe. Das Maß der Strafe darf daher das Maß der .... nicht übersteigen.

Missbrauchs-Fall: Der 23-jährige M aus Meidling ist ein mehrfach vorbestrafter Sexualstraftäter. Diesmal hat er eine 13-Jährige an den Genitalien betastet. Als strafbare Handlung kommt „Sexueller Missbrauch von Unmündigen" (§ 207 Abs 1 bitte lesen!) in Betracht.

---

(17) Weil der angerichtete Schaden nur gering ist oä.
(18) Strafe
(19) besondere Gefährlichkeit
(20) Strafen, sondern vorbeugende Maßnahmen
(21) Schuld
(22) Voraussetzung
(23) Schuld

2. Kapitel: Strafen und vorbeugende Maßnahmen

Nehmen Sie an, der **Schuld** des M entspricht eine Freiheitsstrafe von **einem Jahr**. Darf ihn das Gericht wegen seiner **besonderen Gefährlichkeit (mehrfach einschlägig vorbestrafter Sexualstraftäter!)** zu **fünf Jahren** Freiheitsstrafe verurteilen?

(24) Ja / Nein – Begründung:

Wichtig! Eine Strafe darf nur verhängt werden **aufgrund** (Voraussetzung!) und **nach Maßgabe** (Grenze!) der **Schuld** des Täters.

Von der Frage nach dem kriminalpolitischen **Zweck** der Strafe ist die Frage nach ihrer **Wirkung** zu unterscheiden.

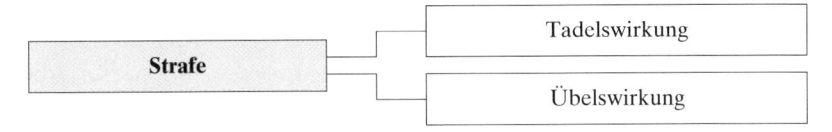

```
                    ┌──── Tadelswirkung
         Strafe ────┤
                    └──── Übelswirkung
```

Zur **Tadelswirkung** der Strafe:

Die gerichtliche Strafe beinhaltet einen öffentlichen Tadel, ein öffentliches **sozialethisches Unwerturteil** über den Täter. Beide Begriffe bedeuten in etwa dasselbe. Wer davon spricht, dass mit der Strafe über den Täter ein sozialethisches Unwert-
(25) urteil gefällt wird, meint damit die in der Strafe enthaltene T.......... wirkung und umgekehrt.

Vereinfacht lautet der mit der Strafe über den Täter ausgesprochene Tadel:

„Du hättest die Tat nicht begehen sollen!"

Mit der Verhängung der Strafe zB über einen **Dieb** wird diesem daher vorgewor-
(26) fen, dass er (bitte ergänzen!)

Zur **Übelswirkung** der Strafe:

Der mit der Strafe verbundene Tadel mag den abgebrühten Täter kalt lassen. Dass
(27) die Verhängung einer Strafe aber ein einschneidendes .... bedeutet, erfährt er durch die ihm gleichzeitig auferlegten **Rechtseinbußen.** Sie greifen empfindlich in seine Rechtssphäre ein und werden ihm von Staats wegen unbewusst
(28) auferlegt / bewusst auferlegt.

---

(24) Nein! Das Maß der Strafe darf das Maß der Schuld nicht übersteigen oä.
(25) Tadelswirkung
(26) den Diebstahl nicht hätte begehen sollen oä.
(27) Übel
(28) bewusst auferlegt

2. Kapitel: Lerneinheit 2

Besonders deutlich wird diese bewusst auferlegte Übelswirkung bei den verschiedenen Abstufungen (Graden) der **Freiheitsstrafe** im früheren österreichischen Recht. Dabei wurde subtil zwischen „schwerstem", „hartem" und „gelinderem" Gefängnis oder zwischen „Kerker" und „Arrest" unterschieden.

Beim schwersten Gefängnis war „der Verbrecher mit einem um die Mitte des Körpers gezogenen eisernen Ring Tag und Nacht" zu befestigen. Außerdem war ihm „keine andere Liegerstatt als auf Brettern, keine andere Nahrung als Wasser und Brod zuzulassen"; vgl Josephinisches StG von 1787 I. Teil § 27.

(29) Diese früheren Übersteigerungen der Tadelswirkung / Übelswirkung speziell der Freiheitsstrafe sind längst beseitigt. Heute gibt es nur noch eine einheitliche Freiheitsstrafe = **Einheitsstrafe**. Die Übelswirkung als solche aber ist geblieben. Die Art des Strafvollzugs (zB auch in Form des „elektronisch überwachten Hausarrests") ist vom richterlichen Ausspruch der Strafe grundsätzlich unabhängig.

Seit der Abschaffung der Todesstrafe (Art 85 B-VG) werden in Österreich nur noch **Geld-** und **Freiheitsstrafen** verhängt. Deren Übelswirkungen reichen aus, um allen drei Zielsetzungen der Strafe Rechnung zu tragen.

(30) Nennen Sie die drei kriminalpolitischen Zielsetzungen der Strafe!

Die **Geldstrafe** ist ein gravierender staatlicher Eingriff in das **Vermögen**, die **Freiheitsstrafe** ein gravierender staatlicher Eingriff in die **Bewegungsfreiheit** (§§ 19, 20). Im Fall der **bedingten Strafnachsicht** ist dieser Eingriff zu einer Drohung verdünnt (§§ 43, 43a).

(31) Das einschneidendste aller Strafübel ist seit Abschaffung der .... strafe die **lebenslange Freiheitsstrafe.** Sie kommt einer Existenzvernichtung gleich; daher hat der Gesetzgeber dieses Strafübel auf die schwersten strafbaren Handlungen, zB Mord (§ 75) und Völkermord (§ 321 Abs 1), beschränkt.

(32) Neben dem Eingriff in Freiheit und Vermögen offenbart sich die Ü........-wirkung jeder staatlichen Strafe zusätzlich darin, dass sie das **soziale Ansehen** des Täters und seiner Familie oft sehr nachhaltig schmälert („Stigmatisierung"). Die Kinder werden in der Schule gehänselt. Der Arbeitgeber kündigt, eine neue Arbeit ist für Vorbestrafte idR schwer zu finden. Die Bekannten wenden sich vom Täter ab. Oft zerbrechen die Familienbeziehungen.

Der Staat und soziale Einrichtungen tun einiges – aber längst nicht genug –, um derartige mit der Strafe **nicht beabsichtigte Übelswirkungen** hintanzuhalten:

---

(29) Übelswirkung
(30) Spezialprävention, Generalprävention, Opfergerechtigkeit.
(31) Todesstrafe
(32) Übelswirkung

2. Kapitel: Strafen und vorbeugende Maßnahmen

zB Beschränkung der Auskunft über Eintragungen im Strafregister; Tilgung der Verurteilung; Vermittlung von Arbeitsplätzen an Haftentlassene etc.

(33) Welche beiden Übelswirkungen der Strafe sind beabsichtigt?

(34) Welche schädlichen Wirkungen der Strafe sind dagegen nicht beabsichtigt, aber Folge der . . . .?

Wir fassen zusammen!

(35) Sie kennen nun Voraussetzung und Grenze der staatlichen Strafe, die . . . ., außerdem ihre T . . . . wirkung und ihre . . . . wirkung. Aus diesen Elementen ergibt sich folgende Definition der Strafe:

Strafe ist ein mit Tadel verbundenes Übel, das wegen einer strafbaren Handlung von einem Strafgericht aufgrund und nach Maßgabe der Schuld des Täters verhängt wird.

Suchtgift-Fall: Der mittellose, drogenabhängige und schon mehrfach einschlägig vorbestrafte Gift (G) hat bei einem Arzt ein opiathaltiges Medikament im Wert von 50 € gestohlen. Schuld und Schwere der Tat sind relativ gering. Das Gericht verhängt wegen Diebstahls eine Freiheitsstrafe von einem Monat.

Tatsache ist aber, dass bei **mittellosen Drogenabhängigen** die Gefahr besonders groß ist, dass sie nach Strafverbüßung sofort wieder versuchen werden, sich den „Stoff" durch **weitere strafbare Handlungen** zu verschaffen.

Das Problem ist hier **nicht die Schuld** des G. Denn seine Schuld ist mit der Verbüßung der verhängten Strafe **abgegolten.**

(36) Nicht abgegolten mit der . . . . ist aber seine **besondere Gefährlichkeit.** Sie besteht darin, dass G auch **künftig,** dh auch **nach der Verbüßung seiner Strafe** im

(37) Zusammenhang mit seiner Abhängigkeit von Suchtmitteln (bitte ergänzen!)

---

(33) Die Eingriffe in die Freiheit und das Vermögen oä.
(34) Stigmatisierung; die Schädigung des sozialen Ansehens des Täters und seiner Familie oä.
(35) Schuld; Tadelswirkung; Übelswirkung
(36) Strafe
(37) weiter strafbare Handlungen begehen wird oä.

2. Kapitel: Lerneinheit 2

Um **dieser besonderen Gefährlichkeit des G** wirksam entgegenzutreten, kann es kriminalpolitisch sinnvoll sein, ihn in einer **Anstalt für entwöhnungsbedürftige Rechtsbrecher** unterzubringen, damit er dort von seiner Sucht geheilt werde.

(38) Eine solche Unterbringung in einer Anstalt für entwöhnungsbedürftige Rechtsbrecher ist im § 22 ausdrücklich vorgesehen. Es handelt sich dabei um eine Strafe / vorbeugende Maßnahme.

Die Unterbringung in einer Anstalt für entwöhnungsbedürftige Rechtsbrecher kann auch **neben der Strafe** angeordnet werden.

Vorbeugende Maßnahmen unterscheiden sich in ihrem **kriminalpolitischen Zweck** von der Strafe. Sie dienen nicht der Generalprävention. Ihr Zweck erschöpft sich in der Bekämpfung der **künftigen Gefährlichkeit gerade dieses Täters**.
(39) Sie dienen also .... Zwecken und insofern dem Opferschutz. Sie kommen nur gegen **besonders gefährliche** Täter in Betracht.

Damit sind wir bereits bei **Voraussetzung** und **Grenze** der vorbeugenden Maßnahme: Es ist die in der Begehung einer strafbaren Handlung zutage getretene
(40) **besondere Gefährlichkeit des Täters** und nicht seine ....

Wir halten daher fest: Vorbeugende Maßnahmen dürfen nur angeordnet werden
(41) **aufgrund** (Voraussetzung!) und **nach Maßgabe** (Grenze!) der .... des Täters.

Beachte! Im Gegensatz zur Strafe ist mit der Anordnung von vorbeugenden Maßnahmen **kein sozialethisches Unwerturteil, dh keine Tadelswirkung** verbunden.

Der Grund ist klar: Tadel setzt Schuld voraus. Da die vorbeugende Maßnahme
(42) keine Schuld / Schuld voraussetzt, ist mit ihr keine Tadelswirkung / eine Tadelswirkung verbunden.

Der Vollzug einer freiheitsentziehenden vorbeugenden Maßnahme geschieht in der Weise, dass der Täter von der Allgemeinheit abgesondert wird. Er kommt in eine Anstalt und verliert damit wie bei der Freiheitsstrafe seine Freiheit. Dieser
(43) Freiheitsverlust ist ein Übel / kein Übel. Aber im Gegensatz zur (Freiheits-)Strafe
(44) ist der Eintritt dieses Übels die beabsichtigte Wirkung / unvermeidliche Folge der Anordnung der vorbeugenden Maßnahme.

---

(38) vorbeugende Maßnahme
(39) spezialpräventiven
(40) Schuld
(41) besonderen Gefährlichkeit
(42) keine Schuld; keine Tadelswirkung
(43) ein Übel
(44) unvermeidliche Folge

2. Kapitel: Strafen und vorbeugende Maßnahmen

Somit lässt sich der Begriff der vorbeugenden Maßnahme wie folgt definieren:

Die vorbeugende Maßnahme ist ein nicht mit Tadel verbundenes Übel, das wegen einer strafbaren Handlung von einem Strafgericht aufgrund und nach Maßgabe der besonderen Gefährlichkeit des Täters angeordnet wird.

Das StGB kennt insgesamt **drei freiheitsentziehende vorbeugende Maßnahmen:**

Die Unterbringung in einer **Anstalt für geistig abnorme Rechtsbrecher (§ 21)**, die Unterbringung in einer **Anstalt für entwöhnungsbedürftige Rechtsbrecher (§ 22)** und als besonders einschneidende und gefürchtete Maßnahme die Unterbringung in einer **Anstalt für gefährliche Rückfallstäter (§ 23).**

Wichtig! Die Verhängung sowohl von Strafen als auch von vorbeugenden Maßnahmen setzt stets die **Begehung einer strafbaren Handlung** voraus. Während (45) Strafen aber aufgrund und nach Maßgabe der .... des Täters ausgesprochen werden, ist die Anordnung einer vorbeugenden Maßnahme stets an eine .... des Täters geknüpft. Alle vorbeugenden Maßnahmen können **prinzipiell neben der Strafe** ausgesprochen werden.

Um die besondere Gefährlichkeit des Täters geht es nicht nur im *Suchtgift-Fall*
(46) (S 15), sondern auch im *KZ-Aufseher-Fall* (S 10) / Missbrauchs-Fall (S 12).

(47) Bezüglich des Sexualstraftäters M kommt anstelle der Strafe / zusätzlich zur Strafe eine Unterbringung in einer Anstalt für geistig abnorme Rechtsbrecher gem § 21 Abs 2 in Betracht.

Ein Strafrechtssystem, das – wie in Österreich – auf zwei „Spuren" fährt, den
(48) .... und den vorbeugenden Maßnahmen, bezeichnet man als **zweispuriges Strafrecht.**

Eine **dritte** Spur hat sich in Form der **Diversion** herausgebildet. Für leichte und mittelschwere Kriminalität stellt das Gesetz Sanktionen zur Verfügung, mit denen auf strafbare Handlungen zwar reagiert wird, aber die stigmatisierenden Wirkungen der Verurteilung weitgehend vermieden werden. Die Regelungen über diese
(49) dritte Spur, die ...., finden sich außerhalb des StGB, insb in §§ 198 ff StPO und im JGG.

■ ■ ■   **Bevor Sie die Testfragen zur LE 2 durcharbeiten, lesen Sie bitte zunächst im Grundriss AT Kap 2!**   ■ ■ ■

---

(45) Schuld; besondere Gefährlichkeit
(46) *Missbrauchs-Fall*
(47) zusätzlich zur Strafe
(48) Strafen
(49) Diversion

2. Kapitel: Testeinheit 2

Testeinheit 2

Testfragen zur LE 2

1. Welcher Begriff bildet die Voraussetzung und zugleich die Grenze der Strafe?

2. Welche **beiden** Wirkungen sind mit der von den Strafgerichten verhängten Strafe verbunden?

3. Definieren Sie den Begriff **Strafe**. Ihre Definition muss nicht wörtlich mit der des Lernprogramms übereinstimmen. Sie ist aber nur dann vollständig, wenn sie sowohl Voraussetzung und Grenze als auch die beiden Wirkungen der Strafe berücksichtigt.

4. Worin bestehen die **Übelswirkungen** der Strafe?

5. Nennen Sie **alle drei** kriminalpolitischen Zielsetzungen der Strafe!

6. Welche **beiden** kriminalpolitischen Zielsetzungen stehen hinter dem Satz: „Nemo prudens punit, quia peccatum est, sed ne peccetur"?

7. Welchem Strafzweck entspräche der Satz: „Auge um Auge, Zahn um Zahn"? Ist dieser Zweck noch aktuell?

2. Kapitel: Strafen und vorbeugende Maßnahmen

8. Erklären Sie die **Tadelswirkung** der Strafe (entweder abstrakt oder anhand eines Beispiels)!

9. Nennen Sie **mindestens drei Unterschiede** zwischen vorbeugenden Maßnahmen und Strafen!

10. Ist der **gleichzeitige** Ausspruch von Strafen und vorbeugenden Maßnahmen kriminalpolitisch sinnvoll?
    Ja / Nein – Begründung:

11. Erklären Sie **Spezialprävention!**

12. Erklären Sie **Generalprävention!**

13. Welcher Begriff bildet die Voraussetzung und zugleich die Grenze der vorbeugenden Maßnahme?

14. Die mit der Anordnung einer vorbeugenden Maßnahme verbundene .... -wirkung ist an sich nicht beabsichtigt.

2. Kapitel: Testeinheit 2

15. Mit der Anordnung einer vorbeugenden Maßnahme ist keine .... -wirkung verbunden, weil (bitte ergänzen!)

16. Definieren Sie **vorbeugende Maßnahme**!

17. Das StGB sieht drei Arten von freiheitsentziehenden vorbeugenden Maßnahmen vor. Nennen Sie zwei!

18. *Pyromanen-Fall: „Des is a Mordshetz, wann's brennt", bekennt Xaver Zündel (Z) mit diabolischem Grinsen, als er nach dem Legen des 6. Feuers endlich gefasst wird. In seinem Gutachten stellt der Sachverständige eine schwere Persönlichkeitsstörung fest, bezeichnet Z im Übrigen aber als voll verantwortlich und auch in Zukunft „brandgefährlich".*

    Gehen Sie davon aus, dass die Verhängung einer zweijährigen Freiheitsstrafe schuldangemessen wäre.

    a) Die Verhängung der zweijährigen Freiheitsstrafe entspricht zwar der .... des Z; sie trägt aber der .... dieses Täters nur unzureichend Rechnung, weil (bitte ergänzen!)

    b) Deshalb ist in § 21 Abs 2 vorgesehen, dass Z anstelle einer Strafe / neben der Strafe in einer Anstalt für .... untergebracht werden kann.

    c) Die Unterbringung in einer solchen Anstalt dient nicht nur der weiteren Abschirmung dieses gefährlichen Brandlegers von der Allgemeinheit, sondern auch, und zwar **in erster Linie,** dazu, ihn therapeutisch zu behandeln, damit er (bitte ergänzen!)

2. Kapitel: Strafen und vorbeugende Maßnahmen

Antworten

1. Der Begriff „Schuld".
2. Tadelswirkung und Übelswirkung.
3. **Strafe ist ein mit Tadel verbundenes Übel, das wegen einer strafbaren Handlung von einem Strafgericht aufgrund und nach Maßgabe der Schuld des Täters verhängt wird.**
4. In der (beabsichtigten) Einwirkung auf das Vermögen bzw die Freiheit und in der (nicht beabsichtigten und unerwünschten) Beeinträchtigung des sozialen Ansehens des Täters und insb seiner Familie.
5. Spezialprävention, Generalprävention, Opfergerechtigkeit.
6. Spezialprävention und Generalprävention.
7. Vergeltung; nein! Vergeltung wird heute nicht mehr als selbstständiger Strafzweck gesehen.
8. Abstrakt: Dem Täter wird vorgeworfen: Du hättest keine Straftat begehen sollen.
   Am Beispiel: Dem Dieb wird vorgeworfen: Du hättest keinen Diebstahl begehen sollen.
9.

Strafen	Vorbeugende Maßnahmen
setzen Schuld voraus	setzen eine besondere Gefährlichkeit des Täters voraus
enthalten einen Tadel	enthalten keinen Tadel
dienen verschiedenen Strafzwecken (Spezial-, Generalprävention, Opfergerechtigkeit)	dienen nur der Spezialprävention und dem Opferschutz
stellen ein Übel dar (beabsichtigt)	stellen ein Übel dar (aber unbeabsichtigt)

10. Ja! Denn durch die Strafe kann nur die Schuld, nicht aber die besondere Gefährlichkeit des Täters ausgeschöpft werden. Letzteres erfolgt durch die entsprechende vorbeugende Maßnahme.
11. Strafen werden angedroht und verhängt, damit **dieser Täter** künftig von der Begehung strafbarer Handlungen abgehalten und zu rechtstreuem Verhalten erzogen wird oä.
12. Strafen werden angedroht und verhängt, damit **andere** von der Begehung strafbarer Handlungen abgehalten werden oä.
13. Die **besondere Gefährlichkeit** des Täters.
14. Übelswirkung.
15. Tadelswirkung; weil Tadel stets **Schuld** des Täters voraussetzt. Die vorbeugende Maßnahme ist aber gerade dadurch gekennzeichnet, dass sie wegen einer mit Strafe bedrohten Handlung auch **ohne Schuld** des Täters allein aufgrund seiner **besonderen Gefährlichkeit** angeordnet werden kann oä.
16. **Vorbeugende Maßnahme ist ein nicht mit Tadel verbundenes Übel, das wegen einer strafbaren Handlung von einem Strafgericht aufgrund und nach Maßgabe der besonderen Gefährlichkeit des Täters angeordnet wird.**
17. 1. Unterbringung in einer Anstalt für geistig abnorme Rechtsbrecher (§ 21);
    2. Unterbringung in einer Anstalt für entwöhnungsbedürftige Rechtsbrecher (§ 22);
    3. Unterbringung in einer Anstalt für gefährliche Rückfalltäter (§ 23).
18. a) Schuld; besonderen Gefährlichkeit; weil er nach Verbüßung seiner Freiheitsstrafe mit sehr großer Wahrscheinlichkeit erneut Brandstiftungsdelikte begehen würde oä.
    b) neben der Strafe; geistig abnorme Rechtsbrecher.
    c) von seinem Drang, Feuer zu legen, befreit wird oä.

■ ■ ■ **Ende dieser Programmeinheit** ■ ■ ■

3. Kapitel

Grundbegriffe 1

Lerneinheit 3

Lernziel: In den folgenden drei LE geht es um wichtige Begriffe, Prinzipien und Mechanismen des Strafrechts. In dieser LE werden Sie zentrale Begriffe wie „**Delikt**", „**Tatbestand**", „**Tatbestandsmäßigkeit**", „**Rechtsgut**" und „**Strafe**" kennen lernen.

Tatbestand

Beginnen wir mit der Analyse eines beliebigen strafrechtlichen **Delikts**.

Nehmen wir das in der Praxis weitaus häufigste Vermögensdelikt des StGB, den Diebstahl. Lesen Sie bitte aus dem BT § 127 und aus dem AT § 7 Abs 1!

Das Delikt des § 127 besteht aus zwei Teilen: Der erste enthält die gesetzliche Beschreibung des als Diebstahl strafrechtlich verbotenen Verhaltens. Dieser Teil heißt **Tatbestand**. Der andere Teil enthält die **Strafdrohung**.

Tatbestand ist die gesetzliche Beschreibung eines strafrechtlich verbotenen Verhaltens. Zur gesetzlichen Beschreibung gehört nicht allein die Bestimmung des **§ 127**, sondern genauso die in **§ 7 Abs 1** vorausgeschickte vorsätzliche Begehung.

Der **Tatbestand** des Diebstahls lautet daher, zusammen gelesen aus AT und BT: „Wer (vorsätzlich) eine fremde bewegliche Sache einem anderen mit dem Vorsatz wegnimmt, sich oder einen Dritten durch deren Zueignung unrechtmäßig zu bereichern, –."

Die **Strafdrohung** des Diebstahls lautet: „– ist mit Freiheitsstrafe bis zu sechs Monaten oder mit Geldstrafe bis zu 360 Tagessätzen zu bestrafen."

Betrachten wir ein weiteres Delikt: Der **Mord** ist im § 75 – wieder in Verbindung mit § 7 Abs 1 – wie folgt umschrieben: „Wer einen anderen (vorsätzlich) tötet, ist mit Freiheitsstrafe von zehn bis zu zwanzig Jahren oder mit lebenslanger Freiheitsstrafe zu bestrafen."

(1) Geben Sie den Tatbestand des Mordes an!

---

(1) Der Tatbestand des Mordes lautet: „Wer einen anderen (vorsätzlich) tötet".

3. Kapitel: Grundbegriffe 1

(2) Wie lautet die Strafdrohung des Mordes?

(3) Im StGB sind alle Delikte im Prinzip ebenso aufgebaut wie Diebstahl und Mord. Jedes strafrechtliche Delikt setzt sich also zusammen aus T...................... und ....

Delikt

Nunmehr ist es ein Leichtes, den strafrechtlichen Begriff des **Delikts = strafbare Handlung** zu definieren:

Als Delikt (strafbare Handlung) bezeichnet man die gesetzliche Beschreibung eines strafrechtlich verbotenen Verhaltens einschließlich der Strafdrohung.

Kurzformel:

| **Delikt** | = | Tatbestand | + | Strafdrohung |

(4) Wie lautet der Tatbestand der Körperverletzung (§ 83 Abs 1 zusammen gelesen mit § 7 Abs 1)?

(5) Lesen Sie bitte § 90 Abs 1! Es handelt sich bei dieser Vorschrift um ein Delikt / nicht um ein Delikt, weil (bitte begründen!)

Gepäckträger-Fall: Nur einen kurzen Augenblick ließ die Journalistin Uschi Xandner ihre beiden Koffer in der Innsbrucker Bahnhofshalle aus den Augen, um nach einem Gepäckträger Ausschau zu halten. Als sie sich ihren Sachen wieder zuwandte, „war kein Gepäckträger mehr nötig" – die Koffer waren weg.

(6) Bei dieser Schilderung handelt es sich um einen Tatbestand / Sachverhalt.

(7) Bei der Subsumtion geht es um die Frage, ob ein bestimmter .... einen bestimmten .... erfüllt.

---

(2) Die Strafdrohung beim Mord lautet: „ist mit Freiheitsstrafe von zehn bis zu zwanzig Jahren oder mit lebenslanger Freiheitsstrafe zu bestrafen".
(3) Tatbestand und Strafdrohung
(4) Der Tatbestand der Körperverletzung lautet: „Wer einen anderen (vorsätzlich) am Körper verletzt oder an der Gesundheit schädigt".
(5) nicht um ein Delikt; weil sie weder die gesetzliche Beschreibung eines strafrechtlich verbotenen Verhaltens noch eine Strafdrohung enthält oä.
(6) Sachverhalt
(7) Sachverhalt; Tatbestand

Betrachten wir den Tatbestand des Diebstahls nun etwas genauer. Lesen Sie dazu bitte noch einmal § 127!

Der Tatbestand dieses Delikts lässt sich in mehrere **Sinneinheiten** zerlegen. Diese Sinneinheiten sind, bildlich gesprochen, die „Bausteine" des Diebstahlstatbestands. Zu ihnen gehören ua die Begriffe „fremd" und „Sache". Aber auch **ganze Wortgruppen** können eine solche Sinneinheit bilden: zB der „Vorsatz, sich oder einen Dritten durch deren Zueignung (dh der Sache) unrechtmäßig zu bereichern".

(8) Lesen Sie bitte § 127 und § 7 Abs 1 erneut und nennen Sie mindestens einen weiteren Baustein des Diebstahlstatbestands!

Tatbestandsmerkmale

Die einzelnen Sinneinheiten, aus denen sich ein strafrechtlicher Tatbestand zusammensetzt, werden als „Tatbestandselemente" oder „Tatbestandsmerkmale" bezeichnet.

Tatbestandsmerkmale sind alle Merkmale, aus denen sich der Tatbestand eines Delikts zusammensetzt. Sie unterteilen sich, wie genauer zu sehen sein wird (LE 8), in **äußere** (= objektive) und **innere** (= subjektive) Merkmale.

(9) Lesen Sie bitte das Delikt der Freiheitsentziehung (§ 99 Abs 1 iVm § 7 Abs 1) und nennen Sie seine einzelnen Tatbestandsmerkmale! Bedenken Sie dabei, dass auch ganze Wortgruppen **ein** Tatbestandsmerkmal bilden können!

Ist auch die Strafdrohung ein Tatbestandsmerkmal?
(10) Ja / Nein – Begründung:

Ein **Verhalten**, das sämtliche Tatbestandsmerkmale eines strafrechtlichen Delikts erfüllt, bezeichnet man als **tatbestandsmäßig**.

(11) Im *Gepäckträger-Fall* (S 23) war das Verhalten des unbekannten Täters tatbestandsmäßig, weil es sämtliche .... des Diebstahls (§ 127 und § 7 Abs 1) erfüllte.

---

(8) beweglich; wegnehmen; einem anderen; vorsätzlich.
(9) Gefangenhalten oder Entziehung der persönlichen Freiheit auf andere Weise; eines anderen; vorsätzlich.
(10) Nein! Tatbestandsmerkmale sind nur solche Begriffe, aus denen sich der strafrechtliche Tatbestand, dh die gesetzliche Beschreibung des strafrechtlich verbotenen Verhaltens zusammensetzt. Die Strafdrohung gehört nicht mehr zum Tatbestand oä.
(11) Tatbestandsmerkmale

3. Kapitel: Grundbegriffe 1

Sie haben in dieser LE bisher drei wesentliche Begriffe des Strafrechts kennengelernt. Wir wollen sie noch einmal wiederholen: Der **Tatbestand** ist die (bitte
(12) ergänzen!)

(13) **Delikt** bedeutet Tatbestand plus .... Daher ist Delikt der
(14) engere Begriff / der weitere Begriff.

Ein Verhalten, das **sämtliche Tatbestandsmerkmale** eines strafrechtlichen Delikts
(15) erfüllt, bezeichnen Sie in Zukunft immer als ....

Strafdrohung

Wenden wir uns nun dem anderen Teil des Delikts, der **Strafdrohung,** zu.

Bei schweren Delikten lautet die Strafdrohung stets auf Freiheitsstrafe (zB § 75), sonst meist wahlweise auf Freiheits- oder Geldstrafe (zB § 125; siehe auch § 37). Seit der Abschaffung der Todesstrafe in Österreich ist die schwerste Strafe die
(16) ....

Im Strafrecht werden für die Erfüllung des Tatbestands eines Delikts Strafen und
(17) .... Maßnahmen angedroht.

Beide Sanktionen werden ausschließlich durch ein **Strafgericht** ausgesprochen. Die Zuständigkeit der Strafgerichte unterscheidet das Strafrecht von allen anderen Rechtsgebieten, auch von solchen, in denen ebenfalls Strafen eine Rolle spielen.

Strafrecht

Im Verwaltungsstrafrecht setzen **Verwaltungsbehörden** (zB Bundespolizeibehörden) zwar ebenfalls Geld- und sogar Freiheitsstrafen fest (zB bei Verstößen gegen die Straßenverkehrsordnung). Aber das Verwaltungsstrafrecht gehört nicht zum Strafrecht im engeren Sinn, weil diese Strafen nicht von einem
(18) .... verhängt werden.

Dieses Lehrwerk befasst sich ausschließlich mit dem gerichtlichen **Strafrecht.** Zur deutlicheren Abgrenzung vom Verwaltungsstrafrecht bezeichnet man das Strafrecht auch als „Kriminalstrafrecht".

---

(12) Tatbestand ist die gesetzliche Beschreibung eines strafrechtlich verbotenen Verhaltens.
(13) Strafdrohung
(14) der weitere Begriff
(15) tatbestandsmäßig
(16) (lebenslange) Freiheitsstrafe
(17) vorbeugende
(18) Strafgericht

3. Kapitel: Lerneinheit 3

Strafrecht (= Kriminalstrafrecht) ist jener Teil der Rechtsordnung, in welchem für die Verwirklichung bestimmter Delikte Strafen und vorbeugende Maßnahmen angedroht werden.

Den Kernbereich des Strafrechts bilden die Bestimmungen des **Allgemeinen Teils** (§§ 1–74), die für alle Delikte oder für größere Gruppen von Delikten gelten, sowie der **Deliktskatalog** des **Besonderen Teils** (§§ 75–324).

(19) Nennen Sie **mindestens zwei** Unterschiede zwischen Strafen und vorbeugenden Maßnahmen!

(20) Nennen Sie **mindestens eine** vorbeugende Maßnahme!

Rechtsgut

(21) Die Definition des Strafrechts als jener Teil der Rechtsordnung, in welchem durch ein Strafgericht für die Verwirklichung bestimmter .... Strafen und .... ausgesprochen werden, beschränkt sich bewusst auf formale Aspekte.

Der Weg zum Eigentlichen, zu Sinn und Zweck des Strafrechts, führt über den Begriff des **Rechtsguts**.

Zu jeder Zeit, in jedem Land und für jede Gesellschaftsform gibt es bestimmte allgemein anerkannte Werte, Einrichtungen und Zustände, deren Achtung die Grundlage für ein geordnetes Zusammenleben der Menschen bildet.

Der Prototyp eines solchen Rechtsgutes ist das **menschliche Leben**.

Die Achtung vor dem Leben gehört zu den allgemein anerkannten und unabdingbaren Voraussetzungen unserer Rechtsordnung. Der Staat und auch jeder Einzelne sind unter allen Umständen verpflichtet, Menschenleben zu schonen und nach Kräften zu erhalten.

---

(19) Die Strafe setzt Schuld, die vorbeugende Maßnahme eine besondere Gefährlichkeit des Täters voraus. Die Strafe enthält einen Tadel (sozialethisches Unwerturteil), die vorbeugende Maßnahme nicht. Letztere verfolgt keine generalpräventiven Zwecke, sondern nur solche der Spezialprävention oä.

(20) Unterbringung in einer Anstalt für geistig abnorme Rechtsbrecher, für entwöhnungsbedürftige Rechtsbrecher oder für gefährliche Rückfallstäter.

(21) Tatbestände; vorbeugende Maßnahmen

3. Kapitel: Grundbegriffe 1

(22) Weil uns ein Menschenleben so viel gilt, fahren wir bei Schutzwegen und Schulen besonders schnell / besonders vorsichtig, springen wir ins Wasser, um ein ertrinkendes Kind zu retten, baut man sichere Straßen, Autos, Flugzeuge, bessere Krankenhäuser, werden Vorschriften zum Schutz am Arbeitsplatz erlassen, neue Arzneimittel auf ihre Toxizität überprüft, unterstützt der Staat Menschen, die in Not geraten sind, protestieren wir, wenn die Polizei wahllos auf Demonstranten einschlägt.

(23) Das **Strafrecht** trägt auf seine Weise in ganz besonderem Maße zum Schutz des Lebens bei. Auf welche Weise?

Ein anderer unabdingbarer und durch das Strafrecht geschützter Wert des geordneten menschlichen Zusammenlebens ist das **Eigentum.**

Unser gesamtes Wirtschaftsleben, der Grundstücksverkehr, das Nachlasswesen etc beruhen darauf, dass „mein" und „dein" sorgfältig auseinander gehalten werden.
(24) Das wichtigste Delikt zum Schutze des Eigentums ist der .... (bitte § 127 dazu lesen!).

(25) Die Einschätzung, ob ein Wert, eine Einrichtung oder ein Zustand für das geordnete .... **unentbehrlich** und daher **strafrechtlich schutzbedürftig** ist, ist selbst innerhalb ein und desselben Landes nicht zu allen Zeiten gleich.

Die Wirtschafts- und Gesellschaftsordnung der ehemaligen UdSSR unterschied bekanntlich zwischen staatlichem und privatem Eigentum. Ursprünglich sehr nachsichtig gegenüber Angriffen auf das Eigentum wurden erstmals 1932 härtere Strafdrohungen zunächst gegen Angriffe auf staatliches Eigentum erlassen. 1947 – nach der wirtschaftlichen Konsolidierung der herrschenden Schicht – wurde das Privateigentum dem staatlichen Eigentum auch im Strafschutz gleichgestellt. China hat diesen Schritt erst 2007 vollzogen.

(26) Kennen Sie aus der strafrechtlichen Diskussion in Österreich Problembereiche, in denen die Frage nach der Änderung der bisherigen Wertvorstellungen im Strafrecht eine Rolle spielt oder gespielt hat? Nennen Sie einen solchen Problembereich!

---

(22) besonders vorsichtig
(23) Indem es Angriffe auf das Menschenleben zB als Mord, aber auch als Fahrlässige Tötung unter Strafe stellt oä.
(24) Diebstahl
(25) menschliche Zusammenleben
(26) Die zentrale Streitfrage in der Schlussphase der Großen Strafrechtsreform war die „Freigabe" der Abtreibung; Ergebnis: seit 1975 „Fristenlösung" (vgl § 97 Abs 1 Z 1); bereits zuvor wurde die Strafbarkeit der gleichgeschlechtlichen „Unzucht" unter Erwachsenen beseitigt („Kleine Strafrechtsreform" 1971, ebenfalls unter Justizminister *Broda*); Abschaffung des „Ehebruchs" (§ 194) 1996; Verschärfung der Strafbestimmungen gegen

3. Kapitel: Lerneinheit 3

Jene Werte, Einrichtungen und Zustände, die für das geordnete menschliche Zusammenleben unentbehrlich sind und eines Schutzes durch das Strafrecht bedürfen, bezeichnet man als Rechtsgüter. Bitte genau einprägen!

Neben dem **Leben** und dem **Eigentum** werden als Rechtsgüter die **körperliche Integrität**, die **Freiheit** (einschließlich der **geschlechtlichen Selbstbestimmung**), die **Ehre**, die **Privatsphäre**, aber auch zB der **Bestand des Staates**, die **Rechtspflege** oder die **Unbestechlichkeit von Amtsträgern** etc angesehen.

(27) Lesen Sie bitte § 99 Abs 1! Die **Freiheit** ist ebenfalls ein solches ....

(28) Denn sie gehört zu jenen Werten, Einrichtungen und Zuständen, die für das ....
unentbehrlich sind und eines Schutzes durch das ....

Mitunter kann es Schwierigkeiten bereiten, das geschützte Rechtsgut zu erkennen und anschaulich zu umschreiben.

(29) Wie würden Sie das Rechtsgut bezeichnen, dessen Schutz das Delikt der Urkundenfälschung dient? Dazu bitte § 223 Abs 1 und die Überschrift des 12. Abschnitts lesen!

Schon das Wort „Rechts-gut" deutet bestimmte Grenzen dieses Begriffs an.

(30) Zunächst impliziert der Begriff Rechts „**gut**", dass es sich stets um etwas aus der Sicht der Rechtsordnung **Wertvolles** handeln muss. Einrichtungen und Zustände, denen die Rechtsordnung gleichgültig oder ablehnend gegenübersteht, sind strafrechtlich weder geschützt noch schutzbedürftig. Sie können daher / können daher nicht den Rang eines Rechtsguts erreichen.

(31) „**Rechts**"gut bedeutet weiterhin, dass nur solche Werte, Zustände und Einrichtungen gemeint sind, welche der Ebene des Rechts angehören. Was bloß den **gesellschaftlichen Konventionen** oder den **allgemeinen Vorstellungen** von **Anstand, Sitte** oder **Moral** entspricht, wird strafrechtlich nicht geschützt und ist daher ein Rechtsgut / kein Rechtsgut.

Kinderpornographie (§ 207a) und Einführung der „Sexuellen Belästigung" (§ 218), der „Fälschung unbarer Zahlungsmittel" (§ 241a) durch das StRÄG 2004 sowie der Beharrlichen Verfolgung (§ 107a) = Stalking durch das StRÄG 2006; konsequentere Bekämpfung der Korruption durch das KorrStRÄG 2012. Aus letzter Zeit insb die zahlreicher Änderungen durch das StRÄG 2015, zB Einfügung von § 107c („Cybermobbing").

(27) Rechtsgut
(28) geordnete menschliche Zusammenleben; Strafrecht bedürfen
(29) Zuverlässigkeit des Rechtsverkehrs oä. Genau genommen geht es um den Schutz der **Institution** Urkunde als Grundlage für die Zuverlässigkeit des Rechtsverkehrs.
(30) können daher nicht
(31) kein Rechtsgut

3. Kapitel: Grundbegriffe 1

An dieser Stelle eine kleine Anekdote aus dem „Juristenbrevier". Der berühmte Leipziger Strafrechtsprofessor Karl Binding (1841–1920) konnte gegenüber zu spät Kommenden recht ungehalten werden. Als wieder einmal ein solcher Nachzügler in seiner Vorlesung erschien, unbekümmert nach vorne marschierte und geräuschvoll in einer der ersten Reihen Platz nahm, brach Binding mitten im Satz ab und starrte den zu spät Gekommenen lange und durchdringend an, sodass dieser sich schließlich erhob und den Saal mit den Worten verließ: „Ah, der Herr Professor liest heute nicht..."

(32) Rechtlich gesehen ist das Zuspätkommen ebenso irrelevant wie die kecke Bemerkung des Studenten. Warum?

Daher werden auch Verstöße gegen Gruß-, Anrede- und sonstige Umgangsformen, gegen die Berufsetikette oder gegen Bekleidungsusancen (zB bei Feierlichkeiten) vom Strafrecht weder erfasst noch geahndet.

Schließlich muss es sich bei „Rechtsgütern" um **bestimmbare, fest umrissene Werte** etc handeln. „Treu und Glauben", das „gesunde Volksempfinden" oder „political correctness" sind zu unbestimmt, um als Rechtsgüter gelten zu können.

(33) **Rechtsgüter** sind strafrechtlich schutzbedürftige Werte, Einrichtungen und Zustände, (bitte ergänzen!)

Es gibt einerseits Rechtsgüter des Einzelnen, andererseits solche der Allgemeinheit.

(34) Nennen Sie mindestens vier Rechtsgüter! Geben Sie jeweils an, ob mit ihnen Interessen von Einzelpersonen (E) oder solche der Allgemeinheit (A) geschützt werden!

---

(32) Weil Unpünktlichkeit und Präpotenz zwar gesellschaftliche Umgangsformen, aber kein strafrechtliches Rechtsgut beeinträchtigen oä.
(33) die für das geordnete menschliche Zusammenleben unentbehrlich sind.
(34) Zu den Rechtsgütern zählen etwa Leben, körperliche Integrität, Freiheit (einschließlich der sexuellen Selbstbestimmung), Ehre, Eigentum und Vermögen (alle E), aber auch die Zuverlässigkeit von Urkunden, der Staat und die Staatsgewalt, die Rechtspflege, die Unbestechlichkeit von Amtsträgern (alle A).

3. Kapitel: Lerneinheit 3

Tatobjekt

Vom Begriff des **Rechtsguts** ist jener des **Tatobjekts** streng zu unterscheiden.

A fährt aus Mutwillen den gelben Beetle des B zu Schrott. Er begeht damit das Delikt der Sachbeschädigung (§ 125).

(35) Die Tat des A richtet sich zwar gegen das Rechtsgut des Eigentums. Der demolierte Pkw des B ist aber nicht selbst das .... Man bezeichnet ihn vielmehr als „Tatobjekt" = „Deliktsobjekt" = „Angriffsobjekt".

Tatobjekt (= Deliktsobjekt = Angriffsobjekt) ist der Gegenstand, an dem sich der Angriff auf ein geschütztes Rechtsgut in concreto auswirkt.

(36) Die Begriffe Tatobjekt und Rechtsgut sind identisch / nicht identisch.

Rechtsgut ist stets ein **ideeller Wert**. Mag auch das Tatobjekt wie in unserem Falle
(37) beschädigt oder zerstört worden sein, als dahinterstehender i............ Wert kann das Rechtsgut durch eine Tat überhaupt nie im körperlichen Sinne „zerstört", „beschädigt", „verletzt" oder vernichtet werden. Man spricht von der „Beeinträchtigung" eines Rechtsguts.

„Veilchen"-Fall: „Du gehst mi an", knurrt Grob den redseligen Plausch an und „verpasst" ihm ein blaues Auge. Der medizinische Sachverständige spricht vom „Brillenhämatom", der Volksmund vom „Veilchen". Jedenfalls ein glatter Fall von Körperverletzung (§ 83 Abs 1).

(38) „Verletzt" ist das Rechtsgut / das Tatobjekt Plausch. Ideell gesehen richtet sich die Tat gegen das Rechtsgut der körperlichen Integrität. In diesem Sinne ist dieses Rechtsgut durch die Tat des Grob „beeinträchtigt" worden.

Wenn von „Rechtsgutsbeeinträchtigung" gesprochen wird, so ist damit stets gemeint, dass sich der Angriff **ideell** gegen ein bestimmtes Rechtsgut **richtet.**

(39) Tatobjekt ist dagegen immer etwas ganz **Konkretes,** nämlich jener Gegenstand, an dem sich (bitte ergänzen!)

Ex-Student S legt anlässlich einer Stellenbewerbung ein gefälschtes Universitätsdiplom vor (= § 223 Abs 1).

---

(35) Rechtsgut
(36) nicht identisch
(37) ideeller
(38) das Tatobjekt
(39) der Angriff auf ein bestimmtes Rechtsgut (in concreto) auswirkt.

3. Kapitel: Grundbegriffe 1

(40) Rechtsgut ist ....,
    Tatobjekt ist ....

■ ■ ■   **Bevor Sie die Testfragen zur LE 3 durcharbeiten,**   ■ ■ ■
        lesen Sie bitte zunächst im Grundriss AT Kap 3!

---

(40) die Institution Urkunde bzw die Zuverlässigkeit des Rechtsverkehrs; das (gefälschte) Universitätsdiplom.

Testeinheit 3
Testfragen zur LE 3

1. Lesen Sie bitte § 75 und § 7 Abs 1! Wie lautet der Tatbestand des Mordes?

2. Lesen Sie bitte § 127 und § 7 Abs 1! Wie lautet die Strafdrohung des Diebstahls?

3. Definieren Sie **Tatbestand!**

4. Schreiben Sie die einzelnen Tatbestandsmerkmale des Diebstahls nieder! Schlagen Sie bitte nochmals §§ 7 und 127 auf!

5. Definieren Sie **Delikt!** (Kurzformel reicht)

6. Wie bezeichnet man mit einem Wort ein Verhalten, das sämtliche Tatbestandsmerkmale eines Delikts erfüllt?

7. **Strafrecht** ist jener Teil der Rechtsordnung, in welchem für die Verwirklichung bestimmter Delikte (bitte ergänzen!)

8. *Sie haben wegen Schnellfahrens 70 € berappen müssen.*
   Gehört dieser Vorgang dem Strafrecht an?
   Ja / Nein – Begründung:

9. Bilden oder nennen Sie einen Fall, in dem anstelle oder neben einer Strafe eine vorbeugende Maßnahme angeordnet wird!

10. Welche vorbeugende Maßnahme kommt in Ihrem Fall (9.) in Betracht?

11. Definieren Sie **Strafe**! Bitte denken Sie daran, dass es dabei auf die Voraussetzungen und die Wirkungen der Strafe ankommt!

12. Definieren Sie **Rechtsgüter**!

13. *Pistenflitzer-Fall:* Vor einigen Jahren berichtete eine Tiroler Zeitung amüsiert-ironisch, dass „vier gstandene Mannsbilder pudlnackert" über die „Pischtn" der Axamer Lizum talwärts gebraust sind. Da staunten die „Schihaserln", selbst die nicht gerade prüden Tiroler Schilehrer schüttelten den Kopf, und aufgebrachte Einheimische waren froh, „dass da Andreas Hofer des nimma derlebt hot".

Besitzt das hier angesprochene **allgemeine Sittlichkeitsempfinden** Rechtsgutqualität iS Ihrer Definition?
Ja / Nein – Begründung:

14. Sind „Tatobjekt" und „Rechtsgut" dasselbe?
Ja / Nein – Begründung:

15. Geben Sie bei folgenden Delikten sowohl das Tatobjekt als auch das Rechtsgut an!

§§	Bezeichnung des Delikts	Tatobjekt	Rechtsgut
§ 99 Abs 1	Freiheitsentziehung		
§ 88 Abs 1	Fahrlässige Körperverletzung		
§ 127	Diebstahl		
§ 115 Abs 1	Beleidigung		

16. **Toscanini-Fall:** *1929, Wiener Staatsoper. Dem großen Toscanini werden sämtliche Mitglieder der Wiener Philharmoniker vorgestellt: „Prof. A – Oboe, Prof. B – Klarinette, Prof. C – Geige…". Bei der ersten Probe zu Verdis „Falstaff" zeigt sich der Maestro von den Leistungen der Musiker wenig begeistert. Und so kommt es schon nach einigen Minuten zu einem für ihn typischen Wutanfall: „Jeder ist Professor", brüllt er, „aber spielen kann keiner!" (aus G. Markus, Wiener Geschichten).*

    Hier kommt das Delikt der Beleidigung in Betracht. Bitte § 115 Abs 1 lesen! Hat die abfällige Bemerkung *Toscaninis* Ihrer Meinung nach das Rechtsgut Ehre beeinträchtigt?
    Ja / Nein – Begründung:

17. Nach der Höhe der Strafdrohung teilt man die Delikte ein in .... und .... (§ ....).

18. Ordnen Sie bitte folgende Delikte zu!

§§	Bezeichnung des Delikts	Verbrechen	Vergehen
§ 128 Abs 1	Schwerer Diebstahl		
§ 125	Sachbeschädigung		
§ 80 Abs 1	Fahrlässige Tötung		
§ 77	Tötung auf Verlangen		
§ 82 Abs 1	Aussetzung		

19. *Zwei Betrunkene stehen unschlüssig vor einer Kuhflade. „Was is denn des?" lallt der eine. Der andere bückt sich, steckt den Finger hinein, schleckt ihn ab und grinst: „Guat, dass ma net einitret'n san!"*

    Kommt für diesen Betrunkenen Ihrer Meinung nach die Unterbringung in einer Anstalt in Betracht (zB Anstalt für entwöhnungsbedürftige Rechtsbrecher)? Versuchen Sie, diese Frage ausschließlich anhand der Definition der vorbeugenden Maßnahmen zu beantworten!
    Ja / Nein – Begründung:

3. Kapitel: Grundbegriffe 1

Antworten

1. „Wer einen anderen (vorsätzlich) tötet".
2. „Freiheitsstrafe bis zu sechs Monaten oder Geldstrafe bis zu 360 Tagessätzen".
3. Tatbestand ist die gesetzliche Beschreibung eines strafrechtlich verbotenen Verhaltens.
4. Fremd / beweglich / Sache / wegnehmen / vorsätzlich / Vorsatz, sich oder einen Dritten durch deren Zueignung unrechtmäßig zu bereichern.
5. Tatbestand + Strafdrohung.
6. Als tatbestandsmäßig.
7. Strafrecht ist jener Teil der Rechtsordnung, in welchem für die Verwirklichung bestimmter Delikte Strafen und vorbeugende Maßnahmen angedroht werden oä.
8. Nein! Sondern dem Verwaltungsstrafrecht. Denn die 70 € sind eine durch eine **Verwaltungsbehörde** und **nicht** durch ein **Strafgericht** verhängte Strafe oä.
9. ZB ein Geisteskranker begeht einen Mord; mangels Schuld kommt überhaupt keine Strafe in Betracht. Ein Drogenabhängiger bricht in eine Apotheke ein. In diesem Fall reicht die bloße Bestrafung nicht aus.
10. Unterbringung in einer Anstalt für geistig abnorme Rechtsbrecher bzw in einer Anstalt für entwöhnungsbedürftige Rechtsbrecher.
11. Strafe ist ein mit Tadel verbundenes Übel, das wegen einer strafbaren Handlung (= wegen eines Delikts) von einem Strafgericht aufgrund und nach Maßgabe der Schuld des Täters verhängt wird.
12. Rechtsgüter sind strafrechtlich geschützte Werte, Einrichtungen und Zustände, die für das geordnete menschliche Zusammenleben unentbehrlich sind.
13. Nein! Das **allgemeine** Sittlichkeitsempfinden ist zu unbestimmt und besitzt daher weder den Rang noch die Qualität eines strafrechtlich geschützten Rechtsguts. Rechtsgutcharakter hat dagegen das **sexuelle** Sittlichkeitsempfinden. In diesem Sinn stellt § 218 Abs 2 (bitte lesen!) gewisse Formen des Exhibitionismus unter Strafe.
14. Nein! **Tatobjekt** ist der Gegenstand, an dem sich der Angriff auf ein geschütztes Rechtsgut in concreto auswirkt. **Rechtsgut** ist der hinter dem Tatobjekt stehende ideelle Wert oä.
15.

§§	Bezeichnung des Delikts	Tatobjekt	Rechtsgut
§ 99 Abs 1	Freiheitsentziehung	ein anderer	Freiheit
§ 88 Abs 1	Fahrlässige Körperverletzung	ein anderer	Körperliche Integrität
§ 127	Diebstahl	Sache	Eigentum
§ 115 Abs 1	Beleidigung	ein anderer	Ehre

16. Die Antwort ist nicht leicht. Im Prinzip ist bloßes Kritisieren heute längst kein Sakrileg mehr und keine Beeinträchtigung der Ehre. Aber die von *Toscanini* hier gewählte Form der Kritik – Verknüpfung von höchster beruflicher Auszeichnung (Professorentitel) mit „spielen kann keiner" – hat schmähenden und insoweit beleidigenden Charakter; vgl *Kienapfel/Schroll* BT I[5] Vorbem §§ 111 ff RN 11 und 14.
17. Verbrechen und Vergehen (§ 17 Abs 1 und 2).
18. Verbrechen: § 77 und § 82 Abs 1. Vergehen: § 128 Abs 1, § 125 und § 80 Abs 1.
19. Nein! Es fehlt bereits an einer **Anlasstat,** nämlich einer mit Strafe bedrohten Handlung oä.

■ ■ ■ **Ende dieser Programmeinheit** ■ ■ ■

4. Kapitel
Grundbegriffe 2

Lerneinheit 4

Lernziel: In dieser LE werden Sie sich mit der „**Aufgabe des Strafrechts**" befassen und wichtige Verbindungen zwischen **Rechtsgut** und **Auslegung** kennenlernen. Neu kommen das Prinzip „**nulla poena sine lege**", das „**Rückwirkungsverbot**" und der Begriff des „**Unrechts**" hinzu. Zugleich wird die für die Lösung von strafrechtlichen Fällen so wichtige Subsumtionstechnik wiederholt und an Beispielen trainiert.

Rechtsgut und Auslegung

(1) In der vorangegangenen LE wurde der Begriff des strafrechtlichen Delikts erläutert als (bitte ergänzen!)

Die Frage, welchen **Zweck** der Gesetzgeber mit den strafrechtlichen Delikten verfolgt, ist damit noch nicht beantwortet. Die Antwort ist auf das Engste mit dem Begriff **Rechtsgut** verknüpft.

(2) Definieren Sie „Rechtsgüter"!

(3) Rechtsgut beim Diebstahl ist das ...., beim Mord das ...., bei der Freiheitsentziehung die ....

Anders ausgedrückt: Der Gesetzgeber stellt den Diebstahl unter Strafe, um das Eigentum zu sichern, den Mord, um das Leben zu schützen, die Freiheitsentziehung, um das Rechtsgut der Freiheit zu bewahren.

(4) Aufgabe jedes einzelnen strafrechtlichen Delikts ist somit der Schutz eines bestimmten, gelegentlich auch mehrerer ....

---

(1) gesetzliche Beschreibung eines strafrechtlich verbotenen Verhaltens plus Strafdrohung.
(2) Rechtsgüter sind strafrechtlich geschützte Werte, Einrichtungen und Zustände, die für das geordnete menschliche Zusammenleben unentbehrlich sind.
(3) Eigentum; Leben; Freiheit
(4) Rechtsgüter

4. Kapitel: Grundbegriffe 2

Wenn alle strafrechtlichen Delikte die Aufgabe haben, bestimmte Rechtsgüter zu schützen, so besteht die Funktion des Strafrechts insgesamt im Schutz von Rechtsgütern.

Der Schutz von Rechtsgütern ist der Zweck des Strafrechts.

Lesen Sie bitte das Delikt des Raubes (§ 142 Abs 1)!

(5) Wie der Diebstahl, auf dessen Tatbildbeschreibung § 142 Abs 1 teilweise zurückgreift, schützt der Raub das .... Darüber hinaus aber auch die **Willensfreiheit** (hM).

Zwischen dem Rechtsgut und den zugehörigen Delikten bestehen vielfältige Beziehungen. Diese Beziehungen wollen wir im Folgenden näher betrachten.

(6) Zunächst sind die einzelnen Delikte eine zuverlässige **Erkenntnishilfe, welche** Werte, Einrichtungen und Zustände des geordneten menschlichen Zusammenlebens vom Strafgesetz als Rechtsgüter / Tatobjekte anerkannt sind.

(7) Nehmen wir zB ein nicht ganz alltägliches Delikt, die „Mehrfache Ehe". Aus der Tatsache, dass der Gesetzgeber in § 192 die mehrfache Ehe (seit 2009 auch: eingetragene Partnerschaft) unter Strafe stellt, ergibt sich, dass er das Institut der .... zu den schutzwürdigen Rechtsgütern zählt.

(8) Gegenbeispiel: Durch das StRÄG 1996 ist der „Ehebruch" (§ 194 aF) aufgehoben worden und seither wie in den meisten europäischen Staaten straflos. Das bedeutet: Die **eheliche Treue** wird auch im österreichischen Strafrecht als schutzwürdiges Rechtsgut / nicht mehr als schutzwürdiges Rechtsgut angesehen.

Aus den strafrechtlichen Delikten lässt sich darüber hinaus der **unterschiedliche Rang der einzelnen Rechtsgüter** ablesen. Maßgebend hiefür sind insb **Art und Höhe der Strafdrohung.**

Vergleichen Sie die Strafdrohung zum Schutz des Lebens (§ 75) mit jener zum Schutz des werdenden Lebens (§ 96 Abs 1 und 3)!

(9) Welches dieser beiden Rechtsgüter betrachtet das Gesetz als höherwertig?

Schließlich bildet das Rechtsgut Maßstab und Grenze für die **Auslegung** des jeweiligen Delikts und seiner einzelnen **Tatbestandsmerkmale**.

---

(5) Eigentum
(6) Rechtsgüter
(7) (Ein)ehe oder eingetragenen Partnerschaft
(8) nicht mehr als schutzwürdiges Rechtsgut
(9) Das Leben

4. Kapitel: Lerneinheit 4

Plakat-Fall: Endphase eines heißen Wahlkampfes. Der politische Gegner zieht die Notbremse. Im Schutz der Nacht überkleben übereifrige „Wahlhelfer" die Plakate einer anderen Partei mit Gegenparolen.

Zu prüfen ist Sachbeschädigung (§ 125).

Bei der Subsumtion treten zwei Probleme auf: Einmal, ob ein Plakat, das kurze Zeit später ohnehin im Mistkübel gelandet wäre, unter das Tatbestandsmerkmal
(10) „..............." subsumiert werden kann; zum anderen, ob Überkleben ein „Beschädigen" iSd § 125 ist. Beide Tatbestandsmerkmale bedürfen daher zu-
(11) nächst der ....

(12) Die Auslegung des Begriffs „Sache" hängt maßgeblich vom .... des § 125 ab. Rechtsgut dieses Delikts ist das **Eigentum**. Eigentum aber kann immer nur an „körperlichen Gegenständen" begründet werden, mag ihre Existenz von Dauer oder auch nur vorübergehend sein.

Damit liegen Richtung und Maßstab der Auslegung der „Sache" fest: „Sachen" iSd § 125 sind alle **körperlichen Gegenstände** (= Definition). Das Wahlplakat er-
(13) füllt / erfüllt nicht diesen Sachbegriff.

(14) Damit haben Sie die .... des Sachverhalts unter das Tatbestandsmerkmal „Sache" vollzogen.

Jetzt wollen wir etwas ausführlicher, aber mit derselben Technik das zweite Problem dieses Falles bewältigen.

(15) **Problem:** Erfüllt das Überkleben des Plakats den Begriff des .... im § 125?

Auslegung: Auslegungsmaßstab des „Beschädigens" ist ebenfalls das durch § 125
(16) geschützte Rechtsgut, nämlich das .... Der Begriff „Beschädigen" im § 125 ist daher so zu bestimmen, dass er alle Handlungen erfasst, die die **bestimmungsgemäße Brauchbarkeit einer Sache für den Eigentümer mindern.**

(17) **Definition:** „Beschädigen" iSd § 125 ist jede Handlung, welche die .... einer Sache mindert.

---

(10) Sache
(11) Auslegung
(12) Rechtsgut
(13) erfüllt
(14) Subsumtion
(15) Beschädigens
(16) Eigentum
(17) bestimmungsgemäße Brauchbarkeit

4. Kapitel: Grundbegriffe 2

(18) **Subsumtion** des Überklebens unter diese .... des Beschädigens: Das Überkleben des Wahlplakats fällt unter das „Beschädigen" einer frem-
(19) den Sache, weil (bitte subsumieren!)

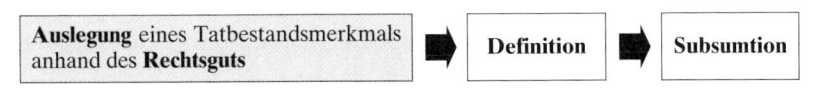

Auslegung eines Tatbestandsmerkmals anhand des **Rechtsguts** ➡ **Definition** ➡ **Subsumtion**

Wichtig! Der Begriff des Rechtsguts ist von grundlegender Bedeutung für das
(20) gesamte Strafrecht. Der **Zweck des Strafrechts** besteht (bitte ergänzen!)

Außerdem orientiert sich die **Auslegung** der strafrechtlichen Delikte und ihrer einzelnen Tatbestandsmerkmale in erster Linie am jeweils geschützten Rechtsgut.

Nulla poena sine lege

Kinderporno-Fall: Bis zur Einführung des § 207a Abs 3 (bitte lesen!) im Jahre 1994 hatte der 52-jährige P seinen pädophilen Neigungen gefrönt und über 30 CD-ROM mit harter Kinderpornographie gesammelt bzw auf der Festplatte seines PC gespeichert.

Halten Sie es für **wünschenswert**, dass P wegen des **Besitzes** von kinderpornographischen Darstellungen (= § 207a Abs 3) bestraft wird?
(21) Ja / Nein – Begründung:

Eine Strafe kann nur wegen einer Handlung verhängt werden, die strafbar ist. Strafbar ist aber nur ein solches Verhalten, das **durch ein Strafgesetz ausdrücklich für strafbar erklärt** worden ist. Das ergibt sich heute aus **§ 1 Abs 1 1. Halbsatz**. Denn danach ist Voraussetzung für den Ausspruch einer Strafe oder vorbeugen-
(22) den Maßnahme eine a .... g .... Strafdrohung.

Herstellung und Verbreitung pornographischen Materials ist in Österreich zwar seit Langem (PornographieG 1950) bei Strafe verboten. Der **bloße Besitz** von pornographischen Bildern, Darstellungen, Schriften etc wurde aber von den Strafbestimmungen des PornographieG nicht erfasst. Mithin war eine gerichtliche Be-

---

(18) Definition
(19) die wahlspezifische Aussage des Plakats beeinträchtigt und damit seine bestimmungsgemäße Brauchbarkeit gemindert wird oä.
(20) im Schutz der (anerkannten) Rechtsgüter oä.
(21) Diese Frage können Sie mit „ja" oder „nein" beantworten. Als Argument wird vorgebracht, dass der **Besitz** harter Kinderpornographie häufig Vorstufe und Wegbereiter für den sexuellen Missbrauch von Unmündigen (§ 207) und daher zu verbieten ist.
(22) ausdrückliche gesetzliche

4. Kapitel: Lerneinheit 4

(23) strafung des P bis zum Inkrafttreten des § 207a Abs 3 rechtlich zulässig / rechtlich nicht zulässig.

Auf eine allgemeine Formel gebracht, lautet das seit jeher anerkannte und heute in § 1 Abs 1 1. Halbsatz verankerte fundamentale Rechtsprinzip: **Keine Strafe (und keine vorbeugende Maßnahme) ohne Strafgesetz.**

Seit *Feuerbach* wird dieser Grundsatz meist lateinisch formuliert: **Nulla poena sine lege.**

(24) Dieser Erweiterung / Einschränkung der staatlichen Strafbefugnis misst der Gesetzgeber eine so überragende Bedeutung bei, dass er den Satz n....... p....... .... in § 1 Abs 1 1. Halbsatz gezielt **an die Spitze des StGB** gestellt hat.

(25) Welchen Inhalt hat der Satz nulla poena sine lege? Beantworten Sie diese Frage anhand des § 1 Abs 1 1. Halbsatz so genau wie möglich!

Rückwirkungsverbot

§ 1 Abs 1 enthält noch eine weitere, zusätzliche Einschränkung der staatlichen Strafbefugnis. **§ 1 Abs 1 2. Halbsatz** bitte lesen! Diese zusätzliche Begrenzung der staatlichen Strafgewalt besteht darin, dass die Strafdrohung vor Begehung der Tat
(26) / nach Begehung der Tat erlassen worden sein muss. Einer Strafdrohung darf **weder durch den Gesetzgeber noch durch den Richter rückwirkende Kraft** beigelegt werden.

Diese in **§ 1 Abs 1 2. Halbsatz** verankerte weitere **Einschränkung** der staatlichen Strafgewalt bezeichnet man als **Rückwirkungsverbot.**

Das Verbot des Besitzes von kinderpornographischen Darstellungen (§ 207a Abs 3) ist durch das StRÄG 1994 eingeführt worden und am **1. 10. 1994** in Kraft getreten.

Im Kinderporno-Fall hatte P, gewarnt durch die bevorstehende Gesetzesänderung, bis zu diesem Zeitpunkt das gesamte belastende Material vernichtet bzw auf der Festplatte gelöscht. Konnte er **nach dem 1. 10. 1994** *wegen seines früheren Besitzes von kinderpornographischen Abbildungen etc strafrechtlich zur Rechenschaft gezogen werden?*

---

(23) rechtlich nicht zulässig
(24) Einschränkung; nulla poena sine lege
(25) Strafen und vorbeugende Maßnahmen dürfen nur aufgrund einer ausdrücklichen gesetzlichen Strafdrohung ausgesprochen werden oä.
(26) vor Begehung der Tat

4. Kapitel: Grundbegriffe 2

(27) Ja / Nein – Begründung:

Das **Rückwirkungsverbot** (§ 1 Abs 1 2. Halbsatz) dient der **Absicherung** des Satzes nulla poena sine lege. Denn wer aufgrund eines rückwirkend erlassenen Strafgesetzes bestraft wird, würde, formal gesehen, aufgrund einer „ausdrücklichen gesetzlichen Strafdrohung" (§ 1 Abs 1 1. Halbsatz) bestraft. Ein Verstoß gegen § 1
(28) Abs 1 1. Halbsatz läge daher vor / läge daher nicht vor. Aber auf den **Zeitpunkt der Tat bezogen** gab es noch keine „lex", nach der sich der „Täter" hätte richten können. Ihn im Nachhinein **rückwirkend** zu bestrafen, wäre daher in höchstem Maße ungerecht.

Das **Rückwirkungsverbot** zählt ebenfalls zu den tragenden Prinzipien des rechtsstaatlichen Strafrechts. Es beruht auf derselben Grundidee wie der Satz nulla poena sine lege, dh auf der Idee der **Rechtssicherheit:** Für jedermann soll **feststehen** und **erkennbar sein,** was strafbar ist.

(29) Und das ist **nur der Fall, wenn**

    1. ....
    und
    2. ....

(Tipp: eventuell noch einmal § 1 Abs 1 **1.** Halbsatz und § 1 Abs 1 **2.** Halbsatz lesen!)

Unrecht

Nun zu einem anderen elementaren Begriff, dem **Unrecht!**

Der juristische Begriff „Unrecht" ist enger als der des allgemeinen Sprachgebrauchs. Unrecht (bzw unrecht) im juristischen Sinn ist stets ein **negatives Werturteil** über eine **menschliche Handlung.**

„Die Presse" berichtete, dass im US-Bundesstaat New Jersey der Rassehund „Taro" von einem Gericht zum Tode verurteilt worden war, nachdem er die 10-jährige Sarah angefallen und ihr schwere Bissverletzungen im Gesicht zugefügt hatte.

---

(27) Nein! Zwar ist der Besitz von kinderpornographischem Material **heute** ausdrücklich unter Strafe gestellt, aber dieses Gesetz ist erst am 1. 10. 1994, dh **nach Begehung der Tat** bzw nach ihrer Beendigung, in Kraft getreten. Daher durfte P nicht bestraft werden oä. *Anmerkung:* 2004 und 2009 wurde das Verbot der Kinderpornographie (§ 207a) auf „Pornographische Darstellungen **Minderjähriger**" ausgedehnt und verschärft.
(28) läge daher nicht vor.
(29) 1. eine **ausdrückliche** gesetzliche Strafdrohung besteht (§ 1 Abs 1 1. Halbsatz) **und** 2. die Strafdrohung **vor** der Tat erlassen worden ist (§ 1 Abs 1 2. Halbsatz) oä.

4. Kapitel: Lerneinheit 4

(30) Hat Taro Unrecht getan? Ja / Nein – Begründung:

Im Gegensatz zum allgemeinen Sprachgebrauch unterscheidet der Jurist weiters streng zwischen „unrecht" und „unrichtig".

Unrichtig ist, was mit der **Wirklichkeit** nicht übereinstimmt.

(31) Die Behauptung, das Mädchen habe den Taro gebissen, ist unrecht / unrichtig, weil (bitte ergänzen!)

Maßstab des **Unrechts** ist stets das **Recht** selbst, die **Rechtsordnung als Ganzes** betrachtet. Das steckt schon im Begriff Un-„Recht".

(32) Halten wir fest! Unrecht ist ein negatives W . . . .

(33) Gegenstand dieses Werturteils sind menschliche . . . . **Maßstab** für dieses Werturteil ist die Rechtsordnung als Ganzes. Daraus ergibt sich folgende Definition des Unrechts:

Unrecht ist eine Handlung, die gegen die Rechtsordnung als Ganzes verstößt.

A stiehlt. B schlägt eine fremde Fensterscheibe ein. C verprügelt einen Teenager.

(34) Alle diese Handlungen verstoßen gegen strafrechtliche Verbote. A übertritt das Verbot des § 127; B missachtet das Verbot des § . . . . . . und C das des § 83 Abs 1. Alle diese Handlungen richten sich zugleich gegen die Rechtsordnung als Ganzes.

(35) Sie sind daher sämtlich . . . .

Es wäre aber voreilig und verfehlt, den Verstoß gegen ein **strafrechtliches Verbot** mit dem Verstoß gegen die **Rechtsordnung** gleichzusetzen. Nicht jeder Verstoß gegen ein strafrechtliches Verbot ist zugleich ein Verstoß gegen die Rechtsordnung als Ganzes. Nicht jeder Verstoß gegen ein strafrechtliches Verbot ist daher

(36) . . . .

Posträuber-Fall: Als der maskierte Räuber R wild um sich schießend in das Postamt stürmt, streckt ihn der zufällig anwesende Privatdetektiv A in berechtigter Ausübung von Notwehr mit seiner „Glock" nieder.

---

(30) Nein! Jedenfalls nicht nach österreichischem Recht: Unrecht im juristischen Sinn kann immer nur eine menschliche Handlung sein oä. Später ist Taro übrigens vom Gouverneur begnadigt worden.
(31) unrichtig, weil sie nicht mit der **Wirklichkeit** übereinstimmt oä.
(32) Werturteil
(33) Handlungen
(34) § 125
(35) Unrecht
(36) Unrecht

4. Kapitel: Grundbegriffe 2

Ohne Zweifel hat A gegen das Verbot des § 75 verstoßen. Denn er hat einen Menschen getötet.

Aber durch § 3 Abs 1 (bitte lesen!) billigt das Gesetz ausdrücklich einen solchen Verstoß gegen ein strafrechtliches Verbot, wenn er **in Notwehr** geschieht. Eine Handlung, die vom Gesetz selbst – aus welchen Gründen auch immer – gebilligt
(37) wird, verstößt / verstößt nicht gegen die Rechtsordnung als Ganzes.

(38) Die Tötung des Posträubers R durch A bedeutet zwar einen Verstoß gegen ein bestimmtes strafrechtliches Verbot, aber keinen Verstoß gegen die ....
.... als G ....

(39) Eine solche Handlung ist daher Unrecht / kein Unrecht.

Blutabnahme-Fall: *„Au!" stöhnt Franz (F), weil der Einstich der Nadel bei der Blutabnahme ziemlich wehgetan hat. „Schon vorbei!" tröstet ihn die Krankenschwester (K).*

Auf der einen Seite steht das Verbot der Körperverletzung (§ 83 Abs 1), auf der anderen § 90 Abs 1. Bitte lesen!

Hat K gegen das Verbot des § 83 Abs 1 verstoßen?
(40) Ja / Nein – Begründung:

(41) Sicher ist jedoch auch, dass die Handlung der K durch **Einwilligung** des F gebilligt / nicht gebilligt worden ist.

(42) Diese Körperverletzung ist daher Unrecht / kein Unrecht, weil sie (bitte ergänzen!)

(43) Definieren Sie Unrecht!

Der Begriff des Unrechts hat zwei bedeutsame **Eigenschaften.**

Zum einen ist das Unrecht nach Rechtsgebieten **spezifizierbar:**

---

(37) verstößt nicht
(38) Rechtsordnung als Ganzes
(39) kein Unrecht
(40) Ja! Durch das Einstechen der Nadel hat sie F am Körper verletzt oä.
(41) gebilligt
(42) kein Unrecht, weil sie nicht gegen die Rechtsordnung als Ganzes verstößt oä.
(43) Unrecht ist eine Handlung, die gegen die Rechtsordnung als Ganzes verstößt.

4. Kapitel: Lerneinheit 4

Neben dem spezifisch strafrechtlichen Unrecht (zB Diebstahl, Mord, Betrug) gibt es spezifisch zivilrechtliches Unrecht: Der Käufer bezahlt die Ware nicht. Ebenso gibt es spezifisch verwaltungsrechtliches Unrecht: Jemand baut ein Haus ohne Baubewilligung. Desgleichen spricht man etwa von arbeitsrechtlichem oder völkerrechtlichem Unrecht.

(44) Weder die Säumnis des Käufers noch die Eigenmacht des Bauherrn erfüllt ein strafrechtliches Delikt. Es handelt sich daher **nicht** um .... strafrechtliches Unrecht.

(45) Wenn in diesem Buch ohne weiteren Zusatz von „Unrecht" gesprochen wird, so ist stets das spezifisch zivilrechtliche / verwaltungsrechtliche / völkerrechtliche / strafrechtliche Unrecht gemeint.

Zum anderen ist das Unrecht abstufbar, dh nach seiner Schwere **quantifizierbar.**

(46) Nicht alle Verstöße gegen die Rechtsordnung wiegen gleich schwer. Wer einen Luxuswagen stiehlt, begeht einen schwereren Verstoß / weniger schweren Verstoß gegen die Rechtsordnung als derjenige, der etwa eine DVD oder gar bloß eine Zigarettenpackung „mitgehen" lässt.

(47) Wer einem anderen einen Zahn ausschlägt (= § 83 Abs 1), lädt mehr Unrecht / weniger Unrecht auf sich als derjenige, der sein Opfer zum Krüppel prügelt (= § 85 Abs 1 Z 2).

(48) Der **Strafgesetzgeber** berücksichtigt die Schwere des Unrechts dadurch, dass er (bitte ergänzen, indem Sie hierzu § 83 mit § 85 Abs 1 Z 2 vergleichen!)

(49) Der **Strafrichter** berücksichtigt die Schwere des Unrechts, indem er höhere Strafen / niedrigere Strafen verhängt.

■ ■ ■   **Bevor Sie die Testfragen zur LE 4 durcharbeiten, lesen Sie bitte zunächst im Grundriss AT Kap 4!**   ■ ■ ■

---

(44) spezifisch
(45) spezifisch strafrechtliche
(46) schwereren Verstoß
(47) weniger Unrecht
(48) unterschiedliche Tatbestände bildet und unterschiedliche Strafdrohungen festsetzt oä.
(49) höhere Strafen

4. Kapitel: Grundbegriffe 2

Testeinheit 4

Testfragen zur LE 4

1. Schildern Sie die drei Etappen des Subsumtionsvorgangs!

2. Welchem **Zweck** dient das Verbot des Diebstahls?

3. *Der Einbrecher E hat es auf die Villa einer bekannten Architektin in Döbling abgesehen. Um den großen Neufundländer auszuschalten, der das Haus bewacht und im Park frei umherläuft, wirft E einen Brocken vergifteten Fleisches über den Zaun. Das schöne Tier verendet.*

   Untersuchen Sie Sachbeschädigung (§ 125) in der Alternative Zerstörung einer fremden Sache! Bei der Subsumtion des Sachverhalts unter diesen Tatbestand ergeben sich **zwei** Probleme. Welche?

4. Lösen Sie **eines** dieser Probleme! Sie sollen dabei vor allem zeigen, dass Sie die **Subsumtionstechnik** beherrschen!

5. Lesen Sie bitte § **1 Abs 1 1. Halbsatz**! Das darin verankerte Prinzip wird meist lateinisch formuliert. Wie lautet diese Formel?

6. Welchen Inhalt hat das in § .... geregelte **Rückwirkungsverbot**?

7. Sowohl das Prinzip „nulla poena sine lege" als auch das Rückwirkungsverbot dienen der Rechtssicherheit. Wie hängen sie zusammen?

4. Kapitel: Testeinheit 4

8. **Stalking-Fall:** *Seit die 45-jährige Chiara Anfang Januar 2005 ihrem langjährigen Freund den Laufpass gegeben hatte, wurde sie von diesem immer wieder nächtlichem Telefonterror ausgesetzt und mit obszönen SMS und E-Mails bombardiert. Am 31. 6. 2006, dh am Vorabend jenes Tages, an dem in Österreich die neue Vorschrift gegen das Stalking in Kraft getreten ist, stellte sie gegen ihren „Ex" Strafantrag gem § 107a Abs 1 iVm Abs 2 Z 2 (bitte lesen!).*
   Kann der „Ex" nach dieser Strafvorschrift bestraft werden?
   Ja / Nein – Begründung:

9. *Der Geisteskranke (G) lebt in „wilder Ehe". Ein solches Delikt, früher als „Konkubinat" bezeichnet, gibt es in Österreich längst nicht mehr.*
   Kann G gem § 21 Abs 1 in einer Anstalt für geistig abnorme Rechtsbrecher untergebracht werden?
   Ja / Nein – Begründung:

10. Definieren Sie **Unrecht**!

11. Ist ein Verstoß gegen ein bestimmtes strafrechtliches Verbot **in jedem Falle** „Unrecht"?
    Ja / Nein – Begründung:

12. Schildern Sie ein Beispiel, in dem der Verstoß gegen ein strafrechtliches Verbot **Unrecht** ist!

13. Bilden Sie ein Beispiel, in dem der Verstoß gegen ein strafrechtliches Verbot **kein Unrecht** ist!

14. Erklären Sie: Das Unrecht ist „spezifizierbar"!

15. Erklären Sie: Das Unrecht ist „quantifizierbar"!

4. Kapitel: Grundbegriffe 2

16. Definieren Sie **Tatbestand**!

17. *Tonband-Fall:* Der Jazzfan J besitzt eine kostbare Live-Aufnahme des bekannten englischen Cross-over-Geigers Nigel Kennedy aus den späten Seventies. B missgönnt J diesen seltenen Mitschnitt und löscht Teile des Tonbandes.
    a) Ist das Tonband eine „Sache" iSd § 125?
       Ja / Nein – Begründung:

    b) Lässt sich das teilweise Löschen des Tonbandes unter das Merkmal „beschädigen" iSd § 125 subsumieren?
       Ja / Nein – Begründung:

18. *Kirtag-Fall:* Am Kirtag zu Adlwang bittet Ferdl Fraunschiel (F) die 16-jährige Gretl Lederbauer zur Polka. Nach einigen hitzigen Runden auf dem Tanzboden zieht F die Gretl plötzlich zu sich heran und küsst das verdutzte Mädchen vor aller Augen mitten auf den Mund. Ihr etwas einfältiger Verehrer Sepp läuft voller Empörung zu einem Angehörigen der Ortspolizei und erstattet Anzeige wegen Körperverletzung.

    Der Polizist weiß mit dem Begriff der „Verletzung am Körper" im § 83 Abs 1 nichts Rechtes anzufangen und kratzt sich unschlüssig hinter dem Ohr. Helfen Sie ihm auf die Sprünge!

19. *Rossapfel-Fall:* Zwei Tübinger Marktfrauen streiten miteinander. Da bückt sich die eine nach einem Rossapfel, schleudert ihn nach der Gegnerin und trifft mitten in den Mund. Die Getroffene (mummelnd): „Sodele, aber der bleibt dren, bis d'Bolizei kommt!"

    Erfüllt dieser „Treffer" den Begriff der „Verletzung am Körper"?
    Ja / Nein – Begründung:

4. Kapitel: Testeinheit 4

Antworten

1. Zunächst ist der fragliche Begriff **auszulegen**. Das Ergebnis der Auslegung wird in einer **Definition** zusammengefasst. Unter diese Definition wird der Sachverhalt **subsumiert** oä.
2. Es soll das Rechtsgut des Eigentums schützen.
3. a) Ist ein „Hund" eine „Sache" iSd § 125?
   b) Ist „Vergiften" ein „Zerstören" iSd § 125?
4. a) **Problem** „Sache":
   Rechtsgut des § 125 ist das Eigentum. Nach diesem Rechtsgut richtet sich die **Auslegung** des Begriffs „Sache". Sache ist mithin jeder Gegenstand, an dem Eigentum möglich ist. Eigentum kann an jedem körperlichen Gegenstand begründet werden. Also ist Sache jeder körperliche Gegenstand (= **Definition**). Auch ein Tier erfüllt diese Definition und damit den Begriff der Sache (= **Subsumtion**) oä. Tiere „sind" zwar nach dem ABGB (§ 285a) „keine Sachen"; die Vorschriften über Sachen finden aber Anwendung, soweit nichts Abweichendes bestimmt ist.

   b) **Problem** „Zerstören":
   Auch die **Auslegung** des Begriffs „Zerstören" richtet sich nach dem durch § 125 geschützten Rechtsgut des Eigentums. Das „Zerstören" soll mithin alle Handlungen erfassen, welche den Wert einer Sache für ihren Eigentümer **endgültig** aufheben oä. Eine Sache ist also zerstört, wenn ihr Wert für den Eigentümer endgültig aufgehoben ist (= **Definition**). Wird ein Tier vergiftet, so ist damit sein Wert für den Eigentümer endgültig aufgehoben (= **Subsumtion**) oä.
5. Nulla poena sine lege.
6. § 1 Abs 1 2. Halbsatz. Strafen und vorbeugende Maßnahmen dürfen nur ausgesprochen werden, wenn die Tat schon zur Zeit ihrer Begehung mit Strafe bedroht war oä.
7. Das Rückwirkungsverbot dient der Absicherung des Prinzips „nulla poena sine lege". Denn durch den **rückwirkenden** Erlass von Strafgesetzen könnte dieses Prinzip **jederzeit umgangen** werden oä.
8. Nein! Seine Bestrafung verstößt gegen § 1 Abs 1: Nulla poena sine lege.
9. Nein! § 1 Abs 1 gilt auch für die Anordnung von vorbeugenden Maßnahmen.
10. Unrecht ist eine Handlung, die gegen die Rechtsordnung als Ganzes verstößt.
11. Nein! Der Verstoß gegen ein strafrechtliches Verbot kann aus bestimmten Gründen von der Rechtsordnung gebilligt werden und ist dann kein Unrecht oä.
12. ZB A erschlägt B (§ 75); C bestiehlt D (§ 127) oä.
13. ZB A erschlägt B in Ausübung berechtigter Notwehr. Mit Einwilligung des Blutspenders sticht die Krankenschwester in die Vene.
14. Der Begriff Unrecht ist nicht auf das Strafrecht beschränkt. Neben dem spezifisch strafrechtlichen Unrecht gibt es spezifisch zivilrechtliches, spezifisch verwaltungsrechtliches etc Unrecht oä.
15. Das Unrecht ist abstufbar. Es gibt schweres und weniger schweres Unrecht oä.
16. Tatbestand ist die gesetzliche Beschreibung eines strafrechtlich verbotenen Verhaltens.
17. a) Ja! Auch das Tonband ist ein „körperlicher Gegenstand" oä.
    b) Ja! Ein **bespieltes** Tonband wird durch teilweises Löschen in seiner bestimmungsgemäßen Brauchbarkeit beeinträchtigt oä. Vgl dazu den ähnlichen *Plakat-Fall* S 38.
18. Rechtsgut des § 83 Abs 1 ist die körperliche Integrität. Diese wird durch einen Kuss nicht beeinträchtigt oä. Allenfalls kommt Beleidigung (§ 115 Abs 1) in Betracht.
19. Nein! Das Bereiten von bloßem körperlichen Unbehagen ist noch kein Eingriff in die körperliche Integrität; vgl dazu mit weiteren Beispielen *Kienapfel/Schroll* StudB BT I § 83 RN 12f. Wiederum wäre an Beleidigung zu denken oä.

■ ■ ■ **Ende dieser Programmeinheit** ■ ■ ■

5. Kapitel

Grundbegriffe 3

Lerneinheit 5

Lernziel: Diese LE befasst sich mit den engen Verbindungen, die zwischen den Begriffen „**Tatbestand**" bzw. „**Tatbestandsmäßigkeit**" und dem „**Unrecht**" bestehen. Außerdem werden Begriff und Funktion der „**Rechtfertigungsgründe**" dargestellt.

Im Sachsenspiegel, dem einflussreichsten deutschen Rechtsbuch des Mittelalters, liest man über den Diebstahl einen einzigen lapidaren Satz: „Den diep sal man hengen."

(1) Lesen Sie bitte zum Vergleich den Tatbestand des Diebstahls (§ 127)! Beide Vorschriften unterscheiden sich vor allem darin, dass im Sachsenspiegel genau / nicht genau festgelegt ist, was als Diebstahl anzusehen ist.

Armreif-Fall: Ein Spaziergänger hebt auf der Kärntner Straße einen goldenen Armreif auf und behält ihn. Diebstahl?

MP3-Player-Fall: Weil A ihn bei der Polizei verpfiffen hat, wirft B dessen MP3-Player in die Donau. Diebstahl?

Aufgrund des Sachsenspiegels könnten beide Fragen nicht entschieden werden. Der mittelalterliche Gesetzgeber hat nicht näher festgelegt, was für den Diebstahl charakteristisch = **typisch** ist.

(2) Die **Deliktstypen** grenzen im modernen Strafrecht das strafbare vom nicht strafbaren Unrecht ab („Typenstrafrecht"). Typisch für den **Diebstahl** ist, dass eine Sache einem anderen **weggenommen** wird. Das Aufheben (und Behalten) einer bloß verlorenen Sache ist keine „Wegnahme". Schon deshalb kommt im *Armreif-Fall* Diebstahl in Betracht / nicht in Betracht. Immerhin wäre an **Fundunterschlagung** zu denken; vgl § 134 Abs 1 1. Fall.

(3) Ein weiteres .... (= charakteristisches) Merkmal für den Diebstahl ist das Streben nach Eigennutz. Jeder Dieb handelt um des materiellen Profits willen, also typischerweise mit **Bereicherungsvorsatz.**

Wer eine fremde Sache **sofort** wegwirft, handelt nicht um des materiellen Profits willen.

---

(1) nicht genau
(2) nicht in Betracht
(3) typisches

5. Kapitel: Lerneinheit 5

(4) Im *MP3-Player-Fall* handelt B mithin mit dem / ohne den für den Diebstahl typischen Bereicherungsvorsatz. Er begeht daher ebenfalls **keinen Diebstahl.** In Betracht kommt das Delikt der **Dauernden Sachentziehung;** vgl § 135 Abs 1.

Typisch für den Diebstahl ist auch, dass sich der Täter vorsätzlich an **fremden** Sachen vergreift. Außerdem können nur solche Sachen gestohlen werden, welche **beweglich** sind oder zumindest durch die Tat zu einer beweglichen Sache werden.

Kann ein Haus gestohlen werden?

(5) Ja / Nein – Begründung:

Die charakteristischen Merkmale dieses Delikts zusammenfassend, erhalten wir
(6) die Strafdrohung / den Tatbestand des Diebstahls:

Diebstahl ist die (1.) vorsätzliche (2.) Wegnahme einer (3.) fremden (4.) beweglichen (5.) Sache (6.) mit Zueignungs- und Bereicherungsvorsatz. Etwas ausführlicher steht das auch im § 127 iVm § 7 Abs 1.

Diese sechs Merkmale legen das Typische des Diebstahls fest.

Für die Festlegung der typischen Merkmale eines bestimmten Tatbestands verwendet man den Begriff **beschreiben.**

Wenn wir sagen, im § 127 ist der Diebstahl „beschrieben", so ist damit gemeint, dass hier die **typischen Merkmale** des Diebstahls festgelegt sind.

Ist im Sachsenspiegel der Diebstahl in diesem Sinne „beschrieben"?

(7) Ja / Nein – Begründung:

Der moderne Gesetzgeber verwendet zur Beschreibung eines Tatbestands meist weite und allgemein gehaltene = **abstrakte Begriffe,** um der Vielzahl und der Mannigfaltigkeit möglicher Sachverhalte gerecht zu werden. Schmuckstücke und Mopeds fallen bei § 127 unter den Begriff „Sache". Das Handeln aus Eigennutz beschreibt § 127 mit dem Begriff „Vorsatz – zu bereichern".

---

(4) ohne den
(5) Nein! Ein Haus ist keine bewegliche Sache und kann daher als Ganzes nicht gestohlen werden, wohl aber seine einzelnen Teile (zB Türen, Dachbalken, Ziegel). Dagegen kann zB eine transportable Gartenlaube sehr wohl Gegenstand eines Diebstahls sein.
(6) den Tatbestand
(7) Nein! Es fehlt jegliche Festlegung der typischen Merkmale oä.

5. Kapitel: Grundbegriffe 3   51

(8) Worin besteht Ihrer Meinung nach das Typische der Bestechung?

Ganz ähnlich beschreibt das StGB den Tatbestand der Bestechung. Lesen Sie bitte § 307!

(9) Die Definition von „Tatbestand" lautet:

„Beschreibung" ist auch in dieser Definition zu verstehen als Festlegung der
(10) .... M .... eines strafrechtlich verbotenen Verhaltens.

Betrachten wir nunmehr den Begriff **gesetzlich** näher. Lesen Sie bitte § 1 Abs 1 1. Halbsatz!

(11) Formulieren Sie das darin enthaltene Prinzip lateinisch!

Bezirksrichter-Fall: Der alte Bezirksrichter verhängt über Personen, die des „vorehelichen Geschlechtsverkehrs" überführt wurden (es sind deren nicht wenige), geschmalzene Geld-, im Wiederholungsfalle sogar Freiheitsstrafen. Der Richter räumt ein, dass es ein Delikt des „vorehelichen Geschlechtsverkehrs" im StGB nicht gibt. Die Bestrafung sei aber „des Ortes althergebrachter Brauch".

(12) Äußern Sie sich unter dem Aspekt des § 1 Abs 1 1. Halbsatz zu dieser Begründung!

Der alte Richter nickt bedächtig und lächelt listig. Den nächsten jungen Mann, der mit seiner 16-jährigen Freundin „schläft", bestraft er kurzerhand in analoger Anwendung des § 206 Abs 1 wegen „Schweren sexuellen Mißbrauchs von Unmündigen". Lesen Sie bitte § 206 Abs 1 und dazu noch einmal § 1 Abs 1 1. Halbsatz!

---

(8) Das Charakteristische der Bestechung besteht darin, dass jemand einem Amtsträger Geld oder einen anderen Vorteil zuwendet, damit ihn dieser bevorzugt behandelt oä.
(9) Tatbestand ist die gesetzliche Beschreibung eines strafrechtlich verbotenen Verhaltens; vgl bereits im Grundriss AT RN 3.1.
(10) typischen Merkmale
(11) Nulla poena sine lege.
(12) Der Richter soll § 1 Abs 1 1. Halbsatz lesen! „Des Ortes althergebrachter Brauch" ist keine „ausdrückliche gesetzliche Strafdrohung" oä.

5. Kapitel: Lerneinheit 5

Ist diese Bestrafung zulässig?
(13) Ja / Nein – Begründung:

Beide Beispiele demonstrieren die weitreichende praktische Bedeutung des Satzes „nulla poena sine lege". Eine Bestrafung kommt nur in Betracht, wenn das Verhalten „unter eine **ausdrückliche gesetzliche Strafdrohung** fällt" (§ 1 Abs 1 1. Halbsatz).

Gerade mit Rücksicht auf § 1 Abs 1 1. Halbsatz hatten wir den Begriff des
(14) .... definiert als **gesetzliche** Beschreibung eines strafrechtlich verbotenen Verhaltens.

(15) Worin unterscheiden sich „Tatbestand" und „Delikt"?

Im Folgenden wollen wir der Frage nachgehen, was mit dem **Verbotensein** des Verhaltens gemeint ist. Dazu müssen wir uns näher mit den Beziehungen zwischen Tatbestand und Unrecht befassen.

(16) Definieren Sie **Unrecht!**

Lesen Sie bitte den Tatbestand des Schwangerschaftsabbruchs (§ 96 Abs 1)! Passt die Definition „Unrecht" auch auf die in diesem Tatbestand beschriebenen Verhaltensweisen?
(17) Ja / Nein – Begründung:

---

(13) Nein! Dies aus zwei Gründen: Analogie würde das Bestehen einer **planwidrigen Gesetzeslücke** voraussetzen. Aus § 206 ergibt sich, dass das Gesetz ganz bewusst nur den Beischlaf mit Unmündigen, nicht aber mit über 14-Jährigen verbieten will. Eine planwidrige Gesetzeslücke liegt also nicht vor. Außerdem verstößt die Schließung der vermeintlichen Lücke gegen das strafrechtliche Analogieverbot, also gegen das in § 1 Abs 1 verankerte Prinzip „nulla poena sine lege". Da das Gesetz die Strafbarkeit wegen Beischlafs ausdrücklich auf den Verkehr mit **Unmündigen** begrenzt, fällt der „voreheliche Verkehr" mit einer 16-Jährigen **nicht** unter die **ausdrückliche gesetzliche Strafdrohung** des § 206. Eine Bestrafung ist daher unzulässig.
(14) Tatbestands
(15) Delikt ist der weitere Begriff = Tatbestand + Strafdrohung oä.
(16) Unrecht ist eine Handlung, die gegen die Rechtsordnung als Ganzes verstößt.
(17) Ja! Schwangerschaftsabbruch ist eine Handlung, die gegen die Rechtsordnung als Ganzes verstößt.

5. Kapitel: Grundbegriffe 3

(18) Wie der „Schwangerschaftsabbruch" sind auch „Mord" und „Körperverletzung", „Freiheitsentziehung" und „Sachbeschädigung" Handlungen, die **im Allgemeinen** gegen die Rechtsordnung als Ganzes verstoßen. In diesem Sinne beschreiben die genannten Tatbestände daher strafrechtliches .... Das gilt auch für alle übrigen strafrechtlichen Tatbestände.

Sämtliche Tatbestände beschreiben Handlungen, die – generell betrachtet – strafrechtliches Unrecht sind. Deshalb werden diese Handlungen durch die Strafgesetze verboten.

Der Unrechtscharakter derartiger Handlungen bildet den **Grund** für das in den Tatbeständen enthaltene Verbot.

(19) Diese enge Verbindung zwischen Tatbestand, Verbot und Unrecht berechtigt uns, das Verbotensein in der bisher nur vorläufigen Definition des Tatbestands durch den Begriff U .... zu ersetzen. Die von nun an maßgebliche und endgültige Definition des Tatbestandes lautet demnach:

Tatbestand ist die gesetzliche Beschreibung einer Handlung, welche (generell betrachtet) strafrechtliches Unrecht ist.

Welche **Konsequenzen** sind aus dieser Einbeziehung des Unrechts in die Definition des Tatbestands **für die Lösung von strafrechtlichen Fällen** abzuleiten?

(20) Halten wir zunächst den eben erreichten Ausgangspunkt unserer Betrachtung fest! Tatbestand ist die gesetzliche Beschreibung einer Handlung, welche bei genereller Betrachtung .... ist.

Die an sich naheliegende Folgerung würde lauten: Wer tatbestandsmäßig handelt, handelt **immer** unrecht. Aber ist dieser Schluss tatsächlich richtig?

Betrachten wir noch einmal den Ihnen bereits bekannten *Posträuber-Fall* (S 42):

Der Privatdetektiv A erschießt den Posträuber R in berechtigter Ausübung von Notwehr. A erfüllt den Tatbestand des Mordes (§ 75).

(21) Hat A in diesem **konkreten Fall** unrecht gehandelt?
Ja / Nein – Begründung:

---

(18) Unrecht
(19) Unrecht
(20) strafrechtliches Unrecht
(21) Nein! A hat nicht unrecht gehandelt. Die Tötung eines anderen **in Notwehr** ist keine Handlung, die gegen die Rechtsordnung als Ganzes verstößt oä.

5. Kapitel: Lerneinheit 5 54

(22) Schon dieses Beispiel zeigt, dass die Gleichung: Wer tatbestandsmäßig handelt, handelt **immer** unrecht, stimmt / nicht stimmen kann. Sie trifft jedenfalls dann nicht zu, wenn die Verwirklichung eines strafrechtlichen Tatbestands wie im *Posträuber-Fall* **von der Rechtsordnung gebilligt** wird.

Auch in **anderen Lebensbereichen** kann die Verwirklichung eines strafrechtlichen Tatbestands **im Einzelfall** von der Rechtsordnung gebilligt werden. So erfüllt im *Blutabnahme-Fall* (S 43) das Einführen der Kanüle in die Vene des Blutspenders zwar den Tatbestand der Körperverletzung (§ 83 Abs 1), ist aber durch dessen **Einwilligung** (§ 90 Abs 1) gedeckt.

(23) Bilden Sie selbst ein Beispiel, in dem die **Festnahme** eines Menschen von der Rechtsordnung gebilligt wird!

(24) Zwar erfüllt die Festnahme eines Menschen gewöhnlich den Tatbestand der Freiheitsentziehung (§ 99 Abs 1 bitte lesen!). Aber nicht jede Freiheitsentziehung ist Unrecht. Unter den Voraussetzungen des Anhalterechts (§ 80 Abs 2 StPO) wird die Freiheitsentziehung von der Rechtsordnung ....

(25) Aus allen drei Beispielen leiten Sie eine wichtige Erkenntnis ab! Wer einen strafrechtlichen Tatbestand erfüllt, handelt immer / handelt nicht immer unrecht.

(26) Bei der Lösung strafrechtlicher Fälle muss man daher stets berücksichtigen, dass es zahlreiche **tatbestandsmäßige Handlungen** gibt, die im konkreten Fall von der .... gebilligt werden. Daraus, dass jeder Tatbestand Unrecht beschreibt, dürfen demnach keine zu weitgehenden Schlüsse gezogen werden.

Richtig ist vielmehr die Folgerung: **Wer tatbestandsmäßig handelt, handelt in der Regel unrecht.**

(27) Das heißt: Eine tatbestandsmäßige Handlung ist **unrecht,** es sei denn, dass sie im konkreten Fall von der Rechtsordnung .... wird.

Dass eine tatbestandsmäßige Handlung von der Rechtsordnung gebilligt wird, bildet im gerichtlichen Alltag nicht die Regel, sondern die **Ausnahme.**

(28) Wenden wir uns nun den **Ausnahmesituationen** zu, in denen eine tatbestandsmäßige Handlung von der Rechtsordnung gebilligt wird und daher kein .... ist.

---

(22) nicht stimmen kann
(23) Ein Polizist verhaftet einen Räuber; der Bestohlene hält einen Dieb an oä.
(24) gebilligt
(25) handelt nicht immer unrecht
(26) Rechtsordnung
(27) gebilligt
(28) Unrecht

5. Kapitel: Grundbegriffe 3

Es handelt sich hierbei jeweils um fest umrissene, meist in einem Gesetz – nicht notwendig im Strafgesetz – beschriebene Sachverhalte. Man fasst sie unter der Bezeichnung **Rechtfertigungsgründe** zusammen.

(29) Im Begriff „Rechtfertigungsgrund" kommt insb der Gedanke zum Ausdruck, dass eine Handlung zwar tatbestandsmäßig ist, aber zugleich die Voraussetzungen erfüllt, unter denen sie im konkreten Fall von der R.............................. wird.

Rechtfertigungsgründe beschreiben die Voraussetzungen, unter denen tatbestandsmäßige Handlungen von der Rechtsordnung gebilligt werden.

(30) Notwehr (§ 3), Einwilligung (§ 90 Abs 1) und Anhalterecht (§ 80 Abs 2 StPO) sind solche Tatbestände / Rechtfertigungsgründe. Alle drei sind sogar einem Laien dem Namen nach geläufig.

In der Strafrechtswissenschaft werden die strafrechtlichen Tatbestände gelegentlich auch als **Belastungstypen,** die Rechtfertigungsgründe dagegen als **Entlastungstypen** umschrieben.

(31) Diese einprägsame Begriffsbildung macht die **Funktion** der Tatbestände und das Zusammenspiel mit den .... gründen besonders anschaulich.

Bei der abendlichen Pirsch am Gaisberg entdeckt der Jagdpächter Rebhendl (R) im Unterholz eine Katze, die, anstatt zu mausen, einen jungen Hasen würgt. R fackelt nicht lange und schießt die wildernde Katze ab.

(32) Wer vorsätzlich eine Katze tötet, erfüllt das Delikt der .... (§ . . . .).

Nach § 102 Abs 4 Salzb JagdG darf der Jagdausübungsberechtigte „im Wald herumstreifende Katzen" töten.

(33) Diese Vorschrift zeigt, dass die Tötung von Katzen unter bestimmten Voraussetzungen von der Rechtsordnung .... wird.

(34) Bei § 102 Abs 4 Salzb JagdG handelt es sich daher um einen .... Liegt ein Rechtfertigungsgrund vor, so entfällt das Unrecht der Handlung. Eine Handlung, die durch einen Rechtfertigungsgrund gerechtfertigt
(35) ist, verstößt / verstößt nicht gegen die Rechtsordnung als Ganzes.

---

(29) Rechtsordnung gebilligt
(30) Rechtfertigungsgründe
(31) Rechtfertigungsgründen
(32) Sachbeschädigung (§ 125)
(33) gebilligt
(34) Rechtfertigungsgrund
(35) verstößt nicht

5. Kapitel: Lerneinheit 5

Ihr Kollege behauptet: Ein Rechtfertigungsgrund beseitigt die Tatbestandsmäßigkeit der Handlung. Ist das richtig?
(36) Ja / Nein – Begründung:

Tatbestand, Rechtfertigungsgründe und **Unrecht** hängen eng miteinander zusammen:

(37) Eine Handlung ist unrecht, wenn sie den Tatbestand eines Delikts verwirklicht **und** Rechtfertigungsgründe / keine Rechtfertigungsgründe gegeben sind.

(38) Sind die Voraussetzungen eines Rechtfertigungsgrundes erfüllt, entfällt das .... der tatbestandsmäßigen Handlung. Allerdings ist das Vorliegen eines Rechtfertigungsgrundes die – eher seltene – **Ausnahme.**

Regel: Wer tatbestandsmäßig handelt, handelt unrecht.
Ausnahme: Es liegt ein Rechtfertigungsgrund vor. Damit entfällt das Unrecht.

Dieses **Regel-Ausnahme-Prinzip** klingt auch in der Definition der Rechtfertigungsgründe deutlich an:

(39) Rechtfertigungsgründe beschreiben die Voraussetzungen, unter denen t......................... Handlungen von der Rechtsordnung (ausnahmsweise) .... werden.

Warum muss man überhaupt zum Regel-Ausnahme-Prinzip greifen, um festzustellen, ob ein bestimmtes Verhalten rechtmäßig oder unrecht ist?

Der Grund liegt beim **Gesetzgeber.** Der ideale Tatbestand ist kurz und bündig und ohne jedes „Wenn und Aber" formuliert. Dies bedingt aber die Beschränkung des Tatbestandes auf jene Sachverhalte, deren Verwirklichung **in der Regel unrecht** ist.

(40) Es liegt in der Konsequenz einer solchen Gesetzgebungstechnik, dass jene Fälle, in denen ein Rechtfertigungsgrund diese Regel durchbricht und die daher kein Unrecht darstellen, die .... bilden.

(41) Das R........-A................-P........... ist auch für die praktische Rechtsanwendung maßgebend.

---

(36) Nein! Das Vorliegen eines Rechtfertigungsgrundes beseitigt die Tatbestandsmäßigkeit nicht. Denn vgl die Definition: Rechtfertigungsgründe beschreiben die Voraussetzungen, unter denen **tatbestandsmäßige** Handlungen von der Rechtsordnung gebilligt werden.
(37) keine Rechtfertigungsgründe
(38) Unrecht
(39) tatbestandsmäßige; gebilligt
(40) Ausnahmen
(41) Regel-Ausnahme-Prinzip

5. Kapitel: Grundbegriffe 3

Regel: Wer tatbestandsmäßig handelt, handelt unrecht.
(42) **Ausnahme:**

Das bedeutet für die Lösung praktischer Fälle: Zur Beantwortung der Frage, ob jemand **unrecht** gehandelt hat, bedarf es stets einer **doppelten** Buchführung:

1. Hat der Täter **tatbestandsmäßig** im Sinne eines bestimmten Delikts gehandelt? Wenn **ja**,
2. ist seine Handlung durch einen **Rechtfertigungsgrund** gerechtfertigt?

Nehmen Sie an, Sie beantworten in einem bestimmten Fall die Frage 1 mit „ja", die Frage 2 dagegen mit „nein". Hat der Täter in einem solchen Fall unrecht gehandelt?
(43) Ja / Nein

In Österreich gibt es **kein Züchtigungsrecht gegenüber Kindern.**

Gfraster-Fall: „Schleicht's euch, Gfraster!" ruft die Pensionistin (P) empört, als sie sieht, wie zwei Halbwüchsige den Schwanz einer Katze mit Benzin aus einem abgestellten Moped tränken und anzünden. Das gequälte Tier läuft laut schreiend davon. Während die Umstehenden betreten schweigen oder wegschauen, bekommt die couragierte P einen der Übeltäter zu fassen und versetzt ihm links und rechts eine Ohrfeige.

P wird wegen körperlicher Misshandlung (§ 115 Abs 1 3. Fall) belangt. Hat sie **unrecht** gehandelt?
(44) Ja / Nein – Begründung: (Bitte iSd Regel-Ausnahme-Prinzips argumentieren!)

Neben den schon bisher genannten gibt es eine Vielzahl von weiteren Rechtfertigungsgründen: zB **rechtfertigender Notstand, behördliche Genehmigung, Selbsthilferecht, bestimmte Amts- oder Dienstbefugnisse.**

Die Rechtfertigungsgründe ergeben sich **aus der gesamten Rechtsordnung.** Die Notwehr ist in § 3 Abs 1, die Einwilligung in § 90 Abs 1, das Anhalterecht in § 80 Abs 2 StPO, das Recht, Strafgefangene uU zu fesseln, im Strafvollzugsgesetz und

---

(42) Ist ein Rechtfertigungsgrund erfüllt, entfällt das Unrecht.
(43) Ja!
(44) Ja! Sie hat den Jungen körperlich misshandelt. Ihre tatbestandsmäßige Handlung ist durch kein Züchtigungsrecht gedeckt oä. Übrigens auch durch keinen anderen Rechtfertigungsgrund.

5. Kapitel: Lerneinheit 5

(45) das Recht, umherstreifende Katzen zu töten, zB im salzburgischen .... -gesetz verankert.

Von diesen Rechtfertigungsgründen werden wir uns später mit den wichtigsten, nämlich **Notwehr, rechtfertigender Notstand, Anhalterecht, allgemeine Selbsthilfe** und **Einwilligung** näher befassen.

Die meisten Rechtfertigungsgründe sind **in einem Gesetz ausdrücklich** verankert.
(46) Nennen Sie mindestens **zwei**!

Daneben gibt es aber auch sehr bedeutsame **ungeschriebene Rechtfertigungsgründe**:

So ist zB der **rechtfertigende Notstand** von der Rechtsprechung und Lehre außerhalb des geschriebenen Rechts entwickelt worden, ebenso das **Selbsthilferecht**.

Liegt in der Heranziehung von ungeschriebenen Rechtfertigungsgründen ein Verstoß gegen den Grundsatz „nulla poena sine lege"? Lesen Sie dazu bitte § 1 Abs 1 1. Halbsatz! Gut überlegen!
(47) Ja / Nein – Begründung:

Braveheart's widow: Wie jüngst die britische Presse berichtete, griff im südenglischen Brighton die 80-jährige Witwe von Colonel Braveheart zum an der Wand hängenden Zeremonialdegen ihres Mannes und schlug damit zwei junge Einbrecher in die Flucht. Gesucht werden jetzt zwei Männer „mit erheblichen Verletzungen".

(48) Für die Witwe kommt das Tatbild / das Delikt / der Rechtfertigungsgrund des § 3 in Betracht.

■ ■ ■ **Bevor Sie die Testfragen zur LE 5 durcharbeiten, lesen Sie bitte zunächst im Grundriss AT Kap 5!** ■ ■ ■

---

(45) Jagdgesetz
(46) ZB Notwehr (§ 3); Einwilligung (§ 90 Abs 1); Anhalterecht (§ 80 Abs 2 StPO)
(47) Nein! § 1 Abs 1 1. Halbsatz bezieht sich nur auf die Kategorie des Tatbestands, nicht auf die der Rechtfertigungsgründe. Wen dieses formale Argument nicht befriedigt: § 1 Abs 1 1. Halbsatz will die **Ausdehnung** der Strafbarkeit verhindern. Rechtfertigungsgründe, egal ob geschriebene oder ungeschriebene, schränken die Strafbarkeit aber stets ein.
(48) der Rechtfertigungsgrund des § 3

5. Kapitel: Grundbegriffe 3

Testeinheit 5
Testfragen zur LE 5

1. Definieren Sie **Unrecht**!

2. Worin besteht das Typische des Diebstahls? Lesen Sie dazu § 127 iVm § 7 Abs 1 und geben Sie **sämtliche** Merkmale wieder!

3. *Die kinderlose A hat das Baby der B in einem unbeobachteten Moment aus dem Kinderwagen genommen und zu sich nach Hause gebracht, um es zu behalten. Das Gericht hat Frau A gem § 127 bestraft.*
   Ist diese Bestrafung (§ 127 bitte erneut lesen!) zulässig?
   Ja / Nein – Begründung:

4. Definieren Sie **Tatbestand!**

5. Die Notwehr (§ 3) ist ein Tatbestand / ein Rechtfertigungsgrund.

6. Nennen Sie **mindestens drei** Rechtfertigungsgründe!

7. „Wer tatbestandsmäßig handelt, handelt immer unrecht". Ist diese Behauptung richtig?
   Ja / Nein – Begründung:

8. Definieren Sie **Rechtfertigungsgründe!**

9. Ob jemand im strafrechtlichen Sinne unrecht gehandelt hat, hängt von einer doppelten Prüfung ab. Von welcher?

5. Kapitel: Testeinheit 5

10. Bilden Sie einen Fall, in dem ein tatbestandsmäßiges Verhalten durch einen Rechtfertigungsgrund gebilligt wird!

11. Warum entfällt das Unrecht, wenn eine tatbestandsmäßige Handlung gerechtfertigt ist? (Tipp! Diese Frage haben Sie mit Ihrem **konkreten** Beispiel unter 10. bereits beantwortet. Jetzt müssen Sie dasselbe nur **abstrakt** formulieren!)

12. Liegt in der Anerkennung **ungeschriebener** Rechtfertigungsgründe ein Verstoß gegen § 1 Abs 1 1. Halbsatz?
    Ja / Nein – Begründung:

13. Kreuzen Sie die **zutreffenden** Aussagen an! Wer durch einen Rechtfertigungsgrund gerechtfertigt ist,
    ☐ handelt nicht tatbestandsmäßig und deshalb nicht unrecht
    ☐ handelt tatbestandsmäßig, aber nicht unrecht
    ☐ kann nicht bestraft werden
    ☐ kann bestraft werden

14. *Exekutor-Fall:* Als Malte Stottermann (St) die Haustür öffnet, wird er blass. Der Gerichtsvollzieher Florian Kuckuck (K) blinzelt ihn erwartungsvoll an. Um der bevorstehenden Pfändung zu entgehen, versucht St, dem K die Tür vor der Nase zuzuschlagen. Doch K hat bereits den Fuß in der Tür und erzwingt so den Eintritt zur Wohnung des Schuldners.

    St zeigt K wegen Hausfriedensbruches an (§ 109 Abs 1). K bestreitet den Hausfriedensbruch nicht, beruft sich aber auf § 26 Abs 1 Satz 1 Exekutionsordnung (EO). Bitte lesen!

    a) Bei § 26 Abs 1 Satz 1 EO handelt es sich um einen ....
    .... Seine Voraussetzungen sind erfüllt / nicht erfüllt.

    b) Hat K unrecht gehandelt?
       Ja / Nein – Begründung:

5. Kapitel: Grundbegriffe 3

15. *Gummiknüppel-Fall: Als der in der ganzen Siedlung als gewalttätig bekannte A wieder beginnt, Frau und Kinder mit den Fäusten zu traktieren, rufen die Nachbarn die Polizei – was den A erst recht in Rage bringt. Die Festnahme des Tobenden gelingt erst, nachdem ihn Revierinspektor Zumtobel durch energischen Gebrauch des Gummiknüppels „beruhigt" hat. Dabei erleidet A Blutergüsse und erstattet Strafanzeige wegen Körperverletzung (§ 83 Abs 1).*

   a) Bei dem Vorgehen des Beamten handelt es sich um keine / um eine Verletzung am Körper iSd § 83 Abs 1, weil (bitte ergänzen!)

   b) Lesen Sie bitte § 2 Z 3 WaffGG (Waffengebrauchsgesetz)! Nach dieser Vorschrift war der Einsatz des Gummiknüppels zulässig / nicht zulässig.

   c) Bei § 2 Z 3 WaffGG handelt es sich um keinen Rechtfertigungsgrund / um einen Rechtfertigungsgrund, weil (bitte ergänzen!)

16. *Blättern Sie bitte zurück zum Blutabnahme-Fall (S 43)! Nachdem K bereits zweimal kräftig danebengestochen hat, ruft F empört „Jetzt reicht's mir aber!" und will sich erheben, um zu gehen. Mit den Worten „Herrschaftszeit'n, wer wird denn gleich so wehleidig sein!" drückt ein Pfleger den sich Wehrenden nieder, und diesmal gelingt der K die Blutabnahme.*
   War **diese** Blutabnahme (= § 83 Abs 1) Unrecht?
   Ja / Nein – Begründung:

5. Kapitel: Testeinheit 5

Antworten

1. Unrecht ist eine Handlung, die gegen die Rechtsordnung als Ganzes verstößt.
2. In der vorsätzlichen / Wegnahme / einer fremden / beweglichen / Sache / mit Zueignungs- und Bereicherungsvorsatz.
3. Nein! Ein Kind ist keine „Sache". Schon damit entfällt das für den Diebstahl typische Unrecht. Oder: § 1 Abs 1 1. Halbsatz. Oder: nulla poena sine lege. Alle drei Antworten sind richtig. *Anmerkung:* Straflos ist der „Diebstahl" eines Säuglings natürlich nicht. In Betracht kommt das Delikt des § 195 Abs 1 und Abs 2.
4. Tatbestand ist die gesetzliche Beschreibung einer Handlung, die strafrechtliches Unrecht ist.
5. ein Rechtfertigungsgrund
6. Notwehr (§ 3), Anhalterecht (§ 80 Abs 2 StPO), rechtfertigender Notstand, Einwilligung (§ 90 Abs 1), Selbsthilferecht, § 102 Salzb JagdG.
7. Nein! Weil Rechtfertigungsgründe erfüllt sein können.
8. Rechtfertigungsgründe beschreiben die Voraussetzungen, unter denen tatbestandsmäßige Handlungen von der Rechtsordnung gebilligt werden.
9. 1. Ob er tatbestandsmäßig iS eines bestimmten Delikts gehandelt hat.
   2. Ob seine Tat durch einen Rechtfertigungsgrund gerechtfertigt ist oder nicht.
10. ZB A erschlägt B in (berechtigter) Notwehr. Der Jäger schießt auf eine wildernde Katze. Ein Polizist nimmt einen Straftäter fest.
11. Weil in einem solchen Fall eine tatbestandsmäßige Handlung von der Rechtsordnung gebilligt wird und daher erlaubt ist oä.
12. Nein! § 1 Abs 1 1. Halbsatz bezieht sich auf die Kategorie des Tatbestands, nicht auf die der Rechtfertigungsgründe. Außerdem bewirken Rechtfertigungsgründe stets die **Einschränkung** der Strafbarkeit oä.
13. handelt tatbestandsmäßig, aber nicht unrecht
    kann nicht bestraft werden
14. a) Rechtfertigungsgrund; erfüllt
    b) Nein! Zwar ist die Handlung des K tatbestandsmäßig iSd § 109 Abs 1; aber sie ist zugleich durch den Rechtfertigungsgrund des § 26 Abs 1 Satz 1 EO gerechtfertigt und daher kein Verstoß gegen die Rechtsordnung als Ganzes, also kein Unrecht oä.
15. a) um eine Verletzung am Körper iSd § 83 Abs 1, weil dadurch die körperliche Integrität des A nicht unerheblich beeinträchtigt wird oä.
    b) zulässig
    c) um einen Rechtfertigungsgrund, weil er die Voraussetzungen beschreibt, unter denen ein derartiger Eingriff in die körperliche Integrität von der Rechtsordnung gebilligt wird oä.
16. Ja! Die 2. Blutabnahme wäre nur dann kein Unrecht, wenn sie durch eine im Augenblick der Tat noch existente Einwilligung des F gebilligt würde. Hier hatte F aber die Einwilligung bereits widerrufen, und die Tat ist daher Unrecht.

■ ■ ■ **Ende dieser Programmeinheit** ■ ■ ■

6. Kapitel

Fallprüfungsschema

Lerneinheit 6

Lernziel: In dieser LE wird dargestellt, wie man zweckmäßigerweise bei einer strafrechtlichen Fallprüfung verfährt. Es geht vor allem um Bedeutung und Reihenfolge der Begriffe „**Handlung**", „**Tatbestandsmäßigkeit**", „**Rechtswidrigkeit**" und „**Schuld**" im Rahmen des Fallprüfungsschemas.

Kain hat Abel erschlagen und damit den Tatbestand des Mordes erfüllt.

Man könnte also folgern, dass Kain schon **allein** wegen der Verwirklichung des **Tatbestandes** des § 75 „mit Freiheitsstrafe von zehn bis zu zwanzig Jahren oder mit lebenslanger Freiheitsstrafe zu bestrafen" ist.

Ein solcher Strafautomatismus, Erfüllung des Tatbestands = Bestrafung, trifft aber nicht zu.

Damit der Täter bestraft werden kann, müssen **neben dem Tatbestand** noch weitere allgemeine Voraussetzungen erfüllt sein. Man spricht insoweit von **allgemeinen Voraussetzungen der Strafbarkeit = allgemeinen Verbrechensmerkmalen.**

(1) Das Fallprüfungsschema ist die Anleitung für die Untersuchung, ob diese a.............. Voraussetzungen der .... erfüllt sind.

Eine solche Untersuchung kann nur **schrittweise** vorgenommen werden.

Dem im Folgenden darzustellenden **Fallprüfungsschema** kommen im Rahmen der **Falllösung** sehr wesentliche Aufgaben zu:

Es fasst die allgemeinen Voraussetzungen der Strafbarkeit **übersichtlich** zusammen und bringt die einzelnen Lösungsschritte in eine sowohl **logisch gebotene** als auch **zweckmäßige Reihenfolge.**

---

(1) allgemeinen Voraussetzungen der Strafbarkeit

6. Kapitel: Lerneinheit 6

Das Fallprüfungsschema hat vier Stufen:

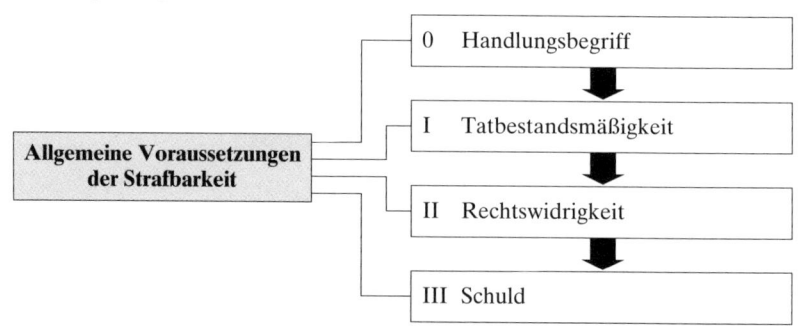

```
                          ┌── 0   Handlungsbegriff
                          │           ↓
  Allgemeine Voraussetzungen ├── I   Tatbestandsmäßigkeit
    der Strafbarkeit        │           ↓
                          ├── II  Rechtswidrigkeit
                          │           ↓
                          └── III Schuld
```

Ein solches Schema erleichtert die Falllösung wesentlich. Daher empfiehlt es sich, **jeden Fall** nach diesem Fallprüfungsschema zu untersuchen.

(2) Beschreiben Sie den Zweck des Fallprüfungsschemas!

Zunächst ein kurzer Überblick über die **Funktionen** der einzelnen Stufen des Fallprüfungsschemas:

0 Handlungsbegriff

Auf der Stufe des **Handlungsbegriffs** wird untersucht, ob der Täter überhaupt im strafrechtlichen Sinne „gehandelt" hat.

Ein Schlafwandler kann nicht iSd Strafrechts „handeln", egal, was er anstellt. Entfällt schon die „Handlung", sind die weiteren allgemeinen Voraussetzungen der Strafbarkeit **nicht** mehr zu untersuchen. Die Prüfung eines solchen Sachverhalts

(3) ist mit der Verneinung / Bejahung des Handlungsbegriffs beendet.

I Tatbestandsmäßigkeit

Die Tatbestände des StGB beschreiben strafrechtlich verbotene Verhaltensweisen. Auf der Stufe der **Tatbestandsmäßigkeit** wird geprüft, ob eine Handlung unter den Tatbestand eines bestimmten Delikts subsumiert werden kann.

Erschlägt Kain den Abel, so lässt sich diese Handlung unter den Tatbestand des Mordes, „Wer einen anderen (vorsätzlich) tötet", subsumieren / nicht subsu-
(4) mieren.

---

(2) Das Fallprüfungsschema ist eine Anleitung zur Untersuchung eines strafrechtlichen Falles. Es enthält die allgemeinen Voraussetzungen der Strafbarkeit und bringt sie in eine logisch gebotene und zweckmäßige Reihenfolge oä.
(3) Verneinung
(4) subsumieren

6. Kapitel: Fallprüfungsschema

Eine Handlung, die sowohl den objektiven als auch den subjektiven Tatbestand eines Delikts erfüllt, bezeichnet man als „Tat".

Tat = tatbestandsmäßige Handlung.

II Rechtswidrigkeit

(5) Es gibt zahlreiche Situationen, in denen tatbestandsmäßige Handlungen (= Taten) von der Rechtsordnung .... werden. Das ist immer dann der Fall, wenn für die Tat ein **Rechtfertigungsgrund** vorhanden ist.

(6) Auf der Stufe der **Rechtswidrigkeit** geht es **allein** um die Frage, ob eine tatbestandsmäßige Handlung gerechtfertigt ist. Die Prüfung der Rechtswidrigkeit ist daher identisch mit der Suche nach .... für die Tat.

(7) Unter Tat versteht man (bitte ergänzen!)

(8) Dass die Tat rechtswidrig ist, bedeutet: Die Tat ist durch Rechtfertigungsgründe gerechtfertigt / nicht gerechtfertigt.

Rechtswidrig = durch Rechtfertigungsgründe nicht gerechtfertigt.

Angenommen, Kain hat Abel erschlagen (= § 75), weil dieser ihn erwürgen wollte.

(9) Diese Tat des Kain ist durch Notwehr (§ 3) gerechtfertigt. Sie ist daher ....
....

(10) Mit der Feststellung, dass die Tat durch einen Rechtfertigungsgrund gerechtfertigt und daher nicht rechtswidrig ist, ist die Fallprüfung beendet. Die Frage der Schuld darf nur angeschnitten werden, wenn die Rechtswidrigkeit der Tat bejaht / verneint worden ist.

Eine tatbestandsmäßige Handlung, die nicht durch Rechtfertigungsgründe gerechtfertigt ist, bezeichnen wir als „rechtswidrige Tat".

Rechtswidrige Tat = tatbestandsmäßige + rechtswidrige Handlung.

---

(5) gebilligt
(6) Rechtfertigungsgründen
(7) eine tatbestandsmäßige Handlung
(8) nicht gerechtfertigt
(9) nicht rechtswidrig
(10) bejaht

III Schuld

Auf der Stufe der **Schuld** wird geprüft, ob die tatbestandsmäßige und rechtswidrige Handlung dem Täter **rechtlich vorgeworfen** werden kann. Die Schuld ist ein so vielschichtiger Begriff, dass hier auf Einzelheiten noch nicht eingegangen werden kann.

Eine tatbestandsmäßige, rechtswidrige und schuldhafte Handlung bezeichnet man als „Straftat".

Straftat = tatbestandsmäßige + rechtswidrige + schuldhafte Handlung.

Übersicht über die Terminologie

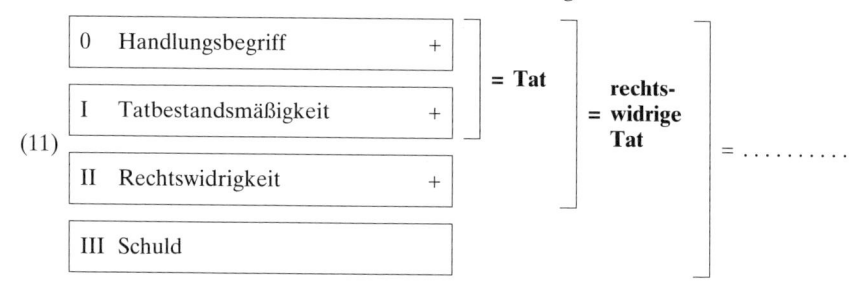

(11)

0	Handlungsbegriff	+
I	Tatbestandsmäßigkeit	+
II	Rechtswidrigkeit	+
III	Schuld	

= Tat

rechts-
= widrige
Tat

= . . . .

(12) Sind Straftat und Delikt dasselbe?
Ja / Nein – Begründung:

Zuhälter-Fall: Wegen des Standplatzes ihrer „Damen" am Wiener „Gürtel" geraten zwei Zuhälter aneinander. Der eine (Z) geht mit erhobenen Fäusten auf seinen Widersacher (K) los, aber dieser ist schneller. Er schlägt Z bewusstlos und versetzt ihm sodann in der Manier eines Elfmeter-Schützen einen tödlichen Tritt gegen den Hals.

Anhand des Fallprüfungsschemas ist zu untersuchen, ob K gem § 75 zu bestrafen ist:

0 Handlungsbegriff

Auf der Stufe des strafrechtlichen Handlungsbegriffs wird geprüft, ob ein **menschliches vom Willen beherrschbares Verhalten** vorliegt. Dass K ein „Mensch" ist, bedarf keiner Ausführung. Der tödliche Fußtritt ist auf K's Willen zurückzuführen,

---

(11) Straftat
(12) Nein! **Delikt** = Tatbestand + Strafdrohung. **Straftat** = tatbestandsmäßige + rechtswidrige + schuldhafte Handlung.

also ein vom Willen beherrschbares Verhalten. Somit ist der Handlungsbegriff
(13) nicht erfüllt / erfüllt.

I Tatbestandsmäßigkeit

K hat Z gezielt mit einem Fußtritt gegen den Hals getötet. Diese Handlung erfüllt den Tatbestand des Mordes (§ 75). Genügt das bereits zur Bestrafung des K?
(14) Ja / Nein – Begründung:

II Rechtswidrigkeit

In Betracht kommt allein der Rechtfertigungsgrund der Notwehr. Notwehr setzt einen gegenwärtigen oder unmittelbar drohenden rechtswidrigen Angriff voraus
(15) (§ 3 Abs 1). Als K dem Z gegen den Hals trat, lag ein Angriff vor / kein Angriff
(16) mehr vor. Dieser Tritt ist daher nicht mehr durch Notwehr gerechtfertigt / durch
(17) Notwehr gerechtfertigt. Es liegt somit eine r............ ..... vor.

III Schuld

Der Einfachheit halber wollen wir hier annehmen, dass K die rechtswidrige Tat rechtlich vorgeworfen werden kann. K hat also auch schuldhaft gehandelt.

(18) Seine Handlung erfüllt somit den Begriff der ....

(19) Eine Strafe darf nur verhängt werden, wenn sämtliche / einige Voraussetzungen der Strafbarkeit erfüllt sind.

(20) Daher ist K wegen Mordes (§ 75) an Z nicht zu bestrafen / zu bestrafen.

Betrachten wir nun die einzelnen Stufen der Fallprüfung etwas genauer, zunächst den **Handlungsbegriff**.

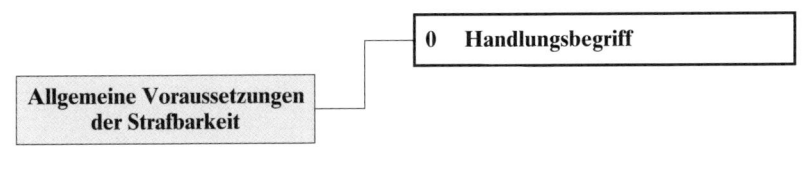

```
                              ┌─ 0  Handlungsbegriff
Allgemeine Voraussetzungen ───┤
     der Strafbarkeit
```

---

(13) erfüllt
(14) Nein! Die Tatbestandsmäßigkeit (vorsätzliche Tötung eines anderen) ist nur **eine** der allgemeinen Voraussetzungen der Strafbarkeit. Strafe kann nur verhängt werden, wenn **sämtliche** Voraussetzungen der Strafbarkeit erfüllt sind oä.
(15) kein Angriff mehr vor
(16) nicht mehr durch Notwehr gerechtfertigt
(17) rechtswidrige Tat
(18) Straftat
(19) sämtliche
(20) zu bestrafen

6. Kapitel: Lerneinheit 6

Handlung im strafrechtlichen Sinn ist ein **vom Willen beherrschbares, menschliches Verhalten**. Geschehnisse, die nicht einmal dem Handlungsbegriff entsprechen, interessieren im Strafrecht nicht.

(21) Bildlich gesprochen: Der Handlungsbegriff ist nicht nur die erste Station, sondern auch das erste Sieb der strafrechtlichen Fallprüfung: Was mangels Handlungsbegriffs ausgeschieden wird, kommt für die weitere Fallprüfung in Betracht / nicht mehr in Betracht.

Narkose-Fall: Der frisch operierte und noch bewusstlose O bewegt sich in der Aufwachphase unruhig hin und her. Dabei reißt er das EKG-Gerät, an das er angeschlossen ist, zu Boden, wobei es erheblich beschädigt wird.

(22) Das Verhalten des O erfüllt nicht den strafrechtlichen Handlungsbegriff. Denn es fehlt die Möglichkeit (bitte ergänzen!),

(23) Kann O wegen der noch unter Narkoseeinwirkung begangenen Sachbeschädigung (§ 125) bestraft werden?
Ja / Nein – Begründung:

(24) Ist der Handlungsbegriff nicht erfüllt, dürfen weder Strafen noch ....
M .... ausgesprochen werden.

Der *Narkose-Fall* war einmal Gegenstand einer schriftlichen Übung. Einige Studierende hatten sogleich mit der Prüfung des Tatbestands der Sachbeschädigung begonnen. Halten Sie das für richtig?
(25) Ja / Nein – Begründung:

---

(21) nicht mehr in Betracht
(22) das Verhalten mit dem Willen zu beherrschen
(23) Nein! Die Reaktionen einer narkotisierten = bewusstlosen Person sind nicht durch den Willen beherrschbar. Schon der Handlungsbegriff ist nicht erfüllt. Daher wird O nicht bestraft oä.
(24) vorbeugende Maßnahmen
(25) Nein! Ist schon der Handlungsbegriff nicht erfüllt, hängt jede weitere Untersuchung in der Luft. Die Stufe der Tatbestandsmäßigkeit setzt die **Bejahung** des Handlungsbegriffs voraus oä.

6. Kapitel: Fallprüfungsschema

Ist der Handlungsbegriff erfüllt, prüft man die **Tatbestandsmäßigkeit** der Handlung:

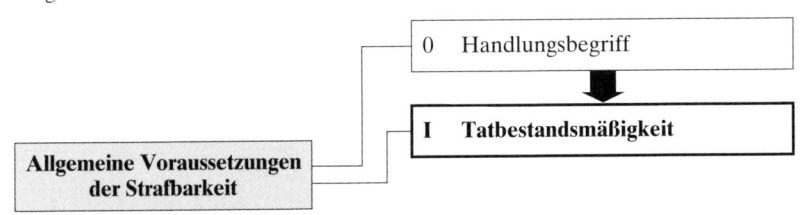

```
                    ┌── 0  Handlungsbegriff
                    │         ↓
Allgemeine Voraussetzungen ──┤
der Strafbarkeit    │
                    └── I  Tatbestandsmäßigkeit
```

Die Tatbestandsmäßigkeit wird durch **schrittweise Subsumtion des Sachverhalts unter jedes einzelne Tatbestandsmerkmal** ermittelt. Jedes Element des **Tatbildes** muss, soweit das Gesetz nichts anderes bestimmt, vom **Vorsatz** getragen werden (§ 7 Abs 1).

(26) Eine Handlung ist tatbestandsmäßig, wenn sie ein / mehrere / sämtliche Tatbestandsmerkmal(e) eines Delikts erfüllt.

Der Schwerpunkt der Tatbestandsmäßigkeitsprüfung liegt idR auf der **Auslegung** der in ihrer Bedeutung oft unklaren **Tatbestandsmerkmale**. Hierfür bieten Rechtsprechung und Lehre wertvolle Hinweise.

Gockel-Fall: Ernst Skropek fühlt sich durch das allmorgendliche durchdringende Krähen des Gockels im Nachbargarten in seiner Nachtruhe gestört. Eines Tages reicht es ihm, und er versetzt dem Hahn zur Strafe einen so kräftigen Tritt, dass sich dieser dreimal überschlägt, wenngleich unverletzt davonflattert.

Hat er das Tier iSd § 222 Abs 1 „roh misshandelt"?
(27) Ja / Nein – Begründung:

Variante: „Du weckst mi nimmer auf!" triumphiert Skropek, als er den Störenfried mit einem gezielten Schuss für immer zum Schweigen gebracht hat.

(28) Diese Tatvariante erfüllt den Tatbestand des § 222 Abs 1/ Abs 2/ Abs 3.

(29) Die **Tötung** des fremden Hahns richtet sich nicht nur gegen das Wohlergehen bzw das Leben des Tieres (= Rechtsgut des § 222), sondern darüber hinaus auch gegen ein ganz anderes Rechtsgut? Gegen welches andere Rechtsgut?

---

(26) sämtliche
(27) Ja! „Rohes Misshandeln" eines Tiers besitzt eine objektive und eine subjektive Komponente und erfordert das Zufügen von unnötigen Schmerzen aus gefühlloser Gesinnung. Beides trifft hier zu. Daher ist der Tatbestand des § 222 Abs 1 Z 1 erfüllt oä. *Anmerkung:* Strafweises Beschneiden der Schwanzfedern würde nicht reichen.
(28) § 222 Abs 3.
(29) Gegen das Eigentum (bzw gegen das Vermögen).

Daher kommt **zusätzlich** zum Delikt der Tierquälerei auch **Sachbeschädigung gem § 125** in Betracht. Bitte lesen Sie jetzt § 125 und untersuchen Sie diesen Tatbestand Merkmal für Merkmal! Ist er erfüllt?

(30) Ja / Nein – Begründung:

Die nächste Stufe der Fallprüfung betrifft die Frage der **Rechtswidrigkeit:**

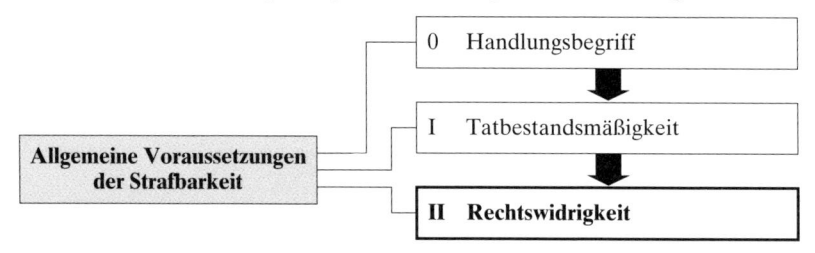

```
                              ┌─ 0  Handlungsbegriff
                              │         ↓
┌─────────────────────────┐   ├─ I  Tatbestandsmäßigkeit
│ Allgemeine Voraussetzungen │─┤         ↓
│    der Strafbarkeit      │   └─ II  Rechtswidrigkeit
└─────────────────────────┘
```

(31) Hier geht es um die Frage, ob die Tat durch .... gerechtfertigt ist.

(32) **Regel:** Eine Tat (= tatbestandsmäßige Handlung) ist rechtmäßig / rechtswidrig.

(33) **Ausnahme:** Die Tat wird durch einen Rechtfertigungsgrund gerechtfertigt und ist daher rechtswidrig / nicht rechtswidrig.

Ob die Voraussetzungen eines Rechtfertigungsgrunds erfüllt sind, ist wie bei der Prüfung eines Tatbestands im Wege von **Auslegung, Definition** und
(34) .... zu ermitteln.

Beispiel: Der Foxl des Anzinger (A) schnappt nach einem Würstl des Benzinger (B). Dieser verteidigt sein Würstl, indem er den Foxl erschlägt.

Beschränken wir uns hier auf das Delikt des § 125. B hat den Tatbestand der Sachbeschädigung erfüllt. Die Frage geht dahin, ob diese Tat durch **Notwehr** gerechtfertigt ist.

Zu den Merkmalen der Notwehr gehört ua, dass ein **Angriff** vorliegt. Bitte lesen Sie § 3 Abs 1 Satz 1!

---

(30) Ja! Eine Sache ist „jeder körperliche Gegenstand" **(Definition)**. Auch ein Hahn ist ein körperlicher Gegenstand **(Subsumtion)**. Eine Sache ist zerstört, wenn ihr Wert für den Eigentümer endgültig aufgehoben ist **(Definition)**. Die Tötung eines Hahnes entspricht diesem Sinn des Tatbestandsmerkmals „zerstören" **(Subsumtion)**. Der Tatbildvorsatz ist auf Grund des absichtlichen Vorgehens zu bejahen. Der Tatbestand des § 125 ist somit erfüllt.
(31) Rechtfertigungsgründe
(32) rechtswidrig
(33) nicht rechtswidrig
(34) Subsumtion

6. Kapitel: Fallprüfungsschema

Auslegung: Ein Angriff muss sich gegen fremde Rechtsgüter richten und von Menschen ausgehen.

Definition: Angriff ist jedes menschliche Verhalten, das die Beeinträchtigung fremder Rechtsgüter befürchten lässt.

(35) **Subsumtion:** Die Attacke eines Hundes ist ein Angriff / kein Angriff iSd § 3 Abs 1 Satz 1.

(36) Folglich ist die Tat des B durch Notwehr gerechtfertigt / nicht gerechtfertigt.

Werden Sie nunmehr die Fallprüfung auf der Stufe der **Schuld** fortsetzen?

(37) Ja / Nein

Die letzte Stufe der Fallprüfung gilt der Frage der **Schuld**:

(38) Bitte einsetzen!

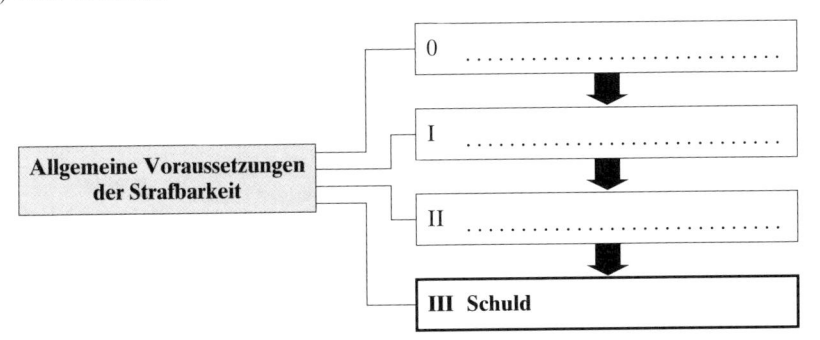

```
                                    ┌─ 0 ......................
                                    │         ▼
                                    │   I ......................
Allgemeine Voraussetzungen ─────────┤         ▼
der Strafbarkeit                    │   II ......................
                                    │         ▼
                                    └─ III  Schuld
```

Der vielschichtige Begriff der „Schuld" umfasst alle jene Merkmale, welche die Vorwerfbarkeit der tatbestandsmäßigen und rechtswidrigen Handlung ausma-
(39) chen. Nur wenn ein / mehrere / sämtliche Schuldmerkmal(e) erfüllt sind, wurde die rechtswidrige Tat .... haft begangen.

Vorläufige Kurzformel: **Schuld = Vorwerfbarkeit der rechtswidrigen Tat.**

Das folgende Beispiel zeigt einen kleinen Ausschnitt aus dem Problembereich der Schuld:

Ein Geisteskranker lebt in dem fixen Wahn, ein bissiger Hund zu sein. Immer wenn er dem Briefträger begegnet, knurrt und bellt er böse. Eines Tages beißt er ihn sogar ins Bein.

---

(35) kein Angriff
(36) nicht gerechtfertigt
(37) Ja! (Wenn man unterstellt, dass auch kein anderer Rechtfertigungsgrund zum Zuge kommt.)
(38) 0 = Handlungsbegriff; I = Tatbestandsmäßigkeit; II = Rechtswidrigkeit
(39) sämtliche; schuldhaft

6. Kapitel: Lerneinheit 6

(40) G hat zwar tatbestandsmäßig (= § 83 Abs 1) und rechtswidrig (keine Rechtfertigungsgründe), aber ohne .... gehandelt.

Bitte lesen Sie jetzt § 4! Wer **ohne Schuld** handelt, kann **nicht bestraft** werden. **Nulla poena sine culpa.**

(41) Über einen Geisteskranken kann keine Strafe / eine Strafe verhängt werden. Ist damit jegliche strafrechtliche Sanktion gegen einen solchen Täter ausgeschlossen?
(42) Ja / Nein – Begründung:

(43) Das Erfordernis der Schuld ist eine notwendige / keine notwendige Voraussetzung für die Anordnung einer vorbeugenden Maßnahme. Die Tat, die Anlass zur Anordnung einer vorbeugenden Maßnahme gibt, muss jedoch
(44) ☐ mindestens tatbestandsmäßig, aber nicht rechtswidrig
☐ mindestens tatbestandsmäßig **und** rechtswidrig sein.

■ ■ ■   **Bevor Sie die Testfragen zur LE 6 durcharbeiten, lesen Sie bitte zunächst im Grundriss AT Kap 6!**   ■ ■ ■

---

(40) Schuld
(41) keine Strafe
(42) Nein! Es kommt die Anordnung einer vorbeugenden Maßnahme in Betracht, und zwar die Einweisung in eine Anstalt für geistig abnorme Rechtsbrecher (aber nur, wenn **sämtliche** Voraussetzungen des § 21 erfüllt sind).
(43) keine notwendige Voraussetzung
(44) mindestens tatbestandsmäßig **und** rechtswidrig

6. Kapitel: Fallprüfungsschema

Testeinheit 6
Testfragen zur LE 6

1. Haben die Begriffe „Rechtswidrigkeit" und „Unrecht" denselben Inhalt?
   Ja / Nein

2. Definieren Sie **rechtswidrig**!

3. Definieren Sie **Unrecht**!

4. Nennen Sie in der richtigen Reihenfolge **sämtliche** Stufen des Fallprüfungsschemas!

5. Welche Stufe des Fallprüfungsschemas ist nur dann ausdrücklich zu prüfen, wenn besondere Umstände im Sachverhalt dies nahe legen?

6. Auf der Stufe II, der Rechtswidrigkeit, geht es in allen strafrechtlichen Fällen stets um dieselbe Frage. Wie lautet sie?

7. Definieren Sie **Tat**!

8. Eine tatbestandsmäßige Handlung, die nicht durch einen Rechtfertigungsgrund gerechtfertigt ist, bezeichnet man als ....

9. Definieren Sie **Straftat**! (Bitte **sämtliche** Merkmale anführen!)

10. Vergleichen Sie die Definition der Straftat mit den Stufen des Fallprüfungsschemas. Was fällt Ihnen auf?

11. Wodurch unterscheidet sich Straftat von Tat?

6. Kapitel: Testeinheit 6

12. ***Frauenmörder-Fall:*** *Am 23. 11. 1993 spielten sich in einer kleinen Wallfahrtskirche oberhalb von Innsbruck Schreckensszenen ab. Der aus der Strafanstalt entwichene Frauenmörder Karl Otto H. stach mit einem Stemmeisen mehrfach auf eine betende Ordensschwester ein. Schwerverletzt gelang es dieser, zu entkommen und die Polizei zu alarmieren. Der Täter wurde anschließend auf der Flucht von einem Polizisten (P) erschossen.*

    Hier interessiert allein das Tötungsdelikt (§ 75), das **P** durch Erschießen des H begangen hat. Gehen Sie davon aus, dass der Todesschuss durch die Vorschriften des WaffGG gedeckt ist.

    a) Welche Stufen im Fallprüfungsschema werden Sie genauer untersuchen?

    b) Welche Stufe des Fallprüfungsschemas brauchen Sie in unserem Fall gar nicht zu prüfen?

13. ***Airbus-Fall:*** *„Fasten seatbelt" leuchtete gerade auf, als der Airbus A-320 in heftige Turbulenzen geriet und in ein Luftloch sackte, wodurch einige Passagiere an die Decke geschleudert wurden. Dabei prallte U unglücklich auf seinen bereits angeschnallten Sitznachbarn N und brach ihm den Arm. Nach der Landung auf dem Blue Danube Airport in Hörsching bei Linz zeigt N den U wegen schwerer Körperverletzung an (§ 84 Abs 1).*

    Wird es zu einer diesbezüglichen Verurteilung des U kommen?
    Ja / Nein – Begründung:

14. Im Fall 13. beginnt Ihr Kollege bei der strafrechtlichen Prüfung dieses Falles sogleich mit der dritten Stufe, der Schuld.
    Richtig / Falsch – Begründung:

15. Kreuzen Sie jene Stufen des Fallprüfungsschemas an, welche **mindestens** erfüllt sein müssen, damit ausgesprochen werden kann eine

Strafe	**vorbeugende Maßnahme**
☐ Handlungsbegriff	☐ Handlungsbegriff
☐ Tatbestandsmäßigkeit	☐ Tatbestandsmäßigkeit
☐ Rechtswidrigkeit	☐ Rechtswidrigkeit
☐ Schuld	☐ Schuld

6. Kapitel: Fallprüfungsschema

16. Nennen Sie **mindestens drei** Unterschiede zwischen Strafen und vorbeugenden Maßnahmen!

17. Sowohl der Ausspruch einer .... als auch einer .... setzt mindestens eine **rechtswidrige Tat** voraus. Warum?

18. *DINKS-Fall:* Sie hatten alles: Er, Investmentbanker, 29 Jahre, sie, Aktienanalystin, 35 Jahre, Penthouse im 1. Bezirk, hohes Einkommen, keine Kinder, typische DINKS – bis zum 29. 3. 2009. In dieser Nacht erdrosselte er seine Frau mit ihrem pinkfarbenen Seidenschal von Miuccia Prada, nachdem ihm eine innere Stimme befohlen hatte: „Sie ist des Teufels, töte sie!" Der Psychiater diagnostiziert später paranoide Schizophrenie.

Eine Bestrafung des Täters wegen Mordes an seiner Frau (§ 75) scheitert mangels Tatbestandsmäßigkeit / Rechtswidrigkeit / Schuld. Immerhin liegt eine Straftat / Tat / rechtswidrige Tat vor. Aus diesem Anlass kommt eine Unterbringung des Täters in einer .... in Betracht, falls die übrigen Voraussetzungen des § .... erfüllt sind.

19. *Maibaumdiebe:* So nannten Linzer Medien jene listigen Puchenauer, denen es gelang, im Morgengrauen des 3. 5. 2009 den 23 m hohen Maibaum vom Linzer Hauptplatz nach Puchenau zu entführen. Nach „harten, aber fairen" Verhandlungen mit dem Linzer Bürgermeister brachten die Entführer den Maibaum gegen ein angemessenes „Lösegeld" in Form von Gulasch und Bier wieder auf den Hauptplatz zurück.

Die Jus-Studentinnen Sarah und Cara diskutieren diesen Fall. Cara meint, der Maibaumdiebstahl sei durch landesübliches Brauchtum gerechtfertigt. Sarah dagegen bezweifelt, dass es sich um Diebstahl gehandelt habe.

Wer hat Recht? Bitte § 127 genau lesen!
Begründung:

6. Kapitel: Testeinheit 6

Antworten

1. Nein!
2. Nicht durch Rechtfertigungsgründe gerechtfertigt.
3. Unrecht ist ein Verhalten, das gegen die Rechtsordnung als Ganzes verstößt.
4. Handlungsbegriff, Tatbestandsmäßigkeit, Rechtswidrigkeit und Schuld.
5. Der Handlungsbegriff.
6. Ist die Tat durch einen Rechtfertigungsgrund gerechtfertigt?
7. Tatbestandsmäßige Handlung.
8. rechtswidrige Tat
9. Tatbestandsmäßige, rechtswidrige und schuldhafte Handlung.
10. Die Merkmale der Straftat sind identisch mit den Stufen des Fallprüfungsschemas oä.
11. **Tat** = tatbestandsmäßige Handlung.
    Straftat setzt über die Tat hinaus noch Rechtswidrigkeit und Schuld voraus oä.
12. a) Tatbestandsmäßigkeit und Rechtswidrigkeit.
    b) Die Schuld.
13. Nein! Bezüglich der Körperverletzung (§ 84 Abs 1) ist nicht einmal der Handlungsbegriff erfüllt. Der Aufprall war nicht vom Willen des U beherrschbar oä.
14. Falsch!
    Erstens darf bei einer Fallprüfung nie „hinten" (oder „in der Mitte") begonnen werden.
    Zweitens: Ist der Handlungsbegriff nicht erfüllt, kommt **schon deshalb** eine Bestrafung nicht in Betracht. Es ist daher nicht nur unnötig, sondern sogar **falsch**, die Frage der Schuld überhaupt anzuschneiden.
15. **Strafe:** Handlungsbegriff, Tatbestandsmäßigkeit, Rechtswidrigkeit und Schuld
    vorbeugende Maßnahme: Handlungsbegriff, Tatbestandsmäßigkeit und Rechtswidrigkeit.
    (Die Schuld **kann, muss aber nicht** erfüllt sein!)
16.

	Strafen	**Vorbeugende Maßnahmen**
Zweck	Spezialprävention + Generalprävention + Anerkennung des Opfers	Spezialprävention + Opferschutz
Voraussetzung	Schuld des Täters	besondere Gefährlichkeit des Täters
Übel	ja (beabsichtigt)	ja (unbeabsichtigt)
Tadel	ja	nein
Schuld	erforderlich	nicht erforderlich

17. Strafe; vorbeugenden Maßnahme. Weil der Täter, der eine **gerechtfertigte** Tat begangen hat, im Einklang mit der Rechtsordnung gehandelt hat. Seine Tat ist **erlaubt** oä.
18. Schuld; rechtswidrige Tat; Anstalt für geistig abnorme Rechtsbrecher; § 21 Abs 1.
19. Sarah hat Recht. Zwar ist die Entführung des Maibaums als Wegnahme einer fremden beweglichen Sache zu qualifizieren und erfüllt daher die **objektive Tatseite** des § 127. Aber die Wegnahme ist **nicht auf Zueignung** des Baums, sondern von vornherein auf dessen Rückgabe gerichtet, wenn auch gegen Lösegeld. Es entfällt daher die **subjektive Tatseite** und damit schon der **Tatbestand** des Diebstahls; vgl *Kienapfel/Schmoller* StudB BT II § 127 RN 147; SSt 47/17. Die Frage einer Rechtfertigung stellt sich nicht.

    Anmerkung: Anerkanntes Brauchtum bildet keinen Rechtfertigungsgrund, kann aber in die **restriktive Auslegung** eines Tatbestands einfließen. Im Maibaum-Fall kann man durchaus von einer **brauchtumsfreundlichen Auslegung** des § 127 sprechen. Ähnliches gilt für Späße bei Hochzeiten (RZ 1986/12) und nicht allzu derbe Krampusstreiche (JBl 1984 619 m Anm *Kienapfel*).

■ ■ ■ **Ende dieser Programmeinheit** ■ ■ ■

7. Kapitel

Handlungsbegriff

Lerneinheit 7

Lernziel: Diese LE befasst sich mit den beiden Erscheinungsformen der menschlichen Handlung, dem **„Tun"** und dem **„Unterlassen"**. Außerdem werden der strafrechtliche Handlungsbegriff und seine Bedeutung für die Fallprüfung behandelt.

Es gibt nur zwei Erscheinungsformen der Handlung: Entweder man **tut etwas** oder man **unterlässt etwas.**

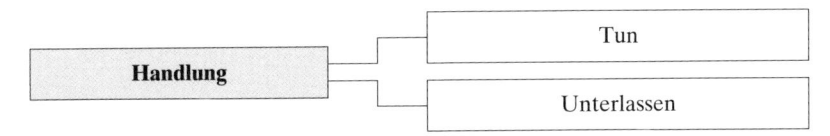

```
                    ┌──── Tun
        Handlung ───┤
                    └──── Unterlassen
```

Eltern vergiften ihr kleines Kind; A stößt B absichtlich ins Wasser, sodass dieser ertrinkt.

In beiden Fällen wird der Tatbestand des Mordes (§ 75) **durch ein Tun** verwirklicht.

Eltern lassen ihr kleines Kind verhungern; der Bademeister sieht tatenlos zu, wie ein hilferufender Nichtschwimmer ertrinkt.

(1) In diesen Fällen wird **derselbe Tatbestand** (§ 75) durch ein .... erfüllt.

Es ist einsichtig, dass sich an ein **bestimmtes Tun** eine Strafe knüpfen kann.

Aber auch wer etwas **unterlässt,** kann bestraft werden. „Tun" und „Unterlassen" unterscheiden sich allein darin, **wie** eine Straftat verwirklicht wird.

(2) Für die Frage, **ob** überhaupt bestraft wird, besteht grundsätzlich kein Unterschied, ob eine Tat durch ein „....." oder durch ein „...................." begangen wird.

Nehmen Sie etwa das Beispiel der Eltern: Für das geschützte **Rechtsgut** macht es keinen Unterschied, ob sie ihr Kind vergiften oder verhungern lassen. In beiden Fällen ist das Rechtsgut Leben beeinträchtigt.

Macht es für das **Tatobjekt** einen Unterschied, ob die Eltern den Mord durch ein Tun oder durch ein Unterlassen begehen?

---

(1) Unterlassen
(2) „Tun" oder durch ein „Unterlassen"

7. Kapitel: Lerneinheit 7

(3) Ja / Nein – Begründung:

"Tun" und "Unterlassen" sind die beiden **Erscheinungsformen** der Handlung.

"Tun" bedeutet: Der Täter setzt ein Geschehen in Gang oder nimmt in anderer Weise Einfluss auf seinen Verlauf. Er schlägt zu, er nimmt weg, er treibt ab, er sagt vor Gericht falsch aus etc.

"Unterlassen" heißt, wörtlich verstanden, den Dingen ihren Lauf lassen. Der allgemeine Sprachgebrauch identifiziert Unterlassen daher mit „Nichtstun".

Der **juristische Begriff** des Unterlassens ist dagegen **enger**. Unterlassen im strafrechtlichen Sinne bedeutet: In dieser Situation hätte der Täter **etwas Bestimmtes** tun müssen. Aber gerade dies hat er nicht getan.

(4) Was hätten die Eltern im obigen Unterlassungsbeispiel tun müssen?

Was der Täter **in concreto** hätte tun **müssen**, bezeichnet man als das **gebotene Tun**.

(5) Im Fall des tatenlos zusehenden Bademeisters hätte das gebotene Tun darin bestanden, dass er (bitte ergänzen!)

Aber gerade **dieses** Tun hat der Bademeister nicht vorgenommen.

Damit kommen wir zur Definition des strafrechtlichen Begriffs des Unterlassens: **Unterlassen = Nichtvornahme eines gebotenen Tuns.**

Ein Blick auf die Kehrseite dieser Definition:

(6) Ist ein bestimmtes Tun nicht geboten, liegt folglich ein Unterlassen im strafrechtlichen Sinn nicht vor / dennoch vor.

Internet-Fall: Während Axel in Feldkirch mit seiner Internetflamme Faye Tucker im fernen Sydney chattet, erscheint auf dem Monitor plötzlich die Zeile „By god help me". Hat Axel, der ahnt, dass sich down under ein tödliches Eifersuchtsdrama abspielt, etwas unterlassen?

---

(3) Nein! In beiden Fällen wird das Tatobjekt vernichtet, dh ein Mensch getötet.
(4) Die Eltern hätten ihr kleines Kind füttern müssen oä.
(5) ZB dem Ertrinkenden nachgesprungen wäre (oder andere Rettungsmaßnahmen ergriffen hätte) oä.
(6) nicht vor

7. Kapitel: Handlungsbegriff

(7) Ja / Nein – Begründung:

(8) Unterlassen im strafrechtlichen Sinn bedeutet stets .... eines ....

Was der Täter im Einzelfall hätte tun müssen, ergibt sich aus den **jeweiligen Umständen**. Wenn jemand zu ertrinken droht, ist es etwa geboten, ihm eine Leine oder einen Rettungsring zuzuwerfen.

(9) Befindet sich der Ertrinkende bereits unter der Wasseroberfläche, genügt dies nicht mehr / noch immer. Unter solchen Umständen müsste man dem Ertrinkenden etwa nachspringen oder ihn mit einem Haken an die Wasseroberfläche ziehen.

Die Gegenüberstellung von Tun und Unterlassen wirkt sich an vielen Stellen des Strafrechts aus. Hier interessiert zunächst allein, dass Tun und Unterlassen im Rahmen des strafrechtlichen Handlungsbegriffs einander **gleichgestellt** sind.

Nun zum **Handlungsbegriff**. Er ist die **erste Stufe im strafrechtlichen Fallprüfungsschema.**

(10) Die Frage lautet: Entspricht ein menschliches Tun oder .... dem
(11) strafrechtlichen Handlungsbegriff? Nur wenn Sie diese Frage verneinen / bejahen, prüfen Sie das Verhalten weiter auf seine Strafbarkeit.

Ein menschliches Verhalten mag noch so schwere Folgen nach sich ziehen: Erfüllt
(12) es nicht den strafrechtlichen Handlungsbegriff, kann weder auf eine .... noch auf eine .... erkannt werden.

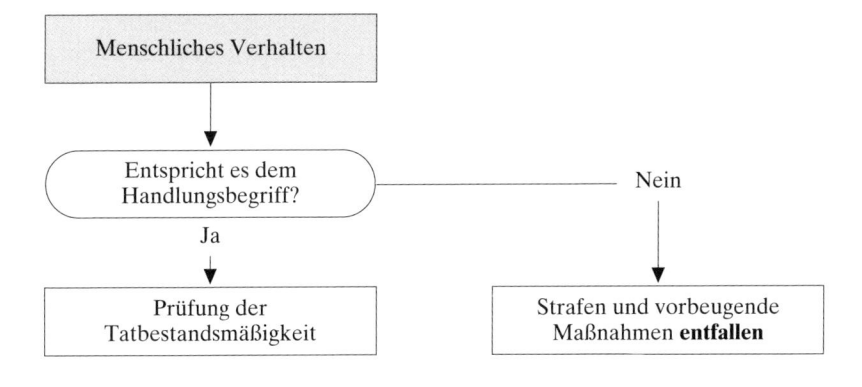

```
        ┌─────────────────────────┐
        │  Menschliches Verhalten │
        └─────────────┬───────────┘
                      │
                      ▼
          ╭───────────────────────╮
          │  Entspricht es dem    │──────── Nein
          │  Handlungsbegriff?    │           │
          ╰───────────┬───────────╯           │
                     Ja                       │
                      ▼                       ▼
        ┌─────────────────────────┐ ┌─────────────────────────┐
        │      Prüfung der        │ │  Strafen und vorbeugende│
        │   Tatbestandsmäßigkeit  │ │   Maßnahmen entfallen   │
        └─────────────────────────┘ └─────────────────────────┘
```

---

(7) Nein! Es ist kein bestimmtes Tun geboten (hier gar nicht denkbar). Folglich hat A im strafrechtlichen Sinn auch nichts unterlassen oä.
(8) Nichtvornahme eines gebotenen Tuns
(9) nicht mehr
(10) Unterlassen
(11) bejahen
(12) Strafe; vorbeugende Maßnahme

7. Kapitel: Lerneinheit 7

(13) Welche allgemeinen Voraussetzungen der Strafbarkeit müssen **außer** dem Handlungsbegriff erfüllt sein, damit eine Strafe verhängt werden kann?

(14) Der strafrechtliche Handlungsbegriff hat die Aufgabe, aus der Vielzahl menschlicher Verhaltensweisen jene herauszufiltern, die **nicht vom Willen beherrschbar** sind. Denn was nicht vom Willen beherrschbar ist, ist Handlung / keine Handlung im strafrechtlichen Sinne.

Nun zur Definition des strafrechtlichen Handlungsbegriffs (bitte wörtlich merken!):

Handlung ist jedes menschliche Verhalten, das vom Willen beherrschbar ist.

(15) Da aber fast jedes menschliche Verhalten vom Willen beherrschbar ist, muss der Handlungsbegriff bei der Fallprüfung bloß in seltenen **Ausnahmefällen ausdrücklich** untersucht werden. Das ist nur dann der Fall, wenn nach dem Sachverhalt wirklich Zweifel bestehen, ob der Täter ein Verhalten gesetzt hat, das vom .... beherrschbar war.

Zahnarzt-Fall: Nerv getroffen! Senkrecht wie eine Rakete schießt K vor Schmerz aus dem Behandlungsstuhl und kracht gegen das Kinn des über ihn gebeugten Zahnarztes. „Ich glaub, mich knutscht ein Elch", stöhnt der Zahnarzt und greift sich an den gebrochenen Unterkiefer.

(16) Hier bestehen Zweifel / keine Zweifel an der Handlungsqualität des Verhaltens des K.

(17) Das Verhalten des K war nicht vom Willen beherrschbar. Das Anbohren des Zahnnervs hat bei K **ohne Zwischenschaltung des Willens** einen **Körperreflex** ausgelöst. Folglich ist der Handlungsbegriff erfüllt / nicht erfüllt.

(18) Dieser Fall macht zugleich die Filterfunktion der ersten Stufe des Fallprüfungsschemas deutlich. Prüfen Sie anschließend die Tatbestandsmäßigkeit des Verhaltens des K, wenn Sie festgestellt haben, dass der Handlungsbegriff **nicht** erfüllt ist? Ja / Nein – Begründung:

---

(13) Tatbestandsmäßigkeit, Rechtswidrigkeit, Schuld
(14) keine Handlung im strafrechtlichen Sinne
(15) Willen
(16) Zweifel
(17) nicht erfüllt
(18) Nein! Ist der Handlungsbegriff nicht erfüllt, so ist das Verhalten schon deshalb nicht strafbar. Die Frage der Tatbestandsmäßigkeit darf daher nicht mehr angeschnitten werden oä.

7. Kapitel: Handlungsbegriff

Beachte! Körperreflex wird im allgemeinen Sprachgebrauch in ziemlich weitem Sinn verstanden. Der strafrechtliche Begriff des Körperreflexes ist dagegen **enger** und deckt sich weitgehend mit der medizinischen Bedeutung.

Als allgemein anerkannte Orientierungsbeispiele für Körperreflexe im strafrechtlichen und medizinischen Sinn gelten **Kniesehnenreflexe** oder **Reflexe infolge Stromschlags.**

Körperreflexe sind nicht vom Willen beherrschbar. Sie erfüllen daher den straf-
(19) rechtlichen Handlungsbegriff / nicht den strafrechtlichen Handlungsbegriff.

Von den Körperreflexen streng zu trennen, von ihnen aber nicht immer leicht zu unterscheiden, sind die im täglichen Leben häufig anzutreffenden **automatisierten Handlungen.**

Die automatisierten Handlungen erfüllen den Handlungsbegriff. Die Körper-
(20) reflexe dagegen ....

Automatik-Fall: Wer als Autofahrer bisher eine Knüppelschaltung gewohnt war und auf ein Automatik-Modell umsteigt, wird in den ersten Tagen immer wieder das Bremspedal mit dem fehlenden Kupplungspedal verwechseln.

(21) Dies ist ein typischer Fall eines Körperreflexes / einer automatisierten Handlung.

(22) Nennen Sie weitere automatisierte Handlungen beim Autofahren!

In ähnlicher Weise gehen alle gleichförmigen Handlungen „in Fleisch und Blut" über, manche mehr, manche weniger. Denken Sie etwa an das Heben des Löffels beim Essen, das Gehen, das Schreiben, das Kratzen am Kopf etc. Es handelt sich
(23) hierbei um ....

Bei all diesen mehr oder weniger eintrainierten, gleichsam automatisch ablaufenden (= „automatisierten") Handlungen hat sich der Willensbildungsprozess ins Unterbewusste verlagert. Es wird zwar nicht jedesmal der Wille eingeschaltet, er könnte aber jederzeit aktiviert werden.

Im Gegensatz zu den bloßen Körperreflexen sind automatisierte Handlungen
(24) daher vom ....

Automatisierte Handlungen sind eintrainierte, gleichförmige Verhaltensweisen, bei denen nicht jedes Mal der Wille aktiv eingeschaltet wird. Dieses Einschalten kann jedoch jederzeit erfolgen. Automatisierte Handlungen sind daher vom Wil-
(25) len beherrschbar und erfüllen folglich den ....
....

---

(19) nicht den strafrechtlichen Handlungsbegriff
(20) nicht
(21) einer automatisierten Handlung
(22) ZB Bremsen, Betätigen des Blinkers, der Hupe etc.
(23) automatisierte Handlungen
(24) Willen beherrschbar
(25) strafrechtlichen Handlungsbegriff

7. Kapitel: Lerneinheit 7

Die **Grenzen** zwischen Körperreflexen und automatisierten Handlungen sind allerdings nicht immer leicht zu ziehen.

***Harley-Davidson-Fall:** In der Dämmerung läuft M, der nach dem Besuch eines Country-Festivals seine Harley Davidson heimwärts lenkt, ein ausgewachsenes Wildschwein in die Fahrbahn. M bremst so abrupt, dass er samt seiner Maschine im Straßengraben landet.*

Bloßer Körperreflex?

(26) Ja / Nein – Begründung:

Automatisierte Handlungen werden in dem Moment für das Strafrecht bedeutsam, in dem es dabei zu **Fehlreaktionen** und in deren Folge zur Übertretung strafrechtlicher Verbote kommt.

***Variante:** Bei dieser plötzlichen Vollbremsung kommt nicht nur M zu Sturz, sondern auch seine Beifahrerin. Sie verunglückt tödlich. Gegen M wird Anklage wegen fahrlässiger Tötung (§ 80 Abs 1) erhoben.*

(27) Ob M tatsächlich gem § 80 Abs 1 bestraft wird, mag hier offen bleiben. Welche Stufe des Fallprüfungsschemas ist in jedem Fall erfüllt?

Beachte! Die bloßen Körperreflexe sind nicht nur von den automatisierten Handlungen, sondern auch von den **impulsiven Handlungen** zu unterscheiden.

(28) Zu den i............... Handlungen zählen insb **Affekthandlungen** und **Kurzschlusshandlungen.**

Solche Handlungen kommen zwar unter Umgehung der Tathemmungsmechanismen, nicht aber unter völliger Ausschaltung des Bewusstseins und des Willens zu-
(29) stande. Sie sind vielmehr **willensgetragen** und erfüllen daher / erfüllen daher nicht den strafrechtlichen ....

Treffend bemerkt *Welzel:* „Man sieht nur noch rot, aber man sieht."

---

(26) Nein! Das Bremsen in überraschender Situation ist eintrainiert, gewissermaßen „vorprogrammiert" und daher vom Willen beherrschbar (sogar vom Willen beherrscht) oä.
(27) Die Stufe des strafrechtlichen Handlungsbegriffs. Achtung! Es ist dabei aber streng am Bremsmanöver selbst, nicht erst an den weiteren Sekundenbruchteilen anzuknüpfen, in denen er die Herrschaft über das Fahrzeug verloren hat.
(28) impulsiven
(29) erfüllen daher; Handlungsbegriff

7. Kapitel: Handlungsbegriff

Nebenbuhler-Fall: Als der Fernfahrer Erwin Koller vorzeitig aus dem Libanon heimkehrt und seine Lebensgefährtin Alischa in den Armen des Trikotagenvertreters Schäferle überrascht, „dreht er durch" und erschlägt den Nebenbuhler.

Koller wird wegen Totschlags (§ 76 bitte lesen!) angeklagt. Sein Verteidiger beantragt Freispruch, da Koller die Tat im hochgradigen Affekt verübt und somit nicht einmal den strafrechtlichen Handlungsbegriff erfüllt habe. Wird der Verteidiger mit diesem Einwand durchdringen?

(30) Ja / Nein – Begründung:

(31) Und wenn der Verteidiger zugunsten seines Mandanten eine Kurzschlusshandlung einwendet?

Ebenso wenig wie bloße Körperreflexe erfüllen „Bewegungen" von **Schlafenden** oder **Bewusstlosen** den strafrechtlichen Handlungsbegriff.

Imperial-Fall: Der im noblen Wiener „Imperial" abgestiegene Direktor Quakatz, der beim Heurigen zu tief ins Glas geschaut hat, übergibt sich im Schlaf und besudelt den wertvollen Teppichboden. Die Hotelmanagerin erwägt Anzeige wegen Sachbeschädigung (§ 125).

(32) Wie beurteilen Sie die Aussichten, dass Q gem § 125 bestraft wird? Gering / Groß – Begründung:

Dasselbe gilt für die Fälle der sog **vis absoluta.**

Man spricht von vis absoluta, wenn der auf eine Person ausgeübte Zwang so stark ist, dass diese überhaupt nicht in der Lage ist, Widerstand zu leisten.

Vis absoluta = willensausschließende = unwiderstehliche Gewalt.

(33) Bei vis absoluta erfüllt der Gezwungene den strafrechtlichen Handlungsbegriff / nicht den strafrechtlichen Handlungsbegriff.

---

(30) Nein! Selbst Handlungen, die im hochgradigen Affekt vorgenommen werden, sind willensgetragen und erfüllen daher den strafrechtlichen Handlungsbegriff oä.
(31) Auch dann nicht. Es gilt dasselbe wie für die Affekthandlung.
(32) Gering! Bei Schlafenden und Bewusstlosen ist der Wille ausgeschaltet. Sie können ihr Verhalten nicht durch den Willen steuern. Q hat nicht gehandelt. Er kann deshalb nicht wegen § 125 bestraft werden oä.
(33) nicht den strafrechtlichen Handlungsbegriff

7. Kapitel: Lerneinheit 7

Piefke-Fall: *Rauferei im Dorfwirtshaus. Ein deutscher Urlauber betritt nichts ahnend die Gaststube und fliegt durch die Glastür sofort wieder hinaus.*

Würden Sie den Urlauber wegen Sachbeschädigung (§ 125) bestrafen?
(34) Ja / Nein – Begründung:

(35) Von der v . . . . . a . . . . ist die **vis compulsiva** zu unterscheiden.

Von vis compulsiva spricht man, wenn der ausgeübte Zwang den Willen des Gezwungenen zwar beugt, aber nicht ausschließt.

Jemand wird so lange geprügelt, bedroht, eingesperrt etc, bis er sich fügt.

Vis compulsiva = willensbeugende Gewalt.

(36) Im Gegensatz zur vis absoluta erfüllt bei vis . . . . der Gezwungene den . . . .

Taxilenker-Fall: *Der flüchtende Bankräuber B drückt dem Taxilenker L den entsicherten Revolver ins Genick und fordert ihn auf, den Polizisten P, der sich ihnen in den Weg stellt, niederzufahren. In seiner Todesangst gehorcht L. Er hofft allerdings, dass P noch rechtzeitig zur Seite springen möge. P gelingt das nicht mehr; er wird durch den Aufprall getötet.*

(37) Die Tötung des P durch L beruht auf vis absoluta / vis compulsiva und erfüllt / erfüllt nicht den strafrechtlichen Handlungsbegriff.

Steht damit bereits abschließend fest, dass L wegen eines Tötungsdelikts **bestraft** werden kann?
(38) Ja / Nein – Begründung:

---

(34) Nein! Die Sachbeschädigung kam durch vis absoluta zustande. Das Verhalten des Urlaubers war nicht vom Willen beherrschbar. Er hat daher nicht gehandelt. Genauso hätten die Raufenden eine Bierflasche durch die Glastür schleudern können. Dagegen erfüllt der Werfende den Handlungsbegriff.
(35) vis absoluta
(36) compulsiva; Handlungsbegriff
(37) vis compulsiva; erfüllt
(38) Nein! Bevor dieses abschließende Urteil über die Tat des **Taxilenkers L** gefällt werden kann, müssen zunächst Tatbestandsmäßigkeit, Rechtswidrigkeit und Schuld untersucht werden. Letztere ist besonders problematisch. Dass der **Bankräuber B** wegen Mordes an P bestraft werden kann, ist sicher, steht aber nicht zur Debatte.

7. Kapitel: Handlungsbegriff

Lösen Sie die beiden folgenden Beispiele aus dem Problembereich des strafrechtlichen Handlungsbegriffs!

Insekten-Fall: *Bei einer Radtour auf dem Donaudamm fliegt Yannick (Y) ein Insekt ins Auge. Wegen des brennenden Schmerzes bremst er abrupt und bringt dadurch einen anderen Radler zu Sturz.*

(39) Körperreflex oder automatisierte Handlung?
Begründung:

Black-out-Fall (ähnlich OGH 14 Os 44, 45/90): *Bei der Talfahrt vom Magdalensberg wird dem Buschauffeur M plötzlich schwarz vor den Augen. Bewusstlos sinkt er auf dem Fahrersitz zusammen. Dadurch kommt der mit vierzig englischen Touristen besetzte Reisebus von der schmalen Straße ab und überschlägt sich mehrmals. Zwölf Tote und zwanzig Verletzte.*

Kann M bestraft werden?
(40) Ja / Nein – Begründung:

■ ■ ■   **Bevor Sie die Testfragen zur LE 7 durcharbeiten,**   ■ ■ ■
lesen Sie bitte zunächst im Grundriss AT Kap 7!

(39) Automatisierte Handlung. Y reagiert in typischer Gefahrensituation mit einer eintrainierten, quasi vorprogrammierten Verhaltensweise oä.
(40) Nein! Der Handlungsbegriff ist nicht erfüllt. Ein Bewusstloser kann sein Verhalten nicht durch den Willen beherrschen. Daher entfällt die Strafe oä.

7. Kapitel: Testeinheit 7

Testeinheit 7

Testfragen zur LE 7

1. Definieren Sie **Handlung**!

2. Bei der Prüfung eines Sachverhalts stellen Sie fest, dass das Verhalten des Täters nicht den strafrechtlichen Handlungsbegriff erfüllt. Kann der Täter bestraft werden? Ja / Nein – Begründung:

3. Definieren Sie den strafrechtlichen Begriff des **Unterlassens**!

4. Definieren Sie **automatisierte Handlungen**!

5. Nennen Sie **zwei** Beispiele für automatisierte Handlungen!

6. Nennen Sie **mindestens drei** Fallgruppen von Verhaltensweisen, die nicht vom Willen beherrschbar sind!

7. *Gitterbett-Fall: „Ja mei! Ist unser Herzibinki schon wieder pitschnass?" Die Großmutter (G) beugt sich über ihren 4 Monate alten Enkel und hebt ihn vorsichtig aus dem Gitterbett. In diesem Augenblick muss sie heftig niesen. Dabei schlägt das Baby mit dem Kopf an eine Gitterstange und zieht sich einen Bluterguss oberhalb des linken Auges zu.*

    Die Verletzung des Kindes beruht auf einer automatisierten Handlung / einer impulsiven Handlung / einem bloßen Körperreflex der G und erfüllt daher / erfüllt daher nicht den strafrechtlichen Handlungsbegriff.

8. Bilden oder nennen Sie ein Beispiel für eine **impulsive Handlung**!

7. Kapitel: Handlungsbegriff

9. **Schräubling-Fall:** Schräubling steht tagein tagaus an der großen hydraulischen Presse und drückt alle 15 Sekunden den Hebel nieder. Diese Bewegung ist ihm so zur zweiten Natur geworden, dass er auch, als sein Chef unter die Presse tritt, um ihm etwas mitzuteilen, im gewohnten Rhythmus den Hebel betätigt. Die Presse bleibt intakt, der Chef nicht.
   a) Um welches Problem geht es in diesem Fall?

   b) Bitte lösen Sie es!

10. **Putto-Fall:** In der „Galerie bei der Albertina" am Lobkowitzplatz hält Sebastienne Bouvier (B) aus Lyon den herzigen schwarz-weißen Powolny-Putto „Frühling" ganz verliebt in die Höhe – aber als sie den Preis von 20.000 € erfährt, fällt sie in Ohnmacht. Dabei entgleitet ihr die wertvolle Jugendstilkeramik und zerschellt auf dem Steinfußboden. „Mon dieu, quel malheur", schluchzt B, als sie inmitten der Scherben aufwacht.
    Verspricht eine Anklage der B wegen Sachbeschädigung (§§ 125, 126 Abs 1 Z 7) Aussicht auf Erfolg?
    Ja / Nein – Begründung:

11. **Morgenmuffel-Fall:** Missgelaunt sitzt Morgenmuffel (M) am Frühstückstisch und liest die Zeitung. Seine leicht erregbare Frau fragt ihn etwas – er brummt nur unwirsch. „Immer das gleiche Theater!" explodiert sie und wirft ihm wütend die Kaffeetasse an den Kopf, wodurch er eine Platzwunde davonträgt.
    Es kommt Körperverletzung in Betracht (§ 83 Abs 1). Entspricht das Verhalten der Frau dem Handlungsbegriff?
    Ja / Nein – Begründung:

7. Kapitel: Testeinheit 7

12. *Folgenschweres Erschrecken:* Der Autofahrer A wird vom Wagen des B auf abenteuerliche Weise „geschnitten". Vor Schreck verreißt A das Lenkrad, gerät auf den Gehweg und überfährt einen Fußgänger.

    a) Um welches Problem geht es?

    b) Bitte lösen Sie es!

    c) Würden Sie den Fall anders entscheiden, wenn das Verreißen des Steuers durch einen plötzlichen Wespenstich in die Wange des A ausgelöst worden wäre?
    Ja / Nein

13. *Schussel-Fall:* Aus Versehen rempelt der verschusselte D die Kellnerin (K) an, als sie der Hofratsgattin Henrietta (H) im Speisesaal des „Sacher" gerade das Menü serviert. K gerät ins Stolpern, und die brennheiße Suppe ergießt sich ins Dekolleté der H.

    a) Kann die **Kellnerin** wegen Körperverletzung bestraft werden?
    Ja / Nein – Begründung:

    b) Erfüllt das Verhalten des **D** den strafrechtlichen Handlungsbegriff?
    Ja / Nein – Begründung:

14. Den Handlungsbegriff erfüllt nur vis . . . .

15. Grenzen Sie vis absoluta und vis compulsiva voneinander ab!

7. Kapitel: Handlungsbegriff

Antworten

1. Handlung ist ein vom Willen beherrschbares menschliches Verhalten.
2. Nein! Ist der Handlungsbegriff nicht erfüllt, so entfällt schon deshalb eine Bestrafung des Täters oä.
3. Unterlassen = Nichtvornahme eines gebotenen Tuns.
4. Automatisierte Handlungen sind eintrainierte, gleichförmige Verhaltensweisen, bei denen nicht jedes Mal der Wille eingeschaltet wird, die aber gleichwohl vom Willen **beherrschbar** sind oä.
5. Schalten, Kuppeln, Bremsen beim Autofahren; Essen und Trinken; Kratzen am Kopf.
6. Bloßer Körperreflex;
vis absoluta;
Bewegungen Schlafender;
Bewegungen Bewusstloser.
7. einem bloßen Körperreflex und erfüllt daher nicht den strafrechtlichen Handlungsbegriff oä.
8. Der Ehemann ertappt einen Ehebrecher in flagranti und erschlägt ihn im Zorn; allgemein: Affekthandlungen, Kurzschlusshandlungen oä.
9. a) Ob ein bloßer Körperreflex oder eine automatisierte Handlung vorliegt.
b) Es handelt sich um eine **automatisierte** Handlung. S aktualisiert nicht bei jedem Hebeldruck seinen Willen, **kann** ihn aber jederzeit einschalten oä.
10. Nein! Verhaltensweisen von Ohnmächtigen sind nicht vom Willen beherrschbar und erfüllen daher nicht einmal den strafrechtlichen Handlungsbegriff oä.
11. Ja! Es handelt sich um eine **impulsive** Handlung. Sie hätte ihr Verhalten mit dem Willen beherrschen können oä.
12. a) Ob der strafrechtliche Handlungsbegriff erfüllt ist.
b) Trotz des Schreckens ist das Verhalten des A (dh die Fehlreaktion) vom Willen beherrschbar und daher Handlung im strafrechtlichen Sinne oä.
c) Prinzipiell: Nein! **Aber:** Bei ganz besonderer Intensität von Schreck und Schmerz und sehr **engem zeitlich-räumlichen Zusammenhang** zwischen dem schmerzbedingten Verreißen des Lenkrades und dem Überfahren des Fußgängers wäre uU an einen **Körperreflex** zu denken und daher anders zu entscheiden; vgl OLG Wien ZVR 1982/71/339 m Anm *Kienapfel*.
13. a) Nein! Für sie liegt **vis absoluta** vor. Damit erfüllt ihr Verhalten schon nicht den Handlungsbegriff.
b) Ja! Das Anrempeln ist ein vom Willen beherrschbares Verhalten.
14. vis compulsiva
15. Bei vis absoluta ist der ausgeübte Zwang so stark, dass der Gezwungene gar nicht in der Lage ist, Widerstand zu leisten = willensausschließende Gewalt.

Bei vis compulsiva führt der ausgeübte Zwang zur Willensbeugung und damit zur willentlichen Vornahme der abgenötigten Handlung = willensbeugende Gewalt oä.

■ ■ ■ Ende dieser Programmeinheit ■ ■ ■

8. Kapitel
Tatbestandsmerkmale

Lerneinheit 8

Lernziel: Diese LE befasst sich mit den verschiedenen **Arten der Tatbestandsmerkmale:** mit Merkmalen des **„objektiven"** und des **„subjektiven"** Tatbestandes, mit **„deskriptiven"** und **„normativen"** sowie mit den **„ungeschriebenen"** Tatbestandsmerkmalen. Außerdem werden die Begriffe **„Tatbestand"** und **„Tatbild"** einander gegenübergestellt.

Lesen Sie bitte § 127 und § 7 Abs 1!

(1) Stellen wir zunächst einmal die einzelnen Tatbestandsmerkmale, so wie sie aus dem Gesetz zu entnehmen sind, nebeneinander: Wer / vorsätzlich (§ 7!) / eine fremde /. . . . . Sache / wegnimmt / mit dem Vorsatz, sich oder einen Dritten durch deren Zueignung unrechtmäßig zu bereichern (= Bereicherungsvorsatz).

Bei näherer Betrachtung der Tatbestandsmerkmale des § 127 (iVm § 7) stellen wir Folgendes fest: Die einzelnen Tatbestandsmerkmale sind nicht im gleichen Maße **aus sich heraus verständlich.** „Beweglich" ist eher aus sich heraus verständlich als „fremd" (für dieses Merkmal kommt es auf das Eigentum an), „Sache" mehr als „Wegnahme" (= Gewahrsamsverschiebung); für den Vorsatz enthält § 5 die Definition.

(2) **Beachte!** Das komplizierteste der Diebstahlsmerkmale, der „Bereicherungsvorsatz", bezieht sich auf Umstände, die im Inneren des Täters / in der Außenwelt liegen. Das Gesetz umschreibt dieses Tatbestandsmerkmal als „Vorsatz, sich oder einen Dritten durch deren Zueignung unrechtmäßig zu bereichern".

(3) Wie beim Bereicherungsvorsatz bilden häufig **mehrere Worte eine Sinneinheit** und daher ein einziges Tatbestandsmerkmal / mehrere Tatbestandsmerkmale.

Außerdem stehen die einzelnen Tatbestandsmerkmale nicht zusammenhanglos nebeneinander, sondern beziehen sich inhaltlich aufeinander. „Fremd" und „beweglich" sind daher nicht als isolierte Begriffe, sondern als **Eigenschaften** der „Sache" iSd § 127 zu verstehen.

Wichtig! Daraus folgt für die Fallprüfung, dass die einzelnen Tatbestandsmerkmale in **sinnvoll-logisch geordneter Reihenfolge** zu prüfen sind. Deshalb hat zB

---

(1) bewegliche
(2) im Inneren des Täters
(3) ein einziges Tatbestandsmerkmal

8. Kapitel: Tatbestandsmerkmale

(4) die Prüfung der Merkmale „beweglich" und „fremd" vor / nach der Prüfung des Sachbegriffs zu geschehen.

Nach langem Verhör gesteht Zbigniew (Z), die bei ihm gefundenen drei österreichischen Originalpässe ihren Inhabern weggenommen zu haben.

Nach ständiger Rechtsprechung des OGH erfüllen **Ausweispapiere** nicht den Sachbegriff der §§ 127ff, sind also gar nicht diebstahlsfähig.

(5) Kandidat A beginnt die Diebstahlsprüfung sofort mit dem Merkmal „fremd". Kritisieren Sie diese Vorgangsweise!

(6) Trennen Sie bitte die verschiedenen Tatbestandsmerkmale des im Folgenden abgedruckten Betruges (§ 146, wieder iVm § 7) jeweils durch einen Schrägstrich!

„Wer mit dem Vorsatz, durch das Verhalten des Getäuschten sich oder einen Dritten unrechtmäßig zu bereichern, jemanden durch Täuschung über Tatsachen (vorsätzlich) zu einer Handlung, Duldung oder Unterlassung verleitet, die diesen oder einen anderen am Vermögen schädigt, –".

Objektive und subjektive Tatbestandsmerkmale

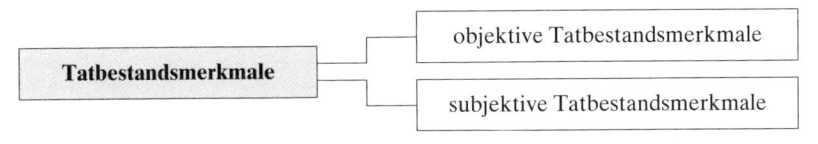

| **Tatbestandsmerkmale** | → | objektive Tatbestandsmerkmale |
| | → | subjektive Tatbestandsmerkmale |

Kehren wir zu § 127 zurück: Die meisten Tatbestandsmerkmale sind einander unter einem bestimmten Aspekt ähnlich. Das Tatbestandsmerkmal „fremd" bezieht sich ebenso wie „beweglich" und „Sache" auf etwas **Objektives,** auf das **äußere Erscheinungsbild** der Handlung. Das Gleiche gilt für das „Wegnehmen".

(7) Unter jedes dieser Tatbestandsmerkmale lässt sich ein Sachverhalt subsumieren, der das äußere Erscheinungsbild der Handlung ausmacht / im seelischen Bereich des Täters gelegen ist. Man nennt solche Tatbestandsmerkmale „objektive Tatbestandsmerkmale".

---

(4) nach
(5) Es verstößt gegen die Logik, bei § 127 die Fremdheit zu prüfen, bevor feststeht, ob das weggenommene Objekt überhaupt den Sachbegriff des Diebstahls erfüllt oä. *Ergänzende Anmerkung:* Z ist wegen Urkundenunterdrückung (§ 229) zu bestrafen.
(6) Wer / mit dem Vorsatz, durch das Verhalten des Getäuschten sich oder einen Dritten unrechtmäßig zu bereichern /, jemanden durch Täuschung über Tatsachen / (vorsätzlich) / zu einer Handlung, Duldung oder Unterlassung verleitet /, die diesen oder einen anderen am Vermögen schädigt.
(7) der das äußere Erscheinungsbild der Handlung ausmacht; Tatbild

8. Kapitel: Lerneinheit 8

Definition: **Die objektiven Tatbestandsmerkmale beschreiben das äußere Erscheinungsbild der Handlung („äußere Tatseite").**

Alle objektiven Tatbestandsmerkmale zusammen bilden den **objektiven Tatbestand** eines Delikts (= das „Tatbild"). **Das Tatbild ist die Summe aller objektiven Tatbestandsmerkmale eines Delikts.**

Lesen Sie § 75! Das .... des Mordes lautet: „Wer einen anderen tötet".

Lesen Sie nun bitte zum Vergleich § 127! Welches seiner Tatbestandsmerkmale gehört **nicht** zum Tatbild, weil es **kein objektives** Tatbestandsmerkmal ist?

(8)

(9) Das Gegenstück zum .... bildet der „**subjektive Tatbestand**". Er umfasst alle subjektiven Tatbestandsmerkmale. Sie beschreiben die Umstände der Rechtsgutsbeeinträchtigung, die **im seelischen Bereich** des Täters liegen.

(10) Beim Mord ist der subjektive Tatbestand im § 75 nicht angeführt. **§ 7 Abs 1** verlangt aber für alle Vorsatzdelikte – gleichsam vor die Klammer gezogen – das Vorliegen eines deliktstypischen **Vorsatzes**. Dieser muss sich auf alle objektiven/subjektiven Tatbestandsmerkmale, also auf das gesamte Tatbild des jeweiligen Delikts beziehen. Man nennt ihn deshalb den **Tatbildvorsatz**. Der für Mord erforderliche Tatbildvorsatz (= subjektiver Tatbestand) ist der Vorsatz, einen anderen zu ....

Definition: **Die subjektiven Tatbestandsmerkmale beschreiben jene Merkmale des Tatbestandes, die im seelischen Bereich des Täters vorliegen müssen.**

Der Jusstudent Charlie hat genug vom Strafrecht und verbrennt das aus der Universitätsbibliothek entliehene strafrechtliche Lernprogramm.

(11) Der Täter hat den objektiven Tatbestand der .... verwirklicht.

Lesen Sie jetzt bitte § 5 Abs 1 1. Halbsatz!

Der Täter wusste, dass er fremdes Eigentum beschädigt, und das wollte er auch. Damit hat er vorsätzlich gehandelt. Denn er hat einen Sachverhalt verwirklichen **wollen**, der diesem Tatbild entspricht. **§ 5 Abs 1 1. Halbsatz** enthält die

(12) D .... des **Vorsatzes**.

---

(8) „Vorsatz, sich oder einen Dritten durch deren Zueignung unrechtmäßig zu bereichern".
(9) objektiven Tatbestand
(10) objektiven; töten
(11) Sachbeschädigung
(12) Definition

8. Kapitel: Tatbestandsmerkmale

Sind „Tatbild" und „Tatbestand" dasselbe?
(13) Ja / Nein – Begründung:

Charlie kann seine eigenen Bücher ebenfalls nicht mehr sehen. Deshalb wirft er auch diese ins Feuer. Dabei erwischt er irrtümlicherweise „den Kodex" seines Kollegen.

Charlie hat durch das Verbrennen des fremden „Kodex" wiederum eine tatbildmäßige Sachbeschädigung (§ 125) begangen.

Kann er auch in diesem Fall gem § 125 bestraft werden?
(14) Ja / Nein – Begründung unter Verwendung der §§ 7 und 5:

(15) § 75 beschreibt nicht den gesamten Tatbestand des Mordes, sondern bloß dessen .... Dass der Mord ein Vorsatzdelikt ist (dass also zum Unrechtstypus des Mordes auch der Tatbildvorsatz gehört), ergibt sich aus § .... Bei Fehlen des Tötungsvorsatzes kommt Straflosigkeit oder zB fahrlässige Tötung (§ 80 Abs 1 – Achtung, wesentlich niedrigere Strafdrohung!) in Betracht.

(16) Für einige Delikte ist über den .... vorsatz hinaus ein **„erweiterter Vorsatz"** notwendig. Er reicht über die Verwirklichung des Tatbildes hinaus. Ein Paradebeispiel ist der Bereicherungsvorsatz des § 127. Er kommt dort zum Vorsatz, eine fremde bewegliche Sache wegzunehmen (= Tatbildvorsatz) hinzu. Wie der Tatbildvorsatz ist auch der erweiterte Vorsatz (nach § 127: der Bereicherungsvorsatz) im .... Bereich des Täters gelegen. Bei beiden handelt sich daher um Merkmale des .... Tatbestandes. Ein solcher erweiterter Vorsatz muss im BT immer eigens angeführt sein.

Der subjektive Tatbestand umfasst beim Vorsatzdelikt den .... vorsatz und, soweit im BT verlangt, den .... Vorsatz.

---

(13) Nein! **Tatbild** ist der engere Begriff = Summe aller **objektiven** Tatbestandsmerkmale eines Delikts. Demgegenüber erfasst der **Tatbestand** sowohl die objektiven als auch die subjektiven Tatbestandsmerkmale oä.

(14) Nein! Er hat nicht gewusst und daher nicht gewollt, dass er einen Sachverhalt verwirklicht (= Verbrennen eines **fremden** Buches), der dem Tatbild des § 125 entspricht. Nach § 7 Abs 1 ist jedoch ein Tatbildvorsatz erforderlich. Dieser fehlt nach der Definition des § 5 Abs 1.

(15) Tatbild; § 7 Abs 1

(16) Tatbildvorsatz; seelischen; subjektiven; Tatbildvorsatz; erweiterten

8. Kapitel: Lerneinheit 8

(17) Wie lautet der subjektive Tatbestand des Betruges (§ 146 iVm § 7 Abs 1)?

(18) Subjektive Tatbestandsmerkmale zählen zwar zum **Tatbestand,** aber **nicht** zum **Tatbild.** Warum nicht?

(19) Das Verhältnis von objektivem und .... Tatbestand wird durch die nachfolgende Gegenüberstellung beider Begriffe am Beispiel des Diebstahls (§ 127, § 7) veranschaulicht:

(20) Bitte einsetzen!

Wegnahme	fremd	**objektiver Tatbestand (= Tatbild)**	
b...........	....		= **Tatbestand**
....		**subjektiver Tatbestand**	
Bereicherungsvorsatz			

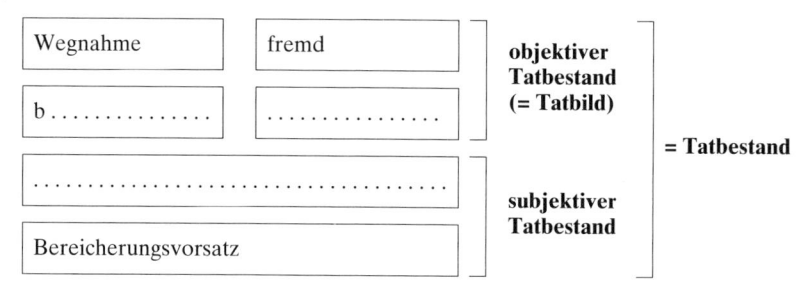

(21) **Tatbestand** = Tatbild plus / minus subjektiver Tatbestand.

(22) In den Tatbeständen des BT finden sich überwiegend objektive Tatbestandsmerkmale. Aus dem AT ergibt sich für alle Vorsatzdelikte das Erfordernis eines entsprechenden Tatbildvorsatzes. Durch die objektiven und .... Tatbestandsmerkmale zusammen wird der jeweilige Deliktstypus festgelegt.

(23) Der Nachweis, dass ein subjektives Tatbestandsmerkmal verwirklicht worden ist, bereitet für Polizei, Staatsanwaltschaft und Gerichte viel größere / keine größeren Schwierigkeiten als bei den objektiven Tatbestandsmerkmalen.

---

(17) Tatbildvorsatz in Bezug auf Täuschung und Vermögensschädigung; dazu der erweiterte Vorsatz, „durch das Verhalten des Getäuschten sich oder einen Dritten unrechtmäßig zu bereichern".

(18) Weil der Begriff „Tatbild" ausschließlich auf die **objektiven** Tatbestandsmerkmale eines Delikts beschränkt ist oä.

(19) subjektivem

(20) beweglich; Sache; Tatbildvorsatz (= Vorsatz in Bezug auf die genannten objektiven Tatbestandsmerkmale)

(21) plus

(22) subjektiven

(23) viel größere

8. Kapitel: Tatbestandsmerkmale

Oft gibt der Täter die objektiven Tatbestandsmerkmale zu, bestreitet aber zB, mit Tötungsvorsatz (§ 75) oder mit dem Vorsatz, sich unrechtmäßig zu bereichern (§ 127), gehandelt zu haben.

(24) Hier kann man allenfalls aus bestimmten **Indizien** (= äußerlichen Anzeichen) mittelbar auf das Vorhandensein des zum Tatbestand / Tatbild des § 75 oder des § 127 gehörenden Vorsatzes schließen.

Schlaumeier-Fall: *Schlaumeiers (S) Anteile der Bums & Krach GmbH sind kaum noch etwas wert, weil das Unternehmen kurz vor dem Konkurs steht. Raffke (R) weiß davon nichts. S schwatzt ihm seine Anteile auf. R kauft und geht prompt bankrott.*

S wird wegen Betrugs (§ 146) angeklagt. Er streitet den Vorsatz ab.

(25) Das Tatbild des Betrugs (§ 146) ist erfüllt. Der vollständige **Tatbestand** des Betrugs ist aber nur verwirklicht, wenn neben den objektiven auch die .... Tatbestandsmerkmale gegeben sind.

Für das Erfülltsein des subjektiven Tatbestandes sprechen folgende **Indizien:**

S weiß, dass seine GmbH-Anteile angesichts des Konkurses nichts mehr wert sind. Gleichwohl schwatzt er sie dem ahnungslosen R auf. S nutzt also die Unwissenheit des R aus, um den ihm drohenden Verlust auf R abzuwälzen.

(26) Erst nachdem dieser **täterseelische Sachverhalt** aus den genannten .... **mittelbar** erschlossen worden ist, können wir daran denken, ihn unter den subjektiven Tatbestand des Betruges, nämlich den Tatbild- und den Bereicherungsvorsatz, zu subsumieren:

(27) Die genannten Indizien legen insgesamt den Schluss nahe / nicht nahe, dass S den R täuschen und im Vermögen schädigen wollte und daher mit .... gehandelt hat. Er hat auch mit dem ...., sich ...., gehandelt.

Au-pair-Fall: *Das Au-pair-Mädchen Miriam (M) nimmt der Hausfrau in einem unbeobachteten Moment Geld aus dem Portemonnaie und versteckt es in seinem Zimmer unter der Matratze.*

---

(24) Tatbestand
(25) subjektiven
(26) Indizien
(27) nahe; Tatbildvorsatz; erweiterten Vorsatz, sich unrechtmäßig zu bereichern

8. Kapitel: Lerneinheit 8

(28) Dieser Sachverhalt lässt **mindestens zwei Indizien** dafür erkennen, dass M mit dem für den Diebstahl erforderlichen Bereicherungsvorsatz gehandelt hat. Welche?

(29) Welche subjektiven Tatbestandsmerkmale sind enthalten im Tatbestand / im Tatbild

(30) (a) des § 125?
(b) des § 229?

Blechschaden-Fall: A steht auf der Südost-Tangente wieder einmal im Stau. Als er glaubt, dass es weitergeht, bemerkt er nicht, dass die Kolonne nur wenige Meter weit kommt, und fährt in den Wagen der X. Glücklicherweise entsteht nur erheblicher Blechschaden.

(31) A ist nach § 125 (Sachbeschädigung) strafbar / nicht strafbar, weil (bitte ergänzen)

Bowling-Fall: B gibt nach dem Bowling die ausgeliehenen Bowlingschuhe zurück und erhält im Gegenzug seinen Ausweis, den er als Pfand hinterlegt hat. Zuhause merkt er, dass in seinem Ausweis eine gültige Jahreskarte des Y für die öffentlichen Verkehrsbetriebe liegt. Er legt sie in eine Schublade und denkt sich, nicht gleich wieder zum Bowling-Center fahren zu wollen.

(32) B hat sich nach § 229 (Urkundenunterdrückung) strafbar / nicht strafbar gemacht, weil (bitte ergänzen!)

---

(28) M handelt „in einem unbeobachteten Moment". Sie „versteckt" das Geld dort, wo es ganz unzugänglich ist, unter ihrer Matratze. Diese Umstände jedenfalls sprechen für den Bereicherungsvorsatz. Ob Letzterer dadurch **hinreichend** dargetan (= bewiesen) ist, ist eine andere Frage. Man kann es aber annehmen.
(29) im Tatbestand
(30) (a) § 125: Tatbildvorsatz (bezogen auf die Sachbeschädigung, siehe § 7 Abs 1);
(b) § 229: Tatbildvorsatz (bezogen auf die Unterdrückung der Urkunde, siehe § 7 Abs 1) und erweiterter (nämlich Gebrauchsverhinderungs-)Vorsatz.
(31) nicht strafbar, weil für Sachbeschädigung nach § 7 Abs 1 Vorsatz erforderlich ist. Der Blechschaden ist bloß eine zivilrechtliche Angelegenheit zwischen A und X.
(32) strafbar gemacht, weil er bewusst die Jahreskarte unterdrückt *und* in seinen Vorsatz den Umstand einschließt, dass Y am Gebrauch der Urkunde gehindert wird.

8. Kapitel: Tatbestandsmerkmale

Beachte! Von den objektiven Tatbestandsmerkmalen unterscheiden sich sog **objektive Bedingungen der Strafbarkeit** (zB Eintritt einer Körperverletzung oder des Todes in § 91). Auf sie muss sich ausnahmsweise weder Vorsatz noch Fahrlässigkeit beziehen, weil sie zusätzlich zum Tatbestand eine weitere Voraussetzung der Strafbarkeit darstellen.

Deskriptive und normative Tatbestandsmerkmale

Unter dem Aspekt ihrer **Auslegungsbedürftigkeit** unterscheidet man „deskriptive" und „normative" Tatbestandsmerkmale.

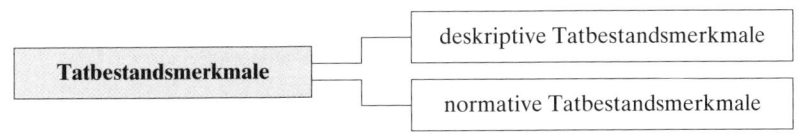

Tatbestandsmerkmale	deskriptive Tatbestandsmerkmale
	normative Tatbestandsmerkmale

Manche Tatbestandsmerkmale bedürfen mehr der Auslegung, andere weniger. Das Tatbestandsmerkmal „beweglich" im § 127 muss kaum ausgelegt werden. Noch weniger auslegungsbedürftig ist das Tatbestandsmerkmal „Schwangere" im § 96 Abs 1.

Ist bezüglich des Tatbestandsmerkmals „5 000 € übersteigt" (§ 128 Abs 1 Z 5) eine Auslegung nötig?

(33) Ja / Nein

(34) Die angeführten Tatbestandsmerkmale bedürfen kaum einer ...., weil sie aus sich heraus verständlich sind.

Der Sinngehalt eines Begriffes ist **aus sich heraus verständlich** und bedarf daher keiner weiteren Erklärung, wenn er sich zB aus der **Lebenserfahrung** oder aus **feststehenden äußeren Maßstäben** (zB Geschlecht, Zahlen) ergibt. Am Inhalt solcher Tatbestandsmerkmale gibt es nichts zu rütteln und zu deuten. Sie sprechen sozusagen für sich selbst.

(35) Tatbestandsmerkmale, deren Sinngehalt aus .... verständlich ist, nennt man **deskriptive Tatbestandsmerkmale**.

(36) Für die praktische Rechtsanwendung bringt die Verwendung von .... Tatbestandsmerkmalen Vorteile mit sich.

---

(33) Nein!
(34) Auslegung
(35) sich heraus
(36) deskriptiven

(37) Können Sie sich denken welche?

(38) Definieren Sie „deskriptive Tatbestandsmerkmale"!

(39) Das Gegenstück zu den .... bilden die „normativen" Tatbestandsmerkmale. Der Sinngehalt eines solchen Tatbestandsmerkmals ist nicht aus sich heraus verständlich, sondern bedarf einer näheren Erklärung. Dies geschieht durch eine Ausfüllung des Begriffs anhand einer Werte-(= Normen-)ordnung.

Tatbestandsmerkmale, die einer Ausfüllung anhand einer **Werteordnung** bedürfen, bezeichnet man als **normative Tatbestandsmerkmale**.

Kurzformel: **Normative Tatbestandsmerkmale = wertausfüllungsbedürftige Tatbestandsmerkmale.**

Es gibt sowohl **rechtlich** als auch **außerrechtlich** wertbezügliche, also normative Merkmale. So ist das Tatbestandsmerkmal „fremd" beim Diebstahl (§ 127) nicht
(40) aus sich heraus verständlich und daher kein .... Tatbestandsmerkmal. Dieser Begriff bedarf der Ausfüllung anhand der geltenden **Eigentumsordnung**.

Auf diese bezogen definiert man „fremd" iSd § 127 wie folgt: Eine Sache ist „fremd", wenn sie nicht im alleinigen Eigentum des Täters steht.

Ohne diesen Rückgriff auf das Zivilrecht (geltende Eigentumsordnung) bleibt das Merkmal „fremd" unklar und verschwommen. Der Begriff „fremd" ist daher ein
(41) .... Tatbestandsmerkmal.

Unter den außerrechtlichen Wertungen ist zB zu denken an die Bedeutung von Äußerungen als beleidigend (zB „beschimpft" in § 115 Abs 1 oder in § 283 Abs 1 Z 2; dort in Kombination mit der „Absicht, die Menschenwürde anderer zu verletzen") oder an die mehrmals im Gesetz verlangte Eignung, „berechtigtes Ärgernis zu erregen" (zB §§ 188, 189, 218, 219). Der Maßstab, auf den man hier jeweils ver-
(42) wiesen ist, macht diese Begriffe zu .... Tatbestandsmerkmalen.

---

(37) Man braucht sie nicht erst mühsam auszulegen oä.
(38) „Deskriptiv" nennt man solche Tatbestandsmerkmale, deren Sinngehalt aus sich heraus verständlich ist.
(39) deskriptiven
(40) deskriptives
(41) normatives
(42) normativen

8. Kapitel: Tatbestandsmerkmale

(43) Ordnen Sie die folgenden Tatbestandsmerkmale zu!

Bruder (§ 211 Abs 3) normativ / deskriptiv
unbrauchbar machen (§ 125) normativ / deskriptiv
Gebrauchsvorsatz (§ 223 Abs 1) normativ / deskriptiv
töten (§ 75) normativ / deskriptiv

(44) Definieren Sie „normative Tatbestandsmerkmale"!

Bei der Zuordnung des einen oder anderen Tatbestandsmerkmals haben Sie nicht ohne Grund gezögert und selbst entdeckt, dass diese Entscheidung nicht immer leicht und eindeutig zu treffen ist. Bei manchen Tatbestandsmerkmalen fließen Normatives und Deskriptives ineinander.

(45) Wir wollen Ihrer zutreffenden Entdeckung am Beispiel des scheinbar rein deskriptiven / normativen Merkmals „Mensch" (= „ein anderer" iSd § 75) nachgehen.

Koma-Fall: Nach einem Motorradunfall liegt im AKH ein junger Mann mit irreparablem Gehirnschaden im finalen Koma. Bei solcher Sachlage stellt sich für die Ärzte häufig die Frage der Organentnahme.

Gem § 5 OTPG (Organtransplantationsgesetz) sind Organentnahmen bei Verstorbenen unter bestimmten Voraussetzungen zulässig.

(46) Die Frage ist: **Ab wann** gilt ein solcher potenzieller Organspender als .... und daher nicht mehr als Mensch iSd Tötungsdelikte?

Von der Beantwortung dieser Frage hängt es ab, ob dem das Organ entnehmenden Chirurgen etwa eine Bestrafung wegen Mordes (§ 75) droht!

(47) Obwohl das Merkmal „Mensch" aus sich heraus verständlich und daher ein .... Begriff ist, kommt man mit dieser Erkenntnis im vorliegenden Fall nicht weit. Im Grenzbereich zwischen Leben und Tod bedarf der Begriff „Mensch" der Auslegung nach Maßgabe der **medizinisch-juristischen Werteordnung.**

Nach heutiger Auffassung ist insb das Ausbleiben der Gehirnströme ein Indiz für den Eintritt des Todes. So lange muss der Chirurg mit der Organentnahme
(48) ....

---

(43) Bruder (§ 211 Abs 3) = mehr deskriptiv; unbrauchbar machen (§ 125) = mehr normativ; Gebrauchsvorsatz (§ 223 Abs 1) = mehr normativ; töten (§ 75) = mehr deskriptiv. Wir haben überall bewusst das Wörtchen „mehr" hinzugefügt. Den Grund werden Sie auf der nächsten Seite erfahren.
(44) Normative Tatbestandsmerkmale bedürfen der Ausfüllung anhand einer Werteordnung.
(45) rein deskriptiven
(46) tot bzw Leiche
(47) deskriptiver
(48) warten

8. Kapitel: Lerneinheit 8

(49) An der Schwelle vom Leben zum Tod erweist sich das Tatbestandsmerkmal „Mensch" somit durchaus als deskriptiv / als normativ. Insoweit hat auch der an sich deskriptive Begriff „Mensch" einen **normativen Einschlag**.

(50) „Bruder" und „Schwester" (§ 211 Abs 3) sind an sich deskriptive / normative Tatbestandsmerkmale. Bei Zwittern und in den (gar nicht so seltenen) Fällen von Geschlechtsumwandlungsoperationen zeigt sich aber, dass selbst diese

(51) .... Tatbestandsmerkmale einen .... Einschlag haben.

(52) „Normativ" bzw „deskriptiv" ist somit eine Frage des „entweder – oder" / des „mehr" oder „weniger".

Geschriebene und ungeschriebene Tatbestandsmerkmale

Neben den „geschriebenen" gibt es „ungeschriebene" Tatbestandsmerkmale.

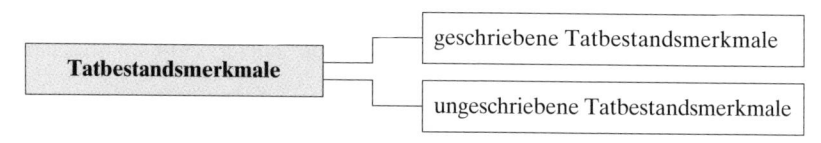

```
                        ┌─ geschriebene Tatbestandsmerkmale
Tatbestandsmerkmale ────┤
                        └─ ungeschriebene Tatbestandsmerkmale
```

Sekundenschlaf-Fall: *Infolge „Sekundenschlafs" verliert A die Herrschaft über seinen Wagen und prallt gegen einen Baum. A wird herausgeschleudert. Selbst schwer verletzt und daher hilflos muss er mitansehen, wie seine Begleiterin in den Flammen umkommt.*

In Betracht kommt ua das Delikt des § 94 Abs 1 und Abs 2. Bitte lesen! Würden Sie A bestrafen, weil er nichts zur Rettung seiner Begleiterin unternommen hat?

(53) Ja / Nein

Ihre Entscheidung ist richtig, nur ergibt sie sich nicht unmittelbar aus dem § 94 Abs 1. Man muss vielmehr im Gesetzeswortlaut zum offensichtlich „erforderlich(e)" die Worte **„und tatsächlich mögliche"** Hilfe hineinlesen.

(54) Warum wird A nicht gem § 94 Abs 1 iVm Abs 2 bestraft?

(55) Die tatsächliche Möglichkeit der Hilfeleistung ist ein geschriebenes / ungeschriebenes Tatbestandsmerkmal im § 94 Abs 1.

---

(49) als normativ
(50) deskriptive
(51) deskriptiven; normativen
(52) des „mehr" oder „weniger"
(53) Die Verfasser auch nicht
(54) Weil ihm eine Hilfeleistung nicht möglich war oä.
(55) ungeschriebenes

8. Kapitel: Tatbestandsmerkmale

Ungeschriebene Tatbestandsmerkmale kommen nur bei sehr wenigen Delikten vor.

Durch ungeschriebene Tatbestandsmerkmale wird der in § 1 Abs 1 1. Halbsatz
(56) verankerte Grundsatz n . . . . nur scheinbar durchbrochen. Denn sie treten immer zu bereits vorhandenen geschriebenen Tatbestandsmerkmalen hinzu.

(57) Je mehr Merkmale aber ein Tatbestand aufweist, umso mehr / umso weniger Sachverhalte können unter ihn subsumiert werden. Daher werden der Tatbestand und damit die Strafbarkeit durch zusätzliche ungeschriebene Tatbestandsmerkmale
(58) ausgedehnt / eingeschränkt. Eine Einschränkung des Tatbestands verstößt aber
(59) nie / verstößt stets gegen den Sinn des § 1 Abs 1 1. Halbsatz.

(60) Erklären Sie, warum ungeschriebene Tatbestandsmerkmale nicht gegen den Grundsatz „nulla poena sine lege" verstoßen!

■ ■ ■   **Bevor Sie die Testfragen zur LE 8 durcharbeiten,**   ■ ■ ■
lesen Sie bitte zunächst im Grundriss AT Kap 8!

---

(56) nulla poena sine lege
(57) umso weniger
(58) eingeschränkt
(59) verstößt aber nie
(60) Je mehr Tatbestandsmerkmale, umso eingeengter der Tatbestand. Daher wird die Strafbarkeit durch hinzutretende **ungeschriebene** Tatbestandsmerkmale nicht erweitert, sondern eingeschränkt oä.

8. Kapitel: Testeinheit 8

Testeinheit 8

Testfragen zur LE 8

1. Lesen Sie bitte § 101! Analysieren Sie die einzelnen Tatbestandsmerkmale, indem Sie die jeweils zutreffenden Spalten ankreuzen!

§ 101	objektiv	subjektiv	mehr deskriptiv	mehr normativ	ge-schrieben	unge-schrieben
Wer						
unmündig						
Person						
entführen						
Absicht sexuellen Missbrauchs						

2. Wie lautet das **Tatbild** des § 101?

3. Lässt sich die Anerkennung ungeschriebener Tatbestandsmerkmale mit dem Grundsatz „nulla poena sine lege" des § 1 Abs 1 1. Halbsatz vereinbaren?
   Ja / Nein – Begründung:

4. In der Praxis bereitet die Subsumtion unter die subjektiven Tatbestandsmerkmale oft große Schwierigkeiten. Warum?

5. Definieren Sie **normative Tatbestandsmerkmale!**

6. *Viren-Fall:* In der EDV-Abteilung eines großen Speditionsunternehmens holt der neue Lehrling während der Mittagspause die aktuelle Version des Computerspiels „Need for Speed" aus dem Internet und aktiviert dabei ahnungslos einen Virus. Daraufhin bricht die gesamte Logistik zusammen, wodurch ein Schaden von mehr als 20.000 € entsteht. Die Geschäftsleitung erwägt Anzeige gem §§ 125, 126 und 126a.

8. Kapitel: Tatbestandsmerkmale

In diesem Fall ist ein ganz bestimmtes Tatbestandselement problematisch und daher näher zu untersuchen. Welches?

7. **Burberry-Fall:** *Beim Verlassen des „Café Griensteidl" greift Leo Hillinger (H) versehentlich nach dem Burberry des Fabian Eitel (E). Dieser stürzt dem H auf den Michaeler-Platz nach und beschuldigt ihn lautstark des Diebstahls seines Trenchcoats (§ 127).*
   a) Hat H den **Tatbestand** des Diebstahls erfüllt?
      Ja / Nein – Begründung:

   b) Jetzt bitte aufpassen! Hat H das **Tatbild** des Diebstahls erfüllt?
      Ja / Nein – Begründung:

8. Was versteht man unter **objektiven Tatbestandsmerkmalen?**

9. Auch scheinbar rein deskriptive Tatbestandsmerkmale haben in ihren Randzonen einen normativen Einschlag. Nennen oder bilden Sie ein Beispiel!

10. Geben Sie **zwei** Paragraphen aus dem StGB an, in denen der Gesetzgeber einen erweiterten Vorsatz verlangt!

11. Definieren Sie **deskriptive Tatbestandsmerkmale!**

8. Kapitel: Testeinheit 8

12. **Ultraschall-Fall:** *Bei einer Ultraschalluntersuchung im 8. Monat stellt sich heraus, dass die Frucht im Mutterleib abgestorben ist. Handelt es sich noch um eine „Schwangere" iSd § 96?*

    Bei diesem Beispiel beginnt man zu grübeln. Es soll demonstrieren, dass es sich bei dem scheinbar so eindeutigen Begriff „Schwangere" um ein .... Tatbestandsmerkmal mit .... Einschlag handelt. Ihre Lösung?

13. Definieren Sie den Begriff **Tatbild**!

14. Bei vielen Delikten braucht sich der Vorsatz nur auf das Tatbild zu beziehen (§ 7 Abs 1), ist also kein erweiterter Vorsatz erforderlich. Ist dies der Fall
    bei der Sachbeschädigung (§ 125)?   Ja / Nein
    bei der Freiheitsentziehung (§ 99 Abs 1)?   Ja / Nein
    beim Betrug (§ 146)?   Ja / Nein

15. **Autofahrergruß-Fall:** *„Bist deppat, Trottl, bleda!" lässt Franz Slomovits (S) aus Simmering seinem Ärger freien Lauf, als auf der Südautobahn ein vollbesetzter Reisebus „brutal" auf die Überholspur ausschert und ihn zu einer Vollbremsung zwingt. Als S seinen Widersacher (W) schließlich überholt, dreht er sich um und tippt sich – für W und zahlreiche Businsassen gut sichtbar – zweimal mit dem Zeigefinger an die Stirn.*

    Lesen Sie bitte § 115 Abs 1! Hat S den W „beschimpft", mithin beleidigt?

    a) Zunächst bedarf der **Sachverhalt** einer Ausdeutung. Das Tippen mit dem Zeigefinger an die Stirn drückt aus, (bitte ergänzen!)

    b) Es ist die Frage, ob S den W damit beschimpft hat. Beschimpfung ist ein normativer / deskriptiver Begriff, weil (bitte ergänzen!)

    c) Die Definition der Beschimpfung lautet: Beschimpfung ist jegliche Form der Kundgabe von Nicht- oder Missachtung eines Menschen, nicht nur durch Worte, sondern auch durch Gebärden und Gesten. Mithin hat S den Tatbestand des § 115 Abs 1 erfüllt / nicht erfüllt, weil (bitte ergänzen!)

8. Kapitel: Tatbestandsmerkmale

16. Nach hM ist ein Diebstahl nur an fremden Sachen möglich, die einen **wirtschaftlichen Wert** (sog **Tauschwert**) besitzen. Dieses Erfordernis ist im § 127 ausdrücklich / nicht ausdrücklich genannt. Es handelt sich daher um ein .... Tatbestandsmerkmal.

An dieses zugleich normative Tatbestandsmerkmal knüpfen sich in der Praxis zahlreiche **Auslegungsprobleme.** Erfüllt das Tatbild des § 127, wer

a) einen fremden Liebesbrief wegnimmt?
   Ja / Nein – Begründung:

b) eine Kfz-Kennzeichentafel von einem fremden Wagen abmontiert, um sie zu behalten?
   Ja / Nein – Begründung:

8. Kapitel: Testeinheit 8

Antworten

1.

§ 101	objektiv	subjektiv	mehr deskriptiv	mehr normativ	geschrieben	un- geschrieben
Wer	×		×		×	
unmündig	×		×		×	
Person	×		×		×	
entführen	×			×	×	
Absicht sexuellen Missbrauchs		×		×	×	

2. Wer eine unmündige Person entführt.
3. Ja! Der Sinn des § 1 Abs 1 1. Halbsatz geht dahin, der **Erweiterung** der Strafbarkeit entgegenzutreten. Ungeschriebene Tatbestandsmerkmale schränken aber den Tatbestand und damit die Strafbarkeit ein oä.
4. Man kann nicht in den Täter hineinschauen. Meist lässt sich nur aus Indizien schließen, ob jener innerseelische Sachverhalt, der dem subjektiven Tatbestandsmerkmal entspricht, vorhanden ist oä.
5. Normative Tatbestandsmerkmale müssen anhand einer Wertordnung näher ausgefüllt werden (= wertausfüllungsbedürftige Tatbestandsmerkmale) oä.
6. Der Tatbildvorsatz des Lehrlings.
7. a) Nein! H hat **versehentlich** den fremden Mantel mitgenommen, also ohne Diebstahlsvorsatz gehandelt oä.
   b) Ja! Denn H hat eine fremde bewegliche Sache weggenommen.
8. Objektive Tatbestandsmerkmale beziehen sich auf das äußere Erscheinungsbild der Tat oä.
9. Der Begriff Mensch hat einen normativen Einschlag etwa bezüglich der Frage: Wann ist man tot (kein Mensch mehr)? Diese Frage wird bei Organtransplantationen akut. Ein anderes Beispiel bilden die Begriffe „Bruder" und „Schwester" im § 211 Abs 3. Der normative Einschlag dieser an sich deskriptiven Begriffe offenbart sich zB am Problem des Zwitters sowie bei Geschlechtsumwandlungsoperationen.
10. ZB § 127; § 142 Abs 1; § 146; § 223 Abs 1; § 302 Abs 1.
11. „Deskriptiv" nennt man Tatbestandsmerkmale, deren Sinngehalt aus sich heraus verständlich ist.
12. deskriptives Tatbestandsmerkmal mit normativem Einschlag. *Lösung:* Unter dem Aspekt des durch § 96 geschützten Rechtsgut **werdendes Leben** handelt es sich nicht mehr um eine schwangere, sondern um eine kranke, in Lebensgefahr befindliche Frau.
13. Tatbild ist die Summe der **objektiven** Tatbestandsmerkmale eines Delikts.
14. Bei der Sachbeschädigung (§ 125): Ja
    Bei der Freiheitsentziehung (§ 99 Abs 1): Ja
    Beim Betrug (§ 146): Nein
15. a) dass man den anderen für einen Idioten hält oä.
    b) normativer Begriff; er nicht aus sich heraus verständlich ist, sondern einer Auslegung anhand einer Wertordnung (hier des allgemeinen Ehrbegriffs) bedarf.
    c) erfüllt; in dem Tippen an die Stirn eine Kundgabe der Missachtung der Ehre des W liegt oä. Außerdem geschah die Tat vor mehreren Leuten (§ 115 Abs 2).
16. nicht ausdrücklich genannt; ungeschriebenes Tatbestandsmerkmal
    a) Nein! Liebesbriefe haben keinen wirtschaftlichen Wert oä.
    b) Nein, vgl OGH (verst Senat) 13 Os 52/10m, EvBl 2011/28 JBl 2011, 400; *Kienapfel/Schmoller* StudB II § 127 RN 44 f.

■ ■ ■ **Ende dieser Programmeinheit** ■ ■ ■

9. Kapitel

Deliktsgruppen

Lerneinheit 9

Lernziel: In dieser LE werden die Delikte nach verschiedenen Gesichtspunkten gruppiert. Es werden „**Begehungsdelikte**" und „**Unterlassungsdelikte**", „**Tätigkeitsdelikte**" und „**Erfolgsdelikte**", „**Vorsatzdelikte**" und „**Fahrlässigkeitsdelikte**", „**Grunddelikte**", „**qualifizierte** Delikte" und „**privilegierte** Delikte" gegenübergestellt.

Begehungs- und Unterlassungsdelikte

Ähnlich wie die Tatbestandsmerkmale lassen sich auch die **strafrechtlichen Delikte** nach verschiedenen Gesichtspunkten einteilen.

Im Vordergrund steht zunächst die **Formulierung der Tathandlung.**

Hier hat sich der österreichische Gesetzgeber von den **beiden Erscheinungsformen der Handlung** leiten lassen.

(1) Je nachdem, ob das StGB bei der Formulierung der .... auf ein .... oder auf ein U .... abstellt, unterscheidet man **Begehungsdelikte** und echte Unterlassungsdelikte.

Begehungsdelikte sind Delikte, bei denen das Gesetz ein bestimmtes Tun mit Strafe bedroht.

(2) Lesen Sie bitte § 127! Die Tathandlung des Diebstahls ist die ....
(3) Beim Diebstahl ist ein Tun / ein Unterlassen mit Strafe bedroht.
(4) Mithin ist Diebstahl ein ....
(5) Mord (§ 75) ist ein .... delikt, weil (bitte ergänzen!)

Wie Diebstahl und Mord sind die **weitaus meisten Delikte** des StGB **als Begehungsdelikte formuliert.**

---

(1) Tathandlung; Tun; Unterlassen
(2) Wegnahme
(3) ein Tun
(4) Begehungsdelikt
(5) Begehungsdelikt; das Gesetz ein Tun (das „Töten" eines anderen) mit Strafe bedroht oä.

9. Kapitel: Lerneinheit 9

Das Gegenstück zu den Begehungsdelikten bilden die **echten Unterlassungsdelikte**.

(6) Bei ihnen orientiert sich der Gesetzgeber an der anderen Erscheinungsform der Handlung und stellt darauf ab, dass der Täter etwas „......................".

(7) „Unterlassen" im Strafrecht heißt stets Nichtvornahme eines .... Tuns.

Mithin sind echte Unterlassungsdelikte Delikte, bei denen das Gesetz die Nichtvornahme eines gebotenen Tuns mit Strafe bedroht.

Handelt es sich bei den folgenden Delikten um Begehungsdelikte oder um echte Unterlassungsdelikte?

(8) Bitte kreuzen Sie das Richtige an!

§§	Begehungsdelikt	echtes Unterlassungsdelikt
§ 232 Abs 1		
§ 95 Abs 1 1. Strafsatz		
§ 286 Abs 1		
§ 125		

(9) § 94 Abs 1 ist ein .... delikt.

(10) Erklären Sie warum!

(11) Täter eines echten Unterlassungsdelikts ist jedermann, der in der vom Gesetz geschilderten Situation das vom Gesetz gebotene Tun vornimmt / nicht vornimmt.

Linzer-Altstadt-Fall: Im „Bermuda-Dreieck" der Linzer Altstadt schlagen drei Skins gegen 2.30 Uhr vor dem „Vanilli" einen jungen Mann zusammen. Der Nachtschwärmer N macht einen großen Bogen um das Geschehen und sucht schleunigst das Weite.

---

(6) "unterlässt„
(7) gebotenen
(8) § 232 Abs 1, § 125 = Begehungsdelikte; § 95 Abs 1 1. Strafsatz, § 286 Abs 1 = echte Unterlassungsdelikte
(9) echtes Unterlassungsdelikt
(10) Weil durch § 94 Abs 1 das „Unterlassen, die erforderliche Hilfe zu leisten", mithin also die **Nichtvornahme eines gebotenen Tuns** mit Strafe bedroht ist oä.
(11) nicht vornimmt

9. Kapitel: Deliktsgruppen

(12) Welche Handlung war in dieser Situation geboten?

Da N diese Handlung nicht vorgenommen hat, ist der Tatbestand des § 95 Abs 1
(13) erfüllt / nicht erfüllt.

Mit der Bezeichnung „**echtes**" Unterlassungsdelikt wird im Übrigen angedeutet, dass es noch eine andere Art von Unterlassungsdelikten gibt, die „**unechten**" Unterlassungsdelikte. Mehr darüber im Grundriss AT Kap 28.

(14) Erklären Sie, warum es sich bei § 169 Abs 1 um ein .... - delikt handelt!

Erfolgs- und Tätigkeitsdelikte

Die **Begehungsdelikte** lassen sich danach gruppieren, ob sich der Tatbestand in der Vornahme einer bloßen = „schlichten" Tätigkeit erschöpft oder ob über die Tathandlung hinaus der Eintritt eines bestimmten Erfolges gefordert wird.

Danach teilt man die **Begehungsdelikte** in **Erfolgsdelikte** und **schlichte Tätigkeitsdelikte** ein.

Gehen wir vom Tatbestand des Mordes (§ 75) aus.

(15) Das **Tun,** das in diesem Delikt beschrieben wird, ist das .... Diese Tathandlung impliziert zugleich den Eintritt einer bestimmten Wirkung der Handlung in der Außenwelt. Denn „töten" iSd § 75 setzt als Erfolg den Eintritt
(16) des .... eines Menschen voraus. Dieser Erfolg steckt zwar schon im „Töten", lässt sich von dieser Tathandlung aber **zumindest gedanklich abtrennen**.

Unter **Erfolg** iSd Erfolgsdelikte versteht man den **Eintritt einer von der Tathand-**
(17) **lung zumindest** .... **abtrennbaren Wirkung in der Außenwelt.**

Der Eintritt eines solchen Erfolges gehört bei den Erfolgsdelikten zum **Tatbestand.**

---

(12) Die Polizei zu alarmieren; einen Arzt zu verständigen; einen Rettungswagen herbeizuholen oä. Angesichts der Übermacht und der allgemein bekannten Brutalität von ausrastenden Skins war persönlicher Beistand, da mit unzumutbaren Gefahren für Leib und Leben verbunden, nicht geboten.
(13) erfüllt
(14) Begehungsdelikt. Weil das StGB ein **Tun,** die Verursachung einer Feuersbrunst, mit Strafe bedroht oä.
(15) Töten
(16) Todes
(17) gedanklich

9. Kapitel: Lerneinheit 9

(18) **Erfolgsdelikte sind solche B**.................**delikte, die den Eintritt einer von der Tathandlung zumindest gedanklich abtrennbaren Wirkung in der Außenwelt voraussetzen.**

Die meisten Begehungsdelikte des StGB sind Erfolgsdelikte, aber das ist nicht immer leicht erkennbar.

Picasso-Fall: „Ich hatte keinen Picasso, sondern mein Porträt bestellt, Sie Dilettant!" beschimpft der maßlos enttäuschte Auftraggeber (A) vor versammelter Familie den Maler bei der Übergabe. „Ein Porträt muss so realistisch sein, dass der eigene Hund davor mit dem Schwanz wedelt!"

Auch die Beleidigung in der Form des Beschimpfens (§ 115 Abs 1 1. Fall) ist ein Erfolgsdelikt.

(19) Worin besteht der Erfolg bei diesem Begehungsdelikt?

Im Gegensatz zu den Erfolgsdelikten kommt es bei den **schlichten Tätigkeitsdelikten** auf das **bloße Tun** an, nicht aber auf den Eintritt irgendeiner Wirkung in der Außenwelt.

Wieder einmal hat es auf der B 125 gekracht. „Ich habe nichts gesehen", beteuert wider besseres Wissen der einzige Unfallzeuge vor Gericht.

Damit erfüllt er den Tatbestand des § 288 Abs 1. Bitte lesen!

(20) Bei einem **Zeugen** besteht die in diesem Tatbestand vorausgesetzte Tätigkeit in (bitte ergänzen!)

(21) Ob der Richter dem Zeugen glaubt oder gar ein unrichtiges Urteil fällt oder ob irgendein anderer .... eintritt, gehört / gehört nicht mehr zum Tatbestand dieses Delikts.

(22) Für den Tatbestand des § 288 Abs 1 genügt mithin schon die bloße Vornahme eines bestimmten Tuns. In diesem Tun erschöpft sich der Tatbestand und damit auch das Unrecht. § 288 Abs 1 ist daher ein ....

---

(18) Begehungsdelikte
(19) Nach hM darin, dass die beleidigende Äußerung dem Beleidigten – wie hier – zugehen muss. Das ist bei § 115 „die gedanklich abtrennbare Wirkung in der Außenwelt" oä.
(20) der falschen Aussage vor Gericht
(21) Erfolg; gehört nicht mehr
(22) schlichtes Tätigkeitsdelikt

9. Kapitel: Deliktsgruppen

(23) **Schlichte Tätigkeitsdelikte (= Tätigkeitsdelikte)** sind B.....................- delikte, deren Tatbestand sich in der Vornahme eines bestimmten Tuns erschöpft.

Stradivari-Fall: Der Geigenvirtuose Shlomo Mintz (M), der bei seinen Konzerten auf einer Stradivari aus dem Jahr 1719 spielt, gastiert mit dem Israel Chamber Orchestra im „Goldenen Saal" des Wiener Musikvereins. Ein gut informierter Ganove stiehlt das wertvolle Instrument in der Pause und verscherbelt es am nächsten Tag für läppische 1.000 € an den Musikalientandler T.

Betrachten wir ausschließlich den über den Diebstahl informierten T. Für ihn kommt das Delikt der Hehlerei (§ 164 Abs 2) in Betracht. Bitte lesen!

Bei der Hehlerei handelt es sich um ein schlichtes Tätigkeitsdelikt, weil (bitte
(24) ergänzen!)

Beachte! Auch die schlichten Tätigkeitsdelikte sind als solche nicht immer ohne weiteres erkennbar, und oft ist die Zuordnung zweifelhaft und umstritten.

Vorsatz- und Fahrlässigkeitsdelikte

Unter dem Aspekt, ob das Gesetz vorsätzliches oder fahrlässiges Handeln mit Strafe bedroht, unterscheidet man **Vorsatzdelikte** und **Fahrlässigkeitsdelikte**.

Ein wesentlicher **Grundgedanke des StGB** besteht darin, dass es **nur diese beiden Formen strafrechtlicher Haftung** gibt. Damit ist zum einen gewährleistet, dass sich die Deliktstypen grundsätzlich aus einem **objektiven** und einem **subjektiven** Teil der **Rechtsgutsbeeinträchtigung** (= des Unrechts) zusammensetzen. Es gibt also **keine bloße Erfolgshaftung.** § 7 bringt dies in seinen beiden Absätzen zum Ausdruck. **Lesen Sie jetzt bitte § 7 Abs 1 und 2!** Daraus geht hervor, dass es außer in der Form von .... oder .... keine strafrecht-
(24a) liche Haftung gibt.

Rein **objektive Bedingungen der Strafbarkeit** (zB § 91; siehe S 97) scheinen diesem Prinzip zu widersprechen, sind aber so zu verstehen, dass sie bloß eine bestimmte **Tätigkeit** mit Strafe bedrohen und diese Strafbarkeit **einschränkend** vom Eintritt der jeweiligen Bedingung abhängig machen.

§ 7 Abs 1 – den wir bereits in LE 8 kennengelernt haben – hat uns gezeigt (vgl nochmals den *Blechschaden-Fall S 96!*): Wenn ein Delikt kein reines **Vorsatz-**

---

(23) Begehungsdelikte
(24) sich der Tatbestand im Kaufen, Ansichbringen etc, dh in der Vornahme eines schlichten Tuns, erschöpft. Dass ein weiterer Erfolg eintritt, zB Eigentumsverlust des M, oder dass dem T der Weiterverkauf gelingt uä, gehört nicht zum Tatbestand dieses Delikts oä.
(24a) Vorsatz; Fahrlässigkeit

9. Kapitel: Lerneinheit 9

delikt ist, muss sich dies unmittelbar aus dem Gesetzeswortlaut ergeben; vgl zB die Fahrlässigkeitsdelikte nach § 80 Abs 1, § 88 Abs 1.

Fahrlässigkeitsdelikte sind Delikte, bei denen das Gesetz fahrlässiges Handeln mit Strafe bedroht.

(25) Lesen Sie bitte § 135! Aus dem Wortlaut dieses Delikts ist **nicht** ersichtlich, ob das Gesetz .... oder .... Handeln mit Strafe bedroht. So ist es bei der überwiegenden Zahl von Delikten des StGB. Für alle diese Delikte gilt **§ 7 Abs 1**. Bitte lesen!

(26) Mithin ist „Dauernde Sachentziehung" (§ 135) ein Vorsatzdelikt / ein Fahrlässigkeitsdelikt.

(27) Aus § 7 Abs 1 ergibt sich, dass **die meisten Delikte des StGB** .... delikte sind. Fahrlässigkeitsdelikte sind nur jene wenigen, bei denen das Gesetz **ausdrück-**
(28) **lich** (bitte ergänzen!)

(29) Gem § 99 Abs 1 iVm § 7 Abs 1 ist zB „Freiheitsentziehung" ein ....-delikt und bei bloß .... Handeln strafbar / nicht strafbar.

(30) **Vorsatzdelikte sind Delikte, bei denen das Gesetz** .... **mit Strafe bedroht.**

§ 7 Abs 1 gilt im Übrigen auch für die Delikte des **Nebenstrafrechts**.

Radau im Gemeindebau: Wien, 3. Bezirk, Hanuschhof. „Jessas, jetzt bringt er sie um!" denkt Aloisia Artner (A), als sie gegen 22.00 Uhr in der Wohnung nebenan schrille Angstschreie und dumpfe Schläge hört, und wählt den Polizeinotruf 133. Die sofort anrückenden Beamten finden weder Täter noch Opfer – nur ein überlaut aufgedrehtes Fernsehgerät und einen davor schnarchenden Nachbarn.

(31) A kann wegen Missbrauchs von Notzeichen (§ 1 NotZG bitte lesen!) bestraft werden / nicht bestraft werden, weil (bitte begründen!)

Das StGB enthält nur verhältnismäßig **wenige Fahrlässigkeitsdelikte**. Die beiden praktisch wichtigsten sind: fahrlässige Tötung (§ 80 Abs 1) und fahrlässige Körperverletzung (§ 88 Abs 1). Zu den Fahrlässigkeitsdelikten gehören auch jene, die auf **grobe Fahrlässigkeit** abstellen (zB § 81 Abs 1; § 159).

---

(25) vorsätzliches; fahrlässiges
(26) ein Vorsatzdelikt
(27) Vorsatzdelikte
(28) fahrlässiges Handeln mit Strafe bedroht oä.
(29) Vorsatzdelikt; fahrlässigem; nicht strafbar
(30) vorsätzliches Handeln
(31) nicht bestraft werden, weil schon nach dem Wortlaut des § 1 NotZG sowie der generellen Regel des § 7 Abs 1 (bloß) fahrlässiges Handeln (wie hier) nicht strafbar ist.

9. Kapitel: Deliktsgruppen

Beachte! Die verschiedenen Deliktseinteilungen schließen einander idR nicht aus. Häufig **überschneiden** sie sich sogar.

(32) Lesen Sie bitte die nachfolgenden Delikte und ordnen Sie sie durch Ankreuzen der entsprechenden Spalte den jeweiligen Deliktsgruppen zu!

§§	Begehungs-delikt	echtes Unter-lassungsdelikt	Erfolgs-delikt	Tätigkeits-delikt	Vorsatz-delikt	Fahrlässig-keitsdelikt
§ 88 Abs 1						
§ 125						
§ 127						
§ 270						
§ 286 Abs 1			–	–		

Es ist üblich, mehrere Einteilungskategorien zu einem einzigen Begriff zu kombinieren. So spricht man in Bezug auf die fahrlässige Tötung von einem „fahrlässigen Begehungsdelikt".

(33) Damit wird ausgedrückt, dass es sich sowohl um ein ....-delikt als auch um ein .... handelt.

Erschlägt A den B vorsätzlich, kommt Mord (§ 75) in Betracht. Dieses Delikt ist
(34) ein „v................B................".

Die zahlenmäßig weitaus größte und auch in der Praxis bedeutsamste Deliktsgruppe im StGB bilden die **vorsätzlichen Begehungsdelikte**. Erfolgs- und Tätig-
(35) keitsdelikte sind bloße Untergruppen des ....delikts.

A schlägt mit einer Eisenstange auf den B ein, um ihn zu verletzen. Er trifft ihn auf den Kopf und fügt ihm eine so schwere Verletzung zu, dass B daran stirbt.

(36) A will also B töten / nicht töten. Er handelt mit / ohne Tötungsvorsatz. Daher kommt für A keine Strafbarkeit wegen Mordes (§ 75) in Betracht.

---

(32)

§§	Begehungs-delikt	echtes Unter-lassungsdelikt	Erfolgs-delikt	Tätigkeits-delikt	Vorsatz-delikt	Fahrlässig-keitsdelikt
§ 88 Abs 1	×		×			×
§ 125	×		×		×	
§ 127	×		×		×	
§ 270	×			×	×	
§ 286 Abs 1		×	–	–		×

(33) Fahrlässigkeitsdelikt; Begehungsdelikt
(34) „vorsätzliches Begehungsdelikt"
(35) Begehungsdelikts
(36) nicht töten, ohne Tötungsvorsatz

9. Kapitel: Lerneinheit 9

(37) Jedoch hat A den Vorsatz, den B zu verletzen. Daher ist dies nicht bloß als fahrlässige Tötung (§ 80 Abs 1), sondern als Körperverletzung mit tödlichem Ausgang (§ 86 Abs 2) zu beurteilen. Das „Grunddelikt" ist hier ein V......... delikt (§ 83 Abs 1), und die **besondere Folge (Tod)** muss gemäß der Deliktsbeschreibung (= Typisierung) des § 86 Abs 2 .... herbeigeführt werden. Ein solches „erfolgsqualifiziertes" Delikt stellt eine **Vorsatz-Fahrlässigkeits-Kombination** dar. Gleiches gilt für jene besonderen Folgen, die bereits nach § 84 Abs 1 oder 4 oder nach § 85 zu höheren Strafdrohungen führen („Erfolgsqualifikationen").

Beachte! Die genannten Erfolgsqualifikationen verlangen für die besondere Folge der Tat ausdrücklich Fahrlässigkeit. Ist die Qualifikationsnorm nicht bereits im BT so ausgestaltet, führt aber doch eine besondere Folge der Tat zu einer schwereren Strafdrohung (vgl zB die gestaffelten Strafsätze nach § 143 Abs 2 in Bezug auf besondere Auswirkungen eines Raubüberfalls), dann greift als **allgemeines Muster** die Regel des § 7 Abs 2 ein. Es handelt sich also auch hier jeweils um eine
(37a) ....-........................-Kombination. Die oben genannten Erfolgsqualifikationen nach §§ 84–86 enthalten das Grunddelikt bereits in sich. Sie sind **„selbstständige Abwandlungen"**, bei denen das Grunddelikt nicht mit zu zitieren ist. Hingegen ist es bei Anwendung des § 7 Abs 2 stets mit zu zitieren (zB: „§§ 142, 143 Abs 2 erster Strafsatz").

(38) Vorsatz-......................-Kombinationen verlangen Vorsatz hinsichtlich der Tathandlung und lassen für den besonderen Erfolg Fahrlässigkeit genügen. Daher genügt für § 84 Abs 1 oder Abs 4 jeweils die .... Herbeiführung einer schweren Körperverletzung.

(39) Auch die einfache Körperverletzung (§ 83) kann eine Vorsatz-Fahrlässigkeits-Kombination darstellen: Lesen Sie bitte § 83 Abs 2! Nach dieser Bestimmung genügt für die Herbeiführung der Verletzung ...., wenn der Täter eine Misshandlung .... vornimmt.

Ein solcher Tatbestand wird als „eigentliche Vorsatz-Fahrlässigkeits-Kombination" bezeichnet. Weitere Beispiele sind § 92 Abs 2, § 93 Abs 1. Im Gegensatz dazu werden die **Erfolgsqualifikationen** – gleichgültig, ob als selbstständige Abwandlungen (wie der genannte § 84 Abs 1 oder 4) oder als Fälle des § 7 Abs 2 (zB § 143 Abs 2) – „uneigentliche Vorsatz-Fahrlässigkeits-Kombinationen" genannt.

Wichtig! Eine Reihe von Qualifikationen (zB § 84 Abs 2, § 143 Abs 1) sind **keine** Erfolgsqualifikationen, sondern **Deliktsqualifikationen**. Für sie gilt daher **§ 7 Abs 1**. Daraus ergibt sich grundsätzlich, dass auch für den strafsatzändernden Um-

---

(37) Vorsatzdelikt, fahrlässig
(37a) Vorsatz-Fahrlässigkeits-Kombination
(38) Fahrlässigkeits, fahrlässige
(39) Fahrlässigkeit, vorsätzlich

9. Kapitel: Deliktsgruppen

(39a) stand (die Qualifikation) .... erforderlich ist (wenn es sich nicht um ein bloßes Fahrlässigkeitsdelikt handelt, zB § 88 Abs 3).

Auf die Deliktsgruppe der vorsätzlichen Begehungsdelikte sind die Ausführungen dieses Lernprogramms bis einschließlich LE 25 in erster Linie zugeschnitten. LE 26–LE 28 befassen sich speziell mit den Fahrlässigkeitsdelikten und Kap 29–Kap 31 im Grundriss AT speziell mit den Unterlassungsdelikten. Zu den Erfolgsqualifikationen vgl im Detail auch den letzten Punkt in LE 28.

Deliktsfamilien

Im StGB gibt es zahlreiche **Deliktsfamilien**. Zu nennen sind insb die Tötungsdelikte (§§ 75–81), die Körperverletzungsdelikte (§§ 83–88) und die Diebstahls-
(40) delikte (§§ .... –131). Innerhalb dieser Deliktsgruppen unterscheidet man **Grunddelikte, qualifizierte Delikte** und **privilegierte Delikte**.

Derartige Deliktsfamilien lassen sich – bildlich gesprochen – auf ein „Mutterdelikt" zurückführen. Technisch spricht man von **Grunddelikt (Grundtatbestand)**. Es findet sich meist an der Spitze der jeweiligen Deliktsgruppe.

(41) G.......... delikt der vorsätzlichen Tötungsdelikte ist der .... (§ ...), der vorsätzlichen Körperverletzungsdelikte die .... (§ ...).

Die übrigen Delikte der Deliktsfamilie sind **Abwandlungen** des jeweiligen Grunddelikts.

Man spricht von **qualifiziertem Delikt (qualifiziertem Tatbestand),** wenn das Gesetz an eine bestimmte Abwandlung eines Grunddelikts eine **höhere Strafe** knüpft.

(42) Mithin handelt es sich zB bei § 86 Abs 2 um ein .... Delikt im Verhältnis zu § ......

Man spricht von **privilegiertem Delikt (privilegiertem Tatbestand),** wenn das Ge-
(43) setz an eine bestimmte Abwandlung des Grunddelikts eine .... **Strafe** knüpft.

(44) Der Totschlag (§ 76) ist ein qualifiziertes Delikt / privilegiertes Delikt im Verhältnis zum .... delikt des .... (§ ...).

Beachte! Es kommt – insb bei §§ 127 ff – relativ häufig vor, dass durch ein und dieselbe Tat **mehrere Qualifikationen** erfüllt werden (= Erschwerungsgrund nach § 33 Abs 1 Z 1!)

(39a) Vorsatz
(40) 127
(41) Grunddelikt: Mord (§ 75); Körperverletzung (§ 83)
(42) qualifiziertes; § 83 Abs 1
(43) mildere bzw geringere
(44) privilegiertes Delikt; Grunddelikt; Mordes (§ 75).

9. Kapitel: Lerneinheit 9

Saliera-Fall: *Am 11. Mai 2003 entwendete der Alarmanlagenexperte Robert M, der über ein hohes Baugerüst in das Kunsthistorische Museum Wien geklettert und durch ein Fenster eingestiegen war, die berühmte Goldskulptur „Saliera" des italienischen Bildhauers Benvenuto Cellini (Schätzwert ca 50 Mio €).*

(45) Welche Diebstahlsqualifikationen sind verwirklicht? Lesen Sie bitte §§ 128 und 129!

■ ■ ■ **Bevor Sie die Testfragen zur LE 9 durcharbeiten, lesen Sie bitte zunächst im Grundriss AT Kap 9!** ■ ■ ■

(45) § 128 Abs 1 Z 3, § 128 Abs 2 und § 129 Abs 1 Z 1.

9. Kapitel: Deliktsgruppen

Testeinheit 9

Testfragen zur LE 9

1. Nach der **gesetzlichen Formulierung der Tathandlung** unterscheidet man (bitte ergänzen!)

2. Definieren Sie **echte Unterlassungsdelikte!**

3. Der Gegenbegriff zum schlichten Tätigkeitsdelikt ist das ....-delikt. Beide Deliktsarten sind Erscheinungsformen des echten Unterlassungsdelikts / des Begehungsdelikts.

4. **Exhibitionisten-Fall:** *Eine schwäbische Touristin (T) wandert mit ihren beiden halbwüchsigen Töchtern durch den Wienerwald. Plötzlich tritt ein etwa 40-jähriger Mann mit offener Hose auf eine Lichtung und beginnt in 10 m Entfernung zu masturbieren. „Saubolla – dem sollt' ma's Hosadierle zunähe!" empört sich T und reckt drohend die Faust.*
   In Betracht kommt das Verbrechen / Vergehen der „Sexuellen Belästigung" (§ 218 Abs 1 Z 2). Dieses Delikt ist ein Erfolgsdelikt / Tätigkeitsdelikt, weil (bitte ergänzen!)

5. Mit dem Begriff „Sexuelle Belästigung" (§ 218 Abs 1) ist seit dem StRÄG 2015 nach § 218 Abs 1a ausdrücklich auch erfasst, „wer eine andere Person durch eine intensive Berührung einer der Geschlechtssphäre zuzuordnenden Körperstelle in ihrer Würde verletzt". Handelt es sich beim letztgenannten Delikt auch um ein Erfolgsdelikt?
   Ja / Nein – Begründung:

6. Nennen Sie ein Beispiel für ein Tätigkeitsdelikt!

7. Ordnen Sie die nachfolgenden Delikte durch Ankreuzen den zutreffenden Deliktsgruppen zu!

§§	Begehungsdelikt	echtes Unterlassungsdelikt	Erfolgsdelikt	Tätigkeitsdelikt	Vorsatzdelikt	Fahrlässigkeitsdelikt
§ 75						
§ 95 Abs 1 1. Strafsatz			–	–		
§ 170 Abs 1						
§ 289						

8. Was heißt **Erfolg** iSd Erfolgsdelikte?

9. Ihr Kollege behauptet: Sämtliche Delikte des StGB sind sowohl bei Fahrlässigkeit als auch bei Vorsatz strafbar.
   Diese Behauptung ist falsch / richtig. Begründung:

10. **Unterlassen** im Strafrecht bedeutet stets (bitte ergänzen!)

11. *Ziegenmist-Fall: In Rattenberg/Tirol kippen Unbekannte dem katholischen Pfarrer eine Scheibtruhe dampfenden Ziegenmists vor die Haustür. „Ja Himmelherrgottsakrakrüzitürken", zürnt der Geistliche, „ma chunnt moana, da hätt oana sei Hirnkaschdl ausg'leert".*

    Das Auskippen einer Fuhre Mist ist eine (symbolische) Beleidigung iSd § 115 Abs 1.

    a) Die Beleidigung (§ 115 Abs 1) ist ein Unterlassungsdelikt / Begehungsdelikt, weil (bitte ergänzen!)

    b) Die Beleidigung (§ 115 Abs 1) ist ein Erfolgsdelikt / ein Tätigkeitsdelikt, weil (bitte ergänzen!)

9. Kapitel: Deliktsgruppen

12. Ordnen Sie die nachfolgenden Delikte durch Ankreuzen den zutreffenden Deliktsgruppen zu!

§§	Grunddelikt	qualifiziertes Delikt	privilegiertes Delikt
§ 146			
§ 148			
§ 75			
§ 76			

13. Definieren Sie **privilegiertes Delikt**!

14. **Beachte!** Der Gesetzgeber formuliert qualifizierte (privilegierte) Delikte entweder als **selbstständige** Abwandlungen oder aber in der Weise, dass er **unter pauschaler Bezugnahme** auf das **Grunddelikt** allein das qualifizierende (privilegierende) Merkmal anführt.

    Im zweiten Fall müssen Sie das vollständige Delikt **selbst bilden,** indem Sie das qualifizierende (privilegierende) Merkmal in das Grunddelikt **hineinlesen!**

    a) Mithin lautet das **qualifizierte Delikt** der Schweren Sachbeschädigung nach §§ 125, 126 Abs 1 Z 7 in seinem vollständigen Wortlaut:
    „Wer eine fremde Sache (bitte ergänzen!)

    b) Das Delikt „Körperverletzung mit tödlichem Ausgang" nach § 86 Abs 2 ist ein qualifiziertes Erfolgsdelikt / ein erfolgsqualifiziertes Delikt. Es bildet eine selbstständige / unselbstständige Abwandlung, weil

    c) Man **zitiert** qualifizierte Delikte, wenn sie keine selbstständigen Abwandlungen sind, zusammen mit dem Grunddelikt / alleine. Im Falle des Einbruchsdiebstahls (Wohnungseinbruch) also wie?

15. Zeigen Sie nun, wie weit Ihnen die verschiedenen – nicht einfachen – Kategorien klar geworden sind:

Zu beantworten sind **zwei Fragen der Einordnung** (jeweils bitte ankreuzen!) sowie die Frage nach der **korrekten Zitierweise,** zB in Anklage und Urteil.

Abkürzungen: DQ = Deliktsqualifikation
EQ = Erfolgsqualifikation
sA = selbstständige Abwandlung
usA = unselbstständige Abwandlung

Wie sind also folgende Qualifikationen einzuordnen?
1) DQ oder EQ?
2) sA oder usA?
Und wie sind sie richtig zu zitieren?

Eine Erklärung, wie Sie die Antworten in der folgenden **Tabelle** eintragen können, finden Sie in Beispiel a).

§§	EQ/DQ?	sA/usA?	Zitierweise
a) 84 Abs 1	EQ	sA	„§ 84 Abs 1"
b) 84 Abs 2 iVm § 83 Abs 2			
c) 84 Abs 5 Z 1			
d) 86 Abs 2			
e) 88 Abs 3			
f) 88 Abs 4 1. Strafsatz			
g) 88 Abs 4 2. Strafsatz			
h) 107a Abs 3 2. Fall			
i) 111 Abs 2 3. Fall			
j) 118a Abs 4 2. Strafsatz			
k) 126 Abs 1 Z 1			
l) 126 Abs 1 Z 7			
m) 129 Abs 2 Z 1 1. Fall			

9. Kapitel: Deliktsgruppen

Antworten

1. Begehungsdelikte und echte Unterlassungsdelikte.
2. Echte Unterlassungsdelikte sind Delikte, bei denen das Gesetz die Nichtvornahme eines gebotenen Tuns mit Strafe bedroht.
3. Erfolgsdelikt; des Begehungsdelikts
4. Vergehen; Erfolgsdelikt; weil das Gesetz auf den Eintritt einer Belästigung abstellt.
5. Ja! Bei § 218 Abs 1a wird die Verletzung der Würde der berührten Person und damit ein von der Handlung gedanklich abtrennbarer Umstand erfasst oä. § 218 Abs 1a ist daher ein Erfolgsdelikt.
6. ZB Veruntreuung (§ 133); Unterschlagung (§ 134); Urkundenfälschung (§ 223); Falsche Beweisaussage vor Gericht (§ 288).
7.

§§	Begehungsdelikt	echtes Unterlassungsdelikt	Erfolgsdelikt	Tätigkeitsdelikt	Vorsatzdelikt	Fahrlässigkeitsdelikt
§ 75	x		x		x	
§ 95 Abs 1 1. Strafsatz		x	–	–	x	
§ 170 Abs 1	x		x			x
§ 289	x			x	x	

8. Erfolg iSd Erfolgsdelikte ist der Eintritt einer von der Tathandlung zumindest gedanklich abtrennbaren Wirkung in der Außenwelt.
9. Falsch! Gem § 7 Abs 1 ist Fahrlässigkeit nur bei solchen Delikten strafbar, bei denen das Gesetz dies ausdrücklich bestimmt oä. Vgl außerdem § 7 Abs 2.
10. Nichtvornahme eines gebotenen Tuns.
11. a) Begehungsdelikt; weil das Gesetz hier ein bestimmtes Tun mit Strafe bedroht oä.
    b) Erfolgsdelikt; weil auch der „Beleidigungseffekt" eingetreten sein muss. Dies aber setzt voraus, dass die beleidigende Äußerung dem Beleidigten zugegangen ist. Darin besteht bei diesem Delikt die von der Beleidigungshandlung gedanklich abtrennbare Wirkung in der Außenwelt.
12.

§§	Grunddelikt	qualifiziertes Delikt	privilegiertes Delikt
§ 146	x		
§ 148		x	
§ 75	x		
§ 76			x

13. Bei einem privilegierten Delikt knüpft das Gesetz an die Abwandlung des Grunddelikts eine **mildere Strafe** oder eine **sonstige Vergünstigung**.
14. a) „Wer eine fremde Sache zerstört, beschädigt, verunstaltet oder unbrauchbar macht **und dadurch einen 5 000 € übersteigenden Schaden an der Sache herbeiführt**, ist mit Freiheitsstrafe bis zu zwei Jahren etc zu bestrafen."
    b) erfolgsqualifiziertes Delikt; selbstständige; weil es neben den qualifizierenden Umständen alle Elemente des Grunddelikts anführt (oä).
    c) zusammen mit dem Grunddelikt; §§ 127, 129 Abs 2 Z 1 iVm Abs 1 Z 1).
15. a) EQ; sA; „§ 84 Abs 1"
    b) DQ; usA; „§ 83 Abs 2, § 84 Abs 2"
    c) DQ; usA; „§ 83 Abs 1, § 84 Abs 5 Z 1"
    d) EQ; sA; „§ 86 Abs 2"

9. Kapitel: Testeinheit 9

e) DQ; sA; „§ 88 Abs 3"
f) EQ; usA; „§ 88 Abs 1 und 4 1. Strafsatz"
g) DQ (Abs 3) + EQ (Abs 4); sA + usA; „§ 88 Abs 3 und 4 2. Strafsatz"
h) EQ; usA; „§ 107a Abs 1 und 3 2. Fall"
i) DQ; usA; „§ 111 Abs 1 und 2 3. Fall"
j) Abs 2 und Abs 4 sind DQ; beides usA; „§ 118a Abs 1, 2 und 4 2. Strafsatz"
k) DQ; usA; „§§ 125, 126 Abs 1 Z 1"
l) DQ; usA; „§§ 125, 126 Abs 1 Z 7"
m) DQ; usA; „§§ 127, 129 Abs 2 Z 1 iVm Abs 1 Z 1"

Wie gesehen: Die Eigenschaft, eine **DQ** oder **EQ** zu sein, ist nicht entscheidend für die **Zitierweise!**

Zum **Sprachgebrauch** noch folgender Hinweis: Der Unterschied zwischen einem von mehreren „**Fällen**" und einem von mehreren „**Strafsätzen**" ergibt sich daraus, dass verschiedene „**Fälle**" im selben Absatz oder derselben Ziffer enthalten sind und zum **gleichen Strafsatz** führen. Strafsätze sind hingegen nach der **Schwere** gestaffelt.

Wenn Sie sich in mehr als zwei Antworten geirrt haben, **wiederholen** Sie bitte die ganze Übung!

■ ■ ■ **Ende dieser Programmeinheit** ■ ■ ■

10. Kapitel
Objektiver Tatbestand und Kausalität

Lerneinheit 10

Lernziel: Diese LE leitet ein mit dem Begriff des **objektiven Tatbestandes** und befasst sich speziell mit einem objektiven Tatbestandsmerkmal der Erfolgsdelikte, der **„Kausalität"**. Dabei geht es um die ursächliche Beziehung zwischen Tathandlung und Erfolg.

(1) Der **objektive Tatbestand** (= ....) ist die Summe aller ....
(= äußeren) Tatbestandsmerkmale eines Delikts; vgl die Gegenüberstellung mit dem subjektiven Tatbestand in LE 8.

Die Merkmale des objektiven Tatbestandes können zB das **Tatobjekt** bestimmen (§ 83: „einen anderen") oder näher eingrenzen (zB „Beamter" in § 84 Abs 2 oder in § 270), die **Tathandlung** genau beschreiben (zB § 142: Wegnahme oder Abnötigung der Beute durch bestimmte Formen von Gewalt oder Drohung) oder sog **Modalitäten** der Tat verlangen (zB Bedrängnisdiebstahl nach § 128 Abs 1 Z 1).

Kern jedes Tatbildes ist die Tathandlung. Bei den **Tätigkeitsdelikten** erschöpft sich der Tatbestand in der Vornahme eines bestimmten Tuns. Auf den Eintritt
(2) eines über die Tathandlung (= Tätigkeit) hinausreichenden .... kommt es bei diesen Delikten nicht an.

(3) **Beachte!** Begehungsdelikte sind **entweder** Tätigkeitsdelikte **oder** ....-delikte. Das eine schließt das andere aus. Die überwiegende Zahl von Delikten des StGB sind Erfolgsdelikte.

(4) Lesen Sie bitte § 83 Abs 1! Es handelt sich um ein Tätigkeitsdelikt / Erfolgsdelikt.

(5) Definieren Sie Erfolgsdelikte!

---

(1) Tatbild, objektiven
(2) Erfolgs
(3) Erfolgsdelikte
(4) Erfolgsdelikt
(5) Erfolgsdelikte sind Delikte, die den Eintritt einer von der Tathandlung zumindest gedanklich abtrennbaren Wirkung in der Außenwelt voraussetzen oä.

10. Kapitel: Lerneinheit 10

(6) Worin besteht der Erfolg bei der Körperverletzung (§ 83 Abs 1)?

(7) Bei den Erfolgsdelikten stehen **Tathandlung** und **Erfolg** in einem engen = **ursächlichen Zusammenhang**. Diesen ursächlichen Zusammenhang zwischen Tathandlung und Erfolg nennt man ....

Die Kausalität gehört zum äußeren Erscheinungsbild der Tat. Sie ist daher ein **objektives Tatbestandsmerkmal** der Erfolgsdelikte.

Wichtig! Kausalität (= Verursachung) darf nicht mit Schuld verwechselt werden!

(8) Da die Kausalität ein .... Tatbestandsmerkmal ist, wird sie auf der Stufe der .... geprüft. Erst später wird untersucht, ob eine tatbestandsmäßige und rechtswidrige Handlung dem Täter auch **rechtlich zum Vorwurf** gemacht werden kann. Diese Prüfung vollzieht sich auf der Stufe der

(9) ....

Kausalität ist der ursächliche Zusammenhang zwischen Tathandlung und Erfolg.

(10) Mit der Frage der Kausalität zwischen Tathandlung und Erfolg verbinden sich zahlreiche Probleme. Sie treten nur bei den Tätigkeitsdelikten / Erfolgsdelikten auf.

(11) Wir betrachten in dieser LE nur die Kausalität eines **Tuns** für einen .... Das Kausalitätsproblem bei den Unterlassungsdelikten wird im Grundriss AT in Kap 30 behandelt.

Der Erfolg wird durch ein bestimmtes Tun herbeigeführt. Ein bestimmtes Tun ist

(12) U .... für einen Erfolg, wenn es ihn bewirkt hat.

(13) Zur Beurteilung der Frage, ob ein bestimmtes .... den Erfolg **verursacht** hat, stellt man sich den Geschehnisablauf ohne dieses Tun vor. Man **denkt es weg** und fragt: Was wäre **ohne** dieses Tun geschehen?

Stopptafel-Fall: Bei strömendem Regen übersieht A eine Stopptafel und zwingt dadurch den bevorrangten B zu einer Vollbremsung, die diesem dank ABS auch gelingt, nicht aber dem nachfolgenden Motorradfahrer C. Er prallt gegen den Wagen des B und ist sofort tot.

---

(6) In dem Eintritt einer Körperverletzung bzw einer Gesundheitsschädigung.
(7) Kausalität
(8) objektives; Tatbestandsmäßigkeit
(9) Schuld
(10) Erfolgsdelikten
(11) Erfolg
(12) Ursache
(13) Tun

10. Kapitel: Objektiver Tatbestand und Kausalität

(14) Denkt man sich das Tun des A, dh das Missachten der Stopptafel weg, hätte B nicht voll auf die Bremse treten müssen, und C wäre gleichwohl / nicht gegen den Wagen des B geprallt.

(15) In diesem Sinn war das verkehrswidrige Verhalten des A eine Ursache / keine Ursache für den Tod des ......

Fassen wir diese Erkenntnis in einer zunächst noch **vorläufigen Formel** zusammen:

Ein Erfolg ist durch ein Tun verursacht (= kausal), wenn das Tun nicht weggedacht werden kann, ohne dass der Erfolg entfiele.

Dasselbe drückt die lateinische Formel aus: **conditio sine qua non.** Jede „**Bedingung" = jedes Tun,** ohne die bzw ohne das der Erfolg nicht eingetreten wäre, **ist Ursache** iSd Strafrechts.

Mit der deutschen Formel lässt sich allerdings besser arbeiten, da sie präziser ist.

Dracula-Fall: Nach einem Gschnas will der als „Dracula" maskierte Student S gegen 4.00 Uhr morgens auf den Zehenspitzen die knarrende Treppe hochschleichen, um seine 80-jährige Hauswirtin (W) nicht zu stören. Die alte Dame ist jedoch wachgelegen, hält Nachschau und erschrickt buchstäblich zu Tode.

Ist das Tun des S **Ursache** für den Tod der W?

(16) Ja / Nein – Begründung:

Dass W zu irgendeinem späteren Zeitpunkt ohnehin sterben würde (Krankheit, Unfall, Altersschwäche), interessiert bei der Ermittlung der Kausalität **dieses** Tuns des S nicht im Geringsten.

(17) Denkt man sich das Tun des S weg, wäre W jedenfalls nicht in dieser Nacht um 4.00 Uhr morgens gestorben. Darauf kommt es jedoch nicht an / allein darauf kommt es an.

Steht mit der Bejahung der Kausalität des Tuns bereits **endgültig** fest, dass S wegen eines Tötungsdelikts auch tatsächlich bestraft werden kann?

(18) Ja / Nein – Begründung:

---

(14) nicht
(15) eine Ursache; C
(16) Ja! Denkt man das Tun des S weg, wäre W nicht vor Schreck gestorben. Sie würde noch leben oä.
(17) allein darauf kommt es an.
(18) Nein! Neben der Tatbestandsmäßigkeit müssen in unserem Fall erst noch Rechtswidrigkeit und Schuld geprüft werden. Insb darf Verursachung nicht mit Verschulden gleichgesetzt werden oä.

10. Kapitel: Lerneinheit 10

Die Kausalitätsformel bedarf noch einer entscheidenden Verfeinerung.

Agenten-Fall: *Der arabische Botschafter Ali Ben Hamid (H) wird kurz vor Betreten der Linienmaschine nach Beirut von Special Agent Dave Baily (B) durch einen Kopfschuss getötet. Zehn Minuten später explodiert das Flugzeug beim Start. Keine Überlebenden!*

Der wegen Mordes (§ 75) angeklagte B verteidigt sich damit, dass H wenige Minuten später ohnehin den Tod gefunden hätte.

(19) Für die Frage der Kausalität des Tuns des B kommt es auch auf die Explosion der Maschine / nur auf die Abgabe des Schusses an.

Dass der Tod des Botschafters später aufgrund **anderer Ereignisse** und in anderer Form ebenfalls eingetreten wäre, hat auf die Beurteilung der Kausalität des Tuns des B nicht den geringsten Einfluss. Denn in Frage steht nicht der Tod des Botschafters schlechthin, sondern einzig und allein die Herbeiführung seines Todes **durch den Revolverschuss des B**.

Dieses Beispiel soll Ihnen zeigen: Für die Beurteilung der Kausalität eines Tuns kommt es stets auf den Eintritt des Erfolgs **in seiner konkreten Gestalt** an.

(20) Die bisher nur vorläufige K................. formel muss daher **präzisiert** werden und lautet nunmehr in ihrer endgültigen Fassung:

Ursache ist jedes Tun, das nicht weggedacht werden kann, ohne dass der Erfolg in
(21) **seiner.......................... entfiele.**

Die einzelnen Ursachen werden im Strafrecht nicht unterschiedlich gewichtet.
(22) Auch die kleinste oder „entfernteste" Ursache ist conditio s...... ....

Anders ausgedrückt: Alle Ursachen sind unter dem Aspekt der Kausalität **äquivalent (= gleichwertig als Bedingungen im Rechtssinn).**

Dieser Äquivalenz aller Ursachen verdankt die dargestellte Kausalitätsformel ihre wissenschaftliche Bezeichnung als **Äquivalenztheorie.**

(23) Synonym mit der............. theorie wird auch der Begriff **Bedingungstheorie** (abgeleitet von „**conditio** sine qua non") verwendet.

Die **Kausalitätsformel** der Äquivalenz- oder Bedingungstheorie lautet: Ursache
(24) ist jedes Tun, das ...., ohne dass der Erfolg in seiner.................G........... entfiele.

Wichtig! Prägen Sie sich diese Formel bitte ein, da sie **wörtlich anzuwenden** ist.

---

(19) nur auf die Abgabe des Schusses
(20) Kausalitätsformel
(21) konkreten Gestalt
(22) sine qua non
(23) Äquivalenztheorie
(24) nicht weggedacht werden kann; konkreten Gestalt

10. Kapitel: Objektiver Tatbestand und Kausalität

Sportschützen-Fall: *Der Sportschütze Trefflinger hängt sein geladenes Gewehr an der Garderobe des Clublokals auf. Gram, ein anderer Gast, nimmt es in einem unbeobachteten Moment vom Haken und erschießt den Wirt.*

Betrachten wir zunächst die Kausalität des Tuns des **Gram.**

(25) Sein Tun kann / kann nicht .... werden, ohne dass der .... in ....
(26) Sein Schuss war somit .... iSd .... theorie.

Ist damit bereits ein abschließendes Urteil über die Strafbarkeit des Gram gem § 75 gefällt?
(27) Ja / Nein – Begründung:

Wir fassen zusammen:

Kausalität oder **Kausalzusammenhang** ist der ursächliche Zusammenhang zwischen einer bestimmten menschlichen Handlung und dem eingetretenen Erfolg. Ob ein solcher Zusammenhang gegeben ist, wird im Strafrecht mit Hilfe der Kausalitätsformel der Äquivalenztheorie ermittelt.

Nun zu einigen **Sonderproblemen der Kausalität.**

Oft wird die Frage erörtert, ob **Handlungen Dritter** oder des **Opfers** den Kausalzusammenhang „unterbrechen".

Betrachten wir in diesem Zusammenhang die Kausalität des Tuns des Sportschützen **Trefflinger** für den Tod des Wirts. Er hat eine geladene Waffe an der Garderobe aufgehängt. Für Trefflinger ist Gram ein **Dritter.**

Unterbricht das **Handeln eines Dritten,** hier das des Gram, den Kausalzusammenhang zwischen dem geschilderten Verhalten des Trefflinger und dem Tod des Wirts?
(28) Diese Frage können Sie anhand der Kausalitätsformel der .... -theorie leicht selbst beantworten.

---

(25) kann nicht weggedacht; Erfolg in seiner konkreten Gestalt entfiele
(26) kausal bzw ursächlich; Äquivalenz- bzw Bedingungstheorie
(27) Nein! Die Kausalität ist eines der objektiven Tatbestandsmerkmale des § 75. Neben den übrigen Tatbestandsmerkmalen müssen noch **Rechtswidrigkeit** und **Schuld** geprüft werden oä. Ein abschließendes Urteil über die Strafbarkeit des Gram ist mit der Bejahung der Kausalität seiner Handlung daher noch nicht gefällt.
(28) Äquivalenz- bzw Bedingungstheorie

10. Kapitel: Lerneinheit 10   128

(29) Da das Verhalten des Trefflinger (= Aufhängen der geladenen Waffe) weggedacht werden kann / nicht weggedacht werden kann, ohne (bitte ergänzen!)

Gekröse-Fall (OGH EvBl 1987/142): *Obwohl der durch brutale Fußtritte des H in den Bauch (Darm- und Gekröseriss) schwer verletzte Milorad (M) von den Ärzten auf die lebensbedrohliche Situation und die Notwendigkeit einer Sofortoperation hingewiesen worden ist, nimmt er eine 20-stündige Autofahrt von NÖ in ein Belgrader Spital auf sich. Unterwegs stirbt M an einem verletzungsbedingten toxischen Schock.*

(30) Das eigene leichtsinnige Verhalten des M ist **auch** Ursache / keine Ursache für seinen Tod.
Begründung:

(31) Ein solches **eigenes Fehlverhalten des Opfers** unterbricht / unterbricht nicht den Kausalzusammenhang zwischen den Fußtritten des H und dem Tod des M. Möglicherweise ist aber die „objektive Zurechnung" des Todes durchbrochen: Trotz gegebener Kausalität kann bei wertender Betrachtung eine Einschränkung dieser Zurechenbarkeit geboten sein (vgl näher LE 28).

Variante: M wollte sich zunächst in Wien operieren lassen und hatte sich erst auf Anraten seines Freundes Vlado (V) entschlossen, in ein Belgrader Spital zu fahren.

Ist auch V kausal für den Tod des M geworden?
(32) Ja / Nein – Begründung:

Abschließend ein **weiteres Sonderproblem** aus dem Bereich der Kausalität.

---

(29) nicht weggedacht werden kann, ohne dass der Erfolg in seiner konkreten Gestalt (Tod durch Erschießen) entfiele, besteht Kausalzusammenhang zwischen diesem Tun und dem Tod des Wirts oä.
(30) **auch** Ursache. Es kann nicht weggedacht werden, ohne dass der Erfolg in seiner konkreten Gestalt (Sterben unterwegs an einem toxischen Schock) entfiele oä.
(31) unterbricht nicht
(32) Ja! Hätte V nicht zur Operation in einem Belgrader Spital geraten, hätte sich M in Wien operieren lassen und wäre nicht während der Autofahrt an einem toxischen Schock gestorben oä.

10. Kapitel: Objektiver Tatbestand und Kausalität 129

Brutus-Fall: *Auf eigene Faust hat Negidius dem Gaius Julius Caesar frühmorgens Gift in den Malventee geträufelt. Bevor dieses seine tödliche Wirkung entfalten kann, erdolcht Brutus den Imperator an der Säule des Pompeius.*

War das Tun des **Negidius** kausal für Caesars Tod?

(33) Ja / Nein – Begründung bitte unter möglichst wörtlicher Anwendung der allgemeinen Kausalitätsformel:

War die Tat des **Brutus** kausal für Caesars Tod?

(34) Ja / Nein – Begründung bitte unter möglichst wörtlicher Anwendung der allgemeinen Kausalitätsformel:

Die Besonderheit dieses Sachverhalts liegt in Folgendem: Das Gift des Negidius ist nur deshalb nicht wirksam geworden, weil der Dolchstoß des Brutus rascher zum Tode Caesars geführt hat. Dh das Tun des **Negidius** ist für den Tod des

(35) Caesar kausal geworden / überhaupt nicht kausal geworden.

Darin liegt auch der Unterschied dieses Falles zu jenen der angeblichen „Unterbrechung" des Kausalzusammenhanges.

Das zeitlich spätere Tun des Brutus hat das Tun des Negidius nicht nur eingeholt, sondern sogar „überholt" und **unabhängig von Letzterem** den Tod des Caesar herbeigeführt. In solchen Fällen spricht man von **überholender Kausalität**.

Erklären Sie das Wesen der „überholenden" Kausalität!
(36)

■ ■ ■ **Bevor Sie die Testfragen zur LE 10 durcharbeiten,** ■ ■ ■
lesen Sie bitte zunächst im Grundriss AT Kap 10!

---

(33) Nein! Denkt man das Tun des Negidius weg (dh hätte er kein Gift in den Tee gemischt), so wäre der Erfolg in seiner konkreten Gestalt dennoch eingetreten (dh Tod durch den Dolchstoß).

(34) Ja! Denkt man das Tun des Brutus weg, wäre der Erfolg in seiner konkreten Gestalt nicht eingetreten (dh nicht als Tod durch den Dolchstoß).

(35) überhaupt nicht kausal geworden

(36) Das später gesetzte Tun holt das früher gesetzte Tun ein und führt **unabhängig von diesem** den Erfolg herbei. Das frühere Tun wird für den Erfolg also überhaupt nicht kausal. Machen Sie sich dies noch einmal gut klar! Diese Frage kehrt in der TE bestimmt wieder.

10. Kapitel: Testeinheit 10

Testeinheit 10

Testfragen zur LE 10

1. Definieren Sie **Erfolgsdelikte**!

2. Auf welcher Stufe des Fallprüfungsschemas wird die Kausalität geprüft?

3. Nennen Sie die lateinische Formel der Äquivalenztheorie!

4. Wann ist ein Tun Ursache für einen Erfolg? (Bitte schreiben Sie jetzt die deutsche Formel der Kausalität so vollständig wie möglich nieder!)

5. Was versteht man unter **überholender Kausalität**?

6. Warum ist die Kausalität ein .... Tatbestandsmerkmal der .... delikte?

7. *Kleinkaliber-Fall* (OGH RZ 1981/35 m Anm *Kienapfel*): *Der 17-jährige Joschi (J) bringt sein geladenes Kleinkalibergewehr zu einer Silvesterfeier mit. Beim allgemeinen Aufbruch vergisst er die Waffe. Gegen Morgen fühlt sich der in der Wohnung zurückgebliebene Gerald (G) von dem lärmenden Fußgänger F gestört. Er ergreift das Gewehr des J, schießt auf F und verletzt ihn.*

   Ihr Kollege behauptet: „Nur G hat die Verletzung des F verursacht. Denn er allein hat geschossen!"

   a) Ist diese Behauptung richtig?
      Ja / Nein – Begründung:

   b) Im Fall 7 geht es um das Problem der überholenden Kausalität / der sog Unterbrechung des Kausalzusammenhangs.

10. Kapitel: Objektiver Tatbestand und Kausalität

8. ***Pocken-Fall:*** *A fährt den B mit dem Auto an. B wird mit einem Beinbruch ins Spital eingeliefert. Fast genesen, schleicht sich B verbotenerweise in die Quarantänestation, um dort den pockenkranken Z zu besuchen. B infiziert sich und stirbt an Pocken.*

   a) War das **Tun des A**, also das Anfahren, **kausal** für den Tod des B?
   Ja / Nein – Begründung (Zwei wichtige Hinweise: 1. Es ist nach der Kausalität, nicht nach der Schuld des A gefragt. 2. Wenden Sie die Kausalitätsformel wörtlich an! Wer dies verabsäumt, löst diese Aufgabe meist falsch!):

   b) Um welches Problem geht es im Fall 8?

9. Welcher der beiden Sätze ist richtig?
   ☐ Erfolgsdelikte können gleichzeitig auch Tätigkeitsdelikte sein.
   ☐ Begehungsdelikte sind entweder Tätigkeitsdelikte oder Erfolgsdelikte.

10. Der objektive Tatbestand der Freiheitsentziehung (§ 99 Abs 1) lautet: „Wer einen anderen – gefangen hält". Dieses Delikt ist ein Tätigkeitsdelikt / Erfolgsdelikt.
    Begründung:

11. ***Sarajevo-Fall:*** *Am 28. 6. 1914 fand in Sarajevo das fatale Attentat der serbischen Geheimorganisation „Schwarze Hand" gegen den Thronfolger Erzherzog Franz Ferdinand und seine Gattin, die Gräfin Chotek, statt. Zuerst warf Nedeljko Cabrinovic eine Bombe, dann schoss der bosnische Student Gavrilo Princip mit der Pistole auf das Thronfolgerpaar.*

    Nehmen Sie an, die Schüsse des Princip hätten zum Tode des Thronfolgers geführt, **bevor** die Bombe explodierte.

    a) Um welches Kausalitätsproblem geht es in diesem Fall?

    b) Ist das Bombenwerfen für den Tod des Thronfolgers kausal geworden?
    Ja / Nein – Begründung:

10. Kapitel: Testeinheit 10

12. Ist mit der Kausalität auch schon die Schuld des Täters bejaht?
    Ja / Nein – Begründung:

13. **Kettenraucher-Fall:** *Die Witwe des einem Bronchialkarzinom erlegenen „Tschick" Rauchfuß erstattet Anzeige gegen die Verantwortlichen der Fa. Austria Tabak AG wegen fahrlässiger Tötung (§ 80 Abs 1). Ihr verstorbener Mann sei zeitlebens ein leidenschaftlicher Raucher gewesen („bis zu drei Schachteln ‚Dreier' am Tag") und habe ausschließlich die stark teer- und nikotinhaltigen Zigaretten dieser Firma geraucht. Folglich habe diese ihn „auf dem Gewissen".*
    a) Wo liegt das Problem dieses Falles?

    b) Bitte lösen Sie es!

14. Zum Abschluss dieser TE eine Frage für besonders ambitionierte Leser. Worin bestehen die Gemeinsamkeiten und die Unterschiede zwischen der „überholenden" Kausalität und der sog „Unterbrechung" des Kausalzusammenhanges?

10. Kapitel: Objektiver Tatbestand und Kausalität

Antworten

1. Erfolgsdelikte sind Delikte, die den Eintritt einer von der Tathandlung zumindest gedanklich abtrennbaren Wirkung in der Außenwelt voraussetzen oä.
2. Auf der Stufe I, der Tatbestandsmäßigkeit.
3. Conditio sine qua non.
4. Ein Tun ist Ursache für einen Erfolg, wenn es nicht weggedacht werden kann, ohne dass der Erfolg in seiner konkreten Gestalt entfiele.
5. „Überholende" Kausalität bedeutet, dass eine später gesetzte Handlung die früher gesetzte einholt und **unabhängig von dieser** den Erfolg herbeiführt. Die früher gesetzte Handlung wird für diesen Erfolg also gar nicht kausal oä.
6. objektives; Erfolgsdelikte. Weil sich die Kausalität auf das äußere Erscheinungsbild der Handlung bezieht oä.
7. a) Nein! Die Behauptung des Kollegen ist falsch! Auch das Verhalten des J (= Mitbringen eines geladenen Gewehrs) ist kausal für die Verletzung des F. Denn es kann nicht weggedacht werden, ohne dass der Erfolg in seiner konkreten Gestalt (= Verletzung des F durch den Schuss des G) entfiele.
   b) der sog Unterbrechung des Kausalzusammenhangs: Spätere Handlungen eines Dritten können aber den Kausalzusammenhang **nicht** wirklich durchbrechen. Es handelt sich vielmehr um eine Frage der „objektiven Zurechnung" oä.
8. a) Ja! Denn das Anfahren durch A kann nicht weggedacht werden, ohne dass in der weiteren Folge der Tod des B durch die Pockeninfizierung entfiele, da B sonst gar nicht in das Krankenhaus gekommen wäre oä.
   b) Im Fall 8 geht es ebenfalls um das Problem der sog Unterbrechung des Kausalzusammenhangs; hier aber durch das Hinzutreten einer Handlung des Opfers selbst. Auch eine solche kann den Kausalzusammenhang **nicht** wirklich durchbrechen, aber für die „objektive Zurechnung" eine Rolle spielen oä.
9. Begehungsdelikte sind **entweder** Tätigkeitsdelikte **oder** Erfolgsdelikte.
10. Erfolgsdelikt. § 99 Abs 1 setzt den Eintritt eines von der Tathandlung gedanklich abtrennbaren Erfolgs, den Eintritt des Freiheitsverlustes, voraus oä.
11. a) Um das Problem der „überholenden" Kausalität.
    b) Nein! Die Handlung des Princip hat die Handlung des ersten Attentäters eingeholt und ist **unabhängig von dieser** für den Tod des Thronfolgers kausal geworden oä.
12. Nein! Durchaus nicht. Die Kausalität ist nur **ein** objektives Tatbestandsmerkmal unter mehreren. Außerdem hat sie mit den Wertungen auf der Ebene der Schuld nichts zu tun oä.
13. a) Bei der Frage der Kausalität.
    b) Die Kausalitätsformel der Äquivalenztheorie hilft hier nicht weiter. Zwar ist das Rauchen in hohem Maße krebsfördernd. Aber ob gerade das Rauchen **dieser Zigaretten** das Karzinom hervorgerufen hat, lässt sich allenfalls vermuten, aber **nach derzeitigem Wissensstand nicht mit Sicherheit sagen** oä. Deshalb verspricht die Strafanzeige auch keine Aussicht auf Erfolg.
14. Gemeinsamkeiten: Beide Male handelt es sich um Fragen der **Kausalität**. In beiden Fällen geht es um die Frage der Verklammerung von zwei verschiedenen Handlungen unter dem Aspekt ihrer Kausalität für einen bestimmten Erfolg oä.

    Unterschiede: In den Fällen der sog „Unterbrechung" des Kausalzusammenhangs vereinigen sich die beiden Handlungen und führen **gemeinsam** den Erfolg herbei. Durch die zweite Handlung wird die Kausalität gerade **nicht** „unterbrochen", sondern **hergestellt** oä. Allerdings könnten der Adäquanz- oder der Risikozusammenhang durchbrochen sein. In den Fällen der überholenden Kausalität führt die später gesetzte Handlung **unabhängig von einer früher gesetzten** (also allein) den Erfolg herbei oä.

■ ■ ■ **Ende dieser Programmeinheit** ■ ■ ■

11. Kapitel
Subjektiver Tatbestand der Vorsatzdelikte

Lerneinheit 11

Lernziel: Der Schwerpunkt dieser LE liegt auf dem Begriff „**Vorsatz**" und seinen verschiedenen Arten. Hinzu kommt der „**erweiterte Vorsatz**".

Begriff und Wesen

(1) Der subjektive Tatbestand ist die Summe aller .... Tatbestandsmerkmale eines Delikts. Zum subjektiven Tatbestand der Vorsatzdelikte gehören der Tatbildvorsatz und – sofern bei der Deliktsbeschreibung im Besonderen Teil verlangt – der erweiterte Vorsatz. Abweichend vom schwankenden allgemeinen Sprachgebrauch verwendet das StGB den Begriff „Vorsatz" als fest umrissenen Fachausdruck.

(2) Der .... vorsatz ist das zentrale subjektive Tatbestandsmerkmal aller Vorsatzdelikte.

Die **Definition** des Vorsatzes findet sich in **§ 5 Abs 1 1. Halbsatz**. Lesen Sie diese Vorschrift bitte sorgfältig und versuchen Sie, sich diese Legaldefinition wörtlich (!) einzuprägen:

(3) **Vorsätzlich** handelt, wer einen Sachverhalt verwirklichen ...., der einem .... entspricht.

(4) Sie erinnern sich: **Gesetzliches Tatbild** ist die Summe aller objektiven Tatbestandsmerkmale / aller objektiven und subjektiven Tatbestandsmerkmale eines Delikts.

(5) Wie lautet das gesetzliche Tatbild des Mordes (§ 75)?

Demnach handelt **vorsätzlich** iSd **Mordes**, wer „einen anderen töten will".

Tell-Fall: Der Meisterschütze Tell legt an, um seinem Sohn den Apfel vom Haupt zu schießen. Diesmal verfehlt er den Apfel und trifft seinen Sohn tödlich.

---

(1) subjektiven
(2) Tatbildvorsatz
(3) will; gesetzlichen Tatbild
(4) aller objektiven Tatbestandsmerkmale
(5) „Wer einen anderen tötet".

11. Kapitel: Subjektiver Tatbestand der Vorsatzdelikte

(6) Im Vertrauen auf seine Qualitäten als unfehlbarer Meisterschütze hat Tell seinen Sohn töten / nicht töten ....

Man kann dasselbe aber auch **abstrakt** mit der Formel der Vorsatzdefinition des § 5 Abs 1 1. Halbsatz ausdrücken:

(7) Tell hat einen Sachverhalt / keinen Sachverhalt verwirklichen ...., der dem gesetzlichen Tatbild des § 75 entspricht.

(8) Tell hat seinen Sohn somit vorsätzlich getötet / nicht vorsätzlich getötet.

Ob Tell seinen Sohn **fahrlässig** getötet hat, ist eine andere, hier nicht zu erörternde Frage. Sie kann ohne Vorgriff auf den Fahrlässigkeitsbegriff (LE 26–28) nicht beantwortet werden.

(9) Vorsätzlich handelt, wer einen Sachverhalt verwirklichen will, der dem **gesetzlichen Tatbild**, dh **sämtlichen** objektiven / subjektiven Tatbestandsmerkmalen des Delikts entspricht.

Zivilfahnder-Fall: In einer regnerisch-trüben Nacht wollen zwei Zivilfahnder mit ihren Taschenlampen den A auf der B 154, der Mondseebundesstraße, stoppen. A hält sie wegen entsprechender Warnungen in den Medien für Straßenräuber und gibt Gas. Beide Beamten können sich nur durch einen raschen Sprung zur Seite retten.

(10) Lesen Sie bitte § 269 Abs 1! Das Zufahren auf einen amtshandelnden Polizisten gilt als ein Paradebeispiel für Widerstand gegen die Staatsgewalt. Folglich ist das gesetzliche .... dieses Delikts nicht erfüllt / erfüllt.

Eine ganz andere Frage ist, ob A auch mit dem **Vorsatz** des § 269 Abs 1 gehandelt hat.

A hielt die Zivilfahnder für Straßenräuber und gab deshalb Gas. Entspricht dieser Vorsatz sämtlichen objektiven Tatbestandsmerkmalen des § 269 Abs 1?

(11) Ja / Nein – Begründung:

(12) Da A somit vorsätzlich / nicht vorsätzlich gehandelt hat, ist er wegen Widerstandes gegen die Staatsgewalt (§ 269 Abs 1) zu bestrafen / nicht zu bestrafen.

---

(6) nicht töten wollen
(7) keinen Sachverhalt; wollen
(8) nicht vorsätzlich getötet
(9) objektiven
(10) Tatbild; erfüllt
(11) Nein! A hat weder gewusst, dass es sich um **Beamte** noch dass es sich um die Verhinderung einer **Amtshandlung** handelte. Der Sachverhalt, den A verwirklichen wollte, entspricht daher **nicht sämtlichen** objektiven Tatbestandsmerkmalen des § 269 Abs 1 oä.
(12) nicht vorsätzlich; nicht zu bestrafen

11. Kapitel: Lerneinheit 11

Regenschirm-Fall: *Der zerstreute Professor nimmt von der Garderobe des Literatencafés, in dem er gelegentlich eine Partie Schach zu spielen und meist zu verlieren pflegt, einen fremden Schirm mit in der Meinung, es sei der eigene.*

(13) Lesen Sie bitte § 127 sorgfältig und beantworten Sie die Frage: Hat der Professor **sämtliche objektiven Tatbestandsmerkmale** (also das g................ ....) des Diebstahls verwirklichen wollen?

(14) Ja / Nein – Begründung:

Wir fassen zusammen und wiederholen:

(15) **Vorsätzlich** handelt, wer einen .... verwirklichen ...., der einem bestimmten .... entspricht.

(16) Und zwar muss der Vorsatz **sämtliche** .... Tatbestandsmerkmale des betreffenden Delikts umfassen.

Der Vorsatz besteht aus zwei Komponenten, dem **Wissen** und dem **Wollen.**

(17) Die Legaldefinition des § 5 Abs 1 1. Halbsatz nimmt mit den Worten „verwirklichen......." **ausdrücklich** nur auf die .... komponente des Vorsatzes Bezug.

Die **Wissenskomponente** ist jedoch **mittelbar** in dieser Definition mitenthalten.

(18) Denn jedes „Wollen" setzt denknotwendig zunächst ein entsprechendes „W.........." voraus. Was man nicht weiß, kann man nicht ....

(19) Vorsatz = | Wissen + Wollen der Verwirklichung eines ...., der einem .... entspricht (§ 5 Abs 1 1. Halbsatz).

Ramon (R) richtet seinen Revolver auf die Brust des ihm verhassten Bertrand (B) und drückt ab. B ist sofort tot.

(20) Der Sachverhalt, um den es hier geht, das Erschießen des B, entspricht dem gesetzlichen Tatbild des § 75, nämlich dem „........... eines ....".

---

(13) gesetzliche Tatbild
(14) Nein! Er hat seine eigene Sache an sich nehmen, mithin keine **fremde wegnehmen** wollen, wie es das gesetzliche Tatbild des Diebstahls voraussetzt oä.
(15) Sachverhalt; will; gesetzlichen Tatbild
(16) objektiven
(17) will; Wollenskomponente
(18) "Wissen„; wollen
(19) Sachverhalts; gesetzlichen Tatbild
(20) „Töten eines anderen"

11. Kapitel: Subjektiver Tatbestand der Vorsatzdelikte

(21) Von diesem Sachverhalt hat R eine feste Vorstellung. Er **weiß**, dass der Schuss zum Tode des B führt. Genau das **will** er auch. Da sowohl die ....-komponente als auch die Wollenskomponente des (Mord-)Vorsatzes gegeben sind, hat R vorsätzlich gehandelt.

(22) Im *Zivilfahnder-Fall* (S 135) fehlen sowohl bezüglich des Tatbestandsmerkmals „Beamter" als auch der „Amtshandlung" nur die Wissenskomponente / nur die Wollenskomponente / beide Komponenten des Vorsatzes.

(23) Begründen Sie Ihre eben getroffene Entscheidung!

Begründen Sie dieselbe Entscheidung nunmehr unter Verwendung des Gesetzeswortlauts!

(24) Im *Zivilfahnder-Fall* hat A nicht vorsätzlich gehandelt, weil er (bitte ergänzen!)

Im Folgenden wollen wir die **beiden Komponenten des Vorsatzes** näher betrachten und analysieren.

Wissenskomponente

Um 9.30 Uhr drückt der Terrorist X auf den Knopf seines Sprenggeräts und jagt eine Schule in die Luft.

In einem großen Automobilwerk drückt der Fließbandarbeiter Müllermeier alle 12 Sekunden einen Knopf, der eine Lochstanze in Bewegung setzt.

Beide betätigen einen Knopf. Beide wissen dies auch. Es ist ihnen jedoch in unterschiedlichem Grade bewusst.

In Anlehnung an die Psychologie unterscheidet die moderne Strafrechtslehre verschiedene **Bewusstheitsgrade des Vorsatzes.** Den Bedürfnissen des Strafrechts
(25) genügen die beiden folgenden Bewusstheitsgrade des ....:

- **Aktualwissen** und
- **Begleitwissen.**

---

(21) Wissenskomponente
(22) beide Komponenten des Vorsatzes
(23) A weiß nicht, dass es sich um Zivilfahnder (= Beamte) handelt, die er an der Durchführung einer Amtshandlung hindert. Dieses Wissen ist aber **denknotwendige Voraussetzung** des Wollens. Daher entfallen beide Vorsatzkomponenten oä.
(24) keinen Sachverhalt verwirklichen wollte, der dem gesetzlichen Tatbild des § 269 Abs 1 entspricht.
(25) Vorsatzes

11. Kapitel: Lerneinheit 11

Der stärkere Bewusstheitsgrad des Vorsatzes ist das **Aktualwissen**. Kennzeichnend für diesen Bewusstheitsgrad ist das „Drandenken".

Pappkarton-Fall: Der Lkw-Lenker L bemerkt auf seiner Fahrspur einen großen Pappkarton. Obwohl weit und breit keine Kinder zu sehen sind, überlegt er sich, dass sich vielleicht ein Kind in der Schachtel versteckt haben könnte, weist diesen Gedanken aber gleich wieder von sich und fährt über den Karton hinweg. Tatsächlich befindet sich der 5-jährige Harald in der Schachtel. Er ist sofort tot.

(26) In diesem Fall hat L daran gedacht / nicht daran gedacht, dass er einen Sachverhalt verwirklichen könnte, der dem .... T .... eines Tötungsdelikts entspricht.

(27) Bezüglich des Bewusstheitsgrades des Vorsatzes des L liegt somit ....-wissen vor.

Steht damit bereits fest, dass L **vorsätzlich** gehandelt hat?
(28) Ja / Nein – Begründung:

Der schwächere Bewusstheitsgrad des Vorsatzes ist das **Begleitwissen**.

Es kommt häufig vor, dass der Täter an bestimmte Fakten des Sachverhalts nicht explizit denkt. Nach den ganzen Begleitumständen der Tat sind sie ihm aber
(29) durchaus b..........

Der Taschendieb T folgt seinem Opfer in den dunklen Stephansdom und bestiehlt es während der Andacht.

T hat nicht explizit daran gedacht, dass er die Tat jetzt „in einem der Religionsübung dienenden Raum" (§ 128 Abs 1 Z 2) begeht. Aber aufgrund seiner **begleitenden Wahrnehmungen** kann ihm dieser Umstand gar nicht verborgen geblieben sein. Er war ihm daher, **zumindest am Rande**, durchaus mitbewusst.

(30) Insoweit liegt bei T kein ...., sondern bloßes .... vor.

Um einem Bekannten einen Gefallen zu tun, stellt der Werkstättenleiter Oberwagner (O) trotz Vorliegens schwerer Sicherheitsmängel an dessen Auto das § 57a-„Pickerl" aus (= § 302).

---

(26) daran gedacht; gesetzlichen Tatbild
(27) Aktualwissen
(28) Nein! Zum Vorsatz gehört weiter die Wollenskomponente. Diese muss erst noch untersucht werden oä.
(29) bewusst
(30) Aktualwissen; Begleitwissen

11. Kapitel: Subjektiver Tatbestand der Vorsatzdelikte

Natürlich denkt O in diesem Moment nicht explizit daran, dass er mit Aufgaben der Bundesverwaltung betraut (und deswegen „Beamter") ist. Dennoch „weiß" er um diese Beamteneigenschaft. Sie ist ihm **zumindest latent** bewusst.

Man spricht von **Begleitwissen,** wenn dem Täter die Verwirklichung eines bestimmten Tatbestandsmerkmals nach den **Begleitumständen** oder **sonst latent bewusst** war.

Beachte! Zwischen „Aktualwissen" und bloßem „Begleitwissen" lassen sich naturgemäß keine scharfen Grenzen ziehen. Wesentlich ist aber, dass das Begleit-
(31) wissen die **unterste Grenze** dessen darstellt, was man von der W........ komponente her noch als V........... bezeichnen kann.

Der Lkw-Lenker L fährt über den Pappkarton hinweg, ohne dass ihm der mindeste Gedanke käme, darin könnte sich ein Kind versteckt haben.

(32) L hat ein Kind getötet. „Daran gedacht" hat er nicht. Von einem .... - wissen kann somit nicht die Rede sein.

Aber auch bloßes Begleitwissen scheidet aus. Einmal hat L begleitende Wahrnehmungen gerade nicht gemacht. Die Vorstellung, dass sich ein Kind in der auf der Straße liegenden Schachtel versteckt haben könnte, gehört auch nicht zu dem bei jedem Autofahrer latent vorhandenen Wissen. Mit der **Wissenskomponente** ent-
(33) fällt zugleich die W........ komponente.

(34) L hat das Kind folglich vorsätzlich / nicht vorsätzlich getötet.

(35) Was versteht man unter Begleitwissen?

Wollenskomponente

Im Tell-Fall (S 134) sieht der Meisterschütze Wilhelm Tell klar die Gefahr, dass er seinen Sohn trifft. Er will dies aber keinesfalls, sondern vertraut auf seine Künste.

Das **Wissen** um die naheliegende Möglichkeit des tragischen Ausgangs allein macht noch keinen Vorsatz: Solange das Wissen um das Vorliegen oder Eintreten eines bestimmten Umstandes nicht sicher ist, entscheidet vielmehr das **Wollen** des Täters: Hat er sich mit dem, was er ernsthaft für **möglich** gehalten hat, auch **abgefunden?**

---

(31) Wissenskomponente; Vorsatz
(32) Aktualwissen
(33) Wollenskomponente
(34) nicht vorsätzlich
(35) Bestimmte Fakten des Sachverhalts sind dem Täter latent oder nach den Begleitumständen durchaus mitbewusst oä.

11. Kapitel: Lerneinheit 11

(36) Tell ist sich dessen bewusst / nicht bewusst, dass er seinen Sohn töten könnte. Er schießt, ohne sich mit dem Tod abgefunden zu haben. Daher will er / will er nicht den Eintritt des Todeserfolges.

(37) Es fehlt das ...., einen Sachverhalt zu verwirklichen, der dem gesetzlichen Tatbild des § 75 entspricht.

Tell hat seinen Sohn daher vorsätzlich / nicht vorsätzlich getötet, weil die W........komponente fehlt.

Stärkegrade des Vorsatzes

Nach der Intensität des Wissens und Wollens des Täters unterscheidet das Gesetz **drei Stärkegrade des Vorsatzes:**

- **bedingter Vorsatz**   (§ 5 Abs 1 2. Halbsatz) = dolus eventualis
- **Wissentlichkeit**   (§ 5 Abs 3) und
- **Absichtlichkeit**   (§ 5 Abs 2).

(38) Wegen ihrer großen praktischen Bedeutung sind diese drei Stärkegrade des .... in § 5 ex lege definiert. Prägen Sie sich diese Beschreibungen möglichst wörtlich ein!

Beginnen wir mit dem **bedingten Vorsatz.**

(39) Der bedingte Vorsatz (Synonym: ....) bezeichnet aus der Sicht der .... **komponente** die **Untergrenze** des **Vorsatzes.** Jenseits des bedingten Vorsatzes beginnt die **Fahrlässigkeit.**

(40) Das Gesetz verwendet den Begriff des .... Vorsatzes zwar nicht ausdrücklich, enthält in **§ 5 Abs 1 2. Halbsatz** aber seine **Legaldefinition** (bitte lesen und danach einsetzen!):

(41) **Mit bedingtem Vorsatz handelt, wer es .... für .... hält, dass er einen Sachverhalt verwirklicht, der einem gesetzlichen Tatbild entspricht und sich damit** ....

Wandervogel-Fall: Der Sonntagsjäger Horrido hört es im Gebüsch rumoren und denkt: „Eine Wildsau? Vielleicht aber auch ein Spaziergänger! Und wenn schon! Der hat hier eben nichts zu suchen." Er drückt ab. Tödlich getroffen sinkt der Wandervogel Freddy Laetus zu Boden.

---

(36) bewusst; will er nicht
(37) Wollen; nicht vorsätzlich; Wollenskomponente
(38) Vorsatzes
(39) dolus eventualis; Wollenskomponente
(40) bedingten
(41) Mit bedingtem Vorsatz handelt, wer es ernstlich für möglich hält, dass er einen Sachverhalt verwirklicht, der einem gesetzlichen Tatbild entspricht, und sich damit abfindet (wörtlich einprägen!).

11. Kapitel: Subjektiver Tatbestand der Vorsatzdelikte

(42) Horrido hat mit bedingtem Vorsatz getötet, weil er es (nach nochmaliger Lektüre des § 5 Abs 1 2. Halbsatz bitte ergänzen!) .... hat, dass er einen Menschen tötet, und sich damit .... hat.

Im Pappkarton-Fall (S 138) hat L zwar daran gedacht, dass sich vielleicht ein Kind in der Schachtel versteckt haben könnte. Er hatte den Gedanken aber gleich wieder von sich gewiesen und war über den Karton hinweggefahren.

(43) Hat L den Jungen mit dolus .... getötet?
(44) Ja / Nein – Begründung:

Lesen Sie bitte **§ 7 Abs 1**!

(45) Wenn das Gesetz nichts anderes bestimmt, ist nur .... Handeln strafbar.

Lesen Sie bitte erneut **§ 5 Abs 1**!

§ 5 Abs 1 **1.** Halbsatz definiert den **Begriff** des Vorsatzes; § 5 Abs 1 **2.** Halbsatz legt die **Untergrenze** des Vorsatzes fest und erklärt darüber hinaus ausdrücklich, dass **in der Regel,** dh bei den meisten Delikten bezüglich des Stärkegrades des
(46) Vorsatzes .... „genügt".

(47) Aus § 7 Abs 1 iVm § 5 Abs 1 2. Halbsatz ergibt sich somit, dass zB auch derjenige wegen Mordes (§ 75) zu bestrafen ist, der einen anderen nur mit .... Vorsatz getötet hat.

Entsprechendes gilt für Diebstahl (§ 127), Freiheitsentziehung (§ 99 Abs 1) und die meisten anderen Vorsatzdelikte sowohl des StGB als auch des Nebenstrafrechts.

Bei einigen Delikten aber fordert das Gesetz hinsichtlich **einzelner Tatbestandsmerkmale** ausdrücklich einen über den bedingten Vorsatz hinausgehenden **intensiveren Vorsatz.**

---

(42) ernstlich für möglich gehalten hat; abgefunden
(43) eventualis
(44) Nein! L hat die Tötung des Kindes **nicht ernstlich** für möglich gehalten, geschweige denn sich damit **abgefunden.** Denn er sagte sich: „Es wird schon nicht" oä. UU kommt fahrlässige Tötung in Betracht.
(45) vorsätzliches
(46) bedingter Vorsatz bzw dolus eventualis
(47) bedingtem

11. Kapitel: Lerneinheit 11

(48) Diesen intensiveren Stärkegrad bezeichnet das StGB als **Wissentlichkeit**. Die Legaldefinition der W........................ findet sich in **§ 5 Abs 3** und lautet:

(49) **Wissentlich handelt, wer „den Umstand oder Erfolg, für den das Gesetz Wissentlichkeit voraussetzt, nicht bloß für**................**hält, sondern sein Vorliegen oder Eintreten für**............**hält".**

Zu jenen Delikten, bei denen der Gesetzgeber in ein und demselben Tatbestand unterschiedliche Stärkegrade des Vorsatzes verwendet, gehört zB der „Missbrauch der Amtsgewalt" (§ 302).

(50) Für welches objektive Tatbestandsmerkmal wird ausdrücklich Wissentlichkeit verlangt? Bitte § 302 Abs 1 sorgfältig lesen!

(51) Für die übrigen objektiven Tatbestandsmerkmale des § 302 Abs 1 genügt dagegen gemäß der allgemeinen Regel des § 5 Abs 1 2. Halbsatz iVm § 7 Abs 1 ....

(52) **Beachte!** Gerade bei § 302 Abs 1 **weiß** der Täter in den meisten Fällen (bei erfolgter Pragmatisierung immer), dass er Beamter ist, sodass in Bezug auf die Verwirklichung dieses Tatbestandsmerkmals des § 302 ebenfalls **Wissentlichkeit** iSd § .... vorliegt.

(53) Der intensivste Stärkegrad des Vorsatzes wird vom Gesetz als **Absichtlichkeit** bezeichnet und ist in **§ 5 Abs** ... definiert.

(54) Danach handelt **absichtlich**, wem es „............ a................, den **Umstand oder Erfolg zu verwirklichen, für den das Gesetz absichtliches Handeln voraussetzt."**

(55) Nehmen wir die „Begünstigung" (§ 299 bitte lesen!). Für **welches** Tatbestandsmerkmal fordert das StGB bei diesem Delikt ausdrücklich die intensivste Form des Vorsatzes, die **Absichtlichkeit**?

---

(48) Wissentlichkeit
(49) möglich; gewiss
(50) Für den „Missbrauch" der (im Gesetz näher umschriebenen) Vertretungsmacht.
(51) bedingter Vorsatz bzw dolus eventualis
(52) § 5 Abs 3
(53) § 5 Abs 2
(54) darauf ankommt
(55) Für das „der Verfolgung oder der Vollstreckung der Strafe oder vorbeugenden Maßnahme **Entziehen**"

11. Kapitel: Subjektiver Tatbestand der Vorsatzdelikte

(56) Für die übrigen objektiven Tatbestandsmerkmale des § 299 Abs 1 dagegen genügt gem § 5 Abs 1 2. Halbsatz ....

Alte Liebe rostet nicht: Als „*Heinzi*", *charmanter Vorstadtstrizzi und amtsbekannter Kleinbetrüger, Sturm läutet und sie „für einige Tage" um Unterkunft bittet, fragt die Franzi (F) ihren Ex-Freund argwöhnisch: „Hast leicht wieder was ausgfress'n?"* Der bleibt stumm. Dennoch nimmt sie ihn auf, weil sie ihn nicht in die kalte Winternacht hinausjagen will.

(57) Hat F mit der in § 299 Abs 1 geforderten Wissentlichkeit / Absichtlichkeit gehandelt?
Ja / Nein – Begründung:

Beachte! Die gesetzliche Formulierung in § 5 Abs 1 2. Halbsatz, dass bei allen Delikten, abgesehen von den Fällen des § 5 Abs 2 und 3, **bedingter Vorsatz „genügt"**, verleitet Strafrechtsanfänger oft dazu, sich mit dem Hinweis auf dieses Mindesterfordernis zu begnügen. Soweit nach dem Sachverhalt ein **stärkerer Vorsatzgrad** vorliegt – das ist sehr häufig –, ist die Annahme eines (bloß) bedingten Vorsatzes **falsch**. Ein etwaiger stärkerer Vorsatzgrad **muss** bei der Fallprüfung erkannt und der rechtlichen Beurteilung zugrunde gelegt werden. In der Praxis hat dieser stärkere Vorsatzgrad vor allem Auswirkungen auf die **Strafzumessung**.

(58) Bei dem zentralen Tötungsdelikt des § 75 genügt für sämtliche Tatbestandsmerkmale an sich ....

(59) Im **konkreten Fall** erfolgte die Tötungshandlung jedoch

im *Sarajevo-Fall* (S 131)   absichtlich / wissentlich / dolus eventualis;
im *U-Boot-Fall* (S 195)   absichtlich / wissentlich / dolus eventualis;
im *Agenten-Fall* (S 126)   absichtlich / wissentlich / dolus eventualis;
im *Taxilenker-Fall* (S 84) absichtlich / wissentlich / dolus eventualis.

Erweiterter Vorsatz

Von **erweitertem Vorsatz** spricht man, sobald ein Delikt voraussetzt, dass der Täter mit einem bestimmten, über die Verwirklichung des gesetzlichen Tatbildes hinausreichenden (= „überschießenden") Vorsatz handeln muss. Solche Delikte nennt man daher **Delikte mit erweitertem Vorsatz**. Beinahe noch plastischer ist das häufig verwendete Synonym: **Delikte mit überschießender Innentendenz**. Zur

---

(56) bedingter Vorsatz bzw dolus eventualis
(57) Absichtlichkeit. Nein! F kam es nicht darauf an, ihren Ex-Freund der Verfolgung zu entziehen oä.
(58) dolus eventualis bzw bedingter Vorsatz
(59) Absichtlichkeit im *Sarajevo-Fall* und im *Agenten-Fall;* Wissentlichkeit im *U-Boot-Fall;* dolus eventualis im *Taxilenker-Fall.*

11. Kapitel: Lerneinheit 11

("formellen") Vollendung des Delikts braucht nur das Tatbild, nicht auch der Gegenstand des erweiterten Vorsatzes verwirklicht zu werden.

(60) Im StGB finden sich zahlreiche „Delikte mit ....".

Der Prototyp solcher Delikte ist der **Diebstahl:**

(61) Der **Tatbildvorsatz** des Diebstahls (§ 127 iVm § 5 Abs 1 1. Halbsatz) besteht darin, dass der Täter eine „fremde bewegliche Sache wegnehmen ....".

(62) Der **erweiterte Vorsatz = überschießende Innentendenz** besteht darin, dass der Täter darüber hinaus mit dem Vorsatz handeln muss (§ 127 bitte lesen und einsetzen!), „sich ....".

(63) Gehören zu diesen **Delikten mit erweitertem Vorsatz**

Betrug (§ 146)? Ja / Nein Brandstiftung (§ 169 Abs 1)? Ja / Nein
Blutschande (§ 211 Abs 1)? Ja / Nein Geldfälschung (§ 232 Abs 1)? Ja / Nein

Wichtig! Die Stärkegrade des Vorsatzes im § 5 gelten auch für den erweiterten Vorsatz.

Welcher Stärkegrad des erweiterten Vorsatzes gefordert wird, ergibt sich idR aus der **Formulierung des jeweiligen Delikts.**

(64) Kreuzen Sie den vom Gesetz geforderten **Mindeststärkegrad** des **erweiterten Vorsatzes** an!

§§	Bedingter Vorsatz	Wissentlichkeit	Absichtlichkeit
§ 127			
§ 107 Abs 1			
§ 131			
§ 142 Abs 1			

---

(60) erweitertem Vorsatz (richtig wäre auch: Delikte mit überschießender Innentendenz)
(61) will
(62) „sich oder einen Dritten durch deren Zueignung unrechtmäßig zu bereichern"
(63) Ja: Betrug und Geldfälschung; Nein: Blutschande und Brandstiftung
(64) § 127 und § 142 Abs 1: dolus eventualis; § 107 Abs 1 und § 131: Absichtlichkeit.

11. Kapitel: Subjektiver Tatbestand der Vorsatzdelikte

Der Dieb (§ 127) muss die Bereicherung weder für „gewiss" halten (§ 5 Abs 3) noch muss es ihm „darauf ankommen" (§ 5 Abs 2). Es genügt vielmehr (§ 5 Abs 1 2. Halbsatz), wenn er sie .... für .... hält und sich mit ihr ....

(65)

Übersicht

Diebstahl (§ 127)
- I Tatbestandsmäßigkeit
  - Wegnahme einer fremden beweglichen Sache
  - **Tatbildvorsatz** sowie **erweiterter Vorsatz auf Bereicherung**
- II Rechtswidrigkeit
- III Schuld
  - Schuldfähigkeit
  - Unrechtsbewusstsein
  - keine Entschuldigungsgründe

■ ■ ■ **Bevor Sie die Testfragen zur LE 11 durcharbeiten, lesen Sie bitte zunächst im Grundriss AT Kap 11!** ■ ■ ■

---

(65) ernstlich für möglich hält und sich mit ihr abfindet

11. Kapitel: Testeinheit 11

Testeinheit 11

Testfragen zur LE 11

1. Zum subjektiven Tatbestand des Vorsatzdelikts gehören (bitte ergänzen!) der .... und, falls gesetzlich vorgesehen, der ....

2. **Vorsätzlich** (§ 5 Abs 1 1. Halbsatz) handelt, wer (bitte ergänzen!)

3. Welcher **Bewusstheitsgrad** des „Wissens" liegt vor im
   a) *Schräubling-Fall* (S 87)?
   b) *Au-pair-Fall* (S 95)?
   c) *Wandervogel-Fall* (S 140)?

4. Nennen Sie die drei **Stärkegrade** des Vorsatzes (jeweils mit Paragraphenangabe)!

5. Mit **bedingtem Vorsatz** (= d ....) handelt, wer (bitte ergänzen!)

6. Bei der vorsätzlichen Brandstiftung (§ 169 Abs 1) genügt gem § .... für sämtliche Tatbestandsmerkmale, dh auch bezüglich der **Tathandlung** („Verursachung einer Feuersbrunst") bedingter Vorsatz / Wissentlichkeit / Absichtlichkeit. Tatsächlich hatte der Täter im *Pyromanen-Fall* (S 20) insoweit aber .... gehandelt.

7. **Christbaum-Fall:** *Einem schwedischen Brauch folgend wirft Konrad (K) am Dreikönigstag den ausgedienten Christbaum mit Schwung aus dem Fenster. Er sagt sich: „Wird jemand getroffen, hat er eben Pech gehabt". Otto (O) ist der Pechvogel. Ihm fällt der Baum auf den Kopf.*

   a) K hat die Körperverletzung des O (§ 83 Abs 1) absichtlich / wissentlich / mit bedingtem Vorsatz begangen. Begründen Sie bitte Ihre Entscheidung!

11. Kapitel: Subjektiver Tatbestand der Vorsatzdelikte

b) Ihr Kollege ist der Meinung, dass K wegen Körperverletzung nur dann bestraft werden kann, wenn er die Tat „wissentlich" begangen hat. Ist diese Ansicht richtig?
Ja / Nein – Begründung:

8. **Mafia-Fall:** *Palermo, Via Regina Margherita, 11.30 Uhr. Der Richter Falcone (F) und der Carabiniere Riccardo (R) betreten arglos das Haus, in dem eine Bombe versteckt ist. „Schade um Riccardo", denkt sich der Mafioso (M), „wir waren mal Spielkameraden". Da tritt unerwartet ein kleines Mädchen vor das Haus. M zögert einen Augenblick, murmelt dann aber „Non importa" und zündet den Sprengsatz. F, R und das kleine Mädchen finden bei dem Anschlag den Tod.*
   a) Geben Sie jeweils den **Stärkegrad** des Tötungsvorsatzes des M an:
      aa) Bezüglich des Richters: bedingter Vorsatz / Wissentlichkeit / Absichtlichkeit.
      bb) Bezüglich des Carabiniere: bedingter Vorsatz / Wissentlichkeit / Absichtlichkeit.
   b) Welcher Stärkegrad des Tötungsvorsatzes liegt bezüglich des Mädchens vor? Bitte sorgfältig begründen!

9. Lesen Sie bitte § 133 Abs 1! Ist die Veruntreuung ein Delikt mit erweitertem Vorsatz?
Ja / Nein – Begründung:

10. Der **Vorsatz** ist ein Schuldelement / subjektives Tatbestandsmerkmal. Er ist folglich stets auf der Stufe der Tatbestandsmäßigkeit / Rechtswidrigkeit / Schuld zu prüfen.

11. Das Delikt des „Missbrauchs der Amtsgewalt" (§ 302 Abs 1) hat drei, zum Teil recht komplexe Tatbestandsmerkmale:

| Beamter | plus | Missbrauch der (im Gesetz näher beschriebenen) Vertretungsmacht | plus | Schädigungsvorsatz |

11. Kapitel: Testeinheit 11

Lesen Sie bitte § 302 Abs 1 (iVm § 7) sorgfältig und geben Sie nunmehr den vom Gesetz geforderten und in unterschiedlicher Weise abgestuften **Stärkegrad des Vorsatzes** an!

a) Bezüglich des Tatbestandsmerkmals „Beamter": bedingter Vorsatz / Wissentlichkeit / Absichtlichkeit.

b) Bezüglich des Tatbestandsmerkmals „Missbrauch der Vertretungsmacht": bedingter Vorsatz / Wissentlichkeit / Absichtlichkeit.

c) Bezüglich des Schädigungsvorsatzes: bedingter Vorsatz / Wissentlichkeit / Absichtlichkeit.

12. ***Fahrradketten-Fall:*** *Im Cup der Landesmeister verlor Dundee United im Hanappi-Stadion überraschend 1:2 gegen Rapid. Nach dem Spiel zog der 16-jährige Buster McMurdo mit anderen erbosten Dundeefans randalierend durch Hütteldorf und schlug mit einer Fahrradkette wahllos auf Passanten ein. Dabei traf er P am Kopf. Im AKH stellte sich heraus, dass P durch den Schlag eine schwere Gehirnerschütterung iSd § 84 Abs 1 Fall 3 (= „an sich schwere Verletzung") erlitten hatte.*

    Lesen Sie bitte zunächst § 83 Abs 1, § 84 Abs 1 und 4 sowie § 87 Abs 1!

    a) Hat sich Buster McMurdo wegen Absichtlicher schwerer Körperverletzung strafbar gemacht?
    Ja / Nein – Begründung:

    b) Von welchem Stärkegrad ist bei dem Vorsatz des Buster McMurdo in Bezug auf die schwere Gehirnerschütterung auszugehen?

13. ***Moderne-Kunst-Fall:*** *Der Einbrecher Fritz steigt in die Villa des reichen Industriellen und Kunstförderers Michael ein und sieht an der Wand ein modernes Kunstwerk, von dessen Wert er keine Ahnung hat. Nichtsdestoweniger nimmt er es mit und denkt sich: „Mehr als 1.000 € kann diese Kleckserei nicht wert sein. Aber zumindest für den Rahmen werde ich schon irgendetwas bekommen." Das Kunstwerk ist ein Aquarell von Max Weiler und 70.000 € wert.*

    Lesen Sie bitte zunächst § 7 Abs 1 und 2 und §§ 127 und 128 Abs 1 Z 5!

    a) Bezüglich des Werts des Kunstwerks (§ 128 Abs 1 Z 5) genügt Fahrlässigkeit / ist Vorsatz erforderlich. Das ergibt sich aus § .... iVm § ....

    b) Fritz hat insoweit vorsätzlich / nicht vorsätzlich gehandelt, weil (bitte ergänzen!)

    c) Fritz ist daher mangels Tatbildvorsatzes nicht wegen schweren Diebstahls nach §§ 127, 128 Abs 1 Z 5, sondern nur nach .... zu bestrafen.

11. Kapitel: Subjektiver Tatbestand der Vorsatzdelikte

14. **Patschn-Fall** (SSt 52/39): *In Überschätzung der eigenen Treffsicherheit will A mit seinem Kleinkalibergewehr einem in 50 m Entfernung fahrenden Motorrad einen „Patschn" schießen. Er trifft den Beifahrer B tödlich. A wird wegen* **vorsätzlicher Tötung** *angeklagt.*

   a) Ist die **Wissenskomponente** in Bezug auf die Tötung des B gegeben?
      Ja / Nein – Begründung:

   b) Ist diesbezüglich die **Wollenskomponente** gegeben?
      Ja / Nein – Begründung:

11. Kapitel: Testeinheit 11

Antworten

1. Tatbildvorsatz; erweiterter Vorsatz.
2. Vorsätzlich handelt, wer einen Sachverhalt verwirklichen will, der einem gesetzlichen Tatbild entspricht (§ 5 Abs 1 1. Halbsatz).
3. a) Begleitwissen. Mangels Wollenskomponente kommt aber nur Fahrlässigkeit (§ 80 Abs 1) in Betracht.
   b) Aktualwissen.
   c) Aktualwissen wie im *Pappkarton-Fall* (S 138).
4. Bedingter Vorsatz (§ 5 Abs 1 2. Halbsatz);
   Wissentlichkeit (§ 5 Abs 3);
   Absichtlichkeit (§ 5 Abs 2).
5. Mit bedingtem Vorsatz (= dolus eventualis) handelt, wer es **ernstlich für möglich hält,** dass er einen Sachverhalt verwirklicht, der einem gesetzlichen Tatbild entspricht, **und sich damit abfindet** (§ 5 Abs 1 2. Halbsatz).
6. § 5 Abs 1 2. Halbsatz; bedingter Vorsatz; absichtlich
7. a) Mit bedingtem Vorsatz. Denn K hat die Körperverletzung eines anderen ernstlich für möglich gehalten und sich mit ihr abgefunden.
   b) Nein! Gem § 7 Abs 1 iVm § 5 Abs 1 2. Halbsatz genügt auch für das Delikt der Körperverletzung dolus eventualis oä.
8. a) aa) Absichtlichkeit! Denn dem Richter galt der Anschlag in erster Linie.
   bb) Wissentlichkeit!
   b) Zumindest dolus eventualis. Denn M hat die Tötung des Mädchens ernstlich für möglich gehalten und sich damit abgefunden und idS gewollt. („non importa" = „macht nichts" = „na wenn schon"). Für die Bestrafung wegen Mordes genügt bedingter Vorsatz (§ 75 iVm § 7 Abs 1, § 5 Abs 1 2. Halbsatz). **Aber:** Hat M es für gewiss gehalten, dass die Sprengwirkung sogar vor dem Haus Stehende tötet, kommt auch in Bezug auf die Tötung des Mädchens Wissentlichkeit in Betracht.
9. Ja! Das **gesetzliche Tatbild** erschöpft sich in der Zueignung eines dem Täter anvertrauten Gutes. Zum **Tatbestand** der Veruntreuung gehört aber darüber hinaus, dass der Täter mit Bereicherungsvorsatz handelt oä.
10. subjektives Tatbestandsmerkmal; der Tatbestandsmäßigkeit
11. a) „Beamter": **bedingter Vorsatz** (§ 302 Abs 1 iVm § 7 Abs 1 und § 5 Abs 1 2. Halbsatz).
    b) „Missbrauch der Vertretungsmacht": **Wissentlichkeit** (Wortlaut des § 302 Abs 1, der damit auf die Definition in § 5 Abs 3 verweist).
    c) „Schädigungsvorsatz": **bedingter Vorsatz** (Wortlaut des § 302 Abs 1, der damit auf die Untergrenze des § 5 Abs 1 2. Halbsatz verweist).
12. a) Nein! Dann müsste es ihm **darauf angekommen** sein, P eine „an sich schwere Verletzung" (etwa eine schwere Gehirnerschütterung) zuzufügen; vgl § 5 Abs 2. Das kann bei der geschilderten Sachlage aber nicht ohne Weiteres angenommen werden. **In dubio pro reo.**
    b) Vom Grad des bedingten Vorsatzes; sohin sind die Erfordernisse des § 84 Abs 4 eindeutig erfüllt.
13. a) ist Vorsatz erforderlich; §§ 127, 128 Abs 1 Z 5 iVm § 7 Abs 1
    b) nicht vorsätzlich; weil er den 5 000 € übersteigenden Wert nicht erkannt hat. (Daher bleibt dieser Wert gänzlich – auch für die Strafzumessung – außer Betracht.)
    c) § 127
14. a) Ja! Zumindest in der Form des **Begleitwissens;** wenn A an diesen Erfolg im Moment des Schießens gedacht hat, sogar in der Form des **Aktualwissens.**
    b) Eher nicht! Denn selbst wenn A den eingetretenen Erfolg für möglich gehalten hat, liegt darin noch kein **Wollen** iSd § 5 Abs 1. Dazu müsste A den Erfolg nicht nur **ernstlich für möglich** gehalten, sondern sich auch (und das darin liegende **Willenselement** ist das eigentlich Entscheidende) mit der Tötung des B **abgefunden** haben. In dubio pro reo ist Letzteres **nicht** anzunehmen, da die Hemmschwelle zur Tötung eines Menschen idR sehr hoch anzusetzen ist; vgl dazu *Kienapfel/Schroll* StudB BT I § 75 RN 20.

■ ■ ■ Ende dieser Programmeinheit ■ ■ ■

12. Kapitel

Tatbildirrtum

Lerneinheit 12

Lernziel: Man bezeichnet den Tatbildirrtum einprägsam als „Kehrseite des Vorsatzes". Diese LE erklärt Begriff, Bedeutung und Rechtsfolgen des Tatbildirrtums.

Steinfisch-Fall: Ras Muhammed, einst unberührtes Tauchparadies am Roten Meer. Dominik (D) greift im Wasser nach einem bizarren Stein – und zuckt vor Schmerz zurück. Der „Stein" ist ein perfekt getarnter Steinfisch (Synanceia verrucosa), dessen Stacheln äußerst giftig sind.

(1) D hatte eine .... Vorstellung von der Wirklichkeit. Er irrte.

Räuschl-Fall: Räuschl braust mit 150 Sachen auf der A 1 dahin. Da hört er im Autoradio: „Achtung! Im oberösterreichischen Seenbereich kommt Ihnen ein Wagen in der falschen Richtung entgegen!" Grinst Räuschl: „Einer ist gut! Das sind doch Hunderte!"

Räuschl hatte **überhaupt keine Vorstellung** davon, dass **er** auf der falschen Richtungsfahrbahn war. Auch wer überhaupt keine Vorstellung von der Wirklichkeit hat, irrt.

(2) Wer **keine** oder eine **falsche** Vorstellung von der Wirklichkeit hat, befindet sich in einem ....

Clubbing-Fall: Im halbdunklen Clubbing-Lokal lernt der 20-jährige Student S das langhaarige Mädchen M kennen, das ihm sagt, dass sie 15 Jahre alt ist. Im Glauben an dieses Alter nimmt er sie mit zu sich nach Hause, und sie tauschen mit ihrer Zustimmung sexuelle Handlungen aus. In Wahrheit ist sie erst 13.

(3) Sexueller Missbrauch von Unmündigen (§ 207)? S hat sich geirrt, weil (bitte ergänzen!)

Survival-Fall: Überlebenstraining in den Kärntner Bergen. Mit selbstgefertigtem Pfeil und Bogen machen sich die beiden Teilnehmer Nico (N) und Marcel (M) auf Nahrungssuche. Schließlich stoßen sie auf Enten, die auf versteckten Tümpeln friedlich vor sich hindümpeln. N hält die Wasservögel für Hausenten, M dagegen weiß, dass es Wildenten sind. Ein „Treffer" gelingt keinem von beiden.

---

(1) falsche (unrichtige oä)
(2) Irrtum
(3) er eine falsche Vorstellung von der Wirklichkeit hatte, indem er sie für über 14 hielt.

Beide haben unter Verletzung fremden Jagdrechts einem **Wild** nachgestellt, dh das Tatbild des § 137 erfüllt.

Der Unterschied besteht allein im **Subjektiven:**

M wusste, dass es sich um Wildenten, dh um Wild iSd § 137 handelte.

N dagegen hielt die Wasservögel für Hausenten, die von § 137 nicht erfasst werden.

(4) N befand sich in einem ...., weil er bezüglich der Deliktstauglichkeit der Enten eine .... Vorstellung von der Wirklichkeit hatte.

(5) **Ein Irrtum liegt vor, wenn jemand keine oder eine falsche** (bitte ergänzen!)

Begriff und Wesen

Parasol-Fall: In der Dämmerung glaubt der Jäger Hubertus (H), auf ein Reh zu schießen. Das „Reh" ist in Wirklichkeit der Pilzsammler Parasol. Parasol sinkt tödlich getroffen zu Boden.

(6) Damit ist das Tatbild / der Tatbestand des § 75 erfüllt. Das Problem des Falles
(7) betrifft den objektiven / subjektiven **Tatbestand.**

(8) Da H keine Vorstellung / eine falsche Vorstellung von der Wirklichkeit hatte, befand er sich offenkundig in einem ....

Betrachten wir den Fall noch von einer anderen Seite: Hat H **vorsätzlich** gehandelt?

Sie erinnern sich an die **Legaldefinition des Vorsatzes** in § 5 Abs 1 1. Halbsatz:

(9) Vorsätzlich handelt, wer einen Sachverhalt....................... ...., der einem .... entspricht.

Hat H einen Sachverhalt verwirklichen wollen, der dem gesetzlichen Tatbild des § 75 entspricht?

(10) Ja / Nein – Begründung:

(11) Folglich hat H vorsätzlich gehandelt / nicht vorsätzlich gehandelt.

---

(4) Irrtum; falsche
(5) Vorstellung von der Wirklichkeit hat
(6) das Tatbild
(7) subjektiven
(8) eine falsche Vorstellung; Irrtum
(9) verwirklichen will; gesetzlichen Tatbild
(10) Nein! Weil man nicht **wollen** kann, was man nicht **weiß**. H hat nicht gewusst (und daher auch nicht gewollt), dass er einen Sachverhalt verwirklicht, der dem gesetzlichen Tatbild des § 75 entspricht oä.
(11) nicht vorsätzlich

12. Kapitel: Tatbildirrtum

Sie haben soeben zwei bedeutsame Feststellungen getroffen:
1. **H hat sich geirrt.**
2. **H hat nicht vorsätzlich gehandelt.**

Es lohnt sich, beide Feststellungen zu überdenken. Denn beide betreffen, genau gesehen, **ein und denselben Umstand:**

(12) Wer **nicht weiß,** dass er einen Sachverhalt verwirklicht, der dem gesetzlichen Tatbild eines Delikts entspricht, handelt nicht ...., weil er sich in einem .... befindet.

Ein solcher Irrtum verhüllt dem Täter die Tatbildmäßigkeit bzw die Tatbestandsmäßigkeit seiner Handlung. Er heißt daher **Tatbildirrtum (= Tatbestandsirrtum).**

Wichtig! Ein Tatbildirrtum liegt vor, wenn der Täter nicht erkennt, dass der von ihm verwirklichte Sachverhalt einem gesetzlichen Tatbild entspricht.

(13) **Umgekehrt:** Wer mit Wissen und Wollen einen Sachverhalt verwirklicht, der dem gesetzlichen Tatbild eines Delikts entspricht, handelt **vorsätzlich** und befindet sich somit in einem / in keinem Tatbildirrtum.

(14) Man bezeichnet den Tatbildirrtum daher zu Recht als Kehrseite des ....

Anders formuliert: **Der Tatbildirrtum ist die Negation des Vorsatzes.**

(15) Das eine schließt das andere aus: **Entweder weiß** der Täter vom Vorliegen eines Sachverhalts, der dem gesetzlichen Tatbild eines bestimmten Delikts entspricht. Dann handelt er .... und irrt sich nicht.

(16) **Oder der Täter weiß es nicht.** Dann handelt er **nicht vorsätzlich,** weil er sich in einem .... irrtum befindet.

(17) Ein Tatbildirrtum schließt den .... aus. Vorsatz schließt einen
(18) .... aus. Es ist wie bei einer Münze. Sie präsentiert sich immer nur von einer Seite: **entweder – oder.**

(19) Weil das so ist, brauchte der Gesetzgeber den Tatbildirrtum nicht ausdrücklich zu regeln. Denn das **Wesen des Tatbildirrtums** ergibt sich **mittelbar** aus der Legaldefinition des .... Zur **Definition des Tatbildirrtums** verwenden Sie daher die Vorsatzdefinition des § 5 Abs 1 1. Halbsatz – nur mit umgekehrtem **Vorzeichen.**

---

(12) vorsätzlich; Irrtum
(13) in keinem Tatbildirrtum
(14) Vorsatzes
(15) vorsätzlich
(16) Tatbildirrtum
(17) Vorsatz
(18) Tatbildirrtum
(19) Vorsatzes bzw des § 5 Abs 1 1. Halbsatz

12. Kapitel: Lerneinheit 12

(20) **Ein Tatbildirrtum liegt vor, wenn der Täter** ...., **dass der von ihm verwirklichte** .... **einem** .... **entspricht.**

Beachte! Genau genommen ist der Tatbildirrtum die Kehrseite der **Wissenskomponente** des Vorsatzes.

(21) Blättern Sie bitte zurück zum Regenschirm-Fall (S 136)! Befand sich der zerstreute Professor im Hinblick auf die Wegnahme des fremden Schirms in einem Tatbildirrtum?

Ja / Nein – Begründung:

Es ist gleichgültig, ob der Täter die Verwirklichung eines, mehrerer oder sämtlicher objektiver Tatbestandsmerkmale des gesetzlichen Tatbildes verkennt.
(22) Schon der Irrtum über ein einziges Tatbildmerkmal / nur der Irrtum über sämtliche Tatbildmerkmale lässt den Vorsatz entfallen.

Über die Verwirklichung welchen objektiven Tatbestandsmerkmals des § 75 hat sich der Jäger Hubertus im *Parasol-Fall* (S 152) geirrt?
(23)

Kompost-Fall: Umweltbewusste Eigenkompostierung zieht mitunter Ratten an. Annika (A) hat deshalb mit Speck bestückte Fallen vor den Erdlöchern aufgestellt, dabei aber nicht an die Gefahren für herumstöbernde Hunde gedacht. Der Spaniel des E tappt in eine solche Falle und wird erheblich verletzt.

A hat sich bezüglich des § 125 in einem Tatbildirrtum befunden. Worüber hat sie
(24) sich geirrt?

Noch einmal zum Regenschirm-Fall des zerstreuten Professors. Auch bei ihm hatten Sie – ganz global – einen Tatbildirrtum angenommen.

Über welche(s) **objektive(n)** Tatbildmerkmal(e) des § 127 hat sich der Professor geirrt? Zutreffendes bitte ankreuzen!

---

(20) nicht erkannt; Sachverhalt; gesetzlichen Tatbild
(21) Ja! Er hat nicht gewusst, dass er einen **fremden** Schirm wegnimmt (und dadurch das gesetzliche Tatbild des § 127 erfüllt) oä.
(22) Schon der Irrtum über ein einziges Tatbildmerkmal
(23) Über das Merkmal „ein anderer" (dh Mensch).
(24) Darüber, dass sie den Hund des E und damit „eine fremde Sache" beschädigt bzw dass auch ein Hund in die Rattenfalle tappen kann oä.

12. Kapitel: Tatbildirrtum

(25) □ Sache   □ fremd   □ bewegliche   □ Wegnahme

Wenden wir uns nunmehr den **Rechtsfolgen** des Tatbildirrtums zu.

Rechtsfolgen

In diesem Zusammenhang interessiert vor allem die Frage, **ob** überhaupt und gegebenenfalls **wie** derjenige bestraft wird, der sich in einem Tatbildirrtum befunden hat.

(26) Jeder Tatbildirrtum schließt den .... aus. Ohne Vorsatz gibt es keine Bestrafung wegen eines Vorsatzdelikts (§ 7 Abs 1).

(27) Mithin besteht die **Rechtsfolge** des Tatbildirrtums letztlich darin, dass **eine Bestrafung wegen eines Vorsatzdeliktes** möglich / ausgeschlossen ist. Bitte merken!

Wichtig! Das heißt aber nicht, dass der Täter **überhaupt nicht bestraft** werden kann. Denn in allen Fällen eines **Tatbildirrtums** muss man sich die Frage stellen, **ob nicht wenigstens eine Bestrafung wegen fahrlässiger Tat übrig bleibt!**

Das ist, wie die folgenden Überlegungen zeigen, nicht ohne Weiteres der Fall. Denn eine Bestrafung wegen fahrlässiger Tat setzt stets zweierlei voraus:

(28) ■ **Erstens:** Ein entsprechendes Fahrlässigkeitsdelikt muss im Gesetz **überhaupt vorgesehen** sein. Das trifft, wie bereits § 7 Abs 1 andeutet, in vielen Fällen / nur in wenigen Fällen zu.

■ **Zweitens:** Der Täter muss **tatsächlich** fahrlässig gehandelt haben. Das ist der Fall, wenn sein Irrtum auf Fahrlässigkeit beruht.

Man spricht daher von einer „**doppelt bedingten Fahrlässigkeitshaftung**".

Aber: Längst nicht alle Tatbildirrtümer beruhen auf Fahrlässigkeit.

Zurück zum Parasol-Fall (S 152)! Kann der Jäger Hubertus wegen fahrlässiger Tat bestraft werden?

Ihre Überlegungen bestehen in solchen Fällen stets aus zwei gedanklichen Etappen:

■ **Erstens: Gibt es für die Tat des H ein entsprechendes Fahrlässigkeitsdelikt?**
(29) Ja / Nein – Wenn ja, welches?

---

(25) Auf jeden Fall über die **Fremdheit**. Denn der Professor war von **seinem** Eigentum überzeugt. Im Übrigen auch über die **Wegnahme**. Sie lag hier tatsächlich vor, was der Professor aber nicht wusste. Näheres gehört in den Besonderen Teil.
(26) Vorsatz
(27) ausgeschlossen
(28) nur in wenigen Fällen
(29) Ja! Neben dem Mord (§ 75) gibt es wegen der Ranghöhe des Rechtsguts Leben auch ein entsprechendes Fahrlässigkeitsdelikt: § 80 = fahrlässige Tötung.

12. Kapitel: Lerneinheit 12

■ **Zweitens: Beruht der Irrtum des H auf Fahrlässigkeit?**

Diese Frage ist im Ergebnis zu bejahen. Die Einzelheiten wollen wir bis zu den Fahrlässigkeitsdelikten zurückstellen.

Muss A im Kompost-Fall wegen des allzu sorglosen Aufstellens von Rattenfallen Bestrafung wegen fahrlässiger Tat gewärtigen? Die Antwort ergibt sich aus § 125 iVm § 7 Abs 1!

(30) Ja / Nein – Begründung:

Der Verteidiger eines wegen vorsätzlicher Tat Beschuldigten wendet vor Gericht mit Vorliebe ein, dass sich sein Mandant in einem **Tatbildirrtum** befunden habe. Dies ist aus verschiedenen Gründen ein recht geschickter Schachzug.

(31) Nennen Sie mindestens **einen** Grund!

Sonderprobleme

Es gibt **zahlreiche Arten** objektiver Tatbestandsmerkmale bei den einzelnen Delikten. Dementsprechend vielgestaltig sind die Irrtumsmöglichkeiten.

Ein solcher Irrtum kann sich zB auf die Tathandlung, das Tatobjekt, den Kausalverlauf, den Erfolg oder die Tatmodalitäten beziehen. IdR handelt es sich dabei

(32) um .... irrtümer.

Besonderheiten gelten aber für den „Irrtum über das Tatobjekt" und den „Irrtum über den Kausalverlauf".

Zunächst zum **Irrtum über das Tatobjekt = error in persona vel objecto.**

Betrachten wir unter diesem Aspekt noch einmal den Parasol-Fall (S 152): Der Jäger Hubertus glaubt, auf ein Reh zu schießen. Statt des vermeintlichen Rehs trifft er den Pilzsammler Parasol tödlich.

---

(30) Nein! Sachbeschädigung ist nur bei Vorsatz strafbar.
(31) 1. Weil es im StGB nur **wenige Fahrlässigkeitsdelikte** gibt. Fehlt ein solches, bleibt der Betreffende schon deshalb straflos.
2. Weil immer noch die Frage bleibt, ob der Irrtum auf Fahrlässigkeit beruht.
3. Weil das Fahrlässigkeitsdelikt **stets milder** bestraft wird als das Vorsatzdelikt (prinzipiell niedrigere Strafrahmen!).
4. Weil man die Behauptung des Täters, er habe sich in einem Tatbildirrtum befunden, **oft nicht widerlegen** kann. Man kann ja nicht in ihn hineinsehen.
(32) Tatbildirrtümer

12. Kapitel: Tatbildirrtum

(33) Hubertus hat auf das Tatobjekt „Sache" gezielt, aber das Tatobjekt „.......
(34) ...." getroffen. Dieser Irrtum über das .... ist ein **Tatbildirrtum,** weil (bitte ergänzen!)

Miguel-Fall: Miguel will seinen Feind Juan erschießen, verwechselt diesen aber in der Dunkelheit mit Sancho. Sancho ist sofort tot.

(35) Auch Miguels Irrtum ist ein Irrtum über das .... Im Gegensatz zum *Parasol-Fall* ist dieser Irrtum aber **kein Tatbildirrtum.**

(36) Bitte lesen Sie § 75 und begründen Sie warum!

(37) Wir halten also zunächst fest, dass jeder Irrtum über das Tatobjekt / nicht jeder Irrtum über das Tatobjekt auch ein .... ist.

Dass der Irrtum über die **Identität des Opfers** zwar ein Irrtum über das Tatobjekt, aber kein Tatbildirrtum ist, hat folgenden Grund:

(38) Miguel tötet Sancho und nicht Juan, den er eigentlich töten wollte. Zum **Sachverhalt,** den Miguel verwirklichen will, gehört auch / gehört nicht die Identität des Opfers. Aber dem **Gesetz** (§ 75) kommt es darauf nicht an. Denn § 75 begnügt sich mit dem allgemeinen Erfordernis, dass der Täter „einen anderen" tötet. Und genau das wollte Miguel tun (und hat es auch getan).

(39) **Beachte!** Das bedeutet, dass bei **Gleichartigkeit des Tatobjekts** ein error in persona vel objecto den Vorsatz nicht berührt. Anders ausgedrückt: Ein solcher Irrtum begründet einen Tatbildirrtum / keinen Tatbildirrtum. Er ist schlechterdings **unbeachtlich.**

(40) **Aber:** Anders bei **Ungleichartigkeit des Tatobjekts.** Hier schließt ein error in persona vel objecto den .... aus und ist daher ein .... irrtum.

---

(33) „ein anderer" (bzw „Mensch")
(34) Tatobjekt; H nicht gewusst hat, dass er „einen anderen" tötet, und dies daher auch nicht gewollt hat oä.
(35) Tatobjekt
(36) Tatobjekt des § 75 ist „ein anderer". „Einen anderen" hat Miguel auch töten wollen. Dass der „andere" nicht Juan, sondern Sancho ist, ist unerheblich. Diese Lösung leuchtet vielleicht auf den ersten Blick noch nicht ein. Lesen Sie dazu weiter die LE.
(37) nicht jeder Irrtum über das Tatobjekt; Tatbildirrtum
(38) gehört auch
(39) keinen Tatbildirrtum
(40) Vorsatz; Tatbildirrtum

12. Kapitel: Lerneinheit 12

(41) Im *Parasol-Fall* ist das Tatobjekt .... artig, im *Miguel-Fall* ist es ....

(42) Ein Tatbildirrtum liegt somit nur im *Parasol-Fall / Miguel-Fall* vor.

(43) Welche **Rechtsfolgen** zieht ein Tatbildirrtum nach sich?

(44) Mithin ist Hubertus gem §......, Miguel gem §... zu bestrafen.

Der diebische Viehhändler Veigl (V) will die preisgekrönte Rotbunte Berta des E von der Weide stehlen. In der Dunkelheit erwischt er aber nur die euterschwache Franziska.

Ist V wegen Diebstahls gem § 127 zu bestrafen? (Beschränken Sie sich auf den Irrtumsaspekt!)

(45) Ja / Nein – Begründung:

Wenden wir uns nunmehr dem **Irrtum über den Kausalverlauf** zu.

Beim Irrtum über den Kausalverlauf weicht der **vorgestellte** Kausalverlauf vom **wirklichen** Kausalverlauf mehr oder weniger ab.

Brücken-Fall: *In der Absicht ihn zu ertränken, stößt A den B von der Brücke in den reißenden Inn. B prallt aber auf den Brückenpfeiler. Sein Tod tritt nicht durch Ertrinken, sondern bereits durch Genickbruch ein.*

(46) Begründen Sie, warum es sich bei diesem Beispiel um einen Irrtum über den .... handelt!

---

(41) ungleichartig; gleichartig
(42) *Parasol-Fall*
(43) Eine Bestrafung wegen des Vorsatzdelikts entfällt oä. Doch erfolgt eine Bestrafung wegen fahrlässiger Tat, wenn es ein entsprechendes Fahrlässigkeitsdelikt gibt **und** der Täter fahrlässig gehandelt hat.
(44) § 80 Abs 1; § 75
(45) Ja! Es handelt sich um einen error in persona vel objecto bei **gleichartigem** Tatobjekt. Ein solcher Irrtum ist kein Tatbildirrtum. Er schließt den Vorsatz des V nicht aus oä. Anders ausgedrückt: Der Wortlaut des § 127 zeigt, dass es auf die Identität des Tatobjekts nicht ankommt. Das Gesetz fordert nur „die Wegnahme einer fremden beweglichen **Sache**". Eine solche hat V weggenommen. Diesen Sachverhalt hat V auch verwirklichen **wollen** (§ 5 Abs 1 1. Halbsatz).
(46) Kausalverlauf; A stellt sich vor, dass das Hinabstoßen des B dazu führt, dass B ertrinkt. In Wirklichkeit bricht sich B das Genick oä.

12. Kapitel: Tatbildirrtum

(47) Der Kausalverlauf (= Kausalzusammenhang) ist ein .... **Tatbestandsmerkmal** der Tätigkeitsdelikte / Erfolgsdelikte. Man müsste daher eigentlich annehmen, dass der Irrtum über den Kausalverlauf unzweifelhaft ein Fall des
(48) .... irrtums wäre.

Aber: Diese Annahme **hätte** zur Folge, dass **schon bei der geringsten Abweichung** des wirklichen Kausalverlaufs vom vorgestellten der Vorsatz infolge eines Tat-
(49) bildirrtums .... wäre und allenfalls Bestrafung wegen .... Tat in Betracht käme.

Ein solches Ausweichen auf das bloße Fahrlässigkeitsdelikt (falls überhaupt vorhanden) wäre aber **kriminalpolitisch unerträglich,** weil der Täter das Unrecht des Vorsatzdelikts ja verwirklichen **wollte.**

(50) Daher gelten nach hM **unwesentliche Abweichungen** des .... Kausalverlaufs vom vorgestellten **von vornherein als strafrechtlich unbeachtlich** und berühren den Vorsatz des Täters .... Noch weniger begründen sie
(51) einen .... irrtum.

(52) Folglich ist A im *Brücken-Fall* wegen vorsätzlicher Tötung (= § 75) zu bestrafen / nicht zu bestrafen.

Wichtig! Unwesentliche Abweichungen des wirklichen vom vorgestellten Kausal-
(53) verlauf **gelten** als strafrechtlich **unbeachtlich.** Sie begründen daher .... irrtum.

Die entscheidende Frage lautet somit: Wann ist eine Abweichung des wirklichen vom vorgestellten Kausalverlauf **wesentlich?**

Maßgeblich dafür ist die **allgemeine Lebenserfahrung.** Sie orientiert sich daran, was man in einer bestimmten Situation **realistischerweise = objektiv voraussehen** kann.

Die **Bandbreite** des objektiv Voraussehbaren ist, und gerade das lehrt die
(54) a .... L ...., relativ groß.

So muss man etwa bei fortgeschrittener Jahreszeit mit der Vereisung von Brücken rechnen (OLG Graz ZVR 1979/187) oder bei dauernd grenzwertüberschreitender Schadstoffemission mit gefährlicher Luftverunreinigung (OLG Linz JBl 1990 436 m Anm *Kienapfel*).

---

(47) objektives; Erfolgsdelikte
(48) Tatbildirrtums
(49) ausgeschlossen; fahrlässiger
(50) wirklichen; nicht
(51) Tatbildirrtum
(52) zu bestrafen
(53) keinen Tatbildirrtum
(54) allgemeine Lebenserfahrung

12. Kapitel: Lerneinheit 12

(55) Ist es objektiv voraussehbar, dass auf der (zB nächtlichen) **Autobahn** Teile der Ladung (Bretter, Schi, Steine) oder Autozubehör wie Reifen, Auspufftöpfe umherliegen können?

Wichtig! Nur mit Ereignissen bzw Kausalverläufen, die **gänzlich außerhalb der allgemeinen Lebenserfahrung** liegen, braucht niemand zu rechnen. Sie gelten als **nicht objektiv voraussehbar**.

Liegt im *Brücken-Fall* (S 158) das Aufprallen auf den Brückenpfeiler samt dadurch eingetretenem Tod **gänzlich außerhalb der allgemeinen Lebenserfahrung?**
(56) Ja / Nein – Begründung:

(57) **Merkformel:** Als **wesentlich** gilt eine Abweichung des wirklichen vom .... Kausalverlauf **nur dann,** wenn sie **gänzlich** .... **der allgemeinen Lebenserfahrung liegt.** Man spricht insoweit von einem **atypischen Kausalverlauf.**

Variante: Wieder stößt A den B in Tötungsabsicht von der Brücke. B überlebt den Sturz und rettet sich schwimmend ans Ufer. Dort erschlägt ihn der Blitz.

(58) Eine solche Abweichung des wirklichen vom vorgestellten .... ist **unwesentlich / wesentlich,** weil (bitte ergänzen!)

(59) Deshalb scheidet bei dieser Variante des *Brücken-Falles* eine Bestrafung des A wegen **vollendeter** vorsätzlicher Tötung nicht aus / aus.

Immerhin steht fest, dass A den B töten **wollte.** Deshalb stellt sich die Frage, ob A zumindest wegen **versuchten Mordes** zu bestrafen ist. Die Behandlung solcher Fälle ist strittig. Näheres im Grundriss AT RN 12. 5 ff.

■ ■ ■ **Bevor Sie die Testfragen zur LE 12 durcharbeiten, lesen Sie bitte zunächst im Grundriss AT Kap 12!** ■ ■ ■

(55) Selbstverständlich
(56) Nein! Gerade ein **solcher Tod** des Opfers ist beim Stoßen von einer Brücke objektiv voraussehbar und daher keine wesentliche Abweichung des wirklichen vom vorgestellten Kausalverlauf oä.
(57) vorgestellten; außerhalb
(58) Kausalverlauf; **wesentlich,** weil sie **gänzlich außerhalb der allgemeinen Lebenserfahrung** liegt. Anders formuliert: Mit einem derartigen atypischen Kausalverlauf braucht niemand zu rechnen.
(59) aus

12. Kapitel: Tatbildirrtum

Testeinheit 12

Testfragen zur LE 12

1. In manchen Lehrbüchern liest man den Begriff „vorsatzausschließender Tatbildirrtum". Kritisieren Sie diese Begriffsbildung!

2. **Krawatten-Fall:** *Stavros Choleros, ein exzentrischer Reeder, findet im Schlafzimmer eine grün-violett-geblümte Krawatte im Honolululook. „Wer wagt es, mir so etwas Scheußliches zu schenken?" ruft Choleros empört und wirft den Schlips (der in Wirklichkeit dem Liebhaber seiner Frau gehört) angewidert ins Kaminfeuer (= § 125).*

   a) Handelt Stavros Choleros vorsätzlich?
   Ja / Nein – Begründung:

   b) Über welches Merkmal des objektiven Tatbestands hat er sich geirrt?

   c) Es handelt sich um einen .... irrtum.

   d) Beschreiben Sie das Wesen dieses Irrtums durch seine Definition!

3. Unter welchen beiden Voraussetzungen kann jemand, der sich in einem Tatbildirrtum befindet, **doch bestraft** werden?

4. Kann Stavros Choleros wenigstens wegen fahrlässiger Tat bestraft werden? Lesen Sie bitte § 125 und § 7 Abs 1!
   Ja / Nein – Begründung:

5. *Blättern Sie bitte zurück zum Viren-Fall (S 102)!*
   Der Lehrling hat sich in Bezug auf die von ihm verwirklichten Delikte der §§ 125 f sowie 126 a nur dann in einem Tatbildirrtum befunden, wenn (bitte ergänzen!)

12. Kapitel: Testeinheit 12

6. Jemand wird wegen vorsätzlicher Tat angeklagt. In der Hauptverhandlung stellt sich heraus, dass er sich in einem Tatbildirrtum befunden hat. Diese Feststellung ist für den Angeklagten aus mehreren Gründen günstig. Nennen Sie **mindestens zwei!**

7. *Super-G-Fall: Kurz vor dem Start des Super-G der Damen in Val d'Isère zerkratzt ein fanatischer „Sportsfreund" mit seinem Autoschlüssel die Lauffläche jener Rennschi, die, wie er meint, der österreichischen Favoritin gehören. Er kann es kaum fassen, dass diese dennoch Bestzeit fährt und ihre Weltcupführung ausbaut – weil er in Wirklichkeit die Schi einer anderen Läuferin erwischt hatte.*
   a) In Betracht kommt das Delikt der .... (§ ....).
   b) Worin sehen Sie das Problem dieses Falles?

   c) Lösen Sie dieses Problem!

8. *Dr. Murx verwechselt in der Eile die Injektionsspritzen. Der bedauernswerte Patient bezahlt dies mit seinem Leben.*
   a) Kann Dr. Murx wegen vorsätzlicher Tötung (= § 75) bestraft werden?
   Ja / Nein – Begründung:

   b) Falls Sie Frage 1 verneinen: Sehen Sie eine sonstige Möglichkeit, Dr. Murx zu bestrafen?
   Ja / Nein – Begründung:

9. *Blättern Sie bitte zurück zum Wandervogel-Fall (S 140)!*
   In welchen Beziehungen unterscheidet sich dieser Fall vom *Parasol-Fall* (S 152)?

12. Kapitel: Tatbildirrtum

10. **Rosenkrieg-Fall:** *Der gewalttätige M glaubt die bevorstehende Scheidung nicht verkraften zu können. Er stranguliert seine Frau (F) mit dem Gürtel ihres Bademantels, bis sie sich nicht mehr rührt, glaubt aber, dass sie vorerst nur ohnmächtig ist. Er schleppt sie auf den Dachboden und hängt sie am Dachbalken auf, um ihren Selbstmord vorzutäuschen. Ihr Tod war* **bereits durch Erwürgen** *eingetreten.*
    a) In Betracht kommt Mord (§ 75). Aber M hat sich offenkundig geirrt. Worüber?

    b) Schließt dieser Irrtum den Vorsatz des M aus?
       Ja / Nein – Begründung:

11. *1. Variante: F setzt sich gegen den Angriff zur Wehr. Es kommt zu einem erbitterten Kampf, in dessen Verlauf F mit dem Hinterkopf hart auf dem Steinfußboden aufschlägt und auf der Stelle stirbt.*
    Dieser Irrtum schließt den Vorsatz des M aus / nicht aus. M wird wegen § 75 bestraft / nicht bestraft, weil (bitte ergänzen!)

12. *2. Variante: Im letzten Augenblick kann sich F aus dem Würgegriff des M befreien. In panischer Angst flüchtet sie auf die Straße, übersieht dabei ein Auto und wird tödlich überfahren.*
    Nach moderner Lehre kann M bei dieser Variante wegen vollendeten Mordes / nur wegen versuchten Mordes bestraft werden, weil (bitte ergänzen!)

13. **Antiquitätenschmuggel-Fall** (in Anlehnung an OGH EvBl 1983/156): *Im September 2007 wird E am Steuer eines Schmuggelfahrzeugs gefasst, in dessen Geheimversteck 30 Stangen Zigaretten (zollpflichtig!) entdeckt werden. Er trägt unwiderlegt vor, dass er geglaubt habe, zollpflichtige ägyptische Antiquitäten zu schmuggeln.*
    Gem § 35 Abs 1 FinStrG macht sich strafbar, wer vorsätzlich zollpflichtige Waren der Verzollung entzieht. E beruft sich auf **fehlenden Vorsatz** in Bezug auf das Delikt des § 35 Abs 1 FinStrG. Wird er mit diesem Einwand durchdringen?
    Ja / Nein – Begründung:

12. Kapitel: Testeinheit 12

Antworten

1. Pleonasmus! Jeder Tatbildirrtum ist vorsatzausschließend oä.

2. a) Nein! Denn er will keinen Sachverhalt verwirklichen, der dem gesetzlichen Tatbild des § 125 (bzw dort dem Merkmal **fremde** Sache) entspricht oä.
   b) Über die „Fremdheit".
   c) Tatbildirrtum bzw Tatbestandsirrtum
   d) Bei einem Tatbildirrtum erkennt der Täter nicht, dass er einen Sachverhalt verwirklicht, der einem gesetzlichen Tatbild entspricht oä.

3. – Es muss überhaupt ein entsprechendes Fahrlässigkeitsdelikt existieren.
   – Der Irrtum muss auf Fahrlässigkeit beruhen.

4. Nein! Es gibt keine fahrlässige Sachbeschädigung; § 125 iVm § 7 Abs 1.

5. er nichts von der Virenverseuchung des Computerspiels ahnte und daher auch nicht wusste, dass Schäden an der EDV-Anlage des Unternehmens auftreten könnten oä.

6. – Der Angeklagte kann nicht wegen der ihm vorgeworfenen vorsätzlichen Tat bestraft werden.
   – Es gibt nur wenige Fahrlässigkeitsdelikte im StGB.
   – Es steht noch längst nicht fest, dass sein Irrtum auf Fahrlässigkeit beruht.
   – Die fahrlässige Tat wird milder bestraft (niedrigerer Strafrahmen) als die vorsätzliche.

7. a) Sachbeschädigung (§ 125)
   b) **Allgemein:** Kommt für den Täter ein Tatbildirrtum in Betracht?
   Speziell: Problematik des Irrtums über das Tatobjekt oä.
   c) Die Schi, die der Täter beschädigen wollte, und die, die er beschädigt hat, sind **gleichartig**, nämlich **„fremde Sachen"** iSd § 125. Ein solcher Irrtum ist **kein** Tatbildirrtum, schließt also den Vorsatz nicht aus oä.

8. a) Verschiedene Antworten sind möglich und richtig:
   Nein! Dr. Murx will keinen Sachverhalt verwirklichen, der dem „Töten eines anderen" (§ 75) entspricht. Dieser Tatbildirrtum schließt den Vorsatz aus oä.
   Nein! Dr. Murx erkennt nicht, dass er einen Sachverhalt verwirklicht, der sämtlichen objektiven Tatbestandsmerkmalen (dh dem gesetzlichen Tatbild) des § 75 entspricht. Dieser Tatbildirrtum schließt den Vorsatz aus oä.
   Nein! Dr. Murx befindet sich in einem Tatbildirrtum. Dieser Tatbildirrtum schließt den Vorsatz aus oä.
   b) Ja! Unter Umständen nach § 80 wegen fahrlässiger Tötung.

9. Anders als im *Parasol-Fall* fehlt bei Horrido **nicht die Wissenskomponente** des Vorsatzes (daher kein Tatbildirrtum). Da bei ihm außerdem die Wollenskomponente in Gestalt des dolus eventualis vorliegt, handelt Horrido (anders als Hubertus) vorsätzlich oä.

10. a) Über den Kausalverlauf.
    b) Nein! **Diese Abweichung** des wirklichen vom vorgestellten Kausalverlauf ist unwesentlich; denn sie liegt innerhalb des nach allgemeiner Lebenserfahrung Voraussehbaren. Schon deshalb ist der Vorsatz des M nicht in Frage gestellt oä.

11. nicht aus; **bestraft,** weil auch **diese** Abweichung unwesentlich ist und noch innerhalb des nach allgemeiner Lebenserfahrung Voraussehbaren liegt oä.

12. nur wegen versuchten Mordes bestraft werden, weil der auf **diese Weise** eingetretene Tod der F ihm nicht (mehr) objektiv zugerechnet werden kann oä. Näheres dazu später in LE 28.

13. Nein! Tatobjekte des § 35 Abs 1 FinStrG sind ganz allgemein zollpflichtige Waren. Aus Ägypten stammende Antiquitäten sind ebenso zu verzollen wie Zigaretten. Es handelt sich mithin um ein in Bezug auf § 35 Abs 1 FinStrG **gleichwertiges Tatobjekt**. Ein solcher Irrtum ist kein Tatbildirrtum, sondern unbeachtlich oä.

■ ■ ■ **Ende dieser Programmeinheit** ■ ■ ■

Fälle und Lösungen

Lernziel: Von nun an wird Ihnen die Möglichkeit geboten, das **selbständige Lösen strafrechtlicher Fälle** zu trainieren. Es folgen Fälle unterschiedlicher Schwierigkeitsgrade, die einerseits nicht den gesamten Stoff des AT abdecken, aber andererseits über die Inhalte des Lernprogramms hinausgehen. Fragen des Prozessrechts bleiben ausgeklammert. Um zu erkennen, wo die Probleme und die Schwerpunkte dieser Fälle liegen, empfiehlt sich eine konsequente Heranziehung des (jeweiligen) Fallprüfungsschemas. Im folgenden Fall geht es um die erste Stufe der Fallprüfung, die (objektive und subjektive) **Tatbestandsmäßigkeit** der Handlung.

1. Fall

Der zweite Squashschläger

Sachverhalt: *A vermisst ihren Squashschläger und denkt, sie habe ihn samt der Hülle bei ihrem letzten Besuch der Squash-Halle vergessen. Als sie das nächste Mal zur Halle kommt, sieht sie in der Kiste mit der Aufschrift „Fundgegenstände" einen Squashschläger samt Hülle liegen, der aussieht wie ihrer. Sie ist überzeugt, dass es ihre Sachen sind, und nimmt den Schläger und die Hülle mit. In Wahrheit gehört die Ausrüstung jedoch der X, die sie bei ihrem letzten Besuch in der Halle liegen hat lassen. Zuhause bemerkt A, dass sie ihren Schläger irrtümlich im Fahrradraum abgestellt hat. Um ihre Finanzen aufzubessern, verkauft sie den aus der Fundkiste mitgenommenen Schläger samt Hülle über „willhaben.at".*

Aufgabe: *Prüfen Sie die Strafbarkeit der A!*

Wichtig! Lösen Sie diesen Fall – und alle folgenden – bitte **schriftlich!** Bei bloß „gedanklichen" Lösungen werden oft Probleme übersehen. Außerdem würden Sie auf das für Ihren Lernerfolg wichtige **schriftliche Training** verzichten. **Allgemeine Tipps** für die Falllösung entnehmen Sie bitte der Zusammenstellung **am Ende des Buches** (S 461 ff)!

Hinweis: Bei diesem Sachverhalt kommen **zwei** strafbare Handlungen in Betracht.
(1) Welche?

Beide Fragenkomplexe müssen **gedanklich streng auseinandergehalten** und daher bei Ihrer schriftlichen Falllösung **getrennt voneinander untersucht** werden.

Tipp! Legen Sie zunächst schriftlich eine Problemsammlung an.

---

(1) Diebstahl (§ 127) durch die Mitnahme des Squashschlägers sowie Anschlussunterschlagung (§ 134 Abs 2) durch das Verkaufen des Squashschlägers.

1. Fall

PROBLEMSAMMLUNG

A Mitnahme des Squashschlägers

1: Ist der objektive Tatbestand des § 127 erfüllt? „Sache"? „Wegnehmen"?

2: Ist der subjektive Tatbestand des § 127 erfüllt? Tatbildvorsatz? Zueignungs- und Bereicherungsvorsatz? Zeitpunkt des Vorhandenseins des Vorsatzes?

3: Unterliegt A einem Irrtum? Wenn ja, welchem? Rechtsfolgen?

B Verkauf des Squashschlägers

1: Ist der objektive Tatbestand des § 134 Abs 2 erfüllt? „Gut"? „Zueignen"?

2: Ist der subjektive Tatbestand des § 134 Abs 2 erfüllt? Tatbildvorsatz? Ist Bereicherungsvorsatz gegeben?

MUSTERLÖSUNG[1]

A Mitnahme des Squashschlägers

In Betracht kommt **Diebstahl (§ 127).**

I Tatbestandsmäßigkeit

1. **Objektiver Tatbestand:** Der Squashschläger samt Hülle ist eine **bewegliche, körperliche Sache,** da er sich ohne Substanzverlust fortbewegen lässt und „in die Sinne fällt". Er ist eine **fremde** Sache, da er der X gehört und damit im (Allein-) Eigentum einer von der Täterin (A) verschiedenen Person steht. Dass X die Squash-Ausrüstung vergessen hat, ändert daran nichts. Die Ausrüstung ist auch Wertträger: Sie besitzt wirtschaftlichen Tauschwert, da sie zu Geld gemacht werden kann. Eine Sache wird **weggenommen,** wenn fremder Gewahrsam gegen den Willen des bisherigen Gewahrsamsinhabers gebrochen und neuer Alleingewahrsam begründet wird. X hat den Schläger und die Hülle im faktischen Herrschaftsbereich der Squash-Halle zurückgelassen, somit übernimmt der Inhaber der Squash-Halle **subsidiären** Gewahrsam an diesen. Im Falle von großen Sachen, die nicht am Körper verborgen werden (können), ist es für die Vollendung des Diebstahls notwendig, dass die Sache aus dem vom Gewahrsamsinhaber generell beherrschten Raum entfernt wird. Hier bricht A den subsidiären Gewahrsam des Besitzers der Squash-Halle und begründet eigenen Alleingewahrsam zu dem Zeitpunkt, als sie mit Schläger und Hülle die Halle verlässt. Damit ist der objektive Tatbestand des Diebstahls erfüllt.

2. **Subjektiver Tatbestand:** Diebstahl erfordert das Vorliegen von Tatbildvorsatz sowie Zueignungs- und Bereicherungsvorsatz. Der **Tatbildvorsatz** muss sich auf

---

[1] In der Musterlösung sind **sämtliche** Tatbestandsmerkmale des § 127 und weitere relevante Elemente der Fallprüfung verarbeitet. Besonders wichtige Worte sind durch Fettdruck hervorgehoben.

alle objektiven Tatbestandsmerkmale im Zeitpunkt der Wegnahme beziehen (Gleichzeitigkeitsprinzip), somit auch auf das Tatbestandsmerkmal „fremd". Im Zeitpunkt des Gewahrsamsbruchs glaubt A aber, dass die Squash-Ausrüstung ihr gehört. Sie unterliegt damit einem **Tatbildirrtum,** da sie nicht erkennt, dass sie mit dem Entfernen des Schlägers einen Sachverhalt verwirklicht, der einem gesetzlichen Tatbild entspricht. A irrt über das Tatbestandsmerkmal „fremd". Damit fehlt der Tatbildvorsatz und scheidet die Bestrafung nach § 127 aus.[2])

Die Bestrafung wegen eines Fahrlässigkeitsdelikts kommt in Betracht, wenn ein entsprechendes Fahrlässigkeitsdelikt existiert und A's Irrtum auf Fahrlässigkeit beruht **(doppelt bedingte Fahrlässigkeitshaftung).** Ein zu § 127 entsprechendes Fahrlässigkeitsdelikt gibt es allerdings nicht, sodass in diesem Fall auch nicht genauer zu prüfen ist, ob A's Irrtum auf Fahrlässigkeit beruht.

Ergebnis: A ist für die Mitnahme der Squash-Ausrüstung **nicht** nach § 127 zu bestrafen.

B Verkauf des Squashschlägers

In Betracht kommt **Anschlussunterschlagung (§ 134 Abs 2).**

I Tatbestandsmäßigkeit

1. **Objektiver Tatbestand:** Der Schläger und die Hülle sind **fremde Güter,** da sie im Eigentum der X stehen. Durch das Entfernen der Ausrüstung aus der Squash-Halle im Glauben es sei ihre, hat A diese zunächst **ohne (unrechtmäßigen) Zueignungsvorsatz in ihren Gewahrsam gebracht.** In weiterer Folge verkauft sie die Ausrüstung. Um tatbestandsmäßig zu handeln, muss die Täterin sich das Gut zueignen, dh nach außen hin durch ihr Verhalten zum Ausdruck bringen, dass sie das Gut in das eigene freie Vermögen oder in das eines Dritten überführt. Der Wille der Täterin, sich das Gut zuzueignen, muss sich in der Tathandlung nach außen hin manifestieren. Indem A den Squashschläger auf „willhaben.at" zum Verkauf anbietet, setzt sie eine typische Zueignungshandlung. Sie handelt somit objektiv tatbestandsmäßig im Sinne des § 134 Abs 2.

2. **Subjektiver Tatbestand:** A hat Vorsatz auf alle objektiven Tatbestandsmerkmale, da sie die Squash-Ausrüstung, von der sie weiß, dass sie fremd ist, fortan als eigene betrachtet und sie sich durch den Verkauf zueignen will. Sie hat auch Bereicherungsvorsatz, da sie – um ihre Finanzen aufzubessern – den Schläger und die Hülle verkaufen, also ihren Wert ins eigene Vermögen überführen will.

Ergebnis: A ist nach § 134 Abs 2 zu bestrafen.

Achtung! Es wurde nicht erwartet, dass bereits Ihre erste Lösungsskizze der Musterlösung in allen Belangen entspricht.

---

[2]) Eine Prüfung des erweiterten Vorsatzes (Zueignungs- und Bereicherungsvorsatz) erübrigt sich damit. Aber auch dieser wäre nicht gegeben, da sich A zu diesem Zeitpunkt nicht unrechtmäßig bereichern möchte.

1. Fall

Lesen Sie daher den Fall einschließlich seiner Musterlösung **mehrfach** durch. Überlegen Sie selbstkritisch, in welchen Belangen (Aufbau, Erkennen der Probleme, Lösen der Probleme, fachgerechte Terminologie, Stil, Kürze und Präzision der Ausdrucksweise) Ihre Lösung noch verbessert werden könnte!

■ ■ ■ **Ende dieser Programmeinheit** ■ ■ ■

■ ■ ■ **Lesen Sie bitte jetzt die LE 13!** ■ ■ ■

13. Kapitel

Rechtswidrigkeit und Notwehr

Lerneinheit 13

Lernziel: Diese LE befasst sich mit der **Rechtswidrigkeit** im Allgemeinen und dem Rechtfertigungsgrund der **Notwehr,** seiner dogmatischen Struktur und seinen einzelnen Merkmalen.

Zunächst eine kurze Wiederholung. Zur Beantwortung der Frage, ob der Täter **unrecht** gehandelt hat, bedarf es einer doppelten Prüfung:

(1) Als Erstes ist zu untersuchen, ob der Täter den Tatbestand eines bestimmten Delikts verwirklicht hat. Diese Prüfung erfolgt auf der Stufe I, der .... Hat der Täter den Tatbestand eines bestimmten Delikts erfüllt, ist zu untersuchen, ob die Tat durch einen .... gebilligt wird.

(2)

Trifft das zu, ist die tatbestandsmäßige Handlung gerechtfertigt = **rechtmäßig.**

Liegt dagegen kein Rechtfertigungsgrund vor, ist die Tat **rechtswidrig.**

(3) „Eine Tat ist rechtswidrig" bedeutet demnach, dass eine tatbestandsmäßige Handlung (bitte ergänzen!)

(4) Diese Prüfung wird auf der Stufe II, der Stufe der ...., vorgenommen.

Für die praktische Rechtsanwendung ist die Stufe II identisch mit der Frage, ob ein **Rechtfertigungsgrund** für die Tat in Betracht kommt und ob dessen Voraussetzungen erfüllt sind.

(5) Rechtfertigungsgründe beschreiben jene Voraussetzungen, unter denen (bitte ergänzen!)

---

(1) Tatbestandsmäßigkeit
(2) Rechtfertigungsgrund
(3) nicht durch einen Rechtfertigungsgrund gebilligt ist
(4) Rechtswidrigkeit
(5) Rechtfertigungsgründe beschreiben jene Voraussetzungen, unter denen eine tatbestandsmäßige Handlung von der Rechtsordnung gebilligt wird.

13. Kapitel: Lerneinheit 13

(6) Unrecht handelt, wer tatbestandsmäßig handelt. Von dieser Regel gibt es eine **Ausnahme**. Wie lautet sie?

Im Folgenden befassen wir uns mit dem bekanntesten und wichtigsten Rechtfertigungsgrund, der **Notwehr**.

Auf ihrem nächtlichen Nachhauseweg durch einen abgelegenen Park wird die 17-jährige Elke von einem Unbekannten (U) überfallen. Durch einen kräftigen Biss in seine Hand gelingt es ihr, den Täter in die Flucht zu schlagen.

Mit diesem Biss hat die junge Frau den Tatbestand der Körperverletzung (§ 83 Abs 1) verwirklicht.

(7) Ist die dem Täter zugefügte Körperverletzung durch .... gerechtfertigt?

Lesen Sie bitte **§ 3 Abs 1**! Diese Vorschrift beschreibt den Rechtfertigungsgrund der Notwehr in allen Einzelheiten.

Zur besseren Übersicht beschränken wir uns zunächst auf die **Grobstruktur** dieses Rechtfertigungsgrundes. Erst danach wollen wir uns mit der durch § 3 Abs 1 festgelegten Feinstruktur dieses Rechtfertigungsgrundes näher befassen.

In unserem Beispiel stellen sich drei Hauptfragen:

1. Handelt es sich überhaupt um eine Situation, in der sich **Elke** zur Wehr setzen darf? = **Notwehrsituation.**
2. Wie darf sich Elke gegen den Angriff des Unbekannten U zur Wehr setzen? = **Notwehrhandlung.**
3. Muss zu diesen beiden objektiven Merkmalen der Notwehr noch ein **subjektives Rechtfertigungselement** hinzutreten, und wenn ja, welchen Inhalt hat es?

Diese drei Hauptfragen stellen sich in **allen** Fällen der Notwehr.

(8) Notwehrsituation, Notwehr .... und ....
.... ergeben daher zusammen die Grobstruktur der Notwehr.

---

(6) Die **Ausnahme** lautet: Ist ein Rechtfertigungsgrund erfüllt, so entfällt das Unrecht (bzw die Rechtswidrigkeit der Tat) oä.
(7) Notwehr
(8) Notwehrhandlung; subjektives Rechtfertigungselement

13. Kapitel: Rechtswidrigkeit und Notwehr

(9) Graphisch lässt sich diese Grobstruktur wie folgt darstellen (bitte einsetzen!):

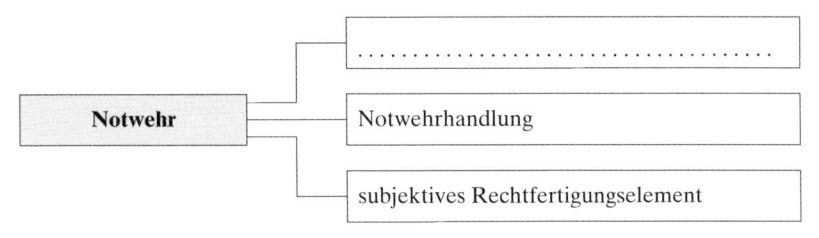

```
              ┌── Notwehrsituation
   Notwehr ───┼── Notwehrhandlung
              └── subjektives Rechtfertigungselement
```

Notwehrsituation

Bei der **Notwehrsituation** geht es um die Frage, **ob** man Notwehr üben darf, bei der **Notwehrhandlung** darum, **wie** man Notwehr üben darf. Beides ist streng voneinander zu trennen.

(10) Tragen Sie in das folgende Schaubild die drei Hauptelemente der Notwehr ein!

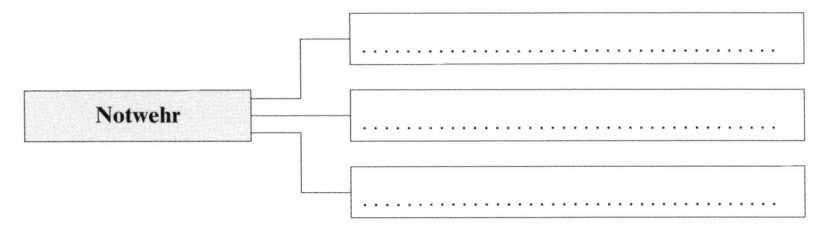

```
              ┌── .........................
   Notwehr ───┼── .........................
              └── .........................
```

Wenden wir uns nun der **Feinstruktur** dieses Rechtfertigungsgrundes zu und beschränken uns zunächst auf die Frage des „**Ob**" der Notwehr, dh auf die

(11) ....

Unsere Ausgangsfrage lautet: Ist die dem U zugefügte Körperverletzung durch Notwehr gerechtfertigt?

Jede Notwehrsituation setzt zunächst einen **Angriff** voraus.

Elke wird von U im Park überfallen. Dies beeinträchtigt Elkes körperliche Unversehrtheit und Freiheit. Diese von einem Menschen drohende Beeinträchtigung von Rechtsgütern ist ein Angriff.

Angriff ist jedes menschliche Verhalten, das eine Beeinträchtigung von Rechtsgütern befürchten lässt.

Torero-Fall: In der berühmten Stierkampfarena von Sevilla „La Maestranza" geht der aufs Äußerste gereizte Stier mit gesenkten Hörnern auf den Torero los.

---

(9) Notwehrsituation
(10) von o nach u: Notwehrsituation; Notwehrhandlung; subjektives Rechtfertigungselement
(11) Notwehrsituation

13. Kapitel: Lerneinheit 13

Liegt ein „Angriff" vor?
(12) Ja / Nein – Begründung:

(13) Angriff ist jedes .... Verhalten, das die Beeinträchtigung von
....

Beachte! Nicht jeder Angriff bewirkt eine Notwehrsituation. Sie wird nur durch einen Angriff begründet, der sich gegen bestimmte, in § 3 Abs 1 Satz 1 **ausdrücklich aufgezählte (= notwehrfähige) Rechtsgüter** richtet. Diese notwehrfähigen Rechtsgüter bezeichnen daher zugleich die **sachlichen Grenzen** der Notwehr.

(14) Welche Rechtsgüter sind **notwehrfähig**? Lesen Sie dazu bitte **§ 3 Abs 1 Satz 1!**

(15) Zählen zu den notwehrfähigen Rechtsgütern: ja nein
1. die Sicherheit des Straßenverkehrs? ☐ ☐
2. die Umwelt? ☐ ☐
3. das Briefgeheimnis? ☐ ☐
4. die Rechtspflege? ☐ ☐
5. die sexuelle Integrität? ☐ ☐

Loos-Bar-Fall: *Intermezzo in der Loos-Bar im 1. Bezirk. Als der Barmixer (B) zu fortgeschrittener Stunde mit der Gattin des A anzubandeln versucht, echauffiert sich dieser mächtig: „Sie kralawatschada Gigerl, unterstengan's Ihna, meina Frau schlamperte Augen z'machn!" Zur Abwehr weiterer Verbalinjurien schüttet B dem A den Inhalt des Shakers ins Gesicht und wirft ihm diesen gegen die Nase, die dadurch trotz der gleichzeitigen Kühlung geprellt wird.*

---

(12) Nein! Es liegt kein **menschliches** Verhalten vor. Eine Tierattacke ist entgegen dem allgemeinen Sprachgebrauch kein Angriff iSd § 3 Abs 1 Satz 1. Notwehr gegen den Stier scheidet daher schon aus begrifflichen Gründen aus.
(13) menschliche; Rechtsgütern befürchten lässt.
(14) Die notwehrfähigen Rechtsgüter sind gem § 3 Abs 1 Satz 1: **Leben, Gesundheit, körperliche Unversehrtheit, sexuelle Integrität und Selbstbestimmung, Freiheit** und **Vermögen**. Andere Rechtsgüter sind **nicht** notwehrfähig.
(15) Sicherheit des Straßenverkehrs: nein. Umwelt: ja, aber nur soweit **zugleich fremdes Vermögen oder Gesundheit** betroffen ist. Briefgeheimnis: nein. Rechtspflege: nein. Sexuelle Integrität: ja.

13. Kapitel: Rechtswidrigkeit und Notwehr

Kann sich B auf den Rechtfertigungsgrund der Notwehr berufen?
(16) Ja / Nein – Begründung:

(17) Das „Ob" der Notwehr, dh die Notwehrsituation, setzt weiterhin voraus, dass der Angriff entweder .... ist oder zumindest u .... d .... (Bitte § 3 Abs 1 Satz 1 lesen und einsetzen!)

Beide Merkmale bezeichnen die **zeitlichen Grenzen** der Notwehr.

(18) Ist der Angriff **abgewehrt, aufgegeben** oder die **zur Rechtsgutbeeinträchtigung führende Handlung bereits abgeschlossen,** gilt der Angriff noch als gegenwärtig / nicht mehr als gegenwärtig.

Mit der Gans unterm Arm will ein Dieb gerade den Stall verlassen.

Kann dieser Angriff auf das Rechtsgut des Eigentums **zu diesem Zeitpunkt** noch als **gegenwärtig** angesehen werden?
(19) Ja / Nein – Begründung:

Der Bestohlene entdeckt am nächsten Tag, dass der Dieb die Gans am Wochenmarkt verkauft.

Ist der Angriff auch jetzt noch **gegenwärtig?**
(20) Ja / Nein – Begründung:

Der Angriff muss nicht nur gegenwärtig, sondern darüber hinaus auch **rechtswidrig** sein. Bitte § 3 Abs 1 Satz 1 lesen!
(21) Ein Angriff ist insb dann rechtswidrig, wenn für ihn keine .... - .... vorliegen.

---

(16) Nein! Die Ehre gehört nicht zu den in § 3 Abs 1 Satz 1 genannten notwehrfähigen Rechtsgütern.
(17) gegenwärtig; unmittelbar droht
(18) nicht mehr als gegenwärtig
(19) Ja! Der Angriff dauert noch fort. Die zur Beeinträchtigung des Rechtsguts des Eigentums führende Handlung ist noch nicht abgeschlossen (Sie ersehen daraus den **normativen Charakter** des Merkmals „gegenwärtig"!). Durch das Weggehen wird die Rechtsgutbeeinträchtigung noch intensiviert.
(20) Nein! Die zur Rechtsgutsbeeinträchtigung führende Handlung ist bereits abgeschlossen.
(21) Rechtfertigungsgründe

13. Kapitel: Lerneinheit 13

(22) Nennen Sie mindestens drei Rechtfertigungsgründe!

Die Polizeibeamtin Alexa überrascht den Einbrecher Zobel beim Ausräumen eines Pelzgeschäftes in der Taborstraße und nimmt ihn fest.
Ist dieser Angriff der Polizistin auf die Freiheit des Täters rechtswidrig?
(23) Ja / Nein – Begründung:

(24) Tragen Sie in das folgende Schaubild die einzelnen Elemente der **Notwehrsituation** ein!

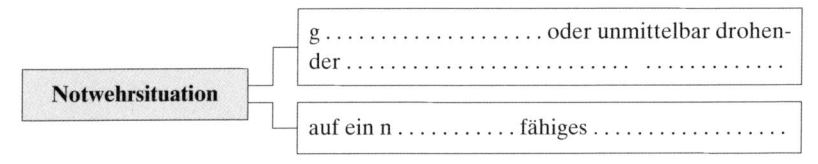

Notwehrsituation	g.................. oder unmittelbar drohender............................. ....
	auf ein n........... fähiges.................

Blättern Sie bitte zurück zum Morgenmuffel-Fall (S 87)!

(25) Der Angriff der empörten Gattin war rechtmäßig / rechtswidrig, weil (bitte ergänzen!)

Liegt für den von der Kaffeetasse getroffenen M eine Notwehrsituation vor?
(26) Ja / Nein – Begründung:

Notwehrhandlung

Liegt eine Notwehrsituation vor, darf man das angegriffene Rechtsgut verteidigen und den Angriff abwehren. Damit kommen wir zur **Notwehrhandlung**.

---

(22) Notwehr, Anhalterecht, rechtfertigender Notstand, Einwilligung, Dienstbefugnisse, Selbsthilferechte etc
(23) Nein! Der Angriff der Polizistin auf die Freiheit des Zobel ist rechtmäßig; weil ihre tatbestandsmäßige Handlung (Freiheitsentziehung gem § 99 Abs 1) durch den Rechtfertigungsgrund des Festnahmerechts gebilligt wird.
(24) gegenwärtiger; rechtswidriger Angriff; notwehrfähiges Rechtsgut
(25) rechtswidrig; es für ihr Verhalten keinen Rechtfertigungsgrund gab.
(26) Nein! Durch den „Volltreffer" war der Angriff (erfolgreich) abgeschlossen. Anders nur, wenn weiteres „Bombardement" droht.

13. Kapitel: Rechtswidrigkeit und Notwehr

(27) Betrifft die Notwehrsituation das „Ob" der Notwehr, so geht es bei der Frage der Notwehrhandlung um das „......." der Notwehr.

(28) Das Gesetz charakterisiert das **„Wie"** durch einen einzigen, allerdings sehr komplexen Begriff: Die Verteidigung muss (lesen Sie bitte **§ 3 Abs 1 Satz 1!**) .... sein.

Notwendig ist jene Verteidigung, die unter den verfügbaren Mitteln das schonendste darstellt, um den Angriff sofort und endgültig abzuwehren.

Wichtig! Dabei sind insb **Art** und **Intensität** des Angriffs, die **Gefährlichkeit des Angreifers** und die dem Angegriffenen **im Zeitpunkt des Angriffs konkret zur Verfügung stehenden Abwehrmöglichkeiten** zu berücksichtigen.

Greifen wir unser Ausgangsbeispiel wieder auf. U überfällt Elke. Darf sich Elke zur Wehr setzen

(29)
- mit einem kräftigen Biss?   Ja / Nein
- mit Fußtritten?   Ja / Nein
- indem sie U erschießt?   Ja / Nein

(30) Eine Verteidigung, welche unter den verfügbaren Mitteln nicht das .... Mittel darstellt, um den Angriff .... und .... abzuwehren, begründet einen **Handlungsexzess** und ist daher nicht gerechtfertigt.

Das „Wie" der Notwehrhandlung wird von Lehre und Praxis betont restriktiv interpretiert. Der Verteidiger muss **bei mehreren verfügbaren Abwehrmöglichkeiten** die für den Angreifer am wenigsten schädliche und gefährliche wählen. Diese Einschränkung ist berechtigt. Denn die Notwehr ist **keine Straf- und Vergeltungsaktion,** sondern wird durch das **akute Schutzbedürfnis** des bedrohten Rechtsguts bzw Tatobjekts **limitiert**.

Nehmen Sie an, die Frau hätte im Morgenmuffel-Fall (S 87) nicht zur Kaffeetasse, sondern zum Pracker gegriffen und will M damit eins überziehen.

Darf sich M mit Ohrfeigen wehren?
(31) Ja / Nein – Begründung:

---

(27) „Wie"
(28) notwendig
(29) Biss und Fußtritte: Ja. Erschießen: Nein. Ohne dass wir hier eine Abwägung mit der Intensität des Angriffs zu prüfen haben, kann zwar ein Schusswaffengebrauch notwendig sein, um den Angriff verlässlich abzuwehren; jedoch ist darauf zu achten, dass es unter den zur Verfügung stehenden Mitteln das schonendste ist.
(30) schonendste; sofort und endgültig
(31) Nein! In-den-Arm-Fallen bzw Abnahme des Prackers genügt. Es liegt ein **Handlungsexzess** vor.

13. Kapitel: Lerneinheit 13

Die Notwehr ist ein **Recht** des Angegriffenen.

Um zu verhindern, dass dieses Recht **missbraucht** wird, hat der Gesetzgeber in § 3 Abs 1 Satz 2 Notwehr für bestimmte Fälle ganz ausgeschlossen. Lesen Sie bitte **§ 3 Abs 1 Satz 2!**

Notwehr entfällt, wenn es offensichtlich ist, dass dem Angegriffenen „bloß ein geringer Nachteil droht **und** die Verteidigung, insbesondere wegen der Schwere der zur Abwehr nötigen Beeinträchtigung des Angreifers, unangemessen ist".

(32) Beide Voraussetzungen müssen alternativ / kumulativ gegeben sein.

Der Gesetzgeber hat bei dieser recht kompliziert formulierten Einschränkung der Notwehr extreme Sachverhalte vor Augen, in denen eine Verteidigung als Rechts-
(33) miss............. erscheint.

Apfeldieb-Fall: Ein gelähmter Greis (G) bewacht seinen einzigen Obstbaum; neben seinem Rollstuhl ein geladenes Gewehr. Jemand steigt über den Zaun, um Äpfel zu stehlen. Der Greis ruft, schimpft, droht, bettelt, fleht. Vergebens! Als auch ein Warnschuss in die Luft nichts nützt, schießt G den Dieb vom Baum. Der Schuss ist tödlich (= § 75).

(34) Dem Eigentum des G droht ein großer / ein bloß geringer Nachteil. Das allein
(35) schließt gem § 3 Abs 1 Satz 2 das Recht zur Notwehr aus / nicht aus.

(36) Gem § 3 Abs 1 Satz 2 muss es darüber hinaus o................. sein, dass „die Verteidigung, insbesondere wegen der Schwere der zur Abwehr nötigen Beeinträchtigung des Angreifers, u................... ist". Damit kommt es bei bloßer „Unfugabwehr" **zusätzlich** zur **Notwendigkeit** auf die **Angemessenheit** der Verteidigung an.

Für die Tat des G kommt somit der Rechtfertigungsgrund der Notwehr nicht in
(37) Betracht / in Betracht.

Variante: Wie würden Sie den Fall beurteilen, wenn G den Apfeldieb nicht getötet, sondern ihm nur einen Streifschuss am Arm zugefügt (= § 83) hätte?
(38)

---

(32) kumulativ
(33) Rechtsmissbrauch
(34) ein bloß geringer Nachteil
(35) nicht aus
(36) offensichtlich; unangemessen
(37) nicht in Betracht
(38) Die Frage ist nicht leicht zu beantworten. Würde man nur auf den Erfolg abstellen (bloße Streifschusswunde), läge hier keine offensichtlich unangemessene Verteidigung vor. Allerdings macht die generelle Gefahrenträchtigkeit des Schießens auf einen Menschen die Verteidigungshandlung gegen einen Apfeldieb von vornherein unangemessen.

13. Kapitel: Rechtswidrigkeit und Notwehr

Notwehrsituation und Notwehrhandlung beschreiben zwei Problemkreise der Notwehr, die **scharf voneinander zu trennen** sind.

(39) Um welche Frage geht es bei dem einen und um welche bei dem anderen Problemkreis?

Subjektives Rechtfertigungselement

Zu Notwehrsituation und Notwehrhandlung muss ein subjektives Rechtfertigungselement hinzutreten.

Meist wird der Angegriffene mit Verteidigungswillen handeln. Erforderlich ist das aber nicht. Die hM begnügt sich insoweit mit der (bloßen) **Kenntnis der Notwehrsituation.**

(40) Fehlt dieses subjektive Rechtfertigungselement, kommt Notwehr selbst dann **nicht** in Betracht, wenn N.......................... und N............................ gegeben sind.

Nudelwalker-Fall: „Wart', b'soffner Falott!", knurrt Frau Grimm, als sie hört, dass die Tür von außen aufgeschlossen wird, und nimmt in Erwartung ihres wieder einmal stockbetrunken heimkehrenden Gatten mit erhobenem Nudelwalker hinter der Tür Aufstellung. Der Eintretende, auf den sie das Gerät niedersausen lässt, ist in Wirklichkeit ein Einbrecher.

(41) Es fehlt am subjektiven Rechtfertigungselement, weil (bitte ergänzen!)

(42) Daher scheidet Notwehr aus / ist Notwehr gegeben. Frau G ist wegen Körperverletzung (§ 83 Abs 1) zu bestrafen.

Beachte! Statt des oder **neben** dem Angegriffenen kann auch ein **Dritter** Notwehr üben.

(43) Lesen Sie bitte § **3 Abs 1 Satz 1** und begründen Sie dies aus dem Gesetz!

---

(39) Bei der Notwehrsituation geht es um die Frage, **ob** eine Notwehr überhaupt zulässig ist. Bei der Notwehrhandlung darum, **wie** die Verteidigung durchzuführen ist oä.
(40) Notwehrsituation und Notwehrhandlung
(41) Frau Grimm nichts vom Einbruch, dh von der Notwehrsituation wusste oä.
(42) Daher scheidet Notwehr aus.
(43) § 3 Abs 1 Satz 1: „von sich oder einem anderen".

13. Kapitel: Lerneinheit 13

Dieser Dritte ist durch Notwehr – hier **Nothilfe** genannt – gerechtfertigt, wenn er in der Notwehrsituation eine Notwehrhandlung zugunsten des Angegriffenen setzt.

Die Nothilfe ist kein selbständiger Rechtfertigungsgrund, sondern ein besonderer Fall der Notwehr. Der Nothelfer muss daher **sämtliche** Voraussetzungen des § 3 Abs 1 erfüllen, also auch das subjektive Rechtfertigungselement, und daher in (44) Kenntnis der .... situation handeln. Er muss erkennen, dass ein Angriff (auf einen Dritten) vorliegt.

■ ■ ■ **Bevor Sie die Testfragen zur LE 13 durcharbeiten, lesen Sie bitte zunächst im Grundriss AT Kap 13!** ■ ■ ■

(44) Nothilfesituation

13. Kapitel: Rechtswidrigkeit und Notwehr

Testeinheit 13

Testfragen zur LE 13

1. **Angriff** iSd § 3 Abs 1 Satz 1 ist jedes menschliche Verhalten, das (bitte ergänzen!)

2. **Stalker-Fall:** *Kevin, der lästige Ex-Freund der Jus-Studentin Aglaia drängt diese an der Wohnungstür zur Seite, um sich in ihrem Zimmer zu platzieren und ein Gespräch zu erzwingen. Um ihn loszuwerden, wirft sie mit Schwung die schwere Tür zu. Kevin holt sich dabei eine blutige Nase (§ 83 Abs 1).*
   Kann sich Aglaia auf Notwehr berufen?
   Ja / Nein – Begründung:

3. **Uhu-Fall:** *An Alfred Hitchcocks „Vögel" erinnerte im Herbst 1999 ein Zeitungsbericht über einen angriffslustigen Uhu, der auf der Donauuferstraße beim Stift Wilhering mehrfach arglose Radfahrer attackierte. So auch den Milizoffizier M, der zu Boden stürzte und das Tier töten musste, um sich aus dessen Fängen zu befreien.*
   M kann sich auf Notwehr / nicht auf Notwehr berufen, weil (bitte ergänzen!)

4. **Mistgabel-Fall:** *Ein japanisches Sprichwort sagt: „Fluche Deinen Nachbarn, und Du gräbst zwei Gräber". A hält offenbar nicht viel von dieser fernöstlichen Weisheit, sondern hetzt seinen Rottweiler auf den verhassten Nachbarn (N). N tötet den Hund mit einer Mistgabel (§ 125).*
   In einem solchen Fall entscheiden die Gerichte anders als im Fall 3. Können Sie sich vorstellen, mit welcher Begründung?

5. **Molotow-Fall:** *Mit dem Ruf „Burn, warehouse burn!" schleudert der Anarchist „Bommi" Brändle (B) einen Molotow-Cocktail in die Auslage eines Großkaufhauses. Als diese zu brennen beginnt, läuft B davon.*
   Der Angriff des davonlaufenden B ist noch gegenwärtig / nicht mehr gegenwärtig, weil (bitte ergänzen!)

13. Kapitel: Testeinheit 13

6. Tragen Sie die **Grobstruktur** der Notwehr ein!

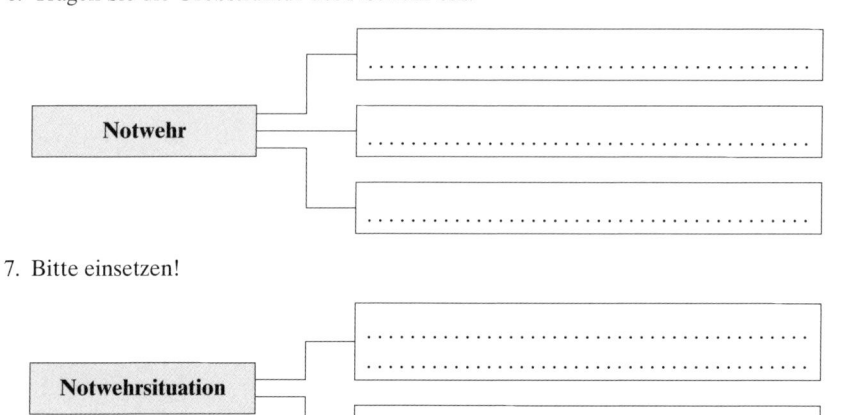

   Notwehr
   - ....
   - ....
   - ....

7. Bitte einsetzen!

   Notwehrsituation
   - ....
   - ....

8. Der Fall, in dem ein **Dritter** Notwehr übt, heißt ....

9. *Bulldozer-Fall:* Ein *führerloser* Pkw gerät von allein ins Rollen und droht ein spielendes Kind zu überfahren. A rammt das Fahrzeug mit seinem Bulldozer und rettet dadurch das Kind vor dem sicheren Tod. Das Auto wird dabei erheblich beschädigt.
   A hat den Tatbestand des § 125 erfüllt. Ist er durch **Nothilfe** gerechtfertigt?
   Ja / Nein – Begründung (aufpassen!):

10. Die Verteidigung ist **notwendig,** wenn sie (bitte ergänzen!)

11. *Neandertaler-Fall:* Hand in Hand schlendern S und ihr Verlobter V durch den Wiener Rathauspark. Da hört S die Schülerin H absichtlich laut zu ihrer Freundin sagen: „Heast, was schleppt denn die für an abzwickt'n Neandertaler daher!" Die empörte S überlegt, ob sie diese Beleidigung mit einer Ohrfeige ahnden darf.
    Darf sie?
    Ja / Nein – Begründung:

13. Kapitel: Rechtswidrigkeit und Notwehr

12. **Jeep-Fall:** In der Nähe von Kapstadt hatte der Eigentümer eines Jeeps eine mit vergiftetem Wasser gefüllte Flasche auf dem Fahrersitz deponiert für den Fall, dass jemand das Fahrzeug stehlen und das Wasser trinken würde. „Someone did and died", heißt es in der Notiz einer südafrikanischen Zeitung.
    Könnte sich der Eigentümer nach österr Recht auf Notwehr berufen?
    Ja / Nein – Begründung:

13. **Boxchampion-Fall:** Der Straßenräuber Dreist hat das Pech, bei seinem Überfall an Feist, seines Zeichens Boxchampion im Halbschwergewicht, zu geraten. Eine ansatzlos durchgezogene Rechte gegen das Kinn – und Dreist liegt kampfunfähig auf dem Boden. Das genügt Feist noch nicht. Zur Strafe tritt er Dreist kräftig in die Seite. Die Folge: zwei gebrochene Rippen.
    Im Gegensatz zum Faustschlag ist der **folgenschwere Tritt** durch Notwehr **nicht** gerechtfertigt, weil mehrere Notwehrmerkmale entfallen. Welche? (Nennen Sie mindestens zwei!)

14. **Bauchstich-Fall** (RZ 1989/57 m Anm *Kienapfel*): Im Laufe einer bis dahin verbalen Auseinandersetzung mit W ergreift der betrunkene A einen gläsernen Aschenbecher und holt damit drohend aus. Auf diese Drohgebärde zieht W sein Fixiermesser und stößt es A in den Bauch. Gegenüber der Anklage wegen Absichtlicher schwerer Körperverletzung (§ 87 Abs 1) beruft sich W auf Notwehr.
    a) Dem OGH erscheint vor allem ein Notwehrmerkmal problematisch. Welches?

    b) Was spricht **gegen** das Vorliegen dieses Notwehrmerkmals?

15. **Bierflaschen-Fall:** Vor Jahren hatte ein Oberlandesgericht den Fall zu entscheiden, dass ein Wachmann einen Dieb erschossen hatte, als dieser mit einer leeren Bierflasche im Wert von 1 Schilling als einziger Beute flüchtete.
    Würden Sie dem Wachmann Nothilfe zubilligen?
    Ja / Nein – Begründung:

16. **Mehrere-Stiche-Fall** (OGH EvBl 1983/134): *F ist von dem ihr körperlich weit überlegenen Ehemann schon oft brutal misshandelt und schwer verletzt worden. Erneut steht sie ihrem Peiniger in äußerster Angst und in die Küchenecke gedrängt gegenüber. Jeden Moment kann der Angriff auf ihr Leben beginnen. Da greift sie zum Fleischmesser und sticht zu, einmal, zweimal, dreimal, blitzschnell hintereinander.*

Der Staatsanwalt verlangt die Bestrafung der F wegen **vorsätzlicher Tötung** (§ 75). Denn die Obduktion habe ergeben, dass schon der 1. Stich tödlich gewesen war, daher seien die beiden weiteren Stiche, **ex post betrachtet,** nicht notwendig gewesen.

Diese Argumentation ist richtig / falsch, weil (bitte ergänzen!)

13. Kapitel: Rechtswidrigkeit und Notwehr

Antworten

1. die Beeinträchtigung von Rechtsgütern befürchten lässt.
2. Ja! Es kann auf sich beruhen, ob der „Hausfrieden" zu den notwehrfähigen Rechtsgütern des § 3 Abs 1 Satz 1 zählt. Doch beeinträchtigt die Handlungsweise des Kevin die (Bewegungs-) Freiheit der Aglaia und berechtigt zur Notwehr.
3. nicht auf Notwehr berufen, weil Angriff stets ein **menschliches Verhalten** voraussetzt. Tierattacken genügen nicht oä. Anmerkung: Es kommt jedoch ein anderer Rechtfertigungsgrund in Betracht, nämlich rechtfertigender Notstand. Dazu Näheres in LE 14.
4. Ja! Der Hund ist hier das Werkzeug, die „verlängerte Hand" des A. So betrachtet liegt ein Angriff iSd § 3 vor oä.
5. nicht mehr gegenwärtig, weil die zur Rechtsgutsbeeinträchtigung führende Handlung mit dem Schleudern des Molotow-Cocktails abgeschlossen ist oä. Eine etwaige Festnahme des B wäre zu diesem Zeitpunkt aber durch das Anhalterecht (§ 80 Abs 2 StPO) gerechtfertigt.
6. Von o nach u: Notwehrsituation; Notwehrhandlung; subjektives Rechtfertigungselement
7. Von o nach u: gegenwärtiger oder unmittelbar drohender rechtswidriger Angriff; auf ein notwehrfähiges Rechtsgut.
8. Nothilfe.
9. Nein! Der Pkw ist führerlos. Es liegt kein menschliches Verhalten, also kein Angriff vor oä. Freilich kommt für A **ein anderer Rechtfertigungsgrund,** nämlich rechtfertigender Notstand, in Betracht. Darüber mehr in LE 14!
10. Die Verteidigung ist notwendig, wenn sie **unter den verfügbaren Mitteln** das **schonendste** ist, um den Angriff **sofort und endgültig** abzuwehren oä.
11. Nein! Nothilfe scheidet aus, weil die Ehre nicht zu den notwehrfähigen Rechtsgütern gehört. Außerdem gibt es kein **Züchtigungsrecht** gegenüber Kindern; vgl *Kienapfel/Schroll* StudB BT I § 83 RN 43.
12. Nein! Es gibt verschiedene Denkansätze zur Lösung dieses Falles:
    – Es handelt sich um Rache bzw um verbotene Selbstjustiz und nicht um Notwehr.
    – Es fehlt jede Verhältnismäßigkeit von Anlasstat und Abwehrreaktion.
    – Die Lösung der hM: Notwehr ist nur zulässig, wenn sich die Verteidigung nach Art und Intensität des Angriffs „dosieren" lässt. Daran fehlt es hier. Es könnte auch ein Kind oder ein Unbeteiligter nach der Flasche greifen; vgl zum Ganzen im Grundriss AT RN 13.13 ff.
13. – **Angriff:** Ist Dreist kampfunfähig, droht keine Beeinträchtigung des Eigentums mehr.
    – **Gegenwärtig:** entfällt ebenso.
    – Daher ist für diesen Zeitpunkt weder das Maß der **notwendigen** Verteidigung noch das **subjektive Rechtfertigungselement** zu diskutieren.
14. a) Die Notwendigkeit **dieser** Verteidigung.
    b) **Konkret:** W hätte nicht sofort auf diese lebensgefährliche Weise reagieren dürfen, sondern zunächst einem eventuellen Zuschlagen des A durch Erfassen oder Ablenken der erhobenen Hand zuvorkommen müssen. **Abstrakt:** Unter den **in dieser Situation verfügbaren Mitteln** war der Bauchstich nicht das schonendste. Es liegt mithin ein **Handlungsexzess** vor.
15. Nein! Es ist **offensichtlich,** dass dem Angegriffenen nur ein geringer Nachteil droht und dass **diese Art** der Verteidigung (Tötung des Diebes) daher unangemessen ist oä. IdS hatte auch das Gericht entschieden und dem Wachmann keinen Rechtfertigungsgrund zuerkannt (Handlungsexzess!).
16. falsch, weil einerseits die drei „blitzschnell hintereinander" geführten Stiche **eine** Abwehrhandlung bilden und andererseits die Notwendigkeit der Verteidigung aus der **Sicht des Angegriffenen ex ante** (sowie unter Beachtung objektiver Kriterien) zu beurteilen ist oä. Mithin liegt **kein Handlungsexzess** vor. Vielmehr ist die gesamte Verteidigungshandlung der F durch Notwehr gedeckt.

■ ■ ■ Ende dieser Programmeinheit ■ ■ ■

14. Kapitel
Rechtfertigender Notstand

Lerneinheit 14

Lernziel: Diese LE behandelt den Rechtfertigungsgrund des „**rechtfertigenden Notstandes**", seine dogmatische Struktur und die wesentlichen **Unterschiede zur Notwehr**.

Im Gegensatz zur Notwehr enthält das StGB keine allgemeine Regelung des rechtfertigenden Notstandes. Seine einzelnen Merkmale sind von Lehre und Rechtsprechung aus **übergeordneten Rechtsprinzipien** abgeleitet worden. Gelegentlich bezeichnet man den rechtfertigenden Notstand daher auch als „übergesetzlichen" Notstand.

(1) Hier wird der gebräuchlichen Bezeichnung **rechtfertigender Notstand** der Vorzug gegeben. Denn sie bringt deutlich zum Ausdruck, dass es sich um einen .... - .... grund handelt.

Der **rechtfertigende Notstand** darf nicht mit dem **entschuldigenden Notstand** des § 10 verwechselt werden. Letzterer ist eine verwandte Rechtsfigur auf der Stufe der **Schuld** und wird ausführlich in LE 21 behandelt.

(2) Hier genügt es, den formellen Unterschied festzuhalten: Der „rechtfertigende" Notstand wird auf der Stufe der Schuld / Rechtswidrigkeit geprüft, der „entschuldigende" dagegen auf der Stufe der Schuld / Rechtswidrigkeit.

Blättern Sie bitte zurück zum Bulldozer-Fall (S 180)!

(3) Er ist ein Beispiel für einen Fall, in dem Notwehr / rechtfertigender Notstand in Betracht kommt.

(4) Warum scheidet Notwehr aus?

---

(1) Rechtfertigungsgrund
(2) Rechtswidrigkeit; Schuld
(3) rechtfertigender Notstand
(4) Weil der Pkw führerlos ist und daher kein Angriff (eines Menschen) vorliegt oä.

14. Kapitel: Rechtfertigender Notstand

Der rechtfertigende Notstand ähnelt in seiner **Grobstruktur** in auffälliger Weise der Notwehr, wie aus dem folgenden Schaubild zu ersehen ist:

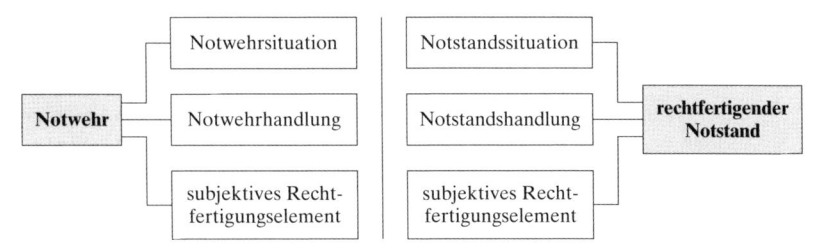

```
                                                                  
          ┌─ Notwehrsituation          Notstandssituation ─┐
          │                                                │
Notwehr ──┼─ Notwehrhandlung           Notstandshandlung ──┼── rechtfertigender
          │                                                │       Notstand
          └─ subjektives Recht-        subjektives Recht- ─┘
             fertigungselement         fertigungselement
```

Die Unterschiede beider Rechtfertigungsgründe ergeben sich daher ausschließlich aus der abweichenden **Feinstruktur**.

Notstandssituation

(5) Entsprechend der Notwehrsituation geht es bei der **Notstandssituation** um die Frage, „......" überhaupt ein Notstand gegeben ist. Die Kriterien ähneln zum Teil jenen der Notwehrsituation.

Die Notstandssituation setzt zunächst einen **unmittelbar drohenden Nachteil für ein Rechtsgut** voraus.

(6) Der Begriff „unmittelbar drohend" beim rechtfertigenden Notstand entspricht im Wesentlichen der zeitlichen Schranke / sachlichen Schranke der Notwehr. Die Ausführungen in LE 13 und im Grundriss AT RN 13.9 gelten entsprechend.

Pitbull-Fall: A wird von einem Pitbullterrier attackiert. Unter Aufbietung aller Kräfte gelingt es ihm, das rasende Tier zu erwürgen (= § 125).

(7) Für die Tat des A kommt Notwehr / keine Notwehr in Betracht, weil (bitte ergänzen!)

(8) Die **Attacke eines Kampfhundes** bedeutet jedoch einen unmittelbar drohenden N.............. für die körperliche Integrität des A, uU sogar für sein Leben.

(9) Für A ist daher die Situation des .... gegeben / nicht gegeben.

Lebensretter-Fall: Graz, Erzherzog-Johann-Allee, 4. Stock. Aus der Wohnung der B strömt durchdringender Gasgeruch. Der Nachbar (N) „riecht" die drohende Gefahr, tritt die Tür ein und rettet die bereits bewusstlose B vor dem Erstickungstod.

Mit dem Eintreten der Tür hat N den Tatbestand des § 125 verwirklicht.

---

(5) „ob"
(6) der zeitlichen Schranke
(7) keine Notwehr, weil kein Angriff vorliegt (Tierattacke!).
(8) Nachteil
(9) rechtfertigenden Notstands; gegeben

14. Kapitel: Lerneinheit 14

(10) Als Rechtfertigungsgrund kommt Notwehr / rechtfertigender Notstand in Be-
(11) tracht. Begründen Sie die .... situation!

Beachte! Eine Notstandssituation kann durch mannigfaltige Umstände hervorgerufen werden: durch **Tierattacken**, durch **Naturkatastrophen, Unglücks-** oder **Zufälle,** vielfach auch durch gewolltes oder ungewolltes **menschliches Verhalten.**

Aber: Stellt sich ein menschliches Verhalten als **Angriff auf ein notwehrfähiges Rechtsgut** dar, so kommt prinzipiell nie rechtfertigender Notstand, sondern im-
(12) mer nur .... in Betracht.

Nicht jeder unmittelbar drohende Nachteil für ein Rechtsgut begründet eine Notstandssituation.

Dieser Nachteil muss einiges Gewicht haben, er muss **bedeutsam** sein.

(13) Die **Bedeutsamkeit** des Nachteils ist das zweite Kriterium der Notstandshandlung / der Notstandssituation.

(14) Bitte einsetzen!

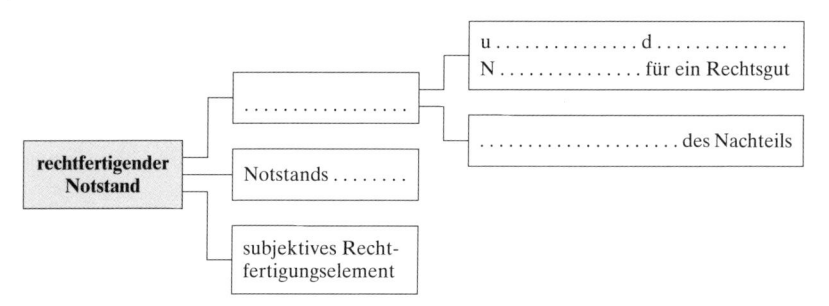

rechtfertigender Notstand	....	u .... d .... N .... für ein Rechtsgut .... des Nachteils
	Notstands	
	subjektives Rechtfertigungselement	

Nichtraucher-Fall: *Als R trotz mehrfacher Hinweise auf das generelle Rauchverbot im Zug das Rauchen nicht einstellen will, zwingt ihn M durch Androhung von körperlicher Gewalt zum Verlassen des Abteils (= Nötigung iSd § 105 Abs 1).*

Rauchen ist sozialadäquates Verhalten (Grundriss AT RN 13.7). Daher kommt
(15) für den gesundheitsbewussten M allenfalls Notwehr / rechtfertigender Notstand in Betracht.

---

(10) rechtfertigender Notstand
(11) Notstandssituation. Es liegt ein **unmittelbar drohender Nachteil** für das Leben der B vor.
(12) Notwehr
(13) Notstandssituation
(14) Mittlere Spalte von o nach u: Notstandssituation, Notstandshandlung; rechte Spalte von o nach u: unmittelbar drohender Nachteil; Bedeutsamkeit
(15) rechtfertigender Notstand

14. Kapitel: Rechtfertigender Notstand

(16) Auch passiven Mitrauchern drohen unmittelbare Gesundheitsgefahren. Bei Anlegung eines **objektiven Maßstabs** ist ein solcher Nachteil für M mit Rücksicht auf die kurze **Dauer der Zugreise** bedeutend / nicht bedeutend.

(17) M kann sich daher bezüglich der Nötigung des R zum Verlassen des Nichtraucherabteils auf rechtfertigenden Notstand / nicht auf rechtfertigenden Notstand berufen.

(18) **Wichtig!** Die ratio der Beschränkung der Notstandssituation durch das Erfordernis der .... geht dahin, dass Vorgänge, die dem **Bagatellbereich** angehören, selbst dann **kein Notstandsrecht** entstehen lassen, wenn sie **höherwertige Rechtsgüter** tangieren.

Notstandshandlung

(19) Wenden wir uns nunmehr dem „**Wie**" des rechtfertigenden Notstands, der N ...., zu. Hier gelten **strengere Maßstäbe** als für die Notwehrhandlung.

(20) **Wichtig!** Diese strengeren Maßstäbe ergeben sich aus folgender Überlegung: Während sich die Notwehr ausschließlich gegen den A .... selbst und seine Rechtsgüter richtet, reicht der rechtfertigende Notstand insoweit viel weiter, als zur Rettung des bedrohten Rechtsguts auch **Rechtsgüter unbeteiligter Personen** beeinträchtigt werden dürfen.

Lesen Sie dazu bitte noch einmal den Lebensretter-Fall (S 185)!

(21) Für die Notstandshandlung, das Eintreten der Tür, macht es daher einen Unterschied / keinen Unterschied, ob das Haus der B oder einem Dritten, zB einer Wohnbaugenossenschaft, gehört.

(22) **Aber:** Die Beeinträchtigung der Rechtsgüter u .... Personen wird von der Rechtsordnung nur unter der Voraussetzung gebilligt, dass es nicht anders geht. Sie muss **ultima ratio = letztes, einziges Mittel** sein.

Damit sind wir bei der ersten **Einschränkung** der Notstandshandlung:

Eine **Notstandshandlung** liegt nur vor, **wenn die Handlung das einzige Mittel ist, um das bedrohte Rechtsgut zu retten.**

---

(16) nicht bedeutend
(17) nicht auf rechtfertigenden Notstand berufen
(18) Bedeutsamkeit
(19) Notstandshandlung
(20) Angreifer
(21) keinen Unterschied
(22) unbeteiligter

14. Kapitel: Lerneinheit 14

Prellbock-Fall: *Auf einer abschüssigen Bergstraße versagen die Bremsen. L hat zwei Möglichkeiten, seinen Minivan zum Stehen zu bringen: auf einen parkenden Wagen aufzufahren, um diesen als „Prellbock" zu benützen, oder auf eine sanfte Anhöhe zu steuern. Beides verspricht gleich gute Chancen, das eigene Leben zu retten. L wählt das Erstere und beschädigt den fremden Wagen schwer (§§ 125f).*

Für L liegt eine Notstandssituation vor. Hält sich auch seine **Handlung** im Rahmen des Notstands?

(23) Ja / Nein – Begründung:

(24) Im *Lebensretter-Fall* (S 185) war das Eintreten der Tür das ...., um die Nachbarin vor dem Ersticken zu bewahren.

Würde sich die rechtliche Beurteilung des Lebensretter-Falles (S 185) ändern, wenn die Wohnung im Erdgeschoß gelegen und ein leicht erreichbares Fenster nur angelehnt wäre?

(25) Ja / Nein – Begründung:

Das zweite Erfordernis der Notstandshandlung besteht darin, dass das gerettete Rechtsgut **höherwertig** gegenüber dem durch den Eingriff beeinträchtigten sein muss.

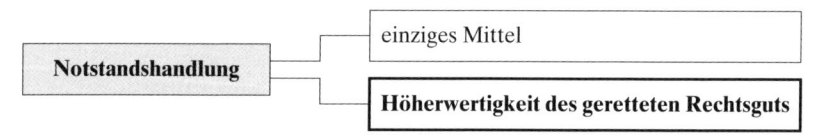

Notstandshandlung	einziges Mittel
	Höherwertigkeit des geretteten Rechtsguts

Betrachten wir den Lebensretter-Fall (S 185) nunmehr unter dem Aspekt der Höherwertigkeit des geretteten Rechtsguts.

(26) Welche Rechtsgüter stehen einander gegenüber?

(27) Welches Rechtsgut ist höherwertig?

---

(23) Das Auffahren auf den fremden Wagen war **nicht das einzige Mittel,** um das Leben des L zu retten. Er hätte ebenso gut auf die sanfte Anhöhe steuern können. Eine **Notstandshandlung** liegt daher nicht vor. Synonyme Ausdrucksweise: Es liegt ein **Handlungsexzess** vor.
(24) einzige Mittel
(25) Ja! Das Eintreten der Tür ist dann nicht das einzige Mittel zur Rettung der B. N kann durch das angelehnte Fenster in die Wohnung gelangen, um B zu retten.
(26) Körperliche Integrität bzw Leben und Eigentum
(27) Körperliche Integrität bzw Leben

14. Kapitel: Rechtfertigender Notstand

(28) Nur die Rettung eines .... Rechtsguts ist durch rechtfertigenden Notstand gerechtfertigt.

Dagegen: Stehen einander **gleichwertige** Rechtsgüter gegenüber oder ist das gerettete Rechtsgut gar **geringerwertig**, so kommt rechtfertigender Notstand
(29) (bitte ergänzen!)

Wichtig! Rechtfertigender Notstand ist **untrennbar** mit dem Erfordernis verbunden, dass das **gerettete Rechtsgut höherwertig** ist als das im Zuge der Rettungshandlung beeinträchtigte.

(30) Keine **Notstandshandlung** liegt vor, wenn das gerettete Rechtsgut .... - oder .... wertig ist.

Mignonette-Fall: In diesem anno 1884 vor einem englischen Gericht verhandelten und bis heute viel diskutierten Fall ging es um zwei Überlebende der gekenterten „Mignonette", die, selbst dem Hungertod nahe, ihren sterbenden Gefährten getötet und sich bis zu ihrer Rettung von seinem Körper ernährt hatten.

(31) Welche Rechtsgüter stehen einander gegenüber?

(32) Welches dieser beiden Rechtsgüter ist höherwertig?

(33) Merken Sie sich bitte diese Fallkonstellation als ein Beispiel, in dem rechtfertigender Notstand in Betracht / nicht in Betracht kommt. Sie wird Ihnen in Gestalt des nicht weniger berühmten *Karneades-Falles* beim **entschuldigenden** Notstand (LE 21) wieder begegnen.

(34) Ob die Beeinträchtigung eines anderen Rechtsgutes das .... Mittel war, um das bedrohte Rechtsgut zu retten, ist meist eine Frage des **Sachverhalts = Tatfrage.**

Die Frage nach der **Höherwertigkeit** des geretteten Rechtsguts betrifft dagegen eine oft problemträchtige **Rechtsfrage.** Sie lässt dem Richter einen erheblichen **Wertungsspielraum** und ist nicht immer leicht zu entscheiden.

(35) Generell gilt, dass **persönliche Rechtsgüter** (zB Freiheit, Leben, werdendes Leben, Gesundheit, körperliche Unversehrtheit, Ehre etc) ranghöher / geringeren Ranges

---

(28) höherwertigen
(29) nicht in Betracht
(30) gleich- oder geringerwertig
(31) Leben und Leben
(32) keines (!)
(33) nicht in Betracht
(34) einzige
(35) ranghöher

14. Kapitel: Lerneinheit 14

sind als materielle Rechtsgüter (zB Eigentum und Vermögen). Maßgebend für diese **Abwägung** sind jedoch stets die konkreten Umstände des Einzelfalles.

Stehen einander rein **materielle Rechtsgüter** gegenüber (zB Eigentum gegen Eigentum oder Vermögen gegen Eigentum), kommt es im Allgemeinen darauf an, ob der **Realwert** des geretteten Gegenstands den des Tatobjekts **wesentlich übersteigt**. Aber auch bei dieser Abwägung dürfen die sonstigen Umstände des Falles nicht gänzlich außer Betracht bleiben.

Bastardl-Fall: Ein Hundspudeldackel, den sein Besitzer (B) zärtlich „Bastardl" nennt, fährt dem Hauskater „Napoleon" des K an die Gurgel. K fackelt nicht lange und erschlägt den Hund.

Kann K in dieser Situation rechtfertigenden Notstand einwenden? Beantworten Sie hier bitte nur die Teilfrage: Ist das gerettete Rechtsgut höherwertig als das beeinträchtigte?

(36) Ja / Nein – Begründung:

Siamkatzen-Variante: Würde sich an der rechtlichen Beurteilung etwas ändern, wenn „Napoleon" ein vornehmer Siamkater mit edlem Stammbaum, isabellfarbigem Fell und schwarzem Gesicht wäre?

(37) Ja / Nein – Begründung:

Beachte! Die Frage der Höherwertigkeit bezeichnet zugleich einen **wesentlichen Unterschied** zur Notwehr. Bei der **Notwehr** kommt es auf die Höherwertigkeit des
(38) verteidigten Rechtsguts an / nicht an. Notwehr kann also auch zur Rettung eines
(39) .... - oder .... wertigen Rechtsguts geübt werden.

Wer einen **Einbrecher erschießt** (Rechtsgut: **Leben**), um sein **Eigentum** zu vertei-
(40) digen, ist daher durch Notwehr gerechtfertigt / nicht gerechtfertigt, **vorausgesetzt natürlich, dass die sonstigen Merkmale des § 3 erfüllt sind**.

Nach hM wird die Notstandshandlung noch durch ein drittes Kriterium eingeschränkt: Der Einsatz des einzigen Mittels darf nach den gesamten Umständen des Falles **nicht unangemessen** sein. Damit sind die Voraussetzungen der Notstandshandlung komplett.

---

(36) Nein! Beide Tatobjekte sind gleichwertig oä.
(37) Ja! Der Siamkater ist wesentlich mehr wert als die Hundepromenadenmischung oä.
(38) nicht an
(39) gleich- oder geringerwertigen
(40) gerechtfertigt

14. Kapitel: Rechtfertigender Notstand

(41) Bitte einsetzen!

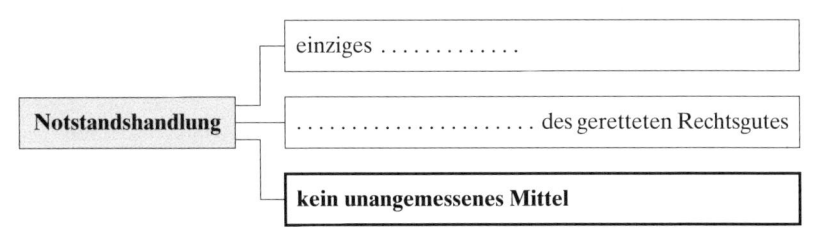

```
                        ┌─ einziges ............
    Notstandshandlung ──┼─ .................... des geretteten Rechtsgutes
                        └─ kein unangemessenes Mittel
```

Zwangsspende-Fall: Der schwerverletzte T kann nur noch durch eine sofortige Bluttransfusion direkt vom Spender gerettet werden. Der Unfallzeuge Z, weit und breit der einzige Träger der passenden Blutgruppe, verweigert die Blutabnahme entschieden. Alles Sträuben hilft ihm nichts. Dr. A zapft ihm das Blut gewaltsam ab (= § 83 Abs 1) und kann so den Tod des T abwenden.

Notstandssituation: T droht zu sterben.

(42) **Notstandshandlung: Diese** Bluttransfusion ist das e............ ...., um T zu retten. Das Leben (des T) ist gegenüber der körperlichen Integrität (des
(43) Z) das .... Rechtsgut.

Aber: Es ist mit dem **Selbstbestimmungsrecht** und der **Menschenwürde** nicht vereinbar und in diesem Sinne **nicht angemessen,** sich das erforderliche Blut durch einen **Zwangseingriff bei einem Unbeteiligten zu** verschaffen. Die Körperverlet-
(44) zung des Z durch Dr. A ist daher durch rechtfertigenden Notstand gerechtfertigt / nicht gerechtfertigt.

Ähnlich wie bei der Notwehrhandlung kann auch die Notstandshandlung von einem **Dritten** vorgenommen werden. Bei der Notwehr heißt dieser Fall
(45) ....

Die entsprechende Konstellation beim rechtfertigenden Notstand nennt man **rechtfertigende Notstandshilfe.** Für sie gelten sämtliche Voraussetzungen und Einschränkungen des rechtfertigenden Notstands.

Blättern Sie bitte zurück auf S 185! Einer der dort geschilderten Fälle ist ein Beispiel für rechtfertigende Notstandshilfe.

(46) Welcher?

---

(41) Mittel; Höherwertigkeit
(42) einzige Mittel
(43) höherwertige
(44) nicht gerechtfertigt
(45) Nothilfe
(46) *Lebensretter-Fall*

14. Kapitel: Lerneinheit 14

Subjektives Rechtfertigungselement

Zu Notstandssituation und Notstandshandlung muss wie bei der Notwehr ein subjektives Rechtfertigungselement hinzutreten.

Entsprechend der Notwehr sind an dieses subjektive Erfordernis keine hohen Anforderungen zu stellen. Nach hM genügt bereits die (bloße) **Kenntnis** der Notstandssituation.

Dazu die folgende Variante des Lebensretter-Falles (S 185): Nicht der hilfsbereite Nachbar N tritt die Tür ein, sondern der Einbrecher E, der, ohne die bewusstlose B zu bemerken, wegen des „penetranten Geruches" sofort die Fenster aufreißt und B dadurch das Leben rettet.

(47) Bezüglich der von E durch das Eintreten der Tür begangenen Sachbeschädigung (§ 125) kommt rechtfertigender Notstand in Betracht / nicht in Betracht, weil (bitte ergänzen!)

(48) Dass die hM bezüglich der Notwehr und des rechtfertigenden Notstandes sowie bei allen anderen Rechtfertigungsgründen in subjektiver Hinsicht schon die **bloße Kenntnis** der rechtfertigenden Situation genügen lässt, hat vor allem gewichtige kriminalpolitische Gründe. Welche?

(49) **Subjektive Rechtfertigungselemente** beziehen sich auf Sachverhalte, die im Inneren des Täters gelegen sind. Sie bilden auf der Stufe der Rechtswidrigkeit damit das Analogon zu den .... auf der Stufe des Tatbestandes.

Subjektive Tatbestandsmerkmale und subjektive Rechtfertigungsmerkmale werden in der Wissenschaft unter dem Oberbegriff **subjektive Unrechtselemente** zusammengefasst.

Beachte! Verbinden sich mit dem subjektiven Rechtfertigungselement auch noch andere Intentionen, zB Ärger, Empörung, Wut oder gar Hass, steht dies der Annahme des Rechtfertigungsgrundes, soweit dessen sonstigen Voraussetzungen erfüllt sind, idR nicht entgegen.

---

(47) nicht in Betracht; E beim Einbrechen die für die B lebensbedrohliche Situation **nicht erkannt** hatte oä.
(48) Je geringer die Anforderungen an das subjektive Rechtfertigungsmerkmal sind, desto leichter kann der Rechtfertigungsgrund bejaht werden oä.
(49) subjektiven Tatbestandsmerkmalen

14. Kapitel: Rechtfertigender Notstand

Blättern Sie bitte zurück zum Pitbull-Fall (S 185) und nehmen Sie an, der mit dem Kampfhund ringende A empfindet bei der Tötung des Tieres „klammheimliche Freude" und die Genugtuung, dem Besitzer dadurch auch erheblichen materiellen Schaden zuzufügen.

(50) Solange die Tötung eines attackierenden Kampfhundes in der konkreten Situation das einzige Mittel ist, das eigene Leben zu retten (bitte ergänzen!),

■ ■ ■ **Bevor Sie die Testfragen zur LE 14 durcharbeiten, lesen Sie bitte zunächst im Grundriss AT Kap 14!** ■ ■ ■

(50) sind die sonst mitspielenden Motive rechtlich unerheblich oä.

14. Kapitel: Testeinheit

Testeinheit

Testfragen zur LE 14

1. Welchem Rechtsgut gebührt bei der Frage der Höherwertigkeit im Allgemeinen der Vorzug, wenn

   a) materielle Rechtsgüter und persönliche Rechtsgüter einander gegenüberstehen?

   b) materielle Rechtsgüter einander gegenüberstehen?

2. Was versteht man unter „rechtfertigender Notstandshilfe"?

3. **Tomaselli-Fall:** *Im „Tomaselli" geraten zwei Salzburger aneinander. Wutentbrannt ergreift der eine die vor ihm stehende Wasserkaraffe, um sie seinem Kontrahenten K über den Schädel zu ziehen. K schlägt ihm aber geistesgegenwärtig das Gefäß aus der Hand. Es fällt zu Boden und zerschellt.*

   Hier soll nur erörtert werden, ob die von K begangene **Sachbeschädigung (§ 125) an der Karaffe** gerechtfertigt ist.

   a) Als Rechtfertigungsgrund bezüglich der Zerstörung der Karaffe durch K scheidet Notwehr aus. Warum?

   b) Als Rechtfertigungsgrund kommt für K allenfalls .... in Betracht.

4. **Lauschangriff-Fall:** *Beim Reparieren der schadhaften Deckenleuchte in seinem Schlafzimmer entdeckt A eine von fremder Hand installierte Abhörwanze, mit deren Hilfe jemand seine Privatsphäre ausspähen will.*

   a) A beendet diesen „Lauschangriff", indem er das Abhörgerät zerstört (= § 125). Kann er sich auf Notwehr berufen?
   Ja / Nein – Begründung:

   b) Kommt ein anderer Rechtfertigungsgrund in Betracht? Wenn ja, welcher?

14. Kapitel: Rechtfertigender Notstand

5. ***Dackel-Fall:*** *Der 15-jährige fast erblindete und bereits gänzlich zahnlose (!) Dackel Waldi macht sich gemächlich auf, um Franz Bammel (B) ins Wadl zu „beißen".*
   Ist B gerechtfertigt, wenn er Waldi verletzt oder gar tötet (= § 125)?
   Ja / Nein – Begründung:

6. ***Eileiterschwangerschaft:*** *Wegen starker Unterleibsschmerzen sucht Jacintha (J) ihre Frauenärztin auf. Deren Diagnose verheißt Schlimmes: „Eileiterschwangerschaft. Sie schweben in akuter Lebensgefahr und müssen sofort operiert werden. Eine Entfernung der Leibesfrucht ist unumgänglich"* (= § 96 Abs 1).
   a) Besteht bezüglich der J eine **Notstandssituation?**
      Ja / Nein – Begründung:

   b) Nun zur **Notstandshandlung.** Beurteilen Sie den Fall unter dem Aspekt der ultima ratio!

   c) Welche Argumentation bietet sich bezüglich der **Höherwertigkeit** an?

7. ***U-Boot-Fall:*** *Am 3. 5. 1944 wurde das zur Reparatur aufgetauchte deutsche U-Boot U 52 vor den Orkney Islands von alliierten Flugzeugen angegriffen. Kapitänleutnant Hansen (H) ließ sofort die vorderen Schotten fluten, um wegzutauchen und Boot und Besatzung zu retten, obwohl er wusste, dass er dadurch drei im Bug eingeschlossene Matrosen unweigerlich dem Tode preisgab.*
   a) War H durch Notwehr gerechtfertigt?
      Ja / Nein – Begründung:

   b) War H durch rechtfertigenden Notstand gerechtfertigt?
      Ja / Nein – Begründung:

8. Nennen Sie **mindestens drei** Unterschiede zwischen Notwehr und rechtfertigendem Notstand!

14. Kapitel: Testeinheit

9. ***Platzregen-Fall:*** *Xenia von Reichenstein verlässt, gehüllt in ihr sündhaft teures Cape aus Chinchillafell, an der Seite des Grafen Monokel gerade das Burgtheater, als ein ordinärer Platzregen niederprasselt. Geistesgegenwärtig entreißt der Graf dem Nächstbesten (es ist der Sektionschef Dr. Grantel) den Parapluie, um die empfindliche Garderobe seiner Begleiterin zu schützen.*

   Warum ist dem Grafen **keine** rechtfertigende Notstandshilfe zuzubilligen?

10. Hätte sich Dr. Grantel gegen diesen Zugriff des Grafen im Wege der Notwehr (§ 3) verteidigen dürfen?
    Ja / Nein – Begründung:

11. ***Disko-Fall:*** *A entwindet dem stockbetrunkenen D nach heftigem Gerangel den Zündschlüssel, als dieser nach einem Discobesuch seinen Wagen starten will, und besorgt ihm ein Taxi.*

    Das Entwinden des Zündschlüssels beeinträchtigt das Rechtsgut der Willensfreiheit und erfüllt den Tatbestand der Nötigung (§ 105 Abs 1 bitte lesen!).

    a) Kann sich A auf Notwehr bzw Nothilfe (§ 3) berufen?
       Ja / Nein – Begründung:

    b) Prüfen Sie bezüglich A Notstandssituation und Notstandshandlung! Die Beantwortung dieses kniffligen Falles erfordert kreatives Denken, insb weil Sie nicht mit der allgemeinen Verkehrssicherheit argumentieren können, da diese nach hM nicht notstandsfähig ist.

12. ***Luftpiraten-Fall*** *(SSt 43/20): Im Mai 1971 brachten 6 Rumänen eine rumänische Linienmaschine unter Waffeneinsatz in ihre Gewalt und zwangen den Piloten, nach Wien zu fliegen. Um 15.07 Uhr landete die Maschine mit 16 weiteren Passagieren schließlich in Schwechat. Zu ihrer Verteidigung machten die 6 Angeklagten hauptsächlich geltend, sie seien mit den wirtschaftlichen und politischen Verhältnissen in ihrer Heimat nicht mehr zufrieden gewesen.*

14. Kapitel: Rechtfertigender Notstand

Das heute maßgebliche Delikt ist die sog Luftpiraterie (§ 185 Abs 1). Bitte lesen!

a) **Notwehr** können die Angeklagten nicht geltend machen, weil (bitte ergänzen!)

b) Auch ihre Berufung auf **rechtfertigenden Notstand** steht auf schwachen Füßen. Warum?

14. Kapitel: Testeinheit

Antworten

1. a) Den persönlichen Rechtsgütern. (Aber konkrete Umstände des Einzelfalles mitberücksichtigen!)
   b) Dem Rechtsgut, hinter dem der höhere Realwert steht oä. (Aber konkrete Umstände des Einzelfalles mitberücksichtigen!)
2. Ein anderer als der Bedrohte „übt" rechtfertigenden Notstand oä.
3. a) Weil nicht in die Rechtsgüter des Angreifers, sondern in die eines **Dritten** (nämlich in das Eigentum des Kaffeehausbesitzers) eingegriffen wird oä.
   b) rechtfertigender Notstand
4. a) Nein! Der „Lauschangriff" richtet sich gegen die Privatsphäre, mithin **nicht** gegen ein notwehrfähiges Rechtsgut oä.
   b) Ja! Rechtfertigender Notstand; vgl Grundriss AT RN 14.9.
5. Nein! Wenn überhaupt ein Nachteil droht, ist es jedenfalls kein bedeutender (Waldi ist zahnlos!). Daher entfällt schon die Notstandssituation oä. Erst recht wäre diese Abwehr nicht das einzige Mittel.
6. a) Ja! Dem Leben der J droht unmittelbar ein bedeutender Nachteil.
   b) In solchen Fällen ist der Schwangerschaftsabbruch das **einzige Mittel,** um das Leben der Schwangeren zu retten.
   c) Kollidiert wie hier das Leben mit dem werdenden Leben (der Leibesfrucht), ist das Leben der Schwangeren höherwertig oä. Man spricht von **medizinischer Indikation** (vgl § 97 Abs 1 Z 2).
7. a) Nein! Notwehr richtet sich nur gegen den Angreifer. Die drei Matrosen sind keine Angreifer oä.
   b) Nein! Zwar liegt für H eine Notstands**situation** vor. Aber zur Notstands**handlung** gehört, dass das gerettete Rechtsgut (Leben) höherwertig ist als das beeinträchtigte. Hier steht jedoch Leben gegen Leben oä. Für H kommt aber möglicherweise ein Entschuldigungsgrund in Betracht.
8. Vgl dazu die Übersicht im Grundriss AT RN 14.34.
9. Problematisch ist hier nicht so sehr die Notstands**situation** als vielmehr die Notstands**handlung.** Keine Zweifel bestehen an der Höherwertigkeit. Der Griff zum fremden Regenschirm dürfte aber kaum das einzige Mittel gewesen sein, um das Cape vor Schaden zu bewahren (Taxi? Zurück zur Burg?)!
10. Ja! Wenn man rechtfertigende Notstandshilfe für Graf Monokel ablehnt, ist dessen Handlung ein gegenwärtiger **rechtswidriger** Angriff auf das notwehrfähige Rechtsgut des Eigentums oä.
11. a) Nein! Denn das (bloße) Fahren in betrunkenem Zustand kann schwerlich als (konkreter) Angriff auf andere Verkehrsteilnehmer gewertet werden oä.
    b) Es besteht ein unmittelbar drohender Nachteil iSd Gefährdung von Leben und Gesundheit des **D** selbst. Das Entwinden des Schlüssels ist in dieser Situation das einzige Mittel, um derartige Gefahren von ihm abzuwenden. Leben und Gesundheit des D sind höher einzuschätzen als seine Willensfreiheit oä.
12. a) weil beim Besteigen bzw Kapern der Maschine kein Angriff auf ein notwehrfähiges Rechtsgut der 6 Rumänen ersichtlich war oä.
    b) Weil schon die **Notstandssituation** problematisch war (Welches Rechtsgut war bedroht? Allenfalls ihre „Auswanderungsfreiheit"). Problematisch war auch die **Notstandshandlung.** War diese Tat wirklich das einzige Mittel? War das gerettete Rechtsgut **eindeutig und zweifellos** höherwertig als das durch § 185 geschützte Rechtsgut (Höhe der Strafdrohung!)? Der OGH hat die Berufung auf rechtfertigenden Notstand nicht akzeptiert; näher zum Fall vgl *Kienapfel* ÖJZ 1975 429.

■ ■ ■ **Ende dieser Programmeinheit** ■ ■ ■

■ ■ ■ **Bearbeiten Sie bitte jetzt den Fall F 2!** ■ ■ ■

Fälle und Lösungen

Lernziel: Hier wird Ihnen weiter die Möglichkeit geboten, das **selbständige Lösen strafrechtlicher Fälle** zu trainieren. Zunächst geht es in erster Linie um das Thema Rechtfertigung. Um zu erkennen, wo die Probleme und die Schwerpunkte dieser Fälle liegen, empfiehlt sich eine konsequente Heranziehung des (jeweiligen) Fallprüfungsschemas.

---

2. Fall

„Volltreffer"

Sachverhalt: Der frei umherlaufende bissige Hund des Abel (A) fällt den fünfjährigen Moritz (M) an. Dies sieht die Passantin Rikki (R), die gerade vor einem Blumenstand steht. Sie ergreift den erstbesten Blumenstock – zufällig sind es wertvolle Orchideen – und wirft ihn dem Vierbeiner an den Kopf, um den schon blutenden Jungen vor weiteren Verletzungen zu bewahren. Den „Volltreffer" überleben weder der Hund (Wert 30 €) noch die Pflanzen (Wert 60 €). Aber der Junge ist gerettet.

Aufgabe: Die Strafbarkeit der R ist zu untersuchen, wobei hier § 222 Abs 3 außer Betracht bleiben soll!

Allgemeine Hinweise: Bei diesem Sachverhalt kommen **zwei** strafbare Handlungen in Betracht. Welche?

(1)

Beide Fragenkomplexe müssen **gedanklich streng auseinander gehalten** und daher bei Ihrer schriftlichen Falllösung **getrennt voneinander untersucht** werden.

---

(1) Sachbeschädigung (§ 125) durch Töten des Hundes sowie eine zweite Sachbeschädigung (§ 125) durch Zerstören des Blumenstocks.

2. Fall

PROBLEMSAMMLUNG

A Töten des Hundes

1: Ist der objektive Tatbestand des § 125 erfüllt? „Sache"? „Zerstören"?
2: Ist der subjektive Tatbestand des § 125 erfüllt? Tatbildvorsatz?
3: Liegt Notwehr vor, insb ein Angriff? Problem der „Tierattacken"!
4: Liegt rechtfertigender Notstand vor, insb
   a) unmittelbar drohender bedeutender Nachteil?
   b) R ist selbst nicht bedroht. Rechtfertigende Notstandshilfe?
   c) Töten des Hundes = einziges Mittel?
   d) Höherwertigkeit des Rechtsguts? Was ist hier zu vergleichen?
      Hund / Blumenstock? Blumenstock / Mensch? Hund / Mensch?
   e) angemessenes Mittel?
   f) subjektives Rechtfertigungselement?

B Zerstören des Blumenstocks

1: Ist der Tatbestand des § 125 erfüllt?
2: Ist der subjektive Tatbestand erfüllt? Vorsatz auf die Zerstörung des Blumenstocks?
3: Liegt Notwehr vor, insb ein Angriff? Siehe oben!
4: Liegt rechtfertigender Notstand vor, insb
   a) unmittelbar drohender bedeutender Nachteil?
   b) rechtfertigende Notstandshilfe?
   c) Zerstören des Blumenstocks = einziges Mittel?
   d) Höherwertigkeit? Siehe oben!
   e) angemessenes Mittel?
   f) subjektives Rechtfertigungselement?

MUSTERLÖSUNG

A Töten des Hundes durch R

In Betracht kommt **Sachbeschädigung (§ 125).**

I Tatbestandsmäßigkeit

1. **Objektiver Tatbestand: Sache** ist jeder körperliche Gegenstand, daher auch ein Hund. Der Hund steht im Eigentum des A, ist somit für R **fremd**. Eine Sache ist **zerstört,** wenn sie für den Eigentümer endgültig ihren Wert verloren hat. Das ist bei einem toten Hund der Fall. Die Tötung eines Hundes ist daher unter das „Zerstören einer fremden Sache" **(§ 125)** zu subsumieren.

Fälle und Lösungen

2. **Subjektiver Tatbestand:** Auf diese Zerstörung bezieht sich der nach § 7 Abs 1 erforderliche **Tatbildvorsatz.** R hält es zumindest ernsthaft für möglich und findet sich damit ab, den Hund zu töten, auch wenn ihr eigentliches Ziel in der Rettung des Kindes besteht.

II Rechtswidrigkeit

1. **Notwehr (§ 3 Abs 1 Satz 1)** setzt einen **Angriff** voraus. Angriff ist jedes menschliche Verhalten, das eine Beeinträchtigung von Rechtsgütern befürchten lässt. Tierattacken fallen nur darunter, wenn der Hund gehetzt wird. Dann ist er das Werkzeug eines angreifenden Menschen. Hier aber ließ A den Hund nur unbedacht frei umherlaufen. § 3 scheidet daher aus.

2. Möglicherweise kommt für R **rechtfertigender Notstand** in Betracht. Da R selbst nicht bedroht ist, liegt ein Fall der **rechtfertigenden Notstandshilfe** vor.

a) Notstandssituation: Der Hund hat M bereits gebissen und attackiert ihn weiterhin. Der körperlichen Integrität des M droht somit **unmittelbar ein bedeutender Nachteil.** In Bezug auf M besteht also eine **Notstandssituation.**

b) Notstandshandlung: Da der Sachverhalt nicht erkennen lässt, ob R den Hund auf andere Weise hätte vertreiben können (Stein? Stock? Fußtritt?), ist davon auszugehen, dass das Werfen des Blumenstocks in diesem Moment das **einzige Mittel** war, um den der Gesundheit des M drohenden Nachteil abzuwenden. Es ist nun zwischen körperlicher Integrität des M und dem Eigentum des A abzuwägen. Bei einer solchen Sachlage ergibt schon der Vergleich der Rechtsgüter, dass die körperliche Integrität die materiellen Interessen des Hundeeigentümers **wesentlich überwiegt.** Der Einsatz des von R gewählten Mittels ist nach Lage der Dinge auch **nicht unangemessen.**

c) Subjektives Rechtfertigungselement: Dieses ist erfüllt, weil R die Notstandssituation kennt und M vor Ärgerem bewahren will.

Ergebnis: Die Tötung des Hundes durch R **(§ 125)** ist durch rechtfertigende Notstandshilfe gerechtfertigt und daher straflos.

B Zerstören des Blumenstocks durch R

In Betracht kommt wiederum **Sachbeschädigung (§ 125).**

I Tatbestandsmäßigkeit

1. **Objektiver Tatbestand:** Topf und Pflanzen gehören dem Inhaber des Blumenstandes und sind daher für R **fremde Sachen.** Durch das Werfen sind nur noch Scherben und Pflanzenreste übrig, die für den Eigentümer wertlos sind. Der Blumenstock ist daher „zerstört" iSd § 125 und der Tatbestand dieses Delikts erfüllt.

2. **Subjektiver Tatbestand:** R schließt es in ihren Willen ein, dass im Zuge der Abwehrhandlung die teuren Orchideen und der Blumentopf zerstört werden. Sie handelt also hinsichtlich der Zerstörung des Blumenstocks vorsätzlich.

2. Fall

II Rechtswidrigkeit

Die Zerstörung des Blumenstocks bedeutet einen Eingriff in Rechtsgüter Unbeteiligter, da vom Eigentümer des Blumenstocks kein Angriff ausgeht. Daher kommt nicht Notwehr, sondern allenfalls **rechtfertigender Notstand** in Form der **rechtfertigenden Notstandshilfe** (vgl dazu I.B.2.) in Betracht.

a) Notstandssituation: Die **Notstandssituation** liegt vor (vgl dazu I.B.2a.).

b) Notstandshandlung: Hinsichtlich der **Notstandshandlung** ist, wie bereits ausgeführt, davon auszugehen, dass der Wurf mit dem Blumenstock das einzige Mittel war, um die dem M drohende Gefahr abzuwenden. Bei der **Interessenabwägung** ist die körperliche Integrität des M mit dem Eigentum – verkörpert durch den Blumenstock – zu vergleichen. Zwar droht Letzterem vollständige Zerstörung und damit die **größere Gefahr,** doch gibt der eindeutig **höhere Rangwert** des geretteten Rechtsguts, der körperlichen Integrität (M), den Ausschlag. Im vorliegenden Fall ist die Preisgabe des geringeren Interesses Eigentum (Blumenstock) kein unangemessenes Mittel, um die körperliche Integrität des M zu retten. Somit sind alle Voraussetzungen einer (zulässigen) Notstandshandlung erfüllt.

c) Subjektives Rechtfertigungselement: Für das **subjektive Rechtfertigungselement** gilt dasselbe wie zuvor (vgl dazu I.B.2c.). Daher sind die Voraussetzungen der **rechtfertigenden Notstandshilfe** erfüllt.

Ergebnis: Das Zerstören des Blumenstocks (§ 125) ist ebenfalls durch rechtfertigende Notstandshilfe gerechtfertigt und daher nicht strafbar.

■ ■ ■ **Ende dieser Programmeinheit** ■ ■ ■

15. Kapitel
Weitere Rechtfertigungsgründe

Lerneinheit 15

Lernziel: Diese LE behandelt die Rechtfertigungsgründe (privates) Anhalterecht, allgemeines Selbsthilferecht, Einwilligung und mutmaßliche Einwilligung.

Neben Notwehr und rechtfertigendem Notstand gibt es eine Reihe **weiterer Rechtfertigungsgründe,** die in verschiedenen **Gesetzen** (auch außerhalb des Strafrechts) festgeschrieben sind oder die sich aus **übergeordneten Rechtsprinzipien** ableiten lassen.

1. Anhalterecht Privater

Das **allgemeine Anhalterecht Privater** ist in § 80 Abs 2 StPO verankert. Dieser Rechtfertigungsgrund gibt jedem das Recht, einen Verdächtigen einer Straftat auf verhältnismäßige Weise anzuhalten. § 80 Abs 2 StPO statuiert ein Anhalte-

(1) ...., aber keine Anhaltepflicht.

Handtaschen-Fall: Max beobachtet, wie der 16-jährige Florian versucht, der Passantin Marlene ihre teure Handtasche aus der Hand zu reißen. Marlene schafft es aber, die Tasche festzuhalten. Florian erkennt, dass er es nicht schafft, Marlene die Tasche wegzunehmen, und flieht. Als der fliehende Florian an Max vorbeiläuft, packt dieser ihn am Oberarm. Anschließend ruft er die Polizei und hält Florian bis zu deren Eintreffen fest.

Mit dem Festhalten von Florian verwirklicht Max eine Nötigung (§ 105 Abs 1), allenfalls, sollte das Festhalten über längere Zeit andauern, eine Freiheitsentziehung (§ 99).

(2) Warum scheidet in diesem Fall Notwehr bzw Nothilfe aus?

(3) Ist Max für das Festhalten von Florian durch das .... gerechtfertigt?

---

(1) Anhalterecht
(2) Florian läuft ohne Beute (Handtasche) davon. Daher ist der Angriff bereits abgeschlossen. Es liegt kein gegenwärtiger rechtswidriger Angriff mehr vor, der eine Nothilfesituation begründen würde.
(3) Anhalterecht

15. Kapitel: Lerneinheit 15

Lesen Sie bitte § 80 Abs 2 StPO! Diese Vorschrift beschreibt den Rechtfertigungsgrund des Anhalterechts.

Wie bei anderen Rechtfertigungsgründen auch stellen sich drei Hauptfragen:

1. Handelt es sich überhaupt um eine Situation, in der Max eine andere Person anhalten darf? = **Anhaltesituation**.
2. Auf welche Weise darf Max den Florian anhalten? = **Anhaltehandlung**.
3. Welches **subjektive Rechtfertigungselement** ist hier zu prüfen?

(4) Voraussetzung für die Annahme des Rechtfertigungsgrundes des Anhalterechts sind daher: Anhalte................,............................... und ....

(5) Bei der **Anhaltesituation** geht es um die Frage,........... man eine andere Person anhalten darf; bei der **Anhaltehandlung** darum,............ man sie anhalten darf. Beides ist streng voneinander zu trennen.

Anhaltesituation

Die **Anhaltesituation** setzt das Vorliegen eines **Anhaltegrundes** voraus. Dieser besteht
– im **begründeten Verdacht,** eine Person begehe gerade eine strafbare Handlung oder habe sie unmittelbar zuvor begangen oder
– in der **Fahndung** nach der Person wegen der Begehung einer strafbaren Handlung.

(6) Das Anhalterecht setzt den V...................... einer **gerichtlich strafbaren Handlung** oder die F...................... wegen einer solchen voraus.

(7) Darunter fallen alle .... und Vergehen. Nicht entscheidend ist, ob es sich um ein Vorsatz- oder Fahrlässigkeitsdelikt handelt oder ob die Straftat bloß versucht ist. Disziplinarstraftaten, Verwaltungsstraftaten oder Besitzstörungen begründen ein / kein Anhalterecht nach § 80 Abs 2 StPO.

Schwarzfahrer-Fall: Der Student Michael hat sich für dieses Semester kein Semesterticket für die öffentlichen Verkehrsmittel gekauft. Während der Fahrt mit der U-Bahn verlangt Kontrollor Wolfgang von Michael seinen Fahrausweis. Als Michael diesen nicht vorweisen kann, fordert Wolfgang ihn auf, mit ihm die U-Bahn zu verlassen. Michael steigt mit Wolfgang aus. Kaum ausgestiegen, will Michael weglaufen. Wolfgang aber läuft ihm nach und hat ihn nach wenigen Metern eingeholt. Er reißt ihn zu Boden und hält ihn fest. Sein Kollege verständigt inzwischen die Polizei.

In Betracht kommt eine Strafbarkeit von Wolfgang wegen Nötigung (§ 105 Abs 1).

---

(4) Anhaltesituation, Anhaltehandlung, subjektives Rechtfertigungselement
(5) ob; wie
(6) Verdacht; Fahndung
(7) Verbrechen; kein

15. Kapitel: Weitere Rechtfertigungsgründe

(8) Für die Tat von Wolfgang kommt als Rechtfertigungsgrund Notwehr / keine Notwehr in Betracht, weil (bitte ergänzen!)

(9) Für die Tat von Wolfgang kommt eine / keine Rechtfertigung durch das private Anhalterecht in Betracht, weil (bitte ergänzen!)

(10) Das Anhalterecht entfällt bei gerechtfertigten oder gerechtfertigt erscheinenden Handlungen, weil (bitte ergänzen!)

(11) Das Anhalterecht setzt das Bestehen eines **begründeten Tatverdachts** voraus, dh dass der Anhalteberechtigte aufgrund bestimmter Tatsachen annehmen kann, dass eine Person eine strafbare Handlung ausführe oder unmittelbar zuvor ausgeführt habe. Der **Verdacht** reicht aus. Es ist erforderlich / nicht erforderlich, dass die strafbare Handlung tatsächlich ausgeführt wurde.

Ein den Anforderungen des § 80 Abs 2 StPO genügender Tatverdacht liegt vor, wenn sich für einen objektiven Beobachter aus der Sicht ex ante aufgrund bestimmter Tatsachen (Indizien) der Verdacht einer rechtswidrigen Tat ergibt.

Kaufhaus-Fall: A beobachtet in einem Kaufhaus, wie X ein Kleidungsstück in ihre Tasche steckt und an der Kasse vorbei ohne Bezahlung das Geschäft verlässt.

(12) Es handelt sich um einen / keinen den Anforderungen des § 80 Abs 2 StPO genügenden Tatverdacht.

A sieht X rasch das Kaufhaus verlassen. Zuvor hat er sie nicht gesehen.

Es handelt sich um einen / keinen den Anforderungen des § 80 Abs 2 StPO genügenden Tatverdacht.

Die **zeitlichen Schranken** des Anhalterechts reichen deutlich weiter als bei der Notwehr. Eine Anhaltesituation liegt vor, wenn ein begründeter Verdacht be-

---

(8) keine Notwehr; weil kein unmittelbar drohender oder gegenwärtiger rechtswidriger Angriff vorliegt.
(9) keine Rechtfertigung; weil Schwarzfahren keine mit gerichtlicher Strafe bedrohte Handlung ist und daher kein Verdacht einer mit gerichtlicher Strafe bedrohten Handlung vorliegt oä.
(10) kein Verdacht einer mit gerichtlicher Strafe bedrohten Handlung vorliegt.
(11) nicht erforderlich
(12) einen; keinen

(13) steht, dass der Verdächtige die strafbare Handlung gerade ausführe oder .... ausgeführt habe oder dass wegen der Begehung einer strafbaren Handlung nach ihm .... wird. Die Anhaltung muss in einem engen zeitlichen und indizienmäßigen Konnex zur Tat stehen. Im Fall der Fahndung ist keine zeitliche Nähe erforderlich.

Flohmarkt-Fall: *Franz beobachtet den X, als dieser in der U-Bahn das Handy von Renate aus deren Handtasche stiehlt und damit wegläuft. Am nächsten Tag sieht Franz den X am Flohmarkt, als dieser versucht, das Handy zu verkaufen.*

(14) Es liegt eine Anhaltesituation / keine Anhaltesituation vor, weil (bitte ergänzen!)

Anhaltehandlung

(15) Bei der Anhaltehandlung des § 80 Abs 2 StPO geht es zum einen um das ...., zum anderen um das „**Wie lange**" der Anhaltung.

(16) Die Anhaltung muss (lesen Sie bitte **§ 80 Abs 2 StPO!**) auf .... Weise erfolgen. Da nach § 80 Abs 2 StPO auch die Anhaltung Unschuldiger erlaubt ist, sind die Grenzen für die zulässige Anhaltehandlung eng zu ziehen.

Eine Anhaltung darf nur auf die gelindeste noch zum Ziele führende Weise vorgenommen werden. Das heißt: Der Anhaltung dienende nichtqualifizierte Freiheitseingriffe (bis hin zu §§ 99, 105, 107) sind in der Regel zulässig; zB Festhalten, Einschließen, Abdrängen des Fluchtwagens, Androhung einer Strafanzeige.

(17) Körperliche Gewalt ist nur insoweit ...., als die Anhaltung des Tatverdächtigen ohne vorsätzliche Körperverletzung möglich ist. Nach dieser Ansicht ist daher eine vorsätzliche Körperverletzung nach § 83 Abs 1 zulässig / nicht zulässig.

Lesen Sie dazu bitte noch einmal den Handtaschen-Fall (S 203)!

(18) Für die Tat des Max kommt eine Rechtfertigung / keine Rechtfertigung durch Anhalterecht in Betracht.

---

(13) unmittelbar zuvor; gefahndet
(14) keine Anhaltesituation; weil X die strafbare Handlung nicht unmittelbar zuvor ausgeführt hat (und lt Sachverhalt auch keine Fahndung gegen X läuft). Es fehlt somit der enge zeitliche Konnex.
(15) „Wie"
(16) verhältnismäßige
(17) verhältnismäßig; nicht zulässig
(18) eine Rechtfertigung

15. Kapitel: Weitere Rechtfertigungsgründe

(19) Es liegt eine Anhaltesituation / keine Anhaltesituation vor, weil (bitte ergänzen!)

Die Anhaltehandlung liegt im Festhalten von Florian. Hält sich diese Handlung im Rahmen des Anhalterechts?

(20) Ja / Nein – Begründung:

Variante 1: Max schlägt Florian mit einem Prügel auf den Kopf, sodass dieser bewusstlos zusammenbricht.

(21) Die Anhaltehandlung ist verhältnismäßig / nicht verhältnismäßig, weil (bitte ergänzen!)

Variante 2: Als Florian an Max vorbeiläuft, gibt er ihm einen kräftigen Stoß, um ihn aufzuhalten. Florian stürzt aufgrund des Stoßes und prellt sich den linken Arm.

(22) Die Anhaltehandlung ist verhältnismäßig / nicht verhältnismäßig, weil (bitte ergänzen!)

Schließlich ist ein Blick auf die **Dauer der Anhaltehandlung** zu werfen. Die zulässige Dauer der Anhaltehandlung ist in **zweifacher Hinsicht** begrenzt:

(23) Sobald der **Tatverdacht** als unbegründet **wegfällt**, liegt keine Anhaltesituation mehr vor. Die Anhaltung ist dann unverzüglich zu ....

---

(19) eine Anhaltesituation; Max gesehen hat, dass Florian die Handtasche wegnehmen wollte und er daher annehmen kann, dass Florian unmittelbar zuvor eine strafbare Handlung ausgeführt hat oä.

(20) Ja; Die Anhaltehandlung ist verhältnismäßig. Es handelt sich um die gelindeste Weise, die zum Ziel führt. Nicht qualifizierte Freiheitseingriffe sind zulässig.

(21) nicht verhältnismäßig; weil Max den Florian vorsätzlich am Körper verletzt. Dies geht über eine verhältnismäßige Anhaltung hinaus.

(22) verhältnismäßig; weil Max den Florian lediglich vorsätzlich misshandelt, aber nicht mit Vorsatz am Körper verletzt. Max ist daher für die Körperverletzung nach § 83 Abs 2 gerechtfertigt.

(23) beenden

Nach § 80 Abs 2 StPO ist der Anhaltende zu einer weiteren Handlung verpflichtet, nämlich dazu, die Anhaltung **unverzüglich dem nächst erreichbaren Sicherheitsorgan anzuzeigen.**

(24) Die Anzeige muss .... erstattet werden, dh so rasch, wie es die jeweiligen Umstände ohne Gefährdung des Anhaltezwecks erlauben. Sie muss beim .... erstattet werden. Auf die örtliche Zuständigkeit kommt es nicht an.

(25) Im *Handtaschen-Fall* ist Max gerechtfertigt / nicht gerechtfertigt, weil er gleich / nicht gleich die Polizei ruft.

(26) Hält Max den Florian jedoch die nächsten zwei Stunden gefangen, bevor er die Polizei ruft, ist er gerechtfertigt / nicht gerechtfertigt, weil (bitte ergänzen!)

Subjektives Rechtfertigungselement

Zu Anhaltesituation und Anhaltehandlung muss wie bei anderen Rechtfertigungsgründen ein subjektives Rechtfertigungselement hinzutreten.

Daran sind nach § 80 Abs 2 StPO keine überhöhten Anforderungen zu stellen. Immerhin braucht es die **Kenntnis der Anhaltesituation;** also konkrete Gründe für den Verdacht.

Dazu die folgende Variante zum Handtaschen-Fall (S 203): Max sieht nicht, wie Florian der Passantin die Handtasche wegreißen möchte. Er möchte aber Florian zur Rede stellen, nachdem dieser einige Tage zuvor mit der Freundin von Max geflirtet hat.

(27) Bezüglich der Nötigung (§ 105) bzw Freiheitsentziehung (§ 99) ist Max gerechtfertigt / nicht gerechtfertigt, weil (bitte ergänzen!)

Subjektive Rechtfertigungselemente beziehen sich auf Sachverhalte, die im Inneren des Täters gelegen sind. Sie bilden auf der Stufe der Rechtswidrigkeit damit
(28) das Analogon zu den ....
auf der Stufe des Tatbestandes.

---

(24) unverzüglich; nächsten erreichbaren Sicherheitsorgan
(25) gerechtfertigt; gleich
(26) nicht gerechtfertigt; weil er nicht unverzüglich Anzeige beim nächsten erreichbaren Sicherheitsorgan erstattet hat oä.
(27) nicht gerechtfertigt; weil Max nicht erkannt hat bzw er keinen Verdacht hat, dass Florian unmittelbar zuvor einen Diebstahl versucht hat oä.
(28) subjektiven Tatbestandsmerkmalen

15. Kapitel: Weitere Rechtfertigungsgründe

2. Allgemeines Selbsthilferecht

Grundsätzlich verbietet es die Rechtsordnung, dass **privatrechtliche Ansprüche** auf eigene Faust durchgesetzt werden. Der Staatsbürger hat daher zur Durchsetzung bzw Sicherung seiner privatrechtlichen Ansprüche prinzipiell die dafür gesetzlich vorgesehenen Behörden und Gerichte anzurufen, sofern diese nicht ohnehin amtswegig einschreiten. Nur in **sehr engen Grenzen** ist es gestattet, privatrechtliche Ansprüche im Wege der **Selbsthilfe** durchzusetzen bzw zu sichern.

Man spricht dabei vom **allgemeinen = privaten Selbsthilferecht**. Im Unterschied zu anderen Rechtfertigungsgründen, zB Notwehr oder rechtfertigendem Notstand,
(29) kommt das .... nur dann zur Anwendung, wenn staatliche Hilfe zu spät käme (subsidiäre Kompetenz).

Die Voraussetzungen des allgemeinen Selbsthilferechts werden im Wege der Rechtsanalogie aus einem allgemein Rechtsprinzip und im Speziellen aus §§ 19 und 344 ABGB abgeleitet.

Lesen Sie §§ 19 und 344 ABGB!

Wie bei den bisher behandelten Rechtfertigungsgründen sind auch beim Selbst-
(30) hilferecht folgende drei Elemente zu prüfen: Selbsthilfe ...., ..., ...

Selbsthilfesituation

Die Selbsthilfesituation setzt voraus, dass ein **privatrechtlicher Anspruch besteht** und **staatliche Hilfe zur Durchsetzung dieses Anspruches zu spät käme.**

(31) Ein privatrechtlicher .... muss tatsächlich gegeben sein und darf noch nicht verjährt sein. Als Ansprüche kommen in Betracht: Herausgabe-, Vertrags-, Bereicherungs- oder Schadenersatzansprüche.

Außerdem ist Voraussetzung, dass **staatliche Hilfe zu spät** käme. Diese Schranke ergibt sich aus §§ 19 und 344 ABGB. Eine Selbsthilfesituation liegt nur vor, wenn
(32) .... nicht zu erlangen ist und damit die Sicherung bzw Verwirklichung des Anspruchs vereitelt oder wesentlich erschwert würde.

Handy-Fall: In einer Bar stößt Ben versehentlich an einen kleinen Tisch, auf dem das Handy von Anton liegt. Das Handy fällt zu Boden und das Display geht zu Bruch. Ben bemerkt den Schaden gar nicht und möchte nach Hause gehen. Anton sieht, dass der ihm unbekannte Ben die Bar verlassen möchte. Da er den Schaden an seinem Handy jedenfalls ersetzt bekommen möchte, entscheidet er sich, die Sache selbst in die Hand zu nehmen. Er packt Ben mit einem festen Griff am Arm und

---

(29) allgemeine bzw private Selbsthilferecht.
(30) situation, Selbsthilfehandlung, subjektives Rechtfertigungselement
(31) Anspruch
(32) rechtzeitige Hilfe durch staatliche Behörden (oä)

15. Kapitel: Lerneinheit 15

schreit ihn an: „Gib mir deine Kontaktdaten, sonst zeige ich dich bei der Polizei wegen Sachbeschädigung an!"

Ben hat den Tatbestand der Nötigung (§ 105) verwirklicht.

(33) Kommt als Rechtfertigungsgrund Notwehr in Betracht?

Ja / Nein – Begründung:

(34) Kommt als Rechtfertigungsgrund das Anhalterecht Privater in Betracht?

Ja / Nein – Begründung:

(35) Als Rechtfertigungsgrund kommt das .... in Betracht.

(36) Dieses setzt das Vorliegen einer .... situation voraus.

(37) Es muss ein .... vorliegen. Im vorliegenden Fall hat Anton einen .... anspruch gegen Ben.

(38) Außerdem muss behördliche Hilfe zu spät kommen. Da Ben bereits die Bar verlässt, würde die Durchsetzung des Anspruchs .... werden.

Lesen Sie bitte noch einmal den Schwarzfahrer-Fall (S 204)!

(39) In diesem Fall liegt eine Selbsthilfesituation / keine Selbsthilfesituation vor, weil (bitte ergänzen!)

---

(33) Nein! Notwehr setzt einen unmittelbar drohenden oder gegenwärtigen rechtswidrigen Angriff auf ein notwehrfähiges Rechtsgut voraus. Ein solcher Angriff liegt im vorliegenden Fall nicht vor, da die Beschädigung des Handys schon abgeschlossen ist.

(34) Nein! Das Anhalterecht Privater setzt den Verdacht der Begehung einer strafbaren Handlung voraus. Die fahrlässige Beschädigung einer fremden Sache begründet keine gerichtlich strafbare Handlung.

(35) allgemeine Selbsthilferecht

(36) Selbsthilfe

(37) privatrechtlicher Anspruch; Schadenersatz

(38) wesentlich erschwert

(39) eine Selbsthilfesituation; ein Anspruch der Betreiber der öffentlichen Verkehrsmittel auf Zahlung des Beförderungsentgelts besteht und behördliche Hilfe erst kommen würde, wenn Michael bereits weg wäre (Rsp) oä.

15. Kapitel: Weitere Rechtfertigungsgründe

Selbsthilfehandlung

(40) Hier geht es um das .... der Selbsthilfe.

Die Selbsthilfehandlung muss **unbedingt notwendig** sein. Unter den verfügbaren Mitteln ist das schonendste zu wählen. In Betracht kommen zB Maßnahmen zur Feststellung der Identität, einfache Drohungen, das Festhalten des anderen oder das Ergreifen des Gegenstandes.

Außerdem darf die Handlung **nicht außer Verhältnis** zum Wert bzw zur Bedeutung des Anspruchs stehen (Anspruchsadäquanz).

Eine Selbsthilfehandlung darf nicht so weit gehen wie eine Notwehrhandlung. Es geht nicht um die Durchsetzung eines Anspruchs um jeden Preis. Vorsätzliche Körperverletzungen sind im Rahmen des allgemeinen Selbsthilferechts daher

(41) nicht zulässig. Vorsätzliche .... nach § 83 Abs 2 oder § 115 Abs 1 3. Fall und fahrlässige .... sind gerechtfertigt / nicht gerechtfertigt. Vorsätzliche .... nach § 83 Abs 1 sind gerechtfertigt / nicht gerechtfertigt.

Betrachten wir den Handy-Fall (S 209) unter dem Aspekt der Selbsthilfehandlung.

(42) Welche Anforderungen sind an die Selbsthilfehandlung zu stellen?

(43) Im Handy-Fall ist die Selbsthilfehandlung zulässig / nicht zulässig, weil (bitte ergänzen!)

Variante zum Handy-Fall: Anton schlägt Ben mit der Faust ins Gesicht und verpasst ihm damit ein blaues Auge. Ändert sich etwas an der rechtlichen Beurteilung?

(44) Ja / Nein – Begründung:

Lesen Sie bitte noch einmal den Schwarzfahrer-Fall (S 204)!

---

(40) „Wie"
(41) Misshandlungen; Körperverletzungen; gerechtfertigt; Körperverletzungen; nicht gerechtfertigt
(42) Die Handlung muss sich im Rahmen des unbedingt Notwendigen halten und sie darf nicht außer Verhältnis zum Anspruch stehen.
(43) zulässig; das Festhalten notwendig ist, um Bens Namen und Daten zu erhalten.
(44) Ja! Anton verletzt Ben vorsätzlich am Körper (§ 83 Abs 1). Vorsätzliche Körperverletzungen sind im Rahmen des Selbsthilferechts Privater nicht zulässig.

15. Kapitel: Lerneinheit 15

(45) Ist im Schwarzfahrer-Fall die Selbsthilfehandlung unbedingt notwendig und steht sie im Verhältnis zum durchzusetzenden Anspruch?

Subjektives Rechtfertigungselement

(46) Zu Selbsthilfesituation und Selbsthilfehandlung muss wie bei den anderen Rechtfertigungsgründen ein .... Rechtfertigungselement hinzutreten.

(47) Dafür ist die .... **der Selbsthilfesituation** erforderlich.

3. Einwilligung

Es gibt keine allgemeine Regelung der Einwilligung im StGB. Vielmehr handelt es sich um einen weitgehend ungeschriebenen Rechtfertigungsgrund.

Das bedeutet nicht, dass der Einwilligung im StGB keine Bedeutung zugemessen würde. Im Gegenteil, in einigen Bestimmungen wird darauf Bezug genommen; zB in §§ 90, 96, 98, 102, 110, 136. Die allgemeinen Voraussetzungen und Grenzen der Einwilligung sind jedoch nicht vollständig gesetzlich geregelt.

Außer in § 90 handelt es sich bei der Einwilligung aber um ausdrückliche Elemente der Tatbestände (sog Einverständnis). Solche können sich auch als ungeschriebene Merkmale bei der Auslegung der Delikte ergeben, zB setzt der Diebstahl die Wegnahme der Sache ohne oder gegen den Willen des Berechtigten voraus.

(48) Im Folgenden geht es um die .... als Rechtfertigungsgrund. Davon zu unterscheiden ist das tatbestandsausschließende Einverständnis, das bereits die .... ausschließt.

Scooter-Fall: Maria erlaubt ihrer Bekannten Monika, ihren Scooter aus dem Schuppen zu nehmen und sich zu behalten, da sie sich einen neuen gekauft hat.

(49) In diesem Fall schließt Marias Zustimmung die Tatbestandsmäßigkeit nach § 127 / die Rechtswidrigkeit aus, weil (bitte ergänzen!)

---

(45) Es ist zwar notwendig für die Erfassung der Daten, dass Wolfgang den Michael festhält. Allerdings ist die Anspruchsadäquanz fraglich, wenn man den geringen Ticketpreis bedenkt. Die Rsp hat im gegenständlichen Fall jedoch die Adäquanz im Hinblick auf die öffentlichen Interessen an einem funktionierenden öffentlichen Verkehr bejaht (str).
(46) subjektives
(47) **Kenntnis**
(48) Einwilligung; Tatbestandsmäßigkeit
(49) Tatbestandsmäßigkeit nach § 127; der Diebstahl die Wegnahme einer fremden, beweglichen Sache gegen den Willen des Gewahrsaminhabers voraussetzt. Ist der Gewahrsaminhaber mit dem Gewahrsamsübergang einverstanden, liegt kein Gewahrsamsbruch vor oä.

15. Kapitel: Weitere Rechtfertigungsgründe

Lesen Sie bitte noch einmal den Blutabnahme-Fall (S 43)!

(50) Hier wird der Tatbestand des § 83 Abs 1 durch die Krankenschwester erfüllt / nicht erfüllt.

(51) Es kommt jedoch eine .... durch .... in Betracht.

Einwilligungssituation

Die Einwilligungssituation hängt vom Vorliegen teils sachlicher, teils persönlicher Voraussetzungen ab.

Sachliche Voraussetzungen

Eine Rechtfertigung durch Einwilligung setzt die **Disponibilität des Rechtsguts** voraus, dh der Einwilligende muss das alleinige Verfügungsrecht über das Rechtsgut haben.

(52) Solche .... sind die meisten **Individualrechtsgüter**. Allerdings kann nicht rechtswirksam in den eigenen Tod eingewilligt werden, da das Leben kein disponibles Rechtsgut ist, wie sich aus §§ 77, 78 ergibt. Rechtsgüter der Allgemeinheit und des Staates sind prinzipiell nicht disponibel.

(53) Kann die Einwilligung bei folgenden Delikten rechtfertigende Wirkung haben?

	ja	nein
1. Freiheitsdelikte	☐	☐
2. Vermögensdelikte	☐	☐
3. Urkundendelikte	☐	☐
4. Rechtspflegedelikte	☐	☐
5. Ehrendelikte	☐	☐
6. Missbrauch der Amtsgewalt	☐	☐
7. Tötungsdelikte	☐	☐
8. Körperverletzungsdelikte	☐	☐

Beachte! Für die Einwilligung bei den Körperverletzungsdelikten (§§ 83 ff) ist in § 90 Abs 1 allerdings als zusätzliches Erfordernis vorgesehen, dass die Verletzung oder Gefährdung als solche **nicht gegen die guten Sitten verstößt**. Das **Sittenwidrigkeitskorrektiv** gilt aber nur für die Delikte der §§ 83 bis 89; bei anderen Rechtsgütern findet es keine Anwendung.

Whisky-Fall: A ist schon einmal wegen Ladendiebstahls zu einer bedingt nachgesehenen Haftstrafe verurteilt worden. Als er mit seiner Gattin B einkaufen geht, kann

---

(50) erfüllt
(51) Rechtfertigung; Einwilligung
(52) disponible Rechtsgüter
(53) Freiheitsdelikte: ja; Vermögensdelikte: ja; Urkundendelikte: nein; Rechtspflegedelikte: nein; Ehrendelikte: ja; Missbrauch der Amtsgewalt: nein; Tötungsdelikte: nein; Körperverletzungsdelikte: ja

15. Kapitel: Lerneinheit 15

er es nicht lassen, eine Flasche Whisky in der Einkaufstasche verschwinden zu lassen. Die Kassiererin entdeckt die Flasche und ruft die Polizei. Damit die bedingte Nachsicht der Strafe nicht widerrufen wird, gibt A in Absprache mit B an, dass B und nicht er die Flasche gestohlen habe.

A erfüllt den Tatbestand der Verleumdung (§ 297).

(54) Fraglich ist, ob A durch .... der B gerechtfertigt ist. Durch den Tatbestand der Verleumdung wird (auch) die .... geschützt. Dabei handelt es sich um ein Individualrechtsgut / Allgemeinrechtsgut. Solche Rechtsgüter sind disponibel / nicht disponibel. Daher kann durch den Einzelnen rechtswirksam / nicht rechtswirksam eingewilligt werden.

Eine Einwilligung ist nur rechtswirksam, wenn sie **ernstlich** und **freiwillig** und **frei von wesentlichen Mängeln** ist. Eine durch Zwang, Drohung oder Täuschung herbeigeführte Einwilligung ist idR ebenso unwirksam wie eine auf unvollständiger Aufklärung beruhende Einwilligung.

Organtransplantations-Fall: Hans soll für seinen Bruder Karl eine Niere spenden. Der operierende Arzt erklärt ihm nur knapp, dass es sich um eine Routineoperation handelt und unterlässt eine Aufklärung über die Risiken. Hans geht davon aus, dass keinerlei Risiken mit der Operation verbunden sind, und willigt ein. Es kommt kurz nach der Operation zu Komplikationen, da die zweite Niere immer wieder aussetzt. Hans ist damit dauerhaft gesundheitlich beeinträchtigt.

Bei der Entnahme von Organen handelt es sich um keine medizinisch indizierte Heilbehandlung, sondern um eine Körperverletzung.

(55) Eine wirksame Einwilligung setzt voraus, dass der Einwilligende über alle Umstände informiert und entsprechend aufgeklärt ist. Der Irrtum von Hans geht auf die mangelhafte Aufklärung des Arztes zurück. Die Einwilligung ist daher wirksam / unwirksam. Die Körperverletzung ist gerechtfertigt / nicht gerechtfertigt.

Bluttransfusions-Fall: P ist Patient in einem Krankenhaus. Als ein Schwerverletzter eingeliefert wird, der dringend einer Bluttransfusion bedarf, das hierfür benötigte Blut einer seltenen Blutgruppe aber nicht in ausreichendem Maß zur Verfügung steht, wird P, der diese Blutgruppe hat, von dem Arzt A überredet, gegen ein Entgelt von 5.000 € Blut zu spenden. Nach der Entnahme des Blutes wird P erklärt, man habe ihn wegen des Notfalls leider täuschen müssen; er bekomme nur 50 €.

(56) P irrt lediglich über die erwartete Gegenleistung und unterliegt daher einem **Motivirrtum**, der **unbeachtlich** ist. A ist daher gerechtfertigt / nicht gerechtfertigt.

Die Einwilligung ist nur dann rechtswirksam, wenn sie **vor oder spätestens bei der Tat** erteilt worden ist. Sie kann ausdrücklich oder schlüssig erteilt werden, muss

---

(54) Einwilligung; Rechtspflege; Allgemeinrechtsgut; nicht disponibel; nicht rechtswirksam
(55) unwirksam; nicht gerechtfertigt
(56) gerechtfertigt

15. Kapitel: Weitere Rechtfertigungsgründe

aber jedenfalls nach außen treten. Eine nachträgliche Einwilligung beseitigt das einmal begangene Unrecht nicht und wirkt daher im Strafrecht nicht rechtfertigend. Eine einmal gegebene Einwilligung kann auch widerrufen werden.

Persönliche Voraussetzungen

Als persönliche Voraussetzungen einer rechtswirksamen Einwilligung müssen die Befugnis, über das Rechtsgut zu verfügen **(Dispositionsbefugnis),** und die Fähigkeit, darüber zu verfügen **(Dispositionsfähigkeit),** vorliegen.

Zur Disposition über das Rechtsgut **befugt** ist idR der **Rechtsgutträger** selbst. Im Einzelfall kann dies aber auch – insb in Bezug auf Eigentum und Vermögen – ein von ihm zur Disposition Ermächtigter sein.

Eine rechtswirksame Einwilligung setzt die **Einwilligungsfähigkeit (Dispositionsfähigkeit)** des Rechtsgutträgers (bzw des Ermächtigungsbefugten) voraus. Er muss nach seiner geistigen und sittlichen Reife in der Lage sein, Bedeutung und Tragweite der (spezifischen) Rechtsguteinbuße und des Rechtsschutzverzichts zu erkennen und sachgerecht zu beurteilen. Maßgebend ist die **natürliche Einsichts- und Urteilsfähigkeit.** Geschäftsfähigkeit iSd bürgerlichen Rechts ist aber nicht erforderlich.

(57) Welche Anforderungen an die . . . . zu stellen sind, hängt sowohl vom jeweiligen Rechtsgut als auch von Art und Umfang der Einbuße sowie von den sonstigen konkreten Umständen ab. Ausnahmsweise kann sogar die Einwilligung eines Betrunkenen, Jugendlichen oder Unmündigen rechtswirksam sein. Bei Einwilligungsunfähigen ist der gesetzliche Vertreter zur Erteilung der Einwilligung berechtigt, uU sogar verpflichtet.

(58) Auf Ebene der Einwilligungssituation sind daher folgende Voraussetzungen zu prüfen (Bitte einsetzen!):

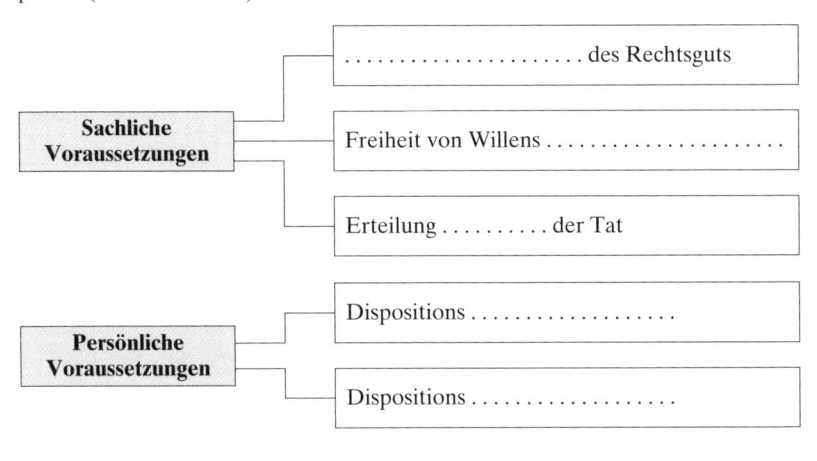

Sachliche Voraussetzungen	. . . . des Rechtsguts
	Freiheit von Willens . . . .
	Erteilung . . . . der Tat
Persönliche Voraussetzungen	Dispositions . . . .
	Dispositions . . . .

---

(57) Dispositionsfähigkeit
(58) Von o nach u: Disponibilität; mängeln; vor; befugnis; fähigkeit

15. Kapitel: Lerneinheit 15

Einwilligungshandlung

Die durch Einwilligung gestattete Handlung muss sich nach Art, Gegenstand und Umfang, gegebenenfalls auch in zeitlicher, persönlicher und örtlicher Hinsicht im Rahmen dessen halten, was der **Rechtsgutträger gewollt** und **erklärt hat.** Die Grenzen der Einwilligung sind von Fall zu Fall im Weg ihrer Auslegung zu ermitteln.

(59) Werden die Grenzen der Einwilligung überschritten, liegt ein Handlungsexzess vor. Die Handlung ist dann ....

Schönheitschirurgie-Fall: Sabine lässt vom Schönheitschirurgen Christoph eine Bauchstraffung unter Vollnarkose vornehmen. Der übereifrige Christoph nützt die Anästhesie wegen der Bauchstraffung auch gleich dazu, eine Bruststraffung mit einem Implantat vorzunehmen, ohne dass dies besprochen war.

(60) Schönheitsoperationen sind keine medizinisch indizierten Eingriffe und erfüllen den Tatbestand der Körperverletzung (vgl *Kienapfel/Schroll* StudB BT I § 90 RN 29). Sie bedürfen daher einer Rechtfertigung durch ....
....

(61) Sabine ist durch die Operation schwer verletzt (§ 84 Abs 4). Sie hat in die .... rechtswirksam ....
.... Hinsichtlich der .... liegt eine /
keine Einwilligung vor. Christoph handelt diesbezüglich daher ....
..............................., weil (bitte ergänzen!)

Feuerwehrfest-Fall: Nach einem Feuerwehrfest lässt sich Maria von ihrem Bekannten Georg mit dem Auto nach Hause bringen, obwohl sie weiß, dass dieser schwer betrunken ist (1,5 Promille). Infolge seiner Berauschung verliert Georg in einer Kurve die Kontrolle über das Auto und fährt in den Straßengraben, woraufhin sich das Auto überschlägt. Maria erleidet eine Gehirnerschütterung und schwere Prellungen (Heilungsdauer: vier Wochen).

Georg hat den Tatbestand des § 88 Abs 3 und 4 zweiter Strafsatz verwirklicht.

In Betracht kommt eine Rechtfertigung durch Einwilligung. Worauf bezog sich die Einwilligung von Maria – auf das Mitfahren mit dem betrunkenen Georg oder die schwere Körperverletzung?

---

(59) rechtswidrig
(60) Einwilligung
(61) Bauchstraffung; eingewilligt; Bruststraffung; keine Einwilligung; rechtswidrig, weil die Einwilligung nur in dem Umfang wirksam ist, in dem sie erteilt wurde oä.

15. Kapitel: Weitere Rechtfertigungsgründe

(62) Maria hat eingewilligt in (bitte ergänzen!)

(63) Nach hM wirkt nur eine Einwilligung in den Erfolg, somit in die ...., rechtfertigend. Mit dem freiwilligen Mitfahren mit einem betrunkenen Autofahrer willigt der Mitfahrende hingegen nur in die riskante Autofahrt, somit in die Handlung, ein. Eine .... in die Körperverletzung lässt sich daraus nicht ableiten.

(64) Da Maria lediglich in die riskante .... eingewilligt hat, ist die Verletzung durch Georg .... und Georg ist – bei Vorliegen aller anderen Voraussetzungen – nach § 88 Abs 3 und 4 zweiter Strafsatz zu bestrafen / nicht zu bestrafen (hM; nach einer anderen Ansicht soll auch die Einwilligung in die riskante Handlung die Verletzung von Rechtsgütern rechtfertigen).

Sittenwidrigkeitskorrektiv nach § 90

Für die Einwilligung in eine Körperverletzung oder eine Gefährdung der körperlichen Sicherheit sieht § 90 Abs 1 eine zusätzliche Voraussetzung vor. *Lesen Sie bitte § 90!*

Die Verletzung oder Gefährdung darf als solche **nicht gegen die guten Sitten verstoßen**. IdR geht man davon aus, dass leichte Körperverletzungen nicht dem Sittenwidrigkeitskorrektiv widersprechen. Je schwerer die Verletzung bzw je größer die Gefährdung ist, umso stärker fallen Zweck und Beweggründe der Beteiligten ins Gewicht.

Beachte! Dieses Sittenwidrigkeitskorrektiv kommt bei der Einwilligung in die Verletzung anderer Rechtsgüter **nicht** zur Anwendung!

„Blaues Auge"-Fall: Hans bittet Alexander, ihm ein blaues Auge zu schlagen: Er will dieses Veilchen dazu benutzen, endlich mit der hübschen Krankenschwester auf der Unfallambulanz in Kontakt zu kommen. Alles läuft nach Plan . . . .

Alexander hat den Tatbestand des § 83 verwirklicht.

---

(62) das Mitfahren mit dem betrunkenen Georg.
(63) Körperverletzung; Einwilligung
(64) Handlung bzw Autofahrt; rechtswidrig; zu bestrafen

15. Kapitel: Lerneinheit 15

(65) In Betracht kommt eine Rechtfertigung durch .... von Hans. Hans darf über das .... körperliche Unversehrtheit verfügen, ist frei von .... und gibt die Einwilligung .... der Tat.

(66) Weiters hat er die .... und die ...., über das Rechtsgut zu verfügen.

(67) Die Handlung von Alexander hält sich im Rahmen der Einwilligung von Hans, der einwilligt, dass (bitte ergänzen!)

(68) Ein blaues Auge ist lediglich eine leichte Körperverletzung. Eine leichte Körperverletzung verstößt / verstößt nicht gegen die guten Sitten (hM). Daher ist Alexander für die Körperverletzung durch ....

(69) Die Motive spielen im Fall einer .... Körperverletzung idR keine Rolle (würden im vorliegenden Fall aber auch nicht gegen die guten Sitten verstoßen).

Bagger-Fall: *Nach vielen Jahren Arbeit auf der Baustelle ist Andreas frustriert und möchte einmal länger „pausieren". Um in dieser Zeit „gut leben zu können", überlegt er sich, dass ein Arbeitsunfall das Günstigste wäre, da in diesem Fall die Unfallversicherung den vollen Arbeitslohn bezahlen würde. Er bittet daher seinen Freund Daniel, der Baggerfahrer auf der Baustelle ist, dass er ihm mit dem Bagger über den Fuß fahren solle. Daniel fährt daraufhin mit dem Bagger über Andreas' Fuß, der dadurch vollkommen zerquetscht wird und mehrere aufwändige Operationen notwendig macht.*

Daniel verwirklicht – neben dem hier nicht interessierenden Versicherungsmissbrauch nach § 151 – den Tatbestand der schweren Körperverletzung nach § 84 Abs 4.

(70) In Betracht kommt eine Rechtfertigung durch ...., da Andreas den Daniel gebeten hat, die Verletzung herbeizuführen. Andreas hat .... in die schwere Verletzung .... Es liegt also eine .... vor.

---

(65) Einwilligung; Rechtsgut; Willensmängeln; vor;
(66) Befugnis; Fähigkeit
(67) ihn Alexander am Körper verletzt bzw ihm ein blaues Auge schlägt oä.
(68) verstößt nicht; Einwilligung gerechtfertigt.
(69) leichten
(70) Einwilligung; vor der Tat; eingewilligt; Einwilligungssituation

15. Kapitel: Weitere Rechtfertigungsgründe

(71) Die Handlung von Daniel bleibt auch im Rahmen dessen, was ....

(72) Aufgrund der Regelung des § 90 Abs 1 ist jedoch fraglich, ob hier nicht das Sittenwidrigkeitskorrektiv eine Rechtfertigung ausschließt. Es handelt sich um eine .... Bei solchen kommt dem .... eine erhebliche Bedeutung zu. Schwere Körperverletzungen sind nur dann durch Einwilligung ...., wenn ihr Zweck und ihr Motiv positiv zu bewerten sind.

(73) Im vorliegenden Fall dient die Körperverletzung der Ermöglichung eines Versicherungsbetrugs, die Verletzung ist daher .... Daniel ist für die Körperverletzung gerechtfertigt / nicht gerechtfertigt durch Einwilligung.

Subjektives Rechtfertigungselement

(74) Auch bei der Einwilligung muss zur Einwilligungssituation und zur Einwilligungshandlung ein .... Rechtfertigungselement hinzutreten. Der Täter muss aufgrund oder zumindest in Kenntnis der Einwilligung handeln.

Variante zum Scooter-Fall (s S 212): Maria gibt Monika ihren Scooter. Monika geht davon aus, dass sie ihn ihr leihe. Da sie sich jedoch in finanziellen Schwierigkeiten befindet, verkauft sie den Scooter über willhaben.at. Maria wollte ihr den Scooter aber ohnedies schenken, was sie ihr erst einige Tage später mitteilt.

Monika erfüllt den Tatbestand der Veruntreuung (§ 133). Es liegen eine Einwilligungssituation und eine Einwilligungshandlung vor.

(75) Monika hat Kenntnis / keine Kenntnis von Marias .... Monika ist deswegen gerechtfertigt / nicht gerechtfertigt.

4. Mutmaßliche Einwilligung

Manchmal kann die Einwilligung des Rechtsgutträgers nicht oder nicht rechtzeitig eingeholt werden, weil er entweder abwesend und nicht erreichbar ist oder nicht in der Lage ist, eine Einwilligung zu geben. Dennoch kann in einer solchen Situation davon auszugehen sein, dass er mit der Rechtsgutsbeeinträchtigung einverstanden wäre. Solche Fälle können mit dem **ungeschriebenen Rechtfertigungsgrund** der **mutmaßlichen Einwilligung** gelöst werden.

---

(71) Andreas erklärt hat oä.
(72) an sich schwere Körperverletzung; Sittenwidrigkeitskorrektiv; gerechtfertigt
(73) sittenwidrig; nicht gerechtfertigt
(74) subjektives
(75) keine Kenntnis; Einwilligung; nicht gerechtfertigt

15. Kapitel: Lerneinheit 15

Beachte! Die mutmaßliche Einwilligung darf als Rechtfertigungsgrund nur herangezogen werden, wenn **keine Einwilligung** vorliegt. Die mutmaßliche Einwilligung ist **Ersatz für die wirkliche Einwilligung.** Deshalb gelten die Voraussetzungen und Grenzen der rechtfertigenden Einwilligung teilweise auch für die mutmaßliche Einwilligung. Eine mutmaßliche Einwilligung kommt etwa nur bei **disponiblen Rechtsgütern** in Betracht.

(76) Auch bei der mutmaßlichen Einwilligung müssen für eine Rechtfertigung vorliegen: ....,........ .... und ....

Mutmaßliche Einwilligungssituation

Für eine mutmaßliche Einwilligung müssen zwei Voraussetzungen vorliegen:
– **Die Einwilligung des Rechtsgutträgers** ist **nicht erreichbar.**
– Der Rechtsgutträger **hätte in dieser Situation die Einwilligung erteilt** = **hypothetischer Wille.**

Dieser hypothetische Wille des Rechtsgutträgers ist ex ante anhand **objektiver Indizien** zu ermitteln, wobei die Interessen, Bedürfnisse, Wünsche und Wertvorstellungen des Rechtsgutträgers vorrangig zu berücksichtigen sind. Ein klarer **entgegengesetzter oder ausdrücklicher Wille des Rechtsgutträgers** ist stets zu beachten, selbst wenn er unvernünftig ist.

Wasserrohrbruch-Fall: Martin sieht durch das Küchenfenster seines sich im Urlaub befindlichen Nachbarn Stefan, dass dessen Haus aufgrund eines gebrochenen Wasserrohres unter Wasser steht. Stefan ist telefonisch nicht erreichbar. Martin bricht die Haustür auf und beschädigt dabei die Haustür (§ 125). Ist Martin gerechtfertigt?

(77) Zum Zeitpunkt der Tat liegt eine Einwilligung / keine Einwilligung in die Beschädigung der Türe vor. Die Einwilligung von Martin kann auch .... werden.

(78) Es kommt jedoch eine Rechtfertigung durch .... in Betracht. Dafür ist der .... Wille von Stefan heranzuziehen. Es ist davon auszugehen, dass Stefan in dieser Situation ...., dass Martin eingreift, um einen Wasserschaden zu vermeiden.

Variante zum Wasserrohrbruch-Fall: Martin weiß, dass sein schrulliger Nachbar unter keinen Umständen will, dass jemand sein Haus betritt. Dürfte Martin auch dann die Haustür aufbrechen?

---

(76) Mutmaßliche Einwilligungssituation; mutmaßliche Einwilligungshandlung; subjektives Rechtfertigungselement
(77) keine Einwilligung; nicht erlangt oä
(78) mutmaßliche Einwilligung; hypothetische; eingewilligt hätte

15. Kapitel: Weitere Rechtfertigungsgründe

(79) Ja / Nein – Begründung:

Würde sich an der Antwort etwas ändern, wenn Martin im Stockwerk unter Stefan wohnt und die Gefahr besteht, dass das Wasser in seiner Wohnung erheblichen Schaden anrichtet?

(80) In diesem Fall wäre das Aufbrechen der Wohnung durch mutmaßliche Einwilligung gerechtfertigt / nicht gerechtfertigt.

(81) Es käme aber folgender Rechtfertigungsgrund in Betracht (bitte ergänzen!):

Mutmaßliche Einwilligungshandlung

(82) Wie bei der Einwilligung muss sich auch die aufgrund mutmaßlicher Einwilligung vorzunehmende **Handlung** sich in den .... dessen halten, was der Rechtsgutträger **gewollt hätte**.

Subjektives Rechtfertigungselement

(83) Auch bei der mutmaßlichen Einwilligung muss ein subjektives Rechtfertigungselement vorliegen. Es ist die .... **jener beiden Umstände** notwendig, welche die mutmaßliche Einwilligungssituation begründen (Bitte einsetzen!):

```
                              ........................................
   ┌──────────────────┐    ┌─
   │   Mutmaßliche    │────┤
   │ Einwilligungs-   │    │
   │    situation     │    └─
   └──────────────────┘       ........................................
```

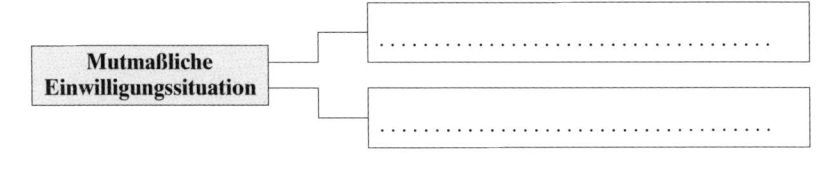

■ ■ ■ **Bevor Sie die Testfragen zur LE 15 durcharbeiten, lesen Sie bitte zunächst im Grundriss AT Kap 15!** ■ ■ ■

---

(79) Nein! Der entgegengesetzte Wille des Nachbarn ist zu berücksichtigen. Eine Rechtfertigung durch mutmaßliche Einwilligung scheidet aus oä.
(80) nicht gerechtfertigt
(81) rechtfertigender Notstand
(82) Grenzen
(83) Kenntnis; Nichterreichbarkeit des Rechtsgutträgers; hypothetischer Wille des Rechtsgutträgers

Testeinheit 15

Testfragen zur LE 15

1. Das **Anhalterecht** nach § 80 Abs 2 StPO setzt folgende Situation voraus (bitte einsetzen!):

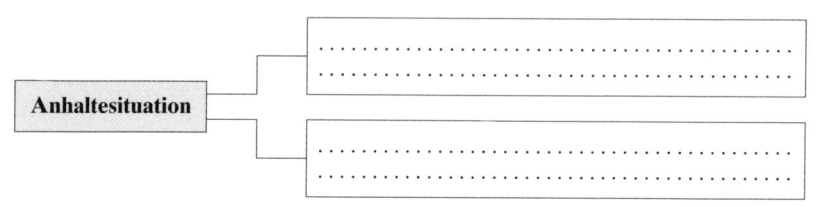

   Anhaltesituation ⎯ ....
   ....
   ....
   ....

2. *Bankfoyer-Fall:* Christian erledigt in einem Bankfoyer seine Bankgeschäfte. Da hört er, dass Albert am Bankomaten neben ihm flucht: „Verdammt, jetzt hat die Alte die Karte schon sperren lassen." Christian vermutet daraufhin gleich, dass Albert mit einer fremden Karte unberechtigterweise Geld abheben wollte. Er verfolgt ihn daher und verständigt über sein Handy die Polizei. Als aber Albert, der die Verfolgung bemerkt, zu laufen beginnt, läuft ihm Christian nach, packt ihn von hinten und reißt ihn zu Boden. Albert prallt mit dem Kopf auf den Asphalt und erleidet eine Platzwunde am Hinterkopf und eine Gehirnerschütterung. Christian hält ihn fünf Minuten am Boden fest, bis die Polizei kommt.

   Es ist zu untersuchen, ob Christian für die Körperverletzung (§ 83 Abs 2) und Nötigung (§ 105 Abs 1) gerechtfertigt ist.

   a) Kann sich Christian auf Notwehr berufen?
      Ja / Nein. Begründung:

   b) Kommt ein anderer Rechtfertigungsgrund in Betracht? Wenn ja, welcher?

3. Liegt im *Bankfoyer-Fall* eine **Anhaltesituation** vor?

4. Welche Anforderungen stellt § 80 Abs 2 an die **Anhaltehandlung**?

15. Kapitel: Weitere Rechtfertigungsgründe

5. Ist im *Bankfoyer-Fall*
   a) das Festhalten verhältnismäßig?
   Ja / Nein. Begründung:

   b) die Körperverletzung verhältnismäßig?
   Ja / Nein. Begründung:

6. **Fahrrad-Fall:** *Karl geht wie jeden Samstag auf den örtlichen Flohmarkt, um Antiquitäten zu kaufen. Als er an den Verkaufsständen vorbei spaziert, sieht er bei einem Stand das Fahrrad seiner Freundin Sophie zum Verkauf angeboten, das ihr zwei Wochen zuvor gestohlen worden ist. Aufgrund einiger markanter Aufkleber am Fahrrad ist sich Karl sicher, dass es sich um Sophies Fahrrad handelt. Da sich bereits viele Interessenten das Fahrrad ansehen, hält Karl es für keine gute Idee, auf die Polizei zu warten. Um das Rad für seine Freundin zurückzuerlangen, fackelt Karl daher nicht lange herum, sondern schnappt sich das Rad in einem unbeobachteten Moment und fährt damit sofort zu seiner Freundin, um es ihr zu übergeben.*
   Karl verwirklicht den Tatbestand des **Diebstahls (§ 127)**.
   a) Ist Karl durch Notwehr gerechtfertigt?
   Ja / Nein – Begründung:

   b) Ist Karl durch das Anhalterecht Privater gerechtfertigt?
   Ja / Nein – Begründung:

   c) Könnte Karl durch einen anderen Rechtfertigungsgrund gerechtfertigt sein? Wenn ja, durch welchen?

7. Was setzt eine **Selbsthilfesituation** voraus?

15. Kapitel: Testeinheit 15

8. Ist Christian durch das private Selbsthilfehilferecht gerechtfertigt?
   Ja / Nein – Begründung:

9. **Salzkammergut-Fall:** *Fritz erlaubt Tina, dass diese sein Auto verwendet. Tina fährt mit dem Auto über das Wochenende von Wien ins Salzkammergut.*
   Welcher der folgenden Sätze ist richtig:
   - ☐ Tina handelt aufgrund des Einverständnisses von Fritz nicht tatbestandsmäßig im Sinne des § 136 Abs 1.
   - ☐ Tina ist nicht nach § 136 Abs 1 zu bestrafen, weil sie durch Einwilligung gerechtfertigt ist.

10. Kann eine Beeinträchtigung folgender Rechtsgüter grundsätzlich durch **Einwilligung** gerechtfertigt werden?

	ja	nein
1. Leben	☐	☐
2. Vermögen	☐	☐
3. Rechtspflege	☐	☐
4. körperliche Unversehrtheit	☐	☐
5. Urkunden	☐	☐
6. Amtspflicht	☐	☐
7. Ehre	☐	☐

11. Auf Ebene der Einwilligungssituation müssen folgende Voraussetzungen vorliegen (Bitte einsetzen!):

    Sachliche Voraussetzungen
    - ....
    - ....
    - ....

    Persönliche Voraussetzungen
    - ....
    - ....

15. Kapitel: Weitere Rechtfertigungsgründe

12. Welches zusätzliche Element ist bei einer Einwilligung in eine Körperverletzung oder eine Gefährdung an der körperlichen Sicherheit zu beachten?

13. **Filmset-Fall:** Bei Filmaufnahmen soll ein Streit aufgenommen werden, bei dem Harald dem Matthias eine möglichst realistisch aussehende Ohrfeige geben soll. Matthias ist damit einverstanden. Harald schlägt kräftig zu und Matthias erleidet einen Bluterguss auf der Wange.
    Ist Harald wegen Körperverletzung (§ 83 Abs 1) zu bestrafen?
    Ja / Nein – Begründung:

14. *Variante zum Filmset-Fall:* Harald schlägt so kräftig zu, dass Matthias stürzt und sich eine Unterarmfraktur zuzieht.
    Ist Harald für die schwere Körperverletzung (§ 84 Abs 4) gerechtfertigt?
    Ja / Nein – Begründung:

15. **Küchenbrand-Fall:** Als Frank eines Abends von der Arbeit nach Hause kommt, sieht er bei seinem Nachbarn Gerhard ein flackerndes Licht durch die Fenster. Da er weiß, dass Gerhard sich gerade im Ausland befindet, sieht er nach, woher das Licht kommt. Er erkennt, dass in Gerhards Küche ein Feuer brennt und bereits der gesamte Esstisch und ein Schrank in Flammen stehen. Aus Angst, dass sich das Feuer weiter ausbreitet und das ganze Haus von Gerhard zerstört, zögert Frank nicht lange. Er nimmt aus seinem Auto den Feuerlöscher, schlägt eine Terrassentür ein, löscht das Feuer und verhindert somit einen wesentlich größeren Schaden. Als Gerhard zwei Wochen später aus dem Urlaub zurückkommt, ist er ganz entsetzt, dass Frank einfach seine Terrassentür zerstört und sein Haus betreten hat. Er erklärt Frank, dass er nicht will, dass jemand sein Haus betritt, und zeigt ihn wegen Sachbeschädigung (§ 125) bei der nächsten Polizeiinspektion an.

    a) Könnte Frank gerechtfertigt sein? Wenn ja, durch welchen Rechtfertigungsgrund?

    b) Was sind die Voraussetzungen, damit dieser Rechtfertigungsgrund angenommen werden kann?

15. Kapitel: Testeinheit 15

c) Liegen diese Voraussetzungen im vorliegenden Fall vor?

d) Spielt es eine Rolle, dass Gerhard im Nachhinein sagt, dass er nicht will, dass jemand sein Haus betritt?

16. *Fortsetzung Küchenbrand-Fall: Als sich Gerhard einige Monate später wieder im Ausland befindet, sieht Frank, dass ein Wasserrohr in seinem Haus beschädigt ist und Wasser ausrinnt.*

    Darf Frank das Fenster einschlagen, um in Gerhards Haus zu gelangen?
    Ja / Nein – Begründung:

15. Kapitel: Weitere Rechtfertigungsgründe

Antworten

1. begründeter Verdacht, eine Person begehe gerade eine strafbare Handlung oder habe sie unmittelbar zuvor begangen; Fahndung wegen der Begehung einer strafbaren Handlung
2. a) Nein! Es liegt kein gegenwärtiger rechtswidriger Angriff auf ein notwehrfähiges Rechtsgut vor, da Albert ohne Geld das Bankfoyer verlässt.
   b) Anhalterecht Privater; hinsichtlich der Nötigung auch § 105 Abs 2
3. Christian hat den begründeten Verdacht, dass Albert versucht hat, mit einer fremden Bankomatkarte unberechtigt Geld beim Bankomaten abzuheben. Dabei handelt es sich um den Verdacht einer gerade ausgeführten strafbaren Handlung (§ 127 bzw § 148 a).
4. Die Anhaltung muss auf verhältnismäßige Weise erfolgen.
5. a) Ja! Beim Festhalten handelt es sich um einen nicht-qualifizierten Freiheitsentzug. Dieser ist verhältnismäßig. Es ist auch das schonendste Mittel.
   b) Ja! Die Körperverletzung ist nicht vorsätzlich herbeigeführt; der Vorsatz ist bloß auf die Misshandlung gerichtet. Eine Anhaltung ohne vorsätzliche Körperverletzung ist durch das Anhalterecht gerechtfertigt. Würde Christian den Albert vorsätzlich am Körper verletzen, würde es sich nicht um eine Anhaltung in verhältnismäßiger Weise handeln.
6. a) Nein! Es liegt kein gegenwärtiger Angriff auf ein notwehrfähiges Rechtsgut vor. Der Angriff (Wegnahme des Fahrrades) ist schon längst abgeschlossen.
   b) Nein! Es fehlt ein begründeter Verdacht, dass eine Person unmittelbar zuvor eine strafbare Handlung begangen hat; ebenso wenig gibt es eine Fahndung.
   c) Ja! In Betracht kommt das private allgemeine Selbsthilferecht.
7. Es muss ein privatrechtlicher Anspruch bestehen und staatliche Hilfe zur Durchsetzung dieses Anspruches zu spät kommen.
8. Ja! Es besteht ein zivilrechtlicher Anspruch auf Herausgabe des Fahrrades. Das Fahrrad zu nehmen und damit wegzufahren, ist unbedingt notwendig, weil staatliche Hilfe zur Durchsetzung des Anspruches zu spät käme. Es ist das schonendste Mittel. Die Handlung ist nicht außer Verhältnis zum Wert des Fahrrads.
9. Richtig: Tina handelt aufgrund des Einverständnisses von Fritz nicht tatbestandsmäßig im Sinne des § 136 Abs 1.
10. Leben: nein; Vermögen: ja; Rechtspflege: nein; körperliche Unversehrtheit: ja; Urkunden: nein; Amtspflicht: nein; Ehre: ja
11. von o nach u: Disponibilität des Rechtsguts; Freiheit von Willensmängeln; Erteilung der Einwilligung vor der Tat; Dispositionsbefugnis; Dispositionsfähigkeit
12. Sittenwidrigkeitskorrektiv: Die Verletzung oder Gefährdung darf als solche nicht gegen die guten Sitten verstoßen (vgl § 90).
13. Nein! Matthias hat in die Körperverletzung eingewilligt. Er ist befugt, über das Rechtsgut körperliche Unversehrtheit zu disponieren, und erteilt frei von Willensmängeln die Einwilligung vor der Tat. Er überblickt auch die möglichen Folgen, die sich schließlich auch verwirklichen. Da es sich um eine leichte Körperverletzung handelt, verstößt die Verletzung nicht gegen die guten Sitten. Auch das subjektive Rechtfertigungselement ist erfüllt.
14. Nein! Die schwere Körperverletzung verstößt gegen die guten Sitten (§ 90 Abs 1). Allerdings ist Harald für die vorsätzliche leichte Körperverletzung gerechtfertigt; daher ist er nicht nach § 84 Abs 4 strafbar. Er hat jedoch die schwere Körperverletzung fahrlässig herbeigeführt und ist daher nach § 88 Abs 1 und 4 zu bestrafen.
15. a) Ja, durch mutmaßliche Einwilligung.
    b) Die Einwilligung des Rechtsgutträgers ist nicht rechtzeitig erreichbar. Der Rechtsgutträger hätte in dieser Situation die Einwilligung erteilt (hypothetischer Wille).
    c) Ja! Gerhards Haus ist in Gefahr. Es besteht die Möglichkeit, durch Eingriff in Gerhards Rechtsgüter die Gefahr abzuwehren. Gerhard befindet sich im Ausland und ist nicht erreichbar, um die Einwilligung einzuholen. Es muss auf den hypothetischen Willen von Gerhard abgestellt werden. Ein vernünftiger Mensch hätte unter diesen Bedingungen in das Einschlagen der Tür jedenfalls eingewilligt.
    d) Nein! Dass Michael nachträglich sagt, er wolle nicht, dass jemand sein Haus betritt, ist irrelevant.
16. Nein! Ein ausdrücklich geäußerter, entgegengesetzter Wille des Rechtsgutträgers ist stets zu beachten.

■ ■ ■ **Ende dieser Programmeinheit** ■ ■ ■

16. Kapitel
Der Schuldbegriff der Vorsatzdelikte

Lerneinheit 16

Lernziel: Diese LE bietet einen Überblick über die einzelnen **Schuldelemente** und behandelt den **Aufbau** der Schuldprüfung. Die folgenden LE werden auf die einzelnen Schuldelemente jeweils näher eingehen.

Der Begriff der **Schuld** ist einer der wichtigsten und zugleich schwierigsten Begriffe des Strafrechts. Er ist Ihnen bereits in der LE 2 bei der Definition der Strafe begegnet.

(1) Strafe wurde definiert als ein mit Tadel verbundenes ...., das wegen einer strafbaren Handlung von einem .... aufgrund und nach Maßgabe der .... des Täters verhängt wird.

(2) Dass Strafen im Gegensatz zu den .... nur **aufgrund und nach Maßgabe der Schuld** des Täters verhängt werden dürfen, ergibt sich aus den §§ 4 und 32 Abs 1. Bitte lesen!

Den in den §§ 4 und 32 Abs 1 verankerten Grundsatz bezeichnet man als **Schuldprinzip**.

Schuldprinzip bedeutet zweierlei:

(3)   1. Die Schuld ist die **Voraussetzung** der ....
(4)   2. Das Maß der Strafe darf das **Maß der Schuld** übersteigen / nicht übersteigen.

(5) Ein Strafrecht, das sich zu diesem .... prinzip bekennt, nennt man **Schuldstrafrecht**.

(6) Das österreichische Strafrecht ist ein ...., weil es auf dem Schuldprinzip beruht.

Sie kennen den Begriff Schuld darüber hinaus als zentrales Element der strafrechtlichen Fallprüfung. Schuld bezeichnet dort die Stufe **III** im allgemeinen **Fallprüfungsschema**.

---

(1) Übel; Strafgericht; Schuld
(2) vorbeugenden Maßnahmen
(3) Strafe
(4) nicht übersteigen
(5) Schuldprinzip
(6) Schuldstrafrecht

16. Kapitel: Der Schuldbegriff der Vorsatzdelikte

(7) Bitte einsetzen!

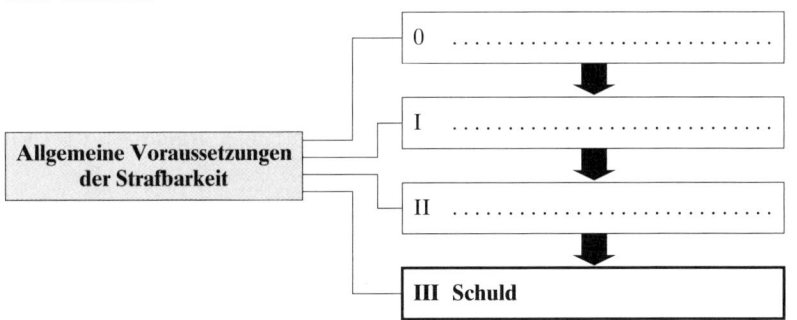

```
                              ┌── 0 ........................
                              │       ▼
Allgemeine Voraussetzungen ───┼── I ........................
      der Strafbarkeit        │       ▼
                              ├── II .......................
                              │       ▼
                              └── III Schuld
```

(8) Auf der Stufe III wird festgestellt, ob dem Täter die rechtswidrige Tat .... werden kann.

Wesen der Schuld

Schuld ist Vorwerfbarkeit.

Beachte! Der strafrechtliche Schuldvorwurf unterscheidet sich von jeder sonstigen Verwendung des Begriffs „Schuld", zB in der Umgangssprache, Religion, Philosophie, Psychologie etc. Denn Gegenstand des strafrechtlichen Schuldvorwurfs ist das durch die Kategorien von **Tatbestandsmäßigkeit** und **Rechtswidrigkeit** bereits vorgefilterte menschliche Verhalten.

(9) Anders ausgedrückt: In Bezug auf Handlungen, die nicht einmal tatbestandsmäßig oder jedenfalls nicht .... sind, wird der Begriff Schuld im Strafrecht ebenfalls verwendet / überhaupt nicht verwendet.

„Ich bin eben nicht für die Einehe geboren", verteidigt sich der 35-jährige K gegenüber dem Vorwurf seiner Frau, auch nach der Hochzeit seinem Vorbild Casanova nicht abgeschworen zu haben.

Die Strafbarkeit des Ehebruchs wurde 1996 abgeschafft.

(10) Die Frage, ob K **schuldhaft** gehandelt hat, ist daher gegenstandslos, weil (bitte ergänzen!)

In der Umgangssprache wird „Schuld" nicht nur häufig in einem viel weiteren Sinne, sondern auch **fälschlicherweise** synonym mit „verursachen" verwendet.

---

(7) Von o nach u: Handlungsbegriff; Tatbestandsmäßigkeit; Rechtswidrigkeit
(8) rechtlich vorgeworfen
(9) rechtswidrig; überhaupt nicht verwendet
(10) es für das, was K tut, heute keinen Tatbestand mehr gibt oä. Wer hier von „Schuld" spricht, meint vielleicht Moral oder Maßstäbe des Eherechts. **Strafrechtliche** Schuld kann nicht gemeint sein.

16. Kapitel: Lerneinheit 16

Man sagt zB „Der Blitz, die Grippe etc ist schuld am Tod des B", und meint damit nichts anderes als „Der Blitz, die Grippe etc hat den Tod des B verursacht".

Wichtig! Vor einer solchen Vermengung der Begriffe Kausalität und Schuld im Strafrecht ist nachdrücklich zu warnen!

(11) Die **Kausalität** ist .... T .... merkmal bei den **Erfolgs**delikten.

(12) Die Frage der Kausalität betrifft daher allein das Unrecht der Tat / die Schuld des Täters.

Schuld im strafrechtlichen Sinn dagegen bedeutet stets, dass dem Täter eine
(13) .... **rechtlich zum Vorwurf gemacht** wird.

Eisregen-Fall: Am Tag nach der Führerscheinprüfung verunglückt der 18-jährige Oliver infolge plötzlich einsetzenden Eisregens tödlich. Die verzweifelten Eltern machen sich große **Vorwürfe***, weil sie ihm das Auto zur Verfügung gestellt haben, und geben sich selbst die* **Schuld** *am Tod ihres Sohnes.*

Ist diese Terminologie juristisch korrekt?
(14) Ja / Nein – Begründung:

Schuld ist Vorwerfbarkeit. Das bedeutet, dass sich mit dem strafrechtlichen Begriff Schuld ein **sozialethisches Unwerturteil** verbindet.

(15) Mit dem Unwerturteil der Schuld wird dem Täter v ...., dass er nicht so gehandelt hat, wie er hätte handeln sollen und können.

Das **individuelle Dafürkönnen des Täters** kann für dieses Unwerturteil aber **weder der ausschlaggebende noch der ausschließliche Maßstab** sein.

Denn das würde bedeuten: Je schwächer und haltloser der Täter wäre, umso geringer wäre seine Schuld. Dies hätte gerade bei den **haltlosen und charakterschwachen Kriminellen** – und sie stellen ein großes Täterpotential – zur Folge, dass der Schuldvorwurf bei ihnen in letzter Konsequenz gänzlich aufgehoben wäre; denn
(16) sie könnten am meisten / am wenigsten für ihre Taten.

Bitte blättern Sie zurück zum Gewohnheitstäter-Fall (S 11)!

---

(11) objektives Tatbestandsmerkmal
(12) das Unrecht der Tat
(13) rechtswidrige Tat oder tatbestandsmäßige und rechtswidrige Handlung
(14) Nein! Da die Eltern weder tatbestandsmäßig iSd § 80, geschweige denn rechtswidrig gehandelt haben, kann von Vorwerfbarkeit oder Schuld im strafrechtlichen Sinn keine Rede sein oä.
(15) vorgeworfen
(16) am wenigsten

16. Kapitel: Der Schuldbegriff der Vorsatzdelikte

Bei Gewohnheitstätern sind Haltlosigkeit und charakterliche Schwäche naturgemäß besonders ausgeprägt und verstärken sich von Tat zu Tat. Käme es allein auf das individuelle Dafürkönnen an, würde die Schuld eines solchen Täters mit der zunehmenden Zahl gewohnheitsmäßig begangener Straftaten immer größer werden / schließlich gegen null tendieren. (17)

Wichtig! Die Frage nach dem **Maßstab des Schuldvorwurfs** kann daher sinnvollerweise nur dahin gestellt werden, ob **ein anderer** Mensch nach allgemeinen Erfahrungen anders gehandelt hätte. Dieser „andere" ist der **maßgerechte Mensch**.

(18) Der Begriff des .... Menschen nimmt auf das **Menschenbild des StGB** Bezug. Es ist ein Mensch, der auf dem Boden des Rechts steht und sich mit der Rechtsordnung verbunden fühlt.

Die entsprechende, für das gesamte Strafrecht verbindliche **Definition** des maßgerechten Menschen findet sich an versteckter Stelle in **§ 10 Abs 1 letzter Satzteil**. Bitte lesen!

Maßstab ist danach ein Mensch, welcher sich „**mit den rechtlich geschützten** (19) ...." fühlt = **maßgerechter rechtstreuer Mensch**.

Mit dem Unwerturteil der Schuld wird dem Täter vorgeworfen, dass er nicht so gehandelt hat, wie ein maßgerechter Mensch an seiner Stelle gehandelt hätte.

Warum stellt man bei der strafrechtlichen Schuld auf den Maßstab des (20) .... Menschen und **nicht** auf das individuelle Dafürkönnen **gerade dieses** Täters ab?

Es ist zwischen dem Schuldbegriff der Vorsatzdelikte = „Vorsatzschuld" und dem Schuldbegriff der Fahrlässigkeitsdelikte = „Fahrlässigkeitsschuld" zu unterscheiden.

Bei der **Vorsatzschuld** wird dem Täter zum Vorwurf gemacht, dass er sich **willentlich gegen das Recht entschieden hat.**

(21) Bei der **Fahrlässigkeitsschuld** wird dem Täter nicht die w................. E................. g........ das R......... zum Vorwurf gemacht, sondern Sorglosigkeit, Nachlässigkeit, Bequemlichkeit und Desinteresse gegenüber den Anforderungen des Rechts.

---

(17) schließlich gegen null tendieren.
(18) maßgerechten
(19) Werten verbunden
(20) maßgerechten rechtstreuen Menschen. Weil dann ein Großteil der Kriminellen (zB die Haltlosen und Charakterschwachen) in letzter Konsequenz gar nicht bestraft werden könnten oä.
(21) willentliche Entscheidung gegen das Recht

16. Kapitel: Lerneinheit 16

(22) In dieser und den folgenden LE wird ausschließlich der .... begriff der Vorsatzdelikte, die Vorsatz ...., behandelt.

Aufbau der Vorsatzschuld

Die Vorsatzschuld besteht aufbaumäßig aus den folgenden vier Schuldelementen:

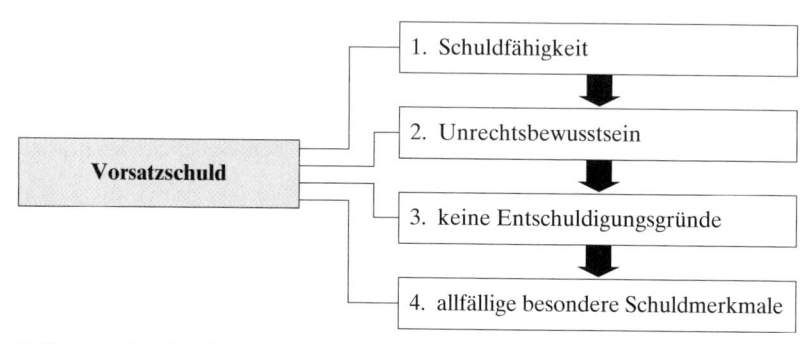

```
                        ┌─ 1. Schuldfähigkeit
                        │         ↓
┌──────────────┐        ├─ 2. Unrechtsbewusstsein
│ Vorsatzschuld├────────┤         ↓
└──────────────┘        ├─ 3. keine Entschuldigungsgründe
                        │         ↓
                        └─ 4. allfällige besondere Schuldmerkmale
```

§ 4 lautet: „**Strafbar ist nur, wer schuldhaft handelt**".

(23) Schuldhaft handelt aber nur, wer .... Schuldelemente erfüllt.

Stellt man bei der Fallprüfung fest, dass auch nur ein einziges Schuldelement **nicht** erfüllt ist, entfällt die Schuld und damit die Vorwerfbarkeit der Tat.

(24) Der Täter kann daher wegen dieses Vorsatzdeliktes .... werden. (Bitte ergänzen! Finden Sie das Passende nicht sofort, lesen Sie bitte noch einmal § 4!)

1. Schuldfähigkeit

Beginnen wir mit dem ersten Schuldelement der Vorsatzschuld, der **Schuldfähigkeit**:

Kinder gelten kraft Gesetzes bis zur Vollendung des 14. Lebensjahres ausnahmslos als **schuldunfähig**. Lesen Sie bitte § 4 Abs 1 iVm § 1 Z 1 JGG!

(25) Wer schuld**un**fähig ist, dem kann eine rechtswidrige Tat vorgeworfen / nicht vor-
(26) geworfen werden. Die Schuld entfällt mangels .... keit.

Der Gesetzgeber verwendet statt Schuldfähigkeit den **synonymen Begriff:**
(27) .... Lesen Sie bitte die Überschrift zu § 11!

Der 13-jährige Max schießt seinem Spielgefährten mit der Schleuder ein Auge aus.

---

(22) Schuldbegriff; Vorsatzschuld
(23) sämtliche
(24) nicht bestraft
(25) nicht vorgeworfen werden
(26) Schuldfähigkeit
(27) Zurechnungsfähigkeit bzw **negativ:** Zurechnungsunfähigkeit

16. Kapitel: Der Schuldbegriff der Vorsatzdelikte

Max hat tatbestandsmäßig und rechtswidrig iSd § 85 Abs 2 iVm Abs 1 Z 1 gehandelt (bitte lesen!). Kann Max bestraft werden?

(28) Ja / Nein – Begründung:

Auch **Volltrunkene, Geisteskranke** und **geistig Behinderte** sind schuldunfähig. Lesen Sie bitte § 11!

Beachte! Das Gesetz geht davon aus, dass Personen, die das 14. Lebensjahr vollendet haben, erst recht alle Erwachsenen, **grundsätzlich schuldfähig** sind. Bei der Fallprüfung muss die Frage der Schuldfähigkeit daher nur dann angeschnitten und erörtert werden, wenn sich aus dem Sachverhalt **Anhaltspunkte** zB für Volltrunkenheit, Geisteskrankheit, geistige Behinderung etc ergeben.

Maßgebender Zeitpunkt für das Vorhandensein der vier Schuldelemente, also

(29) auch der ....fähigkeit, ist die **Zeit der Tat**; arg § 11.

Wer zur Zeit der Tat, aus welchem Grund auch immer, nicht schuldhaft gehandelt

(30) hat, kann **wegen dieser Tat** bestraft / nicht bestraft werden.

Schneeschaufel-Fall: Zwei Wochen nach dem Ausbruch einer unheilbaren Geisteskrankheit erschlägt Mario (M) seinen Nachbarn mit der eisernen Schneeschaufel (§ 75).

Kann M wegen dieses Mordes bestraft werden?

(31) Ja / Nein – Begründung:

Aus **spezialpräventiven** Gründen kommt für M jedoch eine andere Art strafrecht-

(32) licher Sanktion in Betracht. Welche?

2. Unrechtsbewusstsein

Nun zum zweiten Element der Vorsatzschuld, dem **Unrechtsbewusstsein**. Unrechtsbewusstsein ist das Bewusstsein, dass die Tat gegen die Rechtsordnung verstößt.

---

(28) Nein! Max gilt bis zur Vollendung des 14. Lebensjahres als **schuldunfähig**; vgl § 4 Abs 1 JGG iVm § 1 Z 1. Somit entfällt auch die Strafe oä.

(29) Schuld- oder Zurechnungsfähigkeit

(30) nicht bestraft werden

(31) Nein! M war im Zeitpunkt dieser Tat infolge Geisteskrankheit (§ 11) nicht schuldfähig oä.

(32) **Allgemein:** eine vorbeugende Maßnahme oder **konkret:** die Einweisung in eine Anstalt für geistig abnorme Rechtsbrecher gem § 21 Abs 1.

16. Kapitel: Lerneinheit 16

(33) Wer nicht weiß und auch nicht wissen kann, dass seine Tat gegen die Rechtsordnung verstößt, handelt ohne .... Wer **ohne**
(34) **Unrechtsbewusstsein** handelt, handelt ohne Schuld / mit Schuld.

Lippenstift-Fall: *Weit verbreitet, aber falsch ist die Annahme, der Finder geringwertiger Fundstücke dürfe diese behalten. So hatten die Eltern auch ihre 15-jährige Tochter Beate (B) instruiert. Als diese auf der Straße einen 5-€-Schein findet, kauft sie sich davon guten Gewissens einen Lippenstift.*

B hat damit den Tatbestand der Fundunterschlagung erfüllt. Lesen Sie bitte § 134 Abs 1 1. Fall! Rechtfertigungsgründe kommen nicht in Betracht.

Hat B vorsätzlich gehandelt? Bitte lesen Sie § 5 Abs 1 1. Halbsatz und argumentieren Sie mit dem **Sachverhalt** und dem **Gesetzeswortlaut!**
(35) Ja / Nein – Begründung:

B hat **zwar vorsätzlich, aber ohne Unrechtsbewusstsein** gehandelt. Denn sie weiß nicht und kann aufgrund falscher elterlicher Instruktion auch nicht wissen, dass selbst die Zueignung eines Kleinfundes Fundunterschlagung ist.

Übrigens! Haben Sie das bis jetzt gewusst?
(36) Ja / Nein

(37) Mit dem fehlenden Unrechtsbewusstsein aber entfällt der Tatbestand / das Unrecht / die Schuld. Deshalb kann B wegen Fundunterschlagung bestraft werden / nicht bestraft werden.

(38) Lesen Sie bitte § 4 und § 11! Zu welchem Zeitpunkt müssen Schuld ...., V .... und .... bewusstsein vorhanden sein?

3. Entschuldigungsgründe

Die dritte Stufe innerhalb des viergliedrigen Schuldbegriffs der Vorsatzdelikte bildet die Frage, ob für die rechtswidrige Tat **Entschuldigungsgründe** in Betracht kommen.

Liegen **keine Entschuldigungsgründe** vor, hat der Täter **schuldhaft** gehandelt und
(39) kann somit bestraft werden / nicht bestraft werden.

---

(33) Unrechtsbewusstsein
(34) ohne Schuld
(35) Ja! Denn sie hat sich ein **fremdes Gut (5 €)** zugeeignet und daher den **Sachverhalt** verwirklichen **wollen,** der dem gesetzlichen Tatbild des § 134 Abs 1 1. Fall entspricht.
(36) Die Antwort liegt bei Ihnen. Eine statistische Auswertung der Antworten der Bearbeiter wäre aufschlussreich.
(37) die Schuld; nicht bestraft werden
(38) Schuldfähigkeit; Vorsatz; Unrechtsbewusstsein. Im Zeitpunkt der Tat: Dass diese Schuldelemente **vor** der Tat vorhanden waren oder sich erst **nach** der Tat einstellen, genügt nicht zur Bestrafung.
(39) bestraft werden

16. Kapitel: Der Schuldbegriff der Vorsatzdelikte

(40) Bitte einsetzen!

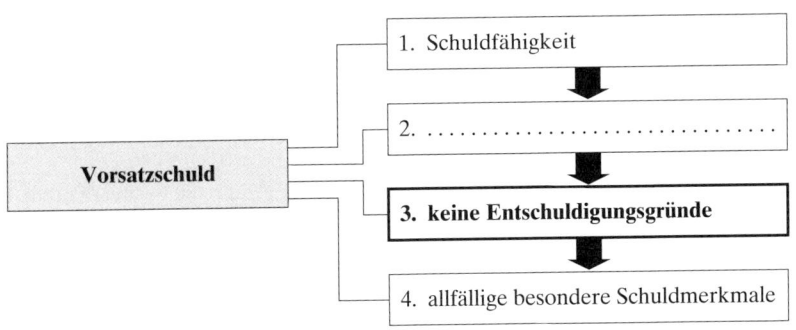

```
                    ┌── 1. Schuldfähigkeit
                    │         ▼
                    │    2. ........................
  Vorsatzschuld ────┤         ▼
                    │    3. keine Entschuldigungsgründe
                    │         ▼
                    └── 4. allfällige besondere Schuldmerkmale
```

Entschuldigungsgründe beschreiben die Voraussetzungen, unter denen rechtmäßiges Verhalten nicht mehr zugemutet werden kann.

Blättern Sie bitte zurück zum Taxilenker-Fall (S 84)!

(41) Sie hatten dort bezüglich der Handlungsqualität des Verhaltens des Taxilenkers L vis .... angenommen und daher den strafrechtlichen Handlungsbegriff verneint / bejaht.

Das eigentliche Problem dieses Falles betrifft aber die Frage der **Schuld** des L.

(42) L hat den Polizisten getötet (§ 75). Aber er befand sich selbst in höchster Todesgefahr. Seine rechtswidrige Tat verlangt auf der Stufe der Schuld daher eine andere Bewertung / dieselbe Bewertung wie die eines gewöhnlichen Mörders.

Eine solche Tat wird zwar von der Rechtsordnung **nicht gebilligt,** aber sie wird dem Täter **nachgesehen** und **entschuldigt.** Voraussetzung hierfür ist allerdings, dass sich die Tat **innerhalb der für die Entschuldigung vorgesehenen Grenzen hält.** § 10 Abs 1 bitte lesen!

(43) Dieser .... grund schützt L in unserem Fall vor Strafe.
(44) Denn ist ein Entschuldigungsgrund gegeben, entfällt die ....

Weitere Fälle von Entschuldigungsgründen ergeben sich aus dem BT, zB § 94 Abs 3, § 115 Abs 3.

4. Besondere Schuldmerkmale

Schließlich können durch die einzelnen Deliktsbeschreibungen des BT weitere Schuldmerkmale eine Rolle spielen. Der Schuldbegriff wäre nicht vollständig be-

---

(40) Unrechtsbewusstsein
(41) compulsiva; bejaht
(42) eine andere Bewertung
(43) Entschuldigungsgrund
(44) Vorsatzschuld (richtig auch Schuld oder Vorwerfbarkeit).

16. Kapitel: Lerneinheit 16

(45) schrieben, wenn nicht solche deliktsspezifischen .... berücksichtigt würden.

Tyrannenmord-Fall: A wird von seinem Vater V tyrannenhaft-feindselig behandelt. Als V wieder gegen die Familie hetzt und sie als „Abschaum" beschimpft, verliert A die Beherrschung und ersticht V mit einem Küchenmesser, mit dem er eben das Abendessen zubereitet.

Der OGH (11 Os 210/09f) hat in einem ähnlich gelagerten Sachverhalt die Beurteilung als Totschlag (§ 76) zugebilligt. Lesen Sie bitte § 76!

(46) § 76 sieht eine gegenüber § 75 erheblich geminderte Strafe vor. A hat vorsätzlich / nicht vorsätzlich einen anderen Menschen getötet. Er handelt aber in einer „allgemein begreiflichen heftigen Gemütsbewegung".

(47) Eine „................ ...." ändert nichts an der Rechtsgutsbeeinträchtigung. Der Täter handelt rechtswidrig. Die Privilegierung nimmt aber Rücksicht auf die Verständlichkeit der Gemütslage, in der sich der Täter befindet. Es handelt sich um ein besonderes .... merkmal, das zu einer Herabsetzung der Strafe führt.

Eine ähnliche Technik, schuldmindernde Aspekte nicht nur im Rahmen der Strafzumessung, sondern bereits bei der Bestimmung der Strafdrohung zu berücksichtigen, hat der Gesetzgeber zB bei **§ 141** und **§ 150** verwendet, indem er auf die besondere **schuldmindernde** Motivation abstellt.

■ ■ ■ **Bevor Sie die Testfragen zur LE 16 durcharbeiten, lesen Sie bitte zunächst im Grundriss AT Kap 16!** ■ ■ ■

---

(45) Schuldmerkmale
(46) vorsätzlich
(47) „allgemein begreifliche heftige Gemütsbewegung"; Schuldmerkmal.

16. Kapitel: Der Schuldbegriff der Vorsatzdelikte

Testeinheit 16

Testfragen zur LE 16

1. Tragen Sie die einzelnen Elemente der Vorsatzschuld in das Schaubild ein!

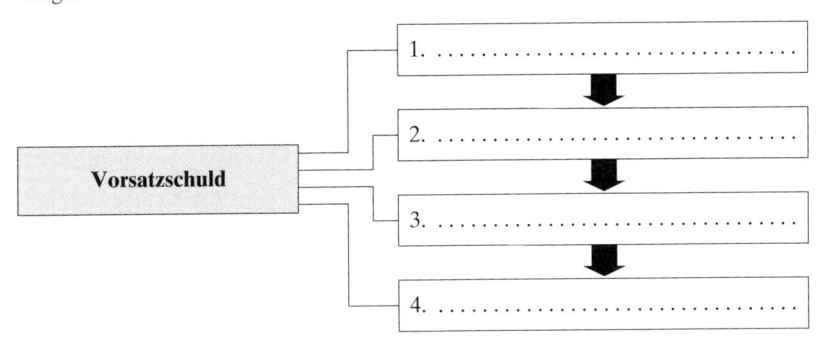

```
                          ┌─ 1. ...................................
                          │            ↓
                          ├─ 2. ...................................
   ┌─────────────┐        │            ↓
   │ Vorsatzschuld │──────┤
   └─────────────┘        ├─ 3. ...................................
                          │            ↓
                          └─ 4. ...................................
```

2. Der geisteskranke G hat im März einen Wärter der Nervenklinik erwürgt.
   Kann er wegen Mordes (§ 75) bestraft werden?
   Ja / Nein – Begründung:

3. Drei Monate später ist die endgültige Heilung des G gelungen.
   Kann er nunmehr wegen der Ermordung des Wärters bestraft werden?
   Ja / Nein – Begründung:

4. *Monica-Seles-Fall:* 1993, Internationales Tennisturnier „German Open" am Hamburger Rothenbaum: Ein Steffi-Graf-Fan (F) sticht der Weltranglistenersten Monica Seles mit dem Messer in den Rücken, „damit die Steffi wieder die Nummer 1 wird".
   Zur Zeit der Tat war F schuldfähig. Nehmen Sie an, F wäre ein halbes Jahr später geisteskrank geworden! Könnte F wegen Körperverletzung (hier § 87 Abs 1) bestraft werden?
   Ja / Nein – Begründung:

5. Das Schuldprinzip ist in den §§ . . . und . . . . verankert. Nennen Sie die beiden Bedeutungen dieses Prinzips für die Strafe!

16. Kapitel: Testeinheit 16

6. Den Maßstab für den strafrechtlichen Schuldvorwurf bildet nicht das ...., sondern die in § .... verankerte Maßfigur des ....

7. „Schuld ist Vorwerfbarkeit" und beinhaltet ein sozialethisches Unwerturteil über den Täter.

   a) Mit dem Unwerturteil der **Schuld** wird dem Täter vorgeworfen, (bitte ergänzen!)

   b) Mit dem Unwerturteil der **Vorsatzschuld** wird dem Täter vorgeworfen, (bitte ergänzen!)

8. *Im Schlaf stößt der Urlauber A die Lampe vom Nachttisch. Sie zerschellt auf dem Steinfußboden der Ferienwohnung.*

   A kann in einem solchen Fall wegen Sachbeschädigung (§ 125) nicht bestraft werden. Warum nicht? (Bitte die Antwort gut überlegen!)

9. *Lesen Sie bitte noch einmal den **Viren-Fall** (S 102)!* Warum kam hier eine Strafbarkeit wegen Sachbeschädigung oder Datenbeschädigung (§§ 125, 126, 126a) nicht in Betracht? Es fehlt hier am ....
   Damit ist nicht erst ein bestimmtes Schuldelement problematisch, sondern bereits der .... nicht erfüllt.

10. Im Gegensatz zur Umgangssprache unterscheidet der Jurist streng zwischen „Schuld" und „Kausalität". Erklären Sie dies näher!

11. Nennen Sie ein Beispiel, in dem der Täter **ohne Unrechtsbewusstsein** handelt!

16. Kapitel: Der Schuldbegriff der Vorsatzdelikte

12. **Süffel-Fall:** *Süffel, ein stadtbekannter Säufer, neigt zur Begehung schwerer Straftaten im Rausch. Diesmal steht er nur wegen eines im Rausch begangenen kleinen Diebstahls vor Gericht. Das Gericht ist zur Überzeugung gelangt, dass für diese Tat* **höchstens** *1 Monat Freiheitsstrafe* **schuld***angemessen ist.*

    a) Darf das Gericht den spezialpräventiven Bedürfnissen bei diesem besonders gefährlichen Täter gleichwohl in der Weise Rechnung tragen, dass es ihn zu einer Freiheitsstrafe von 6 Monaten verurteilt?
    Ja / Nein – Begründung:

    b) Was würden Sie als Richter erwägen, um der besonderen Gefährlichkeit des Süffel zu begegnen?

13. Im Gegensatz zur Strafe können vorbeugende Maßnahmen auch dann angeordnet werden, wenn der Täter nicht tatbestandsmäßig / nicht rechtswidrig / nicht schuldhaft gehandelt hat.

14. Eine vorbeugende Maßnahme ist ein .... verbundenes ...., das wegen einer .... von einem Strafgericht (bitte ergänzen!)

15. **Hawelka-Fall:** *Vor dem „Hawelka" sitzt „a Nackerter" auf dem Boden, schlägt sich in wohlbemessenen Abständen mit einem Hammer auf den eigenen Daumen und ruft jedesmal fröhlich „olé"! „Na servas, wo hams'n den auslass'n!" denkt sich Josef Pospischil und holt die Polizei.*
    Lesen Sie bitte § 83 Abs 1! Kann der offenbar Geisteskranke wegen dieses Delikts bestraft werden?
    Ja / Nein – Begründung (aufpassen!):

16. Kapitel: Testeinheit 16

Antworten

1. Von o nach u:
   1. Schuldfähigkeit
   2. Unrechtsbewusstsein
   3. keine Entschuldigungsgründe
   4. allfällige besondere Schuldmerkmale
2. Nein! G war zur Zeit der Tat nicht schuldfähig oä.
3. Nein! Maßgebend ist allein, dass der Täter **zur Zeit der Tat** nicht schuldfähig war oä.
4. Im Prinzip ja! Denn zur Zeit der Tat war der Täter schuldfähig oä. Eine ganz andere Frage ist, ob gegen einen inzwischen geisteskrank gewordenen Täter noch ein **Strafprozess** eingeleitet bzw durchgeführt werden kann.
5. §§ 4 und 32 Abs 1
   zu § 4: Strafe setzt Schuld voraus.
   zu § 32: Das Maß der Strafe darf das Maß der Schuld nicht übersteigen.
6. individuelle Dafürkönnen des jeweiligen Täters, sondern die in § 10 Abs 1 letzter Satzteil verankerte Maßfigur des mit den rechtlich geschützten Werten verbundenen Menschen.
7. a) dass er nicht so gehandelt hat, wie an seiner Stelle ein **maßgerechter Mensch** gehandelt hätte oä.
   b) dass er sich **willentlich** gegen das Recht und für das Unrecht entschieden hat oä.
8. Bei Bewegungen im Schlafe entfällt bereits der strafrechtliche **Handlungsbegriff** oä. Zur Prüfung der Schuld kommt es daher gar nicht.
9. Vorsatz des Lehrlings; subjektive Tatbestand
10. Kausalität ist ein objektives Tatbestandsmerkmal der Erfolgsdelikte und betrifft daher allein das **Unrecht** der Tat. Bei der Schuld geht es um die **Vorwerfbarkeit** des Unrechts oä.
11. ZB *Lippenstift-Fall* (S 234).
12. a) Nein! §§ 4 und 32 Abs 1! Schuld ist nicht nur Voraussetzung, sondern zugleich auch **äußerste Grenze** der **Strafe**. Das Maß der Strafe darf daher das Maß der **Schuld** nicht übersteigen oä.
    b) **Abstrakt:** Die Anordnung einer vorbeugenden Maßnahme;
    konkret: Unterbringung in einer Anstalt für entwöhnungsbedürftige Rechtsbrecher.
13. Nicht schuldhaft! Vorbeugende Maßnahmen setzen (insoweit wie die Strafe) stets eine mindestens **rechtswidrige Tat** voraus!
14. Eine vorbeugende Maßnahme ist ein nicht mit Tadel verbundenes Übel, das wegen einer strafbaren Handlung von einem Strafgericht aufgrund und nach Maßgabe der besonderen Gefährlichkeit des Täters angeordnet wird oä.
15. Nein! Da § 83 Abs 1 die Körperverletzung „eines anderen" voraussetzt, fehlt es bereits am **objektiven Tatbestand** oä. Es ist daher weder auf den subjektiven Tatbestand noch auf die Schuld bzw Schuldfähigkeit einzugehen. *Anmerkung:* In diesem Fall kommt mangels tatbestandsmäßigen Verhaltens nicht einmal eine vorbeugende Maßnahme gem § 21 Abs 1 in Betracht.

■ ■ ■ **Ende dieser Programmeinheit** ■ ■ ■

17. Kapitel

Schuldfähigkeit

Lerneinheit 17

Lernziel: Diese LE befasst sich mit dem **ersten** der vier Elemente der Vorsatzschuld, der „**Schuldfähigkeit**". Den Schwerpunkt bilden jene Umstände, welche die Schuldunfähigkeit des Täters („Zurechnungsunfähigkeit") begründen. Darüber hinaus werden die Rechtsfigur der „actio libera in causa" und des Delikts des § 287 Abs 1 behandelt, mit deren Hilfe kriminalpolitisch unerträgliche Straflücken geschlossen werden.

Allgemeine Grundlagen

(1) Mit dem sozialethischen Unwerturteil der Vorsatzschuld wird dem Täter vorgeworfen, (bitte ergänzen!)

Voraussetzung für den strafrechtlichen Schuldvorwurf ist, dass der Täter nach seinen geistig-seelischen Fähigkeiten überhaupt **in der Lage** ist, zwischen Recht und Unrecht zu unterscheiden und nach dieser Einsicht zu handeln. Denn einen Schuldunfähigen zu bestrafen, wäre nicht nur ungerecht, sondern auch kriminalpolitisch sinnlos.

(2) Damit sind wir beim Problem der **Schuldfähigkeit** bzw der Z................-
....

Wer überhaupt **nicht fähig ist, das Unrecht seiner Tat einzusehen,** dem kann die rechtswidrige Tat nicht vorgeworfen werden. Es fehlt seine „Einsichts-" oder „Diskretionsfähigkeit".

(3) Ein kleines Kind kann zwischen Recht und Unrecht unterscheiden / noch nicht unterscheiden. Man kann ihm eine rechtswidrige Tat **nicht** vorwerfen, weil es nach

(4) seiner Entwicklung noch nicht in der Lage ist, (bitte ergänzen!)

---

(1) dass er sich willentlich gegen das Recht und für das Unrecht entschieden hat oä.
(2) Zurechnungsfähigkeit
(3) noch nicht unterscheiden
(4) das Unrecht seiner Tat einzusehen oä.

(5) Man kann dem Täter die r................. T.... jedoch auch dann nicht vorwerfen, wenn er das Unrecht zwar einsehen kann, aber nicht in der Lage ist, **nach dieser Einsicht zu handeln.** Es fehlt die „Steuerungs-" oder „Dispositionsfähigkeit".

Beachte! IdR fällt die Fähigkeit, das Unrecht der Tat einzusehen, zwar mit der Fähigkeit zusammen, dieser Einsicht gemäß zu handeln. Die Praxis zeigt aber, dass dem nicht immer so ist.

(6) Zur Bejahung der Schuldfähigkeit müssen daher **beide Voraussetzungen** alternativ / kumulativ gegeben sein.

(7) Der Schuldvorwurf entfällt mangels Schuldfähigkeit, wenn der Täter das Unrecht seiner Tat nicht einsehen und / oder nach dieser Einsicht nicht handeln kann (gut überlegen!).

Beachte! Die eigene Sachkunde des Gerichtes reicht im Allgemeinen nicht aus, um sich in kritischen Fällen über die Schuldfähigkeit des Täters Gewissheit zu verschaffen. Dieser medizinisch-juristische Grenzbereich ist daher in der forensischen Praxis eine Domäne der psychiatrischen und psychologischen Sachverständigen.

Schuldfähigkeit ist die Fähigkeit, das Unrecht der Tat einzusehen (Diskretionsfähigkeit) **und nach dieser Einsicht zu handeln** (Dispositionsfähigkeit).

(8) Das Strafrecht geht vom **Normalfall** aus, dass der Täter schuldfähig / nicht schuldfähig ist.

Es gibt aber eine Reihe von Sachverhalten, welche die Schuldfähigkeit und damit den Schuldvorwurf **ausschließen.** Insoweit lassen sich zwei große Gruppen bilden:

Die Schuldfähigkeit wird ausgeschlossen durch **mangelnde Reife** oder durch **bestimmte seelische Störungen.**

Seelische Störungen

Beginnen wir mit der zweiten Gruppe, den **seelischen Störungen.**

(9) § 11 (bitte lesen!) unterscheidet insgesamt vier .... Störungen, welche die Schuldfähigkeit ....

---

(5) rechtswidrige Tat
(6) kumulativ
(7) „Und" wäre nicht falsch; aber genauer ist „oder". Denn bereits wenn **eine** dieser beiden Fähigkeiten nicht gegeben ist, entfällt die Schuldfähigkeit und damit der Schuldvorwurf.
(8) schuldfähig
(9) seelische; ausschließen

17. Kapitel: Schuldfähigkeit

(10) Bitte vervollständigen Sie das Schaubild!

```
                                    ┌──────────────────────────────────┐
                                    │ .............................. │
                                    ├──────────────────────────────────┤
  ┌──────────────────────────┐      │ .............................. │
  │ Schuldunfähigkeit wegen  ├──────┤                                  │
  │ seelischer Störungen (§ 11)│    ├──────────────────────────────────┤
  └──────────────────────────┘      │ .............................. │
                                    └──────────────────────────────────┘
                                    ┌──────────────────────────────────┐
                                    │ gleichwertige schwere seelische Störungen │
                                    └──────────────────────────────────┘
```

Liegt einer dieser Sachverhalte vor, entfällt die Schuld. Mit der Schuld entfällt die
(11) ....

Aber: Nur die Strafe entfällt. Denn die andere Form der strafrechtlichen Sanktio-
(12) nen, die ...., können auch gegen
(13) .... angeordnet werden. Für Geisteskranke und
geistig Behinderte kommt etwa eine Unterbringung in einer Anstalt für geistig
abnorme Rechtsbrecher in Betracht (§ 21 Abs 1).

Zu den **Geisteskrankheiten** zählen etwa Schizophrenie und manisch-depressive
Erkrankung. Geisteskrankheiten können auch aufgrund von Verletzungen, Infek-
ten, Alkoholmissbrauch, Tumoren uä auftreten.

*Birnschabl mangelt es an Intelligenz, aber er ist nicht geisteskrank. Er kann heute
noch „nicht bis drei zählen". Die Ursache seiner Intelligenzschwäche ist unbekannt.*

(14) Solche Fälle bezeichnet § 11 als ....

Geistige Behinderung ist eine idR **angeborene Intelligenzschwäche** ohne nach-
weisbare Ursache. Nach dem Schweregrad der geistigen Behinderung unterscheidet man Idiotie, Imbezillität und – als geringste Stufe – Debilität.

Von erheblicher Bedeutung in der Praxis sind die Fälle der **tiefgreifenden Bewusstseinsstörung.**

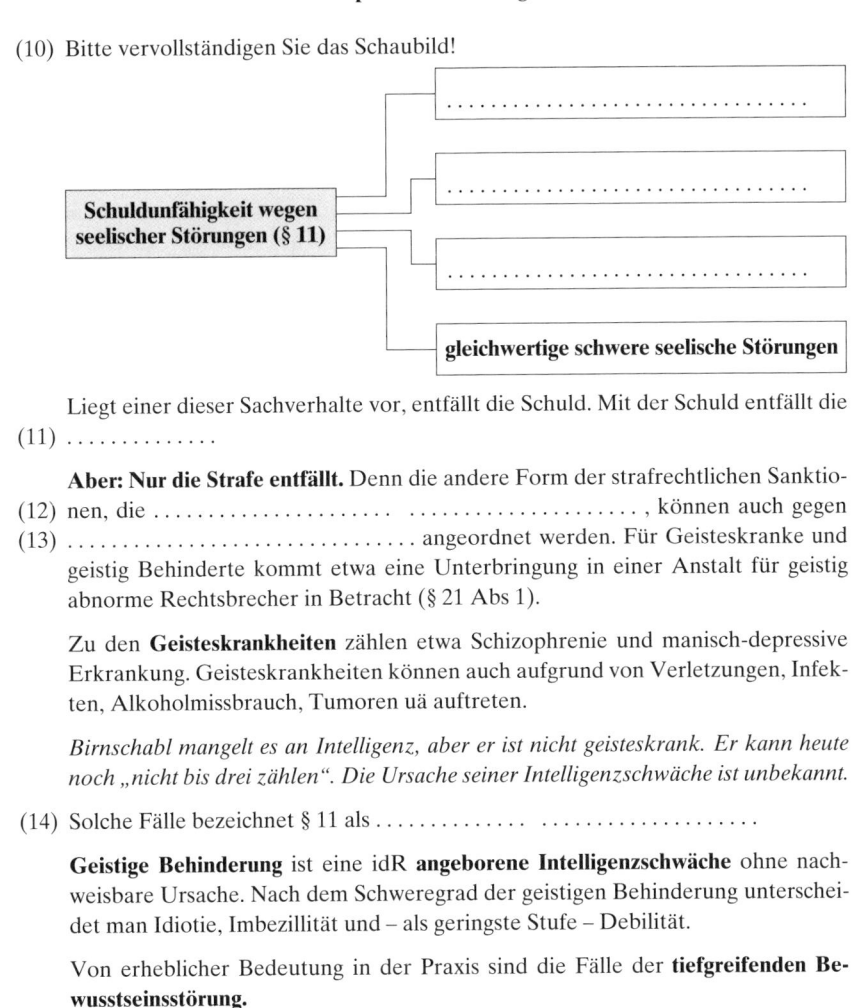

(15) Wer eine rechtswidrige Tat im Zustand tiefgreifender ....-
.... begeht, ist .... Er kann daher
(16) bestraft / nicht bestraft werden.

---

(10) von o nach u: Geisteskrankheit, geistige Behinderung, tiefgreifende Bewusstseinsstörung
(11) Strafe
(12) vorbeugenden Maßnahmen
(13) Schuld**un**fähige bzw Zurechnungs**un**fähige
(14) geistige Behinderung
(15) Bewusstseinsstörung; schuld**un**fähig
(16) nicht bestraft werden

17. Kapitel: Lerneinheit 17

(17) T.................... Bewusstseinsstörung kann entstehen durch **Volltrunkenheit** (ab einem Blutalkoholgehalt von ca 3‰), **Suchtmitteleinwirkung, Genuss von Narkotika, Schock, Schlaflosigkeit, Übermüdung uä.**

Beachte! Dass ein **Unfallschock** – insb nach einem Kfz-Zusammenstoß – eine wenn auch mehr oder weniger rasch abklingende tiefgreifende Bewusstseinsstörung hervorrufen und zu unerklärlichen Fehlhandlungen führen kann (zB blindes Davonlaufen, Im-Stich-Lassen von Mitverunglückten, Taumeln auf die Gegenfahrbahn), ist unbestritten, wird in der Praxis aber nur selten als schuldausschließend iSd § 11 gewertet.

LSD-Fall: Beim LSD-Trip hat „Sugar" die Vision, er besäße goldene Schwingen. Mit den Worten „Komm, mein Engel, laß uns fliegen", stürzt er sich jauchzend vom Balkon und zieht seine Freundin Angel mit sich in die Tiefe. Beide werden schwer verletzt.

Kann Sugar wegen „Schwerer Körperverletzung" (§ 84 Abs 1) bestraft werden?
(18) Ja / Nein – Begründung:

Kann er gem § 22 Abs 1 in einer Anstalt für entwöhnungsbedürftige Rechtsbrecher untergebracht werden?
(19) Ja / Nein – Begründung:

Die Schuldfähigkeit des Täters kann schließlich ausgeschlossen sein wegen anderer schwerer seelischer Störungen, wenn sie einer Geisteskrankheit, einer geistigen Behinderung oder einer tiefgreifenden Bewusstseinsstörung
(20) .... sind. Bitte § 11 erneut lesen!

(21) Bei den **gleichwertigen schweren seelischen Störungen** handelt es sich um eine **Auffanggruppe** für Sachverhalte, welche bereits / nicht bereits unter die bisher erörterten seelischen Störungen fallen, ihnen aber bezüglich des **Grades der Störung** entsprechen.

Der Gesetzgeber denkt dabei insb an **höchstgradige Affekte, schwerste Neurosen, Triebstörungen** und **Psychopathien.**

---

(17) Tiefgreifende
(18) Nein! Sugar war bei Begehung dieser Tat infolge tiefgreifender Bewusstseinsstörung nicht schuldfähig. Er kann wegen dieses Delikts daher auch nicht bestraft werden oä.
(19) Ja! Die Unterbringung in einer solchen Anstalt ist keine Strafe, sondern eine **vorbeugende Maßnahme.** Sie kann auch gegen einen bei Begehung der Tat **Schuldunfähigen** angeordnet werden oä.
(20) gleichwertig
(21) nicht bereits

17. Kapitel: Schuldfähigkeit

Tranchiermesser-Fall: Der überaus eifersüchtige Adam Hörnlein überrascht seine Freundin „Minouche" mit einem anderen im Bett. Rasend vor Eifersucht entmannt er seinen Nebenbuhler mit dem Tranchiermesser (§ 85 Abs 1 Z 1).

(22) Beim ganz ähnlichen *Nebenbuhler-Fall* (S 83) ging es um Fragen des Handlungsbegriffs. Sie hatten automatisierte Handlung / Körperreflex / impulsive Handlung angenommen und daher den strafrechtlichen Handlungsbegriff bejaht / verneint.

(23) Das eigentliche Problem **beider Fälle** betrifft aber die Frage der **Schuld** des Täters, und zwar das Schuldmerkmal .... Steht mit der Bejahung eines **höchstgradigen Affektes** die Schuldunfähigkeit beider Täter definitiv fest?

(24) Ja / Nein – Begründung (bitte § 11 genau lesen!):

*Kannibalen-Fall: Der 42-jährige Computertechniker Armin Meiwes aus Rotenburg/BRD hatte per Internet ein Opfer gefunden, das sich von ihm am 10. 3. 2001 schlachten und verspeisen ließ. Pro futuro hatte er ähnliche Taten geplant. Am 30. 1. 2004 hat ihm ein deutsches Gericht zwar hochgradige seelische Abartigkeit bescheinigt, aber sowohl seine **Einsichtsfähigkeit** als auch seine **Steuerungsfähigkeit** bejaht und ihn daher wegen eines Tötungsdeliktes zu $8^1/_2$ Jahren Gefängnis verurteilt.*

Könnte Meiwes nach österr Recht außerdem gem § 21 Abs 2 in eine Anstalt für geistig abnorme Rechtsbrecher eingewiesen werden?

(25) Ja / Nein – Begründung:

Mangelnde Reife

(26) Außer wegen der genannten s................. St................. kann die Schuldfähigkeit auch **wegen mangelnder Reife** entfallen. Die hier in Betracht kommenden Fälle sind im **Jugendgerichtsgesetz (JGG)** geregelt.

Bezüglich der mangelnden Reife sind **Unmündige (§ 1 Z 1 JGG)** und **Jugendliche (§ 1 Z 2 JGG)** zu unterscheiden.

---

(22) impulsive Handlung; bejaht
(23) Schuldfähigkeit (= Zurechnungsfähigkeit)
(24) Nein! Schuldunfähigkeit iSd § 11 liegt nur dann vor, wenn aufgrund der hochgradigen seelischen Störung **außerdem entweder** die Einsichtsfähigkeit **oder** die Steuerungsfähigkeit entfällt oä.
(25) Ja! Denn gem § 21 Abs 2 kann auch ein **zurechnungsfähiger** Täter untergebracht werden, falls – wie hier – Gefahr besteht, dass er unter dem Einfluss seiner hochgradigen Abartigkeit eine ähnlich schwere Tat begehen könnte.
(26) seelischen Störungen

17. Kapitel: Lerneinheit 17

Unmündig ist, wer bei der Begehung der Tat noch nicht 14 Jahre alt ist.

(27) Gem **§ 4 Abs 1 JGG** gelten Unmündige ausnahmslos als ....
(28) Sie können daher wegen ihrer rechtswidrigen Taten bestraft / nicht bestraft werden.

James-Bulger-Fall: Weltweites Aufsehen erregte die Tat von zwei 10-jährigen Buben aus Liverpool, die den 2-jährigen James Bulger aus einem belebten Einkaufszentrum entführt, grausam gequält und schließlich mit Ziegelsteinen erschlagen hatten. Ein englisches Geschworenengericht verurteilte die Buben am 24.11. 1993 wegen Mordes.

In Österreich wäre ein solcher Schuldspruch im Hinblick auf § 4 Abs 1 JGG recht-
(29) lich möglich / rechtlich unzulässig.

Jugendlicher ist, wer zur Zeit der Tat mindestens 14, aber noch nicht 18 Jahre alt ist. Jugendliche gelten grundsätzlich als schuldfähig („strafmündig").

Aber: Das Gesetz macht bei jenen 14- bis 18-Jährigen eine Ausnahme, die infolge **verzögerter Reife** das Unrecht der Tat nicht einsehen oder nicht nach dieser Einsicht handeln können (**§ 4 Abs 2 Z 1 JGG** bitte lesen!). Solche Jugendliche gelten
(30) ebenfalls als ....

(31) Wer älter als ..... Jahre ist, gilt als **Erwachsener** und daher als schuldfähig.

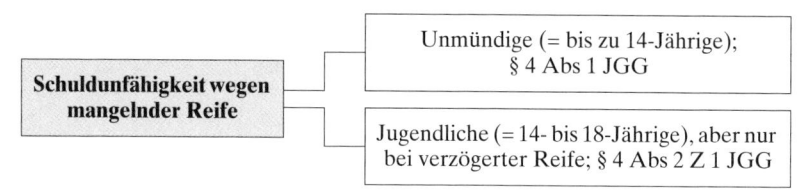

Schuldunfähigkeit wegen mangelnder Reife	Unmündige (= bis zu 14-Jährige); § 4 Abs 1 JGG
	Jugendliche (= 14- bis 18-Jährige), aber nur bei verzögerter Reife; § 4 Abs 2 Z 1 JGG

Mangelnde Reife kann **neben** Geisteskrankheit, geistiger Behinderung, tiefgrei-
(32) fender Bewusstseinsstörung etc iSd § 11 gegeben sein / nicht gegeben sein.

Bilden Sie selbst ein Beispiel für einen Fall, in dem **sowohl** die Voraussetzungen
(33) von § 4 Abs 1 JGG **als auch** von § 11 erfüllt sind!

---

(27) schuldunfähig
(28) nicht bestraft werden
(29) rechtlich unzulässig
(30) nicht schuldfähig bzw schuldunfähig
(31) 18
(32) gegeben sein
(33) Etwa: Ein geisteskranker 9-Jähriger erschießt seinen Vater oä.

17. Kapitel: Schuldfähigkeit

Schwierigkeiten bereitet in der Praxis vor allem die Gruppe der **Jugendlichen,** also
(34) der ..... bis ..... -Jährigen.

(35) Die Fälle **verzögerter Reife** bei .... sind gar nicht so selten.

Frühkindliche Erkrankungen, schwere Unfälle und **Erbschäden,** aber auch **grobe Erziehungsmängel** und **Verwahrlosung** können den Eintritt der seelischen Reife beträchtlich über die Vollendung des 14. Lebensjahres hinauszögern.

Stiegenhaus-Fall: In der Nähe der S-Bahnstation Rennweg wird eine junge Frau in ein dunkles Stiegenhaus gezerrt und von dem 17-jährigen M und dem 13-jährigen K vergewaltigt (= § 201 Abs 1). Beim 17-jährigen M stellt der Jugendpsychiater verzögerte Reife wegen Erbschäden und Verwahrlosung fest. Seine seelische Reife entspräche gerade jener eines 12-Jährigen.

Ist M schuldfähig?
(36) Ja / Nein – Begründung:

(37) M kann daher wegen Vergewaltigung bestraft werden / nicht bestraft werden.

Beim 13-jährigen K stellt der Gutachter die seelische Reife eines Erwachsenen und damit volle Einsichtsfähigkeit fest. Er bescheinigt dem K außerdem einen Intelligenzquotienten von 138 (den nur wenige Menschen besitzen).

Wird der 13-jährige K wegen Vergewaltigung (§ 201 Abs 1) bestraft?
(38) Ja / Nein – Begründung:

Zusammenfassend:

(39) Bis zu 14-Jährige sind prinzipiell schuldfähig / schuldunfähig. Hier gibt es Ausnahmen / keine Ausnahmen.

(40) 14- bis 18-Jährige sind prinzipiell schuldfähig / schuldunfähig.

---

(34) 14- bis 18-Jährigen
(35) Jugendlichen
(36) Nein! M ist wegen verzögerter Reife (§ 4 Abs 2 Z 1 JGG) schuldunfähig oä.
(37) nicht bestraft werden. Statt einer **Strafe** können gegen den 17-jährigen M jedoch bestimmte **Erziehungsmaßnahmen** angewendet werden.
(38) Nein! K kann noch so reif und intelligent sein. Bis zum 14. Lebensjahr gilt er als absolut schuldunfähig (§ 4 Abs 1 JGG). *Anmerkung:* Über den 13-jährigen K können allerdings vom Vormundschafts- bzw Pflegschaftsrichter geeignete **Erziehungsmaßnahmen** angewendet werden. Eine **Bestrafung** scheidet bei ihm aber von vornherein aus.
(39) prinzipiell schuldunfähig; keine Ausnahmen
(40) prinzipiell schuldfähig

17. Kapitel: Lerneinheit 17

(41) **Ausnahmen:** § .... und § ....

(42) Über 18-Jährige sind prinzipiell ....; **Ausnahme:** § ....

Sonderkonstellationen

Das dargestellte gesetzliche System der Schuldfähigkeit und ihrer Ausnahmen führt in der Praxis meistens zu befriedigenden Ergebnissen. Zwar können gegen
(43) Schuldunfähige keine .... verhängt werden. Wegen der Zweispurigkeit unseres Strafrechts treten aber im Allgemeinen keine Lücken auf. Denn dort, wo es sich um **besonders gefährliche Schuldunfähige** handelt, kommen anstelle der
(44) Strafe / neben der Strafe idR .... in Betracht.

Aber: „Meistens", „im Allgemeinen", „in der Regel" und ähnliche Formulierungen sind für den geübten Juristen stets ein untrügliches Zeichen dafür, dass es auch **Ausnahmen** gibt.

In der Tat gibt es **Sonderkonstellationen,** bei denen empfindliche Lücken im bisher dargestellten Strafschutz vor rechtswidrigen Taten Schuldunfähiger drohen. Die beiden praktisch bedeutsamsten Fallkonstellationen wollen wir im Folgenden näher betrachten.

Castiletz trinkt zum ersten Mal in seinem Leben – und das gründlich. Im Vollrausch (3‰) gerät er mit Kokosch in Streit und schlägt diesem einen Schneidezahn aus. Am selben Abend büßt Kokosch auch noch den anderen Schneidezahn durch einen Schlag des Botulitzky ein. Dieser, an sich ein Feind des Alkohols, hatte sich speziell für diese Tat Mut angetrunken (3‰). Auch Botulitzky ist im Zeitpunkt des Zuschlagens blau wie ein Veilchen.

Für beide kommt Körperverletzung (§ 83 Abs 1) in Betracht. Rechtfertigungs-
(45) gründe liegen vor / nicht vor.

Sowohl Castiletz als auch Botulitzky sind im Zeitpunkt der Tat **volltrunken.**

(46) Was bedeutet dies für ihre **Schuld?**

---

(41) § 4 Abs 2 Z 1 JGG und (weil daneben möglich) § 11.
(42) schuldfähig; § 11
(43) Strafen
(44) anstelle der Strafe; vorbeugende Maßnahmen
(45) nicht vor
(46) Beide waren „zur Zeit der Tat" infolge einer „tiefgreifenden Bewusstseinsstörung" nicht schuldfähig (§ 11). Für beide kommt daher eine Bestrafung wegen Körperverletzung **an sich** nicht in Betracht.

17. Kapitel: Schuldfähigkeit

(47) Exkurs für Literaturfreunde: Kommen Ihnen die Namen *Castiletz, Kokosch* und *Botulitzky* irgendwie bekannt vor?

(48) **Kriminalpolitisch** bedenklich wäre es aber, **würden** die zuvor geschilderten Taten **straflos bleiben.** Beschränken wir uns zunächst auf **Botulitzky** (B).
Der an sich naheliegende Ausweg, über den schuldunfähigen B eine vorbeugende Maßnahme anzuordnen, kommt zwar generell, bei **unserem** Sachverhalt aber gerade nicht in Betracht.
Warum nicht? (Der Grund ergibt sich aus dem **Wortlaut** des § 22 Abs 1!)

Die zweite „Spur" versagt also; untersuchen wir deshalb die erste „Spur", die Möglichkeit einer **Bestrafung** des B, etwas genauer:
Könnte über B wegen der Körperverletzung keine Strafe verhängt werden, erschiene dies vor allem deshalb ungerecht, weil er die Körperverletzung noch **im nüchternen Zustand** geplant und in die Wege geleitet hatte.

(49) Außerdem: Wer zB einen anderen **straflos** umbringen wollte, dem könnte man keinen besseren Rat geben, als (bitte ergänzen Sie den Gedanken!)

(50) Bezüglich der Tat des B eine **Straflücke** anzunehmen, ist daher kriminalpolitisch vertretbar / kriminalpolitisch äußerst unerwünscht und ein Hohn auf die Gerechtigkeit.
Rechtsprechung und Wissenschaft haben hier einen Ausweg in Gestalt der sog **actio libera in causa** gesucht und gefunden. Er ergibt sich aus folgenden Überlegungen:
Zwar kann B mangels Schuldfähigkeit (§ 11) kein Vorwurf **zur Zeit des Zuschlagens** gemacht werden. Sehr wohl kann man ihm aber vorwerfen, dass er sich **gerade zu dem Zweck** betrunken hat, **um** im Zustand der Schuldunfähigkeit ein Delikt, dh hier eine Körperverletzung, zu begehen.

---

(47) Sie stammen aus *Heimito von Doderers* hintergründigem Kriminalstück „Ein Mord, den jeder begeht".
(48) B ist laut Sachverhalt „ein Feind des Alkohols" und daher dem „Missbrauch eines berauschenden Mittels" nicht „ergeben", was § 22 Abs 1 ausdrücklich voraussetzt oä.
(49) sich zu betrinken und die Tat im Zustand der Volltrunkenheit (dh der Schuldunfähigkeit iSd § 11) zu begehen oä.
(50) kriminalpolitisch äußerst unerwünscht

17. Kapitel: Lerneinheit 17

Als B beschloss, sich zu betrinken, war er noch stocknüchtern und daher
(51) .... fähig.

Auf **diesen Zeitpunkt** stellt die im Gesetz nicht ausdrücklich geregelte Rechtsfigur
(52) der a........ l........ i... c........ ab.

Der Begriff „actio libera in causa" deutet also vor allem auf den maßgeblichen Zeitpunkt: Der Täter war **zur Zeit des Tatentschlusses** noch „frei", dh
(53) .... gewesen.

Von einer **vorsätzlichen actio libera in causa** spricht man, wenn sich der Täter **mit dem Vorsatz** in den Zustand der Handlungs- oder Schuldunfähigkeit versetzt hat, in dieser Verfassung eine rechtswidrige Tat zu begehen.

Auf welche Weise der Täter seine Handlungs- oder Schuldunfähigkeit herbeigeführt hat, zB durch Alkohol, Narkotika, Übermüdung, Selbsthypnose uä, ist für die Rechtsfigur der actio libera in causa gleichgültig.

Nun zu den **praktischen Konsequenzen** dieser Rechtsfigur.

(54) Tatbestandsmäßigkeit und .... bleiben nach wie vor auf das Zuschlagen, dh auf den Zeitpunkt der **Tatausführung** bezogen.

Die Frage der **Schuld** aber wird auf den Zeitpunkt des **Tatbeginns vorprojiziert,** dh auf den Zeitpunkt des Entschlusses, sich zu betrinken. Hier muss daher auch die Schuldprüfung ansetzen.

(55) Zu **diesem Zeitpunkt** sind bei B sowohl die .... fähigkeit als auch alle übrigen Schuldelemente **erfüllt.**

(56) Also ist B wegen...................... (§ 83 Abs 1) zu bestrafen, begangen in der Form der vorsätzlichen.......... .... in c........

Wenden wir uns nun **Castiletz** (C) zu.

Wie B ist auch C im Zeitpunkt der Tat schuldunfähig. Eine Bestrafung gem § 83
(57) Abs 1 scheidet daher aus / nicht aus.

Kann gegen C die vorbeugende Maßnahme des § 22 Abs 1 (bitte lesen!) angewendet werden?
(58) Ja / Nein – Begründung:

---

(51) schuldfähig bzw zurechnungsfähig
(52) actio libera in causa
(53) schuldfähig bzw zurechnungsfähig
(54) Rechtswidrigkeit
(55) Schuldfähigkeit
(56) Körperverletzung; actio libera in causa
(57) scheidet daher aus
(58) Nein! C ist dem Missbrauch des Alkohols ebenfalls nicht „ergeben" oä.

17. Kapitel: Schuldfähigkeit

(59) Aber auch eine Bestrafung wegen vorsätzlicher Körperverletzung in der Form der actio libera in causa (§ 83 Abs 1) kommt für C **nicht** in Betracht. Warum nicht?

Dennoch geht auch C nicht straflos aus.

Für seine Bestrafung ist aber ein anderer Aspekt als bei B maßgebend: Das Unrecht seiner Handlung liegt darin, dass er sich **bis zum Exzess betrunken** hat. Verstehen Sie das bitte nicht falsch! Das bloße Sich-Betrinken ist in Österreich wie in anderen Ländern selbstverständlich noch kein strafrechtliches Unrecht und daher straflos. Die Strafbarkeit des Sich-Betrinkens setzt aber ein, sobald der Täter im **Zustand der Volltrunkenheit** eine **mit Strafe bedrohte Handlung** begeht. Eine solche Tat ist der **Anlass**, den Volltrunkenen **wegen seiner Unmäßigkeit** zur Rechenschaft zu ziehen.

(60) Hierfür gibt es ein spezielles Delikt: § **287 Abs 1** bitte lesen! Dieses Delikt trifft auf die Situation des C genau zu / nicht genau zu.

(61) Schon die gesetzliche Überschrift „Begehung einer mit Strafe bedrohten Handlung im Zustand ...." bringt zum Ausdruck, dass durch § 287 Abs 1 gerade jene Fälle erfasst werden sollen, in denen der Täter, weil er vollberauscht und daher .... fähig ist, wegen der in diesem Zustand begangenen mit Strafe bedrohten Handlung nicht bestraft werden kann.

(62) Wegen welchen Delikts ist C anzuklagen?

☐ Wie B wegen § 83 Abs 1 in der Form der actio libera in causa?
☐ Wegen § 287 Abs 1 iVm § 83 Abs 1?

Beim Delikt des § 287 Abs 1 ist ähnlich wie bei der actio libera in causa die **Schuld des Täters** (also Schuldfähigkeit, Unrechtsbewusstsein, keine Entschuldigungsgründe, allfällige besondere Schuldmerkmale) **auf den Zeitpunkt des**
(63) .... zu beziehen.

(64) Zu diesem Zeitpunkt sind alle diese Schuldelemente bei C vorhanden / nicht vorhanden. Er ist somit wegen des Delikts des § 287 Abs 1 iVm § 83 Abs 1 nicht zu
(65) bestrafen / zu bestrafen.

---

(59) Weil sich C nicht mit dem Vorsatz betrunken hat, in diesem Zustand Kokosch einen Zahn auszuschlagen oä.
(60) genau zu
(61) voller Berauschung; schuldunfähig
(62) Wegen § 287 Abs 1 iVm § 83 Abs 1.
(63) Sich-Betrinkens (dh auf den **Beginn** der Berauschung)
(64) vorhanden
(65) zu bestrafen

17. Kapitel: Lerneinheit 17

Johann Nestroy karikiert eine bestimmte Sorte von Männern wie folgt: „Wer gern im Rausch rauft und ein jeden gleich packt, der prügelt als Mann auch sein Weib unverzagt".

Angenommen, Sie hätten einen im Suff prügelnden Ehemann anzuklagen.

(66) Es wäre Anklage zu erheben wegen vorsätzlicher Körperverletzung (§ 83 Abs 1) / wegen vorsätzlicher Körperverletzung (§ 83 Abs 1) in der Form der actio libera in causa / wegen Begehung einer strafbaren Handlung im Zustand voller Berauschung (§ 287 Abs 1 iVm § 83 Abs 1).

■ ■ ■   **Bevor Sie die Testfragen zur LE 17 durcharbeiten,**   ■ ■ ■
      lesen Sie bitte zunächst im Grundriss AT Kap 17!

---

(66) Das kommt darauf an. Wenn Sie annehmen, dass der Täter bis zur Schuldunfähigkeit betrunken war, ist er wegen des Delikts des § 287 Abs 1 iVm § 83 Abs 1 anzuklagen, sonst wegen vorsätzlicher Körperverletzung (§ 83 Abs 1).

17. Kapitel: Schuldfähigkeit

Testeinheit 17

Testfragen zur LE 17

1. Wer zur Zeit der Tat schuldunfähig ist, kann idR **nicht bestraft** werden. Für welche beiden Fälle ist dieser Grundsatz durchbrochen?
   a)
   b)

2. Ein Täter ist schuld**un**fähig (= zurechnungs**un**fähig), wenn er (bitte ergänzen!)

3. Die Fähigkeit des Täters, das Unrecht seiner Tat einzusehen, wird wissenschaftlich als .... (auch: ....) bezeichnet.

4. Die Fähigkeit, nach dieser Einsicht zu handeln, heißt wissenschaftlich .... (...............................).

5. Entfällt durch die Schuld**un**fähigkeit auch der Vorsatz? Begründen Sie Ihre Aussage!

6. *Am Tag vor seinem 14. Geburtstag stiehlt Felix ein Moped (= § 127). Zwei Tage später schießt er mit seiner Steinschleuder ein Fenster ein (= § 125).*
   a) Kann er für den Diebstahl bestraft werden?
   Ja / Nein – Begründung:

   b) Kann er für die Sachbeschädigung bestraft werden? (Aufpassen!)
   Ja / Nein – Begründung:

7. a) **Unmündige** (= bis zu ..... -Jährige) gelten prinzipiell als schuldfähig / prinzipiell als schuldunfähig. Von dieser Regel gibt es Ausnahmen / keine Ausnahmen.

   b) **Jugendliche** (= ..... bis ..... -Jährige) sind nur dann schuldfähig, wenn sie zur Zeit der Tat nach ihrer sittlichen und geistigen Entwicklung in der Lage sind (bitte ergänzen!)

   c) **Über 18-Jährige** sind prinzipiell schuldfähig. Ausnahme: § .....

8. Was verstehen Sie unter einer **vorsätzlichen actio libera in causa**?

17. Kapitel: Testeinheit 17

9. Bilden Sie selbst einen Fall, in dem ein Vorsatzdelikt in Form einer actio libera in causa begangen wird!

10. *Ein schizophrener 12-Jähriger quält das Meerschweinchen seiner Schwester (= § 222 Abs 1 Z 1).*
    Beurteilen Sie seine Schuldfähigkeit!

11. *Der **geisteskranke** K und der **schlafwandelnde** S zerschlagen je eine kostbare Vase (= § 125).*
    a) Wird K wegen § 125 bestraft?
       Ja / Nein – Begründung:

    b) Wird S wegen § 125 bestraft? (Vorsicht! Viele Bearbeiter kommen zwar zum richtigen Ergebnis, geben aber eine falsche Begründung.)
       Ja / Nein – Begründung:

12. Ordnen Sie die nachfolgend angeführten Umstände danach, ob sie (schon) den strafrechtlichen Handlungsbegriff oder (erst) die Schuldfähigkeit ausschließen!

Probleme	Handlungsbegriff	Schuldfähigkeit
Debilität		
Narkotika		
Volltrunkenheit		
Körperreflex		
Verzögerte geistige Reife		
Höchstgradige Affekte		
Vis absoluta		
Schizophrenie		
Bewusstlosigkeit		
Schockeinwirkung		
Vis compulsiva		

17. Kapitel: Schuldfähigkeit

13. **Meskalin-Fall:** *Um sich Mut für den Apothekeneinbruch (§§ 127 ff) zu machen, schluckt der drogenabhängige Mike zunächst Meskalin, was ihn „high" macht. Dann bricht er ein.*
    Welcher der in § 11 geschilderten Fälle liegt vor?

14. Sehen Sie im Falle 13. dennoch die Möglichkeit, Mike zu bestrafen?
    Ja / Nein – Begründung:

15. Lesen Sie bitte § 287 Abs 1! Vergleichen Sie dieses Delikt mit der Rechtsfigur der vorsätzlichen actio libera in causa. Es gibt mehrere Übereinstimmungen zwischen beiden Rechtsfiguren. Nennen Sie **zwei**!

16. **Komatrinker-Fall:** *Bei einer Flatrate-Party im trendigen Szenetreff „kippt" der 16-jährige Mirko 30 Tequila (3‰). Im Streit schlägt er seinem Widersacher drei Vorderzähne aus.*
    a) Mirko kann wegen Schwerer Körperverletzung (§ 84 Abs 4) bestraft werden / nicht bestraft werden, weil er im Zeitpunkt der Tat in Folge von .... (§ 11) nicht schuldfähig war.
    b) Dennoch bleibt seine Tat nicht straflos. Es besteht die Möglichkeit, Mirko wegen Schwerer Körperverletzung (§ 84 Abs 4) in der Form der actio libera in causa / wegen des Delikts des § 287 Abs 1 iVm § 84 Abs 4 zu bestrafen.

17. **Bauchfleck-Fall:** *Nach Mitternacht torkelt ein total betrunkener Berliner aus einem Grinzinger Heurigenlokal. Es regnet. Verwundert starrt er auf den glänzenden nassen Asphalt und steckt überlegend den Finger in die Nase. Dann zieht er sich splitternackt aus, hebt die Arme wie ein Schwimmer beim Startsprung und springt. „Verdammt!" schreit er, als er auf dem Bauch landet. „Ooch noch jefror'n!"*
    Kann der Betrunkene wegen des Delikts des § 287 Abs 1 iVm § 83 Abs 1 bestraft werden?
    Ja / Nein – Begründung (bitte aufpassen!):

17. Kapitel: Testeinheit 17

Antworten

1. a) für den Fall der actio libera in causa;
   b) für § 287 Abs 1.
2. zur Zeit der Tat nicht in der Lage ist, das Unrecht seiner Tat einzusehen **oder** nach dieser Einsicht zu handeln (vgl § 11).
3. Diskretionsfähigkeit (Einsichtsfähigkeit)
4. Dispositionsfähigkeit (Steuerungsfähigkeit)
5. Nein! Der Vorsatz bildet den subjektiven Tatbestand und hat nichts mit der Frage der Schuld zu tun oä.
6. a) Nein! Felix hat das 14. Lebensjahr noch nicht vollendet. Also ist er noch unmündig, dh absolut schuldunfähig (§ 4 Abs 1 JGG).
   b) Ja! Inzwischen ist er mündig und damit schuldfähig geworden. („Nein!" nur dann, wenn er infolge verzögerter Reife unfähig wäre, das Unrecht seiner Tat einzusehen oder nach dieser Einsicht zu handeln; § 4 Abs 2 Z 1 JGG).
7. a) 14-Jährige; prinzipiell als schuldunfähig („strafunmündig"); keine Ausnahmen
   b) 14- bis 18-Jährige; das Unrecht der Tat einzusehen und nach dieser Einsicht zu handeln („verzögerte Reife")
   c) § 11 („Zurechnungsunfähigkeit")
8. Der Täter hat sich mit dem Vorsatz in den Zustand der Schuldunfähigkeit versetzt, in diesem Zustand eine rechtswidrige Tat zu begehen oä.
9. ZB: A versetzt sich durch den Genuss alkoholischer Getränke in einen Zustand voller Berauschung (mind ca 3‰) mit dem Vorsatz, B in diesem Zustand zu töten, was er auch tut (= § 75).
10. Sie entfällt aus **zwei** Gründen: Unmündigkeit (§ 4 Abs 1 JGG) und Geisteskrankheit (§ 11).
11. a) Nein! K ist geisteskrank und daher nicht schuldfähig (§ 11).
    b) Nein! S erfüllt schon nicht den **strafrechtlichen Handlungsbegriff**!

12.

Probleme	Handlungsbegriff	Schuldfähigkeit
Debilität		× § 11 geistige Behinderung
Narkotika		× § 11 tiefgreif BewStörung
Volltrunkenheit		× § 11 tiefgreif BewStörung
Körperreflex	×	
Verzögerte geistige Reife		× § 4 Abs 2 Z 1 JGG
Höchstgradige Affekte		× § 11 gleichw seel Störung
Vis absoluta	×	
Schizophrenie		× § 11 Geisteskrankheit
Bewusstlosigkeit	×	
Schockeinwirkung		× § 11 tiefgreif BewStörung
Vis compulsiva	weder	noch

13. Eine tiefgreifende Bewusstseinsstörung.
14. Ja! Und zwar unter dem Aspekt des Diebstahls, begangen in der Form der actio libera in causa. *Anmerkung:* **Zusätzlich** kommt eventuell auch eine Unterbringung in einer Anstalt für entwöhnungsbedürftige Rechtsbrecher in Betracht; vgl § 22 Abs 1.

17. Kapitel: Schuldfähigkeit

15. – Bezüglich des **Problems:** Es geht in beiden Fällen um das Problem der Schuldfähigkeit.
    – Bezüglich der Vorverlegung des **maßgeblichen Zeitpunkts:** Denn bei der eigentlichen Durchführung der Tat ist der Täter in beiden Fällen schuldunfähig.
    – Bezüglich des **Zwecks:** Beide sollen unbillige Straflücken schließen.

16. a) nicht bestraft werden; tiefgreifender Bewusstseinsstörung;
    b) wegen des Delikts des § 287 Abs 1 iVm § 84 Abs 4.

17. Nein! Zwar hat sich der Betrunkene offensichtlich in einen seine Schuldfähigkeit ausschließenden Rausch versetzt. Aber in diesem Zustand hat er keine Körperverletzung gem § 83 Abs 1 begangen. Denn bloße Selbstverletzungen werden von dieser Vorschrift („einen anderen") nicht erfasst oä.

■ ■ ■ **Ende dieser Programmeinheit** ■ ■ ■

18. Kapitel

Unrechtsbewusstsein

Lerneinheit 18

Lernziel: Im Mittelpunkt dieser LE steht das **zweite** Element der Vorsatzschuld, das „Unrechtsbewusstsein". Dabei wird dem „**aktuellen**" das „**potenzielle**" **Unrechtsbewusstsein** gegenübergestellt und das Unrechtsbewusstsein vom Vorsatz abgegrenzt werden.

(1) Bitte einsetzen!

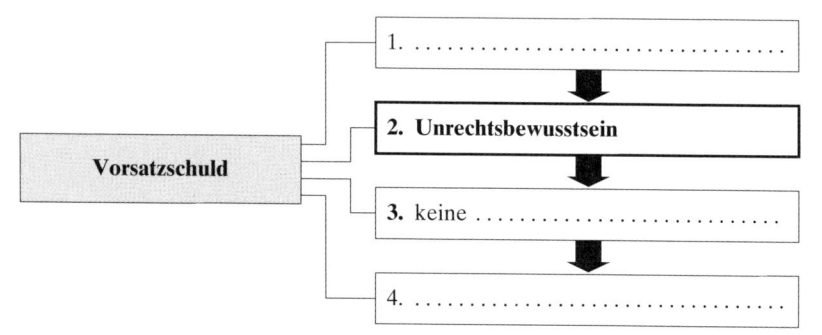

Vorsatzschuld
1. ....
2. Unrechtsbewusstsein
3. keine ....
4. ....

Ladendieb-Fall: In einer Buchhandlung beobachtet die Verkäuferin Iris (I), wie ein unauffällig wirkender Student (M) in der wissenschaftlichen Abteilung einen Prachtband an sich nimmt, sich dabei nach allen Seiten umschaut und ihn dann hastig in die Tasche steckt. Als sie ihn an der Kassa zur Rede stellt, zuckt er zusammen, wird abwechselnd rot und blass, fängt an zu stottern und versucht, sich mit seiner Vergesslichkeit zu entschuldigen.

(2) M hat den Tatbestand des .... (§ ....) erfüllt. Es bestehen keine Zweifel, dass seine Tat rechtswidrig ist und er vorsätzlich gehandelt hat.

Beschränken wir uns auf die Frage, ob M mit **Unrechtsbewusstsein** gehandelt hat.

Die Definition des Unrechtsbewusstseins baut auf jener des Unrechts auf.

Unrecht ist jede Handlung, die gegen die Rechtsordnung verstößt.

---

(1) Von o nach u: 1. Schuldfähigkeit; 3. keine Entschuldigungsgründe; 4. besondere Schuldmerkmale
(2) Diebstahls (§ 127)

18. Kapitel: Unrechtsbewusstsein

(3) Somit ist **Unrechtsbewusstsein das Bewusstsein, dass die Handlung g**....... **die** .... **verstößt.**

Formen des Unrechtsbewusstseins

Man unterscheidet **aktuelles** und **potenzielles Unrechtsbewusstsein.**

Ist das Unrechtsbewusstsein **zur Zeit der Tat vorhanden,** so spricht man von **aktuellem Unrechtsbewusstsein.**

(4)
(5) Mehrere Umstände des geschilderten Sachverhalts deuten darauf hin, dass M dieses .... Unrechtsbewusstsein in ausgeprägter Form besaß. Nennen Sie mindestens drei dieser Umstände!

(6) M hat mit aktuellem Unrechtsbewusstsein gehandelt, weil ihm bei der Tat bewusst war, dass (bitte ergänzen!)

Dem **aktuellen Unrechtsbewusstsein** stellt das StGB jenen Fall gleich, in welchem dem Täter das **Fehlen** des Unrechtsbewusstseins **vorzuwerfen** ist.

Die Lehre spricht insoweit von **potenziellem (= virtuellem) Unrechtsbewusstsein.**

Potenzielles Unrechtsbewusstsein ist der vorwerfbare Mangel an Unrechtsbewusstsein. Das heißt, der Täter hat das Unrecht seiner Tat zwar nicht erkannt, **es wäre ihm aber leicht erkennbar gewesen oder er wäre verpflichtet gewesen, sich nach dem Unrecht seiner Tat zu erkundigen.**

(7) Der **Schuldvorwurf** stützt sich beim .... Unrechtsbewusstsein mithin auf einen **Erkundigungsmangel.**

(8) Bitte einsetzen!

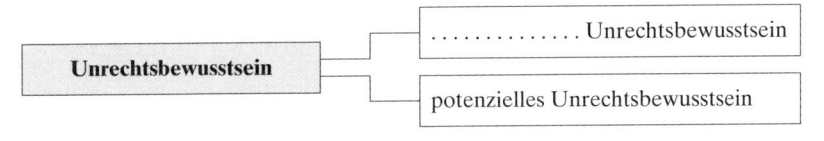

| Unrechtsbewusstsein | .... Unrechtsbewusstsein |
| | potenzielles Unrechtsbewusstsein |

---

(3) gegen die Rechtsordnung
(4) aktuelle
(5) ZB das vorsichtige Umschauen bei der Wegnahme, das Verstecken der Beute, das Zusammenzucken, als man ihn stellt, dass er abwechselnd rot und blass wird, zu stottern beginnt und nach einer Entschuldigung sucht oä.
(6) seine Tat gegen die Rechtsordnung verstößt.
(7) potenziellen = virtuellen
(8) aktuelles

18. Kapitel: Lerneinheit 18

(9) Es kommt in der Praxis gar nicht so selten vor, dass jemand eine rechtswidrige Vorsatztat **ohne aktuelles Unrechtsbewusstsein** begangen hat oder dass es **jedenfalls nicht nachgewiesen** werden kann. Ebenso voreilig wie verfehlt wäre jedoch der Schluss, der Täter könne in solchen Fällen mangels Schuld / mangels Vorwerfbarkeit nicht bestraft werden.

(10) Hat der Vorsatztäter **ohne aktuelles Unrechtsbewusstsein** gehandelt oder lässt sich seine diesbezügliche Behauptung nicht widerlegen, ist stets zu prüfen, ob er **verpflichtet** gewesen wäre (bitte ergänzen!),

Blättern Sie jetzt bitte zurück zum Lippenstift-Fall, in dem die 15-jährige Beate (B) guten Gewissens den gefundenen 5-€-Schein umgehend verbraucht hat (S 234)!

(11) Bei diesem Sachverhalt steht fest, dass B mit aktuellem / ohne aktuelles Unrechtsbewusstsein gehandelt hat.

(12) Kann man B im *Lippenstift-Fall* einen .... daraus machen, dass sie ohne (aktuelles) Unrechtsbewusstsein gehandelt hat? Anders ausgedrückt: Liegt also zumindest .... vor?

(13) Ja / Nein – Begründung:

(14) **Im Kernbereich des Strafrechts,** dh bei Mord, Vergewaltigung, Raub, Diebstahl, Betrug und den meisten anderen Delikten des StGB stellt sich das Problem des potenziellen Unrechtsbewusstseins nur selten. Denn wer einen **Mord,** eine **Vergewaltigung,** einen **Raub,** einen **Diebstahl** etc begeht, weiß in aller Regel, dass er Unrecht tut. Er handelt daher mit ....
....

Beachte! Der Begriff aktuelles Unrechtsbewusstsein darf nicht zu eng verstanden werden.

---

(9) Schuld **ist** Vorwerfbarkeit. Beides ist also dasselbe.
(10) sich nach dem Unrecht seiner Tat zu erkundigen oä.
(11) ohne aktuelles Unrechtsbewusstsein
(12) Vorwurf; potenzielles Unrechtsbewusstsein
(13) Nein! Worauf sollte der Schuldvorwurf gegen eine **15-Jährige** (!), die zudem von ihren **Eltern** (!) vorher über die **rechtliche Unbedenklichkeit** (!) ihres Verhaltens instruiert worden war, gestützt werden? Genaueres zur Vorwerfbarkeit des Mangels an Unrechtsbewusstsein in der nächsten LE.
(14) aktuellem Unrechtsbewusstsein

18. Kapitel: Unrechtsbewusstsein

(15) **Aktuell** ist das Unrechtsbewusstsein, wenn es (bitte ergänzen!)

Über den **Bewusstheitsgrad** des Unrechtsbewusstseins ist damit noch nichts gesagt. Das Unrechtsbewusstsein wurzelt in der personalen Schicht des Menschen, in der von frühester Kindheit an alle Eindrücke von Recht und Unrecht unverlierbar gespeichert werden. Mögen Tatumstände (zB Notlage, Stress, Gruppendruck) und Persönlichkeitsstruktur (zB Erregung, Triebhaftigkeit, Pädophilie, Caesarenwahn) das Unrechtsbewusstsein häufig auch in den Hintergrund drängen, bleibt es dennoch zumindest **latent** vorhanden.

(16) Auch ein solches, im Zeitpunkt der Tat nur l.......... vorhandenes Unrechtsbewusstsein ist aktuelles / potenzielles Unrechtsbewusstsein.

Für den **Affekttäter** (zB *Tranchiermesser-Fall* S 245) ist charakteristisch, dass im Augenblick der Tat Gefühlsimpulse wie Eifersucht, Wut oder Hass so übermäch-
(17) tig sind, dass er sich über das Unrecht seiner Tat Gedanken macht / keine Gedanken macht. Dennoch handelt er idR **mit aktuellem Unrechtsbewusstsein,** weil
(18) (bitte ergänzen!)

Ähnliches gilt für den **Gewohnheitstäter**. Bei ihm ist das aktuelle Unrechtsbewusstsein häufig so abgestumpft und verkümmert, dass er über das Unrecht seiner Tat nicht mehr nachdenkt. Dennoch handelt er **mit Unrechtsbewusstsein,** und
(19) zwar mit potenziellem Unrechtsbewusstsein / aktuellem Unrechtsbewusstsein.

Ganz allgemein kann gesagt werden: Wer als Österreicher eines der im StGB geregelten Delikte begeht – raubt, mordet, vergewaltigt, betrügt, stiehlt etc – handelt, sofern nicht besondere Umstände vorliegen, auf die später in LE 19 ein-
(20) zugehen sein wird, in aller Regel mit .... Unrechtsbewusstsein.

In der Praxis bereitet die Feststellung des Unrechtsbewusstseins meist geringere Schwierigkeiten, als man annehmen könnte.

Für den **Kernbereich der herkömmlichen Delikte** (Mord, Diebstahl, Raub, Be-
(21) trug, Vergewaltigung uä) ist das aktuelle Unrechtsbewusstsein / das potenzielle Unrechtsbewusstsein beim Täter in aller Regel zu vermuten.

---

(15) bei der Tat tatsächlich vorhanden ist oä.
(16) latent; aktuelles Unrechtsbewusstsein
(17) keine Gedanken macht
(18) das Unrechtsbewusstsein, wenn auch zurückgedrängt, doch **latent** vorhanden ist oä.
(19) aktuellem Unrechtsbewusstsein
(20) aktuellem
(21) das aktuelle Unrechtsbewusstsein

18. Kapitel: Lerneinheit 18

Beachte! In Übungs- und Examensarbeiten sowie später in der Praxis sind ausdrückliche Feststellungen daher nur zu treffen, wenn **begründete Zweifel am Unrechtsbewusstsein des Täters** bestehen. Letzteres ist vornehmlich der Fall, wenn es sich um **Jugendliche** oder **Ausländer** handelt, wenn die **Auslegung** des Delikts ungewiss ist oder das Delikt **nicht zum Kernbestand des Strafrechts** gehört, vor allem aber auch dann, wenn sich der Beschuldigte auf mangelndes Unrechtsbewusstsein **explizit berufen** hat.

Aber: Nicht zum Kernbestand des Strafrechts gehören die meisten Delikte des Nebenstrafrechts. Ihre Zahl ist Legion, und nicht einmal Juristen kennen sie zur Gänze. Im Bereich des **Nebenstrafrechts** spielt daher das aktuelle Unrechts-
(22) bewusstsein / das potenzielle Unrechtsbewusstsein eine große Rolle.

Stockdegen-Fall: Von seinem Großonkel hat der 20-jährige Florian (F) zwei Spazierstöcke mit interessantem Innenleben geerbt. Schraubt man den Griff ab, kommt bei dem einen sinnigerweise ein Schnapsflascherl, bei dem anderen ein 40 cm langer Degen zum Vorschein. Beide Stöcke führt er seinen Freunden gelegentlich als Kuriositäten vor.

Schon durch den **bloßen Besitz** eines solchen Spazierstocks mit einer verborgenen Klinge (sog Stockdegen) macht man sich gem § 50 Abs 1 Z 2 iVm § 17 Abs 1 Z 1 WaffG wegen des Besitzes einer **verbotenen Waffe** strafbar (bitte lesen!).

(23) **Wussten Sie davon?** Ja / Nein

(24) Offenbar hat auch F dies nicht gewusst und daher ohne .... Unrechtsbewusstsein gehandelt.

Zu seiner Bestrafung nach den Vorschriften des WaffG genügt es aber, wenn er
(25) mit .... Unrechtsbewusstsein gehandelt hat.

Mithin lautet die entscheidende Frage, ob F **verpflichtet gewesen wäre,** sich
(26) anlässlich der Inbesitznahme des Stockdegens (bitte ergänzen!)

Diese Frage lässt sich hier weder mit Sicherheit bejahen noch verneinen. Denn die Entscheidung hängt teils von der weiteren Aufklärung des Sachverhalts, teils von den **Kriterien der Vorwerfbarkeit** ab, die erst in LE 19 dargestellt werden.

Hier kam es nur darauf an, **Ihr Problembewusstsein** zu wecken.

---

(22) insb das **potenzielle** Unrechtsbewusstsein (da das aktuelle meist ohnehin fehlt)
(23) Wir vermuten: nein
(24) aktuelles
(25) potenziellem
(26) nach den geltenden waffenrechtlichen Bestimmungen zu erkundigen oä.

18. Kapitel: Unrechtsbewusstsein

Dogmatischer Stellenwert

Das Erfordernis des Unrechtsbewusstseins ist von grundlegender Bedeutung für das **Selbstverständnis des Strafrechts.**

Das **österreichische** Strafrecht ist ein **Schuldstrafrecht.**
(27) Was heißt das?

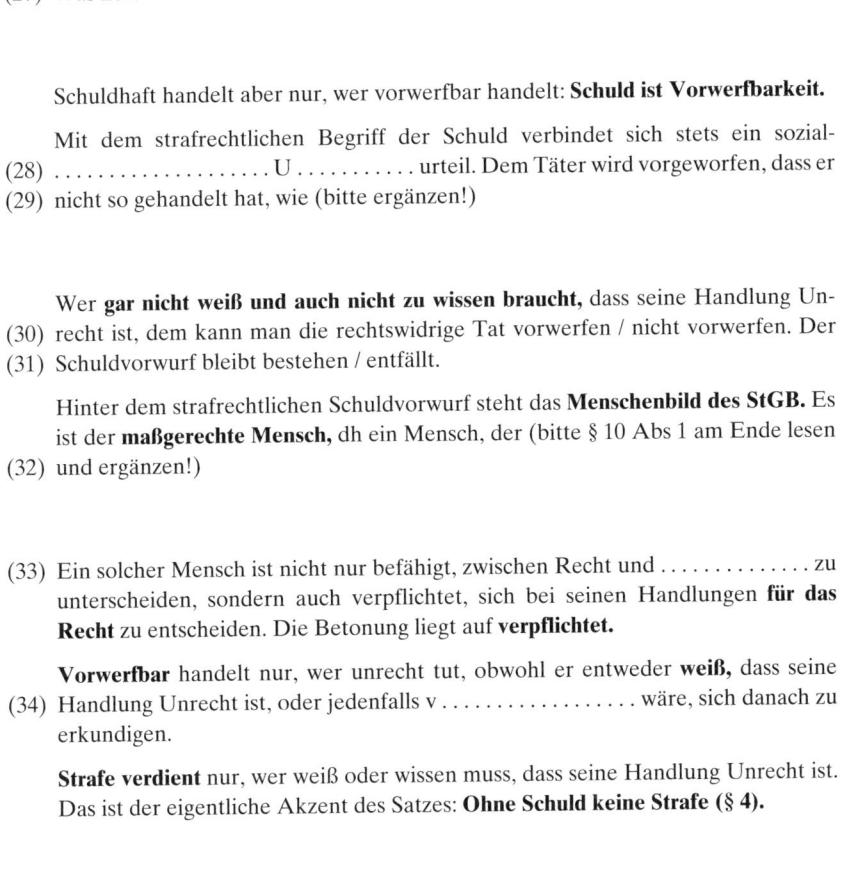

Schuldhaft handelt aber nur, wer vorwerfbar handelt: **Schuld ist Vorwerfbarkeit.**

Mit dem strafrechtlichen Begriff der Schuld verbindet sich stets ein sozial-
(28) ....U.......... urteil. Dem Täter wird vorgeworfen, dass er
(29) nicht so gehandelt hat, wie (bitte ergänzen!)

Wer **gar nicht weiß und auch nicht zu wissen braucht,** dass seine Handlung Un-
(30) recht ist, dem kann man die rechtswidrige Tat vorwerfen / nicht vorwerfen. Der
(31) Schuldvorwurf bleibt bestehen / entfällt.

Hinter dem strafrechtlichen Schuldvorwurf steht das **Menschenbild des StGB.** Es ist der **maßgerechte Mensch,** dh ein Mensch, der (bitte § 10 Abs 1 am Ende lesen
(32) und ergänzen!)

(33) Ein solcher Mensch ist nicht nur befähigt, zwischen Recht und .... zu unterscheiden, sondern auch verpflichtet, sich bei seinen Handlungen **für das Recht** zu entscheiden. Die Betonung liegt auf **verpflichtet.**

Vorwerfbar handelt nur, wer unrecht tut, obwohl er entweder **weiß,** dass seine
(34) Handlung Unrecht ist, oder jedenfalls v................ wäre, sich danach zu erkundigen.

Strafe verdient nur, wer weiß oder wissen muss, dass seine Handlung Unrecht ist. Das ist der eigentliche Akzent des Satzes: **Ohne Schuld keine Strafe (§ 4).**

---

(27) Strafbar ist nur, wer schuldhaft handelt (§ 4) bzw das Strafrecht legt das Schuldprinzip (§§ 4, 32 Abs 1) zugrunde oä.
(28) sozialethisches Unwerturteil
(29) an seiner Stelle ein maßgerechter Mensch gehandelt hätte oä.
(30) nicht vorwerfen
(31) entfällt
(32) mit den rechtlich geschützten Werten verbunden ist.
(33) Unrecht
(34) verpflichtet

18. Kapitel: Lerneinheit 18

(35) Auf diese Weise rücken das a............ und das ....
.... in den Mittelpunkt des strafrechtlichen Schuldbegriffs.

Das Unrechtsbewusstsein wird so zur **Krönung des Schuldprinzips.**

(36) Das Unrechtsbewusstsein ist ein vom Vorsatz unabhängiges **Schuldelement.** Es muss insb vom ...., also vom Vorsatz, unterschieden werden.

Blättern Sie bitte erneut zurück zum Lippenstift-Fall (S 234)!

Der Verteidiger der B trägt vor: Es gab für B keinen Grund, an der Richtigkeit der elterlichen Instruktion zu zweifeln. **Deshalb** entfalle bezüglich der von ihr begangenen Fundunterschlagung der **Vorsatz.**

Ist die Folgerung, B habe nicht vorsätzlich gehandelt, richtig?
(37) Ja / Nein – Begründung:

(38) Wenn **Sie** Beates Anwalt wären, was würden Sie zu ihrer Verteidigung geltend machen?

(39) Beates Verteidiger hat offensichtlich .... und ....
.... miteinander verwechselt.

(40) Allerdings ist eine Verwechslung von Vorsatz und Unrechtsbewusstsein leicht erklärlich. Denn zumindest das .... Unrechtsbewusstsein ähnelt in seiner formalen Struktur der .... komponente beim Vorsatz.

Betrachtet man Vorsatz und Unrechtsbewusstsein jedoch genauer, bestehen ebenso auffällige wie charakteristische Unterschiede:

(41) Vorsatz ist stets **Tatsachenkenntnis,** nämlich Wissen und Verwirklichenwollen eines **Sachverhalts,** der (bitte ergänzen!)

(42) Das Unrechtsbewusstsein dagegen bezieht sich stets auf die **rechtliche Seite** der Tat, nämlich auf die **Bewertung der Tat als Unrecht,** dh als Verstoß gegen die ....

---

(35) aktuelle; potenzielle Unrechtsbewusstsein
(36) subjektiven Tatbestand
(37) Nein! Denn B hat den **Sachverhalt,** der dem gesetzlichen Tatbild des § 134 Abs 1 1. Fall entspricht, dh die Zueignung eines fremden Gutes, das sie gefunden hatte, sehr wohl erkannt und auch verwirklichen wollen (§ 5 Abs 1 1. Halbsatz) oä.
(38) B habe **ohne Unrechtsbewusstsein** gehandelt.
(39) Vorsatz und Unrechtsbewusstsein
(40) aktuelle; Wissenskomponente
(41) einem bestimmten gesetzlichen Tatbild entspricht (§ 5 Abs 1 1. Halbsatz).
(42) Rechtsordnung

18. Kapitel: Unrechtsbewusstsein

Wichtig! Zwischen Vorsatz und Unrechtsbewusstsein bestehen prinzipielle **Unterschiede.** Zum einen handelt es sich beim **Vorsatz** um ein **subjektives Tatbestandsmerkmal,** während das Unrechtsbewusstsein ein Schuldelement bildet. Der Vorsatz bezieht sich stets auf die **tatsächliche Seite der Tat** (= den „Sachverhalt"), das
(43) Unrechtsbewusstsein dagegen stets auf ihre .... Seite iSd
(44) Bewertung der Tat als Unrecht. Zum anderen muss nur das Unrechtsbewusstsein / nur der Vorsatz zur Zeit der Tat **tatsächlich vorhanden** sein.

(45) Denn bezüglich des Vorsatzes / des Unrechtsbewusstseins genügt auch ....

Kriminaltouristen-Fall: Nach der „Wende" waren vielfach Tschechen und Polen bei kleinen Ladendiebstählen ertappt worden, die in ihrer Sprache verfasste (nichtamtliche) Merkblätter vorgewiesen hatten, wonach Ladendiebstahl in Österreich bis zum Warenwert von (damals) 1.000 S straflos sei. Meist handelte es sich bei diesen Merkblättern um Werbe- und Lockmittel besonders „geschäftstüchtiger" Busunternehmer aus Tschechien und Polen.

Diese Information war damals genauso **falsch** wie heute: Nichtsdestoweniger wirkt sie sich unmittelbar auf das **Unrechtsbewusstsein** aus.

Ausländer, die **unter solchen Umständen** in Österreich kleine Ladendiebstähle
(46) begehen, handeln – zumindest in dubio pro reo – ohne a.............. ....

(47) Immerhin stellt sich dann die Frage nach dem .... **Unrechtsbewusstsein** solcher Täter. Es ist zu bejahen / zu verneinen, weil (bitte ergänzen!)

Beachte! Probleme wirft das Unrechtsbewusstsein aber nicht nur bei **Jugendlichen** *(Lippenstift-Fall)* und **Ausländern,** sondern auch bei **Überzeugungstätern** auf.

Briefbomben-Fall: Am Abend des 5. 12. 1993 wurde Wiens Bürgermeister Dr. Zilk durch eine Briefbombe an der linken Hand schwer verletzt (§ 87 Abs 2 1. Strafsatz). Nehmen Sie an, der Angeklagte F verteidigt sich wie folgt: „Eure Wertmaßstäbe sind für mich nicht gültig. Vor meinem Gewissen habe ich rechtmäßig gehandelt".

---

(43) rechtliche
(44) nur der Vorsatz
(45) des Unrechtsbewusstseins; potenzielles Unrechtsbewusstsein
(46) aktuelles Unrechtsbewusstsein
(47) potenziellen; zu bejahen; weil jemand, der zum „Fladern" ins Ausland fährt, sich nicht auf irgendwelche obskure Merkblätter verlassen darf, sondern sich an **Ort und Stelle** erkundigen muss oä.

18. Kapitel: Lerneinheit 18

(48) Hat F die Tat vorsätzlich begangen? Ja / Nein – Begründung:

(49) Er hat die Tat mit aktuellem Unrechtsbewusstsein / mit potenziellem Unrechtsbewusstsein begangen. Begründung:

Bewusstsein der Strafbarkeit

Das Unrechtsbewusstsein darf nicht mit dem „Bewusstsein der Strafbarkeit" verwechselt oder gar identifiziert werden.

Bewusstsein der Strafbarkeit ist das Bewusstsein, sich strafbar gemacht zu haben.

(50) Schuld iSv Vorwerfbarkeit setzt das aktuelle oder .... Bewusstsein des .... voraus, **nicht** dagegen ein **Bewusstsein der Strafbarkeit.**

Schrebergarten-Fall: Der 18-jährige Pepi aus der Leopoldstadt hat unter Mithilfe von Freunden die heftigen Widerstand leistende 13-jährige Sandra im Schrebergarten entkleidet und am ganzen Körper betastet. Er hat dadurch ua das Delikt des § 207 Abs 1 erfüllt (bitte lesen!).

(51) Würde man anstelle des aktuellen oder potenziellen Unrechtsbewusstseins ganz allgemein auf das B .... d .... Str .... abstellen, könnte sich der Täter oft mit fadenscheinigsten Ausflüchten der Strafe entziehen.

Pepi könnte etwa einwenden: „Ich habe § 207 Abs 1 noch nie gelesen; woher soll ich wissen, dass ich mich strafbar gemacht habe?" Oder: „Ich habe geglaubt, man könne sich erst mit 21 strafbar machen". Oder: „Ich dachte, ich falle unter die Alterstoleranzklausel des § 207 Abs 4."

(52) Alle diese Einwendungen lassen sich kaum widerlegen / leicht widerlegen und würden zu einer weitgehenden Durchlöcherung / Überdehnung des Strafschutzes führen. Bestraft würde nicht, wer schuldhaft gehandelt hat, sondern letztlich nur, wer zu dumm ist, sich plausible Ausreden bezüglich des Fehlens seines Strafbarkeitsbewusstseins einfallen zu lassen.

---

(48) Ja! Er hat einen Sachverhalt verwirklichen wollen, der dem gesetzlichen Tatbild des § 87 Abs 2 1. Strafsatz entspricht oä.
(49) mit aktuellem Unrechtsbewusstsein. Denn dass er gegen die **geltende** Rechtsordnung verstößt, war ihm durchaus bewusst oä.
(50) potenzielle; Unrechts
(51) Bewusstsein der Strafbarkeit
(52) kaum widerlegen; Durchlöcherung

18. Kapitel: Unrechtsbewusstsein

(53) Das **Bewusstsein der Strafbarkeit** ist daher ein geeignetes / kein geeignetes Kriterium, um vorwerfbare Taten von nicht vorwerfbaren Taten abzugrenzen. **Es ist strafrechtlich ohne jeden Belang.**

(54) Für die Frage der Schuld ist nur entscheidend, ob der Täter mit a............. oder .... gehandelt hat.

Weihnachtsamnestie-Fall: *Am 12. Dezember hat sich Willi Lump (L) vor Gericht wegen eines kurz zuvor begangenen Ladendiebstahls (§ 127) zu verantworten. „Ich habe geglaubt, dass meine Tat unter die heurige Weihnachtsamnestie fällt", verteidigt sich L.*

Wird L dieser Einwand etwas nützen?

(55) Ja / Nein – Begründung:

■ ■ ■   **Bevor Sie die Testfragen zur LE 18 durcharbeiten, lesen Sie bitte zunächst im Grundriss AT Kap 18!**   ■ ■ ■

---

(53) kein geeignetes Kriterium
(54) aktuellem oder potenziellem Unrechtsbewusstsein
(55) Nein! L hat mit aktuellem Unrechtsbewusstsein gehandelt. Auf das Bewusstsein der Strafbarkeit kommt es nicht an oä.

18. Kapitel: Testeinheit 18

Testeinheit 18

Testfragen zur LE 18

1. Welcher inhaltliche Unterschied besteht zwischen Vorsatz und Unrechtsbewusstsein?

2. Nennen Sie die beiden Formen des Unrechtsbewusstseins!

3. Definieren Sie potenzielles bzw virtuelles Unrechtsbewusstsein!

4. Wer eine Bank ausraubt, ein Flugzeug entführt, Geld oder Urkunden fälscht, handelt idR mit potenziellem Unrechtsbewusstsein / mit aktuellem Unrechtsbewusstsein.

5. Gewohnheitstäter und Affekttäter handeln idR mit aktuellem Unrechtsbewusstsein / potenziellem Unrechtsbewusstsein, weil (bitte ergänzen!)

6. *Notruf-Fall: Um seinen Freunden als „tough and cool" zu imponieren, wählt der 16-jährige Jerry (J) auf seinem Wertkartenhandy die Nummer 122 und beordert die Feuerwehr zur angeblichen Brandstelle vis-à-vis. Als der Löschzug heranbraust, ist J der erste der Gruppe, der das Weite sucht.*

   Mit dem fälschlichen Feueralarm hat J den Tatbestand des Notzeichenmissbrauchs (§ 1 NotZG) erfüllt. Bitte lesen!

   a) Hat J vorsätzlich gehandelt?
   Ja / Nein – Begründung:

   b) Zumindest **ein** Aspekt spricht dafür, dass J mit aktuellem Unrechtsbewusstsein gehandelt hat. Welcher?

18. Kapitel: Unrechtsbewusstsein

7. *Fahrtenschreiber-Fall: Auf der Tauernautobahn verursacht der Fahrer (F) eines deutschen Reisebusses durch überhöhte Geschwindigkeit einen schweren Verkehrsunfall mit drei Toten. Kurz bevor die Polizei erscheint, vernichtet er das verräterische Fahrtenschreiberdiagramm.*
   F wird vor einem österreichischen Gericht ua gem § 295 angeklagt (bitte lesen!). Er verteidigt sich wie folgt:

   a) *„Ich habe zwar gewusst, dass Beweismittelunterdrückung in Österreich verboten ist. Mir war aber nicht bekannt, dass ich als deutscher Staatsangehöriger der österreichischen Gerichtsbarkeit unterliege und daher gem § 295 bestraft werden kann".*
   Dieser Einwand betrifft seinen Vorsatz / sein Unrechtsbewusstsein / sein Bewusstsein der Strafbarkeit und ist daher beachtlich / unbeachtlich.

   b) Normalerweise wird sich F allerdings wie folgt verteidigen: *„Ich bin Deutscher. In Deutschland ist Beweismittelunterdrückung nicht strafbar. Ich habe nicht gewusst, dass es in Österreich ein solches Delikt überhaupt gibt".*
   Dieser Einwand scheint auf den ersten Blick nur das Bewusstsein der Strafbarkeit zu betreffen. In Wirklichkeit betrifft er auch das Unrechtsbewusstsein des F. Begründen Sie dies bitte!

8. In welchem Bereich des Strafrechts spielt die Frage des potenziellen Unrechtsbewusstseins in der Praxis die größte Rolle?

9. Nennen Sie einen Fall, in dem der Täter weder mit aktuellem noch mit potenziellem Unrechtsbewusstsein gehandelt hat!

10. Ihr Kollege behauptet: „Unrechtsbewusstsein ist identisch mit Paragraphenkenntnis." Ist diese Behauptung richtig?
    Ja / Nein – Begründung:

11. Das Bewusstsein der Strafbarkeit gilt als beachtlich / unbeachtlich. Das hat insb kriminalpolitische Gründe. Welche?

18. Kapitel: Testeinheit 18

12. **Schnäppchen-Fall:** *Auf dem berühmten samstäglichen Flohmarkt am Wiener Naschmarkt macht der Schnäppchenjäger S die Trouvaille seines Lebens. „Um ein Butterbrot" ersteht er eine von Josef Hoffmann entworfene und signierte Silberbrosche der Wiener Werkstätte aus dem Jahr 1905, ohne zu ahnen, dass das kostbare Stück aus einem Einbruch in ein Antiquitätengeschäft in der Dorotheergasse stammt.*

    Für S kommt Hehlerei gem § 164 Abs 2 in Betracht; bitte lesen! Das Problem liegt beim Unrechtsbewusstsein / beim Bewusstsein der Strafbarkeit / beim Vorsatz.

13. Wie lösen Sie im Falle 12 dieses Problem?

14. **Zwangswäsche-Fall** (OGH JBl 1979 551 m Anm *Kienapfel*): *Drei Lehrlinge A, B und C teilen dieselbe Unterkunft. Da C sich selten wäscht und daher immer penetrant stinkt, schreiten A und B schließlich zur Tat. Sie schleppen den heftig Widerstand leistenden C unter die Dusche und schrubben ihn mit Reibbürsten, bis sie ihn „wieder riechen" können.*

    Das Schleppen unter die Dusche samt „Zwangswäsche" erfüllt den Tatbestand der Nötigung. § 105 Abs 1 bitte lesen!

    Bei diesem Sachverhalt erscheint es für A und B naheliegender (und insoweit auch aussichtsreicher), sich auf fehlenden Vorsatz / fehlendes Unrechtsbewusstsein zu berufen.

15. **Macho-Fall** (OGH EvBl 1987/190): *M nötigt die Prostituierte P zum Beischlaf, indem er sie anschreit, wild mit seiner Pistole herumfuchtelt und droht, er werde sie „so oder so" bekommen.*

    Angeklagt gem § 201 Abs 1 – bitte lesen! – verteidigt sich M damit, dass sich doch „so eine" nicht auf den Schutz durch die §§ 201 ff berufen könne.

    a) Damit macht M einen Tatbildirrtum / mangelndes Unrechtsbewusstsein geltend.

    b) Sie sind **Verteidiger** des M und sollen Ihren zu 1. geäußerten Einwand möglichst präzise begründen.

16. Bilden oder nennen Sie Beispiele für einen **Tatbildirrtum!**

17. Bitte verändern Sie den *Stockdegen-Fall* (S 262) so, dass für F ein **Tatbildirrtum** anzunehmen ist!

18. Kapitel: Unrechtsbewusstsein

Antworten

1. Der Vorsatz ist ein **subjektives Tatbestandsmerkmal** und bezieht sich auf die **tatsächliche Seite** der Tat (= den Sachverhalt). Das Unrechtsbewusstsein ist ein Schuldelement und bezieht sich auf die **rechtliche Seite** der Tat, dh darauf, dass die Tat als Unrecht bewertet wird oä.
2. Aktuelles Unrechtsbewusstsein; potenzielles Unrechtsbewusstsein.
3. Als potenzielles = virtuelles Unrechtsbewusstsein bezeichnet man den **vorwerfbaren Mangel** des Unrechtsbewusstseins. Anders ausgedrückt: Der Täter hat das Unrecht seiner Tat zwar nicht erkannt, wäre aber verpflichtet gewesen, sich danach zu erkundigen.
4. mit aktuellem Unrechtsbewusstsein.
5. mit aktuellem Unrechtsbewusstsein; weil ihr Unrechtsbewusstsein meist wirklich (zumindest **latent**) vorhanden ist oä.
6. a) Ja! **Konkret** formuliert: Er hat durch die **falsche Notmeldung** den Dienst der Feuerwehr in Anspruch nehmen wollen. **Abstrakt** formuliert: Er hat den Sachverhalt, der dem gesetzlichen Tatbild des § 1 NotzG entspricht, verwirklichen wollen.
   b) Er ist der Erste, der wegläuft. Außerdem handelt es sich um eine Mutprobe, Verbotenes zu tun, womit er seinen Freunden imponieren will.
7. a) sein Bewusstsein der Strafbarkeit; unbeachtlich
   b) Wenn F geglaubt hat, dass es in Österreich kein Delikt der Beweismittelunterdrückung gibt, hat er notwendigerweise auch angenommen, dass die Tat hier **kein strafrechtliches Unrecht** darstellt. Ihm fehlt daher nicht nur das Strafbarkeitsbewusstsein (was **für sich allein** unbeachtlich wäre), sondern auch das **aktuelle Unrechtsbewusstsein.** Immerhin bliebe die Frage des **potenziellen** Unrechtsbewusstseins zu prüfen.
8. Im Nebenstrafrecht.
9. ZB *Lippenstift-Fall;* vgl S 234 und 260. Einen eigenen Fall zu bilden, wird Ihnen im Bereich des Kernstrafrechts schwer fallen (außer etwa bei Jugendlichen und Ausländern). Alles Weitere ist der LE 19 vorbehalten.
10. Nein! Der Kollege verwechselt offenbar Unrechtsbewusstsein mit Bewusstsein der Strafbarkeit oä. Wäre diese Behauptung richtig, besäßen nur Juristen Unrechtsbewusstsein.
11. unbeachtlich! Weil sonst die mannigfaltigsten Ausflüchte möglich wären und so der Strafschutz durchlöchert würde oä.
12. beim Vorsatz
13. S will keine Sache kaufen, die der Verkäufer durch einen Einbruch erlangt hat; dies schon deshalb nicht, weil er **von diesem Umstand nichts weiß** (§ 5 Abs 1 1. Halbsatz). Es liegt also ein Tatbildirrtum über die **Hehlereitauglichkeit** der Sache vor. Damit entfällt der Vorsatz. Bloß fahrlässige Hehlerei (§ 165 aF) ist seit der StG-Nov 1993 nicht mehr strafbar.
14. fehlendes Unrechtsbewusstsein. Auf diesen Fall werden wir in TE 18 noch zurückkommen.
15. a) mangelndes Unrechtsbewusstsein
    b) Eine Prostituierte könne man nicht vergewaltigen. Anspruchsvoller und präziser formuliert: M habe geglaubt, vom tatbildlichen Unrecht einer Vergewaltigung (§ 201 Abs 1) würden jedenfalls Prostituierte nicht erfasst oä. Zur weiteren Lösung des Falles vgl später S 286 (Antwort 18).
16. *Viren-Fall* (S 102); *Regenschirm-Fall* (S 136 und 154); *Pappkarton-Fall* (S 138); *Wandervogel-Fall* (S 140); *Clubbing-Fall* (S 151); *Parasol-Fall* (S 152); *Kompost-Fall* (S 154).
17. F war bisher nicht auf die Idee gekommen, den Griff abzuschrauben, hatte also noch gar nicht entdeckt, dass es sich um einen Stockdegen handelt. *Anmerkung:* F gewinnt dadurch aber nicht viel, denn gem § 50 Abs 1 Z 2 WaffG ist auch der **fahrlässige** Besitz verbotener Waffen gerichtlich strafbar.

■ ■ ■ **Ende dieser Programmeinheit** ■ ■ ■

19. Kapitel

Verbotsirrtum

Lerneinheit 19

Lernziel: Der „Verbotsirrtum" bildet neben dem „Tatbildirrtum" die zweite strafrechtlich bedeutsame Irrtumskategorie. Diese LE befasst sich mit seinen Erscheinungsformen, dem „direkten Verbotsirrtum" und dem „indirekten Verbotsirrtum", sowie seinen Rechtsfolgen.

Begriff und Wesen

Blättern Sie bitte zurück zum Lippenstift-Fall (S 234)!

Die 15-jährige Beate (B) hat keine Vorstellung davon, dass auch die Zueignung geringwertiger Fundstücke verboten und daher Unrecht ist. Wer – wie B – **eine falsche** oder **überhaupt keine** Vorstellung von der Wirklichkeit (hier der Rechtswirklichkeit) hat, befindet sich in einem ....

(1)

(2) Genau betrachtet hat sich Beate über das .... ihrer Tat geirrt.

Einen solchen Irrtum nennt man **Verbotsirrtum**.

Das StGB befasst sich mit dem Verbotsirrtum in § 9 (bitte lesen!). Diese Vorschrift regelt zwar eingehend die **Rechtsfolgen** des Irrtums, definiert ihn aber nicht.

Ein Verbotsirrtum liegt vor, wenn der Täter das Unrecht seiner Tat nicht erkennt.

(3) Beate hat sich in einem Tatbildirrtum / Verbotsirrtum befunden, weil (bitte ergänzen!)

In LE 18 (S 260) wurde im selben Fall bereits die Feststellung getroffen: Beate hat
(4) mit Unrechtsbewusstsein / ohne Unrechtsbewusstsein gehandelt.

(5) **Jetzt** haben Sie festgestellt: Beate hat sich in einem .... befunden. Was ist nun richtig?

Richtig sind **beide** Feststellungen.

---

(1) Irrtum
(2) Unrecht bzw Verbotensein
(3) Verbotsirrtum; sie das Unrecht ihrer Tat nicht erkannt hat.
(4) ohne Unrechtsbewusstsein
(5) Verbotsirrtum

19. Kapitel: Verbotsirrtum

Wer sich in einem **Verbotsirrtum** befindet, handelt ohne (aktuelles) **Unrechtsbewusstsein.**

(6) Ein Verbotsirrtum schließt das (aktuelle) .... aus.

Der Verbotsirrtum ist somit die **Kehrseite** des Unrechtsbewusstseins.

Anders formuliert: **Der Verbotsirrtum ist die Negation des Unrechtsbewusstseins.**

(7) Von einem Verbotsirrtum spricht man, wenn der Täter (bitte ergänzen!)

Arten des Verbotsirrtums

Die Wissenschaft unterscheidet zwei Arten des Verbotsirrtums, den **direkten** und den **indirekten Verbotsirrtum.** Das Gesetz selbst schweigt zu dieser Einteilung.

Beginnen wir mit dem **direkten Verbotsirrtum.**

Von einem **direkten Verbotsirrtum** spricht man, wenn der Täter deshalb ohne Unrechtsbewusstsein handelt, **weil er nicht erkennt,** dass seine Handlung verboten
(8) und daher .... ist.

Im Bereich der Delikte des StGB kommt der direkte Verbotsirrtum in der Praxis verhältnismäßig selten vor. Denn idR „weiß man", dass Mord, Raub, Diebstahl, Betrug etc verboten und daher Unrecht sind.

So lässt sich etwa beim Mord (§ 75) ein direkter Verbotsirrtum überhaupt nur bei ganz **absonderlichen Fallkonstellationen** denken bzw konstruieren.

Kaspar-Hauser-Fall: In Bezug auf Kaspar Hauser (1812–1833), berühmtes Findelkind rätselhafter Herkunft, wurde ua die Mär verbreitet, er sei als Säugling von einer Wölfin entführt, gesäugt und großgezogen worden.

(9) Nehmen wir an, ein solcher 15-jähriger „Wolfsjunge" würde heute dabei überrascht, wie er ein Baby aus dem Kinderwagen zerrt und mit einem Biss in die Kehle tötet. Ein solcher Täter weiß / weiß nicht, dass ....
.... ist, und wäre damit ein – rein
(10) theoretisches und zugleich absurdes – Beispiel für einen Tatbestandsirrtum / direkten Verbotsirrtum im Bereich des § 75.

Große praktische Bedeutung hat der direkte Verbotsirrtum aber im **Nebenstrafrecht.**

Blättern Sie bitte zurück zum Stockdegen-Fall (S 262)!

---

(6) Unrechtsbewusstsein
(7) das Unrecht seiner Tat nicht erkennt.
(8) Unrecht
(9) weiß nicht, dass die Tötung eines Menschen (Kindes) verboten bzw Unrecht ist oä.
(10) direkten Verbotsirrtum

19. Kapitel: Lerneinheit 19

(11) Begründen Sie, warum F sich in einem .... Verbotsirrtum befunden hat!

Blättern Sie bitte zurück zum Notruf-Fall (S 268)!

(12)
(13) Würde sich J bei diesem Sachverhalt auf einen direkten Verbotsirrtum berufen, wäre ein solcher Irrtum zu bejahen / wäre eine bloße Schutzbehauptung anzunehmen. Warum?

(14) Von erheblicher praktischer Bedeutung sowohl im StGB als auch im N .... -strafrecht ist der **indirekte Verbotsirrtum**.

Man nennt diesen Verbotsirrtum einen „indirekten", weil sich der Täter an sich nicht über das Verbot selbst (also nicht „direkt") irrt, sondern aus **anderen Gründen** das Unrecht seiner Tat nicht erkennt.

(15) Beim **indirekten Verbotsirrtum** erkennt der Täter zwar, dass seine Handlung „an sich" .... und daher Unrecht ist, glaubt aber, **im konkreten Fall gerechtfertigt zu sein und deshalb nicht unrecht zu handeln.**

(16) Genauer: Beim .... Verbotsirrtum irrt sich der Täter entweder

- über die **Existenz eines Rechtfertigungsgrundes** oder
- über die **Grenzen eines Rechtfertigungsgrundes**

und erkennt deshalb nicht, dass seine Tat .... ist.

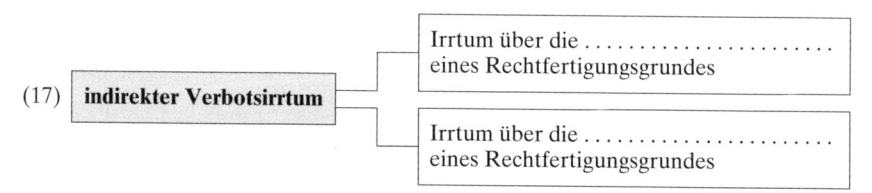

(17) **indirekter Verbotsirrtum**
— Irrtum über die .... eines Rechtfertigungsgrundes
— Irrtum über die .... eines Rechtfertigungsgrundes

Lehrers Grenzen: Der 35-jährige Lateinprofessor „Kikero" (K) glaubt, gegen einen frechen Schüler ein Züchtigungsrecht zu besitzen, und ohrfeigt ihn vor der ganzen Klasse (§ 115 Abs 1).

---

(11) direkten. Er hat nicht gewusst, dass schon der bloße Besitz eines solchen Stockdegens verboten bzw Unrecht ist oä.
(12) wäre eine bloße Schutzbehauptung anzunehmen.
(13) Weil es sich bezeichnenderweise um eine Mutprobe handelt und J zudem als Erster wegläuft oä.
(14) Nebenstrafrecht
(15) verboten
(16) indirekten; Unrecht
(17) Existenz; Grenzen

19. Kapitel: Verbotsirrtum

Früher gab es in der Tat ein solches Züchtigungsrecht.

(18) **So gesehen** könnte sich K in einem direkten / indirekten Verbotsirrtum über die .... befunden haben.

Aber: Es ist fraglich, ob das Gericht einem gestandenen Mittelschulprofessor diesen Einwand glauben wird. Denn das Züchtigungsrecht von Lehrern wurde bereits 1905 (!) abgeschafft, und in der pädagogischen Ausbildung wird über die heutige Rechtslage eingehend informiert.

In die bunte Rubrik bloßer **Schutzbehauptungen** gehört etwa auch ein der „Presse" entnommener Bericht über Alfred N, einen der drei legendären Ausbrecher aus der Justizstrafanstalt Stein. Als der Richter dem ua wegen illegalen Waffenbesitzes (§ 50 WaffG) angeklagten N den Besitz einer alten Pistole und eines abgesägten Gewehrs vorhielt, beteuerte dieser mit Unschuldsmiene: *„I hab die Wohnung renoviert, die Fliesen g'legt, alles. Wie i die Zwischendeck'n oweg'riss'n hab', macht's an Pumperer und die Krach'n fliegen owe. Von mir san die net."*

(19) Was versteht man unter einer **Schutzbehauptung**?

(20) Vervollständigen Sie bitte das Schaubild!

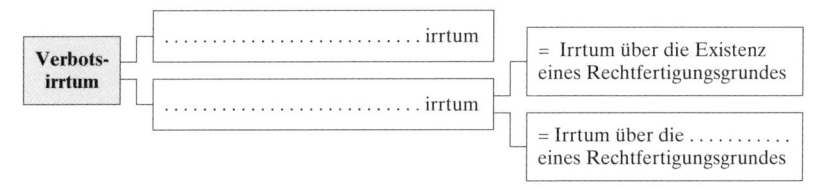

```
                 ┌─ ........................ irrtum ─┐  = Irrtum über die Existenz
  Verbots-  ─────┤                                    │    eines Rechtfertigungsgrundes
  irrtum         │                                    │
                 └─ ........................ irrtum ─┘  = Irrtum über die ...........
                                                         eines Rechtfertigungsgrundes
```

Blättern Sie bitte zurück auf S 181 und lesen Sie erneut den Bauchstich-Fall!

(21) Für W kam **Notwehr** nach Ansicht des OGH nicht in Betracht, weil (bitte ergänzen!)

(22) Natürlich verteidigt sich W insb auch damit, er habe **fest daran geglaubt,** dass er den Angriff des A mit einem Stich in den Bauch abwehren dürfe. Da diese Vorstellung mit der Rechtswirklichkeit nicht übereinstimmt / übereinstimmt, war W einem .... erlegen.

---

(18) indirekten Verbotsirrtum über die Existenz eines Rechtfertigungsgrundes
(19) Eine frei erfundene Ausrede, dem das Gericht keinen Glauben schenkt oä.
(20) direkter Verbotsirrtum; indirekter Verbotsirrtum; Grenzen
(21) **diese** Verteidigung **nicht notwendig** war oä
(22) nicht übereinstimmt; Irrtum

19. Kapitel: Lerneinheit 19

(23) Hierbei handelt es sich um einen direkten Verbotsirrtum / indirekten Verbotsirrtum über die ....

(24) Begründen Sie Ihre eben getroffene Entscheidung bitte präzise anhand des konkreten Sachverhalts!

Blättern Sie bitte zurück auf S 190! Im Bastardl-Fall verteidigt sich K damit, er habe geglaubt, den Hundspudeldackel töten zu dürfen, um seinen Hauskater zu retten.

(25) K befindet sich in einem indirekten Verbotsirrtum / direkten Verbotsirrtum über die Grenzen / die Existenz eines bestimmten Rechtfertigungsgrundes, nämlich des ....

(26) Beim **direkten Verbotsirrtum** erkennt der Täter **überhaupt nicht,** dass (bitte ergänzen!)

(27) Beim **indirekten Verbotsirrtum** dagegen irrt sich der Täter über (bitte ergänzen!)

Abgrenzungen

Nun zur Abgrenzung des **Verbotsirrtums** von anderen Irrtumsarten:

Eine ziemlich klare Grenze verläuft zwischen **Verbotsirrtum** (§ 9) und **Tatbildirrtum.** Der wesentliche Unterschied liegt im **Bezugsobjekt.**

(28) Der **Tatbildirrtum** bezieht sich auf die **tatsächliche Seite** der Tat. Infolge eines solchen Irrtums erkennt der Täter nicht, dass er einen .... verwirklicht, der (bitte ergänzen!)

(29) Der **Verbotsirrtum** dagegen betrifft stets die .... Seite der Tat. Infolge
(30) eines solchen Irrtums erkennt der Täter nicht, dass sein Verhalten .... ist.

---

(23) indirekten Verbotsirrtum über die Grenzen eines Rechtfertigungsgrundes (Notwehr) oä.
(24) W hat die Notwendigkeit (= sachlichen Grenzen) der Verteidigung überschritten, dh einen Handlungsexzess begangen, glaubt aber gerechtfertigt zu sein oä.
(25) indirekten Verbotsirrtum über die Grenzen eines bestimmten Rechtfertigungsgrundes, nämlich des rechtfertigenden Notstands
(26) seine Tat verboten und daher Unrecht ist.
(27) die Existenz oder die Grenzen eines Rechtfertigungsgrundes (und erkennt **deshalb** nicht, dass er Unrecht tut) oä.
(28) Sachverhalt; einem gesetzlichen Tatbild entspricht.
(29) rechtliche
(30) Unrecht

19. Kapitel: Verbotsirrtum

Bildlich und einprägsam formuliert: Der Tatbildirrtum verhüllt dem Täter den **Sachverhalt**; der Verbotsirrtum verhüllt ihm das **Unrecht**.

Blättern Sie bitte noch einmal zum Zivilfahnder-Fall auf S 135 zurück!

(31) Es handelt sich beim Irrtum des A um einen Verbotsirrtum / um einen Tatbildirrtum, weil (bitte ergänzen!)

(32) Variieren Sie den *Zivilfahnder-Fall* so, dass für A zwar kein Tatbildirrtum, wohl aber ein **Verbotsirrtum** in Betracht kommen könnte!

(33) An sich unproblematisch ist die Abgrenzung von **Verbotsirrtum** (§ 9) und dem prinzipiell beachtlichen / prinzipiell unbeachtlichen **Irrtum über die Strafbarkeit**:

(34) Der Verbotsirrtum verhüllt dem Täter den Sachverhalt / das Unrecht, der Irrtum über die Strafbarkeit verhüllt dem Täter weder den .... noch das ...., sondern **allein** die ....

(35) Welche **Rechtsfolgen** zieht der Irrtum über die Strafbarkeit nach sich?

Aber: Hier heißt es aufpassen! Denn hinter einem scheinbar unbeachtlichen Irrtum über die Strafbarkeit verbirgt sich manchmal **ein anderer strafrechtlich durchaus beachtlicher Irrtum**.

Suizid-Fall: Der Pensionsbesitzer Sixtus Futschnigg (F) in Pörtschach ist seines Lebens überdrüssig. Die Gattin drängt auf Scheidung, die Bank droht mit Pfändung, die Tochter bekommt ein uneheliches Kind und weiß nicht, von wem. Er bittet seinen deutschen Feriengast Walter Willoweit (W) aus Wattenscheid, mit dem er sich angefreundet hat, um den „letzten Dienst" – einen festen Strick. W tut ihm den Gefallen. Noch am selben Abend erhängt sich F im Bootshaus.

(36) Lesen Sie bitte § 78! Das Verhalten des W ist nach österreichischem Recht strafbar / nicht strafbar.

---

(31) um einen Tatbildirrtum, weil A sich (bereits) über die tatsächliche Seite seiner Tat geirrt hat. Denn er hat nicht bemerkt, dass er amtshandelnde Beamte vor sich hatte, mithin nicht erkannt, dass er einen Sachverhalt verwirklicht, der dem gesetzlichen Tatbild des § 269 Abs 1 entspricht oä.
(32) A hat die Beamten nicht für Räuber gehalten, sondern in ihnen amtshandelnde Exekutivbeamte erkannt, aber geglaubt, die Art und Weise ihres Einschreitens (Taschenlampe; keine Uniform; nachts) sei **rechtlich unzulässig** und durch § 269 Abs 1 nicht geschützt oä.
(33) prinzipiell unbeachtlichen
(34) das Unrecht; Sachverhalt; Unrecht; Strafbarkeit
(35) Keine! Ein solcher Irrtum ist strafrechtlich unbeachtlich.
(36) strafbar

Ganz anders ist die Rechtslage in **Deutschland**. Dort gibt es kein dem § 78 vergleichbares strafrechtliches Verbot.

W verteidigt sich ebenso pauschal wie mehrdeutig: „Ich habe mein Verhalten nicht für strafbar gehalten".

Diese Aussage kann bedeuten: *Da ich Deutscher bin, ist mir ein strafrechtliches Verbot der Mitwirkung am Selbstmord naturgemäß gänzlich unbekannt.*

(37) Bei dieser Auslegung verbirgt sich hinter dem Einwand des W ein ....

Oder: Mir war das österreichische Delikt zwar bekannt, aber ich glaubte, durch die Einwilligung des F gerechtfertigt zu sein.

(38) Bei **dieser** Auslegung verbirgt sich hinter dem Einwand des W ein ....

Oder: Ich habe F zwar den Strick verschafft, das Ganze aber nicht ernst genommen, sondern für gutgespieltes Theater gehalten.

(39) So gesehen verbirgt sich hinter dem Einwand des W ein ....

Beachte! Prüfen Sie daher bei einem Irrtum, der sich Ihnen als schlichter scheinbar unbeachtlicher Strafbarkeitsirrtum präsentiert, stets sehr genau, ob sich dahinter nicht etwa ein **beachtlicher Irrtum,** nämlich insb ein .... irrtum oder ein .... irrtum verbirgt.

(40)

Wichtig! Unbeachtlich ist nur ein solcher Irrtum über die Strafbarkeit, hinter dem sich bei näherer Auslegung weder ein Tatbildirrtum noch ein ....- .... verbirgt.

(41)

Rechtsfolgen des Verbotsirrtums

Die Rechtsfolgen des Verbotsirrtums sind in § 9 und § 34 Abs 1 Z 12 sowohl für den direkten als auch für den .... Verbotsirrtum geregelt. Beide Vorschriften bitte lesen!

(42)

Das StGB sieht beim Verbotsirrtum **keine einheitlichen Rechtsfolgen** vor. Es differenziert insoweit vielmehr zwischen dem

- **vorwerfbaren Verbotsirrtum** (§ 9 Abs 3; § 34 Abs 1 Z 12) und dem
- **nicht vorwerfbaren Verbotsirrtum** (§ 9 Abs 1).

---

(37) direkter Verbotsirrtum
(38) indirekter Verbotsirrtum über die Grenzen eines Rechtfertigungsgrundes (nämlich der Einwilligung).
(39) Tatbildirrtum
(40) Verbotsirrtum; Tatbildirrtum
(41) Verbotsirrtum
(42) indirekten

19. Kapitel: Verbotsirrtum

(43) Bitte einsetzen!

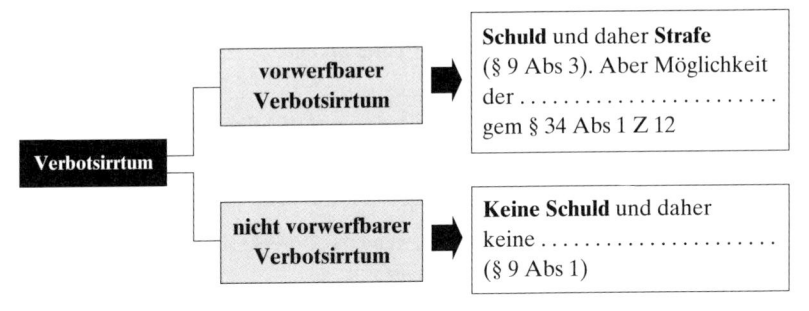

```
Verbotsirrtum ─┬─ vorwerfbarer Verbotsirrtum      → Schuld und daher Strafe (§ 9 Abs 3). Aber Möglichkeit der ....................... gem § 34 Abs 1 Z 12
               │
               └─ nicht vorwerfbarer Verbotsirrtum → Keine Schuld und daher keine ...................... (§ 9 Abs 1)
```

(44) Das für die **Rechtsfolgen** des Verbotsirrtums **entscheidende Kriterium** ist somit die .... des Irrtums.

(45) **Völlige Straflosigkeit** tritt bei einem Verbotsirrtum nur dann ein, wenn dieser Irrtum .... war.

Beachte! Die Praxis ist bei der Annahme eines **nicht vorwerfbaren Verbotsirrtums** überaus zurückhaltend. Sieht man vom *Lippenstift-Fall* (S 234) ab, würde von den bisherigen Beispielen aus dem Kernbereich des StGB auch im *Kaspar-Hauser-Fall* (S 273) ein Ausschluss der Vorwerfbarkeit des Verbotsirrtums und damit auch ein Entfall von Schuld und Strafe in Betracht kommen, vorausgesetzt, dass nicht

(46) schon gem § 4 Abs 2 Z 1 JGG die .... keit zu verneinen wäre.

Meist ist der Verbotsirrtum vorwerfbar.

(47) In solchen Fällen wird der Täter bei einem Vorsatzdelikt wegen vorsätzlicher /
(48) fahrlässiger Tat bestraft. Aber es besteht die **Möglichkeit** der Strafverschärfung / Strafmilderung gem § ....

Vorwerfbarkeitskriterien

Wann ist der Verbotsirrtum vorwerfbar?

Mit dieser Frage beginnen in der Praxis die eigentlichen Schwierigkeiten. Sie werden noch dadurch verstärkt, dass es sich bei der Vorwerfbarkeit des Verbotsirrtums um einen in hohem Maße **normativen,** dh also wertausfüllungsbedürftigen Begriff handelt.

---

(43) Strafmilderung; Strafbarkeit
(44) Vorwerfbarkeit
(45) nicht vorwerfbar
(46) Schuldfähigkeit
(47) vorsätzlicher
(48) Strafmilderung gem § 34 Abs 1 Z 12

19. Kapitel: Lerneinheit 19

(49) Allgemein lässt sich sagen: Ein Verbotsirrtum ist **vorwerfbar,** wenn der Täter **hätte erkennen sollen und können,** dass seine Tat .... war.

(50) Die Frage ist nur, wann der Täter hätte erkennen .... und ...., dass seine Tat Unrecht war.

(51) Die Antwort findet sich in § 9 Abs 2, der **zwei Richtlinien** zur Konkretisierung des Kriteriums der .... aufstellt.

Lesen Sie bitte die **1. Richtlinie in § 9 Abs 2 1. Halbsatz!**

(52) **Der Verbotsirrtum ist vorwerfbar, wenn das Unrecht für den** .... **wie für** .... **leicht erkennbar war.**

Beachten Sie insb den **Doppelmaßstab: „Für den Täter wie für jedermann"**!

(53) Dieses Kriterium führt **im Kernbereich der strafrechtlichen Delikte** (Mord, Raub,
(54) Betrug, Diebstahl etc) im Regelfall zur Annahme der Vorwerfbarkeit / der Nichtvorwerfbarkeit des Verbotsirrtums. Warum?

Es gibt jedoch Fälle, in denen das Unrecht der Tat zwar für jedermann, dh für einen **maßgerechten rechtstreuen Menschen,** aber **nicht für den Täter** leicht erkennbar ist.

Das trifft etwa im Lippenstift-Fall (S 234) zu.

(55) Warum war das Unrecht der Fundunterschlagung **für die 15-jährige Beate** nicht leicht erkennbar?

(56) Daher lässt sich mit Hilfe der ersten Richtlinie (§ 9 Abs 2 1. Halbsatz) die Vorwerfbarkeit des Verbotsirrtums der Beate begründen / nicht begründen.

Lesen Sie bitte die **2. Richtlinie in § 9 Abs 2 2. Halbsatz!**

(57) Ein Verbotsirrtum ist auch dann vorwerfbar, „wenn sich der Täter mit den **einschlägigen Vorschriften nicht bekannt gemacht hat, obwohl er seinem Beruf, seiner Beschäftigung oder sonst den Umständen nach dazu** .... **gewesen wäre".**

---

(49) Unrecht
(50) sollen und können
(51) Vorwerfbarkeit
(52) für den Täter wie für jedermann
(53) Weil bei solchen Delikten das Unrecht der Tat für den **Täter** wie für **jedermann** leicht erkennbar ist.
(54) der Vorwerfbarkeit
(55) Kinder beziehen die wesentlichen Informationen über Recht und Unrecht insb von ihren Eltern. B **konnte und durfte** sich auf die (für sie unerkennbar falsche) Auskunft ihrer Eltern verlassen. Außer dem entspricht dieser Irrglaube einer weit verbreiteten Ansicht oä.
(56) nicht begründen
(57) verpflichtet; nicht gegeben

19. Kapitel: Verbotsirrtum

Eine solche Verpflichtung war für Beate gegeben / nicht gegeben.

Farahdiva-Fall: Der Jäger Hasenöhrl (H) aus Zell am See schießt in seinem Garten (also nicht etwa in seinem Jagdrevier) die fremde Perserkatze Farahdiva ab (= § 125), als sie gerade Mäuse fängt.

(58) Nach dem Salzb JagdG ist ein Jagdausübungsberechtigter **gerechtfertigt,** wenn er in seinem Jagdrevier Katzen tötet, die „im Walde herumstreifen" (vgl § 102 Salzb JagdG). Auf eben diesen Rechtfertigungsgrund beruft sich H. Aber er irrt sich offenkundig. Welcher Art von Irrtum ist H erlegen? Bitte so präzise wie möglich antworten!

(59) Dieser Irrtum ist vorwerfbar / nicht vorwerfbar, weil (bitte ergänzen!)

(60) Daher ist H nach Maßgabe des § 9 Abs 2 1. Halbsatz / des § 9 Abs 2 2. Halbsatz wegen vorsätzlicher Sachbeschädigung (§ 125) zu bestrafen / nicht zu bestrafen.

Beachte! § 9 Abs 2 2. Halbsatz erfasst insb auch **Ausländer,** etwa **ausländische Studenten** und **Gastarbeiter** sowie **Touristen,** und schneidet ihnen weitgehend den Einwand ab, sie hätten nicht gewusst, was in Österreich Recht und Unrecht ist.

(61) Denn sie sind schon aufgrund ihres Aufenthalts in Österreich, erst recht aber, wenn sie hier Tätigkeiten setzen, die auch in ihrem eigenen Land verboten sind, (= „sonst den Umständen nach") verpflichtet, sich nach den hier geltenden Vorschriften . . . .

Lässt sich mit Hilfe dieser Richtlinie, dh gem § 9 Abs 2 2. Halbsatz, die **Vorwerfbarkeit** des Verbotsirrtums (und damit die Schuld des Täters) in den nachfolgenden Fällen begründen?

(62) *Im Kriminaltouristen-Fall* (S 265)? ☐ Eher ja   ☐ Eher nein
(63) *Im Fahrtenschreiber-Fall* (S 269)?   ☐ Eher ja   ☐ Eher nein
(64) *In der Bastardl-Fall-Variante* (S 276)? ☐ Eher ja   ☐ Eher nein

---

(58) Einem **indirekten** Verbotsirrtum über die **Grenzen** eines Rechtfertigungsgrundes.
(59) vorwerfbar, weil H als **Jäger** verpflichtet gewesen wäre, sich nach den maßgeblichen Jagdvorschriften zu erkundigen oä.
(60) nach Maßgabe des § 9 Abs 2 2. Halbsatz; zu bestrafen. Anmerkung: Da dieser gravierende Irrtum des H seine Vorsatzschuld nicht mindert, kommt eine Strafmilderung gem § 34 Abs 1 Z 12 nicht in Betracht.
(61) zu erkundigen
(62) Eher ja
(63) Eher ja
(64) Eher nein (aber schwer zu entscheiden)

19. Kapitel: Lerneinheit 19

Blättern Sie jetzt bitte noch einmal zum Stockdegen-Fall auf S 262 zurück!

(65) Wie entscheiden Sie diese Frage im *Stockdegen-Fall?* Bitte begründen Sie Ihre Entscheidung möglichst genau!

■ ■ ■ **Bevor Sie die Testfragen zur LE 19 durcharbeiten, lesen Sie bitte zunächst im Grundriss AT Kap 19!** ■ ■ ■

---

(65) Die Vorwerfbarkeit des (direkten) Verbotsirrtums des F ist zu bejahen. Da F den Waffencharakter erkannt hat, ist er verpflichtet, sich bei der Behörde zu erkundigen, ob es sich bei einem solchen Stockdegen um eine **verbotene** Waffe handelt; vgl dazu im Grundriss AT RN 12.23.

19. Kapitel: Verbotsirrtum

Testeinheit 19

Testfragen zur LE 19

1. Ein Kollege behauptet: „Verbotsirrtum und Tatbildirrtum sind dasselbe". Ist das richtig?
   Ja / Nein – Begründung:

2. Ein indirekter Verbotsirrtum liegt vor, wenn der Täter (bitte ergänzen!)

3. Nennen oder bilden Sie Beispiele für einen **direkten Verbotsirrtum!**

4. Nennen oder bilden Sie Beispiele für einen **indirekten Verbotsirrtum!**

5. Nach den **Rechtsfolgen** unterscheidet man:
   .... Verbotsirrtum
   .... Verbotsirrtum

6. Bitte nennen Sie die **Rechtsfolgen** des Verbotsirrtums beim Vorsatzdelikt!
   a) Beim **nicht vorwerfbaren** Verbotsirrtum (bitte ergänzen!)

   b) Beim **vorwerfbaren Verbotsirrtum** (bitte ergänzen!)

7. Der .... Verbotsirrtum ist identisch mit dem **potenziellen Unrechtsbewusstsein.**

8. *Blättern Sie bitte zurück auf S 270 und lesen Sie noch einmal den Zwangswäsche-Fall!*
   Die beiden jugendlichen Täter haben den Tatbestand der Nötigung (§ 105 Abs 1) erfüllt, sich aber in einem .... irrtum befunden. Versetzen Sie sich in die Rolle des **Verteidigers** und versuchen Sie, die **Nichtvorwerfbarkeit** dieses Irrtums zu begründen:

19. Kapitel: Testeinheit 19

9. *Eine Frage für scharfe Denker: Nehmen Sie an, einer der beiden Lehrlinge ist erst 15 Jahre alt und von Geburt an gehörlos. Wo liegt das Problem?*

10. **Hausmeister-Fall** *(leicht): Vor mehreren Leuten beschimpft der Hausmeister Hlavaczek (H) den Vertreter Grapsch (G): „Stantape schau'ns, dass S' in Schwung kuman, sunst tua i Ihna alser lebendiger ausban'ln, Sie blader Off..., znepfda Haringschedl..., Oamleichta..." Um die fortdauernden Angriffe auf seine Ehre zu unterbinden, schlägt G dem H mit der Faust ins Gesicht (= § 83 Abs 1). In der Hauptverhandlung trägt G vor, er könne nicht bestraft werden, da er Notwehr geübt habe.*
Ist G durch Notwehr gerechtfertigt?
Ja / Nein – Begründung:

11. G glaubt aber, er sei durch Notwehr gerechtfertigt. Er befindet sich somit in einem unspezifizierten Irrtum über die Strafbarkeit / Tatbildirrtum / direkten Verbotsirrtum / indirekten Verbotsirrtum über die Existenz eines Rechtfertigungsgrundes / indirekten Verbotsirrtum über die Grenzen eines Rechtfertigungsgrundes.

12. Von welchem **Kriterium** hängt es ab, ob G wegen der an H begangenen Körperverletzung (§ 83 Abs 1) bestraft wird?

13. Die Praxis wird im *Hausmeister-Fall* die .... des Verbotsirrtums des G bejahen. Das hat zur Folge, dass G gem § 9 Abs... wegen fahrlässiger Körperverletzung (§ 88 Abs 1) / wegen vorsätzlicher Körperverletzung (§ 83 Abs 1) zu bestrafen ist.

14. **Nimmerfroh-Fall** *(schwer): Kurz vor Einbruch der Dunkelheit verirrt sich Kajetan Vogler (V) aus Niederbayern nebst seinem treuen Hund bei Passau über die Grenze. Auf österreichischem Hoheitsgebiet begegnet ihm alsbald der Landesbedienstete Kurt Nimmerfroh (N), der sich aus Gram darüber, dass man ihn bei der Beförderung übergangen hat, aufhängen will. N bittet V, ihm beim Selbstmord zu helfen. V hat ein Einsehen mit dem Mann und stellt ihm seine Hundeleine zur Verfügung. N erhängt sich damit.*

Sie wissen bereits, dass in **Österreich** die „Mitwirkung am Selbstmord" strafbar ist, in Deutschland dagegen nicht.

V wird vor einem österreichischen Gericht gem § 78 angeklagt. Unbeholfen verteidigt er sich damit, „er habe nicht gewusst, dass er sich strafbar gemacht habe".

19. Kapitel: Verbotsirrtum

Dieser Einwand scheint zunächst auf einen unspezifizierten ....
.... hinauszulaufen. Ein solcher Irrtum wäre strafrechtlich beachtlich / unbeachtlich.

15. Wenn Sie aber den Sachverhalt noch einmal lesen und genauer überdenken, werden Sie erkennen, dass sich hinter diesem Einwand eine ganz andere Art von Irrtum verbirgt.
   Würden Sie einen **Tatbildirrtum** annehmen?
   Ja / Nein – Begründung:

16. Es handelt sich um einen **direkten Verbotsirrtum / indirekten Verbotsirrtum,** weil (bitte fortfahren und möglichst präzise begründen!)

17. Und jetzt müssen Sie Farbe bekennen! Würden Sie V bestrafen? Lesen Sie aber bitte zuvor die Musterantwort zu 16.!
   Ja / Nein – Begründung:

18. *Blättern Sie bitte zurück auf S 270 und lesen Sie noch einmal den Macho-Fall!*
   a) Man könnte an die Geltendmachung eines direkten / indirekten Verbotsirrtums denken.
   b) Wie beurteilen Sie die Vorwerfbarkeit (§ 9 Abs 2) dieses Irrtums?

19. Kapitel: Testeinheit 19

Antworten

1. Nein! Der Verbotsirrtum bezieht sich auf die rechtliche Seite der Tat. Er verhüllt dem Täter das **Unrecht**. Der Tatbildirrtum bezieht sich auf die tatsächliche Seite der Tat. Er verhüllt dem Täter den **Sachverhalt**.

2. sich über Existenz oder Grenzen eines Rechtfertigungsgrundes irrt und **deshalb** nicht erkennt, dass seine Tat Unrecht ist oä.

3. ZB *Lippenstift-Fall* (S 234); *Stockdegen-Fall* (S 262); *Fahrtenschreiber-Fall* (S 269 in der 2. Alt); *Suizid-Fall* (S 277 in der 1. Alt); *Zwangswäsche-Fall* (S 270); *Macho-Fall* (S 270).

4. ZB das angebliche Züchtigungsrecht des Lehrers „Kikero" (S 274), falls Sie nicht eine bloße Schutzbehauptung annehmen; *Apfeldieb-Fall* (S 176); *Zwangsspende-Fall* (S 191); *Platzregen-Fall* (S 196); Fall des Jägers Hasenöhrl (S 281); *Bauchstich-Fall* (S 181).

5. vorwerfbarer Verbotsirrtum; nicht vorwerfbarer Verbotsirrtum

6. a) Beim **nicht vorwerfbaren** Verbotsirrtum entfällt die Schuld und damit die Strafe (§ 9 Abs 1).
   b) Beim **vorwerfbaren** Verbotsirrtum bleibt es bei der Bestrafung wegen vorsätzlicher Tat (§ 9 Abs 3 1. Fall). Aber es kann der Strafmilderungsgrund des § 34 Abs 1 Z 12 in Betracht kommen.

7. vorwerfbare

8. Verbotsirrtum. Ein solcher Verbotsirrtum ist nicht vorwerfbar, weil bei Jugendlichen und gerade im Lehrlingsmilieu oft noch eine pubertär getönte Rauheit des Umganges vorherrscht und Delikte wie die Nötigung noch „nicht jene, jedermann von früher Jugend an offenkundige Evidenz" besitzen; so der OGH in JBl 1979 551 (552). *Anmerkung:* Der OGH ist in dieser Entscheidung mithin von einem **direkten** Verbotsirrtum ausgegangen.

9. Bei einem gehörlosen Jugendlichen kann sich uU bereits die Frage **mangelnder Schuldfähigkeit** infolge von **verzögerter Reife** (§ 4 Abs 2 Z 1 JGG) stellen.

10. Nein! Die Notwehrsituation des § 3 Abs 1 setzt ein **notwehrfähiges Rechtsgut** voraus. Die Ehre gehört nicht dazu oä.

11. indirekten Verbotsirrtum über die Grenzen eines Rechtfertigungsgrundes, dh über die Grenzen des § 3.

12. Von der **Vorwerfbarkeit** des Verbotsirrtums (§ 9 Abs 1 und 2).

13. Vorwerfbarkeit; gem § 9 Abs 3 wegen vorsätzlicher Körperverletzung (§ 83 Abs 1).

14. Irrtum über die Strafbarkeit; unbeachtlich

15. Nein! V erkennt, dass er einem anderen **bei der Selbsttötung Hilfe leistet**. Diesen **Sachverhalt**, der dem gesetzlichen Tatbild des § 78 entspricht, will er auch verwirklichen. Also handelt er vorsätzlich iSd § 5 Abs 1 1. Halbsatz und erliegt somit keinem Tatbildirrtum.

16. direkten Verbotsirrtum, weil V nicht weiß, dass das, was er tut, verboten und daher Unrecht ist. **Denn er wähnt sich in Deutschland. Dort ist die Mitwirkung am Selbstmord aber kein strafrechtliches Unrecht** oä. Das zu erkennen, war zugegebenermaßen nicht ganz leicht, und in diesem Punkt unterscheidet sich dieser Fall von dem scheinbar ganz ähnlichen Pörtschacher *Suizid-Fall* (S 277).

17. Nein! Es handelt sich um einen **nicht vorwerfbaren Verbotsirrtum**. Weder die 1. noch die 2. Richtlinie des § 9 Abs 2 trifft zu oä. Es sei denn, Sie beziehen die Vorwerfbarkeit auf die Tatsache, dass V sich nach Österreich verirrt hat. Aber das hat mit dem Unrechtsbewusstsein bezüglich des § 78 nichts zu tun.

18. a) direkten Verbotsirrtums
    b) Das Recht macht bei Vergewaltigungen keinen Unterschied zwischen Prostituierten und anderen Frauen. Das Rechtsgut der sexuellen Selbstbestimmung ist in beiden Fällen gleichermaßen tangiert. Das Unrecht der Tat ist daher für den Täter wie für jedermann leicht erkennbar oä. Der OGH ist in EvBl 1987/190 strenger und erteilt soviel Unverfrorenheit eine viel deutlichere Abfuhr: In diesem Bereich und unter diesen Umständen komme eine Berufung auf fehlendes Unrechtsbewusstsein von vornherein nicht in Betracht, dh der OGH schmettert den Einwand als unglaubwürdige (bloße) Schutzbehauptung ab.

■ ■ ■ **Ende dieser Programmeinheit** ■ ■ ■

20. Kapitel
Irrtümliche Annahme eines rechtfertigenden Sachverhalts

Lerneinheit 20

Lernziel: Die „irrtümliche Annahme eines rechtfertigenden Sachverhalts" bildet die dritte strafrechtlich bedeutsame Irrtumskategorie. Diese LE behandelt Eigenart und Rechtsfolgen dieses Irrtums sowie die Abgrenzungskriterien gegenüber dem „Tatbildirrtum" und dem „Verbotsirrtum".

Highway-Fall: Zwei Meilen vor Atlantic City gerät ein österreichischer Student (S) auf dem Highway mit seinem Mietwagen in eine Straßensperre. Der Officer (O) hält ihn aufgrund ähnlichen Aussehens für den gesuchten Profikiller. „Freeze!" donnert er und richtet drohend seinen Colt auf S. S denkt an eine Verkehrskontrolle und greift schnell in die Jackentasche, um sich auszuweisen. Diese Bewegung ist sein Todesurteil. O schießt sofort.

Pech für S – er wusste nicht, dass „Freeze!" „Keine Bewegung!" bedeutet. Wussten Sie es?

Wir wollen unter Zugrundelegung des StGB die Strafbarkeit des O untersuchen. Der tödliche Schuss auf S erfüllt den Tatbestand des § 75.

(1) Notwehr (§ 3) scheidet aus, weil (bitte ergänzen!)

(2) Die eigentliche Problematik dieses Falles liegt offenbar nicht auf der Stufe der Rechtswidrigkeit, sondern bei der ....

(3) Denn O hatte angenommen, **ein gesuchter Profikiller wolle zum Revolver greifen und auf ihn schießen.** O hatte demnach eine falsche Vorstellung von der Wirklichkeit, dh er war einem .... erlegen. Die Frage ist nur, welcher Art von Irrtum.

(4) Ein solcher Irrtum schließt den **Vorsatz** des O aus / nicht aus, weil (bitte ergänzen!)

(5) Demnach liegt bei O kein .... irrtum vor.

---

(1) eine Notwehrsituation, dh ein gegenwärtiger oder unmittelbar drohender rechtswidriger Angriff des S, **objektiv** überhaupt nicht gegeben ist! Das nimmt O doch nur an!
(2) Schuld
(3) Irrtum
(4) nicht aus, weil O den Sachverhalt des § 75, die Tötung eines Menschen, gerade **verwirklichen will!**
(5) Tatbildirrtum

20. Kapitel: Lerneinheit 20

Der Irrtum betrifft vielmehr das **Unrechtsbewusstsein** des O.
(6) Begründung:

Ist der Irrtum des O ein **direkter Verbotsirrtum?** O weiß wie jeder andere, dass die Tötung eines Menschen verboten und daher Unrecht ist. Somit liegt ein direkter
(7) Verbotsirrtum vor / nicht vor.

Der Irrtum des O ist aber auch **kein indirekter Verbotsirrtum,** dh kein Irrtum über
(8) Existenz oder .... eines ....
(9) Warum eigentlich nicht?

Begriff und Wesen

Im *Highway-Fall* handelt O **ohne Unrechtsbewusstsein.** Aber sein Irrtum ist **kein**
(10) **Verbotsirrtum,** und zwar weder ein direkter noch ein .... Es handelt sich vielmehr um eine dritte, **selbständige Kategorie** eines weiteren strafrechtlich bedeutsamen Irrtums.

Das Wesen dieses Irrtums liegt darin, dass der Täter einen **Sachverhalt** annimmt, der, wäre er gegeben, die **tatsächlichen Voraussetzungen eines Rechtfertigungsgrundes** erfüllen würde.

(11) **Kürzer:** Der Täter irrt sich über einen r........................... Sachverhalt.

Dieser Irrtum wird auch vom StGB ausdrücklich als **Irrtümliche Annahme eines rechtfertigenden Sachverhaltes** bezeichnet. Lesen Sie dazu bitte die Überschrift zu § 8!

Ein solcher Irrtum verhüllt dem Täter die Rechtswidrigkeit und damit das **Unrecht** seiner Handlung.

(12) Wer sich in einem Irrtum über einen ....
.... befindet, handelt daher ohne ....
....

---

(6) O weiß zwar, dass die Tötung eines Menschen an sich verboten ist, hält seine Tat im konkreten Falle aber nicht für Unrecht oä.
(7) nicht vor
(8) Grenzen; Rechtfertigungsgrundes
(9) O irrt sich nicht über die **rechtlichen Grenzen,** sondern über die **tatsächlichen Voraussetzungen** der Notwehr oä.
(10) indirekter
(11) rechtfertigenden
(12) rechtfertigenden Sachverhalt; Unrechtsbewusstsein

20. Kapitel: Irrtümliche Annahme eines rechtfertigenden Sachverhalts

Die Legaldefinition dieses Irrtums enthält **§ 8 Satz 1**. Bitte lesen!

Danach liegt ein **Irrtum über einen rechtfertigenden Sachverhalt** vor, wenn der
(13) Täter irrtümlich einen .... annimmt, der die ....
.... der Tat ausschließen würde. Jedes Wort ist wichtig!

Bitte lesen Sie noch einmal den Highway-Fall (S 287) und begründen Sie mit Hilfe des § 8 Satz 1, warum bei O gerade ein solcher Irrtum gegeben ist!
(14)

Beachte! Der im § 8 verwendete Begriff „rechtfertigender Sachverhalt" **ist inhaltlich völlig identisch** mit der „Notwehrsituation" bei § 3, der „Notstandssituation" beim rechtfertigenden Notstand, der „Anhaltesituation" etc.

Bitte blättern Sie zum Lebensretter-Fall (S 185) zurück! Nehmen Sie an, dass N in der Wohnung der B überrascht feststellt, dass er die falsche Tür eingetreten hat. Alle Gasgeräte sind abgeschaltet. Der Gasgeruch muss also aus einer anderen Wohnung kommen.

(15) Bei diesem Sachverhalt liegt ein Tatbildirrtum / Verbotsirrtum / Irrtum über einen rechtfertigenden Sachverhalt vor, weil (bitte ergänzen!)

Der Irrtum über einen rechtfertigenden Sachverhalt hat eine **gewisse Ähnlichkeit**
(16) mit dem direkten Verbotsirrtum / indirekten Verbotsirrtum.

Dafür gibt es eine naheliegende Erklärung: Sowohl der Irrtum über einen rechtfertigenden Sachverhalt als auch der indirekte Verbotsirrtum beziehen sich auf das Vorliegen oder Nichtvorliegen eines **Rechtfertigungsgrundes.**

Der maßgebliche Unterschied liegt jedoch in Folgendem:

(17) Der **indirekte Verbotsirrtum** betrifft stets die **rechtliche Seite** des R ....
.... Denn der Täter irrt sich entweder über die
(18) E .... oder über die (rechtlichen) .... des Rechtfertigungsgrundes.

---

(13) Sachverhalt; Rechtswidrigkeit
(14) O glaubt, von einem Profikiller mit einem Revolver angegriffen zu werden. Er nimmt also irrtümlich einen **Sachverhalt** an, bei dessen tatsächlichem Vorliegen sämtliche Voraussetzungen einer **Notwehrsituation** iSd § 3 erfüllt wären. An eine solche Irrtumslage knüpft die weitere Regelung des § 8 an. Näheres in dieser LE.
(15) Irrtum über einen rechtfertigenden Sachverhalt; N die Notstandssituation, dh einen unmittelbar drohenden bedeutenden Nachteil für die B, irrtümlich angenommen hat oä.
(16) indirekten Verbotsirrtum
(17) Rechtfertigungsgrundes
(18) Existenz; Grenzen

20. Kapitel: Lerneinheit 20

(19) Der **Irrtum über einen rechtfertigenden Sachverhalt** dagegen bezieht sich stets auf die **tatsächliche Seite** des Rechtfertigungsgrundes. Denn der Täter nimmt irrtümlich einen .... an, bei dessen tatsächlichem Vorliegen sämtliche Voraussetzungen der Rechtfertigungssituation, zB der Notwehr- oder Notstandssituation, erfüllt wären („Putativnotwehr", „Putativnotstand").

(20) **Beachte!** Im **Endergebnis** laufen beide Irrtümer **insoweit** auf dasselbe hinaus. Denn sowohl der indirekte Verbotsirrtum als auch der Irrtum über einen .... verhüllen dem Täter die R............................ und damit das .... seiner Tat.

(21) Bei einem Irrtum über einen rechtfertigenden Sachverhalt ist somit stets das aktuelle .... ausgeschlossen.

(22) **Aber:** Während im „Parallelfall" des indirekten Verbotsirrtums wegen der unterschiedlichen Rechtsfolgen nunmehr danach zu differenzieren ist, ob der Irrtum vorwerfbar oder .... ist (§ 9), hat der Gesetzgeber beim Irrtum über einen rechtfertigenden Sachverhalt bezüglich der Rechtsfolgen einen **ganz anderen Weg** beschritten.

Rechtsfolgen

Die **Rechtsfolgen** des Irrtums über einen rechtfertigenden Sachverhalt sind in **§ 8 Satz 2** geregelt. Bitte lesen!

(23) Wer irrig einen rechtfertigenden Sachverhalt annimmt, kann **nie** wegen .... Tat bestraft werden; er ist wegen .... Tat zu bestrafen, wenn die beiden bekannten Voraussetzungen für die Verhängung einer **Fahrlässigkeitsstrafe** erfüllt sind:

(24) **Erstens:**

Zweitens: Der **Irrtum des Täters muss auf Fahrlässigkeit beruhen** („doppelt bedingte Fahrlässigkeitshaftung").

(25) Die in § 8 Satz 2 beschriebenen Rechtsfolgen der irrtümlichen Annahme eines .... sind demnach mit jenen des (indirekten) Verbotsirrtums identisch / nicht identisch.

---

(19) Sachverhalt
(20) rechtfertigenden Sachverhalt; Rechtswidrigkeit; Unrecht
(21) Unrechtsbewusstsein
(22) nicht vorwerfbar
(23) vorsätzlicher; fahrlässiger
(24) Es muss überhaupt ein entsprechendes Fahrlässigkeitsdelikt geben oä.
(25) rechtfertigenden Sachverhalts; nicht identisch

20. Kapitel: Irrtümliche Annahme eines rechtfertigenden Sachverhalts

(26) Sie sind vielmehr **identisch** mit den Rechtsfolgen des ....
....

Der **tiefere Sinn dafür,** dass das Gesetz Tatbildirrtum und Irrtum über einen rechtfertigenden Sachverhalt bezüglich der **Rechtsfolgen gleich behandelt,** liegt in Folgendem:

Das StGB geht von jenem Sachverhalt aus, den **der Täter vor Augen hat.** Ihm
(27) erscheint seine Tat nicht als ...., weil er einen rechtfertigenden Sachverhalt (zB Notwehr- oder Notstandssituation) annimmt. Legt man aber diese seine Vorstellung zugrunde, so verdient er ebenso wenig Bestrafung
(28) wegen **vorsätzlicher Tat** wie derjenige, dem **tatsächlich** ein ....-
.... grund zur Seite steht.

Was man dem Täter **allenfalls vorwerfen** kann, ist, dass er diesen rechtfertigenden Sachverhalt vorschnell, ungeprüft angenommen hat. Die **unsorgfältige Prüfung des Sachverhalts** aber ist das Kennzeichen einer **Fahrlässigkeitstat** und zugleich der Grund für die Androhung der Fahrlässigkeitsstrafe.

*Bei der auf S 289 geschilderten Variante des Lebensretter-Falles hatten Sie bereits festgestellt, dass N die Wohnungstür zwar **vorsätzlich** eingetreten, sich aber in einem Irrtum über einen rechtfertigenden Sachverhalt befunden hat.*

Welche Rechtsfolgen ergeben sich daraus für die Strafbarkeit des N?
(29)

Abgrenzungen

Die Identität der Rechtsfolgen von Tatbildirrtum und Irrtum über einen rechtfertigenden Sachverhalt darf nicht darüber hinwegtäuschen, dass sich beide Irrtumsarten im Übrigen beträchtlich voneinander unterscheiden.

(30) Beiden ist zwar **gemeinsam,** dass sie sich auf die rechtliche Seite / auf die tatsächliche Seite des Geschehens beziehen, dh auf einen bestimmten **Sachverhalt.**

Aber beim **Tatbildirrtum** irrt sich der Täter über einen Sachverhalt, der für die Kategorie der **Tatbestandsmäßigkeit** von Bedeutung ist.

---

(26) Tatbildirrtums
(27) rechtswidrig
(28) Rechtfertigungsgrund
(29) Eine Strafbarkeit des N wegen vorsätzlicher Tat (= § 125) scheidet gem § 8 Satz 2 (dh mangels Unrechtsbewusstseins) aus. Eine Bestrafung wegen fahrlässiger Tat ist schon deshalb nicht möglich, weil es keine fahrlässige Sachbeschädigung (§ 125 iVm § 7 Abs 1) gibt oä. Ob der Irrtum des N wirklich auf Fahrlässigkeit beruht (= zweite Voraussetzung des § 8 Satz 2), muss daher in **diesem** Fall nicht mehr untersucht werden.
(30) auf die tatsächliche Seite

20. Kapitel: Lerneinheit 20

(31) Beim **Irrtum über einen rechtfertigenden Sachverhalt** dagegen irrt sich der Täter über einen Sachverhalt, der für die Kategorie der .... von Bedeutung ist.

Wichtig! Beide Irrtümer wirken sich auch unterschiedlich aus!

(32) Der **Tatbildirrtum** verhüllt dem Täter die .... seiner Tat und lässt daher seinen .... entfallen.

(33) Der **Irrtum über einen rechtfertigenden Sachverhalt** verhüllt dem Täter die .... seiner Tat und schließt daher sein .... aus.

(34) **Beachte!** Es gibt daher nur **eine einzige Irrtumsart**, durch die der **Vorsatz** ausgeschlossen wird: Dies ist der Verbotsirrtum / Irrtum über die Strafbarkeit / Tatbildirrtum / Irrtum über einen rechtfertigenden Sachverhalt.

(35) **Ein Irrtum über einen rechtfertigenden Sachverhalt (§ 8 Satz 1) schließt nie den Vorsatz aus! Aber dieser Irrtum wird gem § 8 Satz 2 bezüglich seiner** .... **vom Gesetz analog dem Tatbildirrtum behandelt.**

(36) Welche gemeinsamen Rechtsfolgen ziehen Tatbildirrtum und Irrtum über einen rechtfertigenden Sachverhalt somit nach sich?

Einschränkungen

Wichtig! Die hM schränkt die **tätergünstige Regelung** des § 8 erheblich ein:

(37) Wer in den Genuss der Rechtsfolgen des § 8 Satz 2 gelangen will, muss, wie es § 8 Satz 1 vorschreibt, irrtümlich einen .... angenommen haben. **Zusätzlich müssen unter Zugrundelegung der Tätervorstellung auch die übrigen objektiven und subjektiven Merkmale des betreffenden Rechtfertigungsgrundes** erfüllt sein. Sonst bleibt es bei der

(38) Bestrafung wegen fahrlässiger / vorsätzlicher Tat.

Für diese einschränkende Interpretation des § 8 gibt es überzeugende **kriminalpolitische Gründe:** Der **Handlungsspielraum** darf bei dem, der eine Rechtfertigungssituation irrtümlich annimmt, nicht größer sein als bei dem, der sich **tatsächlich** in dieser Situation befindet.

---

(31) Rechtswidrigkeit (bzw Rechtfertigungsgründe)
(32) Tatbestandsmäßigkeit (bzw Tatbildmäßigkeit); Vorsatz
(33) Rechtswidrigkeit; Unrechtsbewusstsein
(34) Tatbildirrtum
(35) Rechtsfolgen
(36) Es entfällt die Bestrafung wegen vorsätzlicher Tat; uU kommt Bestrafung wegen fahrlässiger Tat in Betracht oä.
(37) rechtfertigenden Sachverhalt
(38) vorsätzlicher

20. Kapitel: Irrtümliche Annahme eines rechtfertigenden Sachverhalts

Das bedeutet etwa in Bezug auf den *Highway-Fall* (S 287), dass die Notwehrhandlung des O die rechtlich zulässigen Grenzen des § 3 gewahrt haben muss. Anders ausgedrückt: **Es darf kein Handlungsexzess vorliegen.** Außerdem muss bei O auch
(39) das **subjektive** .... **element** des § 3 vorhanden gewesen sein, dh er muss also zumindest (bitte ergänzen!)

(40) Alle diese Voraussetzungen liegen im *Highway-Fall* vor / nicht vor, sodass O wegen vorsätzlicher Tötung / allenfalls wegen fahrlässiger Tötung zu bestrafen ist.

Aber: Hätte O den (vermeintlichen) Angriff des S schon durch einen gezielten Schuss, etwa in den Arm, sofort und endgültig abwehren können, würde die täter-
(41) günstige Rechtsfolge des § 8 Satz 2 **nicht eintreten,** weil (bitte ergänzen!)

Was würde gelten, wenn O im *Highway-Fall* erkannt hätte, dass S nur nach seinem
(42) Führerschein sucht, und trotzdem geschossen hätte?

(43) In diesen beiden Varianten des *Highway-Falles* ist O daher gem § 75 / gem § 80 strafbar.

Blättern Sie bitte zurück zum Nudelwalker-Fall (S 177)!

Ist dies ein Fall des § 8? Treten daher die **Rechtsfolgen** des § 8 Satz 2 ein? Bitte
(44) genau überlegen!

---

(39) Rechtfertigungselement; die Notwehrsituation **angenommen** haben oä.
(40) vor; allenfalls wegen fahrlässiger Tötung
(41) ein tödlicher Schuss dann **nicht das schonendste Mittel** gewesen wäre, um den Angriff sofort und endgültig abzuwehren, eine solche Verteidigung also nicht notwendig gewesen wäre oä. Anders formuliert: Ein **Handlungsexzess** schließt die Anwendung des § 8 aus.
(42) Dann käme **schon mangels irrtümlicher Annahme einer Notwehrsituation** die tätergünstige Regelung des § 8 nicht in Betracht oä.
(43) gem § 75
(44) Nein! Es ist **kein** Fall des § 8 Satz 1. Eine Notwehrsituation liegt **tatsächlich** vor. Frau Grimm irrt sich nicht über einen rechtfertigenden Sachverhalt (sondern bloß über das Tatobjekt; vgl im Grundriss AT RN 12.14). Außerdem handelt sie **in Unkenntnis** der Notwehrsituation. Es können daher auch nicht die Rechtsfolgen des § 8 Satz 2 eintreten oä.

20. Kapitel: Lerneinheit 20

Vergleichende Gegenüberstellung der Irrtumsarten

(45) Bitte einsetzen!

	Tatbildirrtum	Irrtum über einen rechtfertigenden Sachverhalt	indirekter Verbotsirrtum
gesetzliche Regelung	ergibt sich im Umkehrschluss aus § 5 Abs 1	§	§ . . . .
Wesen	Irrtum über einen **Sachverhalt**, der einem . . . . entspricht. Dieser Irrtum verhüllt dem Täter die . . . . seiner Tat.	Irrtümliche Annahme eines **Sachverhalts**, der einem . . . . entspricht. Dieser Irrtum verhüllt dem Täter die . . . . seiner Tat.	Irrtum über . . . . oder . . . . eines **Rechtfertigungsgrundes.** Dieser Irrtum verhüllt dem Täter die . . . . seiner Tat.
Umkehrverhältnis	Kehrseite des	Kehrseite des	Kehrseite des . . . .
Konsequenzen für den Vorsatz	Vorsatz entfällt / entfällt nicht	Vorsatz entfällt / entfällt nicht	Vorsatz entfällt / entfällt nicht
Konsequenzen für das Unrechtsbewusstsein	Unrechtsbewusstsein entfällt (bezüglich der vorsätzlichen Tat)	Unrechtsbewusstsein entfällt / entfällt nicht	Unrechtsbewusstsein entfällt / entfällt nicht
Rechtsfolgen	uU Bestrafung wegen . . . . Tat	uU Bestrafung wegen . . . . Tat	1. Bei **Vorwerfbarkeit:** Bestrafung wegen vorsätzlicher Tat; aber Möglichkeit der . . . . 2. **Keine Vorwerfbarkeit:** . . . .

20. Kapitel: Irrtümliche Annahme eines rechtfertigenden Sachverhalts

(45)

	Tatbildirrtum	Irrtum über einen rechtfertigenden Sachverhalt	indirekter Verbotsirrtum
gesetzliche Regelung	ergibt sich im Umkehrschluss aus § 5 Abs 1	§ 8	§ 9
Wesen	Irrtum über einen **Sachverhalt**, der einem gesetzlichen Tatbild entspricht. Dieser Irrtum verhüllt dem Täter die Tatbildmäßigkeit seiner Tat.	Irrtümliche Annahme eines **Sachverhalts,** der einem Rechtfertigungsgrund entspricht. Dieser Irrtum verhüllt dem Täter die Rechtswidrigkeit seiner Tat.	Irrtum über Existenz oder Grenzen eines **Rechtfertigungsgrundes.** Dieser Irrtum verhüllt dem Täter die Rechtswidrigkeit seiner Tat.
Umkehrverhältnis	Kehrseite des Vorsatzes	Kehrseite des Unrechtsbewusstseins	Kehrseite des Unrechtsbewusstseins
Konsequenzen für den Vorsatz	Vorsatz entfällt	Vorsatz entfällt nicht	Vorsatz entfällt nicht
Konsequenzen für das Unrechtsbewusstsein	Unrechtsbewusstsein entfällt (bezüglich der vorsätzlichen Tat)	Unrechtsbewusstsein entfällt (bezüglich der vorsätzlichen Tat)	Unrechtsbewusstsein entfällt, wenn Irrtum nicht vorwerfbar
Rechtsfolgen	uU Bestrafung wegen fahrlässiger Tat	uU Bestrafung wegen fahrlässiger Tat	1. Bei **Vorwerfbarkeit:** Bestrafung wegen vorsätzlicher Tat; aber Möglichkeit der Strafmilderung 2. **Keine Vorwerfbarkeit:** Schuld und Strafe entfallen oä.

■ ■ ■ **Bevor Sie die Testfragen zur LE 20 durcharbeiten, lesen Sie bitte zunächst im Grundriss AT Kap 20!** ■ ■ ■

Testeinheit 20

Testfragen zur LE 20

1. Ein Irrtum über einen rechtfertigenden Sachverhalt liegt vor, wenn (bitte ergänzen!)

2. Der Irrtum über einen rechtfertigenden Sachverhalt steht dem .... Verbotsirrtum nahe. Warum?

3. Wer sich bezüglich der Begehung eines Vorsatzdelikts in einem **Tatbildirrtum** befindet, handelt vorsätzlich / nicht vorsätzlich. Wer sich bezüglich der Begehung eines Vorsatzdelikts in einem **Irrtum über einen rechtfertigenden Sachverhalt** befindet, handelt vorsätzlich / nicht vorsätzlich.

4. Die **Rechtsfolgen** von Tatbildirrtum und Irrtum über einen rechtfertigenden Sachverhalt sind aber gleich / nicht gleich, weil (bitte ergänzen!)

5. Nennen oder bilden Sie einen Fall, in dem sich der Täter bei einer vorsätzlichen Tat in einem Irrtum über einen rechtfertigenden Sachverhalt befindet!

6. *Aneurysma-Fall:* Vor den Augen des Automechanikers M bricht ein 55-jähriger Passant (P) tot zusammen. In der irrigen Meinung, P sei nur bewusstlos und müsse schnellstens ärztlich versorgt werden, schleppt M den Leblosen zum nächsten Wagen, der zufällig unversperrt ist, schließt die Zündung kurz und rast in die Klinik. Die Obduktion ergibt: Sofortiger Tod infolge des Platzens der Hauptschlagader (Aortenaneurysma).

   Die Eigentümerin des Wagens zeigt M wegen Unbefugten Gebrauchs von Fahrzeugen an. M verteidigt sich damit, angesichts der besonderen Umstände habe er so handeln dürfen.

   Lesen Sie bitte zunächst § 136 Abs 1! Diesen Tatbestand hat M erfüllt / nicht erfüllt.

7. Liegen für die Tat des M die Voraussetzungen des Rechtfertigungsgrundes .... vor?
   Ja / Nein – Begründung:

20. Kapitel: Irrtümliche Annahme eines rechtfertigenden Sachverhalts 297

8. Mithin kommt ein **Irrtum** des M in Betracht, der M die Tatbildmäßigkeit / die Rechtswidrigkeit seiner Handlung verhüllt. Es handelt sich um einen Tatbildirrtum / einen direkten Verbotsirrtum / einen indirekten Verbotsirrtum über die Existenz eines Rechtfertigungsgrundes / einen indirekten Verbotsirrtum über die Grenzen eines Rechtfertigungsgrundes / die irrtümliche Annahme eines rechtfertigenden Sachverhalts.

9. Dieser Irrtum schließt den Vorsatz / das Unrechtsbewusstsein des M bezüglich der Verwirklichung des Tatbestands des § 136 Abs 1 aus.

10. Kann M im vorliegenden Fall bestraft werden?
    Ja / Nein – Begründung:

11. *Hiebe für Diebe?* Der Dieb D hat A eine Lederjacke gestohlen. Am nächsten Tag erblickt A den Täter mit der Beute zufällig auf der Straße. Wortlos schlägt er ihn nieder (§ 83 Abs 1) und nimmt das gute Stück wieder an sich. A ist felsenfest überzeugt, seine Tat sei durch Notwehr gerechtfertigt.
    Liegen für A die Voraussetzungen der Notwehr vor?
    Ja / Nein – Begründung:

12. A ist einem .... erlegen. Dieser verhüllt ihm die Tatbildmäßigkeit / die Rechtswidrigkeit seiner Tat.

13. Um welche Art von Irrtum handelt es sich? (Beantworten Sie diese Frage bitte so präzise wie möglich!)

Blättern Sie bitte zurück zum Neandertaler-Fall auf S 180! Nehmen Sie an, dass Frau S – cand iur im 6. Semester – die Beleidigung nicht tatenlos hinnimmt, sondern der H postwendend eine kräftige Ohrfeige verpasst. S wird gem § 83 Abs 1 angezeigt. Sie beruft sich auf Notwehr (§ 3).

14. S ist durch Notwehr gerechtfertigt / nicht gerechtfertigt, weil (bitte ergänzen!)

15. S macht offensichtlich einen Irrtum geltend. Es handelt sich um einen / um keinen Irrtum über einen rechtfertigenden Sachverhalt, weil (bitte ergänzen!)

20. Kapitel: Testeinheit 20

16. Es handelt sich um einen / um keinen indirekten Verbotsirrtum, weil (bitte ergänzen!)

17. Kann S wegen Körperverletzung (§ 83 Abs 1) bestraft werden?
    Ja / Nein – Begründung:

18. **Berliner Schnauze-Fall:** *Ein frecher Berliner Junge nimmt einen „feinen Pinkel" auf die Schippe: „He Sie, Sie müss'n Ihr'n Krajen wieda mal teer'n, det Weiße kommt durch!" Der so „verhohnepipelte" Fritze Bollmann (B) bekommt „det freche Jör" zu packen.* **In der irrigen Meinung, ihm stünde ein Züchtigungsrecht gegenüber einem Kind zu,** *ohrfeigt er den Jungen (§ 115 Abs 1).*

    B befindet sich in einem Irrtum über einen rechtfertigenden Sachverhalt / in einem indirekten Verbotsirrtum / in einem Tatbildirrtum. Warum und mit welcher rechtlichen Folge?

19. **Variante:** *Fritze Bollmann (B) hat es mit zwei „Knirpsen" zu tun, von denen ihn einer wie geschildert „verhohnepipelt", der andere aber nicht. B verwechselt die beiden und schlägt den falschen.*
    Ändert sich etwas an der Lösung des Falles?
    Ja / Nein – Begründung:

20. **Tatort-Fall** (JAP 1992/93, 168): *In der Fußgängerzone wird mit versteckter Kamera eine Actionszene des neuen Tatortkrimis gedreht. Der zufällig vorbeischlendernde A sieht, wie sich der (vermeintliche) Mörder (V) mit gezücktem Messer auf das bereits am Boden liegende Opfer (O) stürzt, offenbar um dieses zu töten. A springt dazwischen, versetzt V einen kräftigen Kinnhaken (= § 83) und „rettet" so dem O „das Leben".*
    Kommt für A Notwehr (dh hier Nothilfe) in Betracht?
    Ja / Nein – Begründung:

20. Kapitel: Irrtümliche Annahme eines rechtfertigenden Sachverhalts

21. Hat A das Delikt des § 83 Abs 1 vorsätzlich begangen?
    Ja / Nein – Begründung:

22. Bezeichnen Sie die Art des Irrtums des A so präzise wie möglich!

23. Kann A wegen vorsätzlicher Tat bestraft werden?
    Ja / Nein – Begründung (zwar kurz, aber möglichst genau und vollständig durchprüfen!):

20. Kapitel: Testeinheit 20

Antworten

1. der Täter irrtümlich einen Sachverhalt annimmt, welcher die Rechtswidrigkeit der Tat ausschließen würde (§ 8 Satz 1) oä.
2. indirekten. In beiden Fällen bezieht sich der Irrtum auf einen **Rechtfertigungsgrund** oä.
3. nicht vorsätzlich; vorsätzlich
4. sind gleich, weil in beiden Fällen Bestrafung wegen **fahrlässiger Tat** erfolgt, falls der Irrtum auf Fahrlässigkeit beruht und es ein entsprechendes Fahrlässigkeitsdelikt überhaupt gibt oä.
5. ZB *Highway-Fall* (S 287); Variante des *Lebensretter-Falles* (S 289).
6. erfüllt
7. rechtfertigender Notstand bzw rechtfertigende Notstandshilfe.
   Nein! Es fehlt bereits an der Notstandssituation. Ein unmittelbar drohender Nachteil für das Leben des P liegt nicht mehr vor. Denn P ist bereits tot.
8. die Rechtswidrigkeit; einen Irrtum über einen rechtfertigenden Sachverhalt
9. das Unrechtsbewusstsein
10. Nein! M kann nicht bestraft werden. Denn § 136 Abs 1 ist nicht fahrlässig begehbar (§ 7 Abs 1).
11. Nein! Schon die **Notwehrsituation** ist nicht gegeben. Denn es fehlt am Erfordernis der **Gegenwärtigkeit** des Angriffs. Der Angriff ist bereits abgeschlossen oä.
12. Irrtum; die Rechtswidrigkeit seiner Tat
13. Um einen indirekten Verbotsirrtum über die (rechtlichen = hier zeitlichen) Grenzen der Notwehr.
14. nicht gerechtfertigt; Notwehr immer nur bei **notwehrfähigen** Rechtsgütern in Betracht kommt, also nicht in Bezug auf die **Ehre;** vgl § 3 Abs 1.
15. um keinen Irrtum über einen rechtfertigenden Sachverhalt; S sich nicht über die tatsächliche Seite, sondern über die rechtliche Seite des Rechtfertigungsgrundes irrt oä.
16. um einen indirekten Verbotsirrtum; S sich über die Reichweite des von der Rechtsordnung (§ 3) durchaus anerkannten Rechtfertigungsgrundes der Notwehr geirrt hat oä.
17. Ja! Der Irrtum war gem § 9 Abs 2 1. Halbsatz vorwerfbar (cand jur im 6. Semester) oä.
18. in einem indirekten Verbotsirrtum. Da es kein Züchtigungsrecht gegenüber Kindern gibt, nimmt der Täter irrtümlich die **Existenz** eines solchen Rechtfertigungsgrundes an oä. Dieser Irrtum ist vorwerfbar, da das Unrecht für den Täter wie für die Allgemeinheit leicht erkennbar ist. Die Strafbarkeit der Beleidigung ist daher nicht berührt.
19. Nein! Jedenfalls nicht im Ergebnis. B befindet sich jetzt **zusätzlich** in einem error in persona, der aber angesichts der Gleichartigkeit des Tatobjekts unbeachtlich ist. Im Übrigen liegt derselbe indirekte Verbotsirrtum vor wie bei 18.
20. Nein! Es fehlt bereits an der Notwehrsituation. V schauspielert eine Messerattacke auf das Leben des O, **greift** in Wahrheit also **nicht an** oä; vgl im Grundriss AT RN 13.5.
21. Ja! Denn er hat V am Körper verletzen wollen, mithin einen Sachverhalt verwirklichen wollen, der dem gesetzlichen Tatbild der Körperverletzung (§ 83 Abs 1) entspricht oä.
22. Es handelt sich um die irrtümliche Annahme eines rechtfertigenden Sachverhalts.
23. Nein! In Bezug auf die (scheinbar) bevorstehende Tötung des O nimmt A einen Sachverhalt an, bei dessen tatsächlichen Vorliegen sämtliche Voraussetzungen der Nothilfesituation iSd § 3 erfüllt wären. Unter Zugrundelegung der Tätervorstellung waren der Faustschlag iSd schonendsten Mittels notwendig und die (scheinbare) Nothilfesituation dem A bekannt. Daher treten die Rechtsfolgen des § 8 Satz 2 ein. A kann nicht wegen vorsätzlicher Tat bestraft werden. *Anmerkung:* Angesichts der gesamten Umstände (zB versteckte Kamera) auch nicht gem § 88.

■ ■ ■ **Ende dieser Programmeinheit** ■ ■ ■

21. Kapitel

Entschuldigender Notstand

Lerneinheit 21

Lernziel: Der **wichtigste Fall eines Entschuldigungsgrundes** ist der „entschuldigende Notstand". Diese LE befasst sich mit seiner dogmatischen Struktur und den wesentlichen Unterschieden zum rechtfertigenden Notstand.

Allgemeine Grundlagen

Das dritte Element des Schuldbegriffs der Vorsatzdelikte bildet die Prüfung allfälliger **Entschuldigungsgründe.** Dazu das nachfolgende Schaubild:

(1) Bitte einsetzen!

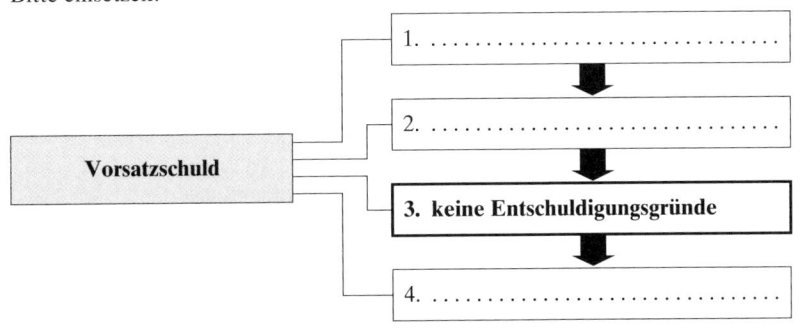

```
                    ┌── 1. ................................
                    │              ▼
                    ├── 2. ................................
  ┌──────────────┐  │              ▼
  │ Vorsatzschuld├──┤
  └──────────────┘  ├── 3. keine Entschuldigungsgründe
                    │              ▼
                    └── 4. ................................
```

In bestimmten Situationen kann der Täter **mangels Schuld nicht bestraft** werden, obwohl eine rechtswidrige Tat vorliegt, der Täter schuldfähig ist und mit Unrechtsbewusstsein gehandelt hat.

(2) Das sind Situationen, in denen eine rechtswidrige Tat .... ist.

Das klassische Beispiel hierfür verbindet sich mit dem Namen des griechischen Philosophen *Karneades* (214-129 v Chr), der diese Fallkonstellation als Erster erörtert haben soll:

Karneades-Fall: *Zwei Schiffbrüchige klammern sich gleichzeitig an eine Planke, welche nur einen von ihnen zu tragen vermag. Um das eigene Leben zu retten, stößt A den B ins Wasser zurück, sodass dieser ertrinkt (§ 75).*

---

(1) von o nach u: Schuldfähigkeit; (aktuelles oder potenzielles) Unrechtsbewusstsein; allfällige besondere Schuldmerkmale
(2) entschuldigt

21. Kapitel: Lerneinheit 21

Eine ganz ähnliche Situation hatten wir im *Mignonette-Fall* (S 189) unter dem Aspekt des **rechtfertigenden Notstands** erörtert. Kommt rechtfertigender Notstand im *Karneades-Fall* in Betracht?

(3) Ja / Nein – Begründung:

Verdient die Handlung des A **Ihrer Meinung** nach Strafe?

(4) Ja / Nein – Begründung:

Schon mehrfach ist betont worden, dass sich das StGB bezüglich der **Schuld** an einem **bestimmten Menschenbild** orientiert.

(5) Es ist die Modellfigur des m.............................. ....
(6) Beschreiben Sie dieses Menschenbild mit den Worten des § 10!

Ein solcher Mensch respektiert die strafrechtlichen Rechtsgüter und handelt in
(7) jeder Lebenslage rechtmäßig / rechtswidrig.

In **fast** jeder Lebenslage! Denn es gibt **Extremsituationen, in denen äußere oder innere Zwänge (= Bedrängnis) einen so starken Motivationsdruck** entfalten, dass die Rechtsordnung selbst von einem mit den rechtlich geschützten Werten verbundenen Menschen rechtmäßiges Handeln realistischerweise nicht mehr verlangen kann.

Kurz formuliert: Es gibt **außergewöhnliche Bedrängnissituationen,** in denen die Rechtsordnung **selbst einem maßgerechten Menschen rechtmäßiges Handeln nicht mehr zumutet.**

(8) In einer solchen Bedrängnis / in keiner solchen Bedrängnis befindet sich A im *Karneades-Fall.* A hätte ein Held oder ein Heiliger sein müssen, um rechtmäßig zu handeln, dh um lieber den eigenen Tod zu wählen als das Leben des B anzutasten.

---

(3) Nein! Es besteht zwar ein unmittelbar drohender Nachteil für das Leben des A. Da auf der anderen Seite aber das Leben des B steht, fehlt es an dem Erfordernis der **Höherwertigkeit** des geretteten Rechtsguts. Damit entfällt die Notstandshandlung oä.
(4) Es wurde nach Ihrer Meinung gefragt. Nach unserer Meinung verdient A keine Strafe. Zwar ist seine Tat die eines Mörders, **nicht** aber seine **Schuld.**
(5) maßgerechten Menschen
(6) Der maßgerechte Mensch ist „mit den rechtlich geschützten Werten verbunden" oä.
(7) rechtmäßig
(8) In einer solchen Bedrängnis

21. Kapitel: Entschuldigender Notstand

Heldentaten oder Wunder zu vollbringen, kann und will die Rechtsordnung aber niemandem zumuten.

Solchen außergewöhnlichen Situationen trägt der Gesetzgeber im Wege von **Entschuldigungsgründen** Rechnung.

Entschuldigungsgründe beschreiben die Voraussetzungen, unter denen die Rechtsordnung rechtmäßiges Handeln nicht mehr zumutet.

Beachte! Es gibt eine Reihe von Entschuldigungsgründen im StGB; sie finden sich teils im Allgemeinen Teil (§ 10), teils im Besonderen Teil und gelten insoweit nur für bestimmte Delikte; vgl insb § 94 Abs 3, § 95 Abs 2 und § 115 Abs 3. Sie sind idR daran zu erkennen, dass der Gesetzgeber explizit Begriffe wie „entschuldigt" (§ 10, § 94 Abs 3, 115 Abs 3) oder „nicht zuzumuten" (§ 95 Abs 2) verwendet.

(9) Ist ein Entschuldigungsgrund gegeben, entfällt damit die Tatbestandsmäßigkeit / die Rechtswidrigkeit / die Schuld.

Entschuldigender Notstand

Nun zum wichtigsten Entschuldigungsgrund des Strafrechts, dem **entschuldigenden Notstand**. Lesen Sie bitte § 10!

Betrachten wir zunächst den **grundsätzlichen Unterschied** zwischen dem rechtfertigenden und dem entschuldigenden Notstand.

Der rechtfertigende Notstand beruht auf dem Gedanken, dass die **Rechtsordnung es prinzipiell billigt,** wenn ein **höherwertiges** Rechtsgut auf Kosten eines
(10) .... gerettet wird. Eine solche Tat ist prinzipiell rechtmä-
(11) ßig / prinzipiell rechtswidrig.

Dagegen billigt die Rechtsordnung es prinzipiell nicht, wenn ein nur **gleichwerti-**
(12) **ges** oder gar **geringerwertiges** Rechtsgut auf Kosten eines ....
(13) gerettet wird. Eine solche Tat ist daher prinzipiell rechtmäßig / prinzipiell rechtswidrig.

Beachte! An den **rechtfertigenden** Notstand, dh an den **Rechtfertigungsgrund,** legt die Rechtsordnung einen **strengen** Maßstab an: Voraussetzung für die **Billi-**
(14) **gung** der Notstandshandlung durch die Rechtsordnung ist die ....
.... des geretteten Rechtsguts.

Aber: Die Strafbarkeit einer Tat wird nicht nur an ihrer Rechtswidrigkeit gemessen. Es gibt noch ein weiteres Kriterium, die **Schuld.**

---

(9) die Schuld
(10) geringeren bzw geringerwertigen
(11) prinzipiell rechtmäßig
(12) höheren bzw höherwertigen
(13) prinzipiell rechtswidrig
(14) Höherwertigkeit

(15) Unter dem Aspekt der .... kann die Rechtsordnung außergewöhnliche Bedrängnissituationen beim Täter berücksichtigen und mildere Maßstäbe / strengere Maßstäbe an die Beurteilung seiner Tat anlegen: Sie kann in außergewöhnlicher Bedrängnis begangene rechtswidrige Taten nachsehen = **entschuldigen**.

(16) Die Rechtsordnung kann also Notstandstaten e ...., die deshalb r .... sind, weil der Täter nicht ein höherwertiges, sondern ein gleichwertiges oder gar .... Rechtsgut gerettet hat.

Wichtig! Der **entschuldigende Notstand** ist somit das **Auffangbecken** für alle Notstandstaten, bei denen die **Höherwertigkeit** des geretteten Rechtsguts entweder nicht gegeben ist oder sich jedenfalls (zB bei nicht vergleichbaren Rechtsgütern) nicht eindeutig begründen lässt.

(17) Daher kommt im *Karneades-Fall* für A zwar nicht .... Notstand, dafür aber möglicherweise .... Notstand in Betracht.

Im Übrigen handelt es sich bei beiden Notständen, wie schon ihre Bezeichnung andeutet, um **verwandte Rechtsinstitute**.

Diese Verwandtschaft geht so weit, dass die **Grobstruktur** von Rechtfertigungs-
(18) grund und Entschuldigungsgrund völlig identisch / weitgehend identisch ist:

	Notstandssituation	Notstandssituation	
Rechtfertigender Notstand	Notstandshandlung	Notstandshandlung	**Entschuldigender Notstand (§ 10)**
	Subjektives Rechtfertigungselement	Rettungswille	

Die Unterschiede zwischen beiden Notstandsarten treten erst in der **Feinstruktur** der einzelnen Notstandsmerkmale hervor.

Notstandssituation

Beginnen wir mit der **Notstandssituation**. Lesen Sie bitte **§ 10 Abs 1 1. Halbsatz!**

Aus dem Gesetzestext ergibt sich: Die Verwandtschaft beider Notstandsarten geht sogar so weit, dass die Notstandssituation des entschuldigenden Notstands
(19) mit jener des rechtfertigenden Notstands teilweise / völlig übereinstimmt.

---

(15) Schuld; mildere Maßstäbe
(16) entschuldigen; rechtswidrig; geringeres bzw geringerwertiges
(17) rechtfertigender; entschuldigender
(18) weitgehend identisch
(19) völlig übereinstimmt

21. Kapitel: Entschuldigender Notstand

Die Ausführungen der LE 14 zur Notstandssituation beim rechtfertigenden Notstand gelten somit auch für die Notstandssituation beim entschuldigenden Notstand.

(20) Bitte einsetzen!

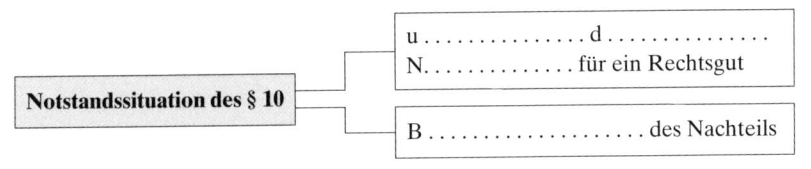

Notstandssituation des § 10
- u.............. d..............
  N............. für ein Rechtsgut
- B.................... des Nachteils

Blättern Sie bitte zurück zum Karneades-Fall (S 301)!

Sind für A die Voraussetzungen der **Notstandssituation** des § 10 gegeben?
(21) Ja / Nein – Begründung:

Notstandshandlung

Bitte blättern Sie zurück zum Bastardl-Fall (S 190)!

Offen geblieben war ua die Frage, ob für K, den Eigentümer des bedrohten Hauskaters, überhaupt eine Notstandssituation vorliegt. Liegt sie vor?
(22) Ja / Nein – Begründung:

(23) Unter dem Aspekt der **Notstandssituation** ist sowohl an ....
als auch an .... Notstand zu denken.

Welche der beiden Notstandsarten in Betracht kommt, entscheidet sich daher **erst**
(24) bei der ....

(25) Im *Bastardl-Fall* scheidet jedenfalls rechtfertigender / entschuldigender Notstand aus, weil (bitte ergänzen!)

---

(20) unmittelbar drohender Nachteil; Bedeutsamkeit
(21) Ja! Durch das Festhalten des B an der Planke, die nur einen trägt, droht dem Leben des A ein unmittelbarer bedeutender Nachteil oä.
(22) Ja! Dem Kater droht Todesgefahr oä.
(23) rechtfertigenden; entschuldigenden
(24) Notstandshandlung
(25) jedenfalls rechtfertigender; Kater und Hund in etwa gleichwertig sind oä.

21. Kapitel: Lerneinheit 21

Pumpgun-Fall: Der Polizeibeamte P hat den Gefangenen G dem Richter zu überstellen. Vor dem Gerichtsgebäude wird P von zwei Komplizen des G abgepasst und mit vorgehaltener „Pumpgun" zum Aufschließen der Handschellen und zur Freilassung ihres Kumpanen „bewogen".

Es geht allein um die Frage der Strafbarkeit des **P**, wobei wir der Einfachheit halber unterstellen, dass P mit der Freilassung des G das Delikt des Missbrauchs der Amtsgewalt (§ 302 Abs 1) in objektiver und subjektiver Hinsicht erfüllt hat. Lesen Sie bitte § 302 Abs 1!

(26) Für P war eine **Notstandssituation** gegeben, weil (bitte ergänzen!)

(27) Erst die nähere Betrachtung der **Notstandshandlung** zeigt, dass nur rechtfertigender / nur entschuldigender Notstand in Betracht kommt, weil (bitte ergänzen!)

(28) Auch im *Karneades-Fall* (S 301) sowie im *Mignonette-Fall* (S 189) liegt der eigentliche Schwerpunkt der rechtlichen Erörterungen weniger bei der ....-situation als vielmehr bei der ....

Betrachten wir daher die **Notstandshandlung** des § 10 näher.

(29) **Beachte!** Anders als beim rechtfertigenden Notstand braucht sie weder das einzige Mittel zu sein noch muss das gerettete Rechtsgut .... wertig sein.

(30) Folglich reicht die Notstandshandlung beim entschuldigenden Notstand im Ansatz erheblich / nicht über die des rechtfertigenden Notstands hinaus.

Dadurch entsteht allerdings die **Gefahr,** dass unter Berufung auf § 10 in beträchtlichem Umfang auch höher- und höchstwertige Rechtsgüter auf Kosten geringerwertiger in Mitleidenschaft gezogen werden können.

Dieser Gefahr hat der Gesetzgeber in der Weise vorgebaut, dass er im § 10 mehrere **Ausschlussgründe = Ausschlussklauseln** festlegt, bei deren Vorliegen die Rettung eines bedrohten Rechtsguts **keine Notstandshandlung** darstellt.

---

(26) die körperliche Integrität, uU sogar das Leben des P unmittelbar bedroht war oä.
(27) nur entschuldigender; das Rechtsgut des § 302 (Sauberkeit der Amtsführung) mit der körperlichen Integrität (§§ 83 ff) bzw dem Leben (§ 75) **nicht vergleichbar** ist und sich daher die Frage, welches Rechtsgut höherwertig ist, nicht eindeutig beantworten lässt oä.
(28) Notstandssituation; Notstandshandlung
(29) höherwertig
(30) erheblich

21. Kapitel: Entschuldigender Notstand

Gem § 10 wird die **Notstandshandlung** beim entschuldigenden Notstand insgesamt durch drei Klauseln **eingeschränkt** bzw **ausgeschlossen,** und zwar durch
1. die **Unverhältnismäßigkeitsklausel** (§ **10 Abs 1 1. Halbsatz** bitte lesen!),
2. die **Verschuldensklausel** (§ **10 Abs 2 Satz 1** bitte lesen!) und
3. die **Unzumutbarkeitsklausel** (§ **10 Abs 1 2. Halbsatz** bitte lesen!)

Daraus ergibt sich folgende **Feinstruktur der entschuldigenden Notstandshandlung:**

(31) Bitte einsetzen!

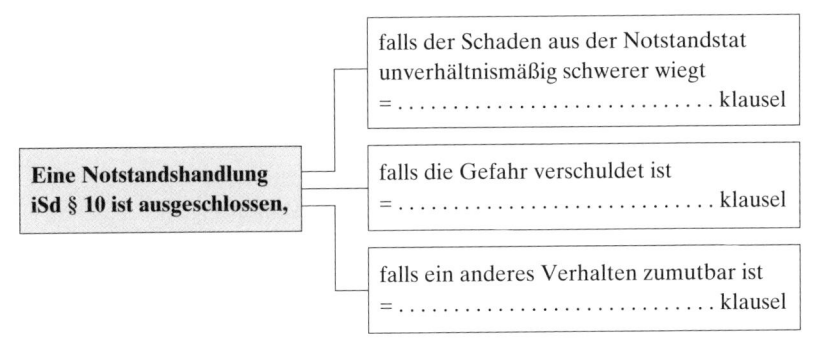

```
                              falls der Schaden aus der Notstandstat
                              unverhältnismäßig schwerer wiegt
                              = ........................... klausel

  Eine Notstandshandlung      falls die Gefahr verschuldet ist
  iSd § 10 ist ausgeschlossen, = ........................... klausel

                              falls ein anderes Verhalten zumutbar ist
                              = ........................... klausel
```

Allein das Vorliegen einer Notstandssituation sagt mithin noch nichts darüber aus,
(32) ob die Handlung tatsächlich e.................... ist. Es kommt vielmehr
(33) entscheidend darauf an, ob sich auch die Notstands .... in den durch § ..... gezogenen Grenzen hält.

(34) Ist auch nur **eine einzige** dieser drei Ausschlussklauseln erfüllt, (bitte ergänzen!)

Zunächst zur **Unverhältnismäßigkeitsklausel.**

Lesen Sie bitte erneut § **10 Abs 1 1. Halbsatz!**

Eine Notstandshandlung entfällt, wenn der aus der Notstandstat drohende Schaden **unverhältnismäßig schwerer wiegt** als der Nachteil, der abgewendet werden soll.

---

(31) Unverhältnismäßigkeitsklausel, Verschuldensklausel, Unzumutbarkeitsklausel
(32) entschuldigt
(33) Notstandshandlung; § 10
(34) scheidet eine Notstandshandlung iSd § 10 (und damit der Entschuldigungsgrund des § 10 in toto) aus oä.

Mit anderen Worten: Der durch die Notstandstat zugefügte Nachteil kann durch-
(35) aus schwerer sein / darf nicht schwerer sein. Aber er darf **nicht unverhältnismäßig** schwerer wiegen als der, der abgewendet werden soll.

Ob dies zutrifft, ist **unter Abwägung der gesamten Umstände des Falles** zu entscheiden.

Variieren wir den Bastardl-Fall (S 190) in der Weise, dass K ein wohlsituierter Katzenfreund ist, der 20 schnurrende Samtpfötchen sein Eigen nennt, während der getötete Hundspudeldackel einem mittellosen Invaliden gehörte und dessen einziger Lebensinhalt war.

Bei diesem Sachverhalt wiegt der Schaden, den K mit der Tötung des Hundes
(36) angerichtet hat, insgesamt unverhältnismäßig schwerer / insgesamt nicht unverhältnismäßig schwerer als der Nachteil, der ihm selbst droht. Die Annahme eines
(37) entschuldigenden Notstands für K ist somit ausgeschlossen / somit nicht ausgeschlossen.

Führt im *Karneades-Fall* (S 301) die Unverhältnismäßigkeitsklausel zum Ausschluss der Notstandshandlung und damit des § 10?
(38) Ja / Nein – Begründung:

Rafting-Fall: *Beim Rafting durch reißendes Wildwasser wird ein Fahrgast (F) mit dem Kopf gegen einen Felsen geschleudert und geht unter. Der Bootsführer (B) könnte sofort nachspringen (= einzige Rettungschance), ist sich jedoch darüber im Klaren, dass dann das Schlauchboot mit den übrigen sechs Insassen unweigerlich kentern würde, wodurch auch diese in äußerste Lebensgefahr gerieten. Er bleibt deshalb im Boot. Infolgedessen ertrinkt F, womit B gerechnet und sich abgefunden hatte. Gehen wir von einem vorsätzlichen Tötungsdelikt des B aus (§§ 2, 75).*

(39) Bei **dieser** Fallkonstellation kommt rechtfertigender Notstand in Betracht / nicht in Betracht, weil (bitte ergänzen!)

---

(35) kann durchaus schwerer sein
(36) insgesamt unverhältnismäßig schwerer
(37) somit ausgeschlossen
(38) Nein! Es steht Leben gegen Leben; die Tötung des B wiegt also nicht unverhältnismäßig schwerer als die dem A selbst drohende Lebensgefahr oä.
(39) nicht in Betracht; auch **mehrere** Menschenleben nicht mehr wert sind als eines; vgl im Grundriss AT RN 14.27.

21. Kapitel: Entschuldigender Notstand

(40) Worauf kann bzw wird sich B berufen?

Nun zur **Verschuldensklausel.**

„Verschuldensklausel" ist die Kurzformel für den in **§ 10 Abs 2 Satz 1** formulierten Gedanken. Bitte lesen!

(41) Wer sich der Gefahr ohne einen von der .... Grund **bewusst ausgesetzt** hat, soll sich auf entschuldigenden Notstand berufen / nicht berufen können.

(42) Die Rechtsordnung verbietet niemandem, sich b............. in eine Gefahr zu begeben. Wer dies tut, muss aber auch die Folgen tragen.

Könnte sich im Bastardl-Fall der Katzeneigentümer K auf entschuldigenden Notstand berufen, wenn er den Hundspudeldackel absichtlich zur Attacke auf seinen Hauskater gereizt hätte?

(43) Ja / Nein – Begründung:

Variante: Könnte sich K auf entschuldigenden Notstand berufen, wenn er den Vierbeiner des B durch eine ängstliche Bewegung erschreckt und dadurch zum Angriff auf seinen Kater veranlasst hätte?

(44) Ja / Nein – Begründung:

(45) **Aber:** Wer sich im Rahmen eines „von der Rechtsordnung .... Grundes" bewusst Gefahren aussetzt, verliert / behält den Anspruch auf nachsichtige Beurteilung seiner Tat.

Das Gesetz denkt dabei insb an **sportliche Betätigungen** im weitesten Sinn, an Tätigkeiten im **Dienste der Forschung, der Rettung,** an die **Ausübung gefährlicher Berufe** etc.

---

(40) Auf entschuldigenden Notstand (§ 10).
(41) Rechtsordnung anerkannten; nicht berufen
(42) bewusst
(43) Nein! K hätte seinen Kater **bewusst** (und außerdem ohne rechtlichen Grund) der Gefahr ausgesetzt oä.
(44) Ja! K hätte dann seinen Kater **nicht bewusst** der Gefahr ausgesetzt oä.
(45) anerkannten; behält

21. Kapitel: Lerneinheit 21

Bergsteiger-Fall: Eigernordwand. Ideales Bergsteigerwetter. *Karl Pieler (P) aus Wattens und sein amerikanischer Freund Gus Buckle (B) aus Traverse City/ Michigan haben es fast geschafft, als B abrutscht und in die Tiefe stürzt. Der Tiroler kann den Amerikaner nicht halten. Um nicht in den Abgrund mitgerissen zu werden, kappt er das Seil.*

(46) Die Annahme einer entschuldigenden Notstandshandlung ist hier durch § 10 Abs 2 Satz 1 gundsätzlich ausgeschlossen / nicht grundsätzlich ausgeschlossen, weil (bitte ergänzen!)

Zur **Zumutbarkeitsklausel.**

(47) Für die Zumutbarkeit rechtmäßigen Verhaltens greift der Gesetzgeber auf die Modellfigur des .... zurück.

Lesen Sie bitte **§ 10 Abs 1 2. Halbsatz!**

(48) **Nur dann** liegt eine (entschuldigende) Notstandshandlung vor, wenn **in der Lage des Täters** auch von einem mit den (bitte ergänzen!)

(49) Diesem deskriptiven / normativen Maßstab kann man sich am ehesten durch Beispiele nähern. Variieren wir erneut den *Bastardl-Fall* (S 190).

K hätte seinen Stubentiger ohne Gefahr für sich und das Tier auch dadurch retten können, dass er ihn schützend auf seinen Arm gehoben hätte.

(50) Bei einer solchen Sachlage wäre es einem maßgerechten Menschen zumutbar gewesen / nicht zumutbar gewesen, das Tier auf diese Weise zu retten.

(51) Folglich wäre K bei dieser Variante entschuldigt / nicht entschuldigt.

Wenden Sie nunmehr die Zumutbarkeitsklausel im *Karneades-Fall* (S 301) an!

---

(46) nicht grundsätzlich ausgeschlossen; sich P der Gefahr zwar **bewusst**, aber **aus einem von der Rechtsordnung anerkannten Grund** (zur sportlichen Betätigung gehört auch das Bergsteigen) ausgesetzt hat oä.
(47) maßgerechten Menschen
(48) rechtlich geschützten Werten verbundenen Menschen kein anderes Verhalten zu erwarten war.
(49) normativen
(50) zumutbar gewesen
(51) nicht entschuldigt

21. Kapitel: Entschuldigender Notstand

(52) In der Lage des Täters wäre von einem maßgerechten Menschen ein anderes Verhalten / kein anderes Verhalten zu erwarten gewesen.

(53) Begründung:

(54) Und wie entscheiden Sie im *Rafting-Fall* (S 308)?

(55) Daher ist der Bootsführer B

☐ zu bestrafen (wenngleich so mild wie möglich)   ☐ freizusprechen.

Rettungsabsicht

(56) Zur Notstandssituation und zur Notstandshandlung muss wie beim .... Notstand ein subjektives Element hinzutreten. Allerdings genügt nach hM die (bloße) **Kenntnis** der Notstandssituation nicht; vorausgesetzt wird **Rettungsabsicht** (arg § 10 Abs 1: „**um** ... zu").

Damit sind die Voraussetzungen des entschuldigenden Notstands komplett.

(57) Bitte einsetzen!

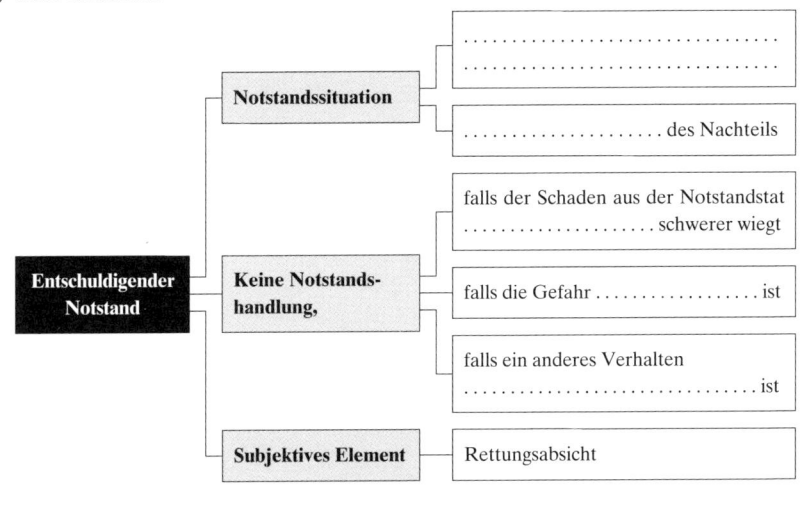

```
                                    ┌─ ...................................
                                    │  ...................................
                   ┌─ Notstandssituation ─┤
                   │                │
                   │                └─ .................... des Nachteils
                   │
                   │                ┌─ falls der Schaden aus der Notstandstat
                   │                │  .................... schwerer wiegt
Entschuldigender ──┤                │
Notstand           │─ Keine Notstands-┤─ falls die Gefahr ................. ist
                   │  handlung,     │
                   │                │
                   │                └─ falls ein anderes Verhalten
                   │                   ............................. ist
                   │
                   └─ Subjektives Element ── Rettungsabsicht
```

---

(52) kein anderes Verhalten
(53) Die Rechtsordnung erwartet nicht, dass man sein Leben aufopfert.
(54) B ist auch bei Berücksichtigung der Zumutbarkeitsklausel entschuldigt oä.
(55) freizusprechen
(56) rechtfertigenden
(57) Notstandssituation: unmittelbar drohender Nachteil für ein Rechtsgut; Bedeutsamkeit
    Notstandshandlung (von o nach u): unverhältnismäßig; verschuldet; zumutbar

21. Kapitel: Lerneinheit 21

(58) Wird **rechtfertigender Notstand** zugunsten eines Dritten geübt, so nennt man diesen Fall rechtfertigende Notstandsh..........

(59) Wird der **entschuldigende Notstand zugunsten eines anderen** geübt, so bezeichnet man diesen Fall als e........................ N........................

(60) Diese Ausdehnung des entschuldigenden Notstandes auf andere Personen als den Bedrohten ergibt sich unmittelbar aus dem Wortlaut des § 10. Aus welchen Worten?

(61) Schildern Sie den *Bastardl-Fall* (S 190) so, dass daraus ein Beispiel für entschuldigende Notstandshilfe wird!

■ ■ ■ **Bevor Sie die Testfragen zur LE 21 durcharbeiten, lesen Sie bitte zunächst im Grundriss AT Kap 21!** ■ ■ ■

(58) Notstandshilfe
(59) entschuldigende Notstandshilfe
(60) Aus den Worten „von sich oder einem anderen".
(61) Ein Dritter steht dem Hauskater bei und erschlägt den Hund oä.

21. Kapitel: Entschuldigender Notstand

Testeinheit 21

Testfragen zur LE 21

1. Liegt **rechtfertigender Notstand** vor, wird der Täter nicht bestraft, weil seine Tat von der Rechtsordnung .... wird. Es entfällt somit die .... der Tat.

2. Liegt **entschuldigender Notstand** vor, wird der Täter ebenfalls nicht bestraft. Seine Tat wird von der Rechtsordnung zwar nicht gebilligt und ist daher ....- .... Da ihm aber rechtmäßiges Verhalten nicht .... werden kann, entfällt die ....

3. Definieren Sie **Entschuldigungsgründe!**

4. Nennen Sie stichwortartig die **drei Klauseln,** welche die Notstandshandlung gem § 10 einschränken bzw ausschließen.

5. Im Gegensatz zum rechtfertigenden Notstand kommt es beim entschuldigenden Notstand nicht darauf an, ob (bitte nennen Sie **mindestens einen** Unterschied!)

6. *Bitte blättern Sie zurück zum Rafting-Fall (S 308) und überlegen Sie jetzt folgende Variante: Der Bootsführer (B) entscheidet sich, dem ins Wasser Gestürzten nachzuspringen, und rettet ihn. Inzwischen prallt das führerlose Schlauchboot an einen Felsen und kentert. Die übrigen sechs Insassen ertrinken.*

Kommt auch bei **dieser** Fallkonstellation entschuldigender Notstand in Betracht? Ja / Nein – Begründung:

21. Kapitel: Testeinheit 21

7. **Hundswut-Fall:** *Ein **tollwutbefallener** Dackel (Wert 700 €) stürzt sich auf den Riesenschnauzer des B (Wert 700 €) und versucht, ihm in die Flanke zu beißen. B kommt seinem Vierbeiner zu Hilfe und erschlägt den Dackel (= § 125). Aber von dessen Tollwutbefall **weiß B nichts**.*

   a) Kommt für B **rechtfertigender Notstand** in Betracht?
   Ja / Nein – Begründung:

   b) Kommt für B **entschuldigender Notstand** in Betracht? Vorsicht, diese Frage ist nicht ganz „ohne" und setzt ein sorgfältiges Durchdenken des Sachverhalts voraus!
   Ja / Nein – Begründung:

   c) Kann sich B wenigstens auf einen Irrtum gem § 10 Abs 2 Satz 2 berufen?
   Ja / Nein – Begründung:

8. *Geiselnehmer-Fall: Der Kriminalinspektor Patrick Kronberger (K) hat sich dem Geiselnehmer (A) als Ersatzgeisel zur Verfügung gestellt und lenkt den schnellen Fluchtwagen durch die Wiener Innenstadt Richtung Karlsplatz. Als sich ihnen ein Polizist (P) entgegenstellt, setzt A dem K die schussbereite Pistole an die Schläfe und zischt: „Gib Gas!" K gehorcht; P gelingt es nicht mehr, zur Seite zu springen; er wird durch den Aufprall getötet.*

   Bezüglich der Tötung (§ 75) seines Kollegen handelt K absichtlich / allenfalls mit dolus eventualis. Bitte begründen!

9. K beruft sich auf entschuldigenden Notstand. Mit Erfolg?
   Ja / Nein – Begründung:

10. *Variante: Nehmen Sie an, der **Taxilenker L** wäre die Geisel. Als der Polizeibeamte P erkennt, dass L ihn niederfahren will, erschießt er den Taxilenker mit seiner Dienstpistole.*

    Durfte P den L erschießen?

    Der mit der Pistole bedrohte L handelt beim Zufahren auf P gem § 10 entschuldigt / nicht entschuldigt. Daraus ergibt sich für **P** das Problem, ob man gegen einen entschuldigt Handelnden .... üben darf.

11. Wie lösen Sie es?

12. **Wiener AKH-Fall** (OGH SSt 54/42): *Ein Unternehmer (U) zahlt beträchtliche Schmiergelder an den zuständigen Wiener Magistratsbeamten (W), um bei der Vergabe eines öffentlich ausgeschriebenen Großauftrags vor anderen Mitbewerbern den Zuschlag zu erhalten.*

    U wird gem § 307 Abs 1 Z 1 angeklagt, da er W zur pflichtwidrigen Vornahme eines Amtsgeschäftes veranlasst habe. Was halten Sie von der Berufung des U auf § 10 Abs 1, weil ohne Erlangung dieses Großauftrags seine Firma möglicherweise Pleite gegangen wäre?

21. Kapitel: Testeinheit 21

Antworten

1. gebilligt; Rechtswidrigkeit
2. rechtswidrig; zugemutet; Schuld
3. Entschuldigungsgründe beschreiben die Voraussetzungen, unter denen die Rechtsordnung rechtmäßiges Handeln nicht mehr zumutet oä.
4. Unverhältnismäßigkeitsklausel; Verschuldensklausel; Unzumutbarkeitsklausel.
5. Beim entschuldigenden Notstand kommt es im Gegensatz zum rechtfertigenden nicht darauf an,
   ob das gerettete Rechtsgut höherwertig ist;
   ob die Notstandshandlung das einzige Mittel ist.

   Dagegen kommt es nur beim entschuldigenden und nicht beim rechtfertigenden Notstand darauf an, ob die Gefahr verschuldet ist.
6. Diese Frage ist nicht leicht zu beantworten. Man könnte es als unverhältnismäßig ansehen, mehrere Menschen in Lebensgefahr zu bringen, um eine Person zu retten. Richtigerweise aber zählt jedes Menschenleben gleich viel und ist daher auch einer quantitativen Abwägung unzugänglich. Also ja!
7. Zunächst eine unerlässliche Vorbemerkung zum richtigen Verständnis des Sachverhalts: Wird ein Vierbeiner von einem tollwütigen Hund gebissen, so bekommt er **auch** Tollwut. Damit ist sein Schicksal besiegelt. **Dieser** Umstand begründet überhaupt erst eine **Notstandssituation** für B, **nicht** dagegen das **alltägliche Geschehen,** dass ein Hund den anderen beißen will (erst recht nicht, wenn ein kleiner Hund [Dackel!] einen großen [Schnauzer] attackiert!).
   a) Nein! Wenn Sie mit den meisten Ihrer Kollegen darauf abstellen, dass beide Hunde wertgleich sind. Dann fehlt es (schon) an der Höherwertigkeit des geretteten Rechtsguts oä. Anders, wenn Sie darauf abstellen, dass der tollwütige Hund für die Hunde der ganzen Gegend oder gar für die dort wohnenden Menschen eine Gefahr bildet. So gesehen wäre aber das **subjektive Rechtfertigungselement** zu verneinen, da B von **dieser** Gefahr, dh von dieser Notstandssituation nichts weiß.
   b) Nein! Die Notstandssituation ist zwar auch hier gegeben (siehe oben); desgleichen – bezogen auf die vom Dackel ausgehende Tollwutgefahr – auch die Notstandshandlung iSd § 10. Aber es fehlt das subjektive Element des entschuldigenden Notstands, die **Rettungsabsicht.** B weiß von seinem Hunde (und den übrigen Hunden) drohenden Tollwutgefahr, dh der eigentlichen Notstandssituation nichts oä.
   c) Nein! Die im § 10 Abs 2 Satz 2 geschilderte Situation liegt **tatsächlich** vor. B irrt sich nicht über einen entschuldigenden Sachverhalt. Es können daher auch nicht die in § 10 Abs 2 Satz 2 genannten Rechtsfolgen eintreten oä.
8. Allenfalls mit dolus eventualis. K hofft zwar, dass P rechtzeitig zur Seite springen kann, hält es aber ernstlich für möglich, dass P getötet wird, und findet sich (notgedrungen) damit ab oä.
9. Nein! K ist Kriminalinspektor und lenkt den Fluchtwagen nicht als Privatmann, sondern, wenngleich gezwungen, in seiner dienstlichen Eigenschaft. Einem **Polizeibeamten** ist es aber zuzumuten, selbst elementare Gefahren hinzunehmen. Daher greift der entschuldigende Notstand nicht; vgl im Grundriss ATRN 21. 21.
10. entschuldigt; Notwehr
11. Notwehr setzt einen **rechtswidrigen** Angriff (§ 3 Abs 1) voraus. Wer (bloß) entschuldigt (§ 10) handelt, handelt rechtswidrig. Also durfte P den L notfalls sogar erschießen, vorausgesetzt, dass auch die **sonstigen** Voraussetzungen des § 3 erfüllt sind oä; allerdings gibt der Sachverhalt zur abschließenden Beurteilung dieser Frage zu wenig her.
12. Der OGH hat von diesem Argument gar nichts gehalten; vgl SSt 54/42. Ein rechtstreuer Mensch dürfe auch in bedrängter wirtschaftlicher Lage nicht zum Mittel der Schmiergeldzahlung greifen; aM *Pallin* ÖJZ 1982 344. Zur Frage, ob der hier geltend gemachte sog **wirtschaftliche Notstand** als Rechtfertigungsgrund in Betracht kommt, vgl RN 14.29.

■ ■ ■ **Ende dieser Programmeinheit** ■ ■ ■

■ ■ ■ **Bearbeiten Sie bitte jetzt die F 3!** ■ ■ ■

Fälle und Lösungen

Lernziel: Der rechtliche Schwerpunkt liegt bei den beiden folgenden Fällen im Bereich des **Irrtums**, insb solcher Irrtümer, die das Unrechtsbewusstsein betreffen. Anhand dieser Fälle sollen Sie aber auch die Deliktsprüfung insgesamt üben.

3. Fall
„Hände hoch!"

Sachverhalt: Bei einer aufgelassenen Bahnstation wird A, der eben als Privatdetektiv einem anderen nachspürt, Zeuge folgender nächtlicher Szene: Ein hagerer, eher schäbig gekleideter Mann zieht die Pistole, richtet sie auf einen eleganten Herrn zwischen 30 und 40, der eben aus einer silbergrauen Luxuslimousine steigt, und zischt: „Hände hoch!"

A glaubt, einen Raubüberfall mitzuerleben. Blitzschnell greift er zu seinem eigenen Revolver und schießt auf den Arm des Räubers, der am Handgelenk durch einen Streifschuss leicht verletzt wird. Der vermeintliche Räuber entpuppt sich als ein Polizeibeamter in Zivil (P), der im Begriffe war, den langgesuchten Chef eines Suchtgiftringes festzunehmen.

Aufgabe: Untersuchen Sie die Strafbarkeit des A!

Allgemeine Hinweise: Es ist das Delikt der Körperverletzung (§ 83 Abs 1) zu prüfen. Qualifikationen gem § 84 Abs 2 und 5 Z 1 sowie § 87 Abs 1 bleiben außer Betracht.

Soweit die Frage auftritt, ob der Täter **fahrlässig** gehandelt hat, ist Ihre Falllösung mit dem **Erkennen** dieses Problems **beendet**.

Bearbeitungszeit: ca 20 Minuten.

MUSTERLÖSUNG

In Betracht kommt **Strafbarkeit nach § 83 Abs 1.**

I Tatbestandsmäßigkeit

1. Objektiver Tatbestand: Durch den Schuss auf den Arm des P hat A „einen anderen am Körper verletzt" und das Tatbild des **§ 83 Abs 1** erfüllt.

2. Subjektiver Tatbestand: Durch seinen gezielten Schuss will A den vermeintlichen Räuber P verletzen, um ihn von seiner Tat abzuhalten. Er handelt daher **absichtlich** iSd **§ 5 Abs 2**.[1])

---

[1]) Häufig – bis zu den Prüfungsklausuren – liest man bei Fällen wie diesem: „Für § 83 genügt dolus eventualis. Der Täter hat zumindest mit bedingtem Vorsatz gehandelt". Das ist in Bezug auf einen Täter, der – wie hier – sogar **absichtlich** gehandelt hat, **unangebracht**; vgl im Grundriss AT RN 11.18.

3. Fall

II Rechtswidrigkeit

Für A könnte der Rechtfertigungsgrund der Notwehr (§ 3 Abs 1) in Form der **Nothilfe** in Betracht kommen. Dessen Voraussetzungen sind aber nur zum Teil erfüllt. Zwar liegt ein **gegenwärtiger Angriff** des P auf **notwehrfähige Rechtsgüter** (Leben und Freiheit des Gangsters) vor. Aber der Angriff des P auf den Chef des Suchtgiftrings ist **nicht rechtswidrig**, weil P im Rahmen seiner Dienstbefugnisse und daher gerechtfertigt handelt. Damit entfällt für A bereits die Nothilfesituation.

III Schuld

Unter den Schuldelementen problematisch ist das **Unrechtsbewusstsein:** Es kommt die **irrtümliche Annahme eines rechtfertigenden Sachverhalts (§ 8)** – hier einer Nothilfesituation – in Betracht.[2]) Es ist daher eine hypothetische Prüfung des Rechtfertigungsgrundes vorzunehmen. Träfe die Annahme des A zu, dass es sich um einen Raubüberfall handelt, wäre auch die **Rechtswidrigkeit** des Angriffes des P gegeben. A nimmt daher irrtümlich einen Sachverhalt an, der, **wenn er tatsächlich vorläge,** einen gegenwärtigen rechtswidrigen Angriff auf das Leben und das Eigentum, damit auf notwehrfähige Rechtsgüter darstellen würde. A irrt sich also über die **Nothilfesituation,** dh über einen rechtfertigenden Sachverhalt. Das allein reicht aber noch nicht zum Ausschluss der **Vorsatzschuld.**[3]) Es darf darüber hinaus **kein Handlungsexzess** vorliegen. Anders ausgedrückt: Auch unter Zugrundelegung der Tätervorstellung muss der Schuss in den Arm unter den verfügbaren Mitteln das schonendste sein, um den Angriff des (scheinbaren) Räubers sofort und endgültig abzuwehren, dh auch die vermeintliche „Verteidigung" muss sich im zulässigen Rahmen der **Notwehrhandlung** halten. Diese Frage ist zu bejahen. Wenn, wie hier, in (scheinbar) akut lebensbedrohender Weise eine geladene Schusswaffe gegen einen Menschen eingesetzt wird, ist der Gebrauch einer Schusswaffe zur Abwehr des Angriffs notwendig. Bei A ist auch das **subjektive Rechtfertigungselement** gegeben. Die Voraussetzungen des § 8 sind somit erfüllt.

A ist daher nicht wegen vorsätzlicher Tat zu bestrafen. Allenfalls kommt Bestrafung wegen fahrlässiger Tat in Betracht, wenn es ein entsprechendes Fahrlässigkeitsdelikt gibt **und** sein Irrtum auf Fahrlässigkeit beruht; vgl § 8 Satz 2. Es wäre daher zu untersuchen, ob A gem **§ 88 Abs 1** wegen **fahrlässiger Körperverletzung** bestraft werden könnte.

Dies können Sie nach dem gegenwärtigen Stand Ihres Wissens noch nicht sachgerecht prüfen.[4])

Ergebnis: A kann mit Rücksicht auf § 8 Satz 1 nicht wegen vorsätzlicher Körperverletzung (**§ 83 Abs 1**) bestraft werden.

---

[2]) Wer die eingeschränkte Schuldtheorie (Grundriss AT RN 20.5) zugrunde legt, prüft die Frage des Irrtums über einen rechtfertigenden Sachverhalt (§ 8) **bereits auf Rechtswidrigkeitsebene** und kommt hier zum Schluss, dass das **Unrecht der vorsätzlichen Tat entfällt.** Übrig bleibt – wie bei der Musterlösung – allenfalls § 88 Abs 1. Die eigentliche **Sachargumentation** und das **Ergebnis** sind vom Fallaufbau unabhängig.
[3]) Vgl dazu näher im Grundriss AT RN 20.7 mN.
[4]) Diese Frage dürfte nach dem geschilderten Sachverhalt aber eher zu verneinen sein.

Fälle und Lösungen

4. Fall

Bartel und die Dogge

Sachverhalt: Der mittellose Bartel (B) erschießt eine fremde Dogge (Wert: 1.000 €), als diese eines seiner zehn verschreckt auseinander laufenden Kücken totbeißen will. Der Hund gehört dem Fabrikanten Faber (F). B verteidigt sich wie folgt:
1. *Er berufe sich auf Notwehr.*
2. *Zumindest habe er an sein Notwehrrecht geglaubt.*
3. *Er habe gar nicht gewusst, dass der Hund dem F gehört, sondern vielmehr angenommen, die Dogge gehöre dem Landwirt Ackermann (A).*
4. *Jedenfalls habe er an sein gutes Recht geglaubt, seine Kücken gegen den Hund verteidigen zu dürfen.*

Aufgabe: Untersuchen Sie die Strafbarkeit des B, wobei § 222 Abs 3 außer Betracht bleiben soll!

Allgemeine Hinweise: Mit jeder Einwendung des B verbindet sich ein kleineres oder größeres rechtliches Problem. Die Einwendungen sind bewusst „laienhaft" und zum Teil unscharf oder irreführend formuliert. Sie sollen selbst die juristische Relevanz der einzelnen Einwendungen erkennen und prüfen. Dabei dürfen Sie einerseits keine einzige übergehen, sollen sich andererseits **nicht** auf die vorgebrachten Einwände beschränken. Deren im Sachverhalt angegebene Reihenfolge ist im Übrigen ganz **zufällig** und für den Aufbau Ihrer Falllösung in keiner Weise verbindlich.

Tipp! Versuchen Sie, jede Einwendung der **jeweils passenden Stufe des Fallprüfungsschemas** zuzuordnen. So erhalten Sie automatisch den **optimalen Aufbau** Ihrer Falllösung.

Bearbeitungszeit: ca 30 Minuten.

MUSTERLÖSUNG

B hat die Dogge des F erschossen. Er könnte sich daher wegen **Sachbeschädigung nach § 125** strafbar gemacht haben.

I Tatbestandsmäßigkeit

1. Objektiver Tatbestand: Die Dogge ist als Tier eine Sache iSd § 125. Sie ist fremd, da sie im Eigentum des F steht. Eine Sache ist zerstört, wenn ihre stoffliche Unversehrtheit so sehr beeinträchtigt ist, dass sie unbrauchbar und eine Reparatur nicht mehr möglich ist. Indem B die Dogge erschießt, zerstört er eine fremde Sache. Damit ist der objektive Tatbestand des **§ 125** erfüllt.

2. Subjektiver Tatbestand: B handelt mit Tatbildvorsatz. Ihm kommt es darauf an, den fremden Hund zu töten. Insoweit handelt er sogar **absichtlich.**[1] Sein Vor-

---
[1] Vgl dazu S 317 FN 1.

satz bezüglich der „Fremdheit" der Sache wird nicht dadurch ausgeschlossen, dass B irrtümlich geglaubt hat, die Dogge gehöre A. Dies ist ein **Irrtum über das Tatobjekt,** dem strafrechtlich nur dann Relevanz zukommt, wenn das Tatobjekt, das sich der Täter vorstellt, **von anderer Art** ist als das von ihm tatsächlich beeinträchtigte. Hier aber hat B einen fremden Hund getötet, und er wollte einen fremden Hund töten. Er irrt sich bloß über die Identität des Tatobjekts (error in persona vel objecto). Dieser Irrtum ist mit Rücksicht auf die Gleichartigkeit des Tatobjekts **unbeachtlich.**

II Rechtswidrigkeit

In Betracht könnten Notwehr (§ 3) und rechtfertigender Notstand kommen.

1. Notwehr (§ 3): Entgegen der Ansicht des B scheidet Notwehr gegen den Hund aus, da gem § 3 Abs 1 eine Notwehrsituation nur durch den **Angriff eines Menschen** begründet werden kann.

2. Rechtfertigender Notstand: Bei einem Mittellosen erscheint auch der drohende Verlust eines Kückens, erst recht aller 10 Kücken, als ein unmittelbar drohender **bedeutender Nachteil.** Somit ist für B zwar die Situation des rechtfertigenden Notstands anzunehmen, allerdings ist die Zulässigkeit der von ihm gewählten **Notstandshandlung** fraglich. Angesichts der großen wirtschaftlichen Diskrepanz zwischen dem von B geretteten Wert (Kücken) und der von ihm getöteten Dogge (1.000 €) fehlt es eindeutig an der **Höherwertigkeit** des geretteten Rechtsguts. Es liegt ein **Handlungsexzess** vor. Daher scheidet auch eine Rechtfertigung durch Notstand aus.

III Schuld

1. Unrechtsbewusstsein: B beruft sich weiterhin auf „sein gutes Recht", die Kücken gegen den Hund verteidigen zu dürfen. Ein Recht, auf die geschilderte Weise zu verfahren, hat B aber nicht (vgl oben II.). B hat sich daher geirrt. Es ist die Frage, welche Art von Irrtum er damit geltend macht.

a) Irrtum gem § 8[2]): Es könnte sich um die **irrtümliche Annahme eines rechtfertigenden Sachverhalts** handeln. Ein solcher Irrtum setzt gem § 8 Satz 1 voraus, dass B einen Sachverhalt angenommen hat, „der die Rechtswidrigkeit der Tat ausschließen würde". Ein solcher Irrtum scheidet hier aus. Weder hat B irrtümlich einen Angriff auf einen Menschen, dh irrtümlich eine Notwehrsituation angenommen, noch ist er in Bezug auf das Vorliegen der Situation des rechtfertigenden Notstands einem Irrtum in tatsächlicher Hinsicht erlegen. Wie bereits oben unter II. 2. erörtert, ist die Situation des rechtfertigenden Notstands **tatsächlich** gegeben und § 8 schon aus diesem Grund nicht anwendbar. § 8 scheidet aber auch deshalb aus, weil diese Vorschrift nur dann in Betracht kommt, wenn kein **Handlungsexzess** vorliegt.

---

[2]) Die eingeschränkte Schuldtheorie klammert – im Gegensatz zur rechtsfolgenverweisenden Schuldtheorie, die dieser Musterlösung zugrunde liegt – diesen Irrtum aus dem Schuldbereich aus und nimmt an, dass schon das **Unrecht** der vorsätzlichen Tat ausgeschlossen ist.

b) Irrtum gem § 9: Es könnte aber ein **indirekter Verbotsirrtum** anzunehmen sein, wobei diese Frage unter doppeltem Aspekt zu erörtern ist:

aa) Verbotsirrtum in Bezug auf die Notwehr: B hat **geglaubt,** seine Tat läge noch **innerhalb der Grenzen der Notwehr.** Diesen Rechtfertigungsgrund gibt es zwar (§ 3), er kommt aber gegenüber Tierattacken nicht zum Zuge. B befindet sich insoweit in einem indirekten Verbotsirrtum (§ 9) über die **rechtlichen Grenzen** dieses Rechtfertigungsgrundes (vgl oben II. 1.). Ein solcher Verbotsirrtum ist hier allerdings unbeachtlich, weil der Täter bloß die systematisch richtige Grenzziehung zwischen Notwehr und dem – hier an sich prinzipiell in Betracht kommenden – rechtfertigenden Notstand verkennt.

bb) Verbotsirrtum in Bezug auf den rechtfertigenden Notstand: Aus dieser Verwechslung von Notwehr und rechtfertigendem Notstand erwächst B jedoch kein Nachteil. Denn seine Verteidigung ist ganz generell dahin aufzufassen, dass er **jeden** möglicherweise in Betracht kommenden **Verbotsirrtum (§ 9)** geltend machen will, also auch einen indirekten Verbotsirrtum über den **rechtfertigenden Notstand.** B glaubte, seine Kücken selbst auf Kosten eines höherwertigen Rechtsguts retten zu dürfen. Das aber darf er nicht. B hat irrtümlich die **rechtlichen Grenzen** dieses Rechtfertigungsgrundes überdehnt.

Der Irrtum über die rechtlichen Grenzen des rechtfertigenden Notstands hat B die Einsicht in die Rechtswidrigkeit und damit in das Unrecht seiner Tat verhüllt. Dieser Irrtum schließt zwar das **aktuelle Unrechtsbewusstsein** des B aus, jedoch **nicht das potentielle Unrechtsbewusstsein.** Letzteres genügt zur Bestrafung. Es kommt allerdings darauf an, ob dieser Verbotsirrtum **vorwerfbar**[3] war (§ 9 Abs 2). Diese Frage ist zu bejahen, weil das Unrecht der Tat bei einer so beträchtlichen Wertdifferenz zwischen Dogge und Kücken **für B** wie **für jedermann leicht erkennbar** war (§ 9 Abs 2 1. Halbsatz).

2. Entschuldigungsgründe: Es könnte **entschuldigender Notstand (§ 10)** in Betracht kommen. Dem Eigentum des B (Kücken) droht unmittelbar ein Nachteil. Entschuldigender Notstand wird nicht dadurch ausgeschlossen, dass, wie hier, das gerettete Rechtsgut geringerwertig ist. Aber auch der entschuldigende Notstand des § 10 verlangt, dass der drohende Nachteil **bedeutsam** ist. Auch wenn diese Frage hier zu bejahen ist (vgl oben II. 2.), erscheint es auf jeden Fall als **unverhältnismäßig** iSd § 10 Abs 1 2. Halbsatz, wegen eines oder mehrerer Kücken einen wertvollen Hund zu töten.

Ergebnis: B ist wegen vorsätzlicher Sachbeschädigung gem § **125** zu bestrafen.

■ ■ ■ **Ende dieser Programmeinheit** ■ ■ ■

■ ■ ■ **Lesen Sie bitte jetzt die LE 22!** ■ ■ ■

---

[3]) Wegen der unterschiedlichen Rechtsfolgen müssen Sie die Frage der **Vorwerfbarkeit des Verbotsirrtums** idR besonders sorgfältig erörtern, es sei denn, die Entscheidung ist offensichtlich so unproblematisch wie im vorliegenden Fall.

22. Kapitel
Vorbereitung, Versuch und Vollendung

Lerneinheit 22

Lernziel: Ein vorsätzliches Delikt kann verschiedene Stadien durchlaufen. Strafbar ist nicht nur das vollendete, sondern auch das **versuchte Delikt**. Im Vordergrund dieser LE steht die **Grenzziehung** zwischen „Vorbereitung" und „Versuch" sowie zwischen „Versuch" und „Vollendung".

Versuch und **Vollendung** sind verschiedene **Erscheinungsformen** des vorsätzlichen Delikts.

Strafbar ist nicht erst das vollendete, sondern bereits das versuchte Delikt.

Meuchel schießt auf Morchel, um ihn zu töten. Morchel fällt tot um.

Meuchel hat erreicht, was er wollte. Sein Plan ist in vollem Umfang in Erfüllung gegangen. Er hat Morchel getötet. Eben dieses **Endstadium** der Tat ist im § 75 beschrieben. Bitte lesen!

Die gesetzliche Formulierung des § 75 stellt darauf ab, dass der Täter „einen anderen getötet" und damit **sämtliche Tatbildmerkmale** dieses Delikts erfüllt hat.

(1) § 75 beschreibt daher den versuchten Mord / vollendeten Mord.

(2) Wie beim Mord legen alle Tatbestände des StGB die E................form des **vollendeten Delikts** zugrunde.

Wandeln wir das Beispiel ab: Meuchel hat zwar mit Tötungsvorsatz auf Morchel geschossen, ihn aber nicht getroffen.

(3) Meuchel hat mit der Ausführung des Mordes an Morchel begonnen, jedoch nicht erreicht, was er wollte. Da der Tod des Morchel........... eingetreten ist, sind sämtliche Tatbildmerkmale / nicht sämtliche Tatbildmerkmale des § 75 erfüllt. Die Tat ist nicht vollendet, sondern im Stadium der Ausführung stecken geblieben. Es handelt sich um den Versuch eines Mordes.

(4) **Ein Delikt ist versucht, wenn der Täter mit seiner Ausführung zwar begonnen, aber nicht sämtliche............................. erfüllt hat.**

---

(1) vollendeten Mord
(2) Erscheinungsform
(3) nicht; nicht sämtliche Tatbildmerkmale
(4) Tatbildmerkmale

22. Kapitel: Vorbereitung, Versuch und Vollendung

(5) Dass das **vollendete** vorsätzliche Delikt strafbar ist, ergibt sich zB für den Mord aus dem Wortlaut des § 75, für den Diebstahl aus dem Wortlaut des § ......

Strafbar ist aber bereits das **versuchte** vorsätzliche Delikt.

Denn **§ 15 Abs 1** ordnet die Strafbarkeit des Versuchs **ausdrücklich** und für **sämtliche** vorsätzlichen Delikte an. Bitte lesen! Man zitiert: Der Versuch des Mordes ist strafbar gem § 15 Abs 1 iVm § 75 = §§ 15, 75.

(6) Der Versuch des Diebstahls ist strafbar gem § .... iVm § ......

§ 15 Abs 1 hat auch Bedeutung für die **Tatbestandsbildung** beim versuchten Delikt.

Denn während sich der Tatbestand des vollendeten Delikts, etwa des vollendeten Mordes, unmittelbar aus dem Wortlaut des § 75 ergibt, muss der
(7) .... des **versuchten Mordes** aus §§ 15, 75 **abgeleitet** werden.

Um zum genauen Wortlaut des Tatbestandes des versuchten Mordes zu gelangen, muss man § 15 Abs 1 **dem Sinne nach** in den Tatbestand des § 75 **hineinlesen**. Danach lautet der Tatbestand des versuchten Mordes wie folgt: „Wer einen anderen **zu töten versucht**".

(8) Bilden Sie **selbst** aus §§ 15, 127 den Tatbestand des versuchten Diebstahls!

(9) § 15 Abs 1 regelt auch die **Strafen und vorbeugenden Maßnahmen** beim Versuch, indem für das versuchte Delikt prinzipiell dieselben Rechtsfolgen / prinzipiell mildere Rechtsfolgen als für das vollendete Delikt angedroht werden. § 15 Abs 1 bitte erneut lesen!

*Blättern Sie bitte zurück zum Briefbomben-Fall (S 265) und nehmen Sie an, dem Täter wäre Mordvorsatz nachzuweisen, sodass **Mordversuch** (§§ 15, 75) anzunehmen wäre.*

(10) Zu welcher **Höchststrafe** könnte der Täter theoretisch verurteilt werden?

In der Praxis wird für die versuchte Tat jedoch nur selten die Höchststrafe verhängt. Denn die Tatsache, dass es beim Versuch geblieben ist, bildet gem § 34 Abs 1 Z 13 einen gewichtigen **Milderungsgrund**. Bitte lesen!

---

(5) § 127
(6) § 15 Abs 1 iVm § 127
(7) Tatbestand
(8) „Wer eine fremde bewegliche Sache einem anderen mit dem Vorsatz **wegzunehmen versucht**, sich durch Zueignung unrechtmäßig zu bereichern."
(9) prinzipiell dieselben Rechtsfolgen
(10) Zu lebenslanger Freiheitsstrafe

22. Kapitel: Lerneinheit 22

(11) **Wichtig!** Aus der prinzipiellen Gleichstellung von Versuch und Vollendung bezüglich Art und Höhe der Strafdrohung leitet die Lehre **prinzipielle Einsichten** ab, weil dadurch die maßgeblichen Erwägungen des Gesetzgebers zur Frage der **Strafwürdigkeit** menschlichen Verhaltens im Allgemeinen und speziell zur **Strafwürdigkeit des Versuchs** deutlich werden:

Steht beim vollendeten Delikt der Aspekt der **Gefährlichkeit der Tat** im Vordergrund, verlagert sich beim Versuch der Akzent mehr auf die **Gefährlichkeit des Täters**. § 15 Abs 1 signalisiert, dass das StGB beide Aspekte grundsätzlich verschieden bewertet / grundsätzlich als gleichrangig betrachtet. Näheres im Grundriss AT Kap 22.

(12) Zur Wiederholung! Ein Delikt ist versucht, wenn der Täter mit dessen A.................. zwar begonnen, aber .... Tatbildmerkmale verwirklicht hat.

Das vorsätzliche Delikt durchläuft vom ersten Gedanken an die Tat bis zur ihrer Vollendung eine mehr oder weniger lange Zeitspanne, die sich in **vier Stadien** zergliedern lässt:

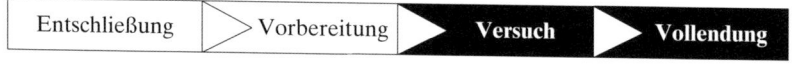

| Entschließung | > | Vorbereitung | ▶ | **Versuch** | ▶ | **Vollendung** |

Diese Stadien sind durchaus nicht immer gleich lang, wie es das vereinfachte Schaubild anzudeuten scheint. Bei spontan begangenen Straftaten sind sie oft kaum voneinander zu unterscheiden.

Entschließung

Am folgenden Beispiel lassen sich schrittweise die **verschiedenen Stadien** entwickeln, die ein vorsätzliches Delikt durchlaufen kann.

Papagallo-Fall: Langsam reift in Annabell der Gedanke, Michele Papagallo, ihren untreuen Liebhaber, umzubringen. Dessen erneuter Seitensprung gibt schließlich den Ausschlag. Am Montag hat sie sich zum Entschluss durchgerungen: „Ich werde es tun!"

(13) Das erste Stadium der vorsätzlichen Straftat ist die .... Diese Phase reicht vom ersten Gedanken an die Tat bis zum Fassen des Tatentschlusses.

Der bloße Gedanke an eine Straftat, das Fassen des definitiven Tatentschlusses, ja selbst die Verkündung dieses Tatentschlusses sind bei den meisten Delikten noch **straflos**.

---

(11) als grundsätzlich gleichrangig betrachtet.
(12) Ausführung; nicht sämtliche
(13) Entschließung

22. Kapitel: Vorbereitung, Versuch und Vollendung

(14) Da bei Annabell eine bloße **Entschließung** vorliegt, ist ihr Verhalten zu diesem Zeitpunkt noch ....

„Ich bring, dich um, wenn ich dich derwisch'", verkündet Annabell ihrem Freund Michele am Dienstag per Telefon mit gefährlich-drohendem Unterton in der Stimme. Michele Papagallo glaubt zu diesem Zeitpunkt noch an einen Scherz.

(15) Diese Ankündigung ist (unter dem Aspekt eines Tötungsdelikts) bereits strafbar / noch straflos, da es in das Stadium der .... fällt.

(16) Dass das Gesetz die bloße Entschließung zu einem Delikt straflos lässt, ist kriminalpolitisch richtig. Versuchen Sie selbst, ein Argument hierfür zu finden!

Vorbereitung

(17) An die straflose Entschließung fügt sich das Stadium der idR ebenfalls **noch straflosen** .... an. Hier setzt der Täter **Vorbereitungshandlungen**.

Typische Vorbereitungshandlungen im Papagallo-Fall: Annabell erkundigt sich beim Apotheker nach Rattengift. Am Dienstag kauft sie es, trägt es nach Hause und versteckt es im Keller.

Vorbereitungshandlungen sind Handlungen, welche die spätere Ausführung der Tat ermöglichen, erleichtern oder absichern sollen.

Sind folgende Handlungen Vorbereitungshandlungen?

*Der „Panzerknacker" K will am **Wochenende** einen Tresor „knacken". Einige Tage zuvor besorgt er sich bei einem Bekannten ein Schweißgerät.*
(18) Ja / Nein

*Der Bankräuber **erkundigt** sich nach den Öffnungszeiten der Filiale.*
(19) Ja / Nein

Der Taschendieb greift in die leere Jackentasche des B.
(20) Ja / Nein

---

(14) straflos
(15) noch straflos; Entschließung
(16) Die Strafbarkeit bloßer Entschließung würde zur Gesinnungsschnüffelei führen und den Bereich des Strafbaren in ganz unerträglicher Weise ausdehnen. *Orwells* utopischer Roman „1984" würde schockierende Wirklichkeit. *Anmerkung:* Die Ankündigung der Tat ist hingegen als Gefährliche Drohung nach § 107 strafbar.
(17) Vorbereitung
(18) Ja!
(19) Ja!
(20) Nein! Versuch!

22. Kapitel: Lerneinheit 22

(21) Vorbereitungshandlungen sind **im Allgemeinen** straflos / strafbar.

Die Straflosigkeit bloßer Vorbereitungshandlungen hat ihren Grund darin, dass diese idR noch **keine unmittelbare Gefährdung** des Rechtsguts bzw des **Tatobjekts** darstellen. Ob es später tatsächlich zur Ausführung der Tat, also des Diebstahls, Mordes, Raubes etc kommt, hängt von vielen Unwägbarkeiten ab. Der Täter kann Angst vor der eigenen Courage bekommen, es sich anders überlegen, inzwischen umgestimmt werden oder das Ziel auf straflose Weise erreicht haben.

Am Mittwoch lädt Annabell ihren Liebhaber unter dem Vorwand eines „Versöhnungsgesprächs" für den Donnerstag in ihre Wohnung ein. In Wirklichkeit will sie ihn bei dieser Gelegenheit mit dem Gift töten.

(22) Diese **Einladung** ist keine straflose Vorbereitungshandlung mehr / ist noch eine straflose Vorbereitungshandlung, weil (bitte ergänzen!)

(23) Vorbereitungshandlungen sind Handlungen, welche die spätere Ausführung einer Tat (bitte ergänzen!)

Versuch

Mit dem Übergang von der Vorbereitungsphase in das Stadium des **Versuchs** beginnt die Strafbarkeit der Tat. Das ergibt sich sinngemäß aus § 15 Abs 1. Bitte erneut lesen!

Aber: Es fehlt im § 15 Abs 1 noch die nähere Regelung des dafür **maßgebenden Zeitpunktes**.

(24) Die **exakte Bestimmung** des Versuchsbeginns ist jedoch iSd Prinzips nulla . . . . sine . . . . unverzichtbar und gehört zu den praktisch bedeutsamsten Abgrenzungsproblemen des Allgemeinen Teils.

Handlungen, die bereits im Stadium des Versuchs gesetzt werden, nennt man **Ausführungshandlungen**. Mithin liegt Versuch **jedenfalls dann vor,** wenn der Täter
(25) eine . . . . handlung vorgenommen hat.

Annabell hat ihrem Liebhaber geöffnet. Mit scheinbar zärtlich-versöhnlicher Geste steckt sie ihm „zur Begrüßung" eine mit Thallium, einem geruch- und geschmacksneutralen Gift, präparierte „Mozartkugel" in den Mund.

---

(21) straflos
(22) ist noch eine straflose Vorbereitungshandlung, weil sie die für den nächsten Tag geplante Ausführung des Mordes erst ermöglichen soll oä.
(23) ermöglichen, erleichtern oder absichern sollen.
(24) nulla poena sine lege
(25) Ausführungshandlung

22. Kapitel: Vorbereitung, Versuch und Vollendung

(26) Mit dem Überreichen der Praline hat Annabell eine straflose Vorbereitungshandlung / eine strafbare Ausführungshandlung vorgenommen.

Wichtig! Nach dem **ausdrücklichen Willen** des Gesetzgebers soll die Strafbarkeit wegen Versuchs aber **schon ein Stück vor der eigentlichen Ausführungshandlung** beginnen. Das ergibt sich aus **§ 15 Abs 2!** Bitte unbedingt lesen!

(27) Gem § 15 Abs 2 gilt eine Tat schon dann als versucht, sobald der Täter seinen Entschluss, sie auszuführen, durch eine (bitte ergänzen!) .... betätigt hat.
Jedes Wort ist wichtig!

Bereits mit diesem Augenblick setzt der Versuch und damit die Strafbarkeit der Tat ein.

Nuancieren wir den Fall in zeitlicher Hinsicht:

Annabell hat ihrem Freund geöffnet und greift nun nach der Schachtel, um dieser die vergiftete Praline zu entnehmen, die sie Michele Papagallo sogleich in den Mund stecken will.

Liegt bereits in diesem Augenblick ein strafbarer Versuch vor?
(28) Ja / Nein – Begründung (unter möglichst enger Anlehnung an den Wortlaut des § 15 Abs 2):

(29) **Beachte!** Die in § .... verankerte **Abgrenzungs**formel zwischen strafloser .... und strafbarem .... verfolgt **ganz gezielt** den Zweck, die Strafbarkeit der Tat bereits mit / bereits vor der eigentlichen Ausführungshandlung beginnen zu lassen.

(30) Die folgende Zeichnung soll dies verdeutlichen. Bitte einsetzen!

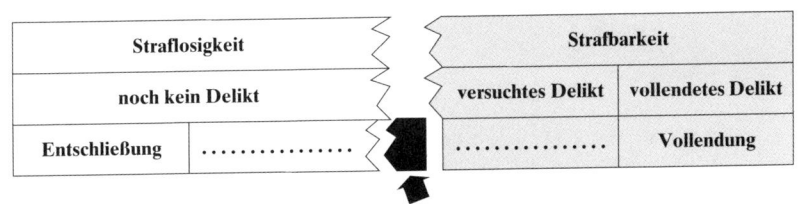

Straflosigkeit		Strafbarkeit	
noch kein Delikt		versuchtes Delikt	vollendetes Delikt
Entschließung	....	....	Vollendung

Vorverlagerung der Strafbarkeit gem § 15 Abs 2

---

(26) eine strafbare Ausführungshandlung
(27) **der Ausführung unmittelbar vorangehende Handlung**
(28) Ja! Zeitlich und aktionsmäßig geht das Greifen nach der Schachtel mit den vergifteten Pralinen der eigentlichen Ausführung der Tat **unmittelbar** voran oä.
(29) § 15 Abs 2; Vorbereitung; Versuch; bereits vor
(30) Vorbereitung; Versuch

22. Kapitel: Lerneinheit 22

Michele klingelt an der Wohnungstür. Annabell öffnet. Die Schachtel mit den vergifteten Pralinen liegt griffbereit auf dem kleinen Biedermeiertisch neben der Eingangstür.

(31) **In diesem Augenblick** liegt ebenfalls schon ein strafbarer Versuch / noch eine straflose Vorbereitungshandlung vor, weil (bitte ergänzen!)

Ob der Täter „eine der Ausführung unmittelbar vorangehende Handlung" vornimmt, ist durch wertende Betrachtung vom Standpunkt eines **beobachtenden Dritten** zu ermitteln.

Aber: Das für den beobachtenden Dritten oft nur bruchstückhaft erkennbare äußere Geschehen bildet weder die ausschließliche noch die primäre Beurteilungsgrundlage. Denn gem § 15 Abs 2 muss der beobachtende Dritte vor allem den **Tatplan** berücksichtigen, dh **jene Vorstellung, die sich der Täter selbst (!) vom konkreten Ablauf der Tat gemacht hat.**

(32) **Die Grenze zwischen Vorbereitung und Versuch kann daher je nachdem, wie sich der Täter den weiteren Ablauf der Tat .... hat, unterschiedlich verlaufen.**

Laptop-Fall: Wondraschek (W) wird an einem Sonntag*nachmittag* dabei überrascht, als er an der Hintertür eines Computer-Shops eine Schlüsselkollektion durchprobiert. W gesteht, es auf einen Laptop abgesehen und *für Mitternacht* einen Einbruch geplant zu haben. Jetzt sei es ihm nur darum gegangen, den passenden Schlüssel zu finden.

(33) Lässt sich dieses Vorbringen nicht widerlegen, kommt versuchter Diebstahl **noch nicht** in Betracht / gleichwohl in Betracht, weil (bitte ergänzen!)

(34) Wie müsste der Tatplan, dh die Vorstellung des W vom weiteren Ablauf seiner Tat beschaffen sein, damit ihm **bereits jetzt** ein versuchter Diebstahl zur Last gelegt werden kann?

---

(31) noch eine straflose Vorbereitungshandlung vor, weil das Öffnen der Tür noch keine Betätigung des Tatentschlusses durch eine der Ausführung **unmittelbar** vorangehende Handlung darstellt oä.
(32) vorgestellt
(33) noch nicht in Betracht, weil nach der **Vorstellung des W** vom weiteren Ablauf der Tat das Delikt erst in der Nacht verwirklicht werden sollte oä.
(34) W wollte **schon am Nachmittag** (dh sofort nach dem Herausfinden des richtigen Schlüssels) in den Computer-Shop eindringen oä.

22. Kapitel: Vorbereitung, Versuch und Vollendung

Vollendung

Auf das Stadium des Versuchs folgt das Stadium der **Deliktsvollendung**.

(35) **Beachte!** Auch die Abgrenzung von Versuch und Vollendung ist rechtlich bedeutsam, weil das vollendete Delikt in der Praxis meist .... bestraft wird als das versuchte.

Außerdem kann man vom versuchten Delikt noch **strafbefreiend zurücktreten**, vom vollendeten Delikt im Allgemeinen aber nicht mehr. Näheres folgt in LE 24.

(36) Bei den meisten Delikten ist die Abgrenzung von Versuch und .... nicht schwierig. Sie erfolgt nach einem formalen Kriterium:

Ein Delikt ist vollendet, sobald seine sämtlichen Tatbestandsmerkmale erfüllt sind.

(37) In welchem Zeitpunkt .... Tatbestandsmerkmale erfüllt sind, hängt im Wesentlichen von der **Fassung** und der **Auslegung** des jeweiligen Delikts ab und ist damit eine Frage des Besonderen Teils des StGB.

(38) Der Mord (§ 75) an Michele Papagallo ist **vollendet**, sobald er die vergiftete Praline **gegessen** hat / sobald er an der vergifteten Praline **gestorben** ist.

(39) Begründung:

AIDS-Fall: Mit den Worten „Moch kane Danz!" reißt der 19-jährige Norbert Jagsch (J) die 27-jährige Rebecca (R) in einem entlegenen Teil des Lainzer Tiergartens zu Boden und fesselt sie, um sie zu vergewaltigen. Der cleveren R gelingt es, J weiszumachen, dass sie AIDS-infiziert sei. Darauf bindet J sein Opfer los und lässt es laufen.

(40) Das Delikt der Vergewaltigung ist vollendet / nicht vollendet, weil (bitte § 201 Abs 1 lesen und ergänzen!)

Es ist jedoch ....

---

(35) strenger
(36) Vollendung
(37) sämtliche
(38) sobald er an der vergifteten Praline gestorben ist.
(39) Mord (§ 75) setzt die „Tötung eines anderen" voraus. Das Delikt ist erst vollendet, wenn sämtliche Tatbestandsmerkmale erfüllt sind. Es muss daher auch der Tod eines Menschen eingetreten sein oä.
(40) nicht vollendet, weil § 201 Abs 1 einen tatbildlichen **Erfolg**, dh die Nötigung zur Vornahme oder Duldung des Beischlafs etc voraussetzt, wozu es aber nicht gekommen ist oä; versucht. *Anmerkung:* Ob der Rücktritt freiwillig war, wird in LE 24 besprochen werden.

22. Kapitel: Lerneinheit 22

Delikte mit erweitertem Vorsatz

Zusätzliche Überlegungen erfordert die Abgrenzung von Versuch und Vollendung bei den **Delikten mit erweitertem Vorsatz**.

Der 17-jährige Erkan Özgül versorgt seine Klassenkameraden mit Eintrittskarten für den Maturaball, die er mittels Farbkopierer hergestellt hat.

In Betracht kommt das Delikt der Urkundenfälschung. Lesen Sie bitte § 223 Abs 1!

(41) Ist das Delikt des § 223 Abs 1 bereits mit dem .... falscher Urkunden **vollendet,** oder bedarf es dazu noch des Vorweisens der nachgemachten
(42) ten Eintrittskarten bei der Kontrolle?

Die Antwort lautet für alle Delikte mit erweitertem Vorsatz gleich: Ein solches Delikt ist bereits in jenem Augenblick vollendet, in dem der Täter mit dem im Gesetz beschriebenen erweiterten Vorsatz die **Tathandlung** vorgenommen hat. Im Interesse eines möglichst frühzeitigen Strafschutzes will das StGB nicht bis zur Realisierung des erweiterten Vorsatzes warten.

Dass der mit dem erweiterten Vorsatz erstrebte Erfolg **verwirklicht** wird, gehört
(43) daher ebenfalls / gehört daher nicht mehr zur Vollendung des Delikts.

Hans Moosbrugger steckt während eines Gewitters seinen feuerversicherten Hof selbst in Brand, um der Assekuranz einen Schadensfall durch „Blitzschlag" zu melden.

In Betracht kommt Versicherungsmissbrauch. Lesen Sie bitte § 151 Abs 1 Z 1!

Dieses Delikt ist vollendet erst mit der Meldung des Schadensfalles bei der Versi-
(44) cherung / mit dem Erhalt der Versicherungssumme / schon mit dem Anzünden des Hofes.
(45) Begründung:

---

(41) Herstellen
(42) § 223 Abs 1 ist bereits mit dem Herstellen falscher Urkunden vollendet.
(43) gehört daher nicht mehr zur Vollendung des Delikts.
(44) schon mit dem Anzünden des Hofes
(45) Die **Realisierung** des Vorsatzes, sich oder einem anderen eine Versicherungsleistung zu verschaffen, gehört nicht mehr zur Vollendung des Delikts. Man kann auch sagen: Bei § 151 Abs 1 Z 1 handelt es sich um ein Delikt mit erweitertem Vorsatz. Ein solches Delikt ist bereits mit dem Zeitpunkt vollendet, in dem der Täter mit dem im Gesetz beschriebenen erweiterten Vorsatz die Tathandlung vorgenommen hat oä.

22. Kapitel: Vorbereitung, Versuch und Vollendung

Beachte also! Die **Delikte mit erweitertem Vorsatz** sind bereits **vollendet**, wenn der Täter mit dem erweiterten Vorsatz die **Tathandlung** vorgenommen hat. Der Eintritt des **erstrebten Erfolges** gehört **nicht mehr zur Vollendung** eines solchen Delikts und liegt **außerhalb seines Tatbestandes**.

Vorbereitungsdelikte

(46) Zu Beginn dieser LE wurden bloße **Vorbereitungshandlungen** grundsätzlich als straflos / strafbar bezeichnet.

Eine gesetzliche Ausnahme bilden die sog **Vorbereitungsdelikte**.

Bei Vorliegen besonderer kriminalpolitischer Gründe stellt der Gesetzgeber ausnahmsweise bestimmte Vorbereitungshandlungen als **selbständige Delikte** unter Strafe.

(47) **Delikte, die ausdrücklich bestimmte** .... mit Strafe bedrohen, **bezeichnet man als Vorbereitungsdelikte.**

Beispiel: § 244 pönalisiert die Vorbereitung eines Hochverrats. Bitte lesen!

(48) Handelt es sich bei den nachfolgenden Delikten um Vorbereitungsdelikte?

| § 223 Abs 1 | Ja / Nein | § 151 Abs 1 | Ja / Nein |
| § 227 Abs 1 | Ja / Nein | § 241 c | Ja / Nein |

Kreditkarten-Fall: Der auf die schiefe Bahn geratene Graveur G hat sich einen speziellen Druckstock angeschafft, um klammheimlich Visa-, Master- und andere Kreditkarten nachzumachen.

Gäbe es nur das Delikt der Fälschung unbarer Zahlungsmittel (§ 241 a bitte lesen!), wäre das **bloße Sich-Verschaffen** dieses speziellen zur Herstellung von
(49) Kreditkarten geeigneten Druckstocks als .... straflos / strafbar.

(50) Das Delikt des § 241 c wurde geschaffen (bitte ergänzen!),

Vorbereitungsdelikte sind bereits mit der Vornahme der verbotenen Vorbereitungshandlung **vollendet**. Das bedeutet allerdings eine weitreichende **Vorverlagerung der Strafbarkeit** in das ansonsten noch strafrechtsfreie Vorfeld. Das StGB verwendet diese Rechtsfigur daher nur sehr zurückhaltend.

---

(46) straflos
(47) Vorbereitungshandlungen
(48) Ja: § 227 Abs 1, § 151 Abs 1 und § 241 c; nein: § 223 Abs 1.
(49) Vorbereitungshandlung; straflos.
(50) um in Bezug auf unbare Zahlungsmittel sonst straflose Vorbereitungshandlungen bestrafen zu können oä.

22. Kapitel: Lerneinheit 22

Beachte! Auch bei **Vorbereitungsdelikten** ist ein Versuch nach hM prinzipiell denkbar und gem § 15 Abs 1 strafbar. Deshalb ist im *Kreditkarten-Fall* das **Absenden** eines Bestellbriefes an den Hersteller des Druckstocks gem § 241 c noch straf-
(51) los / gem §§ 15, 241 c bereits strafbar.

■■■   **Bevor Sie die Testfragen zur LE 22 durcharbeiten, lesen Sie bitte zunächst im Grundriss AT Kap 22!**   ■■■

---

(51) gem §§ 15, 241 c bereits strafbar.

22. Kapitel: Vorbereitung, Versuch und Vollendung

Testeinheit 22

Testfragen zur LE 22

1. Bilden Sie den Tatbestand der versuchten Nötigung (§ .... iVm § 105 Abs 1)!

2. Ein Kollege behauptet, auf die Abgrenzung von Versuch und Vollendung komme es nicht an, „da der Täter ohnehin in beiden Fällen bestraft wird".
   a) An dieser Behauptung ist **richtig** (bitte ergänzen!),

   b) An dieser Behauptung ist **falsch** (bitte ergänzen und begründen!),

3. **Vorbereitungshandlungen** sind Handlungen, die (bitte ergänzen!)

4. Handlungen im Vorbereitungsstadium sind im Allgemeinen straflos / strafbar.

5. Nennen Sie **mindestens zwei** Delikte, bei denen der in der Frage 1.3 aufgestellte Grundsatz durchbrochen wird!

6. Kreuzen Sie die **Delikte mit erweitertem Vorsatz** an!
   - ☐ § 82 Abs 1
   - ☐ § 125
   - ☐ § 299 Abs 1 (gut überlegen!)
   - ☐ § 101
   - ☐ § 232 Abs 1
   - ☐ § 302 Abs 1

7. Zur **Vollendung** eines Delikts mit erweitertem Vorsatz, zB eines Betrugs, gehört nicht (bitte ergänzen!)

8. Um sicherzugehen, dass niemand in der Wohnung ist, in die er wenige Minuten später einbrechen will, wählt der Ganove Walter Premisel (P) von der nahegelegenen Telefonzelle die entsprechende Teilnehmernummer. In diesem Augenblick wird P „wegen versuchten Diebstahls" verhaftet.
   a) Wo liegt das Problem dieses Falles?

   b) Wie lösen Sie es?

22. Kapitel: Testeinheit 22

9. **Lenkradsperren-Fall:** *Während der Salzburger Festspiele fährt der unstete Raffetseder (R) mit dem Aufzug in die Mönchsberggarage, wo er eine „Nobelkarosse" stehlen will. Als er etwas „Passendes" gefunden hat, rüttelt er am Vorderrad, um festzustellen, ob die Lenkradsperre eingerastet ist.*

   a) Das Rütteln am Vorderrad stellt eine Ausführungshandlung / eine „ausführungsnahe" Handlung iSd § 15 Abs 2 / noch keine „ausführungsnahe" Handlung iSd § 15 Abs 2 dar. Begründung (mit Ihren eigenen Worten):

   b) Beginnt der Diebstahlsversuch schon mit dem Zeitpunkt, in dem R die Garage mit Diebstahlsvorsatz betreten hat?
   Ja / Nein – Begründung (unter Verwendung des Wortlauts des § 15 Abs 2!):

10. **Taschendieb-Fall:** *Rapid gegen Sturm Graz. Großkampftag für 22 Akteure und – Langfinger. Auf der Suche nach einem geeigneten Opfer mischt sich „Zwei-Finger-Frank" (F), ein erfolgreicher Vertreter dieser Zunft, unter die Menschenmenge beim Einlass.*
    Liegt in diesem Zeitpunkt bereits ein Diebstahlsversuch vor?
    Ja / Nein – Begründung:

11. **Variante:** *Inzwischen hat F einen offenbar „gut betuchten" Rapidfan (S) zur Ablenkung in ein Gespräch verwickelt, um ihn bei erstbester Gelegenheit um seine Brieftasche zu „erleichtern".*
    Liegt zu diesem Zeitpunkt bereits ein Diebstahlsversuch vor?
    Ja / Nein – Begründung:

12. **Türklingel-Fall:** *Swoboda (S) klingelt um 20.00 Uhr an der Wohnungstür, um Zeilinger (Z) im Laufe des Abends zu erschießen. Aber Z öffnet wohlweislich nicht.*
    Liegt bereits versuchter Mord (§ 15 Abs 2 iVm § 75) vor?
    Ja / Nein – Begründung:

22. Kapitel: Vorbereitung, Versuch und Vollendung

13. *S klingelt um 20.00 Uhr an der Wohnungstür,* **um Z in dem Moment zu erschießen, in dem dieser die Tür öffnet.** *Aber Z öffnet wohlweislich nicht.*
Ist dieser Fall anders zu entscheiden als Frage 12?
Ja / Nein – Begründung:

14. **Schuhbomber-Fall:** *197 Menschen befanden sich an Bord der Boeing 767, die am 22. 12. 2001 von Paris nach Miami flog, als Richard Reid (R), bekennendes Mitglied der Terrororganisation al Qaida, seinen Sicherheitsgurt löste, ein Streichholz anzündete und es an die Sohle seiner mit Plastiksprengstoff präparierten Sneakers hielt. Sofort eingreifenden Passagieren gelang es, den Selbstmordattentäter zu überwältigen.*
Die Strafbarkeit des R wegen versuchten Mordes beginnt
☐ mit dem Passieren des Sicherheitschecks
☐ mit dem Betreten der Boeing
☐ mit dem Abheben des Flugzeugs
☐ mit dem Lösen des Sicherheitsgurts
☐ mit dem Anstreifen des Zündholzes

15. **Preisetiketten-Fall** (in Anlehnung an SSt 53/71): *Ein Jugendlicher (J) klebt im Autofachmarkt heimlich das Preisetikett der günstigsten Mofa-Auspuffblende (15 €) auf ein teureres Modell (25 €) und weist Letzteres derart „verbilligt" an der Kasse vor. Die Kassiererin kennt den Trick schon und holt den Geschäftsführer.*

   a) Bezüglich der vorgezeigten Auspuffblende kommt Diebstahl (§ 127) / Betrug (§ 146) in Betracht.

   b) Diese Tat lässt sich in folgende Phasen gliedern: Betreten des Fachmarktes, Umkleben des Preisetiketts, Vorweisen der Auspuffblende an der Kasse, Eintippen des Preises durch die Kassiererin (zu dem es hier nicht mehr gekommen ist). Welche Etappen gehören noch zum **Vorbereitungsstadium?**

22. Kapitel: Testeinheit 22

Antworten

1. § 15 Abs 1. „Wer **versucht,** einen anderen mit Gewalt oder durch gefährliche Drohung zu einer Handlung, Duldung oder Unterlassung zu nötigen".

2. a) dass sowohl die versuchte als auch die vollendete Tat bestraft wird oä.
   b) dass es auf die Abgrenzung von Versuch und Vollendung nicht ankomme. Denn zum einen wird das vollendete Delikt idR strenger bestraft als das versuchte; vgl § 34 Abs 1 Z 13; zum anderen kommt ein strafbefreiender Rücktritt nur beim versuchten Delikt in Betracht oä.

3. die spätere Ausführung der Tat ermöglichen, erleichtern oder absichern sollen oä.

4. straflos

5. ZB § 227 Abs 1, § 239, § 244 und alle anderen Vorbereitungsdelikte. Auch der Versicherungsmissbrauch des § 151 ist ein aus kriminalpolitischen Gründen verselbständigtes Vorbereitungsdelikt in Bezug auf den (Versicherungs-)Betrug gem §§ 146 f. *Anmerkung:* Sobald Schritte zur Schadensregulierung gesetzt werden (zB durch Absenden einer unrichtigen Schadensmeldung), beginnt der Betrug gem § 146.

6. § 101; § 232 Abs 1; § 302 Abs 1. Bei § 299 bezeichnet die Absichtlichkeit nur die Intensität des **Tatbildvorsatzes** bezüglich des Entziehens.

7. der Eintritt des erstrebten Erfolges bzw der Bereicherung oä.

8. a) In der Abgrenzung von Vorbereitung und Versuch oä.
   b) Das Anrufen in der Wohnung soll die geplante Ausführung des Diebstahls ermöglichen bzw absichern. Es liegt daher noch kein gem § 15 Abs 2 strafbarer Versuch vor oä. Sie können auch direkt mit dem Wortlaut des § 15 Abs 2 operieren!

9. a) eine „ausführungsnahe" Handlung iSd § 15 Abs 2. Das Rütteln am Vorderrad sollte **nach der Vorstellung des R vom weiteren Ablauf der Tat** unmittelbar, dh ohne weitere Zwischenakte, in die Wegnahme **dieses** Wagens einmünden oä; idS BGHSt 22 80.
   b) Nein! Damit hat R seinen Diebstahlsentschluss noch nicht durch eine der Ausführung unmittelbar vorangehende Handlung betätigt oä. Teilw aM aber die Rspr; vgl dazu RN 22.19 aE mN.

10. Nein! Das ist noch eine Vorbereitungshandlung oä.

11. Ja! Das Ansprechen des Opfers, um es abzulenken und **bei erstbester Gelegenheit** zu bestehlen, ist bereits eine ausführungsnahe Handlung iSd § 15 Abs 2; denn damit setzt **F nach seiner Vorstellung vom weiteren Ablauf der Tat** bereits **unmittelbar** zur Verwirklichung des Diebstahls an oä.

12. Nein! Mit dem Klingeln hat S seinen Entschluss, den Z „im Laufe des Abends" zu töten, noch **nicht durch eine der Ausführung unmittelbar vorangehende Handlung** betätigt (§ 15 Abs 2) oä.

13. Ja! **Nach dieser Vorstellung des S vom weiteren Ablauf der Tat** ist bereits das Klingeln an der Tür die Betätigung seines Tatentschlusses durch eine der Ausführung des Mordes **unmittelbar vorangehende Handlung** (§ 15 Abs 2) oä. Vgl dazu *Kienapfel/Schroll* StudB BT I § 75 RN 27.

14. Frühestens mit dem **Lösen des Sicherheitsgurts** (= ausführungsnahe Handlung). Das Anstreifen des Zündholzes ist bei dieser Fallkonstellation bereits Ausführungshandlung. *Anmerkung:* Am 29. 1. 2003 wurde Reid von einem US-Gericht in Boston wegen versuchten Mordes zu lebenslanger Freiheitsstrafe verurteilt.

15. a) Betrug (§ 146)
    b) Auf jeden Fall das Betreten des Fachmarktes; wohl auch noch das Umkleben der Etiketten; Letzteres ist aber schon str.

■ ■ ■ **Ende dieser Programmeinheit** ■ ■ ■

23. Kapitel
Aufbau der Versuchsprüfung

Lerneinheit 23

Lernziel: Im Mittelpunkt dieser LE steht der Aufbau der Versuchsprüfung. Aus der Eigenart des versuchten Delikts ergeben sich **Modifizierungen gegenüber dem allgemeinen Fallprüfungsschema**. Denn der subjektive Tatbestand erhält eine noch wichtigere Bedeutung für das Verständnis der Tat als Rechtsgutsbeeinträchtigung.

Das versuchte Delikt unterscheidet sich vom vollendeten durch ein **äußerlich-formales** Moment: Es sind **nicht sämtliche objektiven Tatbestandsmerkmale des Delikts** erfüllt. Bildlich formuliert: Die Handlung ist im **Ausführungsstadium stecken geblieben**.

*... stecken geblieben wie etwa jener zu Korpulenz neigende Einbrecher, der im August 2005 in St. Yves (Cornwall) durch den Kamin in ein englisches Landhaus eindringen wollte, um altes Tafelsilber zu stehlen, und alsbald weder vor- noch zurückkonnte = **Kamin-Fall**.*

Beim versuchten Delikt treten prinzipiell dieselben Probleme auf wie beim vollendeten. Sie betreffen

(1)
- die Handlungsqualität,
- die . . . .,
- die Rechtswidrigkeit und
- die . . . . beim versuchten Delikt.

Deshalb ist das Schema für den Aufbau der Versuchsprüfung **im Prinzip identisch** mit dem allgemeinen Fallprüfungsschema.

---

(1) Tatbestandsmäßigkeit; Schuld

23. Kapitel: Lerneinheit 23

(2) Bitte einsetzen!

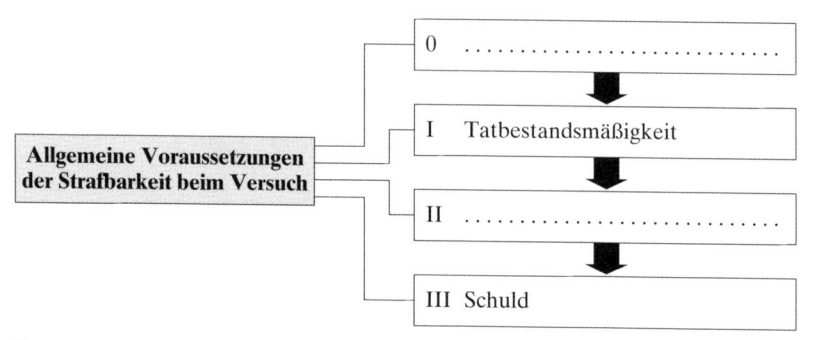

```
Allgemeine Voraussetzungen ──┬── 0 ..........................
der Strafbarkeit beim Versuch │         ↓
                              ├── I  Tatbestandsmäßigkeit
                              │         ↓
                              └── II .........................
                                        ↓
                                    III Schuld
```

Es empfiehlt sich, **jeden** Fall eines versuchten Delikts nach diesem Ihnen bereits geläufigen allgemeinen Fallprüfungsschema aufzubauen.

Aber: Auf einzelnen Stufen dieses Fallprüfungsschemas ergeben sich mit Rücksicht auf das Wesen des Versuchs **Abweichungen** vom Aufbau des vollendeten Delikts. Sie betreffen die **Tatbestandsmäßigkeit**.

(3) Welches Element im Aufbauschema der Versuchsprüfung ist im *Kamin-Fall* ganz unzweifelhaft erfüllt?

0 Handlungsbegriff beim versuchten Delikt

(4) **Handlung** im strafrechtlichen Sinne ist (bitte ergänzen!)

(5) Bezüglich der Prüfung des strafrechtlichen Handlungsbegriffs kann auf die Ausführungen in LE 7 verwiesen werden. Bei der Versuchsprüfung gibt es insoweit keine Besonderheiten. Erfahrungsgemäß besteht, wie etwa der *Kamin-Fall* zeigt, häufig / nur selten Anlass, den Handlungsbegriff zu problematisieren.

I Tatbestandsmäßigkeit des versuchten Delikts

Im Gegensatz zum Tatbestand des vollendeten Delikts, der sich unmittelbar aus dem Wortlaut der jeweiligen Vorschrift des Besonderen Teils ergibt, muss der **Tatbestand des versuchten Delikts** mit Hilfe der allgemeinen Versuchsbestimmung des **§ 15 Abs 1** gebildet werden. Dabei wird der **wesentliche Gehalt** des § 15

(6) Abs 1 in den W.......... des jeweiligen Delikts ....

---

(2) Handlungsbegriff; Rechtswidrigkeit
(3) Der Handlungsbegriff
(4) ein vom Willen beherrschbares menschliches Verhalten
(5) nur selten
(6) Wortlaut hineingelesen oä

23. Kapitel: Aufbau der Versuchsprüfung

(7) Somit lautet der Tatbestand zB des versuchten Mordes (§ 15 Abs 1 iVm § 75):

Bleiben wir beim Beispiel des versuchten Mordes.
Jeder Versuch eines Mordes lässt sich gedanklich in **drei Prüfungsschritte** zerlegen:
1. Hat der Täter **sämtliche objektiven Tatbestandsmerkmale**, dh hat er das **Tatbild** des Mordes erfüllt?
2. Wenn „**nein**": Hat der Täter zumindest den **Entschluss** gefasst, dieses Tatbild zu verwirklichen, dh hat er „einen anderen töten" **wollen**?
3. Wenn „**ja**": Hat der Täter diesen Tatentschluss durch eine **Ausführungshandlung** bzw durch eine ....

(8) iSd § 15 Abs. ... betätigt?

Wenn Sie beim dritten Prüfungsschritt angelangt sind und diese Frage bejahen,
(9) haben Sie damit die **Tatbestandsmäßigkeit des versuchten Mordes** bejaht / verneint.

(10) Die eben dargelegten Sachfragen stellen sich bei jeder Versuchsprüfung und sind identisch mit den drei **Aufbauelementen** des **Tatbestands** des versuchten Delikts. Die Untersuchung der Tatbestandsmäßigkeit erfolgt somit in drei gedanklich getrennten **Prüfungsschritten**:
Bitte einsetzen!

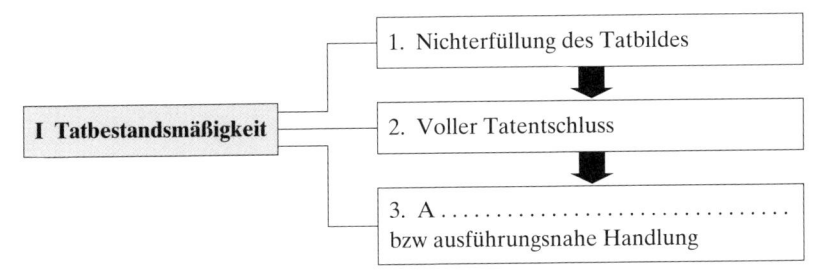

I Tatbestandsmäßigkeit	1. Nichterfüllung des Tatbildes
	2. Voller Tatentschluss
	3. A........................... bzw ausführungsnahe Handlung

Nichterfüllung des Tatbildes

Die Prüfung der Tatbestandsmäßigkeit eines versuchten Delikts beginnt mit der
(11) Feststellung, dass das Tatbild erfüllt / nicht erfüllt ist.

---

(7) „Wer einen anderen **zu töten versucht**".
(8) ausführungsnahe Handlung iSd § 15 Abs 2
(9) bejaht
(10) Ausführungshandlung
(11) nicht erfüllt

23. Kapitel: Lerneinheit 23

(12) **Beachte!** Versuch kommt auch dann in Betracht, wenn bereits **mehrere** objektive Tatbestandsmerkmale erfüllt sind. Es dürfen aber nicht .... objektiven Tatbestandsmerkmale verwirklicht sein. Warum das Tatbild nicht erfüllt ist, kann verschiedene Ursachen haben. Es kann zB am **Tatobjekt**, am **Erfolg**, an der **Tathandlung** oder an der **Kausalität** zwischen Tathandlung und Erfolg mangeln.

M schießt auf O, um ihn zu töten. Die Kugel trifft, aber O überlebt.

(13) Es sind nicht sämtliche objektiven Tatbestandsmerkmale des vollendeten Mordes erfüllt, weil es am Eintritt des .... fehlt.

Blättern Sie bitte zum Kamin-Fall zurück (S 337)!

(14) Es sind nicht sämtliche .... Tatbestandsmerkmale des vollendeten Diebstahls (§§ 127, 129 Abs 2 Z 1) verwirklicht, weil es nicht zur .... des Tafelsilbers gekommen ist.

Im dunklen Vorraum eines Nachtclubs will Albin statt des eigenen einen fremden Hut „mitgehen" lassen. Pech! Draußen stellt er fest, dass er seinen eigenen erwischt hat.

Sind sämtliche objektiven Tatbestandsmerkmale des vollendeten Diebstahls (§ 127) erfüllt?
(15) Ja / Nein – Begründung:

(16) Auch bei dieser Fallkonstellation ist .... Diebstahl zu prüfen.

Voller Tatentschluss

Nun zum zweiten **Tatbestandsmerkmal** des Versuchs, dem „vollen Tatentschluss" (§ 15 Abs 2).

(17) § 15 Abs 2 spricht nicht ausdrücklich von „vollem Tatentschluss", sondern ausführlicher von dem „Entschluss, (bitte ergänzen!)

---

(12) sämtliche
(13) Erfolges
(14) objektiven; Wegnahme
(15) Nein! § 127 erfordert die Wegnahme einer **fremden** Sache. Da es insoweit am Tatobjekt fehlt, ist das Tatbild des § 127 nicht erfüllt oä.
(16) versuchter
(17) sie (nämlich die Tat) auszuführen [oder einen anderen dazu zu bestimmen]". *Anmerkung:* Der in eckige Klammern gesetzte Teil dieser Formel interessiert erst bei der Beteiligungslehre. Er bleibt daher im Folgenden außer Betracht.

23. Kapitel: Aufbau der Versuchsprüfung

Kurzformel: Voller Tatentschluss.

Im Folgenden wird ein Sachverhalt geschildert, der bewusst keine Hinweise darauf enthält, **ob** und gegebenenfalls **mit welchem Tatentschluss** der Täter gehandelt hat:

Pflasterstein-Fall: Der Vorstandsdirektor Dr. G hat soeben der Belegschaft seines einst renommierten 1.000-Mann-Betriebes den Zusammenbruch der Firma eingestehen müssen und packt gerade in seinem Arbeitszimmer im 1. Stock der ehemaligen „Bel Etage" seine Sachen, während vor dem Gebäude die Mitarbeiter lautstark demonstrieren und zornig die geballten Fäuste recken. Da prallt ein von A geschleuderter Pflasterstein unterhalb der Fensterbrüstung ab.

(18) Könnte es sich bei diesem Wurf des A um den Versuch einer Körperverletzung handeln?
Ja / Nein

(19) Könnte A den Stein auch nur zufällig in diese Richtung geworfen haben?
Ja / Nein

(20) **Sie sehen:** Ob es sich um den Versuch einer Körperverletzung oder um ein zufälliges Geschehen handelt, lässt sich **ohne** Berücksichtigung des ....-.................... nicht entscheiden.

(21) Noch ein Zweites: Woher wissen wir eigentlich, dass es sich, falls der Täter wirklich ein Delikt begehen wollte, gerade um den Versuch einer ....-.................... handelt?

(22) Könnte es sich bei dem geschilderten Sachverhalt auch um den Versuch einer Sachbeschädigung (zB der Scheibe) handeln?
Ja / Nein

(23) Sogar um den Versuch eines Mordes an Dr. G?
Ja / Nein

(24) **Beachte!** Ohne Berücksichtigung des Tatentschlusses lässt sich auch nicht entscheiden, ... Delikt der Täter begehen wollte.

Daraus folgt:

Der volle Tatentschluss gehört zum Wesen des Versuchs.

Er ist denknotwendiger Bestandteil des Versuchsbegriffs.

Der volle Tatentschluss ist das Rückgrat jeder Versuchsprüfung.

---

(18) Ja!
(19) Ja!
(20) Tatentschlusses
(21) Körperverletzung
(22) Ja!
(23) Ja!
(24) welches

23. Kapitel: Lerneinheit 23

(25) **Aufbaumäßig** zählt der volle Tatentschluss zu den objektiven / subjektiven **Tat-**
(26) **bestandsmerkmalen** des Versuchs. Er ist daher auf der Stufe I / II / III zu prüfen.

Ist dieser volle Tatentschluss nicht vorhanden oder lässt er sich nicht nachweisen,
(27) entfällt die Tatbestandsmäßigkeit der Handlung / entfällt die Schuld des Täters.

Wenn A der Pflasterstein beim Schleudern nur aus der Hand gerutscht und **zu-**
(28) **fällig** in Richtung des Büros des Dr. G geflogen ist, entfällt damit d...
.... der versuchten Körperverletzung, weil (bitte ergänzen!)

Steht dagegen fest, dass A den Dr. G mit dem Pflasterstein **verletzen wollte**,
(29) ist der für den Versuch der Körperverletzung erforderliche ....
.... gegeben / nicht gegeben.

Das Werfen des Pflastersteines in Richtung Dr. G wäre sogar als **Mordversuch** zu
(30) beurteilen, wenn (bitte ergänzen!)

Wichtig! Der **volle Tatentschluss**

- ist wesentlicher Bestandteil jedes Versuchs;
- bestimmt den zu prüfenden Tatbestand;
- gehört auch beim Versuch **aufbaumäßig zur Tatbestandsmäßigkeit**. Er bildet den **zweiten Schritt** innerhalb der Prüfung des Versuchstatbestandes.

Klärung bedarf nunmehr die Frage, was genau mit dem „vollen Tatentschluss" gemeint ist. Das hängt von der Art des Delikts ab. Bei den meisten Delikten ist **voller Tatentschluss identisch mit Tatbildvorsatz**.

Um den Tatbestand des Mordversuchs (§ 15 Abs 2 iVm § 75) zu erfüllen, muss der
(31) Täter mit dem .... gehandelt haben, „einen anderen zu töten" (siehe § 7 Abs 1).

Beachte! Bei **Delikten mit erweitertem Vorsatz** bedeutet „voller Tatentschluss" stets **Tatbildvorsatz plus erweiterter Vorsatz**.

---

(25) subjektiven
(26) I
(27) die Tatbestandsmäßigkeit der Handlung
(28) der Tatbestand (bzw die Tatbestandsmäßigkeit); weil es am Tatbildvorsatz, also am vollen **Tatentschluss** des A gefehlt hat oä.
(29) volle Tatentschluss gegeben
(30) A mit dem vollen Tatentschluss nach § 75 iVm § 7 Abs 1 gehandelt hätte, dh Dr. G töten wollte oä.
(31) Vorsatz bzw Tatbildvorsatz

23. Kapitel: Aufbau der Versuchsprüfung 343

(32) Beim Diebstahlsversuch (§ 15 Abs 2 iVm § 127) **genügt es daher nicht,** dass der Täter mit dem Vorsatz gehandelt hat, eine f.......... b................
(33) S........ w...................; er muss darüber hinaus auch mit dem erweiterten Vorsatz gehandelt haben (iSd § 127 bitte ergänzen!),

(34) Ist bezüglich eines Delikts mit erweitertem Vorsatz zwar der Tatvorsatz, aber nicht der erweiterte Vorsatz vorhanden oder jedenfalls nicht nachweisbar, so fehlt es am.......... Tatentschluss. **Damit scheidet ein Versuch aus.**

Mountainbike-Fall: Der BWL-Student R will rasch einen Brief zum Postkasten bringen. Er beschließt, sich für diesen Zweck das im Hof stehende Mountainbike des N vorübergehend auszuleihen. Kaum hat sich R in den Sattel geschwungen, verlässt ihn der Mut. Er steigt ab und geht doch lieber zu Fuß.

Handelt R mit dem **Tatbildvorsatz** des § 5 Abs 1 1. Halbsatz iVm § 127?
(35) Ja / Nein – Begründung:

Bestrafung wegen Diebstahlsversuchs kommt aber **nur dann** in Betracht, wenn R **außerdem** mit **Bereicherungsvorsatz** gehandelt hat. Hat er?
(36) Ja / Nein – Begründung:

Bitte blättern Sie zurück zum Regenschirm-Fall (S 136)!
Kommt für den zerstreuten Professor wenigstens Diebstahlsversuch in Betracht?
(37) Ja / Nein – Begründung:

---

(32) fremde bewegliche Sache wegzunehmen
(33) sich oder einen Dritten durch deren Zueignung unrechtmäßig zu bereichern.
(34) „vollen"
(35) Ja! Denn R **will** eine **fremde bewegliche Sache wegnehmen** oä.
(36) Nein! Wer eine Sache nur **vorübergehend** gebrauchen und danach (wie hier) wieder zurückgeben will, handelt zwar mit Gebrauchs-, aber nicht mit Bereicherungsvorsatz. Bloße Gebrauchsentwendungen von Fahrrädern sind nach heutigem österreichischen Recht tatbestands- und schon deshalb straflos. Anders bei Kraftfahrzeugen (vgl § 136).
(37) Nein! Dem Professor fehlt sowohl der **Tatbildvorsatz** (er meint: eigener Schirm) als auch der **Bereicherungsvorsatz**. Er will sich weder „bereichern" noch insoweit „unrechtmäßig" handeln. Kompliment, wenn Sie **beides** erkannt haben.

23. Kapitel: Lerneinheit 23

Der Wilderer Jennewein (J) verfolgt in der Dämmerung einen angeschossenen Rehbock. Schließlich glaubt er ihn in dem „dunklen Fleck" zu erkennen, der sich durch das Dickicht bewegt, und schießt. In Wahrheit ist es der Waldarbeiter W, den die Kugel um Haaresbreite verfehlt.

Ist J wegen Mordversuchs an W zu bestrafen?

(38) Ja / Nein – Begründung:

Ausführungshandlung bzw ausführungsnahe Handlung

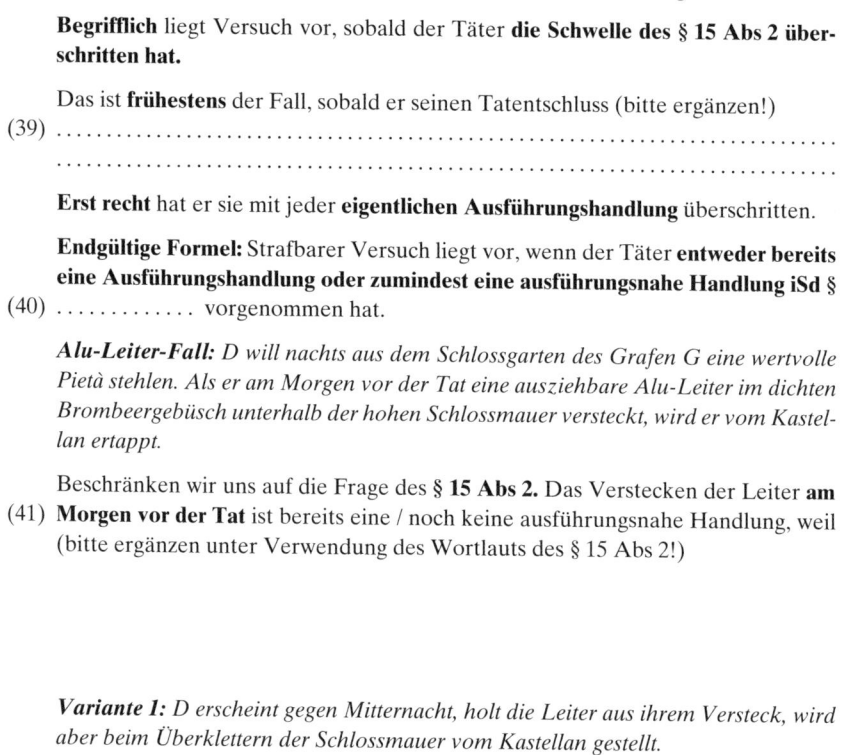

Begrifflich liegt Versuch vor, sobald der Täter **die Schwelle des § 15 Abs 2 überschritten hat.**

Das ist **frühestens** der Fall, sobald er seinen Tatentschluss (bitte ergänzen!)
(39) ....
....

Erst recht hat er sie mit jeder **eigentlichen Ausführungshandlung** überschritten.

Endgültige Formel: Strafbarer Versuch liegt vor, wenn der Täter **entweder bereits eine Ausführungshandlung oder zumindest eine ausführungsnahe Handlung iSd §**
(40) .... vorgenommen hat.

Alu-Leiter-Fall: D will nachts aus dem Schlossgarten des Grafen G eine wertvolle Pietà stehlen. Als er am Morgen vor der Tat eine ausziehbare Alu-Leiter im dichten Brombeergebüsch unterhalb der hohen Schlossmauer versteckt, wird er vom Kastellan ertappt.

Beschränken wir uns auf die Frage des **§ 15 Abs 2.** Das Verstecken der Leiter **am**
(41) **Morgen vor der Tat** ist bereits eine / noch keine ausführungsnahe Handlung, weil (bitte ergänzen unter Verwendung des Wortlauts des § 15 Abs 2!)

Variante 1: D erscheint gegen Mitternacht, holt die Leiter aus ihrem Versteck, wird aber beim Überklettern der Schlossmauer vom Kastellan gestellt.

---

(38) Nein! J ist einem Tatbildirrtum erlegen. Dieser schließt den Tötungsvorsatz aus. Damit fehlt es an dem für den Tatbestand des versuchten Mordes vorausgesetzten „vollen Tatentschluss" oä.
(39) durch eine der Ausführung unmittelbar vorangehende Handlung betätigt hat.
(40) § 15 Abs 2
(41) noch keine ausführungsnahe Handlung, weil der Täter seinen Tatentschluss **zu diesem Zeitpunkt** noch nicht durch eine der Ausführung der Tat unmittelbar vorangehende Handlung betätigt hat oä.

23. Kapitel: Aufbau der Versuchsprüfung 345

Liegt **jetzt** ein Versuch (§ 15 Abs 2) vor?
(42) Ja / Nein – Begründung (unter Verwendung des Wortlauts des § 15 Abs 2):

Variante 2: *D wird erst gestellt, als er im Schlossgarten gerade dabei ist, die Pietà von ihrem Sockel zu lösen.*

(43) Hier liegt erst recht ein Versuch vor, weil der Täter zu diesem Zeitpunkt noch immer eine „ausführungsnahe Handlung" iSd § 15 Abs 2 / bereits eine Ausführungshandlung vornimmt.

II Rechtswidrigkeit des versuchten Delikts

(44) Eine Handlung, die den Tatbestand des versuchten Delikts erfüllt, ist rechtswidrig, wenn sie nicht durch einen .... gerechtfertigt ist. Die Prüfung der Rechtswidrigkeit ist auch beim versuchten Delikt identisch mit der Suche nach **Rechtfertigungsgründen.**

Bratpfannen-Fall: *Der ebenso jähzornige wie gewalttätige Kranführer V kommt betrunken nach Hause. Aus nichtigem Anlass misshandelt er seine Gattin auf das Schlimmste. Um seiner Mutter beizustehen, ergreift der 16-jährige Sohn S die Bratpfanne und will sie nach dem Vater schleudern. Sie rutscht ihm aber aus der Hand und fällt scheppernd auf den Boden.*

V zeigt seinen Sohn wegen versuchter Körperverletzung an (§§ 15, 83 Abs 1).

Untersuchen Sie, ob S den Tatbestand einer versuchten Körperverletzung erfüllt hat!

(45) **1. Nichterfüllung des Tatbildes:**

(46) **2. Voller Tatentschluss:**

---

(42) Ja! Mit dem Überklettern der Mauer hat D seinen Tatentschluss bereits durch eine der Ausführung der Tat unmittelbar vorangehende Handlung betätigt oä.
(43) bereits eine Ausführungshandlung vornimmt.
(44) Rechtfertigungsgrund
(45) Das Tatbild des § 83 Abs 1 ist nicht erfüllt, weil V keine Körperverletzung erlitten hat oä.
(46) S hat seinen Vater verletzen **wollen.** § 83 Abs 1 verlangt keinen erweiterten Vorsatz. Damit ist der „volle Tatentschluss" gegeben oä.

23. Kapitel: Lerneinheit 23

(47) **3. Ausführungshandlung bzw ausführungsnahe Handlung iSd § 15 Abs 2:**

Prüfen Sie nunmehr die **Rechtswidrigkeit** der von S versuchten Körperverletzung!
(48) Anders ausgedrückt: Ist die Handlung des S durch .... gerechtfertigt?
(49) Ja / Nein – Begründung: (Bitte sämtliche Elemente des Rechtfertigungsgrundes – wenngleich nur kurz – durchprüfen!)

III Schuld beim versuchten Delikt

Die Schuldelemente unterscheiden sich beim versuchten Delikt nicht von jenen des vollendeten Delikts. Bei Vorliegen einer **Handlung,** die einen **Tatbestand**
(50) erfüllt und .... ist, müssen auch sämtliche **Schuldelemente** gegeben sein, damit Strafbarkeit in Betracht kommt:

(51) Setzen Sie die Schuldelemente ein!

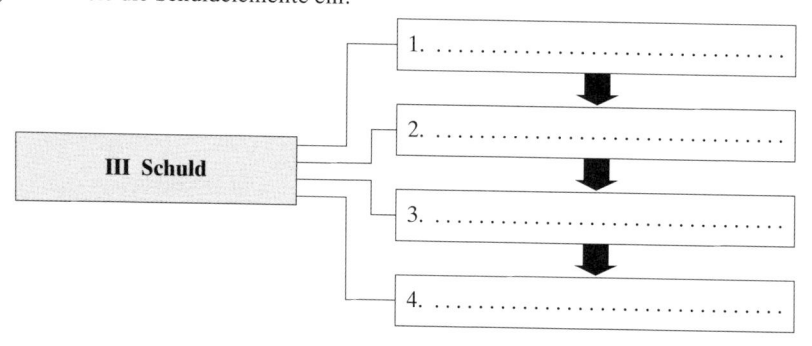

```
                    ┌─ 1. ...........................
                    │            ▼
                    ├─ 2. ...........................
  III Schuld ───────┤            ▼
                    ├─ 3. ...........................
                    │            ▼
                    └─ 4. ...........................
```

Befindet sich der Versuchstäter in einem Irrtum über einen rechtfertigenden
(52) Sachverhalt (§ 8), so ist sein .... ausgeschlossen.

---

(47) Das Ergreifen der Pfanne, um sie nach dem Vater zu schleudern, ist die Betätigung des Tatentschlusses durch eine der Ausführung unmittelbar vorangehende Handlung oä. Damit ist der Tatbestand der versuchten Körperverletzung erfüllt.
(48) Notwehr bzw Nothilfe
(49) Ja! S wehrt einen gegenwärtigen rechtswidrigen Angriff auf die körperliche Unversehrtheit seiner Mutter in den Grenzen des § 3 und in Kenntnis der Notwehrsituation ab. Er ist daher durch Nothilfe gerechtfertigt oä.
(50) rechtswidrig
(51) Von oben nach unten: Schuldfähigkeit; Unrechtsbewusstsein; keine Entschuldigungsgründe; allfällige besondere Schuldmerkmale
(52) Unrechtsbewusstsein

23. Kapitel: Aufbau der Versuchsprüfung

(53) Auf welcher Stufe des Fallprüfungsschemas ist jedoch ein **Tatbildirrtum** zu untersuchen? Antwort und Begründung:

■ ■ ■   **Bevor Sie die Testfragen zur LE 23 durcharbeiten, lesen Sie bitte zunächst im Grundriss AT Kap 23!**   ■ ■ ■

(53) Auf der Stufe der Tatbestandsmäßigkeit. Denn der Tatbildirrtum ist die Kehrseite des Vorsatzes, und der Vorsatz ist auf der Stufe I zu prüfen oä.

23. Kapitel: Testeinheit 23

Testeinheit 23

Testfragen zur LE 23

1. Setzen Sie die Elemente des **Tatbestands** des versuchten Delikts in das Schaubild ein!

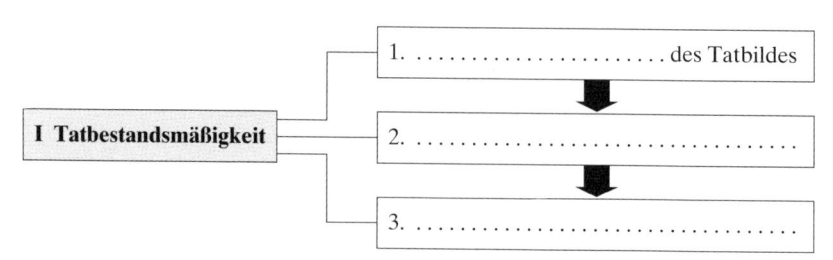

I Tatbestandsmäßigkeit	1. .... des Tatbildes
	2. ....
	3. ....

2. Kommt Versuch auch dann noch in Betracht, wenn schon **mehrere** objektive Tatbestandsmerkmale des Delikts erfüllt sind?
   Ja / Nein – Begründung:

3. Der Begriff „voller Tatentschluss" beim Versuch ist bei den meisten Delikten identisch mit
   a) ....
   b) bedeutet aber zB beim Diebstahl (§ 127) .... **plus**
   ....

4. Kann auch eine versuchte Tat gerechtfertigt sein?
   Ja / Nein

5. Aus welchen Elementen besteht die **Schuld** beim versuchten Delikt? Schreiben Sie bitte den Schuldaufbau in der richtigen Reihenfolge nieder!

6. Den **Tatbildirrtum** prüfen Sie beim versuchten Delikt auf der Stufe der ....

7. Den **Verbotsirrtum** prüfen Sie beim versuchten Delikt auf der Stufe der ....

8. Der **Irrtum über einen rechtfertigenden Sachverhalt** schließt nur beim vollendeten Delikt / schließt auch beim versuchten Delikt das .... aus.

23. Kapitel: Aufbau der Versuchsprüfung

9. **Türspray-Fall:** *Klirrender Frost. Kalt pfeift der pannonische Wind. Verzweifelt versucht M, das anscheinend vereiste Schloss seines weißen Golfs mit Enteiserspray zu behandeln, als ihn ein aufgebrachter junger Mann zur Rede stellt und des Autodiebstahls bezichtigt. Erst jetzt bemerkt M, dass sein eigener Wagen eine Parkreihe weiter steht.*
Hat M einen versuchten Diebstahl (§§ 15, 127) begangen?
Ja / Nein – Begründung:

10. **Finito Bastardo:** *Um den treulosen Enrico (E) loszuwerden, gibt ihm Angelina (A) zur Jause einen vergifteten Grappa mit. „Finito maledetto bastardo! Va all' inferno!" denkt sie insgeheim. In der Mittagspause will E zunächst seinen Arbeitskollegen (K) trinken lassen. Aber diesem entgleitet die Flasche und sie zerschellt auf dem Boden.*

    a) Die A wird wegen versuchten Mordes (§§ 15, 75) angeklagt. Sie verteidigt sich damit, dass infolge eines **Tatbildirrtums** ihr Vorsatz entfalle. Ohne Vorsatz käme aber nicht einmal versuchte Tötung in Betracht. Sie sei deshalb straffrei. Halten Sie diesen Einwand für richtig?
    Ja / Nein – Begründung:

    b) Wann beginnt für A der Versuch? Bereits mit der Übergabe der Flasche an E? Oder erst mit dem Weiterreichen an K?

    c) Ändert sich an der Lösung des Falles etwas, wenn K das Gift getrunken und sofort tot umgefallen ist?

11. **Gscherter-Hammel-Fall:** *Der Hufschmied Alois Schwingshandl (S) aus dem bayerischen Simbach hat im Gastgarten einer Rieder Wirtschaft mit einem Innviertler Streit bekommen. Er schildert den von ihm als Kränkung empfundenen Anlass wie folgt: „Net g'nua, dass er mia z'erst auf d'Füaß 'naufsteigt, hoaßt er mi a no oan 'gscheadn Hamml'! Da hab i eam oane g'langt – aba troff'n hab i eam eh net".*

23. Kapitel: Testeinheit 23

Untersuchen Sie die Strafbarkeit des S!

a) In Betracht kommt das Delikt der ....
(§ 83 Abs 1) in der Erscheinungsform des Versuchs / der Vollendung. Begründung (bitte sämtliche Tatbestandsmerkmale prüfen!):

b) Der Rechtfertigungsgrund des § ... kommt in Betracht / kommt nicht in Betracht, weil (bitte ergänzen!)

c) Das eigentliche Problem dieses Falles betrifft die Schuldfähigkeit / das Unrechtsbewusstsein / das Vorliegen von Entschuldigungsgründen. Bezeichnen Sie das Problem so genau wie möglich!

12. Natürlich wird sich S in erster Linie darauf berufen, dass **in Deutschland** auch Notwehr zum Schutze der Ehre zulässig ist. Dass dies in Österreich anders sei, habe er nicht gewusst.

Sie sind Bezirksrichter in Schärding und sollen über den Fall entscheiden. Werden Sie Alois Schwingshandl wegen versuchter Körperverletzung (§§ 15, 83 Abs 1) bestrafen?
Ja / Nein – Begründung:

13. *Gefährliche Liebschaft:* Entschlossen, seine ehemalige Freundin auf der Stelle zu erschießen, falls sie sich weigern sollte, zu ihm zurückzukehren, hat Romario die 18-jährige Jana zu einer „letzten Aussprache" in eine einsame Waldschenke bestellt. Als R den Gastraum betritt, wird er von dem Kriminalbeamten K verhaftet, den J, misstrauisch geworden, vorsorglich alarmiert hatte. K findet bei R einen geladenen und entsicherten Revolver.

Liegt bereits ein strafbarer Tötungsversuch des R vor?
Ja / Nein – Begründung:

23. Kapitel: Aufbau der Versuchsprüfung 351

Antworten

1. 1. Nichterfüllung des Tatbildes;
   2. voller Tatentschluss;
   3. Betätigung des Tatentschlusses durch eine Ausführungshandlung bzw eine ausführungsnahe Handlung iSd § 15 Abs 2.
2. Ja! So lange nicht **sämtliche** objektiven Tatbestandsmerkmale erfüllt sind oä.
3. a) Tatbildvorsatz
   b) Tatbildvorsatz plus erweiterter Vorsatz (nämlich Bereicherungsvorsatz)
4. Ja!
5. a) Schuldfähigkeit;
   b) Unrechtsbewusstsein;
   c) keine Entschuldigungsgründe;
   d) allfällige besondere Schuldmerkmale.
6. Tatbestandsmäßigkeit (Der Tatbildirrtum schließt den Vorsatz und somit den subjektiven Tatbestand aus).
7. Schuld (präziser: des Unrechtsbewusstseins)
8. schließt auch beim versuchten Delikt das Unrechtsbewusstsein aus.
9. Nein! Es fehlt in doppelter Hinsicht am vollen Tatentschluss. Denn M handelt infolge eines Tatbildirrtums ohne **Tatbildvorsatz,** indem er sich über die **Fremdheit** des Autos irrt oä. Außerdem handelt M auch nicht mit **Bereicherungsvorsatz**, da er ja meint, den eigenen Wagen aufzusperren, sich daran also gar nicht unrechtmäßig bereichern will.
10. a) Nein! A hat den Vorsatz, den E zu töten (voller Tatentschluss) und hat diesen Tatbildvorsatz durch eine Ausführungshandlung betätigt. In Bezug auf E liegt daher versuchter Mord (§§ 15, 75) vor. In Bezug auf K hatte sie tatsächlich keinen Vorsatz, handelte aber uU fahrlässig. Da eine Versuchsstrafbarkeit nur bei Vorsatzdelikten eingreift, bleibt fahrlässige Tötung mangels Eintritts des Erfolges außer Betracht.
    b) Bereits mit der Übergabe des Giftes an E; vgl dazu näher Z 21 RN 21.
    c) Da **E** nicht gestorben ist, bleibt es insoweit bei der Bestrafung der A wegen Versuches. Aber zusätzlich ist fahrlässige Tötung des **K** zu prüfen; näher zu diesem strittigen Problem im Grundriss AT RN 12.16f.
11. a) Körperverletzung; des Versuchs
    Da S nicht getroffen hat, ist eine Körperverletzung bei seinem Opfer nicht eingetreten. S hat dieses jedoch körperlich verletzen wollen. Mit der Betätigung seines Tatentschlusses durch einen Faustschlag hat er eine Ausführungshandlung vorgenommen oä.
    b) § 3; kommt nicht in Betracht, weil Beschimpfungen („gscheade Hamml") keinen Angriff auf ein **notwehrfähiges Rechtsgut** bedeuten oä.
    c) das Unrechtsbewusstsein. Das Problem betrifft die Frage eines indirekten Verbotsirrtums über die **Grenzen** der Notwehr (§ 9); speziell geht es um die **Vorwerfbarkeit** dieses Verbotsirrtums oä.
12. Das ist wohl auszuschließen: Weder war das Unrecht für S leicht erkennbar (§ 9 Abs 2 1. Halbsatz) noch reicht die Erkundigungspflicht gem § 9 Abs 2 2. Halbsatz so weit, dass sich ein Ausländer über die feinen Unterschiede eines in beiden Ländern anerkannten Rechtfertigungsgrundes informieren müsste oä.
13. Hier treten zwei Probleme auf:
    a) Man könnte argumentieren, dass der, der seine Entscheidung – wie hier R – von einer **Bedingung** (Aussprache mit negativem Ausgang) abhängig macht, noch **keinen unbedingten Handlungswillen,** dh noch keinen definitiven Tötungsvorsatz gefasst hat; vgl dazu im Grundriss AT RN 23.7.
    b) Wie auch immer man diese Frage löst – jedenfalls liegt im Zeitpunkt der Festnahme noch **keine ausführungsnahe Handlung** vor, da mit der bevorstehenden Aussprache und der Entscheidung der J noch essentielle Etappen zum Eintritt des R in die Strafbarkeit fehlen; vgl näher im Grundriss AT RN 22.19.

■ ■ ■ **Ende dieser Programmeinheit** ■ ■ ■

24. Kapitel

Rücktritt und tätige Reue

Lerneinheit 24

Lernziel: Diese LE befasst sich mit den Voraussetzungen, unter denen der Täter durch „**Rücktritt**" vom Versuch Straffreiheit erlangen kann. Beim vollendeten Delikt kann „**tätige Reue**" zur Straflosigkeit führen. Schließlich werden die „**Strafaufhebungsgründe**" den „**Strafausschließungsgründen**" gegenübergestellt.

Rücktritt

Lesen Sie bitte § **16 Abs 1**!

Diese Vorschrift behandelt den **Rücktritt vom Versuch.** Sie gewährt dem Zurücktretenden das praktisch höchst bedeutsame Privileg **voller Straffreiheit.**

Wer zurücktritt, wird nicht „wegen des Versuches" bestraft.

(1) Gegen denjenigen, der strafbefreiend zurückgetreten ist, können daher weder Strafen verhängt noch .... angeordnet werden.

(2) Diese Großzügigkeit des StGB ist durchaus nicht selbstverständlich. Die Entscheidung des Gesetzgebers für die Strafbarkeit / für die Straffreiheit des Zurücktretenden stützt sich insoweit auf den **Prämiengedanken**.

Der Täter soll dafür **belohnt** werden, dass er, aus welchen Gründen auch immer, **die Tatausführung freiwillig aufgegeben und die Tat nicht vollendet hat.** Er verdient Straflosigkeit, weil er das Tatgeschehen angehalten bzw rückgängig gemacht und auf diese Weise den korrumpierenden Eindruck seiner Tat auf die Gemeinschaft beseitigt hat.

Prämiert wird bereits die **Tatsache,** dass der Täter seine Tatausführung aufgegeben hat.

(3) Es kommt daher auf die **Motive**, die den Täter zum Rücktritt bewogen haben, an / nicht an. Der Rücktritt aus Gewissensgründen, Einsicht oder echter Reue hebt die Strafe ebenso auf wie der Rücktritt mangels „Mutes" oder aus Angst vor Schande oder Bestrafung.

---

(1) vorbeugende Maßnahmen
(2) für die Straffreiheit
(3) nicht an

24. Kapitel: Rücktritt und tätige Reue

(4) Der Rücktritt vom Versuch ist weder ein Rechtfertigungsgrund noch ein Entschuldigungsgrund. Denn die versuchte Tat bleibt trotz des strafbefreienden Rücktritts eine **Straftat**, dh eine ...., r................. und .... Handlung.

(5) Der dem Rücktritt zugrundeliegende P............ gedanke wirkt sich aber dahin aus, dass die durch die Begehung einer Straftat **an sich verwirkte Strafe** für den Täter **aufgehoben** wird.

Daher wird der **Rücktritt vom Versuch (§ 16)** als **Strafaufhebungsgrund** bezeichnet.

Dogmatische Zuordnung

Es gibt **verschiedene Strafaufhebungsgründe**. Die beiden wichtigsten sind der **Rücktritt vom versuchten Delikt** und die **tätige Reue beim vollendeten Delikt**.

(6) In beiden Fällen hat der Täter **an sich eine Strafe verwirkt**, weil (bitte ergänzen!)

(7) Doch wird sowohl beim **Rücktritt** vom .... Delikt als auch im Falle der **tätigen Reue** beim .... Delikt diese an sich verwirkte Strafe ....

(8) Warum gewährt das Gesetz dem Zurücktretenden Straffreiheit?

(9) Die Prüfung eines **Strafaufhebungsgrundes** setzt voraus, dass **zuvor** Tatbestandsmäßigkeit, Rechtswidrigkeit und Schuld des Täters verneint / bejaht worden sind.

Diese Einsicht hat **Konsequenzen für das strafrechtliche Fallprüfungsschema.**

(10) Denn bei Sachverhalten, die im konkreten Fall die Erörterung eines Strafaufhebungsgrundes nahe legen, erweitert sich das Fallprüfungsschema um eine zusätzliche **vierte** Stufe, die Prüfung von St........................-gründen.

(11) Wegen einer Straftat kann nur bestraft werden, wenn Strafaufhebungsgründe vorliegen / keine Strafaufhebungsgründe vorliegen.

---

(4) tatbestandsmäßige; rechtswidrige; schuldhafte
(5) Prämiengedanke
(6) die Tat eine Straftat ist; oder: er tatbestandsmäßig, rechtswidrig und schuldhaft gehandelt hat oä.
(7) versuchten; vollendeten; aufgehoben
(8) Um die freiwillige und endgültige Aufgabe der Tatausführung zu belohnen oä.
(9) bejaht
(10) Strafaufhebungsgründen
(11) keine Strafaufhebungsgründe vorliegen

24. Kapitel: Lerneinheit 24

Erweitertes Fallprüfungsschema
(unter Einbeziehung der Gründe, die eine an sich verwirkte Strafe aufheben)

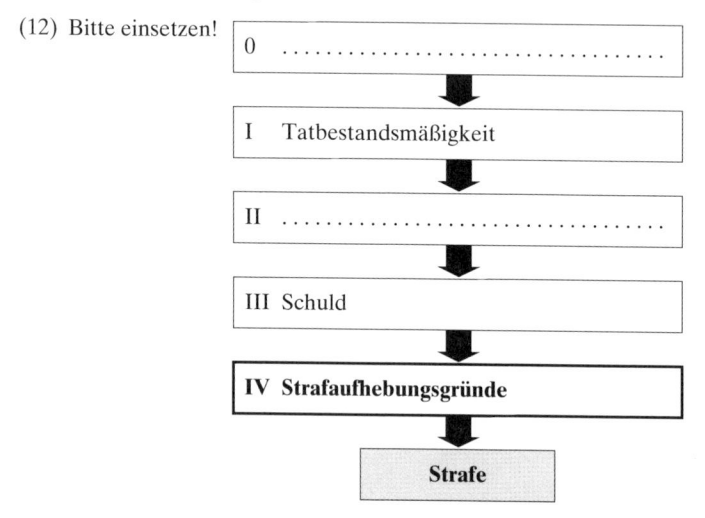

(12) Bitte einsetzen!

```
0 ...................................
          ↓
I    Tatbestandsmäßigkeit
          ↓
II   ...................................
          ↓
III  Schuld
          ↓
IV   Strafaufhebungsgründe
          ↓
        Strafe
```

Unbeendeter und beendeter Versuch

In Bezug auf den Rücktritt unterscheidet man zwei Versuchsarten, den **beendeten Versuch** und den **unbeendeten Versuch**.

Beachte! Für die weiteren Ausführungen ist eine korrekte Terminologie unumgänglich. Dabei ist der **beendete Versuch** begrifflich streng von der **vollendeten Tat** zu trennen.

Von einem beendeten Versuch spricht man, wenn der Täter glaubt, alles zur Vollendung der Tat Erforderliche getan zu haben.

Blättern Sie bitte zurück zum Preisetiketten-Fall (S 335)!

War der Betrugsversuch bereits beendet?

(13) Ja / Nein – Begründung:

Glaubt der Täter dagegen, er müsse noch weiterhandeln, um die Tat zu vollenden, ist der Versuch noch unbeendet.

Lesen Sie bitte noch einmal den AIDS-Fall (S 329)!

---

(12) 0 Handlungsbegriff; II Rechtswidrigkeit
(13) Ja! Denn mit dem Vorzeigen der „billigen" Blende an der Kasse hatte der Jugendliche alles getan, was seiner Meinung nach erforderlich war, um die Tat (den Betrug) zu vollenden uä.

24. Kapitel: Rücktritt und tätige Reue

(14) Der Versuch der Vergewaltigung war beendet / unbeendet, weil (bitte ergänzen!)

(15) **Wichtig!** Die **Abgrenzung von beendetem und unbeendetem Versuch** richtet sich somit **ausschließlich nach der Vorstellung des Täters /** ausschließlich nach objektiven Kriterien.

Maßgebend ist die subjektive Einschätzung des Täters im Zeitpunkt des Abschlusses bzw des Abbruchs der Ausführungshandlung.

Erbtanten-Fall: „*Wohl bekomm's, Tantchen*", *frohlockt Krahnäugl (K), als er auf dem Postamt den vergifteten Magenbitter an die Grazer Erbtante aufgibt. Das „Präsent" kommt allerdings nie an, weil das Päckchen beim Transport verloren geht.*

Ist der von K begangene Mordversuch beendet?
(16) Ja / Nein – Begründung:

Rücktritt vom unbeendeten Versuch

Im Anschluss an die beiden Arten des Versuchs unterscheidet das StGB zwei Arten des **Rücktritts**, den **Rücktritt vom unbeendeten Versuch** und den **Rücktritt vom beendeten Versuch**.

Die Voraussetzungen für den **Rücktritt vom unbeendeten Versuch** sind in § 16 Abs 1 1. Fall ausdrücklich, aber unvollständig geregelt. **§ 16 Abs 1 1. Fall** bitte lesen!

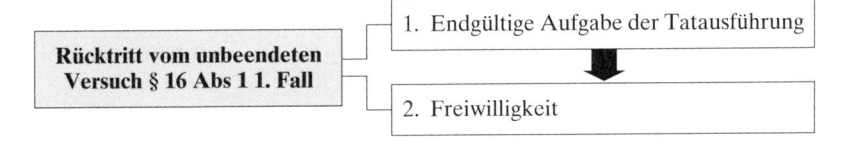

(17) Durch den Rücktritt vom .... Versuch wird die Strafe gemindert / aufgehoben, wenn die beiden folgenden Rücktrittsvoraussetzungen erfüllt sind:

Rücktritt vom unbeendeten Versuch § 16 Abs 1 1. Fall	1. Endgültige Aufgabe der Tatausführung
	2. Freiwilligkeit

---

(14) unbeendet; J hätte noch weiterhandeln müssen, um die Tat zu vollenden oä.
(15) ausschließlich nach der Vorstellung des Täters
(16) Ja! K hat alles **nach seiner Vorstellung Erforderliche** getan, um seine Erbtante zu töten oä. Dass der Erfolg ausbleibt, ist eine andere Frage. Sie hat mit der Abgrenzung von beendetem und unbeendetem Versuch nichts zu tun. **Vollendet** wäre die Tat erst mit dem Eintritt des Todes.
(17) unbeendeten Versuch; aufgehoben

24. Kapitel: Lerneinheit 24

Kibrer-Fall: Gegen 23.00 Uhr ist der Ganove (G) gerade dabei, den blauen Allrad-Turbodiesel aufzubrechen. Als die Revierstreife um die Ecke biegt, nimmt G Reißaus in der Absicht weiterzumachen, „sobald die Kibrer furt san".

(18) **Wichtig!** Die **Art des Rücktritts** richtet sich **stets nach der** .... **des Versuchs!**

(19) Hier liegt ein beendeter Diebstahlsversuch / ein unbeendeter Diebstahlsversuch vor, weil (bitte ergänzen!)

Ist G von diesem Versuch strafbefreiend zurückgetreten?
(20) Ja / Nein – Begründung:

Beachte! Zentrale Bedeutung kommt dem Rücktrittserfordernis der **Freiwilligkeit** zu. Bei dieser Prüfung leistet in vielen Fällen die *Frank'sche* Rücktrittsformel gute Dienste.

(21) Sagt sich der Täter: „**Ich will nicht, obwohl ich kann**", erfolgt die Aufgabe der Tatausführung unfreiwillig / freiwillig.

(22) Sagt sich der Täter: „**Ich kann nicht, obwohl ich** ......", geschieht die Aufgabe der Tatausführung ....

Variante: G trollt sich entmutigt, weil der Wagen sich nicht öffnen lässt.

(23) Damit hat er seine Tatausführung endgültig aufgegeben / nicht endgültig aufgegeben. Hat G seine Tatausführung **freiwillig** aufgegeben?
(24) Ja / Nein – Begründung:

---

(18) Art
(19) ein unbeendeter Diebstahlsversuch, weil G noch nicht alles nach seiner Vorstellung Erforderliche getan hatte, um den Diebstahl zu vollenden oä.
(20) Nein! Wer die Tatausführung kurzfristig unterbricht oder aufschiebt, tritt nicht strafbefreiend zurück. Es liegt **keine endgültige** Aufgabe der Tatausführung vor oä.
(21) freiwillig
(22) will; unfreiwillig
(23) endgültig aufgegeben
(24) Nein! Der Täter sagt sich: „Ich kann nicht, obwohl ich will".

24. Kapitel: Rücktritt und tätige Reue

Rücktritt vom beendeten Versuch

An den **Rücktritt vom beendeten Versuch** stellt das Gesetz **strengere Anforderungen**. Lesen Sie bitte § 16 Abs 1 3. Fall!

(25) Die bloße Aufgabe der Tatausführung genügt in diesem Stadium des Versuchs nicht mehr. Es muss vielmehr der **Eintritt des Erfolgs** ....
(26) werden. Dies kann unfreiwillig / muss freiwillig geschehen. Weiters muss **der Täter selbst** die Initiative ergreifen, dh den Eintritt des Erfolgs **durch eigenes Zutun** abwenden; arg § 16 Abs 2.

(27) Bitte einsetzen!

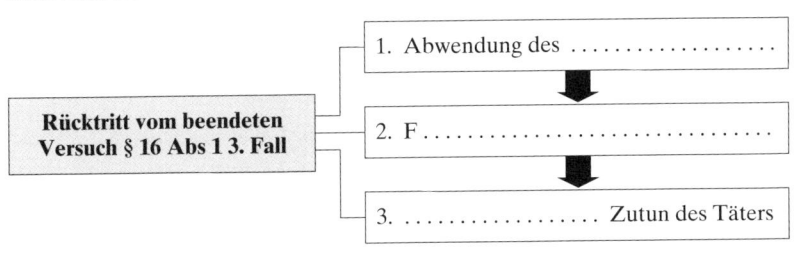

Rücktritt vom beendeten Versuch § 16 Abs 1 3. Fall
- 1. Abwendung des ....
- 2. F................................
- 3. .... Zutun des Täters

(28) Diese Erleichterung / Verschärfung der Rücktrittsvoraussetzungen beim beendeten Versuch geschieht aus gutem Grund. Denn beim beendeten Versuch ist die Ausführungshandlung nach der Vorstellung des Täters **abgeschlossen und tendiert zur Vollendung der Tat.**

(29) Der Täter muss daher **aktiv werden** und den drohenden .... **tatsächlich abwenden. Misslingt ihm dies, scheidet strafbefreiender Rücktritt aus.**

Teifi-Fall: W hat seinen Erzfeind E in eine abgelegene Hütte gelockt und dort eingesperrt. „Griaß ma 'n Teifi!" höhnt er und legt Feuer. Aber dann packt ihn die Reue, und er holt den bereits bewusstlosen E aus den Flammen. Nach zwei Monaten stirbt E an den Spätfolgen der beim Brandanschlag erlittenen Rauchgasvergiftung.

(30) Mit dem **Anzünden** der versperrten Hütte liegt ein Tötungsversuch an E vor. Dieser Versuch ist beendet / unbeendet, weil (bitte ergänzen!)

---

(25) abgewendet
(26) muss freiwillig geschehen
(27) von o nach u: Erfolgs; Freiwilligkeit; eigenes
(28) Verschärfung
(29) Erfolgseintritt bzw Erfolg
(30) beendet; weil W der Meinung war, mit dem Anzünden der Hütte alles zur Vollendung der Tat, dh zur Tötung des E Erforderliche getan zu haben oä.

24. Kapitel: Lerneinheit 24

(31) W hat E aus den Flammen geholt. Strafbefreiender Rücktritt gem § 16 Abs 1 3. Fall kommt für W dennoch nicht in Betracht, weil von den drei Voraussetzungen des Rücktritts vom .... **eine** nicht erfüllt ist.

(32) Welche?

Eigenes Zutun bedeutet nicht unbedingt, dass der Täter „eigenhändig" tätig werden muss. Es genügt, wenn die Abwendung des Erfolgs auf **sein aktives Bemühen zurückzuführen** ist.

(33) Daher genügt / genügt nicht das Herbeiholen eines Arztes, der Feuerwehr, der Polizei etc.

M hat auf O geschossen, um ihn zu töten, den Verletzten dann aber ins Spital gebracht. Die sofortige Operation rettet dem O das Leben. Nach etwa sechs Wochen kann O das Krankenhaus wieder verlassen.

(34) M hat den Eintritt des Todes des O freiwillig abgewendet. Dies geschah durch fremdes Zutun / durch eigenes Zutun. Daher sind sämtliche Voraussetzungen des
(35) strafbefreienden Rücktritts vom .... Versuch des § 75 erfüllt.

Dennoch geht M nicht straflos aus. Lesen Sie bitte § 84 Abs 4!

Die Tat des M hatte eine „länger als 24 Tage dauernde Gesundheitsschädigung" zur Folge. Der **Mordversuch** des M erfüllt daher zugleich den Tatbestand der **vollendeten schweren Körperverletzung** gem § 84 Abs 4.

Qualifizierter Versuch

Lesen Sie nunmehr bitte **§ 16 Abs 1**! Es kommt auf jedes Wort an!

(36) Der Rücktritt hebt die Strafe **nur „wegen des** .... **"** auf! Anders ausgedrückt: Ist durch den Deliktsversuch **bereits ein anderes Delikt vollendet,** bleibt der Täter trotz des strafbefreienden Rücktritts vom Versuch **wegen dieses vollendeten Delikts strafbar.**

(37) In der Lehre bezeichnet man den Fall, dass **im Versuch** ein .... Delikt enthalten ist, (etwas verwirrend!) als **qualifizierten Versuch.**

---

(31) beendeten Versuch
(32) Die **Abwendung des Erfolgs** oä. *Anmerkung:* Da der Erfolg, wenn auch erst nach 2 Monaten, eingetreten ist, wäre hier sogar die Frage des **vollendeten** Mordes aufzuwerfen (und zu bejahen).
(33) genügt
(34) durch eigenes Zutun
(35) beendeten
(36) Versuchs
(37) (anderes) vollendetes

24. Kapitel: Rücktritt und tätige Reue

Löteisen-Fall: Mit seinem Autogenschweißgerät hat Löteisen (L) den Geldschrank bereits ziemlich demoliert, als er sich eines Besseren besinnt und auf die Vollendung des Diebstahls verzichtet.

(38) Es liegt ein beendeter Diebstahlsversuch / unbeendeter Diebstahlsversuch (§§ 15, 127 ff) vor. Wird L **wegen dieses Diebstahlsversuches** bestraft?
(39) Ja / Nein – Begründung:

Geht L **gänzlich straffrei aus?**
(40) Ja / Nein – Begründung:

Tätige Reue

(41) Dem **Rücktritt vom Versuch** entspricht nach Funktion und Wirkung die **tätige Reue** beim ....

Beachte! Die beiden Begriffe „Rücktritt" und „tätige Reue" werden von der hM stets streng im technischen Sinn verwendet. Dh beim vollendeten Delikt ist immer
(42) nur .... und nie .... möglich.

Der Begriff **tätige Reue** ist missverständlich. Zwar muss, wer **nach Vollendung der Tat** straffrei werden will, „tätig" werden, aber „Reue" oder ähnliche Motive sind nur selten der Beweggrund und werden vom Gesetz auch nicht gefordert.

(43) Bei der tätigen Reue handelt es sich ebenfalls um einen Rechtfertigungs- / Entschuldigungs- / Strafaufhebungsgrund.

Im Gegensatz zum Rücktritt vom Versuch, der prinzipiell bei **sämtlichen Delikten** in Betracht kommt, hat das StGB den Strafaufhebungsgrund der tätigen Reue **nur für bestimmte Delikte** vorgesehen.

Das Institut der tätigen Reue findet sich etwa bei den **Vorbereitungsdelikten.** So wird der Täter durch tätige Reue zB beim Delikt der „Vorbereitung eines Hochverrats" gem § 245 straflos.

---

(38) unbeendeter Diebstahlsversuch
(39) Nein! Durch freiwillige und endgültige Aufgabe der Tatausführung ist gem § 16 Abs 1 1. Fall Straffreiheit bezüglich des **Diebstahlsversuchs** eingetreten oä.
(40) Nein! Im versuchten Diebstahl ist eine **vollendete Sachbeschädigung** (§ 125) enthalten. Nur „wegen des Versuchs" des Diebstahls ist L straffrei, nicht wegen der vollendeten Sachbeschädigung = **qualifizierter Versuch.**
(41) vollendeten Delikt
(42) tätige Reue; Rücktritt
(43) Strafaufhebungsgrund

24. Kapitel: Lerneinheit 24

Eine praktisch weitaus größere Rolle spielt die tätige Reue aber bei den **Vermögensdelikten.** **§ 167** (bitte lesen!) ordnet für zahlreiche **Vermögensdelikte,** zB Diebstahl, Veruntreuung, Unterschlagung, Betrug, Untreue, Hehlerei, ausdrücklich an, dass die Strafbarkeit des vollendeten Delikts „durch .... (44) .... aufgehoben" wird. Dazu ist bei den Vermögensdelikten rechtzeitige, vollständige und freiwillige **Schadensgutmachung** erforderlich. Einzelheiten gehören in den Besonderen Teil.

Pizzeria-Fall: „Einmal so richtig auf den Putz hau'n", frohlockt der Pizzaverkäufer V und lässt nach Geschäftsschluss die Tageslosung mitgehen. Alsbald stellen sich Skrupel bei ihm ein. Er ändert seinen Entschluss und legt das Geld am nächsten Morgen wieder in die Kasse der Pizzeria zurück.

(45) Der Strafaufhebungsgrund des § 16 Abs 1 kommt zum Zuge / kommt nicht zum Zuge, weil (bitte ergänzen!)

(46) Es ist jedoch der Strafaufhebungsgrund des § ...... zu untersuchen.

Strafausschließungsgründe

Ebenso wie **Strafaufhebungsgründe** sind bei gegebenem Anlass auch **Strafausschließungsgründe** und **zusätzliche Voraussetzungen der Strafbarkeit** auf einer vierten Stufe der Fallprüfung zu erörtern.

Wir haben gesehen: **Strafaufhebungsgründe** beschreiben **die Voraussetzungen, unter denen die wegen einer Straftat an sich bereits verwirkte Strafe wieder aufgehoben wird.**

Beispiele: Rücktritt und tätige Reue.

Es handelt sich dabei stets um Umstände, die schon **bei Begehung der Tat** vorliegen / erst **nach Begehung der Tat** eintreten.
(47)
Das unterscheidet sie von den **Strafausschließungsgründen.**

Strafausschließungsgründe beschreiben bestimmte Umstände, die schon bei der Begehung der Straftat vorliegen und einer Bestrafung entgegenstehen.

Geschwister-Fall: Der mittellose A nimmt seiner älteren Schwester S 50 € aus ihrer herumliegenden Geldtasche.

---

(44) tätige Reue
(45) kommt nicht zum Zuge, weil mit der Mitnahme der Tageslosung sämtliche Tatbestands- und Schuldmerkmale des § 127 erfüllt sind. Der Diebstahl ist vollendet. Vom **vollendeten Delikt** gibt es keinen Rücktritt oä.
(46) § 167 (tätige Reue beim vollendeten Delikt!)
(47) erst nach der Begehung der Tat eintreten

24. Kapitel: Rücktritt und tätige Reue

A hätte an sich eine Entwendung zu verantworten. Lesen Sie nun bitte **§ 141 Abs 1 und 3**!

(48) Da A aus .... eine Sache .... Wertes zum Nachteil seiner Schwester S gestohlen hat, wird er wegen Entwendung (§ 141) bestraft / nicht bestraft.

(49) Bei § 141 Abs 3 handelt es sich um einen Strafaufhebungsgrund / Strafausschließungsgrund, weil (bitte ergänzen!)

(50) Auch beim sexuellen Missbrauch von Unmündigen bleibt der Täter unter den Voraussetzungen des § 207 Abs 4 straflos. Bitte lesen! Bei dieser sog „Alterstoleranzklausel" handelt es sich um einen Strafausschließungsgrund / Strafaufhebungsgrund.

Beachte! Sowohl Strafaufhebungsgründe als auch Strafausschließungsgründe wirken idR **nur ad personam**, dh sie **begünstigen nur den, in dessen Person** sie vorliegen. Deshalb spricht man meist explizit von **persönlichen Strafaufhebungsgründen** und **persönlichen Strafausschließungsgründen**.

(51) Zurück zum *Geschwister-Fall:* A wird von seinem Freund B bei der Tat unterstützt. Die Voraussetzungen des § 141 Abs 4 sind auch in der Person des B / nur in der Person des A erfüllt, weil (bitte ergänzen!)

(52) Mithin ist B gem § 141 straflos / strafbar.

■ ■ ■ **Bevor Sie die Testfragen zur LE 24 durcharbeiten, lesen Sie bitte zunächst im Grundriss AT Kap 24!** ■ ■ ■

---

(48) Not; geringen; nicht bestraft
(49) Strafausschließungsgrund, weil die vom Gesetz berücksichtigten Umstände bereits **bei Begehung der Tat** vorgelegen sind oä.
(50) Strafausschließungsgrund
(51) nur in der Person der A, weil nur er in dem geforderten Verwandtschaftsverhältnis zu S steht.
(52) strafbar.

Testeinheit 24
Testfragen zur LE 24

1. Warum gewährt der Gesetzgeber beim Rücktritt vom Versuch Straffreiheit?

2. Nennen Sie die Voraussetzungen des strafbefreienden Rücktritts vom **unbeendeten** Versuch!

3. Wann ist die Aufgabe des Tatentschlusses **unfreiwillig**?
   a) Nach der sog *Frank'schen Formel:*

   b) Nach der sog *Roxin'schen Formel:*

4. Was versteht man unter **qualifiziertem Versuch**?

5. Nennen Sie die Voraussetzungen für den strafbefreienden Rücktritt vom **beendeten** Versuch!

6. Worin sehen Sie den Unterschied zwischen einem Rechtfertigungsgrund und einem Strafaufhebungsgrund (zB Rücktritt)?

7. Nennen Sie **mindestens zwei** Unterschiede zwischen Rücktritt und tätiger Reue!

8. Wann ist ein Versuch **beendet**?

9. A behauptet: Zur tätigen Reue ist „Reue" erforderlich. B behauptet dagegen: „Reue" ist nur für den Rücktritt erforderlich. Wer von den beiden hat Recht?

24. Kapitel: Rücktritt und tätige Reue

10. **Zeitschaltuhr-Fall:** *Leisetritt (L) ist nach Einbruch der Dunkelheit durch das offene Toilettenfenster in das Haus des wissenschaftlichen Antiquars Dr. Macou-Latour eingedrungen. Auf der Suche nach Geld und Schmuck beginnt er, Schränke und Schubladen zu durchstöbern. Plötzlich geht das Flurlicht an (Zeitschaltuhr). In der Meinung, der Eigentümer kehre zurück, flüchtet L über die Terrasse, ohne etwas mitzunehmen.*

    a) Es handelt sich um einen beendeten / unbeendeten Diebstahlsversuch (§§ 15, 127ff), weil (bitte ergänzen!)

    b) Ist L freiwillig (§ 16 Abs 1) vom Diebstahlsversuch zurückgetreten?
    Ja / Nein – Begründung (bitte unter Verwendung der *Frank'schen Formel!*):

11. Anders als bei den Strafaufhebungsgründen berücksichtigt das Gesetz bei den **Strafausschließungsgründen** Umstände, die (bitte ergänzen!)

12. Bitte das Richtige ankreuzen!

§§	Strafaufhebungsgrund	Strafausschließungsgrund
167		
150 Abs 3		
297 Abs 2		
306 Abs 3		
227 Abs 2		

13. Ein Versuch ist **fehlgeschlagen,** wenn der Täter (bitte ergänzen!)

14. **Lilo-Fall** (BGHSt 9, 48): *Bei Dunkelheit hatte der Angeklagte H eine 19-jährige Verkäuferin zu Boden gestoßen und sich auf sie geworfen, um den Beischlaf zu erzwingen. Das Mädchen erkannte den Täter und rief: „Hermann, lass mich los!" Jetzt die Überfallene seinerseits erkennend, entgegnete der Täter bestürzt „Lilo, Du?" und ließ sofort von ihr ab.*

    a) Es liegt ein beendeter / unbeendeter Versuch der Vergewaltigung (§§ 15, 201 Abs 1) vor, weil (bitte ergänzen!)

24. Kapitel: Testeinheit 24

b) Ist H **von diesem Versuch** strafbefreiend zurückgetreten?
Ja / Nein – Begründung:

c) Geht der Täter gänzlich straflos aus?
Ja / Nein – Begründung:

15. *Pigalle-Fall:* *In ihrer Absteige am Place Pigalle entbrennt zwischen der Dirne Madeleine und ihrem österreichischen „Beschützer" (B) ein heftiger Streit. Im jähen Zorn ergreift B die Nachttischlampe, um die junge Frau mit einigen Schlägen zu töten. Aber schon nach dem ersten Hieb überlegt er es sich anders und macht sich aus dem Staub. Madeleine erleidet eine Gehirnerschütterung, die Nachttischlampe Totalschaden.*

a) B ist nicht wegen versuchten .... zu bestrafen, weil (bitte ergänzen!)

b) Dagegen ist B zu bestrafen wegen (gut überlegen und Ihre Antwort begründen!)

16. *Kopfschuss-Fall* (in Anlehnung an OGH RZ 1980/66 m Anm *Kienapfel*): *Im Streit schoss Boris B mit seiner Pistole dem Christian S gezielt in den Kopf, um ihn zu töten. Die Kugel drang links neben der Nase ein und blieb zwischen den Halswirbelkörpern stecken. In der irrigen Meinung, schon dieser Schuss würde zum Tod des S führen, sah B von der Abgabe weiterer Schüsse ab und lief weg. S überlebte.*

a) Es handelt sich um einen beendeten Tötungsversuch / unbeendeten Tötungsversuch, weil (bitte ergänzen!)

b) Ist dieser Versuch **fehlgeschlagen**?
Ja / Nein – Begründung:

c) Kommt strafbefreiender **Rücktritt** gem § ...... in Betracht?
Ja / Nein – Begründung:

24. Kapitel: Rücktritt und tätige Reue

Antworten

1. Um die freiwillige Aufgabe der Tatausführung bzw die Abwendung des Erfolgs zu belohnen (Prämien- oder Gnadentheorie) oä.

2. – Endgültige Aufgabe der Tatausführung
   – Freiwilligkeit

3. a) Wenn sich der Täter sagt: **„Ich kann nicht, obwohl ich will"** oä.
   b) Wenn sich der Täter sagt: **„Es wäre unvernünftig, unter diesen Umständen weiterzuhandeln"** oä.

4. Einen Versuch, in dem ein **vollendetes Delikt** enthalten ist oä.

5. – Abwendung des Erfolgs
   – Freiwilligkeit
   – Eigenes Zutun des Täters

6. Verschiedene Antworten sind möglich:
   Liegt ein Rechtfertigungsgrund vor, ist die Tat **nicht rechtswidrig** und **deshalb** straflos. Rücktritt führt zwar auch zur Straflosigkeit, aber dies, **obwohl die Tat rechtswidrig** (und sogar schuldhaft) ist.
   Oder: Der Zurücktretende hat **an sich** Strafe verwirkt, der gerechtfertigt Handelnde nicht.

7. – Rücktritt gibt es nur vom Versuch, tätige Reue nur beim vollendeten Delikt.
   – Rücktritt kommt bei allen Delikten, tätige Reue nur bei den Delikten in Betracht, bei denen das Gesetz ausdrücklich tätige Reue vorsieht.

8. Wenn der Täter bei Abschluss bzw Abbruch der Ausführungshandlung glaubt, alles zur Vollendung der Tat Erforderliche getan zu haben oä.

9. Keiner! „Reue" oder ein ähnliches Motiv ist für keinen der beiden Strafaufhebungsgründe erforderlich oä.

10. a) unbeendeten Diebstahlsversuch, weil L noch nichts an sich genommen hat. Dies wäre aber zur Vollendung des Diebstahls nach seiner Vorstellung nötig oä.
    b) Nein! Denn L sagt sich: „Ich kann nicht mehr, obwohl ich will." Er tritt also unfreiwillig zurück oä. Zum gleichen Ergebnis gelangt man auch mit der *Roxin'schen* Formel.

11. bereits **zur Zeit der Tat** vorliegen oä.

12. Strafaufhebungsgründe: § 167; § 227 Abs 2; 297 Abs 2.
    Strafausschließungsgründe: § 150 Abs 3; § 306 Abs 3.

13. erkennt bzw glaubt, dass er sein Ziel nicht mehr oder nur aufgrund eines neuen Versuchs erreichen kann.

14. a) unbeendeter Versuch der Vergewaltigung, weil H **ohne die Vollziehung des Beischlafes** nicht alles getan hat, was seiner Meinung nach zur Vollendung der Tat erforderlich ist oä.
    b) Ja! H will nicht mehr, obwohl er könnte. Es liegt die endgültige und freiwillige Aufgabe der Tatausführung vor oä.
    c) Nein! Übrig bleibt **vollendete** Nötigung gem § 105 Abs 1 (Festhalten am Boden!) = **qualifizierter Versuch**. § 16 Abs 1: Strafaufhebung **nur wegen des Versuchs!**

15. a) nicht wegen versuchten Mordes (§§ 15, 75) zu bestrafen, weil er gem § 16 Abs 1 1. Fall vom **unbeendeten** Tötungsversuch strafbefreiend zurückgetreten ist oä.
    b) wegen
       – vollendeter Körperverletzung (gem § 83 Abs 1, also als **qualifizierter Versuch**) sowie
       – vollendeter Sachbeschädigung (gem § 125).

16. a) beendeten Tötungsversuch, weil B im Zeitpunkt des **Abbruchs der Tatausführung** glaubte, mit der Abgabe dieses **einen** Schusses bereits alles getan zu haben, um den Tod des S herbeizuführen oä.
    b) Nein! Jedenfalls nicht nach der subjektiven Definition der hM (Grundriss AT RN 24.20). Denn B hat nicht erkannt, dass er mit diesem Schuss sein Ziel nicht erreicht hat.
    c) § 16 Abs 1 3. Fall. Nein! Zwar wurde der Erfolg abgewendet. Aber dies geschah weder freiwillig noch durch ein eigenes Zutun des Täters oä.

■ ■ ■ **Ende dieser Programmeinheit** ■ ■ ■

25. Kapitel

Untauglicher Versuch

Lerneinheit 25

Lernziel: Ein schwieriges, in Lehre und Praxis sehr umstrittenes Problemfeld verbindet sich mit dem Begriff „**untauglicher Versuch**". Diese LE befasst sich eingehend mit seinen einzelnen Fallgruppen sowie mit der Frage des Rücktritts vom untauglichen Versuch. Gleich zu Beginn werden Sie außerdem mit den „**Sonderdelikten**" und den „**Allgemeindelikten**" zwei weitere Deliktsgruppen kennen lernen.

Blutschande-Fall: Tobias Berger (B) vollzieht mit seiner vermeintlichen Tochter Monika (M) den Beischlaf. B hat keine Ahnung, dass er nicht der leibliche Vater des Mädchens ist.

Lesen Sie bitte § 211 Abs 1! Täter der Blutschande kann nur sein, wer eine ganz bestimmte im Tatbestand vorausgesetzte **persönliche Eigenschaft** besitzt.

(1) Der Täter des § 211 Abs 1 muss mit dem Opfer (bitte lesen und ergänzen!) i... g......... L........ v............. sein.

(2) Daher kann zB der **Onkel**, der mit seiner **Nichte** schläft, ebenfalls Täter / nicht Täter des § 211 Abs 1 sein.

Delikte, die beim Handelnden bestimmte persönliche Eigenschaften oder Verhältnisse voraussetzen, nennt man Sonderdelikte.

Den Gegenbegriff bilden die **Allgemeindelikte.** Täter eines Allgemeindelikts kann **jedermann** sein.

(3) Ordnen Sie bitte die nachfolgenden Delikte zu!

§§	Sonderdelikt	Allgemeindelikt
302 Abs 1		
79		
192 1. Fall		
169 Abs 1		

---

(1) in gerader Linie verwandt
(2) nicht Täter
(3) Sonderdelikte: § 302 Abs 1 (nur ein Beamter); § 79 (nur eine Mutter); § 192 1. Fall (nur ein Verheirateter). Allgemeindelikt: § 169 Abs 1 (jedermann).

25. Kapitel: Untauglicher Versuch

(4) Bei § 211 Abs 1 handelt es sich um ein Sonderdelikt / Allgemeindelikt, weil (bitte ergänzen!)

(5) Einerseits hat B ohne Zweifel mit seiner Tochter Blutschande begehen .... und diesen Tatentschluss auch durch eine Ausführungshandlung ....

(6) Andererseits ist er aber nicht – wie § 211 Abs 1 es erfordert – mit M in gerader Linie verwandt. Er kann daher aus **rechtlichen Gründen** Täter / nicht Täter des § 211 Abs 1 sein. Das bedeutet: B kann das Delikt des § 211 Abs 1 zwar

(7) ...., aber **nicht vollenden.**

(8) Wir haben es daher im *Blutschande-Fall* mit einem tauglichen / untauglichen Versuch zu tun.

Die Vollendung der Tat kann auch aus **tatsächlichen Gründen** ausgeschlossen sein.

Simpl-Fall: In einem bekannten Lehrbuch aus vergangener Zeit findet sich das Beispiel eines bayrischen Simpl, „der nach einer Kapelle wallfahrtet, um da seinen Nachbarn tod zu beten".

(9) Ein solcher Versuch ist ...., weil er aus rechtlichen / tatsächlichen Gründen nicht zur Vollendung der Tat führen kann.

Tauglicher / untauglicher Versuch

(10) In den beiden zuvor geschilderten Fällen ist das Scheitern der Tatvollendung schon im Subjekt (= ....*-Fall*) bzw in der Handlung (= ....*-Fall*) **angelegt** und in diesem Sinne gewissermaßen **vorprogrammiert.** Beide Versuche sind daher **untauglich.**

Ist das Ausbleiben der Tatvollendung dagegen nicht bereits **im Subjekt, in der Handlung** oder **im Objekt** angelegt, sondern hat dieses Scheitern andere, eher **zufällige Gründe,** war der Versuch **tauglich.**

Die Sonderregelung des Versuchs in § 15 Abs 3 bezieht sich ausschließlich auf den **untauglichen Versuch,** dh einen Versuch, dessen Scheitern schon im Subjekt, in der Handlung oder im Objekt angelegt und in diesem Sinne **gewissermaßen vorprogrammiert** ist.

---

(4) Sonderdelikt; weil Täter nur sein kann, wer mit dem Opfer in gerader Linie verwandt ist oä.
(5) wollen; betätigt
(6) nicht Täter
(7) versuchen
(8) untauglichen
(9) untauglich; tatsächlichen
(10) *Blutschande-Fall; Simpl-Fall*

25. Kapitel: Lerneinheit 25

Sparbuch-Fall: Im Foyer der Bank sinkt eine 75-jährige Dame ohnmächtig zu Boden. Kreislaufkollaps. In der allgemeinen Aufregung will der diebische D das auf ihren Namen lautende Sparbuch aus ihrer aufgesprungenen Handtasche ziehen. Ein aufmerksamer Angestellter sieht das und hält D bis zum Eintreffen der Polizei fest.

Handelt es sich um einen **tauglichen Diebstahlsversuch?**
(11) Ja / Nein – Begründung:

Fenstersturz-Fall: Am 23. Mai 1618 wurden die Statthalter Martinitz und Slavata aus dem Prager Königspalast „defenestriert" und in den Burggraben gestoßen. Die beiden Adeligen überlebten den Sturz aus 15 m Höhe per Zufall, weil sie weich landeten – auf einem Misthaufen.

(12) Beim berühmten „Prager Fenstersturz" handelt es sich um einen untauglichen / tauglichen Mordversuch, weil (bitte ergänzen!)

Fallgruppen der Untauglichkeit

Das StGB unterscheidet in § 15 Abs 3 **drei Fallgruppen** des untauglichen Versuchs und regelt seine **Rechtsfolgen.** Lesen Sie dazu bitte § 15 Abs 3!

Mit der Formel „mangels persönlicher Eigenschaften oder Verhältnisse, die das Gesetz beim Handelnden voraussetzt", nimmt § 15 Abs 3 Bezug auf den Fall der
(13) Untauglichkeit des .... „Nach der Art der Handlung" bezeichnet
(14) den Fall der Untauglichkeit der .... Mit den Worten „nach der
(15) Art des Gegenstands" wird der Fall der Untauglichkeit des .... umschrieben.

---

(11) Nein! Nach österr hM gelten **Namenssparbücher** als **nicht diebstahlstauglich,** weil sie personengebunden sind und daher keinen Tauschwert besitzen; vgl *Kienapfel/Schmoller* StudB BT II § 127 RN 38. So gesehen war das Scheitern der Tat schon **im Objekt selbst** angelegt, die Untauglichkeit quasi vorprogrammiert oä. **Aber:** Straflos bleibt die Tat des D nicht. Es kommt zumindest versuchte Urkundenunterdrückung (§§ 15, 229) in Betracht.
(12) tauglichen Mordversuch; weil die Vollendung der Tat **nur zufällig,** dh aus Gründen, die **nicht** schon in der **Handlung** angelegt waren (ein Sturz aus 15 m Höhe ist idR tödlich), gescheitert ist oä.
(13) Subjekts
(14) Handlung
(15) Objekts

25. Kapitel: Untauglicher Versuch

Definition: Ein Versuch ist untauglich iSd § 15 Abs 3, wenn er aus tatsächlichen oder rechtlichen Gründen, die im Subjekt, in der Handlung oder im Objekt schon von vornherein angelegt (= vorprogrammiert) sind, nicht zur
(16) .... der Tat führen kann.

Ordnen Sie bitte die zuvor geschilderten Fälle diesen drei Kategorien des untauglichen Versuchs zu!

(17) ■ *Blutschande-Fall* (S 328) = Untauglichkeit ....
 ■ *Simpl-Fall* (S 329) = Untauglichkeit ....
 ■ *Sparbuch-Fall* (S 329) = Untauglichkeit ....

Ein Versuch ist untauglich iSd § 15 Abs 3, wenn er aus tatsächlichen oder
(18) .... Gründen, die im S ...., in der ....
 oder im .... **schon von vornherein angelegt** (= vor ....)
 sind, nicht zur Vollendung der Tat führen kann.

Beachte! Speziell in den Fällen des Scheiterns der **Handlung** ist die Grenzziehung zwischen einem an sich tauglichen, aber aus eher zufälligen Gründen gescheiterten und dem im spezifischen Sinn des § 15 Abs 3 untauglichen Versuch oft schwierig.

Faustregel für die Fallprüfung:

In **Zweifelsfällen** sollte man sich für die **Untauglichkeit** des Versuchs entscheiden. Den Grund dafür erfahren Sie bei der Darstellung des absolut untauglichen Versuchs.

Blättern Sie bitte zurück zum Kamin-Fall (S 337)!

(19) Handelt es sich um einen tauglichen oder um einen untauglichen Versuch?

Absolut untauglicher Versuch

Das StGB regelt in § 15 Abs 3 nicht nur die drei Fallgruppen des untauglichen Versuchs, sondern darüber hinaus und in erster Linie **Begriff** und **Rechtsfolgen** des sog **absolut untauglichen Versuchs**. § 15 Abs 3 bitte erneut lesen!

---

(16) Vollendung
(17) *Blutschande-Fall* = Untauglichkeit des Subjekts (und **zugleich** des **Objekts!**); *Simpl-Fall* = Untauglichkeit der Handlung; *Sparbuch-Fall* = Untauglichkeit des Objekts.
(18) rechtlichen; Subjekt; Handlung; Objekt; vorprogrammiert
(19) Das Scheitern ist weder im Subjekt (§ 127 bzw § 129 Abs 2 Z 1 sind keine Sonderdelikte) noch im Objekt angelegt, sondern betrifft allein die **Handlung.** Betrachtet man es als Zufall, dass **gerade dieser** Täter zu korpulent war, läge ein tauglicher Versuch vor. Aber: Je korpulenter der Täter bzw je schmäler die Engstelle im Kamin, umso eher liegt die Annahme eines **untauglichen Versuchs** nahe. ISd empfohlenen Faust- bzw Zweifelsregel sollte man sich hier eher **für** die Annahme eines **untauglichen Versuchs** entscheiden.

25. Kapitel: Lerneinheit 25

(20) Danach ist ein Versuch **absolut untauglich,** wenn die Vollendung der Tat „unter .... möglich" war.

(21) **Wichtig!** Der absolut untaugliche Versuch ist gem § 15 .... strafbar / straflos.

(22) Den Gegenbegriff zum absolut untauglichen Versuch bildet der relativ untaugliche Versuch. Ein (bloß) relativ untauglicher Versuch ist wie jeder taugliche Versuch gem § 15 .... strafbar.

Mit der Gegenüberstellung von absolut und relativ untauglichem Versuch verbinden sich oft schwierige **Abgrenzungsprobleme.** Um diese in den Griff zu bekommen, muss zunächst die in § 15 Abs 3 nur grob umschriebene Abgrenzungsformel iSd Eindruckstheorie **präzisiert** werden:

Nach hL gilt ein Versuch als **absolut untauglich, wenn es nach dem Urteil eines verständigen begleitenden Beobachters im Zeitpunkt der Handlungsvornahme „unter keinen Umständen möglich"** (§ 15 Abs 3), **dh geradezu denkunmöglich erscheint, dass die Verwirklichung des konkreten Tatplans zur Vollendung des Delikts führen kann.** Bitte möglichst wörtlich einprägen!

Die Rechtsprechung des **OGH** hat jedoch, zumindest hinsichtlich der Untauglichkeit eines Objekts, auf eine **objektive** Betrachtung ex post abgestellt. Die Theorie, die der OGH hier vertritt, wird im Grundriss (RN 25.15 ff) dargestellt. Das Lernprogramm beschränkt sich hingegen auf die **Eindruckstheorie** der **hL.** Beachten Sie, dass man bei Prüfungen uU beide Ansichten anwenden, sich aber für ein bestimmtes Ergebnis entscheiden muss!

(23) Ein solcher Versuch gilt als **absolut untauglich** und ist gem § 15 Abs 3 ....

(24) Ein Versuch gilt dagegen als nur **relativ untauglich,** wenn es nach dem Urteil eines verständigen .... Beobachters im Zeitpunkt der .... **nicht geradezu** .... **unmöglich** erscheint, dass die Verwirklichung des .... Tatplans zur Vollendung des Delikts führen kann.

(25)
(26) Im *Simpl-Fall* (S 367) handelt es sich um einen absolut untauglichen / einen relativ untauglichen Mordversuch. Denn nach dem Urteil eines verständigen begleitenden .... im Zeitpunkt der Handlungsvornahme (bitte ergänzen!)

---

(20) „unter keinen Umständen möglich" war.
(21) § 15 Abs 3; straflos
(22) § 15 Abs 1
(23) straflos
(24) begleitenden; Handlungsvornahme; denkunmöglich; konkreten
(25) absolut untauglichen
(26) Beobachters; erscheint es geradezu denkunmöglich, jemanden totzubeten oä.

25. Kapitel: Untauglicher Versuch

(27) Geht man im *Kamin-Fall* (S 337) mit der Faust- und Zweifelsregel (S 369) von einem untauglichen Versuch aus, stellt sich **jetzt** logischerweise die Frage, ob es sich sogar um einen **absolut untauglichen Versuch** iSd § 15 Abs 3 handelt. Was meinen Sie dazu?

Wie wirkt sich diese Abgrenzungsformel auf die einzelnen Untauglichkeitsfälle aus?

(28) Für die Annahme einer **absoluten Untauglichkeit der Handlung** und damit für einen straflosen Versuch / strafbaren Versuch bleibt praktisch nur wenig Raum.

(29) Denn in den meisten Fällen greift ein Täter, der es ernst meint, zu einem mehr oder weniger gefährlichen Mittel – Beil, Strick, Nachschlüssel etc –, sodass schon deshalb von einer .... Untauglichkeit der H .... nicht die Rede sein kann.

Häfn-Fall: Ein in der Anstaltsküche beschäftigter Häftling (H) mischt dem verhassten Gefängnisaufseher einige Grassamen ins Essen in der festen Überzeugung, diesen damit zu töten. Natürlich passiert nichts. Er hätte ebenso gut Haferflocken oder Cornflakes nehmen können.

(30) H hat einen strafbaren relativ untauglichen / einen straflosen absolut untauglichen Mordversuch begangen, weil (bitte ergänzen!)

Tresor-Fall: Hinter einem Gemälde im Arbeitszimmer der Unternehmensberaterin Mag. Claudia Martinek entdeckt der Einbrecher E einen betagten und schon recht klapprigen Wandtresor aus der Zeit vor 1900, in dem er nicht zu Unrecht Schmuck, Wertpapiere und Bargeld vermutet. Alle seine Bemühungen, den Tresor zu öffnen, scheitern jedoch.

---

(27) Absolute Untauglichkeit der Handlung käme nur dann in Betracht, wenn es angesichts der Leibesfülle des Täters aus der Sicht eines begleitenden Beobachters geradezu denkunmöglich wäre, dass die Verwirklichung des konkreten Tatplans zur Deliktsvollendung führen könnte. Dazu bedarf es noch weiterer Aufklärung in **tatsächlicher Hinsicht**.
(28) straflosen Versuch
(29) absoluten; Handlung
(30) einen straflosen absolut untauglichen Mordversuch; weil es nach dem Urteil eines verständigen begleitenden Beobachters im Zeitpunkt der Handlungsvornahme **geradezu denkunmöglich** erscheint, einen Menschen mit diesem harmlosen Mittel (Grassamen) zu töten oä.

25. Kapitel: Lerneinheit 25

Bewerten Sie seine **Handlung** unter dem Aspekt von Tauglichkeit bzw Untauglichkeit, wenn er folgende Werkzeuge zum Aufbrechen verwendet:

(31)
- eine *Nagelfeile* = absolut untauglich / relativ untauglich / tauglich
- einen *starken Schraubenzieher* = absolut untauglich / relativ untauglich / tauglich
- ein *Schweißgerät* = absolut untauglich / relativ untauglich / tauglich

(32) Möglicherweise haben Sie beim *Schraubenzieher* geschwankt, ob Sie eher einen tauglichen oder einen untauglichen Versuch annehmen wollen, und sich aber im Hinblick auf die auf S 369 empfohlenen Faustregel doch für die Annahme eines **untauglichen Versuchs** entschieden. Können Sie sich denken, **warum** Sie sich in Zweifelsfällen an diese Regel halten sollen?

(33) Liegt in der *Schraubenzieher-Variante* eine **absolute Untauglichkeit der Handlung** vor?
Ja / Nein – Begründung:

(34) **Fazit:** Im Falle der **Untauglichkeit der Handlung** kommt nur in wirklichen **Extremfällen** die Annahme eines absolut untauglichen Versuchs und damit Straflosigkeit gem § 15 Abs 3 / Strafbarkeit gem § 15 Abs 1 in Betracht.

Bei konsequent restriktiver Anwendung der Abgrenzungsformel des § 15 Abs 3 bleibt für die Annahme einer **absoluten Untauglichkeit des Objekts** ebenfalls nur wenig Raum.

*Betrachten Sie folgende **Variante** des Taschendieb-Falles (S 334)! „Zwei-Finger-Frank" (F) greift blitzschnell in die Jackentasche des S, wo er dessen Brieftasche und Geld zu ergattern hofft. Fehlanzeige! Das Objekt ist nicht am vermuteten Ort. S hat gar keine Brieftasche bei sich.*

---

(31) Nagelfeile: absolut untauglich; starker Schraubenzieher: relativ untauglich; Schweißgerät: tauglich.
(32) Weil dem Täter nur so die – wenn auch nur minimale – **Chance der Straflosigkeit gem § 15 Abs 3** erhalten bleibt oä.
(33) Nein! Jedenfalls nicht bei einem als „klapprig" beschriebenen Uralttresor und einem starken Schraubenzieher. In diesem Sinn hat der OGH Straflosigkeit gem § 15 Abs 3 etwa beim Versuch angenommen, eine sehr stabile eiserne Standkasse mit einem einfachen Sperrhaken zu öffnen; vgl EvBl 1972/325.
(34) Straflosigkeit gem § 15 Abs 3

25. Kapitel: Untauglicher Versuch

Ist dieser Diebstahlsversuch straflos gem § 15 Abs 3?
(35) Ja / Nein – Begründung:

Somit führt die Abgrenzungsformel des § 15 Abs 3 in den beiden Fällen der
(36) Untauglichkeit der .... und der Untauglichkeit des ....
nur selten zur Annahme eines absolut untauglichen Versuchs und damit idR zur Bestrafung / zur Straflosigkeit.

Beachte! Besonderheiten gelten allein bei **Untauglichkeit des Subjekts,** denn hier bleibt der Täter, der nicht die geforderte Subjektseigenschaft erfüllt, in Anwendung der Formel des § 15 Abs 3 **stets straflos.**

Bitte blättern Sie zurück zum Blutschande-Fall (S 366), in dem Tobias Berger (B) mit seiner vermeintlichen Tochter Monika (M) den Beischlaf vollzieht.

Da B aus rechtlichen Gründen **nie Täter** des § 211 Abs 1 sein kann, erscheint
(37) es nicht denkunmöglich / geradezu denkunmöglich, dass dieser Beischlaf zur .... des § 211 Abs 1 führen kann.

(38) In den Fällen der Untauglichkeit des Subjekts liegt somit **stets** ein .... untauglicher und daher gem § 15 Abs ... strafbarer Versuch / strafloser Versuch vor.

Bigamie-Fall: Der ehemüde Janscheck (J) hatte sich vor Jahren nach Brasilien abgesetzt und nie mehr etwas von sich hören lassen. Als er am 7. 5. 2005 in Rio de Janeiro Maria Consuela Costa heiratet, weiß er noch nicht, dass seine erste Frau am Vorabend auf der Autobahn bei Korneuburg tödlich verunglückt ist. Wir untersuchen das Delikt der Mehrfachen Ehe (§ 192 1. Fall).

(39) Mehrfache Ehe (§ 192 1. Fall) ist ein Allgemeindelikt / Sonderdelikt, weil (bitte ergänzen!)

---

(35) Nein! Denn nach dem Urteil eines verständigen begleitenden Beobachters im Zeitpunkt der Handlungsvornahme erscheint es sehr wohl denkmöglich, dass das Opfer eine Brieftasche mit Geld bei sich führt, die Verwirklichung des Tatplans mithin zur Deliktsvollendung führen kann oä.
(36) Handlung; Objekts; zur Bestrafung
(37) geradezu denkunmöglich; Vollendung
(38) absolut; § 15 Abs 3; strafloser Versuch
(39) Sonderdelikt, weil beim Handelnden bestimmte persönliche Eigenschaften oder Verhältnisse vorausgesetzt werden: Er muss **verheiratet** sein oä.

25. Kapitel: Lerneinheit 25

Kann J wegen Versuchs bestraft werden?

(40) Ja / Nein – Begründung:

Rücktritt vom untauglichen Versuch

Nun zu einem Sonderproblem: **Kann man von einem untauglichen Versuch strafbefreiend zurücktreten?**

(41) Relevant ist diese Frage freilich nur beim absolut untauglichen Versuch / nur beim relativ untauglichen Versuch, weil (bitte ergänzen!)

Barkeeper-Fall: Der Barkeeper (B) mixt dem Dealer (D) eine „Bloody Mary" und würzt sie mit einem giftigen Pestizid. **B weiß allerdings nicht, dass die Giftdosis zu gering ist, um D zu töten.**

(42) Der Tötungsversuch des B ist absolut / relativ untauglich.

(43) Er ist im **Augenblick des Mixens** bereits beendet / noch nicht beendet, weil (bitte ergänzen!)

Variante 1: Kurz darauf schüttet B den Inhalt des Shakers in ein Glas und reicht dem nichtsahnenden D den Giftcocktail über die Theke.

(44) Dieser untaugliche **Tötungsversuch** ist beendet / unbeendet.

Variante 2: B überlegt es sich anders und schüttet den vergifteten Cocktail aus freien Stücken weg.

---

(40) Nein! Da J im Zeitpunkt der Tat nicht mehr verheiratet, sondern Witwer ist, kommt nur ein Versuch des untauglichen Subjekts (§ 15 Abs 3) in Betracht. Ein solcher Versuch ist **stets** straflos oä.

(41) nur beim relativ untauglichen Versuch, weil der **absolut untaugliche** Versuch **ohnehin** gem § 15 Abs 3 **straflos** ist oä.

(42) relativ untauglich

(43) noch nicht beendet; weil B mit dem **bloßen Mixen** (die vergiftete „Bloody Mary" ist also noch im Shaker) noch nicht alles getan hat, was nach seiner Vorstellung zur Vollendung des Delikts, dh zur Tötung des D erforderlich ist oä.

(44) beendet

25. Kapitel: Untauglicher Versuch

(45) Damit ist B vom **unbeendeten** relativ untauglichen Versuch strafbefreiend zurück-
(46) getreten / nicht strafbefreiend zurückgetreten, weil er (bitte ergänzen!)

Variante 3: B holt aus freien Stücken einen Arzt, der D den Magen auspumpt, nachdem D den Cocktail getrunken hat.

Lesen Sie bitte § **16 Abs 1 3. Fall!** Nach dieser Bestimmung kann B von seinem **be-**
(47) **endeten** untauglichen Versuch nicht strafbefreiend zurücktreten / strafbefreiend zurücktreten, weil ein Erfolg, der gar nicht eintreten kann, schon aus rein logischen Gründen .... abgewendet werden kann.

Halten wir fest! Der Wortlaut des § **16 Abs 1 3. Fall** schließt die Möglichkeit des strafbefreienden Rücktritts vom **beendeten relativ untauglichen Versuch** aus.

(48) Dieses Ergebnis erscheint sicher auch Ihnen **unbillig!** Warum?

§ **16 Abs 2** vermeidet dieses unbillige Ergebnis. Bitte lesen!

Diese Bestimmung ordnet ausdrücklich an, dass es in solchen Fällen sowie ganz allgemein beim an sich tauglichen, aber (objektiv) misslungenen Versuch für den
(49) Eintritt der Straflosigkeit genügt, wenn sich der Täter .... und .... **bemüht,** den Erfolg abzuwenden.

Ist B dadurch, dass er den Arzt geholt hat, gem § 16 Abs 2 strafbefreiend zurückgetreten?
(50) Ja / Nein – Begründung:

Aber: Der Rücktrittsmöglichkeit gem § 16 Abs 2 sind **Grenzen** gesetzt.
(51) Strafbefreiender Rücktritt gem § .... kommt nur in Betracht, **solange der Täter es noch für möglich hält,** dass der von ihm erstrebte Erfolg eintreten kann. Denn (bitte lesen Sie § 16 Abs 2 erneut!) in dem Moment, in dem der Täter die

---

(45) strafbefreiend zurückgetreten
(46) die Tatausführung iSd § 16 Abs 1 1. Fall endgültig und freiwillig aufgegeben hat.
(47) nicht strafbefreiend zurücktreten; nicht
(48) Der Täter eines **gefährlichen** (nämlich tauglichen) Versuchs wäre im Rücktrittsfall bessergestellt als der Täter eines ungefährlichen (nämlich untauglichen) Versuchs oä.
(49) freiwillig; ernstlich
(50) Ja! Er hat sich freiwillig und ernstlich bemüht, den (vermeintlichen) Erfolg, dh den Tod des D, abzuwenden oä.
(51) § 16 Abs 2

25. Kapitel: Lerneinheit 25

(52) Untauglichkeit oder das Misslingen seines Versuchs ...., entfällt jede Rücktrittsmöglichkeit.

Als B merkt, dass der Giftcocktail nicht wirkt, glaubt er, „besonders schlau" zu handeln, indem er jetzt den reuigen Sünder markiert und die Rettung alarmiert.

(53) Das hilft B aber nichts. Denn strafbefreiender Rücktritt ist gem § 16 Abs 2 ausgeschlossen, sobald der Täter (bitte ergänzen!)

(54) Wie nennt man einen solchen Versuch?

Abschließend einige Hinweise zum **Fallaufbau**!

(55) Die Frage, ob der Versuch **an sich tauglich** ist, hat **logische** und damit auch **aufbaumäßige Priorität** vor der Frage der absoluten Untauglichkeit iSd § 15 Abs 3. Warum?

(56) **Wenn** ein Fall **aus bestimmten Gründen** nach § 15 Abs 3 zur Straflosigkeit führen könnte, stehen Sie vor dem Problem: **Wo** ist nun die Frage der r............... oder .... Untauglichkeit im strafrechtlichen Fallprüfungsschema des Versuchs zu erörtern?

Bei der Tauglichkeit bzw Untauglichkeit eines Versuchs geht es stets darum, ob eine strafrechtlich relevante **Gefahr** für das Tatobjekt bzw das dahinterstehende Rechtsgut besteht. Die Untauglichkeit eines Versuchs betrifft somit das **Unrecht** der Handlung. Die Frage der Untauglichkeit eines Versuchs ist daher bereits auf

(57) der Stufe der .... zu prüfen.

(58) Im Falle des relativ / absolut untauglichen Versuchs entfällt mithin die Tatbestandsmäßigkeit.

(59) **Zuvor** müssen jedoch die drei übrigen Tatbestandselemente des Versuchs geprüft und bejaht / geprüft und verneint worden sein.

---

(52) erkennt
(53) die Untauglichkeit oder das Misslingen seines Versuchs erkannt hat bzw zu erkennen glaubt oä.
(54) **Fehlgeschlagener Versuch** (vgl Grundriss AT RN 24.20f).
(55) Weil die **Annahme** eines **an sich tauglichen** Versuchs **jede** Prüfung der absoluten oder relativen Untauglichkeit entbehrlich macht oä.
(56) relativen oder absoluten
(57) Tatbestandsmäßigkeit
(58) absolut
(59) geprüft und bejaht

25. Kapitel: Untauglicher Versuch

(60) Bitte begründen Sie diese Vorgangsweise!

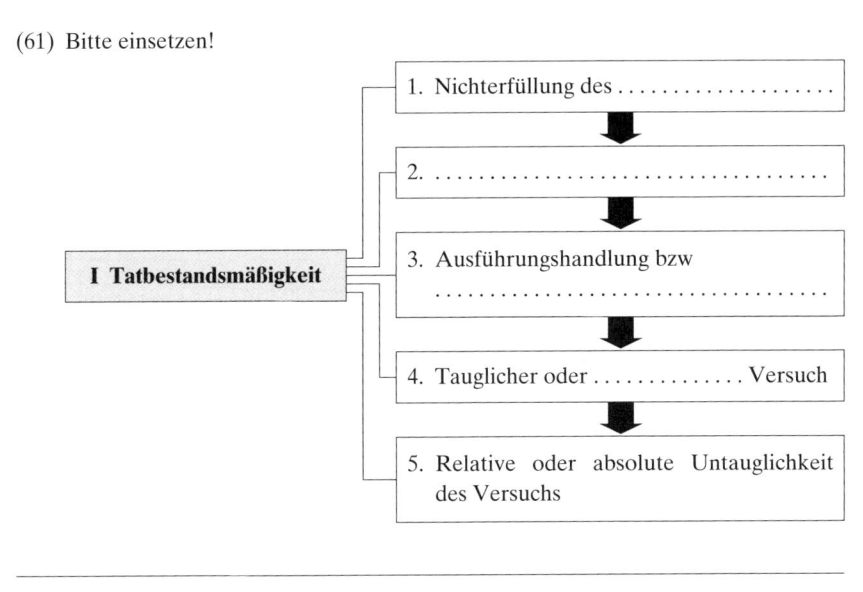

(61) Bitte einsetzen!

```
                           ┌─ 1. Nichterfüllung des ..................
                           │            ▼
                           ├─ 2. ..........................................
                           │            ▼
I Tatbestandsmäßigkeit ────┼─ 3. Ausführungshandlung bzw
                           │     ..........................................
                           │            ▼
                           ├─ 4. Tauglicher oder ............. Versuch
                           │            ▼
                           └─ 5. Relative oder absolute Untauglichkeit
                                 des Versuchs
```

■ ■ ■ **Bevor Sie die Testfragen zur LE 25 durcharbeiten,** ■ ■ ■
       lesen Sie bitte zunächst im Grundriss AT Kap 25!

---

(60) Man kann ohne vorherige Prüfung der **drei übrigen Tatbestandselemente** nicht sagen, ob **überhaupt ein Versuch** (geschweige denn ein tauglicher oder untauglicher) vorliegt oä.

(61) von o nach u: Tatbildes; Voller Tatentschluss; ausführungsnahe Handlung; untauglicher

Testeinheit 25

Testfragen zur LE 25

1. Lesen Sie bitte die nachfolgenden Delikte und kreuzen Sie das Zutreffende an!

§§	Sonderdelikt	Allgemeindelikt
96 Abs 3		
146		
192 1. und 2. Fall		
304 Abs 1		

2. **Sonderdelikte** sind Delikte, die (bitte ergänzen!)

3. Als **untauglich** bezeichnet man einen Versuch, der (bitte ergänzen!)

4. Ein Versuch ist iSd Eindruckstheorie **absolut untauglich,** wenn (schreiben Sie bitte die präzisierte Abgrenzungsformel so genau wie möglich nieder!)

5. Nennen Sie ein **Beispiel** für einen absolut untauglichen Versuch!

6. Nennen Sie ein **Beispiel** für einen bloß relativ untauglichen Versuch!

7. *Hosenknopf-Fall:* Ein 37-jähriger Forstarbeiter (F) betastet einen 13-jährigen Burschen, den er für 15 hält, über den Kleidern und versucht, ihm den Hosenknopf zu öffnen, um eine sexuelle Handlung vorzunehmen. Lesen Sie bitte § 207 Abs 1!

Zwei Jus-Studentinnen streiten sich über die Lösung des Falles. *Caroline* behauptet, F habe sich in einem **Tatbildirrtum** befunden. Daher komme eine Bestrafung wegen des Vorsatzdelikts des § 207 Abs 1 nicht in Betracht. *Janina* plädiert für einen **untauglichen Versuch.**

Carolines Ansicht / *Janinas* Ansicht ist richtig. Begründung:

25. Kapitel: Untauglicher Versuch

8. Es gibt Fälle des untauglichen Versuchs, bei denen **mehrere Untauglichkeitsgründe zusammentreffen.** Ein besonders skurriler:

   Pfefferminztee-Fall: Als kurz nach ihrem ersten Geschlechtsverkehr Regelstörungen einsetzen, wähnt sich die 15-jährige Paula aus Großbangelsdorf schwanger, ohne es zu sein. In ihrer Not trinkt sie literweise Pfefferminztee (!), um ihre „Schwangerschaft" zu beseitigen.

   a) Es geht um die Frage des strafbaren Versuchs eines „Schwangerschaftsabbruchs" gem §§ 15, 96 Abs 3. Es handelt sich um einen tauglichen / untauglichen Versuch. Welche Untauglichkeitsgründe liegen vor?

   b) Ist unter mehreren Untauglichkeitsgründen auch nur ein einziger, der die **absolute** Untauglichkeit des Versuchs begründet, so ist der Versuch straflos / strafbar.

   c) Der Versuch der Paula ist strafbar / straflos. Denn es liegt vor eine absolute Untauglichkeit / eine relative Untauglichkeit (bitte ergänzen!)

9. a) Vom **unbeendeten untauglichen Versuch** ist strafbefreiender Rücktritt nach der allgemeinen Rücktrittsvorschrift des § .... möglich.

   b) Für den Rücktritt vom **beendeten untauglichen Versuch** sowie vom (objektiv) **misslungenen Versuch** gilt die Sondervorschrift des § .... : Danach genügt zur Straffreiheit, dass sich der Täter (bitte ergänzen!)

10. *IRA-Fall: Londonderry, November 1997. Fitzgerald O'Brian liegt scheinbar schlafend auf der Couch, als Allan Webster, Mitglied der IRA, die Tür aufreißt und ihn mit einer Salve aus seiner MP durchlöchert. Doch O'Brian spürt nichts mehr. Er ist bereits seit Tagen tot.*

    a) Nach der **Eindruckstheorie** handelt es sich um einen relativ untauglichen / absolut untauglichen Mordversuch, weil (bitte ergänzen! Sie benötigen die vollständige Abgrenzungsformel, um den Fall richtig zu lösen!)

    b) Lösen Sie diesen Fall nunmehr nach der **objektiven Theorie des OGH.** Danach handelt es sich um einen (bitte ergänzen!)

25. Kapitel: Testeinheit 25

11. Die Untauglichkeit des **Subjekts** spielt nur bei den .... delikten eine Rolle und führt immer zur Straflosigkeit des Täters / zur Strafbarkeit des Täters, weil (bitte ergänzen!)

12. *Blättern Sie bitte zurück zum Preisetiketten-Fall (S 335)!*

    a) Es handelt sich um einen tauglichen / relativ untauglichen / absolut untauglichen Versuch, weil (bitte ergänzen!)

    b) Könnte J strafbefreiend zurücktreten, indem er rasch die Differenz aufzahlt?
    Ja / Nein – Begründung:

13. **Kerzentrick-Fall:** *Sengstbratl (S) hat einen raffinierten Plan ausgeheckt, um die Scheune seines Nachbarn anzuzünden. Dicht über dem Heu befestigt er an einer langen Schnur ein Holzbrett. Auf die eine Bretthälfte stellt er eine brennende Kerze, auf die andere legt er einen gleich schweren Kieselstein. Dann verlässt er die Scheune und mischt sich unauffällig unter die Leute im nahen Wirtshaus. S rechnet damit, dass es nicht lange dauert, bis sich die „Waage" durch das Herabbrennen der Kerze zum Kieselstein neigt, dieser vom Brett kollert, somit auch die brennende Kerze herunterfällt und das Heu in Brand setzt. Dieser Plan scheitert nur daran, dass beim Verlassen der Scheune ein Luftzug entsteht, der die Kerze auslöscht.*
    Untersuchen Sie das Delikt der versuchten Brandstiftung (§§ 15, 169 Abs 1)!

    a) Liegt ein **fehlgeschlagener Versuch** vor?
    Ja / Nein – Begründung:

    b) Der Versuch ist unbeendet / beendet, weil (bitte ergänzen!)

    c) Es handelt sich um einen an sich tauglichen / relativ untauglichen / absolut untauglichen Versuch.

    d) Ist S strafbefreiend zurückgetreten, wenn ihm im Wirtshaus alsbald Bedenken kommen und er die freiwillige Ortsfeuerwehr alarmiert?
    Ja / Nein – Begründung:

25. Kapitel: Untauglicher Versuch

Antworten

1. Sonderdelikte: § 96 Abs 3; § 192 1. und 2. Fall; § 304. Allgemeindelikt: § 146.

2. Sonderdelikte sind Delikte, die beim Handelnden bestimmte persönliche Eigenschaften oder Verhältnisse voraussetzen oä.

3. aus rechtlichen oder tatsächlichen Gründen, die im Subjekt, in der Handlung oder im Objekt schon von vornherein angelegt (= vorprogrammiert) sind, nicht zur Vollendung der Tat führen kann oä.

4. es nach dem Urteil eines verständigen begleitenden Beobachters im Zeitpunkt der Handlungsvornahme **geradezu denkunmöglich** erscheint, dass die Verwirklichung des konkreten Tatplans zur Vollendung des Delikts führen kann oä.

5. *Simpl-Fall* (S 367); *Blutschande-Fall* (S 366); *Häfn-Fall* (S 371); *Bigamie-Fall* (S 373).

6. *Sparbuch-Fall* (S 368); *Taschendieb-Fallvariante* (S 334); *Barkeeper-Fall* (S 374). Bei Anwendung der Faust- und Zweifelsregel ist hier auch der *Kamin-Fall* (S 337) zu nennen.

7. Carolines Ansicht. Jeder Tatbildirrtum ist dadurch gekennzeichnet, dass der **Sachverhalt** weiter reicht als der Vorsatz des Täters. Genau so ist es hier. F **glaubt,** dass der **Bursche bereits 15** ist, will daher keine geschlechtliche Handlung an einem **Unmündigen** begehen. Ihm fehlt also der für § 207 Abs 1 erforderliche Vorsatz. Deshalb kommt weder Vollendung noch, wie Janina annimmt, (untauglicher) Versuch in Betracht. *Anmerkung:* Zu prüfen wäre aber, ob die spezifischen Voraussetzungen des § 207b Abs 1 oder Abs 2 erfüllt sind.

8. a) untauglichen; Untauglichkeit des **Subjekts** (denn Paula ist nicht schwanger); Untauglichkeit des **Objekts** (infolgedessen kann sie bei sich nichts „abtreiben"); Untauglichkeit der **Handlung** (denn das Mittel ist ungeeignet).
   b) straflos
   c) straflos; eine absolute Untauglichkeit sowohl des Subjekts als auch der Handlung und des Objekts oä.

9. a) § 16 Abs 1 1. Fall
   b) § 16 Abs 2; **in Unkenntnis** der Untauglichkeit oder des Misslingens **freiwillig** und **ernstlich bemüht,** den Erfolg abzuwenden.

10. a) **relativ untauglichen Mordversuch,** weil es bei Zugrundelegung des Tatplans (Schuss auf einen Schlafenden!) nach dem Urteil eines verständigen begleitenden Beobachters im Zeitpunkt der Handlungsvornahme (Abgabe des Schusses) durchaus nicht denkunmöglich erscheint, dass die **Verwirklichung eines solchen Tatplans** zum Tod des O'Brian führen könnte oä.
    b) **absolut untauglichen Mordversuch,** weil die Vollendung der Tat aus der Sicht ex post auch bei abstrahierender und generalisierender Betrachtungsweise geradezu denkunmöglich erscheint; vgl Grundriss AT RN 25.15 ff.

11. Sonderdelikten; zur Straflosigkeit des Täters, weil die Untauglichkeit des Subjekts aus rechtlichen Gründen stets eine **absolute Untauglichkeit iSd § 15 Abs 3** begründet oä.

12. a) tauglichen Versuch; weil die Vollendung der Tat hier aus eher zufälligen Gründen gescheitert ist, dh aus Gründen, die **nicht** schon von vornherein im Subjekt, in der Handlung oder im Objekt angelegt = vorprogrammiert sind oä.
    b) Nein! Der taugliche Versuch ist mit der Reaktion der Kassiererin für J **fehlgeschlagen.** Vom fehlgeschlagenen Versuch gibt es keinen Rücktritt.

13. a) Nein! S hat **nicht erkannt,** dass er sein Ziel, das Niederbrennen der fremden Scheune, höchstens durch einen neuen Versuch erreichen kann oä.
    b) beendet; weil S mit dem Anzünden der Kerze alles zur Vollendung der Tat Erforderliche getan zu haben glaubt oä.
    c) tauglichen Versuch. Und wie tauglich! Im südbadischen Hotzenwald wurde dieser Trick viele Jahre lang bei **herannahenden Gewittern** (!) erfolgreich zu **Versicherungsbetrügereien** praktiziert. Man spricht dort noch heute augenzwinkernd vom „Hotzenblitz".

d) Ja! Vom tauglichen, aber (objektiv) misslungenen Versuch ist Rücktritt zwar nicht gem § 16 Abs 1 3. Fall, wohl aber gem § 16 Abs 2 möglich. Die Voraussetzungen des § 16 Abs 2 sind erfüllt, wenn S sich freiwillig und ernstlich bemüht hat, den Erfolg abzuwenden und zum Zeitpunkt des Alarmierens der Feuerwehr noch keine Kenntnis vom Misslingen seines Versuchs hatte oä.

■ ■ ■ **Ende dieser Programmeinheit** ■ ■ ■

■ ■ ■ **Bearbeiten Sie jetzt bitte die F 5!** ■ ■ ■

Fälle und Lösungen

Lernziel: Zwei Fälle mit zentralen Problemen aus dem Versuchsbereich geben Ihnen die Gelegenheit, Ihr Wissen anzuwenden und das Lösen einschlägiger Fälle zu trainieren.

5. Fall

Gustl und die Weihnachtsgans

Sachverhalt: Gegen 5 Uhr morgens hat sich Gustl (G) an den Bauernhof des Haslgruber (H) in Kirchschlag herangepirscht, um diesem eine fette Weihnachtsgans zu „entführen". Da G weiß, dass vor dem unversperrten Gänsestall der scharfe Hofhund Caesar wacht, wirft er diesem einen mitgebrachten Knochen hin, um ihn abzulenken. Wider Erwarten beachtet Caesar den Knochen nicht, sondern beginnt lautstark zu bellen. H, der bereits wach im Bett liegt, schaut daraufhin beim Fenster hinaus. Im Licht der Straßenbeleuchtung erkennt er den G und dessen Absicht, am Hund vorbei in den Gänsestall zu kommen. Sofort gibt er durch das geöffnete Fenster dem abgerichteten Caesar das Kommando: „Fass!". Der Hund springt G direkt an. In äußerster Not ersticht G den Hund mit einem mitgeführten Messer. Froh darüber, diese Attacke unversehrt überstanden zu haben, und noch bevor H aus dem Bauernhaus kommt, lässt G die Gänse Gänse sein und sagt sich: „Dann werde ich den Weihnachtsbraten auf dem Linzer Wochenmarkt fladern."

Aufgabe: Untersuchen Sie die Strafbarkeit des G!

Allgemeine Hinweise: Auch bei diesem Fall soll § 222 Abs 3 außer Betracht bleiben. Es ist zweckmäßig, sich vor der Lösung dieses Falles noch einmal das **Fallprüfungsschema des versuchten Delikts** einzuprägen **(Anhang 2).**

Bearbeitungszeit: ca 30 Minuten.

5. Fall

MUSTERLÖSUNG

A Die „Entführung" der Gans

Strafbarkeit des G:

In Betracht kommt versuchter Diebstahl (§§ 15, 127).

I Tatbestandsmäßigkeit

1. Nichterfüllung des Tatbildes: G hat H keine Gans weggenommen. Der **objektive Tatbestand** (Tatbild) des Diebstahls (§ 127) ist daher **nicht erfüllt**.

2. Voller Tatentschluss: G hat jedoch eine fremde Gans **wegnehmen wollen** (Tatbildvorsatz) und dabei mit dem Bereicherungsvorsatz des § 127 gehandelt. Damit ist der für den Versuch des Diebstahls erforderliche **„volle Tatentschluss"** – hier sogar in Form von Absichtlichkeit – gegeben.

3. Ausführungs- bzw ausführungsnahe Handlung: Das Problem besteht darin, ob sich die Tat des G im Zeitpunkt des **Vorwerfens** des Knochens noch im Stadium strafloser Vorbereitung befindet oder bereits ein strafbarer Versuch ist.[1] Gem § **15 Abs 2** beginnt der Versuch eines Diebstahls schon eine gewisse Zeitspanne vor der eigentlichen Wegnahmehandlung: Es genügt die Betätigung des Tatentschlusses durch eine der Ausführung der Tat, dh hier der Wegnahmehandlung, „unmittelbar vorangehende Handlung". Maßgebend ist, ob die Handlung aus wertender Sicht ex ante und unter Berücksichtigung des konkreten Tatplans ohne weitere selbständige Zwischenakte in die Tatbestandsverwirklichung, dh in die Wegnahme, einmünden sollte.[2] **Nach der Vorstellung des G** diente das Vorwerfen des Knochens der Ausschaltung der letzten vor der Wegnahme der Gans liegenden Barriere und stellt sich somit als Betätigung des Tatentschlusses durch eine **ausführungsnahe Handlung iSd § 15 Abs 2** dar. Der Versuch ist **an sich tauglich** und somit tatbestandsmäßig iSd §§ 15, 127.

II und III Rechtswidrigkeit und Schuld

Es liegen keine Rechtfertigungs- oder Schuldausschließungsgründe vor.

IV Rücktritt

1. Fehlgeschlagener Versuch:[3] Der Täter weiß, dass er jetzt nur eine Gans ergreifen müsste, sein Ziel also noch schnell, bevor H aus dem Haus kommt, erreichen könnte. Folglich liegt kein fehlgeschlagener Versuch vor.

2. Unbeendeter oder beendeter Versuch: Ob der Versuch unbeendet oder beendet ist, richtet sich allein nach der **Vorstellung des Täters,** wobei die **Abbruchsper-**

---

[1] Es wäre falsch, **allein** auf das **Mitbringen** des Knochens abzustellen, da dies noch eine straflose Vorbereitungshandlung darstellt.
[2] Diese Abgrenzungsformel entspricht der Eindruckstheorie und der Judikatur; vgl Grundriss AT RN 22.19.
[3] Zum logischen Prüfungsvorrang dieses Aspektes vgl Grundriss AT RN 24.21.

spektive maßgebend ist.[4]) Beim Abbruch der Tatausführung hatte G mit dem Ablenken bzw dem Erstechen des Hundes längst nicht alles getan, was seiner Meinung nach erforderlich gewesen wäre, um den Diebstahl zu vollenden. Noch fehlt die „Entführung" der Gans, dh ihre Wegnahme. Deshalb liegt hier ein **unbeendeter Versuch** des Diebstahls vor.

3. Rücktrittsvoraussetzungen: Es ist zu untersuchen, ob die beiden Voraussetzungen des **Rücktritts vom unbeendeten Versuch (§ 16 Abs 1 1. Fall)** erfüllt sind.

a) Das „Abziehen" des G entspricht dem Erfordernis der **endgültigen Aufgabe der Tatausführung.** Sein Vorsatz, sich am nächsten Tag auf dem Linzer Wochenmarkt Ersatz zu besorgen, betrifft eine ganz andere Tat und ändert nichts an der endgültigen Aufgabe des Tatentschlusses bezüglich der **Gans des H.**

b) Freiwillig iSd *Frank'schen Formel* handelt, wer sich sagt: „Ich kann, aber ich will nicht mehr". Nachdem G den Hund ausgeschaltet hatte, hätte er nicht ungehindert die Gans stehlen können, da zu erwarten war, dass H bereits auf dem Weg zu ihm ist. Die Freiwilligkeit des Rücktritts wird dadurch ausgeschlossen. Die Heranziehung der *Roxin'schen Formel* führt übrigens zum selben Ergebnis. Die äußeren Umstände haben sich derart zu Ungunsten des G geändert, dass ein Weiterhandeln unklug wäre.

Ergebnis: G ist **wegen des versuchten Diebstahls** (§§ 15, 127) zu bestrafen.

B Hetzen des Hundes auf G

Strafbarkeit des H:

In Betracht kommt **versuchte Körperverletzung (§§ 15, 83 Abs 1).**

I Tatbestandsmäßigkeit

1. Nichterfüllung des Tatbildes: Der von H auf G gehetzte Hund hat G nicht verletzt, der Erfolg ist nicht eingetreten. Der **objektive Tatbestand** der Körperverletzung (§ 83 Abs 1) ist daher **nicht erfüllt.**

2. Voller Tatentschluss: H wollte jedoch den G durch den Angriff des Hundes verletzen. H hat somit **„vollen Tatentschluss".**

3. Ausführungs- bzw ausführungsnahe Handlung: Durch das Hetzen des Hundes auf den G setzt H eine Verletzungshandlung, somit eine Ausführungshandlung. Der Versuch ist **an sich tauglich** und somit tatbestandsmäßig iSd §§ 15, 83 Abs 1.

II Rechtswidrigkeit

Die Tatbestandsmäßigkeit indiziert grundsätzlich die Rechtswidrigkeit. Es kommt allerdings eine Rechtfertigung durch **Notwehr (§ 3 Abs 1)** in Betracht.

---

[4]) Letzteres ist allerdings str; vgl Grundriss AT RN 24. 4f mN.

1. Notwehrsituation: Notwehr setzt einen rechtswidrigen Angriff voraus. **Angriff** iS des § 3 ist jedes menschliche Verhalten, das eine Beeinträchtigung eines notwehrfähigen Rechtsguts befürchten lässt. Indem G eine Gans wegnehmen will, setzt er einen Angriff auf ein **notwehrfähiges Rechtsgut**, nämlich das Eigentum von H. Der **Angriff** ist **unmittelbar drohend,** G wirft dem Hund den Knochen hin, um die Gans wegnehmen zu können, und er ist **rechtswidrig,** da keine Rechtfertigungsgründe vorliegen.

2. Notwehrhandlung: Gerechtfertigt ist nur eine **notwendige** Verteidigung. Das Hetzen des Hundes ist unter den zur Verfügung stehenden Mitteln das schonendste, um den Angriff sofort und endgültig abzuwehren. Denn der H war so weit von G entfernt, dass er ihn nicht so schnell erreichen hätte können, um den Angriff mit einem anderen Mittel abwehren zu können.

3. Subjektives Rechtfertigungselement: H erkennt, dass G eine Gans stehlen will, und weiß damit um das Vorliegen der Notwehrsituation.

H ist somit gerechtfertigt.

Ergebnis: H ist **nicht** wegen **versuchter Körperverletzung (§§ 15, 83 Abs 1) zu bestrafen.**

C Tötung des Hundes

Strafbarkeit des G:

Bezüglich des Hundes kommt **Sachbeschädigung (§ 125)** in Betracht.

I Tatbestandsmäßigkeit

Der Hofhund des H ist für G eine „fremde Sache". Das Töten des Hundes durch G erfüllt das Merkmal des „Zerstörens". Indem G mit dem Messer auf den Hund einsticht, handelt er auch vorsätzlich hinsichtlich der Tötung des Hundes.

II Rechtswidrigkeit

Zu prüfen ist der Rechtfertigungsgrund der **Notwehr (§ 3 Abs 1).**

Notwehrsituation: Tierattacken stellen einen menschlichen Angriff dar, wenn das Tier gehetzt wird. Das Tier dient dann als Werkzeug eines angreifenden Menschen. Daher handelt es sich beim Hetzen des Hundes um einen **Angriff** von H gegenüber G, der auch gegenwärtig ist. Dieser ist aber **nicht rechtswidrig,** denn das Handeln von H ist durch Notwehr gerechtfertigt („Gegen Notwehr gibt es keine Notwehr"). Es liegt keine Notwehrsituation vor.

G handelt somit rechtswidrig.

III Schuld

G handelt auch schuldhaft.

Ergebnis: G ist wegen **Sachbeschädigung (§ 125) zu bestrafen.**

Fälle und Lösungen

6. Fall

„Alles in Ordnung, Doktor?"

Sachverhalt: Der gemeinsam mit ihrem Freund Hans (H) auf der Insel Zakynthos verbrachte Sommerurlaub hatte für die Studentin Marion (M), stud. phil. im 1. Semester, ungeplante Folgen. Sie ist im 4. Monat schwanger. Da sie befürchtet, mit einem Kind ihr Studium aufgeben zu müssen, hat sie H gebeten, ihr ein wirksames Abtreibungsmittel zu verschaffen. Die daraufhin von H besorgten Mifegyne-Tabletten à 200 mg führen, an mehreren Tagen eingenommen, auch noch in diesem Schwangerschaftsstadium zum Abgang der Frucht. M verhört sich und meint, bereits **eine einzige Mifegyne-Pille** habe diese Wirkung.

Einige Tage nach der Einnahme dieser einen Tablette macht ihr ein guter Bekannter, dessen Ehe kinderlos geblieben ist, ein Angebot von 50.000 € „bar auf die Hand", wenn sie das Kind zur Welt bringe und es ihm zur Adoption freigebe.

M sucht noch am selben Tag den Frauenarzt Dr. F auf, übergibt ihm die restlichen Mifegyne-Tabletten und bittet ihn, „alles in seiner Macht Stehende zu tun, damit sie ihr Kind nicht verliere". Dr. F untersucht sie und stellt fest, es sei „eh noch nichts passiert".

Aufgabe: *Die Strafbarkeit der M ist zu prüfen! Lesen Sie dazu bitte § 96 Abs 3!*

Allgemeine Hinweise: Die Straflosigkeitsgründe des § 97 sind nicht zu prüfen; insb kommen keine Rechtfertigungsgründe in Betracht.

Bearbeitungszeit: ca 30 Minuten.

MUSTERLÖSUNG

In Betracht kommt versuchter Schwangerschaftsabbruch (**§§ 15, 96 Abs 3**).

I Tatbestandsmäßigkeit

1. Nichterfüllung des Tatbildes: Die Einnahme der einen Tablette hat nicht zum Abbruch der Schwangerschaft der M geführt. Das Tatbild des § 96 Abs 3 ist folglich **nicht erfüllt**.

2. Voller Tatentschluss: M hat ihre Schwangerschaft jedoch **abbrechen wollen**. Damit ist der für den Versuch dieses Delikts erforderliche **volle Tatentschluss** – hier im maximalen Stärkegrad der Absichtlichkeit – gegeben.

3. Ausführungs- bzw ausführungsnahe Handlung: Diesen Tatentschluss hat M durch die Einnahme einer Mifegyne-Tablette und damit durch eine Handlung **betätigt**, die bereits Teil der Ausführung des Schwangerschaftsabbruches ist.[1]

---

[1] Es wäre ein grober Fehler, bei diesem Sachverhalt mit einer bloß ausführungsnahen Handlung iSd § 15 Abs 2 zu operieren; vgl Grundriss AT RN 23.13.

4. a) Tauglicher oder untauglicher Versuch: Es liegt ein **untauglicher Versuch** vor, dh ein Versuch, dessen Untauglichkeit in der **Handlung** von vornherein angelegt = vorprogrammiert war.[2]) Denn nur die **wiederholte** Einnahme von Mifegyne-Tabletten an **mehreren** Tagen hintereinander hätte den Abbruch der Schwangerschaft bewirken können.

b) Relativ oder absolut untauglicher Versuch: Problematisch ist jedoch, ob es sich um einen **relativ** oder aber um einen **absolut untauglichen Versuch** des Delikts des § **96 Abs 3** handelt, der zur Straflosigkeit nach § **15 Abs 3** führen würde. Legt man den **konkreten Tatplan der M** zugrunde (Herbeiführung des Schwangerschaftsabbruchs durch **eine einzige Pille**), ist es für einen **verständigen begleitenden Beobachter**, der diesen Tatplan kennt und zudem weiß, dass Mifegyne-Tabletten an sich zum Abbruch generell geeignete Mittel sind, jedenfalls **nicht denkunmöglich**, dass der angestrebte Erfolg **auch schon nach der Einnahme einer einzigen Tablette** eintritt. Nach der **Eindruckstheorie** handelt es sich daher um einen bloß relativ untauglichen und deshalb gem § **15 Abs 1** strafbaren Versuch des § **96 Abs 3**. Zum selben Ergebnis gelangt im Übrigen auch der **OGH**, der in einer Reihe von Entscheidungen hinsichtlich der **Untauglichkeit der Handlung** die Ex-ante-Sicht des verständigen begleitenden Beobachters (Eindruckstheorie) zugrunde legt.[3])

II Rechtswidrigkeit

Die Tatbestandsmäßigkeit indiziert die Rechtswidrigkeit. Rechtfertigungsgründe kommen nicht in Betracht.

III Schuld

Die Befürchtung, das Studium möglicherweise nicht mehr fortsetzen zu können, begründet **keine Notstandssituation** iSd § 10 Abs 1. Zum einen steht nach dem Sachverhalt gar nicht fest, dass M ihr Studium tatsächlich abbrechen müsste (Eltern, die einspringen, etc?). Zum anderen vergehen bis zur Geburt noch Monate. Selbst wenn man einen bedeutenden Nachteil bejahen würde, wäre er jedenfalls nicht unmittelbar drohend.[4])

IV Rücktritt

1. Fehlgeschlagener Versuch: Liegt hier nicht vor, weil M die Untauglichkeit ihres Versuches bei ihrer Sinnesänderung nicht erkannt hatte.

2. Unbeendeter bzw beendeter Versuch: Es handelt sich um einen **beendeten relativ untauglichen Versuch**. Im Zeitpunkt ihrer Sinnesänderung (= Abbruchsperspektive) hatte M geglaubt, bereits mit der Einnahme einer einzigen Tablette alles zur Vollendung der Tat Erforderliche getan zu haben. Dass sie objektiv noch

---

[2]) Bestehen wie hier Zweifel, ob der Versuch **untauglich** oder **an sich tauglich** ist, sollte man sich eher für die Annahme der Untauglichkeit entscheiden; vgl Grundriss AT RN 25.2 aE.
[3]) Vgl Grundriss AT RN 25.17 a.
[4]) Eine bewährte Argumentationstechnik nach dem Motto: „Doppelt hält besser".

nicht genug getan hatte, steht der Annahme eines beendeten Versuchs nicht entgegen. Denn die Abgrenzung zum unbeendeten Versuch erfolgt ausschließlich **nach der Vorstellung des Täters** und nicht nach objektiven Kriterien.

3. Strafbefreiender Rücktritt: Es ist daher zu untersuchen, ob das Aufsuchen des Dr. F die Voraussetzungen für einen **strafbefreienden Rücktritt** vom **beendeten untauglichen Versuch** gem § 16 erfüllt.

a) Rücktritt gem § 16 Abs 1 3. Fall kommt nicht in Betracht. Zwar hat sich M zum Arzt begeben, um mit seiner Hilfe = durch eigenes Zutun den Eintritt des Erfolgs abzuwenden. Die Freiwilligkeit wird nicht dadurch ausgeschlossen, dass es M offenbar auch ums Geld geht; denn auf die Lauterkeit der Motive kommt es nicht an. Rücktritt gem § 16 Abs 1 3. Fall scheidet aber aus **logisch-begrifflichen Gründen** aus, weil ein Erfolg, hier Abbruch der Schwangerschaft, der durch bloße Einnahme einer einzigen Pille normalerweise noch nicht eintreten kann, auch nicht „abgewendet" werden kann, wie es § 16 Abs 1 3. Fall ausdrücklich fordert.

b) Putativrücktritt gem § 16 Abs 2: Diese **Vorschrift** ermöglicht einen strafbefreienden Rücktritt auch vom beendeten relativ untauglichen Versuch. Mit ihrem Gang zum Arzt hat M sich **freiwillig und ernstlich bemüht,** den Abbruch der Schwangerschaft, dh den Erfolg ihrer Tat abzuwenden. Von der Untauglichkeit ihres Versuches hatte M zu diesem Zeitpunkt noch **keine Kenntnis.** Die Voraussetzungen eines strafbefreienden Rücktritts vom beendeten (relativ untauglichen) Versuch gem § 16 Abs 2 sind daher erfüllt.

Ergebnis: Eine Bestrafung der M entfällt wegen Putativrücktritts gem § 16 Abs 2. Damit ist die Strafbarkeit für den versuchten Abbruch der Schwangerschaft aufgehoben.

■ ■ ■ **Ende dieser Programmeinheit** ■ ■ ■

■ ■ ■ **Lesen Sie jetzt bitte die LE 26!** ■ ■ ■

26. Kapitel
Fahrlässigkeitsbegriff

Lerneinheit 26

Lernziel: Der **strafrechtliche Fahrlässigkeitsbegriff** setzt sich aus vier Elementen zusammen. Die LE erörtert diese Elemente näher und behandelt außerdem die sog Übernahmefahrlässigkeit.

Allgemeine Grundlagen

Das StGB stellt **fahrlässiges Handeln** nur **ausnahmsweise** unter Strafe. Dies ergibt sich aus der **geringen Zahl** der Fahrlässigkeitsdelikte.

(1) Nennen Sie mindestens zwei Fahrlässigkeitsdelikte!

Dass fahrlässiges Handeln nur ausnahmsweise strafbar ist, wird auch durch **§ 7 Abs 1** bestätigt.

(2) Warum?

Aber: In der **gerichtlichen Praxis** spielen diese wenigen Fahrlässigkeitsdelikte, insb **§§ 80 und 88,** eine zahlenmäßig weit größere Rolle als die entsprechenden Vorsatzdelikte.

Allein die **im Straßenverkehr** alljährlich begangenen fahrlässigen Tötungen übertreffen die vorsätzlichen Tötungen (Mord) um ein Vielfaches. Dasselbe gilt im

(3) Verhältnis der .... zu den .... Körperverletzungen.

„Hole in one". *So heißt in der Golfersprache jener Glücksschlag, der selbst einem Ausnahmekönner wie „Tiger" Woods nur selten gelingt. Dem Hobbyspieler H gelang ein Treffer ganz anderer Art – „hole in window": Sein mit voller Wucht geschlagener „Drive" landete in der Seitenscheibe eines am Golfplatz vorbeifahrenden Autos.*

---

(1) § 80 Abs 1 = fahrlässige Tötung; § 88 Abs 1 = fahrlässige Körperverletzung; vgl weiter § 170 Abs 1; § 172 Abs 1; § 174 Abs 1; § 177 Abs 1.
(2) Weil gem § 7 Abs 1 fahrlässiges Handeln nur dann strafbar ist, wenn der Gesetzgeber dies **ausdrücklich** bestimmt hat oä.
(3) fahrlässigen; vorsätzlichen

26. Kapitel: Fahrlässigkeitsbegriff

(4) Hat H sich gem § 125 strafbar gemacht?
Ja / Nein – Begründung:

Das StGB bewertet Fahrlässigkeitstaten durchweg **milder** als Vorsatztaten. Dies zeigt zB die unterschiedliche Höhe der Strafdrohungen von Mord (§ 75) und fahrlässiger Tötung (§ 80).

(5)
Mord (§ 75)	= Freiheitsstrafe von ..... bis zu ...... Jahren oder lebenslange Freiheitsstrafe
Fahrlässige Tötung (§ 80 Abs 1)	= Freiheitsstrafe bis zu ..... Jahr

(6) Abgeschwächt findet sich dieses Gefälle auch im Verhältnis zwischen vorsätzlicher Körperverletzung (§ 83 Abs 1) und .... Körperverletzung (§ 88 Abs 1).

(7) Die Fahrlässigkeitsdelikte unterscheiden sich von den Vorsatzdelikten aber nicht nur durch die höheren / die niedrigeren Strafdrohungen, sondern auch durch eine Reihe von **dogmatischen Besonderheiten**. Letztere ergeben sich vor allem aus dem mit dem Begriff des Vorsatzes nur zum Teil vergleichbaren **Begriff der Fahrlässigkeit**.

(8) Der strafrechtliche Fahrlässigkeitsbegriff ist ein ziemlich komplizierter terminus technicus und deshalb im Gesetz selbst ausdrücklich definiert. Die L....... -definition der **Fahrlässigkeit** findet sich in **§ 6 Abs 1**. Bitte lesen!

Der strafrechtliche Fahrlässigkeitsbegriff besteht aus **vier Elementen,** für die folgende **Kurzbezeichnungen** verwendet werden:

(9) **1. Objektive Sorgfaltswidrigkeit der Handlung** (bitte § 6 Abs 1 erneut lesen!) = „Wer die .... außer Acht lässt, zu der er nach den Umständen .... ist".

(10) **2. Subjektive Sorgfaltswidrigkeit der Handlung** = „Wer die Sorgfalt außer Acht lässt, zu der er nach seinen g............. und k................ Verhältnissen .... ist".

---

(4) Nein! Fahrlässige Sachbeschädigung ist nicht ausdrücklich für strafbar erklärt und daher straflos; vgl § 7 Abs 1 iVm § 125. Es kann also offen bleiben, ob H überhaupt fahrlässig gehandelt hat.
(5) 10 bis zu 20; bis zu 1
(6) fahrlässiger
(7) die niedrigeren
(8) Legaldefinition
(9) Sorgfalt; verpflichtet
(10) geistigen und körperlichen; befähigt

26. Kapitel: Lerneinheit 26

(11) **3. Objektive Voraussehbarkeit des Erfolgs** = generelle Erkennbarkeit, dass der Täter „einen Sachverhalt verwirklichen könne, der einem g............... T........... entspricht".

(12) **4. Subjektive Voraussehbarkeit des Erfolgs** = Wer nach seinen g............. und .... Verhältnissen erkennt, dass er „einen .... verwirklichen könne, der einem gesetzlichen Tatbild entspricht".

(13) Fahrlässig handelt nur derjenige, der ein / mehrere / alle vier Elemente dieses strafrechtlichen Fahrlässigkeitsbegriffs erfüllt.

Wichtig! Vorsatz und Fahrlässigkeit schließen einander aus. **Entweder** handelt der Täter vorsätzlich; dann ist das Vorsatzdelikt zu prüfen. **Oder** der Täter handelt
(14) nicht vorsätzlich; dann ist, falls überhaupt vorhanden, das .... delikt zu prüfen.

Beachte! Der strafrechtliche Fahrlässigkeitsbegriff deckt sich nicht völlig mit dem des Zivilrechts. Dort dominiert eindeutig das **objektive Element,** die „Außerachtlassung der gehörigen Sorgfalt", die insoweit mit der **objektiven Sorgfaltswidrigkeit isd § 6** identisch ist. Die Unterschiede betreffen vor allem die **subjektive Seite** der Fahrlässigkeit. Hier fordert und ermöglicht das Strafrecht unter dem Aspekt von Schuld, Vorwerfbarkeit und Strafe eine wesentlich **stärkere Individualisierung** als das Zivilrecht.

(15) Nennen Sie die Kurzbezeichnungen für die in § 6 Abs 1 enthaltenen vier Elemente des strafrechtlichen Fahrlässigkeitsbegriffs!

Im Folgenden werden wir die einzelnen Elemente des **strafrechtlichen Fahrlässigkeitsbegriffs** näher betrachten.

1. Objektive Sorgfaltswidrigkeit der Handlung

Fälle objektiv sorgfaltswidrigen Verhaltens finden sich in allen Lebensbereichen.

Im **Straßenverkehr** bilden etwa Fahren ohne Licht, in übermüdetem Zustand oder mit abgefahrenen Reifen, Überschreitung der zulässigen Geschwindigkeit, Missachtung des Überholverbots, Einfahren in eine Kreuzung bei Rotlicht Beispiele
(16) für .... sorgfaltswidriges Verhalten.

---

(11) gesetzlichen Tatbild
(12) geistigen und körperlichen; Sachverhalt
(13) alle vier
(14) Fahrlässigkeitsdelikt
(15) 1. objektive Sorgfaltswidrigkeit der Handlung; 3. objektive Voraussehbarkeit des Erfolgs; 2. subjektive Sorgfaltswidrigkeit der Handlung; 4. subjektive Voraussehbarkeit des Erfolgs.
(16) objektiv

26. Kapitel: Fahrlässigkeitsbegriff

(17) Nennen Sie ein Beispiel für ein objektiv sorgfaltswidriges Verhalten beim **Skifahren**!

(18) Auch der **Tätigkeitsbereich des Arztes** wird durch zahlreiche Sorgfaltspflichten reglementiert. Bilden Sie ein Beispiel für objektiv sorgfaltswidriges Verhalten eines Arztes!

Entsprechende Sorgfaltspflichten bestehen für Apotheker, Hebammen, Krankenpfleger, Krankenschwestern und andere Medizinalpersonen.

Vielfältige Sorgfaltspflichten sind beim Betrieb eines **gefährlichen Unternehmens,** zB Eisenbahn, Atomreaktor, Bergwerk, Bauunternehmen, Steinbruch und überhaupt am **Arbeitsplatz** (Unfallverhütungsvorschriften!) zu beachten.

(19) Zu besonderer Sorgfalt ist man auch bei der Ausübung der **Jagd** .... So lernt jeder Kandidat schon bei der Jagdprüfung, dass das Gewehr nach der Jagd **sofort zu entladen** ist. Wer nach der Jagd sein Gewehr nur sichert, ohne es zu entladen, handelt daher ....

(20) ....

(21) **Aber:** Wer **alle Sorgfalt** beachtet, zu der er gem § 6 Abs 1 „n..... d... U.............." verpflichtet ist, handelt fahrlässig / selbst dann nicht fahrlässig, wenn durch sein Verhalten ein Mensch zB verletzt oder getötet wird.

Opernball-Fall: Im Anschluss an die Mitternachtsquadrille beim Wiener Opernball wirbelt Kommerzialrat Schatzlmeier (S) mit Germaine, der Gattin eines befreundeten Unternehmers – beide geübte Tänzer – gekonnt über das Parkett. Bei einer offenen Linksdrehung überknöchelt seine Partnerin, stürzt zu Boden und bricht sich ein Bein.

Wird dieses Missgeschick für S strafrechtliche Folgen iSd § 88 Abs 1 und Abs 4 haben?

(22) Ja / Nein – Begründung:

---

(17) ZB Auffahren auf den Vordermann, unangepasste Geschwindigkeit, Verstoß gegen das Gebot des Fahrens auf Sicht oä.
(18) ZB der Arzt „befreit" den falschen Patienten vom Blinddarm; er vergisst einen Tupfer in der Bauchhöhle; er verwendet eine nicht sterilisierte Injektionsnadel oä.
(19) verpflichtet
(20) objektiv sorgfaltswidrig
(21) "nach den Umständen„; selbst dann nicht fahrlässig
(22) Nein! Aus dem Sachverhalt ist ein objektiv sorgfaltswidriges Verhalten des S nicht ersichtlich oä.

26. Kapitel: Lerneinheit 26

Die Frage ist nur: Woraus ergibt sich die Sorgfalt, zu deren Beachtung man gem § 6 Abs 1 „nach den Umständen **verpflichtet**" ist?

In erster Linie zählen dazu die einschlägigen **Rechtsvorschriften**.

(23) In vielen Lebensbereichen wird die Sorgfalt, zu der man .... ist, durch zum Teil sehr eingehende gesetzliche Vorschriften konkretisiert.

Nehmen wir für den Bereich des Straßenverkehrs die **StVO**.

(24) Im Allgemeinen handelt objektiv sorgfaltswidrig / nicht objektiv sorgfaltswidrig, wer

- das Überholverbot missachtet (§ 16 Abs 2a StVO)
(25) - den Sicherheitsabstand .... (§ 18 Abs 1 StVO),
(26) - die zulässige Höchstgeschwindigkeit .... (§ 20 Abs 2 StVO).

Oder blicken wir in das **KraftfahrG**.

Im Allgemeinen handelt objektiv sorgfaltswidrig, wer

(27) - das Lenken des Kfz einer Person überlässt, welche die erforderliche Lenkerberechtigung .... (§ 103 Abs 1 Z 3 KraftfahrG),
- beim Autofahren ohne Freisprecheinrichtung, also etwa per Handy, telefoniert (§ 102 Abs 3 KraftfahrG).

(28) Es gibt eine Vielzahl **sonstiger Rechtsvorschriften** im weitesten Sinne, die Art und Umfang der objektiven .... festlegen: **Unfallverhütungsvorschriften**, feuer-, gewerbe-, baupolizeiliche etc **Sicherheitsvorschriften, Dienstordnungen, Betriebsordnungen** usw.

Beachte! Objektiv sorgfaltswidrig ist auch die Nichtbeachtung der zahlreichen Regeln, die sich aus der **Verkehrssitte** ergeben. Dazu gehören etwa die **Kunstregeln des Arztes**, die **Jagdregeln**, die **Sportregeln**. Die Lehre spricht insoweit von **Verkehrsnormen**.

(29) Demnach handelt im Allgemeinen .... sorgfaltswidrig, wer

- als **Jäger** zB in Richtung Treiberkette schießt,
(30) - als **Arzt** zB (bitte ergänzen!)

---

(23) verpflichtet
(24) objektiv sorgfaltswidrig
(25) nicht einhält oä
(26) überschreitet oä
(27) nicht besitzt oä
(28) Sorgfalt bzw Sorgfaltspflicht
(29) objektiv
(30) eine nicht sterilisierte Injektionsnadel verwendet oä.

26. Kapitel: Fahrlässigkeitsbegriff

(31) ■ als **Schifahrer** zB (bitte ergänzen!)

Aber selbst in solchen Lebensbereichen, welche durch Rechtsvorschriften oder Verkehrsnormen „durchnormiert" sind, treten mitunter Situationen auf, für die es **keine vorformulierten Regeln** gibt.

(32) Wonach richtet sich in einer solchen Situation die objektive ...., zu der man gem § .... verpflichtet ist?

Ganz allgemein gilt Folgendes: **Maßstab für diese Sorgfalt** ist **das Verhalten eines einsichtigen und besonnenen Menschen in der Situation des Täters.**

Ein bestimmtes Verhalten ist daher objektiv sorgfaltswidrig, wenn sich ein
(33) .... und .... Mensch in der Situation des Täters ebenso / anders verhalten hätte.

Beachte! Dabei kommt es auf das gedachte Verhalten eines einsichtigen und besonnenen Menschen **aus dem Verkehrskreis** an, dem der Täter angehört.

(34) Im *Opernball-Fall* (S 393) ist Sorgfaltsmaßstab ein durchschnittlicher Tänzer / geübter Tänzer / internationaler Turniertänzer.

Turnschuh-Fall: Der bergunerfahrene Jens Jensen aus Kiel bricht mit seinem 16-jährigen Sohn Kai-Uwe zu einer Hochgebirgswanderung in den Ötztaler Alpen auf, obwohl der Hüttenwirt angesichts der Gefährlichkeit der Tour und der ungenügenden Ausrüstung der beiden (Turnschuhe) von dem Unternehmen dringend abgeraten hatte. Kai-Uwe stürzt ab.

Die richtige Fragestellung in Bezug auf das Verhalten des Jens Jensen lautet: Wie
(35) hätte sich ein einsichtiger und besonnener **bergunerfahrener Flachländer** / ein ein-
(36) sichtiger und besonnener Bergkundiger verhalten?

(37) Folglich hat Jens Jensen jene Sorgfalt außer Acht gelassen, zu der er „nach ...." (§ 6 Abs 1) verpflichtet war. Er hat somit **objektiv sorgfaltswidrig** gehandelt.

---

(31) über eine unübersichtliche Kuppe springt oä.
(32) Sorgfalt; § 6 Abs 1
(33) einsichtiger und besonnener; anders
(34) geübter Tänzer
(35) ein einsichtiger und besonnener **bergunerfahrener Flachländer**
(36) Ein einsichtiger und besonnener bergunerfahrener Flachländer hätte die Warnung des Hüttenwirts nicht in den Wind geschlagen oä.
(37) „nach den Umständen"

Steht damit bereits **abschließend** fest, dass Jens Jensen **fahrlässig** gehandelt hat?
(38) Ja / Nein – Begründung:

Definition: **Der Täter hat objektiv sorgfaltswidrig gehandelt, wenn sich ein ein-**
(39) **sichtiger und besonnener Mensch aus dem** ....
.... **in dieser Situation anders verhalten hätte.** Weitere Präzisierungen sind Kap 27 im Grundriss AT vorbehalten.

2. Subjektive Sorgfaltswidrigkeit der Handlung

Die **objektive** Sorgfaltswidrigkeit ist ein **starkes Indiz** dafür, dass der Täter auch
(40) .... sorgfaltswidrig gehandelt hat.

Für dieses Fahrlässigkeitselement gilt ein **im Ansatz subjektiver Maßstab.**

Es kommt darauf an, ob der Täter, wie es in § 6 Abs 1 ausdrücklich heißt, auch
(41) nach seinen .... und ....
zur Einhaltung der objektiven Sorgfalt .... ist.

Körperliche Mängel und **Verstandesfehler,** aber auch ein **Mangel an bestimmten Fähigkeiten** oder **Wissens- und Erfahrungslücken** können die subjektive Sorgfalts-
(42) widrigkeit der Handlung und damit den Begriff der F...................... begründen / ausschließen. Es geht also um die persönliche **Erfüllbarkeit** der bestehenden Sorgfaltspflicht.

Die subjektive Sorgfaltswidrigkeit ist stets zu prüfen, aber nur dann genauer zu diskutieren, wenn **Anhaltspunkte** dafür vorliegen, dass der Täter zur Einhaltung
(43) der .... Sorgfalt aus den genannten subjektiven Gründen befähigt war / nicht befähigt war = **vereinfachte Vorgangsweise bei der Fallprüfung!**

Im *Turnschuh-Fall* (S 395) ist die subjektive Sorgfaltswidrigkeit durch die
(44) .... indiziert / nicht indiziert. Auch wenn Jensen ganz bergunerfahren ist, war er auf Grund der Warnung des Hüttenwirts in der Lage, die Gefähr-
(45) lichkeit zu erkennen. Er hat daher auch .... gehandelt.

Variante: Jens Jensen hatte wegen des starken Tiroler Dialekts des Hüttenwirts dessen Warnung überhaupt nicht „mitbekommen".

---

(38) Nein! Denn die Fahrlässigkeit besteht aus vier Elementen und nicht nur aus der objektiven Sorgfaltswidrigkeit oä.
(39) Verkehrskreis des Täters
(40) subjektiv
(41) geistigen und körperlichen Verhältnissen; befähigt
(42) Fahrlässigkeit; ausschließen
(43) objektiven; nicht befähigt war
(44) objektive; indiziert
(45) subjektiv sorgfaltswidrig

26. Kapitel: Fahrlässigkeitsbegriff

(46) In einem solchen Fall ist die .... durch die .... Sorgfaltswidrigkeit ebenfalls indiziert / noch nicht indiziert.

Hat Jensen **subjektiv sorgfaltswidrig** gehandelt?
(47) Ja / Nein – Begründung:

Steht damit fest, dass Jensen **nicht fahrlässig** gehandelt hat?
(48) Ja / Nein – Begründung:

Beachte! Näheres zu den Modifikationen des subjektiven Maßstabs („**objektiviert-subjektiver Maßstab**") im Grundriss AT Kap 26.

Sklerose-Fall: Der 51-jährige, wegen schwerer Zerebralsklerose frühpensionierte Theophil Hirnschrott (H) sieht die Bremslichter des in der Kolonne vor ihm fahrenden V aufleuchten. Er reagiert ***so rasch er kann****, aber doch viel zu langsam, um den Aufprall auf V zu vermeiden. Ein* ***nicht verkalkter Autofahrer*** *hätte noch rechtzeitig anhalten können.*

(49) H hat objektiv sorgfaltswidrig / subjektiv sorgfaltswidrig gehandelt, weil er seinen Wagen entgegen der Vorschrift des § 18 Abs 1 StVO (bitte lesen!) nicht rechtzei-
(50) tig ....
(51) Da der **verkalkte H nach seinen g**............ **und** .... **Verhältnissen** ...., anders zu handeln, dh rascher zu reagieren, hat er auch subjektiv sorgfaltswidrig / nicht subjektiv sorgfaltswidrig gehandelt.

Andererseits war H aber nicht so verkalkt, dass er **seine Behinderung** und die damit von ihm im Straßenverkehr ausgehenden Gefahren nicht erkennen konnte.

---

(46) subjektive Sorgfaltswidrigkeit; objektive; noch nicht indiziert
(47) Nein! Denn Jensen war nach seinen **geistigen Verhältnissen** (mangelnde Bergerfahrenheit und mangelnde Dialektkenntnis) nicht in der Lage, die objektiv gebotene Sorgfalt zu erkennen und danach zu handeln oä.
(48) Nein! Zwar **fehlt** in Bezug auf den konkreten Sorgfaltsverstoß **die subjektive Sorgfaltswidrigkeit** und damit **ein** konstitutives Element des strafrechtlichen Fahrlässigkeitsbegriffs oä. Möglicherweise lässt sich aber die Fahrlässigkeit des Jensen noch unter einem anderen Aspekt begründen (Verletzung von Erkundigungspflichten!).
(49) objektiv sorgfaltswidrig
(50) angehalten hat
(51) geistigen und körperlichen; nicht befähigt war oä; nicht subjektiv sorgfaltswidrig gehandelt

26. Kapitel: Lerneinheit 26

Es stellt sich daher die Frage, ob die **Sorgfaltswidrigkeit** des H nicht **schon darin liegt, dass er sich trotz seiner schweren Verkalkung überhaupt** noch ans Steuer gesetzt hat.

(52) Diese Frage ist zu bejahen / zu verneinen.

Man bezeichnet diese Art der Fahrlässigkeit anschaulich als **Übernahmefahrlässigkeit**.

(53) **Übernahmefahrlässigkeit** bedeutet: Sowohl .... **als auch** .... **sorgfaltswidrig handelt, wer eine Tätigkeit übernimmt, von der er erkennen kann, dass er ihr nicht gewachsen ist.**

Auf den Aspekt der Übernahmefahrlässigkeit greift die Praxis immer dann zurück, wenn es an der subjektiven Sorgfaltswidrigkeit **bei der Ausführung der Handlung** fehlt.

Strandbad-Fall: Die Mathematiklehrerin Dorit Mairbäurl (M) übernimmt vertretungsweise den Turnunterricht in der 2. Klasse und geht mit den Kindern ins Strandbad „Gänsehäufel" schwimmen. Als die 7-jährige Larissa (L) ins tiefe Wasser fällt und sofort untergeht, kann M nur laut um Hilfe rufen, aber L nicht selbst retten, da sie ebenfalls Nichtschwimmerin ist. Das Mädchen ertrinkt (§§ 2, 80 Abs 1).

(54) Bei ihren unzureichenden Rettungsbemühungen hat die M zumindest **nicht subjektiv sorgfaltswidrig** gehandelt, weil (bitte ergänzen!)

Liegt **Übernahmefahrlässigkeit** vor?
(55) Ja / Nein – Begründung:

Schlangenlinien-Fall: Nach dem Besuch des Christkindlmarktes und ausgiebigem Konsum von Glühwein fährt Fritz (F) mit seinem Auto wie geplant nach Hause. Seine Alkoholisierung (1,2‰) verhindert, dass er die Spur einhält. Er gerät auf die andere Fahrbahn und stößt mit dem entgegenkommenden Fahrzeug von Gustav (G) zusammen. G wird schwerstens verletzt (Anklage nach § 88 Abs 3 2. Fall und Abs 4 2. Strafsatz).

Beachte! Um bei Prüfung dieses komplizierten Delikts (doppelte Qualifikation) Ihre Gedankenschritte auseinander zu halten, sind zuerst die Voraussetzungen des § 88 **Abs 1** zu prüfen. Dort ist das (von Abs 3 vorausgesetzte) Grunddelikt enthalten. Daher werden Sie zunächst feststellen:

---

(52) zu bejahen
(53) objektiv; subjektiv
(54) sie als Nichtschwimmerin (= „nach ihren geistigen und körperlichen Verhältnissen" iSd § 6 Abs 1) das Kind nicht retten konnte oä.
(55) Ja! Denn mit der Schwimmstunde hatte M eine Tätigkeit übernommen, von der sie erkennen konnte, dass sie ihr nicht gewachsen war oä.

26. Kapitel: Fahrlässigkeitsbegriff

(56) F hat objektiv sorgfaltswidrig gehandelt, weil (bitte ergänzen!)

(57) Durch seine Alkoholisierung war er aber außerstande, die .... Sorgfalt einzuhalten. Er hat daher bei der Fahrt subjektiv sorgfaltswidrig / nicht subjektiv sorgfaltswidrig gehandelt.

(58) Seine strafrechtliche Verantwortlichkeit nach § 88 (Abs 3 und 4 2. Strafsatz) lässt sich aber mit einer anderen Handlung begründen, indem man an der .... der gefährlichen Tätigkeit anknüpft (Lesen Sie bitte § 5 Abs 1 StVO!): Er hätte in seinem fahruntüchtigen Zustand ....! Dies begründet ein **objektiv sorgfaltswidriges Verhalten.**

(59) Dieses Verhalten (Antritt der Fahrt) war auch ...., da F nach seinen körperlichen und geistigen Verhältnissen in der Lage war, die objektiv gebotene Sorgfalt einzuhalten und nicht zu fahren.

3. Objektive Voraussehbarkeit des Erfolgs = Adäquanzzusammenhang

Objektive und subjektive Sorgfaltswidrigkeit für sich allein genügen nicht, um den strafrechtlichen Fahrlässigkeitsbegriff zu erfüllen. **Hinzutreten** muss als weiteres
(60) Fahrlässigkeitselement die .... Voraussehbarkeit des Erfolgs.

(61) **Ein Erfolg ist objektiv voraussehbar, wenn sein Eintritt für einen .... und besonnenen Menschen in der Lage des .... innerhalb der allgemeinen Lebenserfahrung liegt.**

Wichtig! Die objektive Voraussehbarkeit muss sich nicht nur auf den eingetretenen **Erfolg,** sondern auch auf den **Kausalverlauf** erstrecken. Letzterer muss zwar nicht in allen Einzelheiten, aber doch in **seinen wesentlichen Zügen**
(62) o .... sein.

Außerhalb der allgemeinen Lebenserfahrung liegen dagegen die Fälle des sog
(63) **atypischen Kausalverlaufs.** Sie sind objektiv voraussehbar / nicht objektiv voraussehbar; vgl LE 12 S 160.

---

(56) er entgegen dem Rechtsfahrgebot des § 7 StVO Schlangenlinien gefahren ist.
(57) objektiv gebotene; nicht subjektiv sorgfaltswidrig
(58) Übernahme; das Fahrzeug nicht in Betrieb nehmen dürfen. **Achtung!** Bei der Prüfung der Fahrlässigkeit geht es **nicht** um das vorangegangene Trinken! Die Betrachtung dreht sich zunächst nur um das Grunddelikt des § 88 Abs 1. Der Eintritt der Alkoholisierung selbst erlangt erst in einem weiteren Schritt Bedeutung, nämlich bei der Prüfung der Qualifikation nach § 88 Abs 3 2. Fall (Berauschung trotz Voraussehbarkeit der nachfolgenden Tätigkeit).
(59) subjektiv sorgfaltswidrig
(60) objektive
(61) einsichtigen; Täters
(62) objektiv voraussehbar
(63) nicht objektiv voraussehbar

Gleichbedeutend spricht man heute von mangelndem **Adäquanzzusammenhang**.
(64) Anders ausgedrückt: **Fälle des atypischen Kausalverlaufs liegen innerhalb / außerhalb des Adäquanzzusammenhangs**.

Mit dem Einwand des atypischen Kausalverlaufs müssen sich die Gerichte immer wieder im Bereich des **Straßenverkehrs** beschäftigen.

Bleifuß-Fall: *Entgegen § 20 Abs 2 StVO braust der Taxilenker Bleifuß (B) mit 75 km/h über die verkehrsreiche Linke Wienzeile. Er kollidiert mit dem Wagen der 65-jährigen Konzertpianistin Jill Meredith (M), die dabei erheblich (Beinbrüche), aber nicht lebensgefährlich verletzt wird.*

1. Variante: *Die ins AKH eingelieferte M wird während des Transports in den Operationssaal von einem amoklaufenden Mitpatienten erdolcht.*

Der Ankläger will gegen den Erstverursacher B gem § 80 Abs 1 vorgehen. B's
(65) Verteidiger wendet mangelnden Adäquanz .... infolge atypischen .... ein. Zu Recht?
(66) Ja / Nein – Begründung:

2. Variante: *Die im AKH erfolgreich operierte M stirbt eine Woche später an den Folgen einer operationsbedingten Lungenembolie.*

(67) Bezogen auf den Erstverursacher B ist der Adäquanzzusammenhang zu bejahen / zu verneinen, weil (bitte ergänzen!)

4. Subjektive Voraussehbarkeit des Erfolgs

(68) Die **objektive** Voraussehbarkeit ist ein starkes I......... dafür, dass der Täter den Erfolg auch .... hätte voraussehen können.

Für dieses Element der Fahrlässigkeit gilt derselbe **im Ansatz subjektive Maß-**
(69) **stab** wie für die ....

Es kommt darauf an, ob, wie es § 6 Abs 1 ausdrücklich fordert, der Täter nach sei-
(70) nen .... und ....
den Eintritt des Erfolgs **erkennen kann**.

---

(64) außerhalb des Adäquanzzusammenhangs
(65) Adäquanzzusammenhang; Kausalverlaufs
(66) Ja! Bezogen auf den Erstverursacher B liegt **dieser** Erfolg (bzw ein **solcher** Kausalverlauf) **gänzlich außerhalb** der allgemeinen Lebenserfahrung, dh außerhalb des Adäquanzzusammenhangs oä.
(67) zu bejahen, weil eine Lungenembolie zu den relativ häufigen und nicht immer beherrschbaren Folgen von (an sich erfolgreich verlaufenen) Operationen gehört und deshalb **innerhalb der allgemeinen Lebenserfahrung** liegt oä.
(68) Indiz; subjektiv
(69) subjektive Sorgfaltswidrigkeit
(70) geistigen und körperlichen Verhältnissen

26. Kapitel: Fahrlässigkeitsbegriff

(71) **Körperliche Mängel** und **Verstandesfehler**, vor allem aber **Wissens- und Erfahrungslücken** können die subjektive .... ausschließen.

(72) **Beachte!** Die subjektive Voraussehbarkeit ist nur zu problematisieren, wenn (bitte ergänzen!)

U-Bahn-Fall: Eine Angestellte, die täglich mit der U-Bahn zur Arbeit fährt, weiß, dass sich die Türen sehr rasch und vor allem automatisch schließen.

(73) Hält sie ihr Kind nicht weit genug von der Tür entfernt, ist es für sie ...., dass das Kind beim selbsttätigen Schließen der Tür zu Schaden kommen kann.

Variante: Nehmen wir nun an, eine Asylwerberin aus Südsudan (A) sieht und benutzt zum ersten Mal in ihrem Leben ein derartiges Verkehrsmittel und steigt am Karlsplatz in die U4. Zögernd bleibt sie mit ihrem Dreijährigen in der Türöffnung stehen. Das Kind wird an der Hand verletzt, als sich die Tür automatisch schließt.

(74) Ändert sich die Beurteilung der **objektiven Voraussehbarkeit des Erfolgs**? Ja / Nein – Begründung:

(75) Ändert sich die Beurteilung der **subjektiven Voraussehbarkeit des Erfolgs**? Ja / Nein – Begründung:

(76) Fahrlässigkeit iSd § .... liegt somit nur im U-Bahn-Fall / in der *Variante* vor. Denn hier sind alle vier Elemente des strafrechtlichen Fahrlässigkeitsbegriffs erfüllt.

■ ■ ■ **Bevor Sie die Testfragen zur LE 26 durcharbeiten, lesen Sie bitte zunächst im Grundriss AT Kap 26!** ■ ■ ■

---

(71) Voraussehbarkeit des Erfolgs
(72) sich aus dem Sachverhalt konkrete Anhaltspunkte für ihr Fehlen ergeben oä.
(73) subjektiv voraussehbar
(74) Nein! Ein einsichtiger und besonnener Mensch, der mit der U-Bahn fährt (= „in der Lage des Täters") weiß, was passieren kann oä.
(75) Ja! Nach **ihren** „geistigen Verhältnissen" (= hier nach ihrer persönlichen Erfahrung) konnte A diesen Erfolg nicht voraussehen oä. Mit derselben Begründung lässt sich auch (schon) die **subjektive Sorgfaltswidrigkeit** der A verneinen.
(76) § 6 Abs 1; *U-Bahn-Fall*

Testeinheit 26

Testfragen zur LE 26

1. Ist die objektive Sorgfaltswidrigkeit identisch mit dem Begriff der Fahrlässigkeit (§ 6 Abs 1)?
   Ja / Nein – Begründung:

2. Der Täter handelt **objektiv sorgfaltswidrig,** wenn (bitte ergänzen!)

3. Objektive Sorgfaltspflichten können sich ergeben aus (bitte ergänzen!)

4. *Zündelphilip-Fall: Während der alleinerziehende Vater (V) unten beim Postholen mit der Nachbarin „tratscht", angelt sich der 2½-jährige Philip zielsicher die Zündhölzer vom Tisch. Als V zurückkehrt, steht die Mansardenwohnung in Flammen.*

   a) Der Vater eines Kleinkindes, der Streichhölzer unverwahrt liegen lässt, handelt **objektiv sorgfaltswidrig,** weil (bitte ergänzen!)

   b) Damit ist zugleich auch die .... Sorgfaltswidrigkeit **indiziert** und **zu bejahen,** weil (bitte ergänzen!)

   c) Ist der eingetretene Erfolg (Wohnungsbrand) **objektiv voraussehbar?**
   Ja / Nein – Begründung:

   d) Mit der objektiven Voraussehbarkeit des Erfolgs ist zugleich auch die .... Voraussehbarkeit **indiziert** und im konkreten Fall näher zu prüfen / nicht näher zu prüfen.

   e) Mithin muss M mit einer Anklage wegen **fahrlässiger Herbeiführung einer Feuersbrunst** (§ 170 Abs 1) rechnen / nicht rechnen.

5. Die Vorschriften der StVO (zB über die zulässige Fahrgeschwindigkeit im Ortsgebiet = § 20 Abs 1 StVO) legen die Obergrenze / die Untergrenze der im Straßenverkehr objektiv erforderlichen Sorgfalt fest. Wer trotz einer unklaren und besonders kritischen Verkehrssituation seine Geschwindigkeit von 50 km/h beibehält, handelt daher objektiv sorgfaltswidrig / nicht objektiv sorgfaltswidrig. Denn **erhöhte Gefahren** begründen .... Sorgfaltspflichten.

26. Kapitel: Fahrlässigkeitsbegriff

6. Der Täter handelt **nur dann nicht** subjektiv sorgfaltswidrig, wenn (bitte ergänzen!)

7. Nennen Sie **mindestens zwei** Beispiele für derartige „Verhältnisse", die die subjektive Sorgfaltswidrigkeit einer Handlung ausschließen können!

8. *Reanimations-Fall: Der praktische Arzt Dr. med. László Györi aus Eisenstadt wird zu einem Patienten (P) gerufen, der eben einen schweren Kollaps mit Atemstillstand erlitten hat. Dr. Györi injiziert die üblichen herz- und kreislaufstärkenden Mittel. P stirbt. Wäre die Wiederbelebungsspezialistin Univ.-Prof. Dr. Nikola Kampfer von der Wiener Universitätsklinik zur Stelle gewesen, hätte **diese** P retten können.*

   a) Die Sorgfaltspflicht des Dr. Györi ergibt sich aus (bitte ergänzen!)

   b) Maßstab dafür, ob Dr. Györi **objektiv sorgfaltswidrig** gehandelt hat, sind die Fähigkeiten und Kenntnisse eines einsichtigen und .... Menschen aus dem ...., dem der Täter angehört.

   c) Demnach sind Maßstab für die .... Sorgfalt des Dr. Györi .... die Fähigkeiten und Kenntnisse der Wiederbelebungsspezialistin Univ.-Prof. Dr. Kampfer, sondern die (bitte ergänzen!)

   d) Legt man diesen Maßstab (Ihre Antwort zu 8.c.) zugrunde, so hat Dr. Györi objektiv sorgfaltswidrig / nicht objektiv sorgfaltswidrig gehandelt.

   e) Müssen die übrigen Elemente des strafrechtlichen Fahrlässigkeitsbegriffs noch geprüft werden?
   Ja / Nein – Begründung:

9. *Burn-out-Fall: A hat sich **total überarbeitet und erschöpft** ans Steuer gesetzt. Als der vor ihm fahrende B plötzlich bremsen muss, prallt A auf B auf, der dadurch ein Peitschenschlag-Syndrom erleidet (§ 88 Abs 1). A verteidigt sich damit, dass er aufgrund seiner Erschöpfung nicht rechtzeitig habe reagieren können und ihm daher bezüglich der Verletzung des B keine Fahrlässigkeit angelastet werden darf.*

   a) Lesen Sie bitte § 18 Abs 1 StVO! Aus dieser Vorschrift ergibt sich, dass A .... gehandelt hat. Möglicherweise fehlt es aber an der ....

b) Die letztgenannte Frage kann jedoch angesichts des § 58 Abs 1 StVO (bitte lesen!) offen bleiben. Wieso?

10. **Lawinen-Fall:** *Kitzbühel, 21. 12. 1997. Bei strahlendem Sonnenschein und herrlichem Pulverschnee fuhr ein Urlauber (U) aus Augsburg in den Steilhang der Steinbergkogelrinne ein und löste dadurch eine Lawine aus. Sie kostete neun Menschen das Leben. Mit dem Abgang einer Lawine hatte niemand gerechnet. Der Steilhang war daher nicht gesperrt und am selben Tage schon von mehr als zweihundert Skiläufern befahren worden.*

Eine Anklage des U wegen fahrlässiger Tötung verspricht wenig Aussicht auf Erfolg, weil mehrere Elemente des strafrechtlichen Fahrlässigkeitsbegriffs nicht erfüllt sind. Nennen Sie **mindestens zwei** und begründen Sie Ihre Entscheidung!

11. **Heilpraktiker-Fall:** *Aumayr (A) hat starke Leibschmerzen und hohes Fieber. Er sucht deswegen den im nahen Bad Reichenhall praktizierenden Heilpraktiker Balsam (B) auf. Dieser hält es für eine harmlose Magen-Darm-Verstimmung, obwohl eine* **akute Blinddarmentzündung** *vorliegt. Er verordnet viel Kräutertee und dreimal täglich warme Kamillenwickel. Entgegen der Annahme des B wirken diese Heilmaßnahmen aber nicht. A erleidet einen Darmdurchbruch und stirbt.*

   a) Im Falle einer **akuten Blinddarmentzündung** sind eine solche Diagnose und Therapie **nach den Regeln der Schulmedizin,** dh also nach der Verkehrssitte .... sorgfaltswidrig. Denn hier gibt es nur eines: **genaue Abklärung** und **sofortige Operation!**

   b) Gleichwohl war die Therapie, die B dem A hat angedeihen lassen, zumindest **nicht subjektiv sorgfaltswidrig.** Warum nicht?

   c) Dennoch muss B befürchten, wegen fahrlässiger Tötung (§ 80 Abs 1) angeklagt zu werden. Wie wird die Staatsanwaltschaft argumentieren?

26. Kapitel: Fahrlässigkeitsbegriff 405

12. **Schären-Fall:** *Aus einem Protokoll des schwedischen Seegerichts: Das in Panama registrierte Ausflugsschiff „Baltic Star" rammte am 13. Oktober 1992 in den engen Gewässern der Stockholmer Schären bei dichtem Nebel einen entgegenkommenden Kutter. Es gab mehrere Verletzte.* Einer der beiden Hauptkessel der Dampfmaschine war zuvor ausgefallen, das Ruder ließ sich nur schwer bewegen, der Kompass war falsch justiert, der **Kapitän** zum Telefonieren unter Deck gegangen, der **Ausguck** auf dem Vorschiff machte Kaffeepause, und der **Steuermann** hatte in Englisch einen falschen Befehl an den **Rudergänger** gegeben, der schwerhörig war und nur Griechisch verstand.

Wer von den Genannten hat am ehesten eine Chance, in Bezug auf § 88 straffrei auszugehen? Warum?

26. Kapitel: Testeinheit 26

Antworten

1. Nein! Die objektive Sorgfaltswidrigkeit ist nur eines der vier Elemente des Fahrlässigkeitsbegriffs oä.
2. sich ein einsichtiger und besonnener Mensch aus dem Verkehrskreis des Täters in dieser Situation anders verhalten hätte oä.
3. Gesetz (zB StVO), sonstigen Rechtsvorschriften im weitesten Sinn (zB Unfallverhütungsvorschriften) und aus Verkehrsnormen (zB Kunstregeln des Arztes) oä.
4. a) abstrakt: sich ein einsichtiger und besonnener Vater in der Situation des Täters anders verhalten hätte oder konkret: die Streichhölzer weggeschlossen hätte oä.
   b) subjektive; keine Anhaltspunkte dafür vorliegen, dass V nicht in der Lage war, die Gefahr zu erkennen und entsprechende Vorsichtsmaßnahmen zu ergreifen oä.
   c) Ja! Ein solches Verhalten eines Kindes liegt innerhalb der **allgemeinen Lebenserfahrung** und ist daher objektiv voraussehbar oä.
   d) subjektive; nicht näher zu prüfen.
   e) rechnen
5. Untergrenze; objektiv sorgfaltswidrig; erhöhte
6. er „nach **seinen** geistigen und körperlichen Verhältnissen" (§ 6 Abs 1) zur Beachtung der objektiven Sorgfalt nicht befähigt ist oä.
7. ZB Schwerhörigkeit; mangelnde Intelligenz; Alkoholisierung; Mangel an bestimmten Fähigkeiten (zB Schwimmenkönnen); Wissens- und Erfahrungslücken (zB Fahranfänger) oä. Vgl zum Ganzen näher *Kienapfel/Schroll* StudB BT I § 80 RN 114ff.
8. a) der Verkehrssitte, den Kunstregeln des Arztes oä.
   b) besonnenen; Verkehrskreis
   c) objektive; nicht; Fähigkeiten und Kenntnisse eines einsichtigen und besonnenen **praktischen Arztes** oä.
   d) nicht objektiv sorgfaltswidrig
   e) Nein! Denn entfällt auch nur **ein einziges** der vier konstitutiven Elemente des strafrechtlichen Fahrlässigkeitsbegriffs, so kommt **schon deshalb** Fahrlässigkeit nicht in Betracht oä. Allerdings bleibt unter bestimmten Voraussetzungen **Übernahmefahrlässigkeit** zu prüfen.
9. a) Abstand hätte halten müssen und daher objektiv sorgfaltswidrig gehandelt hat; subjektiven Sorgfaltswidrigkeit
   b) Es liegt jedenfalls **Übernahmefahrlässigkeit** vor, denn es ist nach § 58 Abs 1 StVO schon objektiv und (im konkreten Fall) auch subjektiv sorgfaltswidrig, im fahruntüchtigen Zustand ein Auto zu lenken. *Anmerkung:* So gesehen ist § 58 Abs 1 StVO eine **gesetzliche Ausformung** des allgemeinen Gedankens der **Übernahmefahrlässigkeit** für eine spezifische Fallkonstellation im Straßenverkehr; vgl Grundriss AT RN 26.27 aE.
10. – U handelte schon **nicht objektiv sorgfaltswidrig**. Auch ein einsichtiger und besonnener Schiläufer (= Mensch in der Situation des Täters) wäre an diesem Tag in den nicht gesperrten, von vielen Schiläufern bereits benutzten und daher **offenbar unbedenklichen** Steilhang eingefahren oä.
    – U handelte daher auch **nicht subjektiv sorgfaltswidrig**.
    – Das Lawinenunglück war **nicht objektiv voraussehbar,** weil selbst ein **einsichtiger und besonnener Schiläufer** dies nicht erkennen konnte oä. Ein Indiz dafür ist, dass niemand (also offenbar auch nicht die Pistenverantwortlichen) mit dem Abgang einer Lawine gerechnet hatten.
    – Nach den **persönlichen Verhältnissen** des U (ortsfremder Urlauber!) war dieses Unglück schon gar **nicht subjektiv voraussehbar.**
11. a) objektiv
    b) Weil B nach seinem Wissensstand, also „nach seinen geistigen Verhältnissen", die Krankheit nicht richtig diagnostizieren konnte oä.
    c) Die Fahrlässigkeit (insb die objektive und subjektive Sorgfaltswidrigkeit) ist darin zu sehen, dass B wegen der Gefahr einer Blinddarmentzündung bei Vorliegen der genannten Symptome die Behandlung **überhaupt übernommen** hat (**Übernahmefahrlässigkeit**) oä.
12. Der **Rudergänger.** Denn man könnte etwa argumentieren, dass er beim Steuern **nicht subjektiv** sorgfaltswidrig gehandelt hat oä. Weitere Argumentationsmöglichkeiten später in LE 28.

■ ■ ■ **Ende dieser Programmeinheit** ■ ■ ■

27. Kapitel

Aufbau des Fahrlässigkeitsdelikts

Lerneinheit 27

Lernziel: In dieser LE wird das **Fallprüfungsschema beim Fahrlässigkeitsdelikt** entwickelt. Es dient dazu, Fahrlässigkeitstaten gedanklich zu ordnen und in der sachlich zweckmäßigen Reihenfolge durchzuprüfen.

(1) Das **allgemeine Fallprüfungsschema** mit seinen drei Stufen der ...., der .... und der .... gilt nicht nur für Vorsatzdelikte, sondern mit einigen Modifizierungen, die sich aus dem Fahrlässigkeitsbegriff ergeben, auch für Fahrlässigkeitsdelikte.

(2) Der in § .... definierte Begriff der Fahrlässigkeit ist ein **komplexes Ge-**
(3) **bilde.** Er umfasst sowohl objektive als auch .... Elemente, die **aufbaumäßig** teils zum **Unrecht,** teils zur **Schuld** gehören.

Die **objektive Sorgfaltswidrigkeit** der Handlung charakterisiert das **spezifische Unrecht** der Fahrlässigkeitstat. Wer alle Sorgfalt beachtet, zu der er verpflichtet ist, handelt **nicht unrecht.** Somit ist die objektive Sorgfaltswidrigkeit der Handlung
(4) für die Tatbestandsmäßigkeit / für die Schuld relevant und daher auf der Stufe ..... zu prüfen.

Dasselbe gilt für die **objektive Voraussehbarkeit des Erfolgs** = den **Adäquanzzusammenhang.**

(5) Die objektive .... der Handlung und die objektive .... des Erfolgs sind daher .... - merkmale im Aufbau des Fahrlässigkeitsdelikts.

Demgegenüber betreffen die beiden **subjektiven Elemente** des strafrechtlichen
(6) Fahrlässigkeitsbegriffs nicht das ...., sondern ausschließlich die **Vor-**
(7) **werfbarkeit** der Fahrlässigkeitstat. Beide Elemente sind mithin .... - elemente und bilden die spezifische **Schuldform** des Fahrlässigkeitsdelikts.

---

(1) Tatbestandsmäßigkeit; Rechtswidrigkeit; Schuld
(2) § 6 Abs 1
(3) subjektive
(4) für die Tatbestandsmäßigkeit; Stufe I
(5) Sorgfaltswidrigkeit; Voraussehbarkeit; Tatbestandsmerkmale
(6) Unrecht
(7) Schuldelemente

(8) Sowohl die subjektive .... als auch die
.... Voraussehbarkeit des Erfolgs sind auf der Stufe ..... zu prüfen.

Zuordnung der vier Fahrlässigkeitselemente des § 6

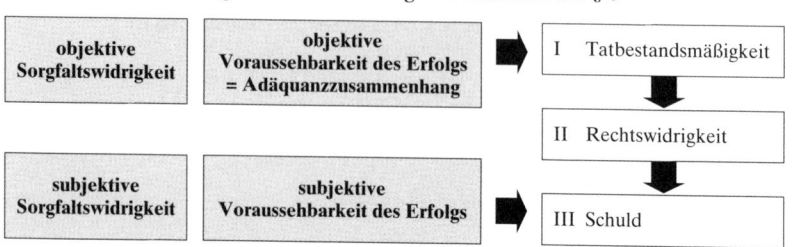

objektive Sorgfaltswidrigkeit	objektive Voraussehbarkeit des Erfolgs = Adäquanzzusammenhang	➡	I Tatbestandsmäßigkeit
			⬇
			II Rechtswidrigkeit
			⬇
subjektive Sorgfaltswidrigkeit	subjektive Voraussehbarkeit des Erfolgs	➡	III Schuld

I Tatbestand des Fahrlässigkeitsdelikts

Die Prüfung des Tatbestandes eines fahrlässigen Erfolgsdelikts lässt sich in folgende Abschnitte zerlegen:

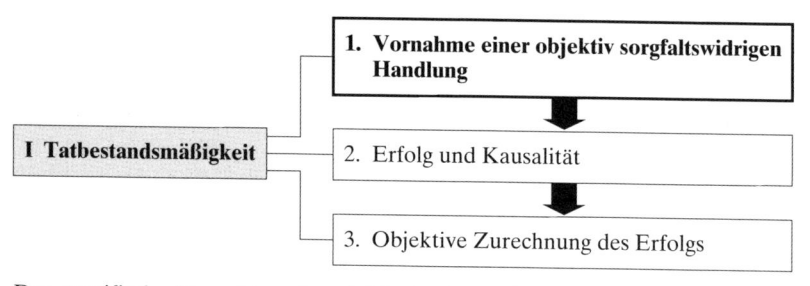

	1. Vornahme einer objektiv sorgfaltswidrigen Handlung
I Tatbestandsmäßigkeit	2. Erfolg und Kausalität
	3. Objektive Zurechnung des Erfolgs

(9) Das spezifische Unrecht und zugleich das besondere Kennzeichen der Fahrlässigkeitstat besteht darin, dass der Täter eine ....
.... Handlung vornimmt.

Hepatitis-Fall: Versehentlich benützt die Krankenschwester dieselbe Injektionsnadel auch bei einem zweiten Patienten, wodurch dieser mit Hepatitis C infiziert wird und daran stirbt.

(10) Worin besteht die **objektive Sorgfaltswidrigkeit** der Handlung der Krankenschwester?

---

(8) Sorgfaltswidrigkeit; subjektive; Stufe III
(9) objektiv sorgfaltswidrige
(10) Sie hat gegen eine lex artis verstoßen, weil dieselbe Injektionsnadel nicht unsterilisiert bei einem zweiten Patienten benutzt werden darf oä.

27. Kapitel: Aufbau des Fahrlässigkeitsdelikts

Penicillinschock-Fall: Der Hausarzt Dr. P injiziert bei einer langwierigen Bronchitis die übliche Dosis Penicillin. Der Patient stirbt unmittelbar danach an einem Penicillinschock. Das kommt zwar selten vor, lässt sich bei Verabreichung von Antibiotika aber nie völlig ausschließen.

Hat Dr. P objektiv sorgfaltswidrig gehandelt?
(11) Ja / Nein – Begründung:

(12) Die Handlung des Dr. P ist daher Unrecht / kein Unrecht.

Railjet-Fall: Der Lokführer Z eines ÖBB-Railjets sieht, wie ein Pkw auf den unbeschrankten Bahnübergang zufährt. Wie es seine Dienstvorschriften vorsehen, leitet Z sofort eine Notbremsung ein. Trotzdem wird das Auto vom Zug erfasst und sein Fahrer getötet.

Hat Z den Tatbestand des § 80 Abs 1 erfüllt?
(13) Ja / Nein – Begründung:

(14) **Wichtig!** Eine Tötung (Körperverletzung etc) eines Menschen, die **nicht** auf objektiv sorgfaltswidrigem Verhalten beruht, ist **Unglück,** aber nicht ....

(15) Sie erfüllt nicht den .... des § 80 Abs 1 (§ 88 etc).

(16) Bitte einsetzen!

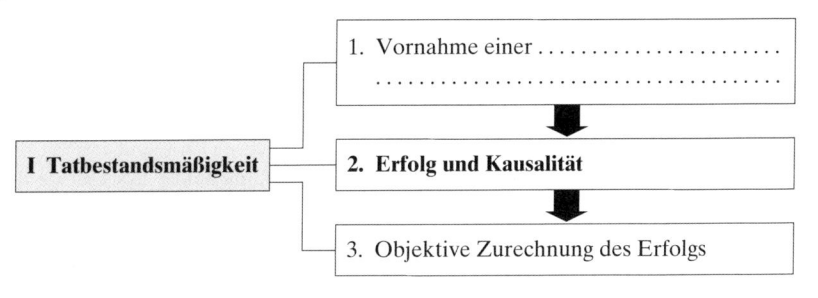

```
                          ┌─ 1. Vornahme einer ......................
                          │     ........................................
                          │            ↓
 I Tatbestandsmäßigkeit ──┼─ 2. Erfolg und Kausalität
                          │            ↓
                          └─ 3. Objektive Zurechnung des Erfolgs
```

---

(11) Nein! Da die Injektion von Penicillin medizinisch durchaus angezeigt war, liegt kein Verstoß gegen eine lex artis vor oä. Etwas anderes würde gelten, wenn dem Arzt eine etwaige Penicillinunverträglichkeit des Patienten bekannt gewesen wäre.
(12) kein Unrecht
(13) Nein! Z hat alles getan, was die Dienstvorschriften für diesen Fall vorschreiben. Seine Handlung ist daher nicht objektiv sorgfaltswidrig. Damit entfällt der Tatbestand des § 80 oä.
(14) Unrecht
(15) Tatbestand
(16) objektiv sorgfaltswidrigen Handlung

27. Kapitel: Lerneinheit 27

(17) Die wichtigsten Fahrlässigkeitsdelikte, insb **fahrlässige Tötung** (§ 80 Abs 1) und **fahrlässige Körperverletzung** (§ 88 Abs 1), sind Erfolgsdelikte / Tätigkeitsdelikte. Nur bei solchen kommt grundsätzlich die Prüfung der **Kausalität** in Betracht.

(18) Ob die objektiv sorgfaltswidrige Handlung den .... **verursacht** hat, ist auch bei den fahrlässigen Erfolgsdelikten nach der Ihnen geläufigen Kausalitätsformel der .... theorie zu entscheiden.

Bitte blättern Sie zurück zum Bleifuß-Fall (S 400)! Nehmen Sie jetzt an, dass M bei der Kollision mit B zunächst nur leicht verletzt worden ist und auf dem Weg zum Arzt von einem abbröckelnden Mauerstück erschlagen wird.

(19) Die objektiv sorgfaltswidrige Handlung des B hat den Tod der M **verursacht,** weil (bitte ergänzen!)

(20) Es fehlt aber am **Adäquanzzusammenhang,** weil (bitte ergänzen!)

(21) Damit entfällt für B der Tatbestand / die Rechtswidrigkeit / die Schuld bezüglich der fahrlässigen Tötung (§ 80 Abs 1).

(22) **Aber:** Es war **objektiv voraussehbar,** dass infolge der Geschwindigkeitsüberschreitung des B jemand **körperlich verletzt** werden könnte. Dieser Erfolg ist eingetreten, und **insoweit** ist der Tatbestand des § .... erfüllt.

Wichtig! Der **Adäquanzzusammenhang** = die objektive Voraussehbarkeit des Erfolgs ist nicht nur ein zentrales Element des Fahrlässigkeitsbegriffs, sondern zugleich auch ein wichtiger Aspekt eines umfassenderen Problembereichs, für den sich in Lehre und Praxis der Begriff **objektive Zurechnung des Erfolgs** durchgesetzt hat.

Lesen Sie jetzt bitte noch einmal im Grundriss AT RN 10.18-21!

---

(17) Erfolgsdelikte
(18) Erfolg; Äquivalenztheorie
(19) weil das Fahren mit überhöhter Geschwindigkeit nicht weggedacht werden kann, ohne dass der Tod der M, dh der Erfolg in seiner konkreten Gestalt entfiele oä. Wer bei dieser Frage „gestolpert" ist, sollte LE 10 wiederholen.
(20) weil es **gänzlich** außerhalb der allgemeinen Lebenserfahrung liegt (atypischer Kausalverlauf), dass jemand auf dem Weg zum Arzt von einem abbröckelnden Mauerstück erschlagen wird oä.
(21) der Tatbestand
(22) § 88 Abs 1

27. Kapitel: Aufbau des Fahrlässigkeitsdelikts

Hinter der Kurzbezeichnung **objektive Zurechnung des Erfolgs** verbirgt sich ein differenziertes Prüfungsverfahren, das sich bei den fahrlässigen Erfolgsdelikten aus **maximal drei Schritten** zusammensetzt.

(23) Der erste Prüfungsschritt betrifft den **Adäquanzzusammenhang** = die objektive Voraussehbarkeit des Erfolgs. Er stellt bei den Erfolgsdelikten gem § .... ein **unverzichtbares Element jeder Fahrlässigkeitsprüfung** dar. Einzelheiten dazu wurden bereits in LE 26 dargelegt.

Bei entsprechender Fallgestaltung kommen mit dem **Risikozusammenhang** und gegebenenfalls mit der **Risikoerhöhung gegenüber rechtmäßigem Alternativverhalten** weitere Prüfungsschritte hinzu. **Ständiger Prüfungsstoff!**

Untersuchen Sie bitte allfällige Probleme der objektiven Erfolgszurechnung bei den fahrlässigen Erfolgsdelikten in der nachstehenden Reihenfolge:

(24) Bitte einsetzen!

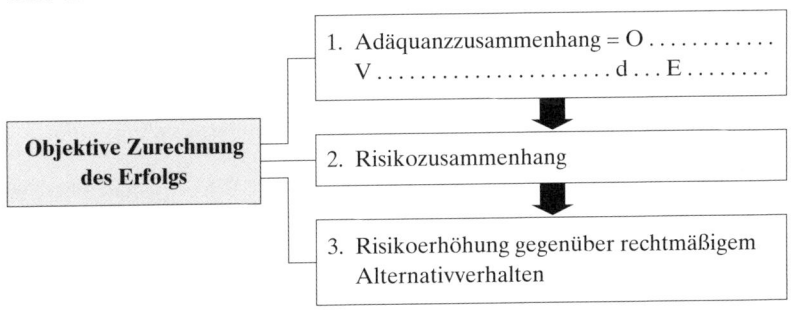

Objektive Zurechnung des Erfolgs
1. Adäquanzzusammenhang = O............
   V.....................d...E........
2. Risikozusammenhang
3. Risikoerhöhung gegenüber rechtmäßigem Alternativverhalten

Nehmen Sie an, dass die Verletzungen der M im Bleifuß-Fall (S 400) einen operativen Eingriff erfordern, der durch einen groben Fehler des Anästhesisten zum Tod der Konzertpianistin führt. Muss sich der Erstverursacher B auch diesen Tod der M objektiv zurechnen lassen?

(25) Bei einer solchen Fallkonstellation geht es zum einen um den ....- zusammenhang, der in Bezug auf allfällige Diagnose- und Behandlungsfehler des Arztes nach Ansicht der Rechtsprechung zu Lasten des Erstverursachers idR zu bejahen ist.

(26) Zum anderen stellt sich die **Frage, ob dieser** Tod der M überhaupt noch in die **Risikosphäre** des B oder bereits in jene des .... fällt. Hinter
(27) einer solchen Fragestellung verbirgt sich das Problem des .... zusammenhangs.

Einzelheiten zum Risikozusammenhang und zum rechtmäßigen Alternativverhalten werden in LE 28 dargestellt.

---

(23) § 6 Abs 1
(24) Objektive Voraussehbarkeit des Erfolgs
(25) Adäquanzzusammenhang
(26) Anästhesisten
(27) Risikozusammenhang

27. Kapitel: Lerneinheit 27

II Rechtswidrigkeit beim Fahrlässigkeitsdelikt

(28) Die Rechtswidrigkeit einer **fahrlässigen Tat** kann ebenfalls durch .... ausgeschlossen sein. In der Praxis kommen im Wesentlichen **Notwehr** und **rechtfertigender Notstand** in Betracht.

Der Angreifer A nähert sich mit erhobenem Messer dem R, um diesen zu erstechen. Als A bereits nur noch 2 Meter von R entfernt ist, zieht dieser seinen Revolver, zielt auf den Arm des A, trifft aber den dahinter stehenden B. B ist schwer verletzt.

Hinsichtlich der versuchten Körperverletzung an A ist R durch **Notwehr** gerechtfertigt. Durch die aberratio ictus hat er aber **B fahrlässig verletzt** (tatbestandsmäßig nach § 88 Abs 1 und 4 1. Strafsatz).

(29) Auf der Ebene der Rechtswidrigkeit kommt hier zwar keine Rechtfertigung durch Notwehr in Betracht, weil (bitte ergänzen!)

Es ist aber an .... zu denken:

(30) Die **Notstandssituation** ist unproblematisch. Denn das Eindringen des A auf R mit erhobenem Messer ist ein .... für ein .... Schwierigkeiten bereitet hingegen die **Notstandshandlung**.

(31) Hier kommt es auf die konkreten Umstände des Falles an. Die Notstandshandlung muss das einzige Mittel sein, um das .... zu .... Da A bereits in unmittelbarer Nähe des R ist und dieser keine andere Chance hatte, sich vor dem Angriff auf seine körperliche Unversehrtheit in Sicherheit zu bringen, liegt diese Voraussetzung vor.

(32) Allerdings muss das gerettete Rechtsgut gegenüber dem beeinträchtigten Rechtsgut .... sein. Im vorliegenden Fall ist das Leben des R bedroht. Dem steht bei B das Rechtsgut der .... gegenüber. Das .... ist höherwertig.

(33) Das subjektive Rechtfertigungselement, die ...., ist bei R gegeben / nicht gegeben.

(34) R kann demnach wegen fahrlässiger Tötung (§ 80 Abs 1) bestraft / nicht bestraft werden, weil (bitte ergänzen!)

---

(28) Rechtfertigungsgründe
(29) von B kein rechtswidriger Angriff ausgeht; rechtfertigenden Notstand
(30) unmittelbar drohender Nachteil; Rechtsgut
(31) bedrohte Rechtsgut zu retten
(32) höherwertig; körperlichen Unversehrtheit; Leben
(33) Kenntnis der Notstandssituation; gegeben
(34) nicht bestraft werden; seine Handlung durch Notstand gerechtfertigt ist oä.

27. Kapitel: Aufbau des Fahrlässigkeitsdelikts

Rippenbruch-Fall: 34 Grad im Schatten. Es weht kein Lüfterl. „Dö Hitz, dö bringat a Ross um." Mit diesem Seufzer sackt der 68-jährige Holubek auf der Pötzleinsdorfer Allee zusammen. Herzinfarkt. Sein Freund und Begleiter B beginnt sofort mit einer Herzdruckmassage. Dabei bricht er dem Bewusstlosen zwar zwei Rippen, rettet ihm aber das Leben.

(35) Soweit bezüglich des Brechens der beiden Rippen fahrlässige Körperverletzung (§ 88 Abs 1 und Abs 4 1. Strafsatz) in Betracht kommt, ist die Tat des B durch .... gerechtfertigt.

III Fahrlässigkeitsschuld

(36) Wie mit dem Begriff der Vorsatzschuld verbindet sich auch mit der Fahrlässigkeitsschuld ein **sozialethisches** .... **urteil.**

(37) **Maßstab** des strafrechtlichen **Schuldvorwurfs** ist sowohl bei der Vorsatzschuld als auch bei der Fahrlässigkeitsschuld der **maßgerechte,** dh der mit den r............. g........ W........ v................ (vgl § 10 Abs 1 letzter Satzteil!) **Mensch.**

(38) Bei der **Fahrlässigkeitsschuld** wird dem Täter vorgeworfen, dass er nicht jene .... beachtet hat, die an seiner Stelle ein .... beachtet hätte.

(39) Bezüglich des formalen **Aufbaus** der Fahrlässigkeitsschuld bestehen weitgehende Parallelen zur Vorsatzschuld. Zusätzlich sind aber die beiden subjektiven Fahrlässigkeitselemente zu prüfen, nämlich (bitte ergänzen!)

Die **Fahrlässigkeitsschuld** besteht demnach aus den folgenden fünf Schuldelementen:

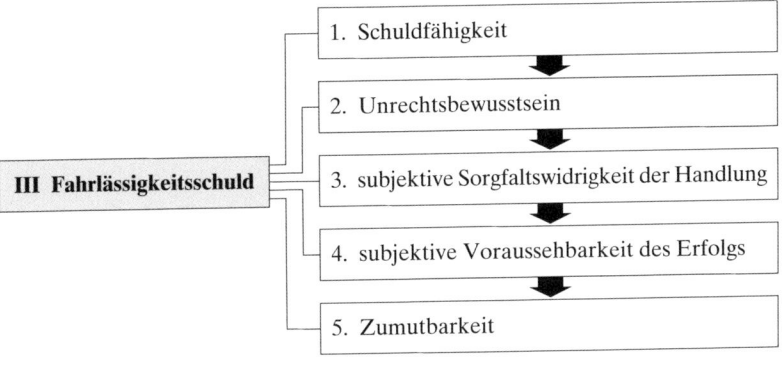

III Fahrlässigkeitsschuld
1. Schuldfähigkeit
2. Unrechtsbewusstsein
3. subjektive Sorgfaltswidrigkeit der Handlung
4. subjektive Voraussehbarkeit des Erfolgs
5. Zumutbarkeit

---

(35) rechtfertigenden Notstand
(36) Unwerturteil
(37) rechtlich geschützten Werten verbundene
(38) Sorgfalt; maßgerechter Mensch
(39) subjektive Sorgfaltswidrigkeit der Handlung und subjektive Voraussehbarkeit des Erfolgs

27. Kapitel: Lerneinheit 27

Für die **Schuldfähigkeit** gelten keine Besonderheiten (§ 11).

Während einer Schlangenschau öffnet der geistig behinderte Zilpzalp (Z) aus purer Neugier den Transportkasten der hochgiftigen Grünen Mamba. O wird gebissen und stirbt.

(40) Kann Z wegen Grob fahrlässiger Tötung (§ 81 Abs 1) **bestraft** werden?
Ja / Nein – Begründung:

(41) Kann gegen ihn eine **vorbeugende Maßnahme** gem § 21 Abs 1 angeordnet werden?
Ja / Nein – Begründung:

Wenden wir uns nun dem **Unrechtsbewusstsein** des Fahrlässigkeitstäters zu.

(42) Lesen Sie bitte **§ 9 Abs 3**! Diese Vorschrift befasst sich mit dem vorwerfbaren / nicht vorwerfbaren .... irrtum.

(43) Welche Regelung trifft § 9 Abs 3 für einen solchen Irrtum beim Fahrlässigkeitsdelikt?

(44) Das StGB geht demnach eo ipso davon aus, dass nicht nur bei der Vorsatzschuld, sondern auch bei der Fahrlässigkeitsschuld das .... des Täters zu prüfen ist / nicht zu prüfen ist.

Wie beim Vorsatzdelikt sind **ausdrückliche Feststellungen** zu diesem Schuldelement in der Praxis aber nur zu treffen, wenn sich der Täter auf das Fehlen des Unrechtsbewusstseins **explizit berufen** hat oder sonst **begründete Zweifel** an seinem Unrechtsbewusstsein bestehen.

---

(40) Nein! Z ist nicht schuldfähig (§ 11).
(41) Ja! § 21 Abs 1 differenziert nicht nach Vorsatz- oder Fahrlässigkeitstaten. § 21 Abs 1 stellt vielmehr darauf ab, dass die Tat mit einer ein Jahr übersteigenden Freiheitsstrafe bedroht ist. Die Strafdrohung des § 81 Abs 1 erfüllt diese Voraussetzung oä. Einfache fahrlässige Tötung gem § 80 Abs 1 würde dagegen nicht reichen (anders wiederum § 80 Abs 2!).
(42) vorwerfbaren Verbotsirrtum
(43) Bei einem vorwerfbaren Verbotsirrtum des Fahrlässigkeitstäters erfolgt die Bestrafung nach dem Fahrlässigkeitsdelikt oä. Strafmilderung gem § 34 Abs 1 Z 12 ist auch hier möglich.
(44) Unrechtsbewusstsein; zu prüfen ist

27. Kapitel: Aufbau des Fahrlässigkeitsdelikts

Demel-Fall: Besserer Hund nebst fescher Wiener Lady trippeln über den Kohlmarkt Richtung Graben. „Brav Moustache", lobt ihn sein Frauerl (F), als er vor dem „Demel" sein Geschäft verrichtet. Schon der nächste Fußgänger kommt zu Fall, bricht sich einen Arm und zeigt F wegen fahrlässiger Körperverletzung (§ 88 Abs 1 und Abs 4) an.

Lesen Sie bitte § 92 Abs 2 StVO!

(45) F kannte diese Vorschrift nicht und beruft sich vor Gericht auf einen direkten / indirekten.............................

Ist dieser Irrtum **vorwerfbar?**
(46) Ja / Nein – Begründung (bitte § 9 Abs 2 lesen!):

(47) F hat also mit aktuellem / potenziellem Unrechtsbewusstsein gehandelt.
(48) **Beachte!** Der Fahrlässigkeitstäter muss nicht unbedingt mit .... Unrechtsbewusstsein gehandelt haben. Wie beim Vorsatzdelikt genügt das
(49) .... Unrechtsbewusstsein.

Bezüglich der beiden **subjektiven Fahrlässigkeitselemente** (subjektive Sorgfaltswidrigkeit, subjektive Voraussehbarkeit des Erfolgs) wird vollinhaltlich auf die Darstellung in LE 26 verwiesen.

Nun zur **Zumutbarkeit,** dem letzten Element der Fahrlässigkeitsschuld.

Dieses **Schuldelement** hat erhebliche praktische Bedeutung.

Das StGB erwähnt es in der Legaldefinition der Fahrlässigkeit **ausdrücklich** (§ 6 Abs 1 bitte lesen!), und zwar in dem Sinne, dass die Beachtung der objektiven und
(50) subjektiven Sorgfalt dem Täter „........................." gewesen sein muss.

Bei der **Zumutbarkeit sorgfaltsgemäßen Verhaltens** handelt es sich um ein **selbst-**
(51) **ständig zu prüfendes** .... **element.**

Auch bei den Fahrlässigkeitstaten gibt es Situationen, in denen **äußere oder innere Zwänge** einen so starken **Motivationsdruck** auf den Täter ausüben, dass
(52) .... Handeln unzumutbar ist.

---

(45) direkten Verbotsirrtum
(46) Ja! Denn F hat sich nicht mit der Vorschrift des § 92 Abs 2 StVO bekannt gemacht, obwohl sie den Umständen nach (dh hier als „Tierhalterin") dazu verpflichtet gewesen wäre (§ 9 Abs 2 2. Richtlinie).
(47) potenziellem Unrechtsbewusstsein
(48) aktuellem
(49) potenzielle
(50) „zuzumuten" (= zumutbar)
(51) Schuldelement
(52) sorgfaltsgemäßes (= sorgfältiges)

27. Kapitel: Lerneinheit 27

(53) In einem solchen Fall ist die sorgfaltswidrige Handlung gerechtfertigt / entschuldigt.

(54) Die **Unzumutbarkeit** sorgfaltsgemäßen Handelns entspricht in ihrer **Funktion** dem Vorhandensein / dem Nichtvorhandensein von .... gründen bei der Vorsatzschuld.

Beachte! Der Entschuldigungsgrund des § 10 ist zwar **Anhaltspunkt, nicht aber Grenze** für die Bestimmung der Unzumutbarkeit bei einer Fahrlässigkeitstat. Denn die Unzumutbarkeit sorgfaltsgemäßen Verhaltens wird bei Fahrlässigkeitsdelikten nach hM auch **jenseits** der für die Vorsatzdelikte durch § 10 gezogenen Schranken berücksichtigt.

Fährmann-Fall: *Ein Fährmann (F) kentert mit seiner Zille bei Sturm auf dem Hochwasser führenden Inn. F rettet sich schwimmend ans Ufer. Sein einziger Passagier (P) ertrinkt.*

F wird vorgeworfen, den Tod des P durch das **Ausfahren** trotz Sturm und Hochwasser verschuldet zu haben. Gem § 80 Abs 1 angeklagt, macht F zu seiner Verteidigung geltend, er habe sich mehrfach geweigert, aber P habe alle Bedenken in den Wind geschlagen, energisch auf eine Überfahrt gedrängt und ihn am Ende sogar einen „Feigling" genannt.

(55) Die Voraussetzungen des § 10 wären für F schon deshalb nicht erfüllt, weil (bitte ergänzen!)

(56) Das Gericht hat F unter den geschilderten Umständen gleichwohl **Unzumutbarkeit** sorgfaltsgemäßen Verhaltens zugebilligt und ihn gem § 80 Abs 1 verurteilt / von der Anklage freigesprochen.

■ ■ ■   **Bevor Sie die Testfragen zur LE 27 durcharbeiten,**   ■ ■ ■
        lesen Sie bitte zunächst im Grundriss AT Kap 27!

---

(53) entschuldigt
(54) dem Vorhandensein von Entschuldigungsgründen
(55) es bereits an der entschuldigenden Notstandssituation fehlt. Es ist kein unmittelbar drohender Nachteil für irgendein Rechtsgut erkennbar oä. Beeinträchtigungen der Ehre genügen nicht; vgl RN 14.9.
(56) von der Anklage freigesprochen

27. Kapitel: Aufbau des Fahrlässigkeitsdelikts

Testeinheit 27

Testfragen zur LE 27

Rush-hour-Fall: Während des abendlichen Stoßverkehrs in Graz strebt Frau Wiesinger (W) mit ihren beiden äußerst lebhaften Kindern auf der Annenstraße Richtung Murbrücke heimwärts. An der linken Hand geht der 3-jährige Stephan (S), an der rechten die 4-jährige Tanja (T). Plötzlich reißt sich T los und springt auf die Fahrbahn zu. W stürzt hinterher und lässt dabei den kleinen S los. Da läuft der Junge auf die Straße und wird vom Wagen des durch ein Handytelefonat abgelenkten Geschäftsführers Dr. Gmoser (G) erfasst. S ist auf der Stelle tot.

Aufgabe: Ist W wegen fahrlässiger Tötung (§ 80 Abs 1) zu bestrafen?

Hinweise: Ein ganz alltäglicher Fall, der gerade deshalb seine Tücken hat. Am besten begegnet man ihnen, indem man den Sachverhalt

a) streng systematisch anhand des **Aufbauschemas des Fahrlässigkeitsdelikts** durchprüft und

b) strikt darauf achtet, dass die **Rettungshandlung** bezüglich der T und das **Loslassen** des S **zwei ganz verschiedene Handlungen** sind.

1. Unter dem Aspekt einer **fahrlässigen Handlung** der W ist ausschließlich die Rettung der T / das Loslassen des S zu untersuchen.

I Tatbestandsmäßigkeit

2. Das Loslassen des 3-jährigen S war **objektiv sorgfaltswidrig,** weil (bitte ergänzen!)

3. Hat Frau W durch ihre objektiv sorgfaltswidrige Handlung den Tod des S **verursacht?**
   Ja / Nein – Begründung:

4. Der Tod des S war **objektiv voraussehbar,** weil (bitte ergänzen!)

II Rechtswidrigkeit

5. Liegt ein **Rechtfertigungsgrund** für das Verhalten der W, insb **rechtfertigender Notstand,** vor?
   Ja / Nein – Begründung:

27. Kapitel: Testeinheit 27

III Schuld

6. Ausführungen zur **Schuldfähigkeit** (§ 11) der W sind nötig / sind nicht nötig, weil (bitte ergänzen!)

7. Hat W .... sorgfaltswidrig gehandelt, indem sie S losließ?
   Ja / Nein – Begründung:

8. Der eingetretene Erfolg, also der Tod des S, wäre für die W **nur dann nicht subjektiv voraussehbar**, wenn sich aus dem .... Anhaltspunkte dafür ergeben würden, dass (bitte ergänzen und möglichst präzise formulieren!)

   Aus dem Sachverhalt ergeben sich solche / keine solchen Anhaltspunkte. Mithin war der Tod des S **auch für W** (= subjektiv) voraussehbar.

9. Ergeben sich aus dem Sachverhalt hinreichende Anhaltspunkte, die Frage des **Unrechtsbewusstseins** aufzuwerfen?
   Ja / Nein

10. Das eigentliche Problem dieses Falles auf der Ebene der Schuld betrifft die **Zumutbarkeit**: War W unter den geschilderten Umständen sorgfaltsgemäßes Handeln in Bezug auf S zumutbar?
    Ja / Nein – Begründung:

11. **Ergebnis**: Frau W kann daher wegen fahrlässiger Tötung (§ 80 Abs 1) ihres Sohnes bestraft werden / nicht bestraft werden. Ob der **Autolenker** deswegen bestraft werden kann, ist eine ganz andere Frage.

12. *Reifenplatzer-Fall: Westautobahn. Wenig Verkehr. Ideale Straßenverhältnisse. Die Tachonadel pendelt um die zulässigen 130 km/h. Plötzlich platzt der rechte Vorderreifen. Der Wagen überschlägt sich mehrmals. Der Beifahrer ist tot. Der Fahrer (F) kommt wie durch ein Wunder mit dem Leben davon. Beide waren angeschnallt. Kilometerstand des verunglückten Neuwagens: 2.767.*

    Eine Bestrafung des F wegen fahrlässiger Tötung (§ 80 Abs 1) scheidet aus, weil er nicht tatbestandsmäßig / nicht rechtswidrig / nicht schuldhaft gehandelt hat.
    Begründung:

27. Kapitel: Aufbau des Fahrlässigkeitsdelikts

13. Gibt es einen **Versuch** beim Fahrlässigkeitsdelikt?
    Ja / Nein – Begründung (gut überlegen!):

14. Mithin kann es beim Fahrlässigkeitsdelikt auch einen Rücktritt / keinen Rücktritt geben.

15. Welche **Rechtsfolgen** zieht der Verbotsirrtum bei einer Fahrlässigkeitstat nach sich?

16. *Florett-Fall: Bei den Fechtweltmeisterschaften in Rom brach dem Deutschen Matthias Behr im Kampf mit dem sowjetischen Olympiasieger und Weltmeister Wladimir Smirnow bei einer „Attaque simultanée" das Florett und drang Letzterem durch die Gittermaske neben dem Auge ins Gehirn. Smirnow erlitt dadurch tödliche Verletzungen. Die Maske des Russen und das Florett des Deutschen waren vor dem Kampf geprüft und für tauglich befunden worden.*
    A, B und C diskutieren die Strafbarkeit von Matthias Behr unter dem Aspekt des § 80. Alle drei plädieren mit unterschiedlichen Argumenten für Straflosigkeit. A verneint den Adäquanzzusammenhang, B den Risikozusammenhang, C die subjektive Sorgfaltswidrigkeit und damit die Schuld. Wer von ihnen hat Recht? Bitte begründen Sie Ihre Antwort!

17. *Wachel-Fall* (in Anlehnung an OLG Wien ZVR 1982/71/339 m Anm *Kienapfel*):
    Als durch den Fahrtwind eine Biene in das Wageninnere geweht wird, „wachelt" die Lenkerin (L) mehrfach mit der Hand, um das lästige Insekt loszuwerden, setzt ihre Fahrt aber mit unverminderten 100 km/h fort. Plötzlich sticht die Biene im Schulterbereich zu. Vor Schmerz verreißt L das Steuer und verursacht einen tödlichen Verkehrsunfall.
    Das OLG hat L gem § 80 verurteilt. Worin besteht die **objektive Sorgfaltswidrigkeit**?

27. Kapitel: Testeinheit 27

Antworten

1. **das Loslassen des S.** Für die Frage der **Rechtswidrigkeit** bzw der **Schuld** kommt es natürlich auch darauf an, **warum** W den Dreijährigen losgelassen hat.
2. eine einsichtige und besonnene Mutter einen Dreijährigen, der „äußerst lebhaft" und an diszipliniertes Verhalten im Straßenverkehr noch nicht gewöhnt ist, nicht loslässt, damit ihm nichts passiert oä.
3. Ja! Denn das **Loslassen** kann nicht weggedacht werden, ohne dass der Tod des S entfiele oä. Dass S außerdem durch die **eigene Unaufmerksamkeit** und durch **jene des G** gestorben ist, steht dem nicht entgegen. Es gibt keine „Unterbrechung des Kausalzusammenhanges".
4. es allgemeiner Lebenserfahrung entspricht, dass Kinder in diesem Alter ohne besonderen Anlass auf die Fahrbahn laufen und auf diese Weise verunglücken können oä. Auch die übrigen Zurechnungskriterien (Risikozusammenhang, Risikoerhöhung gegenüber rechtmäßigem Alternativverhalten) liegen vor (zur Prüfung dieser siehe ausführlich LE 28).
5. Nein! Die Situation des rechtfertigenden Notstands liegt zwar vor. Denn es droht unmittelbar eine bedeutende Gefahr für das Leben der T. Es entfällt aber die Notstandshandlung, da Leben gegen Leben steht. Bei Gleichwertigkeit der kollidierenden Rechtsgüter scheidet rechtfertigender Notstand aus oä.
6. sind nicht nötig; weil sich aus dem Sachverhalt **keine Anhaltspunkte** für ein **Fehlen** dieses Schuldelementes ergeben oä.
7. subjektiv. Ja! W hätte nur dann **nicht subjektiv sorgfaltswidrig** gehandelt, wenn sie nach ihren „geistigen und körperlichen Verhältnissen" (§ 6 Abs 1) zur Beachtung der objektiven Sorgfalt nicht befähigt gewesen wäre. Aus dem Sachverhalt ergeben sich aber **keine Anhaltspunkte** dafür, dass bei W körperliche Mängel, Verstandesfehler bzw Wissens- oder Erfahrungslücken vorliegen.
8. Sachverhalt; W nach ihren „**geistigen und körperlichen Verhältnissen**" die Gefahr des Eintritts des Erfolgs nicht erkennen konnte; keine solchen Anhaltspunkte.
9. Nein!
10. Nein! Die Frage der Zumutbarkeit beim Fahrlässigkeitsdelikt ist in Anlehnung an den Rechtsgedanken des § 10 zu untersuchen. Es droht unmittelbar ein bedeutender Nachteil für das Leben der Tochter. Für den Entschuldigungsgrund der Unzumutbarkeit kommt es nicht darauf an, ob das Leben der Tochter höherwertig ist. Entscheidend ist, ob W einem **so starken Motivationsdruck** ausgesetzt war, dass man von ihr die Einhaltung der für die Beaufsichtigung des S objektiv erforderlichen Sorgfalt **in einer solchen Situation realistischerweise nicht mehr verlangen konnte**. Diese Frage ist zu bejahen oä; vgl *Kienapfel/Schroll* StudB BT I § 80 RN 136ff.
11. nicht bestraft werden.
12. nicht tatbestandsmäßig. Weil sich aus dem Sachverhalt keine Anhaltspunkte dafür ergeben, dass F **objektiv sorgfaltswidrig** gehandelt hat oä.
13. Nein! Einen Versuch gibt es **nur beim Vorsatzdelikt**. Beim Fahrlässigkeitsdelikt ist Versuch schon begrifflich nicht denkbar. Denn das Wesentliche des Versuchs ist der „**Tatentschluss**". Die Fahrlässigkeitstat ist aber notwendigerweise dadurch gekennzeichnet, dass der Täter **ohne** einen solchen „Tatentschluss" (also insb **ohne Vorsatz**) handelt. Denn sonst käme von vornherein das vorsätzliche Delikt in Betracht oä.
14. keinen Rücktritt
15. Das kommt darauf an!
    Der **nicht vorwerfbare Verbotsirrtum** führt gem § 9 Abs 1 auch bei der Fahrlässigkeitstat zum Schuldausschluss und damit zur Straflosigkeit oä.
    Der **vorwerfbare Verbotsirrtum** lässt zwar die Fahrlässigkeitsschuld und damit die Fahrlässigkeitsstrafe bestehen (§ 9 Abs 3), kann aber Strafmilderung gem § 34 Abs 1 Z 12 nach sich ziehen oä.
16. Keiner! Da Maske und Florett vor dem Kampf geprüft und für tauglich befunden wurden, fehlt es bereits an der **objektiven Sorgfaltswidrigkeit** oä.
17. Nach der (zutreffenden!) Ansicht des OLG im Weiterfahren mit unverminderter Geschwindigkeit trotz gefährlicher Situation.

■ ■ ■ **Ende dieser Programmeinheit** ■ ■ ■

28. Kapitel

Zentrale Probleme des Fahrlässigkeitsdelikts

Lerneinheit 28

Lernziel: Diese LE behandelt mit dem „**Risikozusammenhang**" und der „**Risikoerhöhung gegenüber rechtmäßigem Alternativverhalten**" zwei praxis- und prüfungsrelevante zentrale Probleme der objektiven Zurechnung beim fahrlässigen Erfolgsdelikt. Einen weiteren Schwerpunkt bildet die **Abgrenzung** zwischen **Vorsatz** und **Fahrlässigkeit,** die durch die begriffliche Gegenüberstellung von „bewusster" und „unbewusster" Fahrlässigkeit erleichtert wird. Schließlich werden Sie sich näher mit den „**erfolgsqualifizierten Delikten**" befassen.

Risikozusammenhang

Wie gesehen, erfordert für die Verbindung von Erfolg und Handlung der weite Begriff der Kausalität eine **wertende** *Einschränkung („objektive Zurechnung") in*
(1) **drei Schritten:** Zu prüfen sind der .... zusammenhang, der .... zusammenhang und die .... gegenüber rechtmäßigem .... Die größte Bedeutung innerhalb dieser drei Schritte kommt dem Kriterium des **Risikozusammenhangs** zu.

Radfahrer-Fall: Zwei Radfahrer, R_1 und R_2, radeln bei hereinbrechender Dunkelheit dicht hintereinander. Der vorausfahrende R_1 fährt ohne, R_2 nur mit schwachem Licht, weil seine Lampe stark verschmutzt ist. Da R_1 kaum etwas sieht, stürzt er über einen auf dem Weg liegenden Ast. Schädelbasisbruch. R_1 ist auf der Stelle tot.

Der Ankläger bezichtigt R_2 der fahrlässigen Tötung (§ 80 Abs 1) des R_1. Die
(2) .... Sorgfaltswidrigkeit des R_2 erblickt er zutreffend in dessen Verstoß gegen die Beleuchtungspflicht gem § 60 Abs 3 Satz 1 StVO (bitte lesen!).

Bezüglich der **Kausalität** argumentiert der Ankläger wie folgt: Wäre R_2 mit vorschriftsmäßiger, dh mit voll funktionstauglicher Beleuchtung gefahren, hätte der
(3) dicht vor ihm fahrende R_1 im Lichtkegel des R_2 (bitte ergänzen!)

(4) Kein Zweifel! Diese Argumentation entspricht / entspricht nicht der .... theorie.

---

(1) Adäquanzzusammenhang, Risikozusammenhang, Risikoerhöhung gegenüber rechtmäßigem Alternativverhalten
(2) objektive
(3) den Ast gesehen und wäre nicht gestürzt oä.
(4) entspricht; Äquivalenztheorie

28. Kapitel: Lerneinheit 28

(5) Auch der **Adäquanzzusammenhang** ist gegeben, weil (bitte ergänzen!)

Beim **Risikozusammenhang** geht es dagegen um eine **ganz andere Frage: Hat sich im eingetretenen Erfolg gerade die spezifische Gefahr realisiert, deren Abwendung die übertretene Sorgfaltsnorm bezweckt?**

Um diese Frage beantworten zu können, muss zunächst **im Wege der Auslegung der Schutzzweck** der von R_2 **übertretenen Sorgfaltsnorm** ermittelt werden.

Der Schutzzweck des § 60 Abs 3 Satz 1 StVO geht dahin, Unfälle (erst recht tödliche Unfälle) abzuwenden, die sich daraus ergeben, dass **man selbst** ohne vorschriftsmäßiges Licht fährt. § 60 Abs 3 Satz 1 StVO **verpflichtet aber nicht** dazu, die Fahrbahn **für einen anderen**, etwa den Vordermann, auszuleuchten.

(6) Der Tod des R_1 liegt somit außerhalb / somit innerhalb des Schutzzwecks des § 60
(7) Abs 3 Satz 1 StVO. Es hat sich also gerade / also gerade nicht die spezifische Gefahr realisiert, deren Abwendung die von R_2 übertretene Sorgfaltsnorm des § 60 Abs 3 StVO bezweckt.

(8) Es fehlt folglich, mit einem Wort ausgedrückt, am ....
.... zwischen der Übertretung der Sorgfaltsnorm und (bitte ergänzen!)

R_2 ist daher strafbar / nicht strafbar nach § 80 Abs 1.

Das Problem des **Risikozusammenhangs** tritt vor allem, aber nicht nur bei Sorgfaltsnormen mit **räumlich begrenztem Schutzzweck** auf.

Kreuzungs-Fall: A rast bei Rot über die Kreuzung (= Verstoß gegen § 38 Abs 5 Satz 2 StVO; bitte lesen!) und fährt dabei ein Kind zu Tode, das vorschriftsmäßig die Kreuzung überquert.

*Variante: A rast bei Rot über die Kreuzung, ohne dass etwas passiert (wiederum Verstoß gegen § 38 Abs 5 Satz 2 StVO). 900m weiter fährt er **ohne nochmalige Sorgfaltswidrigkeit** ein Kind zu Tode, das urplötzlich auf die Fahrbahn springt.*

(9) Die **objektive Sorgfaltswidrigkeit** des Verhaltens des A ergibt sich in beiden Beispielen aus der Übertretung des § ....

---

(5) es **nicht gänzlich** außerhalb der allgemeinen Lebenserfahrung liegt, dass jemand, der in der Nacht ohne Licht mit dem Fahrrad fährt, (zB tödlich) verunglücken kann oä.
(6) liegt somit außerhalb
(7) also gerade nicht
(8) Risikozusammenhang; und dem eingetretenen Erfolg (Gefahr) bzw dem Tod des R_1 oä; nicht strafbar
(9) § 38 Abs 5 Satz 2 StVO

28. Kapitel: Zentrale Probleme des Fahrlässigkeitsdelikts

Der **Kausalzusammenhang** zwischen objektiver Sorgfaltswidrigkeit und Erfolg ist im *Kreuzungs-Fall* gänzlich unproblematisch.

Er ist aber auch bei der *Variante* gegeben. Hätte A an der Kreuzung bei Rot vorschriftsmäßig angehalten, so hätte er 900 m weiter das Kind nicht niederstoßen können. Denn dieses wäre inzwischen **längst über die Straße gelaufen** und hätte nicht vom Wagen des A erfasst werden können. Mithin kann das Überfahren des Rotlichts weggedacht / nicht weggedacht werden, (bitte isd Kausalitätsformel der Äquivalenztheorie ergänzen!)

(10)

(11) Problematisch ist hingegen der **Adäquanzzusammenhang / Risikozusammenhang**.

(12) Wiederum muss zunächst **im Wege der Auslegung** der .... der übertretenen Sorgfaltsnorm ermittelt werden. Der **Zweck** des § 38 Abs 5 Satz 2 StVO geht dahin, Unfälle (erst recht tödliche Unfälle) zu vermeiden, die sich aus **den spezifischen Gefahren des Kreuzungsverkehrs** ergeben, sich also entweder auf der Kreuzung oder im unmittelbaren zeitlichen und räumlichen Zusammenhang mit dem Kreuzungsverkehr ereignen.

(13) Im *Kreuzungs-Fall* liegt der eingetretene Erfolg innerhalb / außerhalb des Schutz-
(14) zweckes des § 38 Abs 5 Satz 2 StVO. **Anders** dagegen bei der *Variante*. Warum?

Mithin kann A im *Kreuzungs-Fall* / in der *Variante* nicht wegen fahrlässiger Tötung bestraft werden, da es am **tatbestandlichen Erfordernis** des ....
(15) .... fehlt.

Beachte! Der Risikozusammenhang ist nicht nur in der Praxis, sondern schon bei Klausur- und Prüfungsfällen ein zentrales Erfordernis der Haftungseinschränkung bei gegebener Kausalität einer objektiv sorgfaltswidrigen Handlung. Auf dieses spezielle Zurechnungsproblem ist daher stets einzugehen.

Der Risikozusammenhang kann auch durchbrochen sein, wenn **nach der Handlung des Erstverursachers** der Verletzte selbst oder ein Dritter ein so schwerwiegendes **Fehlverhalten** setzt, dass die Handlung des Erstverursachers in den Hinter-

---

(10) nicht weggedacht werden, ohne dass der Tod des Kindes entfiele oä.
(11) Risikozusammenhang
(12) Schutzzweck
(13) innerhalb
(14) Der Schutzzweck des § 38 Abs 5 Satz 2 StVO beschränkt sich auf die Verhütung von Unfällen **auf Kreuzungen** oder jedenfalls in **unmittelbarem** räumlichen und zeitlichen Zusammenhang mit dem Kreuzungsverkehr. Dieser enge Zusammenhang ist bei einem Unfall, der 900 m **nach der Kreuzung** passiert, nicht mehr gegeben oä.
(15) in der *Variante;* Risikozusammenhanges

grund tritt. Auch in solchen Fällen realisiert sich nicht jenes Risiko, dem die übertretene Sorgfaltsnorm entgegenwirken soll.

Blutgerinnsel-Fall: *Anna (A) sieht in der Nacht auf der Landstraße den Radfahrer Rudi (R), der am rechten Fahrbahnrand fährt, zu spät und streift sein Fahrrad. R stürzt und erleidet eine Platzwunde am Kopf, die im Krankenhaus genäht wird. Der diensthabende Arzt fordert ihn auf, jedenfalls zur Beobachtung über Nacht im Krankenhaus zu bleiben, da ein Blutgerinnsel im Kopf zu befürchten ist. R mag aber keine Spitäler und geht daher, nachdem er einen Revers unterschrieben hat, nach Hause. In der darauffolgenden Nacht stirbt R aufgrund eines unfallsbedingten Blutgerinnsels im Kopf. Wäre R über Nacht im Krankenhaus geblieben, hätte er mit großer Wahrscheinlichkeit gerettet werden können.*

(16) A handelt ...., weil ihr Verhalten gegen die Straßenverkehrsordnung (§ 15 Abs 4 StVO) verstößt. Sie hätte einen ausreichenden Abstand zum Fahrradfahrer R halten müssen.

(17) Diese Handlung der A war kausal / nicht kausal für den Tod des R. Hätte A das Fahrrad des R nicht touchiert, hätte er auch ein / kein Blutgerinnsel im Kopf erlitten. Das Überholen des R mit zu geringem Seitenabstand kann weggedacht / nicht weggedacht werden, (bitte ergänzen!)

(18) Der Eintritt des Todes liegt auch nicht gänzlich außerhalb der allgemeinen Lebenserfahrung. Der .... ist daher gegeben.

(19) Problematisch ist allerdings der .... Der Erfolg ist dem Erstverursacher dann nicht zurechenbar, wenn der Verletzte in der Folge ein Verhalten setzt, das grob unvernünftig ist und dieser Erfolg sonst wahrscheinlich nicht eingetreten wäre.

(20) Das Fehlverhalten des R durchbricht / durchbricht nicht den Risikozusammenhang, weil (bitte ergänzen!)

(21) Der Tod kann dem Handeln der A daher zugerechnet / nicht zugerechnet werden. A hat daher tatbestandsmäßig iSd § 80 Abs 1 / § 88 Abs 1 und 4 1. Strafsatz gehandelt.

---

(16) objektiv sorgfaltswidrig
(17) kausal; kein; nicht weggedacht werden, ohne dass der Tod des R entfiele oä
(18) Adäquanzzusammenhang
(19) Risikozusammenhang
(20) durchbricht den Risikozusammenhang, weil es grob unvernünftig ist, dass R das Krankenhaus trotz der Warnung des Arztes verlassen hat oä
(21) nicht zugerechnet; § 88 Abs 1 und 4 1. Strafsatz

28. Kapitel: Zentrale Probleme des Fahrlässigkeitsdelikts

Risikoerhöhung gegenüber rechtmäßigem Alternativverhalten

Aufschaufel-Fall: A fährt mit überhöhten 60 km/h, als Z unvermittelt und ohne auf den Verkehr zu achten, auf die Fahrbahn läuft. Trotz sofortiger Vollbremsung kann A nicht verhindern, dass sein Wagen den Z bei einer Aufprallgeschwindigkeit von 40 km/h „aufschaufelt" und tötet.

Erfahrene Verteidiger pflegen bei solcher Situation Folgendes einzuwenden:

Auch wenn A mit der nach der Verkehrslage zulässigen Geschwindigkeit von 50 km/h gefahren wäre **(= rechtmäßiges Alternativverhalten),** *hätte er Z mit seinem Wagen erfasst und getötet. Es müsse A zugute gehalten werden und ihn strafrechtlich* **entlasten,** *dass derselbe Erfolg auch bei rechtmäßigem Verhalten eingetreten wäre.*

Die hM anerkennt diesen **Ansatz** und sieht darin ein **Sonderproblem der objektiven Zurechnung des Erfolgs.** Bei derartigen Fallkonstellationen ist maßgebliches Beurteilungskriterium der Gedanke der **Risikoerhöhung gegenüber dem rechtmäßigen Alternativverhalten.** Es kommt darauf an, ob unter Berücksichtigung aller Einzelumstände und aus der **Sicht ex post** das sorgfaltswidrige Verhalten des Täters ein auch bei rechtmäßigem Alternativverhalten bestehendes Risiko **wesentlich erhöht** hat: Wenn ja, ist dem Täter der eingetretene Erfolg

(22) ...., wenn nicht, lässt sich der eingetretene Erfolg dem Täterverhalten nicht objektiv zurechnen. Letzteres hat die Konsequenz, dass die
(23) Tatbestandsmäßigkeit / die Rechtswidrigkeit / die Schuld entfällt.

Abstrakt stellt sich die Frage dahin, ob das Fahren mit überhöhter Geschwindig-
(24) keit das auch bei Einhaltung des Tempolimits bestehende R .... für das Leben des Z **wesentlich** .... hat.

Konkret, dh auf das hier in Betracht kommende Delikt des § 80 Abs 1 bezogen, lautet die Frage wie folgt: Hätte Z bei sorgfaltsgemäßem = rechtmäßigem Verhalten des A (höchstens 50 km/h) **zweifelsfrei eine reale Überlebenschance** besessen?

In diesem Zusammenhang ist von entscheidender Bedeutung, was der **Sachverständige** unter Berücksichtigung der konkreten Umstände in der Hauptverhandlung bekundet hat:

Bei der nach den Umständen zulässigen Fahrgeschwindigkeit von 50 km/h hätte die Aufprallwucht bei sofortiger Vollbremsung nur 13 km/h betragen.

---

(22) zuzurechnen
(23) die Tatbestandsmäßigkeit
(24) Risiko; erhöht

28. Kapitel: Lerneinheit 28

Liegt in diesem Fall eine **wesentliche Risikoerhöhung** gegenüber dem rechtmäßigen Alternativverhalten vor?
(25) Ja / Nein – Begründung:

Blättern Sie bitte zum Schären-Fall (S 405) zurück!
Der **Ruderbänger** könnte sich uU auf rechtmäßiges Alternativverhalten berufen.
(26) Wie müsste er argumentieren?

Abgrenzung Vorsatz/Fahrlässigkeit

Wenden wir uns nunmehr einem anderen **zentralen Problem** zu, der Abgrenzung von (bedingtem) **Vorsatz** und (bewusster) **Fahrlässigkeit**.
(27) Begründen Sie die **große praktische Tragweite** dieser Abgrenzung!

Aus der Aussage eines Fahrzeuglenkers, dem wohl noch die nötige „Kurventechnik" fehlte: „Ich schaffte glatt die Kurve, geriet dann aber über die Fahrbahn hinaus, durchbrach ein Tor, nahm den Zaun mit, rammte eine Mauer, überschlug mich mehrmals und landete schließlich mit den Rädern nach oben in einem Bach. Darauf (!) verlor ich die Gewalt über den Wagen."

---

(25) Ja. Bei einer Ausgangsgeschwindigkeit von 50 km/h und einer Aufprallgeschwindigkeit von bloß 13 km/h sind die Überlebenschancen für das Unfallopfer Z ungleich größer als bei einer Ausgangsgeschwindigkeit von 60 km/h und somit einer Aufprallgeschwindigkeit von 40 km/h. Der Einwand des Verteidigers geht bei **dieser** Situation ins Leere. Der Tod des Z ist A objektiv zuzurechnen oä.

(26) Auch wenn er Englisch verstehen würde und nicht schwerhörig wäre, hätte er angesichts des **falschen** Befehls des Steuermanns den Zusammenstoß nicht vermeiden können oä.

(27) Es gibt mehrere Gründe: Der wichtigste ist, dass das StGB **fast ausschließlich Vorsatzdelikte** und nur wenige Fahrlässigkeitsdelikte kennt. Bei den meisten Delikten ist daher die Verneinung des Vorsatzes bzw die Annahme bewusster Fahrlässigkeit **gleichbedeutend mit Straflosigkeit**. Außerdem wird die fahrlässige Tat stets **milder** bestraft als die vorsätzliche oä.

28. Kapitel: Zentrale Probleme des Fahrlässigkeitsdelikts

(28) Dass der Lenker auf diese Weise fahrlässig mehrere fremde Sachen beschädigt hat, wird die Anklagebehörde im Hinblick auf § 125 auf den Plan rufen / nicht auf den Plan rufen, weil (bitte ergänzen!)

Begriffliches Fundament für die Abgrenzung von bedingtem Vorsatz und bewusster Fahrlässigkeit ist die gesetzliche Unterscheidung von zwei **Formen der Fahrlässigkeit**.

(29) Das StGB stellt die **unbewusste Fahrlässigkeit** (§ 6 Abs 1) der .... Fahrlässigkeit (§ 6 Abs 2) gegenüber. Bitte lesen!

Beachte! Mit dieser Gegenüberstellung verbindet sich jedoch (**anders** als bei der Stufe der **groben** Fahrlässigkeit und bei den drei Stärkegraden des **Vorsatzes**; vgl § 6 Abs 3, § 5 Abs 1–3!) **keine Abstufung** des Unrechts- oder Schuldgehalts der Fahrlässigkeit.

Lesen Sie bitte die **Strafdrohung** der fahrlässigen Tötung (§ 80 Abs 1)!

(30) Aus ihr ergibt sich, dass das StGB die bewusste und die unbewusste Fahrlässigkeit bei diesem Delikt (wie bei allen anderen Fahrlässigkeitsdelikten) völlig gleich behandelt / die unbewusste Fahrlässigkeit milder bestraft.

(31) Es kann in der Praxis also durchaus sein, dass der **unbewusst** fahrlässig Handelnde **gleich** oder sogar **strenger** bestraft wird als derjenige, der .... fahrlässig gehandelt hat.

(32) Der **eigentliche Zweck** der gesetzlichen Unterscheidung von bewusster und unbewusster Fahrlässigkeit besteht darin, die begriffliche Abgrenzung von .... und .... **zu ermöglichen**.

Lesen Sie bitte § 6 Abs 2!

(33) Danach handelt „auch fahrlässig", gemeint ist **bewusst fahrlässig**, wer es zwar für ...., dass er einen Sachverhalt verwirkliche, der einem gesetzlichen Tatbild entspricht, diesen Sachverhalt aber nicht ....

Der **bewusst fahrlässig Handelnde** hält die Tatbildverwirklichung „für möglich", er erkennt sie also, sieht sie voraus. Dagegen – und darin liegt der **Unterschied** zur unbewussten Fahrlässigkeit (§ 6 Abs 1!) – erkennt der **unbewusst fahrlässig Han-**

---

(28) nicht auf den Plan rufen, weil § 125 nur die vorsätzliche Sachbeschädigung unter Strafe stellt; vgl § 7 Abs 1 oä.
(29) **bewussten**
(30) völlig gleich behandelt
(31) **bewusst**
(32) bedingtem Vorsatz und bewusster Fahrlässigkeit
(33) möglich hält; herbeiführen will

28. Kapitel: Lerneinheit 28

(34) de**lnde** ...., dass er einen Sachverhalt verwirklicht, der einem gesetzlichen Tatbild entspricht.

(35) Anders ausgedrückt: Bei der unbewussten Fahrlässigkeit genügt gem § 6 Abs 1 die **subjektive Voraussehbarkeit** des Erfolgs. Bei der .... Fahrlässigkeit wird gem § 6 Abs 2 mehr, nämlich die **subjektive Voraussicht** des Erfolgs, verlangt.

Blättern Sie bitte auf S 139 zurück und lesen Sie noch einmal die dort geschilderte Variante des Pappkarton-Falles! Der Lkw-Lenker L wird wegen fahrlässiger Tötung (§ 80 Abs 1) angeklagt.

(36) Da L überhaupt nicht erkannt hatte, dass sich im Pappkarton ein Mensch befindet, kommt bewusste Fahrlässigkeit / unbewusste Fahrlässigkeit gem § .... in Betracht.

(37) Schildern Sie den Sachverhalt jetzt so, dass für L die andere Form der Fahrlässigkeit in Betracht kommt!

Gegenüberstellung von bewusster und unbewusster Fahrlässigkeit

(38) Bitte einsetzen!

Unbewusste Fahrlässigkeit § 6 Abs 1		Bewusste Fahrlässigkeit § 6 Abs 2	
objektive Sorgfaltswidrigkeit	objektive Voraussehbarkeit des Erfolgs	objektive Sorgfaltswidrigkeit	objektive Voraussehbarkeit des Erfolgs
subjektive Sorgfaltswidrigkeit	....	subjektive Sorgfaltswidrigkeit	....

Lesen Sie bitte § 5 Abs 1 2. Halbsatz!

(39) Wer mit **bedingtem Vorsatz** (= dolus ....) handelt, hält die Verwirklichung eines gesetzlichen Tatbildes (ernstlich) für ....

---

(34) (überhaupt) nicht
(35) bewussten
(36) unbewusste Fahrlässigkeit; § 6 Abs 1
(37) Ihre Sachverhaltsschilderung sollte sinngemäß mit der Ausgangsvariante des *Pappkarton-Falles* (S 132) übereinstimmen.
(38) von links nach rechts: subjektive Voraussehbarkeit des Erfolgs; subjektive **Voraussicht** des Erfolgs
(39) eventualis; möglich

28. Kapitel: Zentrale Probleme des Fahrlässigkeitsdelikts

Lesen Sie bitte **§ 6 Abs 2** erneut!

(40) Auch der **bewusst fahrlässig Handelnde** hält es für ...., dass er einen solchen Sachverhalt verwirklicht.

In dem „(ernstlich) für möglich halten" des § 5 Abs 1 2. Halbsatz und dem „für möglich halten" des § 6 Abs 2 steckt die Ihnen von der Vorsatzlehre her geläufige **Wissenskomponente**.

(41) Die **subjektive Voraussicht** des Erfolgs bei der bewussten Fahrlässigkeit entspricht im Wesentlichen der W........................ beim V.........

(42) Daher kommt als **Abgrenzungskriterium** zwischen .... Fahrlässigkeit und .... Vorsatz **nicht so sehr die Wissenskomponente** als vielmehr die .... komponente des Vorsatzes in Betracht.

Mondsee-Fall: Die Brüder Hias (H) und Maxl (M) Stiegler, zwei Jäger aus dem Salzburgischen, gehen am Mondsee auf die Pirsch. Es ist schon ziemlich dunkel. Als H auf etwas „Schwarzes" zielt, ruft M, der die besseren Augen hat: „Bist narrisch? Des is a Zwoahaxata!" „Is ma wurscht", brummt H und drückt ab. Durch den Schuss wird der Spaziergänger S getötet.

(43) Das zentrale Problem dieses Falles lautet: Ist H wegen .... (§....) oder wegen .... (§....) zu bestrafen?

(44) Die Lösung dieser Frage hängt davon ab, ob H den S bedingt .... oder .... getötet hat.

(45) Käme es für die Abgrenzung von bewusster Fahrlässigkeit und bedingtem Vorsatz **allein auf die Wissenskomponente** an, dh allein darauf, dass der Täter die Möglichkeit der Tötung eines Menschen **erkannt** hat, so wäre H wegen Mordes / wegen fahrlässiger Tötung strafbar. Musterantwort bitte unbedingt nachlesen!

(46) Darum wenden wir uns im Folgenden der **Wollenskomponente** des Vorsatzes als dem **eigentlichen** .... kriterium zur bewussten Fahrlässigkeit zu.

(47) Bezüglich der **Wollenskomponente** enthält § 5 Abs 1 2. Halbsatz die entscheidende Aussage, dass der mit bedingtem Vorsatz Handelnde die Tatbestandsverwirklichung **nicht nur ernstlich** für möglich hält, **sondern sich vor allem auch** (bitte ergänzen!)

---

(40) möglich
(41) Wissenskomponente beim Vorsatz;
(42) bewusster; bedingtem; Wollenskomponente
(43) Mordes (§ 75); fahrlässiger Tötung (§ 80 Abs 1)
(44) vorsätzlich; bewusst fahrlässig
(45) **Richtig sind beide Antworten! Gerade daraus** ersehen Sie aber, dass sich allein mit Hilfe der **Wissenskomponente** bedingter Vorsatz und bewusste Fahrlässigkeit überhaupt nicht abgrenzen lassen.
(46) Abgrenzungskriterium
(47) mit ihr **abfindet**

28. Kapitel: Lerneinheit 28

Wer sich mit dem Erfolg, etwa der Tötung eines Menschen, **innerlich abgefunden** hat und mit dieser Einstellung etwa den tödlichen Schuss abfeuert, **will** letztlich die Tötung eines Menschen.

Wichtig! „**Abgefunden hat**" ist mehr als bloße Gleichgültigkeit und setzt ein **innerliches „Ja"** zum Erfolg, eine wollensmäßige **positive Einstellung** zur Deliktsverwirklichung und in diesem Sinn ein **Hinnehmenwollen des Erfolgs** voraus.

(48) Demgegenüber hält der **bewusst fahrlässig Handelnde** die Tatbestandsverwirklichung zwar ebenfalls für möglich, aber **nicht ernstlich für möglich**. Denn er ver**traut** darauf, dass er den Tatbestand .... verwirklichen werde. Mit anderen Worten, er **will** die Tatbestandsverwirklichung also **nicht** herbeiführen (§ 6 Abs 2).

Bevor Sie die Frage nach der Strafbarkeit des Hias Stiegler (S 429) endgültig beantworten, eine **Eselsbrücke**:

- Wer **bedingt vorsätzlich** handelt, sagt sich: „**Na, wenn schon!**"
- Wer **bewusst fahrlässig** handelt, sagt sich: „**Es wird schon nicht!**"

(49) Nun entscheiden Sie selbst! Hias Stiegler hat bei der Abgabe des tödlichen Schus-
(50) ses auf den Spaziergänger S bewusst fahrlässig / bedingt vorsätzlich gehandelt. Begründung:

(51) Ein **ganz anderes Problem** ist, dass in der Praxis bedingter Vorsatz **häufig nicht nachweisbar** ist, weil man in den Täter nicht **hineinsehen** kann. Trotz dieser Beweisschwierigkeiten ist an der Bedeutung der .... Tatbestandsmerkmale nicht zu rütteln.

Vor Gericht wird Maxl Stiegler von seinem Aussageverweigerungsrecht als Bruder Gebrauch machen. Hias Stiegler wird steif und fest behaupten, er habe an einen Spaziergänger überhaupt nicht gedacht. Damit räumt er allenfalls
(52) .... Fahrlässigkeit ein.

Und wenn man ihm nicht mehr nachweisen kann, wird Hias Stiegler auch nur gem
(53) § .... verurteilt werden.

Ein Blick auf einige gefährliche, leider **alltägliche Situationen** im Straßenverkehr:

---

(48) nicht
(49) bedingt vorsätzlich
(50) Hias hat sich gesagt: „Is ma wurscht!" = „Na, wenn schon!" Er hat die Tötung eines Menschen nicht nur **ernstlich** für möglich gehalten, sondern sich mit diesem Erfolg auch **abgefunden**. Er hat daher mit bedingtem Vorsatz (§ 5 Abs 1 2. Halbsatz) gehandelt oä.
(51) subjektiven
(52) unbewusste (nicht einmal bewusste!)
(53) § 80 Abs 1

28. Kapitel: Zentrale Probleme des Fahrlässigkeitsdelikts

Bergkuppen-Fall: Es kommt immer wieder zu schweren, oft tödlichen Unfällen, wenn ein besonders eiliger Autolenker waghalsig vor einer Bergkuppe überholt oder auf der Autobahn mit unvermindert hoher Geschwindigkeit in eine dichte Nebelwand hineinfährt.

Lassen sich bei solcher Sachlage bedingter Vorsatz (§ 5 Abs 1) und bewusste Fahrlässigkeit (§ 6 Abs 2) auf der **Wissensebene** abgrenzen?

(54) Ja / Nein – Begründung:

Die Abgrenzung zwischen bedingtem Vorsatz und bewusster Fahrlässigkeit ist
(55) daher **primär und nahezu ausschließlich** auf der .... ebene vorzunehmen.

Wer vor einer Bergkuppe überholt oder auf der Autobahn mit unverminderter Geschwindigkeit in eine dichte Nebelwand hineinfährt, handelt in Bezug auf eine
(56) Kollision idR bewusst fahrlässig / bedingt vorsätzlich, weil (bitte ergänzen!)

*Mutprobe-Fall: Unlängst berichteten die Medien von einer Clique Jugendlicher, zu deren Aufnahmeritual es gehörte, nach Einbruch der Dunkelheit einen bestimmten Autobahnabschnitt **gegen die Fahrtrichtung** zu durchfahren. Bei einer solchen „Mutprobe" kollidierte der 18-jährige K mit einem „entgegenkommenden" Pkw, dessen Lenkerin dabei getötet wurde.*

Ist unter solchen Umständen bei K **Tötungsvorsatz** zu bejahen?
(57) Ja / Nein – Begründung:

---

(54) Nein! „Für möglich halten" gem § 6 Abs 2 und „ernstlich für möglich halten" gem § 5 Abs 1 beziehen sich **primär** auf die Wissensebene und sind **praktisch identisch.** Insoweit besteht zwischen bewusster Fahrlässigkeit und bedingtem Vorsatz auf der Wissensebene kein wesentlicher Unterschied.
(55) Wollens- bzw Willensebene
(56) bewusst fahrlässig; weil er einen Zusammenstoß zwar für möglich, vielleicht sogar **ernstlich** für möglich hält, ihn aber nicht innerlich bejaht (natürlich nicht!) Er ist ja kein Selbstmörder), sondern darauf **vertraut**, dass nichts passieren werde („Es wird schon nicht"). **Er will diesen Erfolg also nicht** oä.
(57) Nein! Es besteht kein Zweifel, dass K unter solchen Umständen eine Kollision ernstlich für möglich hält (das ist ja gerade der besondere „Kick"). Da aber auch K kein Selbstmörder ist, sondern seiner Gruppe imponieren will, vertraut auch er darauf, dass nichts passieren wird oä.

28. Kapitel: Lerneinheit 28

Ziegelstein-Fall: Aus Frust und Wut über eine erlittene Abfuhr wirft der heroinabhängige 32-jährige Täter einen Ziegelstein von der Autobahnbrücke gezielt auf ein herannahendes Auto. Der Stein durchschlägt die Windschutzscheibe und tötet den Beifahrer auf der Stelle.

Angesichts der geschilderten Tatumstände ein drastisches Beispiel für bedingten Tötungsvorsatz („Na wenn schon").

Erfolgsqualifizierte Delikte

In engem Zusammenhang mit dem Begriff und den Problemen der Fahrlässigkeit stehen die im StGB häufig anzutreffenden **erfolgsqualifizierten Delikte**.

Wie bereits oben LE 9 (Deliktsgruppen) erklärt, lassen sich alle erfolgsqualifizierten Delikte auf ein bestimmtes **Grunddelikt** zurückführen. **Ihr Wesen besteht darin, dass das Gesetz an eine besondere Folge der Tat (= Erfolg) eine höhere Strafe knüpft.**

Lesen Sie bitte § 86! Dieses Delikt baut auf dem **Grunddelikt** der vorsätzlichen Körperverletzung des § 83 auf. **Zwei Fälle** stehen einander gegenüber: Während sich bei § 86 **Abs 1** der Vorsatz nur auf eine **Misshandlung** iSd § 83 Abs 2 bezieht, baut § 86 **Abs 2** auf dem mit **Verletzungsvorsatz** begangenen Delikt des § 83 Abs 1 auf. Die „besondere Folge der Tat" besteht in beiden Fällen darin, dass (bitte

(58) ergänzen!)

(58a) Für die Herbeiführung der Todesfolge ist ausdrücklich . . . . erforderlich.

Ist das Erfordernis der Fahrlässigkeit im Deliktstypus des BT nicht ausdrücklich verankert, dann greift bei Erfolgsqualifikationen immer das **Muster des § 7 Abs 2** ein. Lesen Sie bitte nochmals § 7 Abs 2!

Worin besteht zB die „besondere Folge der Tat" beim „Schweren Raub" nach
(59) § 143 Abs 2 3. Strafsatz?

Für die Herbeiführung dieser Todesfolge ist nach dem Grundsatz des
(59a) § . . . . auch hier . . . . erforderlich.

(60) Bei beiden erwähnten Delikten handelt es sich um erfolgs . . . . Delikte, weil (bitte ergänzen!)

---

(58) der Tod des Geschädigten eintritt oä.
(58a) Fahrlässigkeit
(59) Im Eintritt des Todes eines Menschen, idR des Beraubten.
(59a) § 7 Abs 2; Fahrlässigkeit
(60) erfolgsqualifizierte; weil das Gesetz an eine besondere Folge der Tat (dh an einen bestimmten Erfolg) eine höhere Strafe knüpft oä.

28. Kapitel: Zentrale Probleme des Fahrlässigkeitsdelikts

Hornissen-Fall: A schlägt B mit einem Kinnhaken zu Boden. B *erleidet eine Platzwunde am Kopf und wird ins Spital eingeliefert, dort von einer Hornisse gestochen und stirbt an dem Insektengift.*

Der Tod des B ist **als Folge (Äquivalenztheorie!)** einer vorsätzlichen Körperverletzung eingetreten. Für A ist daher das Delikt der „Körperverletzung mit tödlichem Ausgang" (§ 86 Abs 2) zu untersuchen.

Aus § 88 Abs 1 ergibt sich, dass A den Tod des B nur zu verantworten hat, wenn er
(61) diesen Erfolg .... herbeigeführt hat.

Hat A den Tod des B **fahrlässig** herbeigeführt?
(62) Ja / Nein – Begründung:

(63) Daher ist A nicht gem § ...., sondern nur wegen des Grunddelikts des § .... zu bestrafen.

Variante zum Hornissen-Fall: Der Rettungswagen, mit dem der B ins Krankenhaus gebracht wird, wird bei einer Kreuzung vom Lkw des C, der eine rote Ampel missachtet hat, gerammt. B stirbt bei diesem Unfall.

Auch hier ist der Tod als Folge der vorsätzlichen Körperverletzung (Kinnhaken) ein-
(64) getreten. Daher ist auch in der Variante das Delikt „.........................
...." (§ 86 Abs 2) zu prüfen. Der Kinnhaken des A war kausal für den Tod des B.

(65) In diesem Fall liegt der Erfolg innerhalb / außerhalb des Adäquanzzusammenhangs, weil (bitte ergänzen)

(66) Problematisch könnte aber der .... sein. Das nachträgliche Fehlverhalten eines Dritten kann unter bestimmten Umständen den Risikozusammenhang durchbrechen.

Indem der C bei Rot in die Kreuzung einfährt, setzt er ein ....
...., das grob fahrlässig ist.

---

(61) fahrlässig
(62) Nein! Es liegt ein **atypischer Kausalverlauf** vor. **Dieser** Tod ist nicht objektiv voraussehbar. Anders ausgedrückt: Es fehlt der Adäquanzzusammenhang.
(63) § 86 Abs 2; § 83 Abs 1
(64) „Körperverletzung mit tödlichem Ausgang"
(65) innerhalb; es nicht gänzlich außerhalb jeder Lebenserfahrung liegt, dass das Rettungsauto bei einer Kreuzung mit einem anderen Fahrzeug zusammenstößt und die Insassen verletzt oder getötet werden.
(66) Risikozusammenhang; nachträgliches Fehlverhalten

28. Kapitel: Lerneinheit 28

Wenn das nachträgliche Fehlverhalten eines Dritten vorsätzlich oder grob fahrlässig ist und der Erfolg sonst wahrscheinlich nicht eingetreten wäre, ist der
(67) ....

(68) A ist nach hL die besondere Folge der Tat (Tod) daher zurechenbar / nicht zurechenbar, weil (bitte ergänzen)

(69) A ist daher strafbar / nicht strafbar nach § 86 Abs 2. Er ist strafbar nach § ....

■ ■ ■ **Bevor Sie die Testfragen zur LE 28 durcharbeiten, lesen Sie bitte zunächst im Grundriss AT Kap 28!** ■ ■ ■

---

(67) Risikozusammenhang durchbrochen.
(68) nicht zurechenbar, weil das Verhalten des C grob fahrlässig war und es daher den Risikozusammenhang durchbricht.
(69) nicht strafbar; § 83 Abs 1

28. Kapitel: Zentrale Probleme des Fahrlässigkeitsdelikts

Testeinheit 28

Testfragen zur LE 28

1. *Sie erinnern sich noch an den Kreuzungs-Fall (S 422), in dem A bei Rot über die Kreuzung rast (§ 38 Abs 5 Satz 2 StVO). Schildern Sie einen Erfolg, der*

   a) **innerhalb des Schutzzwecks** dieser Sorgfaltsnorm liegt!

   b) **außerhalb des Schutzzwecks** dieser Sorgfaltsnorm liegt!

   c) Begründen Sie, **warum** im Fall 1. b) der Erfolg außerhalb des Schutzzwecks der übertretenen Sorgfaltsnorm liegt!

2. *Ortstafel-Fall: Auf der Seeuferstraße von Altmünster nach Traunkirchen, etwa 500 m außerhalb der Ortstafel, kommt es zu einer Kollision zwischen dem Pkw des R und dem Fußgänger F, der auf der Stelle getötet wird. Die Berechnungen des Sachverständigen ergeben, dass **R im zuvor durchfahrenen Ortsgebiet vorschriftswidrige 85 km/h gefahren war. Eine andere Sorgfaltswidrigkeit als dieser Verstoß gegen § 20 Abs 2 StVO kann R nicht nachgewiesen werden.** Vor allem war seine außerhalb von Altmünster gefahrene Geschwindigkeit nicht überhöht. Nach Lage des Falles brauchte er nicht damit zu rechnen, dass F plötzlich in die Fahrbahn springt.*

   a) Die .... Sorgfaltswidrigkeit der Handlung des R ergibt sich allein aus der Übertretung des § ....

   b) Der Ankläger argumentiert: Hätte R die im Ortsgebiet zulässige Geschwindigkeit von ...... km/h eingehalten, hätte F die Straße längst überquert, und es wäre zu diesem tödlichen Unfall .... gekommen.

   c) Damit steht die **Kausalität** zwischen (bitte ergänzen!) .... und .... iSd .... theorie fest.

   d) Dennoch hat R den Tatbestand der fahrlässigen Tötung (§ 80 Abs 1) nicht erfüllt, weil es am Adäquanzzusammenhang / Risikozusammenhang zwischen .... und dem Tod des F fehlt. Begründung:

28. Kapitel: Testeinheit 28

3. **Tarock-Fall:** *Weil Pagat (P) ihn beim Tarock des Falschspiels beschuldigt und mit einer Anzeige droht, versetzt Gstieß (G) ihm einen heftigen Schlag ins Gesicht. P taumelt zurück, stolpert und stürzt mit dem Hinterkopf so unglücklich gegen die Tischkante, dass er sich das Genick bricht.*

   Der Tod des P ist eine atypische / keine atypische Folge des Schlages, weil (bitte ergänzen!)

4. Wandeln Sie dieses Beispiel so ab, dass der Tod des P als Fall eines atypischen Kausalverlaufs erscheint!

5. Liegt der eingetretene Erfolg gänzlich außerhalb der allgemeinen Lebenserfahrung, entfällt der Kausalzusammenhang / der Adäquanzzusammenhang / der Risikozusammenhang; damit entfällt die Schuld / die Rechtswidrigkeit / die Tatbestandsmäßigkeit des fahrlässigen Delikts.

6. **Massenkarambolage:** *Sonntag gegen 17.00 Uhr. Wie stets an schönen Wochenenden starker Rückreiseverkehr auf der A 1 in Richtung Wien. Um die Ausfahrt Pressbaum nicht zu verpassen, bremst A abrupt. Dadurch fahren auf: B auf A, C auf B, D auf C.*

   Ist für **A**, den Erstverursacher des Serienunfalls, **auch das Auffahren des D auf C objektiv voraussehbar?**
   Ja / Nein – Begründung:

7. **Herzkasperl-Fall:** *An einer Autobahnbaustelle bei Hall in Tirol überholt der Präsenzdiener Andraschko (A) den Wagen des 71-jährigen Pensionisten Wöhrnschimml (W) trotz Überholverbots und bei starkem Gegenverkehr. Über dieses wahnwitzige Manöver regt sich W dermaßen auf, dass er Sekunden später einen tödlichen Herzinfarkt erleidet.*

   Untersuchen Sie, ob A wegen fahrlässiger Tötung des W (§ 81 Abs 1) bestraft werden kann.

   a) Das verkehrswidrige Verhalten des A war **kausal** (Äquivalenztheorie) für den Tod des W, weil (bitte ergänzen!)

28. Kapitel: Zentrale Probleme des Fahrlässigkeitsdelikts

b) Die eigentlichen Akzente dieses Falles liegen bei der objektiven Zurechnung des Erfolges. Danach entfällt möglicherweise die Tatbestandsmäßigkeit / Rechtswidrigkeit / Schuldhaftigkeit des Verhaltens des A, weil (bitte ergänzen!)

c) Im Herzinfarkt des W kann man einen **atypischen Kausalverlauf** sehen, wenn man der Meinung ist, dass (bitte ergänzen!)

d) Bejaht man hingegen den Adäquanzzusammenhang, ist der **Risikozusammenhang** zu prüfen. Dazu müssen Sie zunächst den .... zweck der übertretenen Sorgfaltsnorm des § 16 Abs 2 lit a StVO ermitteln. Er geht dahin (bitte ergänzen!)

e) Unter dem Aspekt der objektiven Zurechnung des Erfolgs würde daher der Risikozusammenhang fehlen / wäre der Risikozusammenhang gegeben.

8. *Blättern Sie bitte zurück zum Gekröse-Fall (S 128)!*

   a) Wie gesehen, durchbricht das eigene Fehlverhalten des Opfers den Kausalzusammenhang / nicht den Kausalzusammenhang.

   b) Es könnte aber der Adäquanzzusammenhang / der Risikozusammenhang durchbrochen sein.

   c) Der Risikozusammenhang kann durchbrochen sein, wenn der Verletzte selbst nachträglich ein .... setzt.

   d) Daher kann der Tod dem H zugerechnet werden / nicht zugerechnet werden, weil (bitte ergänzen!)

9. **Bodypacker-Fall:** *Kurz vor der Landung der Linienmaschine aus Bogota in Wien verstarb der Drogenkurier Roberto Rodriguez (R), weil während des Fluges in seinem Magen eines der 55 von ihm geschluckten „Bodypacks" geplatzt war.*

   Nehmen Sie an, der Boss (B) des kolumbianischen Medellin-Kartells würde in Österreich gefasst und hier wegen Tötung des R vor Gericht gestellt. Untersuchen Sie den Fall bitte ausschließlich unter dem Aspekt der **Abgrenzung** von vorsätzlicher und fahrlässiger Tötung!

   B hat mit dolus eventualis / bewusst fahrlässig / unbewusst fahrlässig gehandelt. Begründung:

10. Die Abgrenzung von dolus eventualis und .... Fahrlässigkeit ist von größter praktischer Bedeutung. Als Verteidiger werden Sie, wo immer es geht, für Fahrlässigkeit plädieren. Nennen Sie **mindestens zwei Gründe!**

11. *Ein Jäger zielt auf einen Fasan, als ein kleiner Junge in seine Schussbahn läuft.* Schildern Sie den Sachverhalt so, dass der Jäger den Jungen mit bedingtem Vorsatz tötet!

12. Als **erfolgsqualifizierte Delikte** bezeichnet man Delikte, (bitte ergänzen!)

13. *Aquaplaning-Fall* (in Anlehnung an OLG Wien ZVR 1984/145): *Wegen eines heftigen Wolkenbruchs fährt A auf der Südautobahn statt 130 km/h nur noch 100 km/h. Trotzdem gerät der Wagen infolge von Aquaplaning ins Schleudern und überschlägt sich. Der nicht angeschnallte Beifahrer B stirbt. Wäre B angeschnallt gewesen, hätte er allenfalls leichte Verletzungen erlitten. Faustregel bei starkem Regen: Nicht schneller als 80 km/h.*

 a) Nehmen Sie zu dem Einwand des A Stellung, er habe **nicht gewusst,** dass er bei Gefahr von Aquaplaning höchstens 80 km/h hätte fahren dürfen.

 b) In der Entscheidung des OLG Wien wird leider die Frage der **objektiven Zurechnung** nicht behandelt. Schildern Sie dieses Problem näher!

28. Kapitel: Zentrale Probleme des Fahrlässigkeitsdelikts

Antworten

1. a) A stößt auf der Kreuzung (oder noch in unmittelbarer zeitlicher und räumlicher Nähe des Kreuzungsbereichs) mit B zusammen.
   b) A stößt außerhalb des unmittelbaren Kreuzungsbereichs mit B zusammen.
   c) Der Zweck des § 38 Abs 5 Satz 2 StVO geht dahin, Unfälle zu verhüten, die sich auf der Kreuzung oder im unmittelbaren räumlichen und zeitlichen Zusammenhang mit dem Kreuzungsverkehr ereignen. Der unter 1. b) geschilderte Erfolg liegt daher außerhalb des Schutzzwecks der übertretenen Sorgfaltsnorm des § 38 Abs 5 Satz 2 StVO.

2. a) objektive; § 20 Abs 2 StVO
   b) 50 km/h; nicht
   c) dem Fahren mit überhöhter Geschwindigkeit innerhalb des Ortsgebiets und der Tötung des F oä; Äquivalenztheorie
   d) Risikozusammenhang; der übertretenen Sorgfaltsnorm (§ 20 Abs 2 StVO). Der Schutzzweck des § 20 Abs 2 StVO beschränkt sich auf die Verhütung von Unfällen, die sich innerhalb geschlossener Ortschaften ereignen. Unfälle, die 500m außerhalb des Ortsgebietes passieren, liegen außerhalb des räumlich begrenzten Schutzzwecks des § 20 Abs 2 StVO. Es fehlt mithin am Risikozusammenhang und damit am Tatbestand des § 80 Abs 1.

3. keine atypische Folge; er **nicht gänzlich** außerhalb der allgemeinen Lebenserfahrung liegt oä.

4. ZB P stirbt nur deshalb, weil er auf dem Weg zum Arzt von einem herabfallenden Mauerstück erschlagen, von einem Amokläufer erdolcht oder von einer Hornisse gestochen wird oä.

5. der Adäquanzzusammenhang; die Tatbestandsmäßigkeit

6. Ja! Für einen einsichtigen und besonnenen **Autobahnbenützer** (= Mensch in der Lage des Täters) liegt es nicht gänzlich außerhalb der allgemeinen Lebenserfahrung, dass das abrupte Bremsen auf einer stark befahrenen Autobahn einen Auffahrunfall auslösen kann. Also war auch der Aufprall des letzten Autofahrers in der Unfallkette objektiv voraussehbar oä. Näher zur rechtlichen Problematik von Auffahrunfällen *Kienapfel/Schroll* StudB BT I § 80 RN 72 ff; aus der Rspr des OGH insb ZVR 1976/305 m Anm *Melnizky*.
   Eine ganz **andere** – und idR zu bejahende – Frage ist es, ob der jeweilige **Nachmann** selbst fahrlässig gehandelt hat, weil er einen zu geringen Sicherheitsabstand (§ 18 Abs 1 StVO) eingehalten hat.

7. a) das Überholmanöver des A nicht weggedacht werden kann, ohne dass der Tod des W entfiele oä.
   b) die Tatbestandsmäßigkeit, weil trotz der Kausalität des Verhaltens die objektive Zurechnung des Erfolges problematisch erscheint. Im Herzinfarkt des W kann man einen **atypischen Kausalverlauf** sehen = dieser Tod des W nicht objektiv voraussehbar war oä.
   c) der Herzinfarkt des W als Folge des riskanten Überholmanövers gänzlich außerhalb der allgemeinen Lebenserfahrung liegt.
   d) Schutzzweck; Kollisionen insb mit entgegenkommenden Verkehrsteilnehmern und dadurch drohende körperliche Schädigungen sicher zu vermeiden oä.
   e) der Risikozusammenhang fehlen.

8. a) nicht den Kausalzusammenhang
   b) der Risikozusammenhang
   c) grob unvernünftiges Fehlverhalten
   d) nicht zugerechnet werden, weil es schlechthin unbegreiflich ist, dass M trotz des Hinweises der Ärzte auf die lebensbedrohliche Situation die 20-stündige Autofahrt in das Krankenhaus in Belgrad auf sich nimmt.

9. bewusst fahrlässig! Die Schluckkokons sind plastikverschweißt und magensaftresistent. Zwischenfälle der geschilderten Art sind daher selten und für das Geschäft äußerst schädlich. All das spricht eher für „es wird schon nicht".

10. bewusster
    – Fahrlässiges Handeln ist nach dem StGB nur ausnahmsweise strafbar (§ 7 Abs 1).
    – Die Strafdrohung für fahrlässiges Handeln liegt stets erheblich unter der für die vorsätzliche Tat.

28. Kapitel: Testeinheit 28

11. Der Jäger drückt trotzdem ab, weil er sich zB sagt: „Wenn der Junge nicht rechtzeitig aus der Schussbahn läuft, hat er eben Pech gehabt!" (= „Na, wenn schon!")
12. bei denen das Gesetz an eine besondere Folge der Tat eine höhere Strafe knüpft oä.
13. a) Es geht um die subjektive Sorgfaltswidrigkeit. Das OLG Wien legt den objektiviert-subjektiven Maßstab der hM zugrunde; vgl Grundriss AT RN 26.23. Dass bei mehr als 80 km/h Schleudergefahr wegen des Aquaplaningeffekts besteht, gehört nach der Ansicht des OLG Wien „zum allgemeinen Erfahrungs- und Wissensstand eines ordnungsgemäß ausgebildeten und verantwortungsbewussten Kfz-Lenkers".
    b) In Frage steht der etwaige Ausschluss der objektiven Zurechnung des Todes des B wegen **eigenverantwortlicher Selbstgefährdung** des Verunglückten. Der Risikozusammenhang ist hier jedoch zu bejahen; näher zu dieser stets prüfungsverdächtigen Problematik vgl Grundriss AT RN 28.8.

■ ■ ■ Ende dieser Programmeinheit ■ ■ ■

■ ■ ■ Bearbeiten Sie jetzt bitte F 7! ■ ■ ■

Fälle und Lösungen

7. Fall

Kleine Ursache, große Wirkung

Sachverhalt: *13. August 2006, Innsbruck, Leopoldstraße. Es regnet in Strömen. Mühsam schleppt sich die 65-jährige schwerhörige und herzkranke Theresia M unter ihrem Regenschirm auf dem Gehsteig nach Hause.*

Von hinten nähert sich der Diplomkaufmann Werner W mit seinem Pkw. Schon aus der Entfernung bemerkt W die große Wasserlache neben der einsamen Fußgängerin. Für einen Augenblick denkt er daran, das Tempo zu drosseln, um M nicht vollzuspritzen. Wegen eines dringenden Termins will er aber keine Zeit verlieren und fährt mit unverminderter Geschwindigkeit an M vorbei.

Eine schmutzigbraune Wasserfontäne überschüttet M. Ihre gesamte Kleidung, der geblümte Sommerrock, die helle Bluse und die beige Wolljacke, sind reif für die Putzerei.

Viel schlimmer! Über den ebenso unverhofften wie heftigen Wasserguss erschrickt M dermaßen, dass sie einen Herzanfall erleidet. Mit letzter Kraft schleppt sie sich in den nächsten Hauseingang. Dann setzt ihr Herz aus, und Frau M stirbt.

Aufgabe: *Untersuchen Sie die Strafbarkeit des W!*

Allgemeine Hinweise: Im Rahmen der strafrechtlichen Fahrlässigkeitsprüfung sollen Sie insb erwägen, ob sich eine Sorgfaltswidrigkeit des W mit seinem Verstoß gegen § 20 Abs 1 Satz 2 StVO[1]) begründen lässt.

Von dieser Prüfung ist die Frage zu trennen, ob W etwa eine Verwaltungsübertretung nach Maßgabe der Vorschriften der StVO begangen hat. Dieser Problembereich gehört nicht mehr zu Ihrer Aufgabe.

Bearbeitungszeit: ca 30 Minuten.

MUSTERLÖSUNG

A Sachbeschädigung (§ 125)

W könnte gegenüber M eine Sachbeschädigung nach § 125 begangen haben.

I Tatbestandsmäßigkeit

1. Objektiver Tatbestand: Durch das Vollspritzen der Kleider der M hat W fremde Sachen unbrauchbar gemacht.

2. Subjektiver Tatbestand: Entscheidend ist die Frage, ob W **vorsätzlich iSd § 5** gehandelt hat, denn läge bloß Fahrlässigkeit **(§ 6)** vor, wäre W schon deshalb straflos, weil es keine fahrlässige Sachbeschädigung gibt **(§ 7 Abs 1 iVm § 125).**

---

[1]) Bitte lesen, siehe Abdeckkarte!

7. Fall

Das Problem stellt sich folglich dahin, ob W mit **bedingtem Vorsatz** oder **bewusster Fahrlässigkeit** gehandelt hat. Sowohl beim dolus eventualis als auch bei der bewussten Fahrlässigkeit hält der Täter die Verwirklichung des gesetzlichen Tatbildes für möglich. Der Unterschied zur bewussten Fahrlässigkeit liegt aber darin, dass der bedingt vorsätzlich Handelnde die Tatbestandsverwirklichung **ernstlich für möglich halten und sich mit ihr abfinden muss (§ 5 Abs 1 2. Halbsatz)**. Dagegen **vertraut** der bewusst fahrlässig Handelnde darauf, dass sich der Tatbestand **nicht** verwirkliche (**§ 6 Abs 2**). W hatte rechtzeitig erkannt, dass sein Wagen bei unverminderter Geschwindigkeit die M vollspritzen würde. Trotz dieser Einsicht hat er seine Geschwindigkeit beibehalten, weil er es eilig hatte. W hatte sich offenkundig gesagt: „Na, wenn schon". Er hat somit das Unbrauchbarmachen der Kleider der M nicht nur ernstlich für möglich gehalten, sondern sich auch mit diesem Erfolg abgefunden. Daher ist bedingter Vorsatz iSd **§ 5 Abs 1 2. Halbsatz** gegeben.

II Rechtswidrigkeit

Rechtfertigungsgründe sind aus dem Sachverhalt nicht ersichtlich.

III Schuld

Aus dem Sachverhalt sind keine Probleme auf Schuldebene ersichtlich.

Ergebnis: W ist wegen vorsätzlicher Sachbeschädigung (**§ 125**) zu bestrafen.

B Fahrlässige Tötung (§ 80 Abs 1)

Wegen des Todes der M könnte W auch eine fahrlässige Tötung nach § 80 Abs 1 begangen haben.

I Tatbestandsmäßigkeit

1. Objektiv sorgfaltswidrige Handlung: Die objektive Sorgfaltswidrigkeit der Handlung des W ergibt sich aus seinem Verstoß gegen **§ 20 Abs 1 Satz 2 StVO**. W durfte nicht so schnell fahren, dass M angespritzt wurde. Angesichts des insoweit eindeutigen Verstoßes gegen eine gesetzliche Sorgfaltsnorm bedarf es keines Rückgriffs auf den allgemeinen Sorgfaltsmaßstab (Maßfigur) des einsichtigen und besonnenen Menschen aus dem Verkehrskreis des Täters.

2. Erfolg und Kausalität: Hätte W die M nicht vollgespritzt, hätte M nicht den schweren Herzanfall erlitten und wäre nicht gestorben. Seine Handlung bildete daher eine **conditio sine qua non**. Dass der Tod der M darüber hinaus auf ihre Herzkrankheit und auf die Tatsache zurückzuführen ist, dass sie infolge ihrer Schwerhörigkeit das sich von hinten nähernde Fahrzeug des W nicht bemerkte und deshalb über den Wasserguss umso heftiger erschrak, steht der Annahme der Kausalität der Handlung des W nicht entgegen. Der **Kausalzusammenhang** wird dadurch **nicht „unterbrochen"**. Denn gerade weil diese Umstände in der Person der M vorlagen, hat das unverhoffte Anspritzen durch W zum Tod der M geführt.

Fälle und Lösungen

3. Objektive Zurechnung: Adäquanzzusammenhang: Die objektive Zurechnung des Todes der M könnte aber unter dem Aspekt der **mangelnden objektiven Voraussehbarkeit dieses Erfolgs** fehlen. Ein **atypischer Kausalverlauf** schließt den Adäquanzzusammenhang aus. Als atypisch gilt ein Kausalverlauf, der **gänzlich außerhalb der allgemeinen Lebenserfahrung liegt**. Dass Schreck oder Aufregung über einen rücksichtslosen Autofahrer zum Tod eines anderen Straßenverkehrsteilnehmers führen, ist so selten, dass ein einsichtiger und besonnener Autofahrer damit nicht zu rechnen braucht. Daher ist der Adäquanzzusammenhang ausgeschlossen und auf den Risikozusammenhang nicht mehr einzugehen.[2]) Mangels objektiver Zurechenbarkeit des Erfolgs entfällt also der objektive Tatbestand des **§ 80 Abs 1**.

Ergebnis: W ist nicht wegen fahrlässiger Tötung (§ 80 Abs 1) zu bestrafen.

---

[2]) Nähme man zum Risikozusammenhang Stellung, so wäre auch dieser auszuschließen. Ob der durch W verursachte Tod der M innerhalb des Risikozusammenhangs liegt, beantwortet sich nach dem Schutzzweck der von W übertretenen Sorgfaltsnorm. Das Sorgfaltsgebot des § 20 Abs 1 Satz 2 StVO dient allein dazu, Straßenbenützer vor Beschmutzungen durch aufspritzendes Wasser etc zu bewahren. Dagegen verfolgt § 20 Abs 1 Satz 2 StVO nicht den Zweck, die körperliche Integrität oder gar das Leben anderer Straßenbenützer zu schützen. Deshalb ist W der Tod der M trotz Verstoßes gegen das Sorgfaltsgebot des § 20 Abs 1 Satz 2 StVO (auch) mangels Risikozusammenhangs nicht objektiv zuzurechnen.

8. Fall

Der Tod eines Handlungsreisenden

Sachverhalt: *Zwischen Klagenfurt und Velden überholt der Verkaufsfahrer Franz Tschurtschenthaler (T) auf gerader, aber nicht sehr breiter Straße einen vor ihm fahrenden Lkw, obwohl ihm ein anderer Wagen mit hoher Geschwindigkeit entgegenkommt.*

Frontalzusammenstoß! Während T wie durch ein Wunder unversehrt bleibt, wird der Fahrer des entgegenkommenden Pkw, der Handlungsreisende Walter Kanatschnigg (K) aus Friesach, erheblich, wenngleich nicht unbedingt lebensgefährlich, verletzt. Er stirbt jedoch einige Tage später an einer Lungenembolie, eine Komplikation, die auch bei erfolgreich verlaufenen Operationen relativ häufig auftritt. Der Schaden am Wagen des K beträgt über 5 000 €.

T behauptet mit Nachdruck, er habe das entgegenkommende Auto überhaupt nicht gesehen. Das will ihm zunächst niemand so recht glauben.

Dann stellt sich aber Folgendes heraus: T hatte sich wegen heftiger Magenschmerzen zunächst geweigert, die Fahrt anzutreten, diesen Entschluss jedoch wohl oder übel revidiert, als ihm von seinem Chef, dem Distriktsleiter Johann Dolezal (D), mit fristloser Entlassung gedroht wurde, wenn er nicht „sofort losfahre". Daraufhin hatte T hastig eine Packung „Librax" angebrochen und ein Dragee genommen. Dieses Medikament war ihm am Vortag vom Arzt wegen seiner nervösen Magenbeschwerden verordnet worden. Die Tablette hatte T mit einem Stamperl Schnaps hinuntergespült.

In der Eile hatte er die Gebrauchsanweisung der Arzneimittelfirma nicht gelesen. In ihr heißt es ausdrücklich, dass „Librax" wie alle Psychopharmaka die Fahrtüchtigkeit herabsetzen könne, vor allem, wenn gleichzeitig Alkohol genossen werde.

Das Gutachten des Sachverständigen lautet dahin, dass der sekundenlange Ausfall des Seh- und Reaktionsvermögens bei T während des Überholvorganges auf die potenzierte Beeinträchtigung der Fahrtüchtigkeit durch „Librax" und Alkohol zurückzuführen sei.

Aufgabe: *Untersuchen Sie die Strafbarkeit des T!*

Allgemeine Hinweise: Beschränken Sie sich ausschließlich auf die Untersuchung der **fahrlässigen Tötung (§ 80 Abs 1)** und der **Sachbeschädigung (§ 125)** und berücksichtigen Sie dabei § 16 Abs 1 lit a und § 58 Abs 1 StVO. Etwaige Verwaltungsübertretungen des T bleiben auch bei diesem Sachverhalt außer Betracht.

Bearbeitungszeit: ca 45 Minuten.

MUSTERLÖSUNG

A Fahrlässige Tötung (§ 80 Abs 1)

Laut Sachverhalt kommen zwei Verstöße des T gegen gesetzliche Sorgfaltsregeln in Betracht: Einerseits überholt T den Lkw, obwohl ihm ein Fahrzeug entgegenkommt und andererseits tritt er die Fahrt an, obwohl er sich in einem durch Alko-

Fälle und Lösungen

hol und Medikamente beeinträchtigtem Zustand befindet. Für die Falllösung empfiehlt es sich, vorerst an jenem Sorgfaltsverstoß anzuknüpfen, der dem Erfolgseintritt unmittelbar vorangeht. Daher ist zunächst das Überholmanöver zu prüfen, das zum Frontalzusammenstoß geführt hat.

Überholmanöver trotz entgegenkommendem Fahrzeug

I Tatbestandsmäßigkeit

1. Objektiv sorgfaltswidrige Handlung: Die objektive Sorgfaltswidrigkeit der Handlung des T ergibt sich aus einem Verstoß gegen § 16 Abs 1 lit a StVO. Er hatte den Lkw überholt, obwohl er dadurch den entgegenkommenden K gefährdete.

2. Erfolg und Kausalität: Diese sorgfaltswidrige Handlung hat in weiterer Folge den Tod des K **verursacht,** denn die tödliche Lungenembolie wäre ohne die Operation nicht eingetreten, diese ohne den Unfall nicht erforderlich geworden.

3. Objektive Zurechnung:

a) Adäquanzzusammenhang: Dass K nicht unmittelbar an dem Unfall, sondern erst an den Folgen der unfallbedingten Operation gestorben ist, würde nur dann den Adäquanzzusammenhang ausschließen, wenn es sich insoweit um einen **atypischen Kausalverlauf** handeln würde. Davon kann hier jedoch keine Rede sein. Dass ein Verkehrsopfer an Komplikationen im Gefolge einer unfallbedingten Operation stirbt, liegt durchaus **innerhalb der allgemeinen Lebenserfahrung.** Das gilt insb für den Eintritt einer Lungenembolie, die zu den relativ häufigen postoperativen Komplikationen zählt.

b) Risikozusammenhang: § **16 Abs 1 lit a StVO** bezweckt, Unfälle, vor allem auch solche mit tödlichem Ausgang, die sich beim Überholen erfahrungsgemäß leicht ereignen, zu verhindern. Der eingetretene Erfolg liegt somit **innerhalb des Schutzbereiches** der genannten Vorschrift und damit innerhalb des Risikozusammenhanges.

c) Risikoerhöhung gegenüber rechtmäßigem Alternativverhalten: Das sorgfaltswidrige Verhalten hat das Risiko gegenüber dem vorgestellten sorgfaltsgemäßen Verhalten zweifelsfrei erhöht. Die objektive Zurechnung ist daher zu bejahen.

II Rechtswidrigkeit

Rechtfertigungsgründe liegen nicht vor.

III Schuld

1. Schuldfähigkeit: Ein „sekundenlanger Ausfall des Seh- und Reaktionsvermögens" ist noch kein Zustand „tiefgreifender Bewusstseinsstörung" iSd § **11.** Daher war T nicht zurechnungsunfähig.

2. Subjektive Sorgfaltswidrigkeit der Handlung: Hinsichtlich der Übertretung des Überholverbots (§ 16 Abs 1 lit a StVO) **fehlt** es **an der subjektiven Sorgfaltswid-**

8. Fall

rigkeit. Denn nach dem Gutachten des Sachverständigen war T wegen des Genusses von „Librax" und Alkohol im Zeitpunkt des Überholmanövers „nach seinen geistigen und körperlichen Verhältnissen" zur Beachtung des Sorgfaltsgebots des § 16 Abs 1 lit a StVO nicht mehr hinreichend befähigt (§ 6 Abs 1). Nur so lässt sich erklären, dass T den entgegenkommenden Pkw überhaupt nicht bemerkt hatte.

Da T wegen des Überholens somit nicht bestraft werden kann, bleibt zu prüfen, ob man eine Strafbarkeit bereits an ein früheres Verhalten anknüpfen kann, auf das er sich nicht hätte einlassen dürfen (sog **Übernahmefahrlässigkeit**).

Ein solcher – dem Überholvorgang vorgelagerter – Sorgfaltsverstoß könnte darin bestehen, dass T die Fahrt angetreten und ein Fahrzeug gelenkt hatte, obwohl er sich infolge der durch den Alkohol potenzierten Medikamenteneinwirkung in einer fahruntüchtigen Verfassung befunden hatte. Dies ist daher im nächsten Schritt zu prüfen.

Antritt der Fahrt in einem beeinträchtigten Zustand

I Tatbestandsmäßigkeit

1. Objektiv sorgfaltswidrige Handlung: T hat sein Fahrzeug in Betrieb genommen, obwohl er sich in einem durch Alkohol und Medikamente beeinträchtigten Zustand befunden hat. Darin liegt ein Verstoß gegen **§ 58 Abs 1 StVO**.

2. Erfolg, Kausalität, objektive Zurechnung: Hier gelten die obigen Ausführungen sinngemäß. Denn die Kausalkette ist zwar bis zum Antritt der Fahrt verlängert, der Erfolg widerspricht aber nicht der Lebenserfahrung und in ihm verwirklicht sich gerade jenes Risiko, dem die übertretene Sorgfaltsnorm entgegenwirken wollte, nämlich dass der Lenker durch seine Fahrt im beeinträchtigten Zustand Leib und Leben anderer Verkehrsteilnehmer gefährdet.

II und III Rechtswidrigkeit und Schuld

Rechtfertigungsgründe liegen nicht vor.

1. Schuldfähigkeit: Siehe oben.

2. Subjektive Sorgfaltswidrigkeit der Handlung: T handelt auch subjektiv sorgfaltswidrig. Denn er hätte **vor Antritt seiner Reise** durch Lesen der Gebrauchsanweisung des Medikaments erkennen können, dass er mit der anschließenden Autofahrt ein Risiko auf sich nimmt, das zu beherrschen er nach dem gleichzeitigen Genuss von „Librax" und Alkohol möglicherweise nicht mehr in der Lage sein würde.

3. Subjektive Voraussehbarkeit des Erfolgs: Zu diesem Zeitpunkt (dh vor Antritt der Fahrt) hätte T auch **subjektiv voraussehen** können, dass er in diesem Zustand einen Unfall mit einem Erfolg wie vorliegend verursachen könnte.[1]

---

[1] Ausführungen zum **Unrechtsbewusstsein** sind entbehrlich, da sich aus dem Sachverhalt für sein Fehlen keine Anhaltspunkte ergeben.

Fälle und Lösungen

4. Zumutbarkeit sorgfaltsgemäßen Verhaltens: Fraglich ist jedoch, ob T nach seinem Streit mit D ein sorgfaltsgemäßes Handeln überhaupt **zuzumuten** war. Sorgfaltsgemäßes Verhalten ist unzumutbar, wenn auch von einem maßgerechten Menschen in der Lage des Täters die Einhaltung der gebotenen Sorgfalt realistischerweise nicht erwartet werden kann.[2]

T ist nur durch **Androhung fristloser Entlassung** zum Antritt der Fahrt bewogen worden. Diese Ankündigung bedeutete **einen unmittelbar drohenden bedeutenden Nachteil** für das berufliche Fortkommen des T und setzte ihn unter erheblichen psychischen Druck. Er stand vor der Alternative, entweder „sofort loszufahren" oder seinen Arbeitsplatz zu verlieren. Auf der anderen Seite war die Gefahr, dass T auf der Fahrt tatsächlich einen Unfall verursachen würde, angesichts der Einnahme einer einzigen Tablette und der nicht sehr erheblichen Alkoholmenge weder naheliegend noch für T leicht erkennbar. Unter diesen Umständen war T die Lektüre des Beipackzettels und damit sorgfaltsgemäßes Verhalten bezüglich seiner etwaigen Fahruntüchtigkeit **nicht mehr zumutbar.**[3]

Ergebnis: Mangels Zumutbarkeit sorgfaltsgemäßen Verhaltens entfällt der Schuldvorwurf gegen T. Eine Bestrafung gem **§ 80 Abs 1** scheidet deshalb aus.[4]

B Sachbeschädigung (§ 125)

I Tatbestandsmäßigkeit

1. Objektiver Tatbestand: T hat durch den von ihm verursachten Verkehrsunfall den Wagen des K, mithin eine fremde Sache, beschädigt. Damit ist der objektive Tatbestand des § 125 erfüllt.

2. Subjektiver Tatbestand: § 125 erfordert gem § 7 Abs 1 Tatbildvorsatz. T hat **nicht vorsätzlich** gehandelt.

Ergebnis: Eine Bestrafung des T wegen schwerer Sachbeschädigung (**§§ 125, 126 Abs 1 Z 7**) scheidet aus.

---

[2] Vgl näher zum Ganzen Grundriss AT RN 27.23 ff.
[3] Aber auch die gegenteilige Lösung erscheint vertretbar. Es kommt darauf an, ob man mit der Musterlösung einen eher milden Maßstab für die Unzumutbarkeit zugrunde legt.
[4] Daher ist auch nicht das qualifizierte Delikt der „Grob fahrlässigen Tötung" (§ 81 Abs 1 oder 2) zu prüfen.

■ ■ ■ **Ende dieser Programmeinheit** ■ ■ ■

Ihr Wissen und Ihr Verständnis der Strafrechtsdogmatik haben nunmehr einen Stand erreicht, der es Ihnen ermöglicht, sich die weiteren Gebiete des Allgemeinen Teils im Grundriss AT in den Kapiteln 29 bis 42 ohne Vorschaltung eines Lernprogramms zu erarbeiten.

■ ■ ■ **Lesen Sie jetzt bitte im Grundriss AT Kap 29!** ■ ■ ■

9. Fall

Lernziel: Der folgende Fall konzentriert sich auf Probleme aus dem Bereich der echten bzw unechten **Unterlassungsdelikte**.

9. Fall

Der Moser und die alte Schrammel

Sachverhalt: *Aus dem ebenerdigen offenen Fenster eines freistehenden Hauses in Kagran dringt schwacher Rauch. Die aus dem Haus gegangene 78-jährige Sparkassendirektorstellvertreterswitwe Johanna Schrammel (S) hat das elektrische Bügeleisen eingeschaltet auf dem Bügeltisch stehen lassen, was ihr Grundstücksnachbar, der 66-jährige pensionierte Polizeiinspektor Alois Moser (M), mit einem raschen Blick durch das offene Fenster feststellt. M verrichtet gelegentlich für S die gröberen Gartenarbeiten. Auch verwahrt er den zweiten Schlüssel zur Haustür für den Fall, dass sich die vergessliche S aussperrt. Außerdem sind beide Mitglieder derselben Kegelrunde. Über „fünf Ecken" ist M mit S sogar verwandt.*

„Was scheat mi dera ihr Hitt'n – wanns brennt, soll's söwa lösch'n, de oide Hatsch'n", raunzt M vor sich hin und bleibt untätig, weil er sich noch immer darüber grämt, dass S ihn am Vortag einen „mieselsüchtigen Narrentaddl" geschimpft hatte und er sich für seine Gartendienste schon seit langem schäbig entlohnt fühlt.

Eine Stunde später beginnt der Bügeltisch zu glimmen, und die in der Nähe befindlichen Vorhänge fangen Feuer. Bald darauf steht das ganze Haus in Flammen.

Aufgabe: *Untersuchen Sie die Strafbarkeit des M!*

Allgemeine Hinweise: Zu prüfen sind Brandstiftung durch Unterlassung (§§ 2, 169 Abs 1) sowie § 95 Abs 1.

Bearbeitungszeit: ca 30 Minuten.

MUSTERLÖSUNG

Für eine Strafbarkeit des M kommen Brandstiftung durch Unterlassen (**§§ 2, 169 Abs 1**) und Unterlassung der Hilfeleistung (**§ 95 Abs 1**) in Betracht.

A Brandstiftung durch Unterlassen (§§ 2, 169 Abs 1)

I Tatbestandsmäßigkeit

1. Objektiver Tatbestand: Das Haus der S ist ohne deren Einwilligung abgebrannt. Damit ist der Erfolg iSd **§ 169 Abs 1** eingetreten. M hat nichts unternommen, um das Ausbrechen der Feuersbrunst durch geeignete Maßnahmen zu verhindern. Er hätte zu diesem Zwecke das Haus der S betreten und das Bügeleisen ausschalten, zumindest aber sofort die Feuerwehr alarmieren sollen. Sowohl das eine (er besaß einen zweiten Schlüssel; das ebenerdige Fenster war außerdem offen) als auch das andere (Alarmieren der Feuerwehr) wären ihm tatsächlich möglich gewesen. Das gebotene Tun hätte den Erfolg, das Niederbrennen des

Fälle und Lösungen

Hauses, mit an Sicherheit grenzender Wahrscheinlichkeit (es blieb ja noch eine Frist von einer Stunde) abgewendet.

Es stellt sich die Frage, ob M **Garant** iSd § 2 ist.[1]) Als **Garantenstellung** kommt in Betracht:

a) Die zwischen M und S bestehenden **nachbarschaftlichen Beziehungen** begründen zwar sittliche und allenfalls gesellschaftliche, aber keine rechtlichen Pflichten. Eine Garantenstellung setzt jedoch das Bestehen einer entsprechenden **Rechtspflicht** voraus. Denn gem § 2 ist nur derjenige Garant, der „durch die Rechtsordnung" dazu verhalten ist, einen bestimmten Erfolg abzuwenden.

b) Noch weniger genügt daher die Tatsache, dass M und S ein und derselben **Kegelrunde** angehören.

c) Eine Garantenstellung könnte sich jedoch aus einer **Rechtsvorschrift** ergeben, da M mit S „über fünf Ecken" **verwandt** ist. Aus §§ 44, 90 (Ehegatten) und § 137 Abs 1 ABGB (Eltern und Kinder) folgt aber, dass ex lege nur die engsten Angehörigen einander zum Beistand verpflichtet sind.

d) Die **enge natürliche Verbundenheit** greift hier nicht ergänzend ein. Zum einen ist es schon sehr umstritten, ob dieser Aspekt überhaupt eine Garantenstellung begründet.[2]) Zum anderen beschränken selbst die Befürworter einer solchen Auffassung diese Garantenstellung auf solche Fälle, in denen die enge natürliche Verbundenheit eine quasirechtliche, dh rechtsähnliche Grundlage hat. Dies gilt allenfalls für Verlobte und Lebensgefährten, nicht aber für sonstige Verwandte.

e) Auch der Umstand, dass M **früher Polizeibeamter** war, macht ihn noch nicht zum Garanten iSd § 2. Während sich für den aktiven Beamten eine – idR aufgabenspezifisch begrenzte – Garantenstellung aus den einschlägigen Rechtsvorschriften ableiten lässt, gibt es für den Ruheständler M keine derartigen „ihn im besonderen treffenden Verpflichtungen" mehr.

f) Am ehesten könnte noch eine Garantenstellung aus **freiwilliger Pflichtenübernahme** in Betracht kommen. Dazu bedarf es eines Eingehens auf Art und Umfang der von M tatsächlich übernommenen Pflichten, wobei zu berücksichtigen ist, dass die hM dazu tendiert, die Garantenstellung aus freiwilliger Pflichtenübernahme in zeitlicher und gegenständlicher Hinsicht eng auszulegen.[3]) M hat ab und zu im Garten der S die gröberen Arbeiten durchgeführt und verwahrt außerdem den zweiten Haustürschlüssel für den Fall, dass S sich aussperrt. Beide Pflichten haben einen **gegenständlich eng begrenzten Inhalt**. Sie reichen nicht aus, um M zum Garanten für die Abwendung von Feuergefahr zu machen. Andere Pflichten hatte er nicht übernommen.

---

[1]) Die Musterlösung wertet im Folgenden die im Sachverhalt zahlreich vorhandenen Anhaltspunkte für mögliche Garantenstellungen akribisch, vollständig und doch mit der gebotenen Kürze aus. Genau das wird in einer schriftlichen Arbeit erwartet.
[2]) Vgl Grundriss AT RN 31.12 f.
[3]) Vgl Grundriss AT RN 31.23.

g) **Gefahrbegründendes Vorverhalten (Ingerenz)** scheidet hier ebenfalls aus, weil aus dem Sachverhalt **kein objektiv pflichtwidriges Verhalten** des M erkennbar ist, durch das er eine **nahe Gefahr** für das Niederbrennen des Hauses geschaffen hätte.

h) Schließlich begründet die **jedermann** gem § 95 obliegende Rechtspflicht zur Hilfeleistung bei Unglücksfällen und Gemeingefahr nie eine den Täter **im Besonderen** treffende Rechtspflicht (§ 2) und daher auch keine Garantenstellung.

Ergebnis: Mangels Garantenstellung entfällt für M bereits der objektive Tatbestand der §§ **2, 169 Abs 1**.

B Unterlassung der Hilfeleistung (§ 95 Abs 1)

I Tatbestandsmäßigkeit

Scheidet für M mangels Garantenstellung auch das auf Garanten beschränkte Delikt der §§ **2, 169 Abs 1** aus, so kann er jedoch das Allgemeindelikt des § **95 Abs 1** verwirklicht haben. Da durch das Feuer niemand an Leib und Leben gefährdet wird, liegt zwar **kein Unglücksfall** vor. Die drohende Feuersbrunst bedeutete aber eine „Gefahr für fremdes Eigentum in großem Ausmaß" und war daher eine **Gemeingefahr iSd § 176 Abs 1**. Gleichwohl ist der Tatbestand des § 95 Abs 1 nicht erfüllt. Denn schon aus dem Wortlaut des § **95 Abs 1** ergibt sich unzweifelhaft, dass der Gesetzgeber im Rahmen dieses Delikts nur Rechtspflichten **zur Rettung von Menschen**, nicht dagegen zum Schutze von Sachen aufgestellt hat.[4]

Ergebnis: Damit entfällt für M auch der objektive Tatbestand des § **95 Abs 1**.

---

[4] Vgl dazu *Kienapfel/Schroll* StudB BT I § 95 RN 11 und 15 mN.

Fälle und Lösungen

Lernziel: Zum Abschluss ein **Fall für Fortgeschrittene:** Er war Teil einer Modulprüfung in Wien. Die Probleme des Allgemeinen Teils sollten Sie großteils nach Bearbeitung des Lernprogramms und des Grundrisses (inkl Beteiligung) lösen können. Für Fragen des Besonderen Teils (Amtsdelikte, Untreue) ziehen Sie bitte einschlägige Lehrbücher zu Rate!

10. Fall

Ein VIP-Ticket für den nächsten Bauauftrag[1])

Sachverhalt: Alex ist Angestellter des Straßenbauunternehmens Maxi-GmbH und innerhalb des Unternehmens für die Bewerbung um Ausschreibungen der öffentlichen Hand zuständig. Um dem in der Gemeinde W für die Vergabe von Straßenbauaufträgen zuständigen Bruno eine Freude zu machen und ihn damit für die Zukunft günstig zu stimmen, schenkt Alex unter Billigung der Geschäftsführung der Maxi-GmbH dem Bruno ein VIP-Ticket im Wert von € 400 für die WM-Qualifikationsspiele.

Bruno freut sich darüber sehr. Mit Fan-Leibchen bekleidet sieht er sich begeistert das Match an und begibt sich danach zu Fuß auf einem abgeschiedenen Weg durch den Prater nach Hause. Es folgen ihm die zwei alkoholisierten (1,2 ‰), frustrierten Fußball-Fans Chris und Daniel, denen aufgrund der hohen Preise das Geld ausgegangen ist. Chris sagt zu Daniel: „Komm, dem zeigen wir es jetzt, dass wir die Stärkeren sind, und sein Geld können wir uns auch holen!" Daniel ist zufrieden mit der Idee und bewaffnet sich sogleich mit einem ungefähr 60 cm langen und 10 cm dicken Ast. Sie überholen Bruno und schlagen ihm ohne Vorwarnung mit den Fäusten in den Bauch. Chris verlangt von Bruno die Herausgabe der Brieftasche. Daniel versetzt ihm mit dem Ast einen kräftigen Schlag auf den Rücken, wodurch Bruno eine Prellung der Wirbelsäule erleidet. Bruno wehrt sich und versucht sich loszureißen.

In diesem Augenblick nähert sich zufällig der Jogger Erich. Daniel, der nicht von Erich gesehen werden will, versteckt sich schnell hinter einem Baum. Chris hingegen ruft Erich zu: „Helfen Sie mir, Überfall!" Erich nimmt im nur spärlich beleuchteten Prater fälschlicherweise an, dass Bruno den Chris überfallen hat. Deshalb schlägt Erich dem Bruno mit der Faust ins Gesicht, was zu einem Bluterguss um dessen Auge führt. Als Bruno benommen zu Boden geht und dort liegen bleibt, verpasst Erich ihm noch mehrere Fußtritte in den Bauch. Chris bedankt sich bei Erich und sichert ihm zu, sofort die Polizei zu verständigen. Erich läuft daraufhin weiter und kümmert sich nicht weiter um Bruno.

Der versteckte Daniel bekommt es nun mit der Angst zu tun und läuft davon. Chris geht zu Bruno und nimmt ihm aus der Jackentasche die Brieftasche mit € 180. Dann läuft auch er davon.

---

[1]) Dieser Sachverhalt wurde im Juni 2008 als materiell-rechtlicher Teil zur Modulprüfung in Wien gegeben. An der Musterlösung, die in voller Länge (inkl Prozessrecht) und gemäß der seinerzeitigen Rechtslage in JAP 2008/2009, 212 veröffentlicht ist, haben *Madalena Pampalk* und *Claudia Spiss* mitgewirkt.

10. Fall

Bruno kann aufgrund seiner Verletzungen nicht gehen und muss die Nacht im Prater verbringen. Er wird erst am nächsten Morgen von einem Spaziergänger gefunden. Dieser ruft die Rettung. Bruno hat aufgrund innerer Verletzungen innere Blutungen, und es muss ihm im Krankenhaus eine Niere entfernt werden. Es kann nachträglich nicht festgestellt werden, ob die inneren Verletzungen durch die Faustschläge von Chris und Daniel oder durch die Fußtritte von Erich verursacht wurden. Wäre die Verletzung noch am Vortag behandelt worden, hätte die Niere wahrscheinlich gerettet werden können.

Bald nach seiner langwierigen Genesung hat Bruno wieder über einen Straßenbauauftrag der Gemeinde zu entscheiden. Trotz seiner schlechten Erfahrung bei dem Fußball-Match wählt er aus den Anboten das der Maxi-GmbH, obwohl dieses bereits auf den ersten Blick eindeutig überhöht ist. Er trifft diese Entscheidung, da Alex ihn aufgrund der wirtschaftlich angespannten Lage der Maxi-GmbH darum gebeten hat. Die Maxi-GmbH erhält daher den Bauauftrag der Gemeinde W, obwohl ihr Anbot für die identische Leistung um € 1 Mio höher ist als die Anbote der Mitbewerber.

Aufgabe: *Beurteilen Sie die Strafbarkeit von Alex (A), Bruno (B), Chris (C), Daniel (D) und Erich (E)!*

Bearbeitungszeit: ca 100 Minuten

MUSTERLÖSUNG

Teil 1: Schenken und Annehmen des EM-Tickets

A Strafbarkeit des A

Bestechung (§ 307): A schenkt B unter Billigung der Geschäftsführung der Maxi-GmbH in Wien eine VIP-Karte. Es kommt der Tatbestand der Bestechung nach § 307 in Frage.

I Tatbestandsmäßigkeit

Objektiver Tatbestand: Dieser setzt voraus, dass es sich bei der beschenkten Person um einen Amtsträger handelt. Gem § 74 Abs 1 Z 4a lit b ist Amtsträger, wer ua für eine Gebietskörperschaft Aufgaben der Gesetzgebung, Verwaltung oder Justiz als deren Organ oder Dienstnehmer wahrnimmt. B ist in der Gemeinde W für die Vergabe von Straßenbauaufträgen zuständig und nimmt somit für die Gemeinde W eine Aufgabe in der Verwaltung als ihr Organ wahr. Die Tathandlung der Bestechung ist das Anbieten, Versprechen oder Gewähren eines Vorteils. Durch das Schenken der VIP-Karte gewährt A dem B einen Vorteil.

§ 307 Abs 1 erfordert, dass ein Vorteil angeboten, versprochen oder gewährt wird, der seinen Grund („für") in der pflichtwidrigen Vornahme oder Unterlassung eines Amtsgeschäfts hat, die sachlich mit der Amtsführung des Amtsträgers zusammenhängt. A schenkt B das Ticket jedoch, um ihn für die Vergabe zukünftiger Aufträge im Hinblick auf die Maxi-GmbH günstig zu stimmen. Eine konkrete Geschäftsbeziehung besteht hingegen nicht.

Ergebnis: Daher scheidet eine Strafbarkeit nach § 307 Abs 1 aus.

Vorteilszuwendung zur Beeinflussung (§ 307b): In Betracht kommt aber eine Strafbarkeit nach § 307b Abs 1 (Vorteilszuwendung zur Beeinflussung), welcher das sog „Anfüttern" unter Strafe stellt.

I Tatbestandsmäßigkeit

1. Objektiver Tatbestand: Der objektive Tatbestand des § 307b Abs 1 verlangt, dass einem Amtsträger ein ungebührlicher Vorteil angeboten, versprochen oder gewährt wird. Gem § 305 Abs 4 sind, abgesehen von gesetzlichen Erlaubnisnormen, orts- oder landesübliche Aufmerksamkeiten geringen Werts, außer die Tat wird gewerbsmäßig begangen, keine ungebührlichen Vorteile. Rsp und hL orientieren sich bei der Beurteilung der Geringfügigkeit einer Sache an § 141 und setzen den Grenzwert bei € 100 an.[2]) Die VIP-Karte hat einen Wert von € 400 und stellt somit einen ungebührlichen Vorteil dar.

2. Subjektiver Tatbestand: Auf der subjektiven Tatseite ist neben dem Vorsatz, einem Amtsträger einen ungebührlichen Vorteil anzubieten, zu versprechen oder zu gewähren, der erweiterte Vorsatz erforderlich, den Amtsträger dadurch in seiner Tätigkeit als Amtsträger zu beeinflussen. A weiß, dass B bei der Gemeinde W für die Vergabe von Straßenbauaufträgen zuständig ist. Außerdem hat A Vorsatz auf das Gewähren eines ungebührlichen Vorteils an den B. Wenn A dem B die VIP-Karte schenkt, um ihn damit in Hinblick auf die zukünftige Vergabe von Aufträgen günstig zu stimmen, liegt auch der erweiterte Vorsatz vor.

II und III Rechtswidrigkeit und Schuld

Die Tatbestandsmäßigkeit indiziert die Rechtswidrigkeit. Rechtfertigungs- und Schuldausschließungsgründe liegen keine vor.

Ergebnis: A ist demnach nach **§ 307b Abs 1** strafbar.

B Strafbarkeit des B

Vorteilsannahme zur Beeinflussung (§ 306 Abs 1): Für B kommt eine Strafbarkeit wegen Vorteilsannahme zur Beeinflussung gem § 306 Abs 1, das Gegenstück zu § 307b, in Betracht.

I Tatbestandsmäßigkeit

Wie eben ausgeführt, ist B Amtsträger. Er nimmt das Ticket an, welches ihm von A gewährt wird. Bei dem Ticket handelt es sich um einen ungebührlichen Vorteil. B handelt diesbezüglich vorsätzlich. Darüber hinaus hat er den (erweiterten) Vor-

---

[2]) Vgl Erl IA 1950/A 24. GP; vgl 11 Os 140/04 EvBl 2005/138; *Marek/Jerabek* Korruption und Amtsmissbrauch[12] (2019) 109; *Fuchs/Reindl-Krauskopf* Strafrecht BT I[6] 195; *Hauss/Komenda* in SbgK § 305 Rz 49ff.

satz, sich durch die Gewährung des Vorteils in seiner Tätigkeit als Amtsträger beeinflussen zu lassen.

II und III Rechtswidrigkeit und Schuld

Es liegen keine Rechtfertigungs- oder Entschuldigungsgründe vor.

Ergebnis: B ist daher strafbar nach § 306 Abs 1.

Teil 2: Überfall auf B

A Strafbarkeit des C:

Schwerer Raub (§§ 142, 143): In Bezug auf den Überfall des B kommt der Tatbestand des Raubes gem §§ 12, 142 Abs 1 in Betracht.

I Tatbestandsmäßigkeit

1. Objektiver Tatbestand: C schlägt als unmittelbarer Täter dem B mit den Fäusten in den Bauch. Bei diesen Faustschlägen handelt es sich um die Anwendung körperlicher **Gewalt,** dh um die Anwendung nicht unerheblicher physischer Kraft zur Überwindung eines erwarteten Widerstandes des B. C nimmt B aus dessen Jackentasche die Brieftasche mit € 180 und läuft mit ihr davon. Er bricht damit den Gewahrsam des B und begründet Alleingewahrsam an der Geldtasche. Zwar treten zwischen die Gewaltanwendung und die Wegnahme die Handlungen des E, die Gewaltanwendung und die Wegnahme der Brieftasche stehen jedoch in engem zeitlichen und sachlichen Zusammenhang, sodass sie als ein tatbestandsmäßiges Geschehen (Raub) zu sehen sind.

2. Subjektiver Tatbestand: C hat Vorsatz auf die Gewaltanwendung und die Wegnahme. Er will sich und D damit auch unrechtmäßig bereichern.

Qualifikationen: Weiters ist die Qualifikation des bewaffneten Raubes gem § 143 Abs 1 2. Fall zu prüfen. D versetzt dem B bei dem Überfall mit einem 60 cm langen und 10 cm dicken Ast einen kräftigen Schlag auf den Rücken. Der Ast ist nach stRspr und hL dem funktionalen Waffenbegriff[3] folgend als Waffe zu qualifizieren, da ein Ast dieser Größe nach seiner Verwendbarkeit und Wirkung einer Waffe im technischen Sinne gleichkommt. Da es sich um eine Deliktsqualifikation handelt, muss C diesbezüglich vorsätzlich handeln. Er hat Vorsatz auf die Verwendung der Waffe, da er sieht, dass sich D mit dem Ast bewaffnet, und sich mit dessen Verwendung abfindet.

Hinsichtlich der Entfernung der Niere kommt die Qualifikation der **Körperverletzung mit schwerer Dauerfolge** gem § 143 Abs 2 2. Strafsatz iVm § 85 Abs 1 Z 2 in Betracht.[4] Bei der Niere handelt es sich um ein wichtiges inneres Organ. Der Ver-

---

[3] SSt 56/73; *Eder-Rieder* in WK² § 143 Rz 18.
[4] Bei der Zurechnung der schweren Dauerfolgen handelt es sich um ein zentrales Problem des Falles. Wesentlich ist zu erkennen, dass hier bereits die Kausalität und nicht erst die objektive Zurechnung problematisch ist.

Fälle und Lösungen

lust der Niere stellt für immer eine erhebliche Verstümmelung im Sinne des § 85 Abs 1 Z 2 dar. Zu prüfen ist, ob das Verhalten des C kausal war für den Verlust der Niere. Es kann nachträglich nicht festgestellt werden, ob die inneren Verletzungen durch die Schläge von C und D oder die Tritte des E verursacht wurden. Da C sowohl an den Schlägen als unmittelbarer Täter (gemeinsam mit D) als auch an den Tritten des E als Bestimmungstäter beteiligt war, werden ihm (auch) die von D und E herbeigeführten Erfolge zugerechnet. C war an beiden Tathandlungen beteiligt, von denen eine jedenfalls für die schwere Dauerfolge kausal war. Somit ist ihm die schwere Dauerfolge zuzurechnen.

Bei der schweren Dauerfolge handelt es sich um eine Erfolgsqualifikation, für die Fahrlässigkeit ausreicht (§ 7 Abs 2). Aus der vorsätzlichen Begehung des Grunddelikts ergibt sich die fahrlässige Herbeiführung der schweren Dauerfolge.

II und III Rechtswidrigkeit und Schuld

Es liegen keine Rechtfertigungs- und Entschuldigungsgründe vor.

Konkurrenzen und Ergebnis: Die beiden Qualifikationen nach § 143 (Abs 1 2. Fall und Abs 2 2. Strafsatz iVm § 85 Abs 1 Z 2) stehen in echter Konkurrenz zueinander. C ist gem § 12 1. Fall, § 142 Abs 1, § 143 Abs 1 2. Fall und Abs 2 2. Strafsatz iVm § 85 Abs 1 Z 2 zu bestrafen. Die aus dem Schlag resultierende Prellung der Wirbelsäule stellt eine Körperverletzung gem § 83 Abs 1 dar, welche C vorsätzlich herbeiführt. § 83 Abs 1 wird jedoch durch § 142 konsumiert.

B Strafbarkeit des D: Schwerer Raub (§§ 142, 143):

Für D ist ebenfalls Strafbarkeit nach §§ 12, 142 Abs 1 zu prüfen.

I Tatbestandsmäßigkeit

D schlägt gemeinsam mit C dem B mit den Fäusten in den Bauch und mit dem Ast auf den Rücken. Durch die Gewaltanwendung setzt D zumindest einen Teil der tatbestandsmäßigen Ausführungshandlungen des Raubes. Da C dem D seine Idee, den B zu berauben, mitteilt und D davon begeistert ist, haben sie einen gemeinsamen Vorsatz auf die Gewaltanwendung und die Wegnahme der Brieftasche sowie auf die unrechtmäßige Bereicherung. D ist somit unmittelbarer Mittäter des C.

D läuft vor der Wegnahme der Brieftasche des B durch C davon. Allerdings ist ihm als Mittäter auch der von C herbeigeführte Vollendungserfolg (vollendeter Raub) zuzurechnen.

Qualifikationen: Auch für D kommt die Qualifikation des bewaffneten Raubes gem § 143 Abs 1 2. Fall in Betracht. Der beim Raub von D verwendete Ast ist – wie oben erläutert – eine Waffe. D hat Vorsatz auf seine Verwendung. Im Übrigen wird auf die diesbezüglichen Ausführungen bei C verwiesen.

Weiters ist die Qualifikation des **§ 143 Abs 2 2. Strafsatz iVm § 85 Abs 1 Z 2** zu prüfen. Es kann nicht festgestellt werden, ob die Schläge von C und D oder die

Tritte des E die inneren Verletzungen des B verursacht haben. An den Handlungen des E war D nicht beteiligt. Bei der Prüfung der Kausalität ist daher – nach dem Grundsatz *in dubio pro reo* – im Zweifel anzunehmen, dass die Handlungen, an denen er nicht beteiligt war, die Verletzungen verursacht haben. Der Verlust der Niere kann ihm daher nicht zugerechnet werden. D verwirklicht somit nicht die Qualifikation des § 143 Abs 2 2. Strafsatz iVm § 85 Abs 1 Z 2.

II und III Rechtswidrigkeit und Schuld

Die Tatbestandsmäßigkeit indiziert die Rechtswidrigkeit. Entschuldigungsgründe liegen keine vor.

IV Rücktritt

Für einen Rücktritt vom Versuch hätte D gem § 16 Abs 1 die Ausführung verhindern müssen. Da er dies nicht tut, wird das Delikt vollendet, und er muss sich die Vollendung zurechnen lassen.[5]

Ergebnis: Die obigen Ausführungen zu den Konkurrenzen gelten sinngemäß. D ist gem § 12 1. Fall, § 142 Abs 1 und § 143 Abs 1 2. Fall strafbar.

Teil 3: Einschreiten des E

A Strafbarkeit des E:

Faustschlag: Körperverletzung (§ 83 Abs 1)

I Tatbestandsmäßigkeit

Objektiver Tatbestand: E beteiligt sich nicht am Raub, da er keinen Vorsatz auf die Wegnahme der Brieftasche hat. Hinsichtlich des **Faustschlages ins Gesicht** des B ist **Körperverletzung gem § 83 Abs 1** zu prüfen. Der Verletzungserfolg tritt in Form eines Blutergusses um das Auge des B ein.

Subjektiver Tatbestand: E ist sich auch bewusst, dass der Faustschlag zu einer derartigen Verletzung führen kann, und findet sich damit ab. E handelt somit mit Verletzungsvorsatz nach § 83 Abs 1.

II Rechtswidrigkeit

Als Rechtfertigungsgrund kommt Notwehr gem § 3 in Betracht. Allerdings liegt tatsächlich kein Angriff von Seiten des B vor (B versucht sich bloß loszureißen). Daher **scheidet Notwehr aus.**

---

[5] Die Frage nach Versuch und Vollendung kann für alle unmittelbaren Mittäter nur einheitlich gelöst werden; vgl 11 Os 20/82 EvBl 1982/97; Grundriss AT RN 33.21; aA offenbar *Hager/Massauer* in WK² §§ 15, 16 Rz 165.

III Schuld

Es kommt aber eine **irrtümliche Annahme eines rechtfertigenden Sachverhalts** gem § 8 (Putativnothilfe) in Betracht, da E irrtümlich annimmt, dass B den C rechtswidrig angegriffen hat. E glaubt, dass eine Nothilfesituation vorliege. Die Verteidigung, die E anwendet, darf die Grenzen der Notwehr nicht überschreiten und müsste daher notwendig sein. Der Faustschlag ins Gesicht ist das schonendste Mittel, um den vermeintlichen Angriff des B sofort und endgültig abzuwehren. Eine Strafbarkeit wegen des Vorsatzdelikts scheidet daher aus. E könnte allerdings wegen fahrlässiger Körperverletzung gem § 88 Abs 1 strafbar sein, wenn sein Irrtum auf Fahrlässigkeit beruht. In Anbetracht der spärlichen Beleuchtung und des sich wehrenden B hätte auch ein sorgfältiger Mensch in der Situation des E über die Sachlage irren können. Der Irrtum beruht daher nicht auf Fahrlässigkeit, und E bleibt für den Faustschlag straflos.

Ergebnis: E ist wegen des Faustschlags nicht zu bestrafen.

Fußtritte: Körperverletzung mit schweren Dauerfolgen (§ 85 Abs 2 iVm Abs 1 Z 2)

I Tatbestandsmäßigkeit

1. Objektiver Tatbestand[6]**:** In Bezug auf die Fußtritte, die E dem B in den Bauch versetzt, kommt eine Strafbarkeit wegen **Körperverletzung gem § 83 Abs 1** in Betracht. Der Verletzungserfolg ist gegeben, da mehrere Fußtritte in den Bauch jedenfalls zu einer Verletzung im Bauchbereich führen.

Zu prüfen bleibt, ob er auch für die im Verlust der Niere liegende **Körperverletzung mit schwerer Dauerfolge iSd § 85 Abs 2 iVm Abs 1 Z 2** verantwortlich ist. Es ist nicht klar, ob die Schläge von C und D oder die Tritte des E die inneren Verletzungen des B, welche zum Verlust der Niere führten, verursacht haben. Da E am Raub nicht beteiligt war, ist dessen Handlung *in dubio* für den Verlust der Niere nicht als kausal anzusehen (vgl oben bei D). Seine Strafbarkeit beschränkt sich daher auf das **Grunddelikt nach § 83.**

2. Subjektiver Tatbestand: Wer mit den Füßen in den Bauch tritt, hat auch die Absicht, diesen zu verletzen. E handelt bezüglich der Verletzung vorsätzlich iSd § 83 Abs 1.

II Rechtswidrigkeit

Wie schon beim Faustschlag liegt auch hier kein Angriff des B auf ein notwehrfähiges Rechtsgut vor. Daher ist E's Handlung rechtswidrig.

---

[6] Die Erfolgsqualifikation nach § 85 bildet zwar gegenüber § 83 eine selbstständige Abwandlung (vgl dazu S 114). Daher kann ohne vorherige Prüfung des Grunddelikts (§ 83) gleich die Qualifikation behandelt werden. Bestehen aber von vornherein Zweifel an der Anwendbarkeit derselben (wie im Fall), empfiehlt sich dennoch mit dem Grunddelikt zu beginnen.

III Schuld

In Betracht kommt wieder eine **irrtümliche Annahme eines rechtfertigenden Sachverhalts** (§ 8). Da B aber bereits benommen am Boden liegt, als ihm E in den Bauch tritt, und E dies auch erkennt, liegt auch nach den Vorstellungen des E keine Nothilfesituation mehr vor. Es handelt sich um einen **extensiven Putativnothilfeexzess**. Die Strafbarkeit für die Fußtritte entfällt daher nicht nach § 8, und E ist für vorsätzliche Körperverletzung verantwortlich.

Ergebnis: E ist wegen der Fußtritte gegen B gem § 83 Abs 1 strafbar.

B Strafbarkeit des C:

C fordert E vorsätzlich zur Hilfeleistung gegen den vermeintlichen Angriff von B auf. C bestimmt damit den E zu einer Körperverletzung. Diese Bestimmung zur Körperverletzung gem § 12 2. Fall, § 83 wird durch den schweren Raub (§ 142 Abs 1, § 143) konsumiert.

Teil 4: Liegenlassen des B

Strafbarkeit von C, D und E:

Imstichlassen eines Verletzten (§ 94): C, D und E lassen den verletzten B am Boden liegend im Prater zurück. Es kommt für alle drei eine Strafbarkeit wegen Imstichlassens eines Verletzen nach § 94 Abs 1 in Frage.

I Tatbestandsmäßigkeit

1. Objektiver Tatbestand: Wie oben ausgeführt, hat jeder von ihnen eine Verletzung am Körper des B verursacht. C verspricht dem E, die Polizei zu rufen. Das befreit den E allerdings nicht von seiner persönlichen Pflicht, die erforderliche Hilfe zu leisten. E hätte sich jedenfalls vergewissern müssen, dass die Rettung tatsächlich kommt und hätte inzwischen Hilfe leisten müssen. Indem C, D und E weglaufen und B liegen lassen, unterlassen sie die erforderliche Hilfeleistung.

2. Subjektiver Tatbestand: Alle drei handeln hinsichtlich der Unterlassung vorsätzlich.

3. Qualifikation: Die Qualifikation des **§ 94 Abs 2 1. Strafsatz** (schwere Körperverletzung) ist nicht gegeben, denn dafür wäre Voraussetzung, dass die Niere mit an Sicherheit grenzender Wahrscheinlichkeit gerettet werden hätte können, wenn die Hilfeleistung nicht unterlassen worden wäre. Die hypothetische Kausalität liegt deshalb nicht vor.

II und III Rechtswidrigkeit und Schuld

Tatbestandsmäßigkeit indiziert die Rechtswidrigkeit. Es liegen keine Schuldausschließungsgründe vor.

Fälle und Lösungen 459

Konkurrenz und Ergebnis: § 94 Abs 1 tritt gem Abs 4 als **subsidiär** zurück, da der schwere Raub gem § 143 von C und D und die Körperverletzung gem § 83 des E mit strengerer bzw gleich hoher Strafe bedroht sind. C, D und E sind nicht strafbar nach § 94.

Teil 5: Vergabe des Straßenbauauftrags

A Strafbarkeit des Bruno (B):

Missbrauch der Amtsgewalt (§ 302): B wählt bei der Vergabe des Straßenbauauftrags das eindeutig überhöhte Anbot der Maxi-GmbH. In Betracht kommt eine Strafbarkeit wegen Missbrauchs der Amtsgewalt nach § 302.

I Tatbestandsmäßigkeit

B ist bestellt, um im Namen der Gemeinde W als deren Organ Rechtshandlungen (Vergabe von Straßenbauaufträgen) vorzunehmen und daher gem § 74 Abs 1 Z 4 Beamter. § 302 setzt die Vornahme eines Amtsgeschäfts im Rahmen der Hoheitsverwaltung („in Vollziehung der Gesetze") voraus. Bei der Vergabe von Straßenbauaufträgen handelt es sich jedoch um Akte der Privatwirtschaftsverwaltung. Daher scheidet Missbrauch der Amtsgewalt gem § 302 aus.

Untreue (§ 153): In Frage kommt **Untreue gem §§ 12, 153 Abs 1**.

I Tatbestandsmäßigkeit

1. Objektiver Tatbestand: B ist die Befugnis eingeräumt, über die Vergabe von Straßenbauaufträgen der Gemeinde W zu entscheiden und sie damit wirtschaftlich zu verpflichten. Er missbraucht diese Befugnis, indem er ein Anbot wählt, das für die identische Leistung um € 1 Mio höher ist als die Anbote der Mitbewerber. Intern wäre B eindeutig verpflichtet gewesen, das Anbot des Bestbieters zu wählen. Er verstößt daher in unvertretbarer Weise gegen die Regeln zum Schutz des Vermögens des wirtschaftlich Berechtigten (Abs 2), nämlich der Gemeinde W. Aufgrund des Befugnismissbrauchs tritt bei ihr ein Vermögensschaden in Höhe von € 1 Mio ein.

2. Subjektiver Tatbestand: Auf der subjektiven Tatseite handelt B vorsätzlich hinsichtlich der Herbeiführung dieses Vermögensschadens sowie wissentlich bezüglich des Befugnismissbrauchs.

3. Qualifikation: Die Qualifikation des § 153 Abs 3 2. Strafsatz ist erfüllt, da der Schaden € 300.000 übersteigt und sich der Vorsatz des B darauf erstreckt.

II und III Rechtswidrigkeit und Schuld

B handelt rechtswidrig und schuldhaft.

Anwendung des § 313:

Zudem kommt § 313 (Strafbare Handlungen unter Ausnützung einer Amtsstellung) zur Anwendung, da B die Untreue begeht, indem er als Beamter die ihm durch seine Amtstätigkeit gebotene Gelegenheit ausnützt. B ist sich seiner Amtsstellung bewusst und will die ihm dadurch gebotene Gelegenheit ausnützen. Nach § 313 kann bei der Strafzumessung die Obergrenze des vorgesehenen Strafsatzes um die Hälfte überschritten werden.

Ergebnis: B ist gem § 12 1. Fall, § 153 Abs 1 und 3 2. Strafsatz iVm § 313 zu bestrafen.

B Strafbarkeit des Alex (A):

Untreue (§ 153): A bittet den B, er möge der Maxi-GmbH den Bauauftrag der Gemeinde W erteilen. Es kommt daher Bestimmung zur **Untreue nach § 12 2. Fall, § 14 Abs 1 Satz 2, § 153** in Betracht.

I Tatbestandsmäßigkeit

1. Objektiver Tatbestand: § 153 ist ein unrechtsgeprägtes Sonderdelikt. Gem § 14 Abs 1 sind alle Beteiligten strafbar, wenn die in § 153 geforderte Machthaberstellung zumindest bei einem der Beteiligten vorliegt, wenn also einem der Beteiligten die Befugnis übertragen ist, über fremdes Vermögen zu verfügen oder einen anderen zu verpflichten. Wie oben ausgeführt, ist B die Befugnis eingeräumt, die Bauaufträge zu vergeben, und unterliegt dabei klaren Regeln zum Schutz seiner Gemeinde. A bestimmt B zu einem Befugnismissbrauch, indem er ihn um die Auftragserteilung bittet. Diese Bestimmung wird auch kausal für die Ausführung durch B, der die Untreue vollendet.

2. Subjektiver Tatbestand: A handelt vorsätzlich hinsichtlich des Vermögensschadens der Gemeinde W, da ihm bewusst ist, dass das Anbot der Maxi-GmbH eindeutig überhöht ist. Außerdem handelt er wissentlich in Bezug auf den Befugnismissbrauch des B. Voraussetzung für eine Beteiligung an der Untreue als Sonderpflichtdelikt ist weiters, dass der Befugnisträger (Intraneus) selbst vorsätzlich seine Befugnis „missbraucht" hat (§ 14 Abs 1 Satz 2).[6] Dies ist hier der Fall. Auch für A ist die Qualifikation des § 153 Abs 3 2. Strafsatz erfüllt, da der Schaden € 300.000 übersteigt und sich der Vorsatz des A darauf erstreckt.

II und III Rechtswidrigkeit und Schuld

Auch für B liegen keine Rechtfertigungs- oder Schuldausschließungsgründe vor.

Ergebnis: A ist gem § 12 2. Fall, § 14 Abs 1 Satz 2, § 153 Abs 1 und 3 2. Strafsatz strafbar.

---

[6]) Vgl die neuere Rsp (SSt 58/74 = JBl 1988, 392; JBl 2003, 330); ebenso Grundriss AT RN 37.32 ff; kritisch dazu *Fuchs/Zerbes*, Strafrecht AT[10] Kap 35 Rz 24.

12 TIPPS FÜR DIE FALLLÖSUNG

Tipp 1 – Genaues Lesen des Sachverhalts

Lesen Sie den Sachverhalt genau durch! Nehmen Sie sich für diesen ersten Schritt der Falllösung also ausreichend Zeit! **Sämtliche Angaben** im Sachverhalt können für die rechtliche Beurteilung **wichtig** sein. Achten Sie auf Besonderheiten wie Alter (JGG, § 36 StGB) oder Familienverhältnisse (zB § 88 Abs 2 Z 1, § 136 Abs 4, § 166 StGB). Ein Hinweis auf solche Merkmale erfolgt meist nicht ohne Grund.

Tipp 2 – Sinnvolle Interpretation des Sachverhalts

Grundsätzlich ist vom geschilderten Sachverhalt auszugehen! Sachverhalte sind **lebensnah** und **problemfreundlich** auszulegen. Interpretationen des Sachverhalts, die mögliche Probleme umgehen wollen, sind zu vermeiden. Sollte der Sachverhalt ausnahmsweise unvollständig sein, um verschiedene Lösungen zu ermöglichen, treffen Sie Zusatzannahmen. Sind mehrere sinnvolle Auslegungen des Sachverhalts möglich, so **erörtern** Sie diese Varianten und **entscheiden** sich in weiterer Folge aber für eine – und zwar mit Begründung.

Tipp 3 – Gliederung in Abschnitte; Problemsammlung

Sie sollten den Sachverhalt in Abschnitte gliedern und eine Problemsammlung anlegen. Kompliziertere Problemstellungen erkennt man freilich erst nach eingehender Prüfung des Sachverhalts.

Tipp 4 – Strukturieren der Lösung

Lassen Sie immer klar erkennen, welche **Person,** welche **Handlung** und die Strafbarkeit nach welchem **Delikt** Sie prüfen! Prüfen Sie die verschiedenen Personen und deren Handlungen **getrennt** voneinander und machen Sie auch deutlich, was Sie gerade prüfen. Strukturieren Sie deshalb Ihre Lösung nach Sachverhalts-Abschnitten. Bei mehreren Beteiligten beginnen Sie mit dem, der einem Erfolg am nächsten steht (also mit einem **unmittelbaren Täter vor sonstigen Beteiligten**), und prüfen Sie in unmittelbarer Folge auch die Strafbarkeit der Beteiligten! Beachten Sie, dass einigen Problemen größeres Gewicht als anderen zukommt. Auch diese unterschiedliche **Problemgewichtung** sollte erkannt werden und sich in Art und Intensität der Argumentation widerspiegeln.

Tipp 5 – Finden der möglichen Delikte

Beginnen Sie im jeweiligen Sachverhalts-Abschnitt zunächst mit der Frage nach dem eingetretenen **Erfolg,** und zwar – in den meisten Fällen – mit dem **schwerwiegendsten** (zB § 80 vor § 88). Davon ausgehend prüfen Sie die in Frage kommenden Delikte. Grundsätzlich sollten auch jene Bestimmungen kurz erörtert werden, deren Strafbarkeitsvoraussetzungen zwar nicht vorliegen, deren Anwendung aber **nahe liegt.** Zeigt sich bei der Subsumtion des Sachverhalts unter ein bestimmtes Delikt, dass auch einige Tatbestandsmerkmale eines weiteren Delikts erfüllt sind, so ist das in der Regel ein Grund, sich kurz zur konkreten Abgrenzungs- und Konkurrenzproblematik zu äußern.

Tipp 6 – Grunddelikt vor Qualifikation oder Privilegierung

Das Grunddelikt wird grundsätzlich vor der Qualifikation oder Privilegierung geprüft, **außer** dies erscheint **wirklichkeitsfremd** (handelt es sich zB um eine schwere Körperverletzung, ist bei der Prüfung des Erfolgs der Körperverletzung gleich auch die Qualifikation mit zu berücksichtigen).

Tipp 7 – Fallprüfungsschemata

Haben Sie nun **Person, Verhalten** und **das möglicherweise in Betracht kommende Delikt** bezeichnet, so dienen die strafrechtlichen Falllösungsschemata als Leitfaden für die Deliktsprüfung.

Tipp 8 – Richtige Subsumtion

Subsumieren Sie nun, im Rahmen des passenden Fallprüfungsschemas, den Sachverhalt unter den gewählten Deliktstatbestand. Die Subsumtion erfolgt dabei grundsätzlich in **vier Etappen:**

- Fragen Sie sich zunächst, ob ein abstraktes Tatbestandsmerkmal dem konkreten Sachverhalt zugeordnet werden kann.
- Definieren Sie die abstrakten Tatbestandsmerkmale.
- Klären Sie, ob ein bestimmtes Sachverhaltselement eine bestimmte Definition erfüllt.
- Im letzten Schritt wird die Frage beantwortet, ob insgesamt ein strafbares Verhalten vorliegt oder nicht. Schließen Sie jede Subsumtion mit einem eindeutigen und gut begründeten Ergebnis.

Dieser Vorgang der Subsumtion **wiederholt** sich für jeden nahe liegenden Tatbestand. Es sind alle objektiven und subjektiven Tatbestandsmerkmale (Tatbildvorsatz!) zu prüfen und deren Vorliegen **konkret zu begründen.** Ein bloßes Nacherzählen des Sachverhalts oder Abschreiben des Gesetzestextes stellt keine Subsumtion dar!

Tipp 9 – Getrennte Deliktsprüfung

Beachten Sie, dass der Prüfungsgegenstand während eines Subsumtionsvorganges **nicht gewechselt** werden sollte. Jedes Delikt wird einzeln geprüft. Vermischungen führen zu Missverständnissen, Unübersichtlichkeit und Fehlern.

Tipp 10 – Keine lehrbuchhaften theoretischen Ausführungen

Abstrakte Rechtsfragen sind nur in dem Umfang zu erörtern, als dies zur Lösung des konkreten Sachverhalts **notwendig** ist. Konzentrieren Sie sich auf den konkreten Fall!

Tipp 11 – Meinungsstreitigkeiten

Zu einigen Streitfragen sollten die verschiedenen Meinungen gekannt und ausgeführt werden. Wesentlich ist aber, dass Sie Ihre Lösung überzeugend argumentieren.

Tipp 12 – Ergebnis der Falllösung

Haben Sie die Prüfung eines Delikts abgeschlossen, so müssen Sie dieses Ergebnis auch eindeutig niederschreiben, indem Sie die genaue Gesetzesstelle zitieren. Vergessen Sie bei Qualifikationen und Privilegierungen nicht, das Grunddelikt anzuführen – es sei denn, es handelt sich um eine selbstständige Abwandlung!

Register der Beispielsfälle

Die **fetten** Zahlen verweisen auf die Hauptfundstellen, die **mageren** bezeichnen Nebenfundstellen.

A

Agenten-Fall	**126** 143
AIDS-Fall	**329** 354
Airbus-Fall	**74**
Alte Liebe rostet nicht	**143**
Alu-Leiter-Fall	**344**
Aneurysma-Fall	**296**
Antiquitätenschmuggel-Fall	**163**
Apfeldieb-Fall	**176** 286
Aquaplaning-Fall	**438**
Armreif-Fall	**49**
Aufschaufel-Fall	**425**
Au-pair-Fall	**95** 146
Autofahrergruß-Fall	**104**
Automatik-Fall	**81**

B

Bagger-Fall	**218**
Bankfoyer-Fall	**222** 227
Barkeeper-Fall	**374** 381
Bastardl-Fall	**190** 276 281 305 308 309 310 312
Bauchfleck-Fall	**255**
Bauchstich-Fall	**181** 275 286
Bergkuppen-Fall	**431**
Bergsteiger-Fall	**310**
Berliner Schnauze-Fall	**298**
Bezirksrichter-Fall	**51**
Bierflaschen-Fall	**181**
Bigamie-Fall	**373** 381
Black-out-Fall	**85**
"Blaues Auge"-Fall	**217**
Blechschaden-Fall	**96**
Bleifuß-Fall	**400** 410 411
Blutabnahme-Fall	**43** 54 61 213
Blutgerinnsel-Fall	**424**
Blutschande-Fall	**366** 367 369 373 381
Bluttransfusions-Fall	**214**
Bodypacker-Fall	**437**
Bowling-Fall	**96**
Boxchampion-Fall	**181**
Bratpfannen-Fall	**345**
Braveheart's widow	**58**
Briefbomben-Fall	**265** 323
Brücken-Fall	**158** 159 160
Brutus-Fall	**129**
Bulldozer-Fall	**180** 184
Burberry-Fall	**103**
Burn-out-Fall	**403**

C

Christbaum-Fall	**146**
Clubbing-Fall	**151** 271

D

Dackel-Fall	**195**
Demel-Fall	**415**
DINKS-Fall	**75**
Disko-Fall	**196**
Dracula-Fall	**125**

E

Eileiterschwangerschaft	**195**
Eisregen-Fall	**230**
Erbtanten-Fall	**355**
Exekutor-Fall	**60**
Exhibitionisten-Fall	**117**

F

Fährmann-Fall	**416**
Fahrrad-Fall	**223**

Register der Beispielsfälle

Fahrradketten-Fall	148
Fahrtenschreiber-Fall	269 281 286
Farahdiva-Fall	281
Fenstersturz-Fall	368
Feuerwehrfest-Fall	216
Filmset-Fall	225
Finito Bastardo	349
Flohmarkt-Fall	206
Florett-Fall	419
Folgenschweres Erschrecken	88
Frauenmörder-Fall	74

G

Gefährliche Liebschaft	350
Geiselnehmer-Fall	314
Gekröse-Fall	128 437
Gepäckträger-Fall	23 24
Geschwister-Fall	360
Gewohnheitstäter-Fall	11 230
Gfraster-Fall	57
Gitterbett-Fall	86
Gockel-Fall	69
Gscherter Hammel-Fall	349
Gummiknüppel-Fall	61

H

Häfn-Fall	371 381
Handtaschen-Fall	203 206 208
Handy-Fall	209 211
Harley-Davidson-Fall	82
Hausmeister-Fall	284
Hawelka-Fall	239
Heilpraktiker-Fall	404
Hepatitis-Fall	408
Herzkasperl-Fall	436
Hiebe für Diebe	297
Highway-Fall	287 288 293 300
„Hole in one"	390
Hornissen-Fall	433
Hosenknopf-Fall	378
Hundswut-Fall	314

I, J

Imperial-Fall	83
Insekten-Fall	85
Internet-Fall	78
IRA-Fall	379
James-Bulger-Fall	246
Jeep-Fall	181

K

Kamin-Fall	337 338 340 369 371 381
Kannibalen-Fall	245
Karneades-Fall	301 302 304 305 306 308 310
Kaspar-Hauser-Fall	273 279
Kaufhaus-Fall	205
Kerzentrick-Fall	380
Kettenraucher-Fall	132
Kibrer-Fall	356
Kinderporno-Fall	39 40
Kirtag-Fall	47
Kleinkaliber-Fall	130
Koma-Fall	99
Komatrinker-Fall	255
Kompost-Fall	154 156 271
Kopfschuss-Fall	364
Krawatten-Fall	161
Kreditkarten-Fall	331
Kreuzungs-Fall	422 435
Kriminaltouristen-Fall	265 281
Küchenbrand-Fall	225
KZ-Aufseher-Fall	10 17

L

Ladendieb-Fall	258
Laptop-Fall	328
Lauschangriff-Fall	194
Lawinen-Fall	404
Lebensretter-Fall	185 187 188 191 289 291 300
Lehrers Grenzen	274 288
Lenkradsperren-Fall	334
Lilo-Fall	363

Register der Beispielsfälle

Linzer-Altstadt-Fall	108		**P**	
Lippenstift-Fall	**234** 240 260	Papagallo-Fall	**324** 325	
	264 265 271	Pappkarton-Fall	**138** 150 271	
	272 279 280		428	
	286	Parasol-Fall	**152** 154 155	
Loos-Bar-Fall	172		156 157 158	
Löteisen-Fall	359		162 164 271	
LSD-Fall	244	Patschn-Fall	149	
Luftpiraten-Fall	196	Penicillinschock-Fall	409	
		Pfefferminztee-Fall	379	
M		Pflasterstein-Fall	341	
Macho-Fall	**270** 285 286	Picasso-Fall	110	
Mafia-Fall	147	Piefke-Fall	84	
Maibaumdiebe	75	Pigalle-Fall	364	
Massenkarambolage	436	Pistenflitzer-Fall	33	
Mehrere-Stiche-Fall	182	Pitbull-Fall	**185** 193	
Meskalin-Fall	255	Pizzeria-Fall	360	
Mignonette-Fall	**189** 302 306	Plakat-Fall	38 48	
Miguel-Fall	157	Platzregen-Fall	196 286	
Missbrauchs-Fall	**12** 17	Pocken-Fall	131	
Mistgabel-Fall	179	Posträuber-Fall	42 53	
Moderne-Kunst-Fall	148	Preisetiketten-Fall	**335** 354 380	
Molotow-Fall	179	Prellbock-Fall	187	
Mondsee-Fall	429	Pumpgun-Fall	306	
Monica-Seles-Fall	237	Putto-Fall	87	
Morgenmuffel-Fall	**87** 174 175	Pyromanen-Fall	20 146	
Mountainbike-Fall	343			
MP3-Player-Fall	49	**R**		
Mutprobe-Fall	431	Radau im Gemeindebau	112	
		Radfahrer-Fall	421	
N		Radkappen-Fall	5	
Narkose-Fall	68	Rafting-Fall	**308** 311 313	
Neandertaler-Fall	**180** 297	Railjet-Fall	409	
Nebenbuhler-Fall	83 245	Räuschl-Fall	151	
Nichtraucher-Fall	186	Reanimations-Fall	403	
Nimmerfroh-Fall	284	Regenschirm-Fall	**136** 154 271	
Notruf-Fall	**268** 274		343	
Nudelwalker-Fall	**177** 293	Reifenplatzer-Fall	418	
		Rippenbruch-Fall	413	
O		Rosenkrieg-Fall	163	
Opernball-Fall	**393** 395	Rossapfel-Fall	47	
Organtransplantations-Fall	214	Rush-hour-Fall	417	
Ortstafel-Fall	435			

Register der Beispielsfälle

S

Saliera-Fall	116
Salzkammergut-Fall	224
Sarajevo-Fall	131 143
Schären-Fall	405 426
Schlangenlinien-Fall	398
Schlaumeier-Fall	95
Schnäppchen-Fall	270
Schneeschaufel-Fall	233
Schönheitschirurgie-Fall	216
Schoßhund-Fall	6
Schräubling-Fall	87 146
Schrebergarten-Fall	266
Schuhbomber-Fall	335
Schussel-Fall	88
Schwarzfahrer-Fall	204 210 211
Scooter-Fall	212 219
Sekundenschlaf-Fall	100
Simpl-Fall	367 369 370 381
Sklerose-Fall	397
Sparbuch-Fall	368 369 381
Sportschützen-Fall	127
Stalker-Fall	179
Stalking-Fall	46
Steinfisch-Fall	151
Stiegenhaus-Fall	247
Stockdegen-Fall	262 270 273 281 286
Stopptafel-Fall	124
Stradivari-Fall	111
Strandbad-Fall	398
Suchtgift-Fall	15 17
Süffel-Fall	239
Suizid-Fall	277 286
Super-G-Fall	162
Survival-Fall	151

T

Tarock-Fall	436
Taschendieb-Fall	334 372 381
Tatort-Fall	298
Taxilenker-Fall	84 143 243
Teifi-Fall	357
Tell-Fall	134 139
Tomaselli-Fall	194
Tonband-Fall	47
Torero-Fall	171
Toscanini-Fall	34
Tranchiermesser-Fall	245 261
Tresor-Fall	371
Türklingel-Fall	334
Turnschuh-Fall	395 396
Türspray-Fall	349
Tyrannenmord-Fall	236

U

U-Bahn-Fall	401
U-Boot-Fall	195 143
Uhu-Fall	179
Ultraschall-Fall	104

V

„Veilchen"-Fall	30
Viren-Fall	102 161 238 271

W

Wachel-Fall	419
Wandervogel-Fall	140 146 162 271
Wasserrohrbruch-Fall	220
Weihnachtsamnestie-Fall	267
Wiener AKH-Fall	315
Whisky-Fall	213

Z

Zahnarzt-Fall	80
Zeitschaltuhr-Fall	363
Ziegelstein-Fall	432
Ziegenmist-Fall	118
Zivilfahnder-Fall	135 137 277
Zuhälter-Fall	66
Zündelphilip-Fall	402
Zündschlüssel-Fall	6
Zwangsspende-Fall	191 286
Zwangswäsche-Fall	270 283 286

Sachregister

Die Seitenangaben beziehen sich auf die Erklärungen in den LE
(**Fettdruck** = Hauptfundstellen).

Abgrenzung Vorsatz Fahrlässigkeit 426 ff
actio libera in causa 249 ff
Adäquanzzusammenhang **156 f, 399 f,** 407 ff, 421 ff, 433 ff
Affekt 82 f
Alkoholisierung *s Berauschung*
Amtsbefugnisse *s Dienstbefugnisse*
Angriff *s Notwehrsituation*
Anhalterecht 55, 57, 174, **203 ff**
Anstand 29
Äquivalenztheorie *s Kausalität*
atypischer Kausalverlauf *s Adäquanzzusammenhang*
Ausführungshandlung **326 f,** 334 ff, **344 ff,** 355, 357, 367, 377, 385, 455
Auslegung **3 ff, 36 ff,** 69 ff, 76, 97, 99
Begehungsdelikt 107 ff
behördliche Genehmigung 57
Berauschung 233, **248 ff**
Bereicherungsvorsatz 47 f, 90, **93 ff,** 343
Bereicherungsvorsatz *s auch Vorsatz, erweiterter*
Berufe, gefährliche 309
Bestechung 28, 30, **51**
Betrug 91, **94 ff,** 144, 354
bewusste Fahrlässigkeit 428 ff
Bewusstseinsstörung, tiefgreifende 244 f
Definition 3 f
Delikt 22 ff, **24**
Delikte mit erweitertem Vorsatz *s Vorsatz, erweiterter*
Deliktsfamilien 115 f
Deliktsqualifikation 114, 120, 454

Diebstahl 22 ff, 36, 75, 90 f, 94, 98 f, 103, **107,** 115 f, 136, **144 f,** 158, 328, 333 f, 340 f, 343 f, 348, 372 f
Dienstbefugnisse **57,** 174
Diskretionsfähigkeit *s Einsichtsfähigkeit*
Dispositionsfähigkeit *s Steuerungsfähigkeit*
Diversion 17
dolus eventualis *s Vorsatz, bedingter*
Ehe 37
Ehre **28,** 30, 34, 173, 183, 189, 416
Eigentum 3, 27 f, 30, 35 f, 38, 48, 69, 98 f, 188 ff, 296, 305
s auch fremd
Einsichtsfähigkeit **242 f, 245 ff**
Einverständnis, tatbestandsausschließendes 212
Einwilligung 43, 54 f, 57, 174, **212 ff,** 278
Einwilligung, mutmaßliche 220 f
Entschließung 324 f
Entwendung 361
Erfolgsdelikt 109 f
erfolgsqualifizierte Delikte **115, 432 ff**
Erfüllbarkeit der Sorgfaltspflicht *s Fahrlässigkeitsschuld*
fahrlässige Tötung 34, 82, 93, **112 f,** 132, 155, 390 f, 410 f, 412, 414, 417 f, **421 f,** , 426 ff, 435 ff
Fahrlässigkeitsbegriff 390 ff
Fahrlässigkeitsdelikt 111 f, 232, **390 ff, 407 ff, 421 ff**
Fahrlässigkeitselemente **391 ff, 407 ff**
Fahrlässigkeitsschuld **396 ff, 413 ff**
Fallprüfungsschema **63 ff,** 90, 228, 232, **337 ff,** 354, 360, 369, **407 ff**

Sachregister

Fehlverhalten, nachträgliches
– des Opfers **128 f, 424 f**
– eines Dritten **424, 433**
Forschung 309
Freiheit 24 f, **28**, 30, 36, 53, 171 f, 189
Freiheitsentziehung 24, 34, 36, **53 ff,** 112, 174
Freiheitsstrafe 8, 11 f, **13 ff,** 22, 25
fremd **2 f,** 23, 39, 69, 90 ff, **98,** 136, 144 f, 154, 158
Geisteskrankheit 233 f, **243 ff,** 246
Geldstrafe 8, 11, **14,** 25
Generalprävention **9 ff,** 14, 16, 26, 76
Gesundheit 172
Handlung, automatisierte **81 ff,** 245
– impulsive **82 f,** 86
– strafbare s *Delikt*
Handlungsbegriff 64 ff, **77 ff,** 235, 245
Indizien 95 f
Irrtümliche Annahme eines rechtfertigenden Sachverhalts 287 ff
Irrtumsarten, Vergleich 294 f
Jagdregeln 394
Jugendliche 245 ff
Kausalität **118 ff,** 152 ff, 423 f,
s auch *Zurechnung, objektive*
Kausalzusammenhang s *Kausalität*
körperliche Integrität s *körperliche Unversehrtheit*
körperliche Unversehrtheit **28,** 30 f, 48, 171 f, 189, 319, 412
Kriminalpolitik 8 ff
Kriminalstrafrecht 25
Kunstregeln, ärztliche 394
Leben, menschliches **26 f,** 30, 36 f, 155, 172 f, 187 ff, 306, 412
lebenslange Freiheitsstrafe **14,** 22, 25, 63
maßgerechter Mensch 280, 302, 310 ff
Mensch, mit den rechtlich geschützten Werten verbundener s *maßgerechter Mensch*
Menschenwürde 191
Missbrauch der Amtsgewalt 142, 459
Moral **29,** 229

Mord 10, 22 f, 27, 32, 42 f, 53 , 63 ff, 74 ff, **92,** 93 f, 99 f, 107, **109 f,** 113 f, 134 f, 136 f, 141, 155, 159 f, 163 f, 233 ff, 273, 287, 322 ff, 329, 340 ff, 355, 358, 368 ff, 390 f, 429
Notstand, entschuldigender 301 ff
– Notstandshandlung 305 ff
– Notstandssituation 304 f
Notstand, rechtfertigender 57, 174, **185 ff**
– Notstandshandlung 187 ff
– Notstandssituation 185 f
Notwehr 43, 53 f, 70, **169 ff**
Notwehrhandlung 174 ff
Notwehrsituation **171 ff,** 346, 386
nulla poena sine culpa s *Schuldprinzip*
nulla poena sine lege **40 ff,** 51 ff, 58, 101, 326
Organtransplantation 99 f
Prävention s *Spezialprävention, Generalprävention*
Privatsphäre 28, 194
Privilegierungen **115 ff,** 236, 463
Putativnotstand 290
Putativnotwehr 290
Qualifikationen **114 ff,** 317, 398 f, 432, 454 ff, 463
Rauschzustand s *Berauschung*
rechtmäßiges Alternativverhalten 425 f
Rechtsgut **26 ff, 36 ff,** 171 ff, 174 ff, 185 f, 187 ff, 302 ff
Rechtsgüter, notwehrfähige **172,** 174, 186
Rechtsgutsbeeinträchtigung 30
Rechtspflege **28,** 30, 172
Rechtswidrigkeit 65 ff, **70 ff, 169 ff,** 287 ff, 345 f
s auch *Unrecht*
s auch *Verbotsirrtum, indirekter*
Reflexe 81 ff
Rettung 309
Rettungsabsicht 311 f
Risikoerhöhung gegenüber rechtmäßigem Alternativverhalten
s *rechtmäßiges Alternativverhalten*

Sachregister

Risikozusammenhang 411, **421 ff**, 393 ff
Rücktritt vom beendeten Versuch 357 f
Rücktritt vom unbeendeten Versuch 355 f
Rücktritt vom Versuch **352 ff, 374 ff**
Rückwirkungsverbot 40 ff
Sachbeschädigung **2 ff**, 30, 34, 38 f, 53, 55, 68 f, 83 f, 92 f, 96 f, 104, 119, 156, 164, 200, 238, 253, 281, 291, 319 ff, 359, 386, 391, 427, 441 ff
Sachentziehung, dauernde 50, 112
Sachverhalt 2 ff
Sauberkeit der Amtsführung 306
Schadensgutmachung 360
Schlaf **64,** 83
Schuld 11 f, **15 ff**, 26, **64 ff**, 124, 184 ff, 228 ff, 241 ff, **263 ff**, 272 ff, 301 ff, 413 ff
Schuldfähigkeit **232 f, 241 ff, 414**
Schuldprinzip 71, **228, 263 f**
Selbstbestimmung 191
Selbsthilferecht 57, 174, 209 ff
sexuelle Integrität 172
sexuelle Selbstbestimmung **28,** 30
Sitte 29
Sonderdelikte **366 ff,** 373, 378
Sorgfaltswidrigkeit, objektive **389 ff, 404 ff**
Sorgfaltswidrigkeit, subjektive
 s Fahrlässigkeitsschuld
Spezialprävention **9 ff**, 14, 16, 26, 76, 233
Sport **309, 394**
Staat 27
Staat, Staatsgewalt **27,** 30
Stärkegrade des Vorsatzes 140 ff
Steuerungsfähigkeit **242 f,** 245
Strafaufhebungsgründe **353 f, 359 ff**
Strafausschließungsgründe 359 f
Strafdrohung **22 ff,** 236, 324, 391
Strafrecht, Aufgabe des 36 ff
Strafrecht, gerichtliches *s Kriminalstrafrecht*
Strafunmündigkeit *s Schuldfähigkeit*

subjektives Rechtfertigungselement 170, **177 f, 192 f,** 304, 318, 387, 412
Subsumtion 2 ff
Tadelswirkung 13 ff
Tatbestand *s Tatbestandsmäßigkeit*
Tatbestandsmäßigkeit 22 ff, 49 ff, **64 ff,** 90 ff, **123 ff, 134 ff,** 153
Tatbestandsmerkmale
 – äußere *s objektive*
 – deskriptive 96 ff
 – innere *s subjektive*
 – normative 96 ff
 – objektive 24 f, **91 ff, 123 ff**
 – subjektive 24, **92 ff, 134 ff**
 – ungeschriebene 100 ff
Tatbild 91 ff
Tatbildirrtum **151 ff,** 272 f, 276, 289 ff, 294 ff, 344, 347 f, 378
Tatentschluss, voller 340 ff
tätige Reue 359 f
Tätigkeitsdelikt 109 ff
Tatobjekt **30 f,** 37, 77, 123, **156 ff,** 293, 340 f
Todesstrafe 14, 25
Todeszeitpunkt *s Organtransplantation*
Totschlag 83, 115
Tun *s Handlungsbegriff*
Übelswirkung 13 ff
Unbestechlichkeit *s Bestechung*
Unmündige 212
Unrecht **41 ff, 52 ff, 56,** 229, 241, **272 ff**
Unrechtsbewusstsein 145, 232, **233 f, 258 ff,** 283, 286 ff, 301, 318 ff, 346, 413 ff
 s auch Verbotsirrtum
Untauglichkeit, absolute 369 ff
Unterlassen 77 ff
Unterlassungsdelikt (echt, unecht) 108 ff
Unverhältnismäßigkeitsklausel **307 ff**
Urkunden, Urkundenfälschung 30, 91, 96 f, **330,** 368
Verbotsirrtum, direkter 272 ff
Verbotsirrtum, indirekter **273 ff,** 288 ff, **294 f**

Sachregister

Verkehrsnormen 394 f
Verkehrssitte s *Verkehrsnormen*
Vermögen 30, 69, 91, 167 ff, 190
Verschuldensklausel 307, **309 f**
Versuch 322 ff
Versuch, beendeter 354 f
Versuch, qualifizierter 358 f
Versuch, unbeendeter 354 f
Versuch, untauglicher 366 ff
Versuchsprüfung 337 ff
Verwaltungsstrafrecht 25
verzögerte Reife s *Schuldfähigkeit*
vis absoluta 83 f, 88, 254
vis compulsiva 84, 88, 254
Vollendung 322
Voraussehbarkeit des Erfolges, objektive s *Adäquanzzusammenhang*
Voraussehbarkeit des Erfolges, subjektive s *Fahrlässigkeitsschuld*
Vorbereitung 324 ff
Vorbereitungsdelikte **331 f**, 359
vorbeugende Maßnahme **8 ff**, 25 f, 33, 40, 68, 72, 74, 79, 228, 233, 239 f, 343 f, 248 ff, , 352, 414

Vorsatz 134 ff
– bedingter **140 ff, 426 ff**
– erweiterter 90, **143 f, 330 f,** 342 f
Vorsatzdelikt, Schuldbegriff beim 228 ff
Vorsatzdelikt, subjektiver Tatbestand beim 134 ff
Vorsatz-Fahrlässigkeits-Kombination 114 f
Wiedergutmachung s *Schadensgutmachung*
Wirkung der Strafe 13 ff
Wissenskomponente des Vorsatzes 136 ff
Wollenskomponente des Vorsatzes 136 ff
Zivilrecht **44**, 96, 98 , 392
Zumutbarkeitsklausel 307, **310 f**
Zurechnung, objektive 408 ff
Zurechnungsunfähigkeit s *Schuldfähigkeit*
Zweck der Strafe 8 ff
Zweck des Strafrechts 36 ff
Zweispurigkeit des Strafrechts **17**, 248